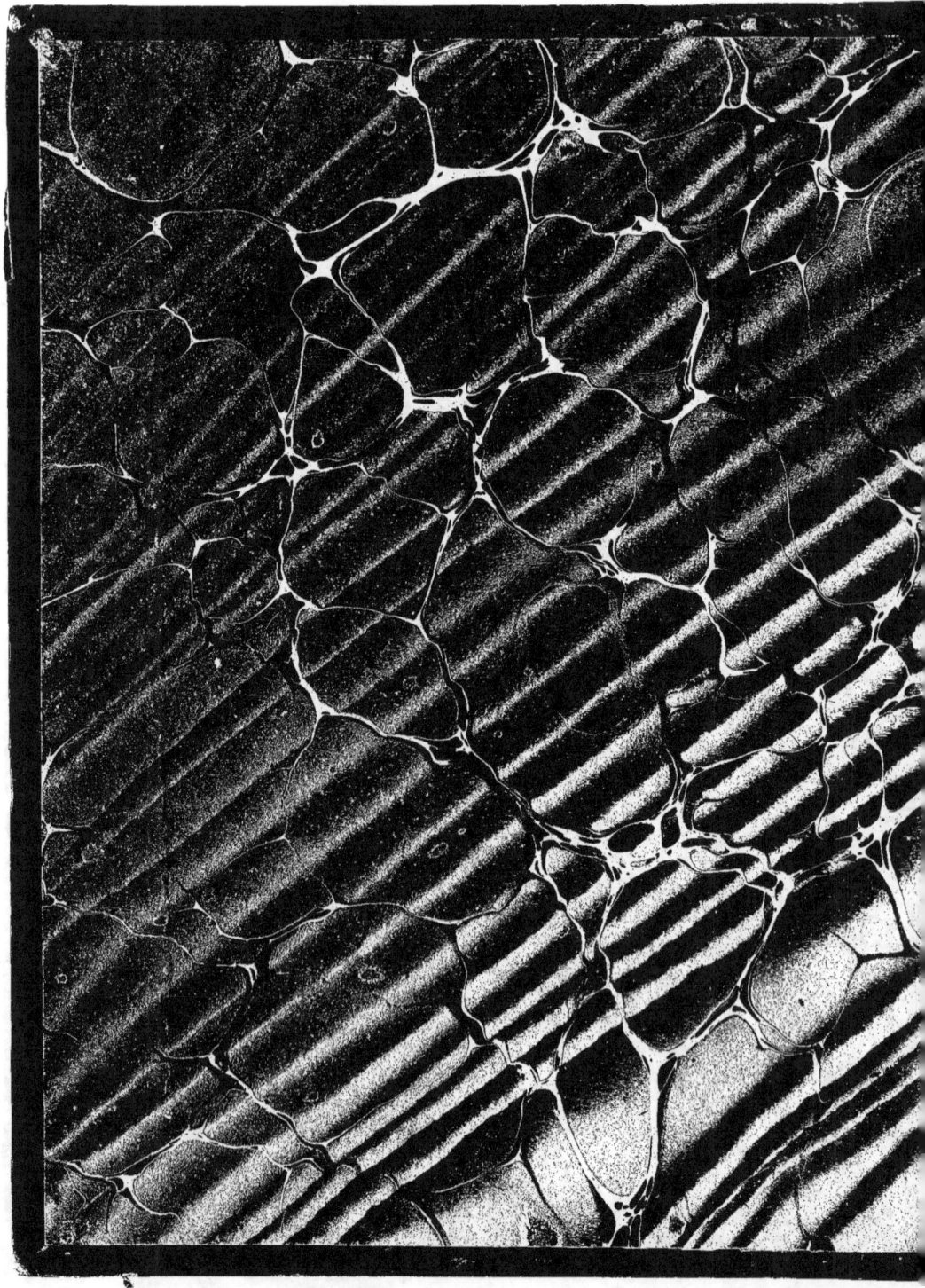

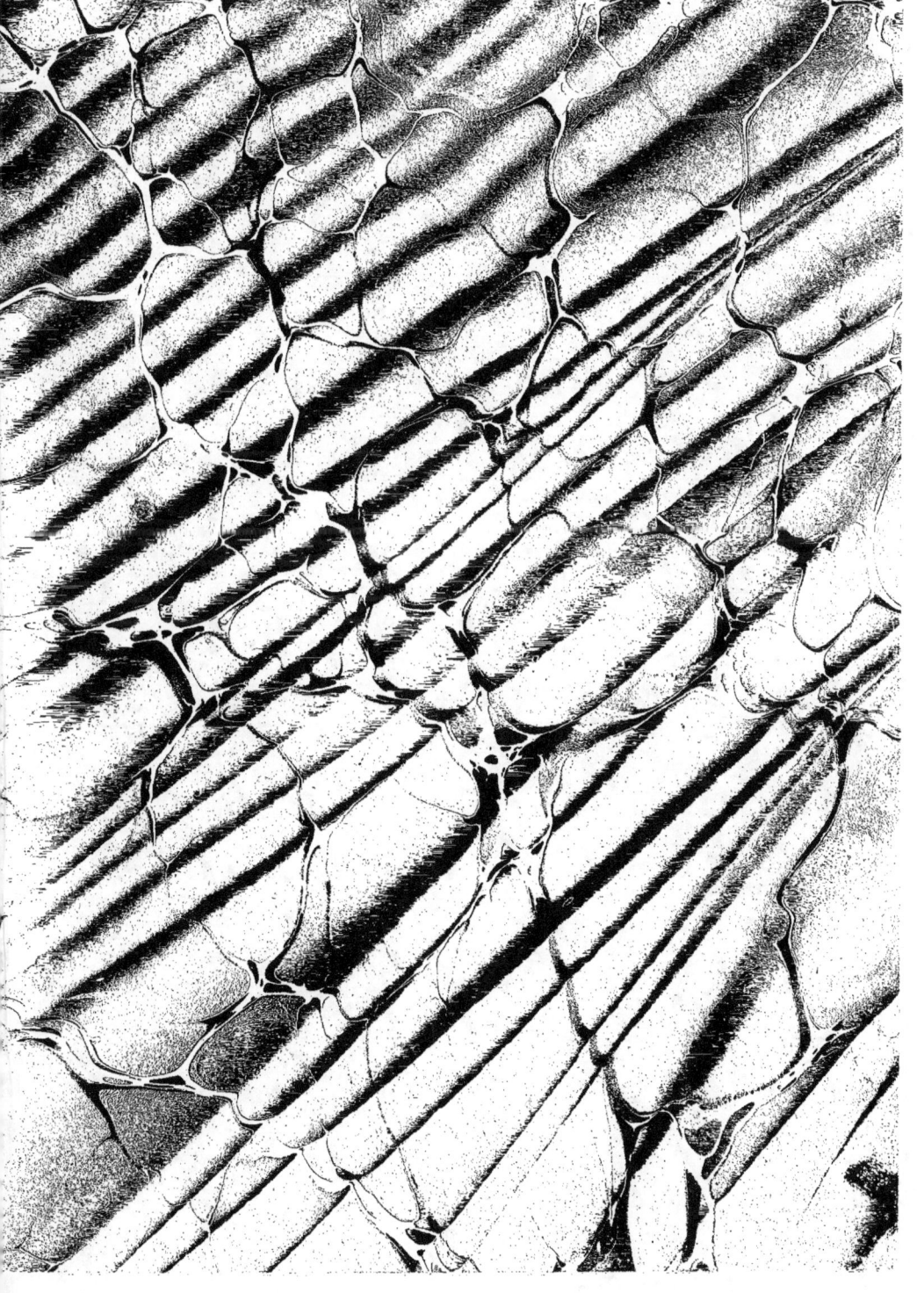

Oo²
59

O 1360
3.A.

NIPON O DAÏ ITSI RAN,

ou

ANNALES
DES EMPEREURS DU JAPON.

IMPRIMÉ,

PAR AUTORISATION DE M. LE GARDE DES SCEAUX,

A L'IMPRIMERIE ROYALE DE FRANCE,

POUR LE COMPTE DU COMITÉ DES TRADUCTIONS ORIENTALES
DE LA GRANDE-BRETAGNE ET DE L'IRLANDE;

ET SE VEND A LONDRES

CHEZ PARBURY, ALLEN ET Cie, LEADENHALL STREET.

NIPON O DAÏ ITSI RAN,

ou

ANNALES
DES EMPEREURS DU JAPON,

TRADUITES

PAR M. ISAAC TITSINGH,

AVEC L'AIDE DE PLUSIEURS INTERPRÈTES ATTACHÉS AU COMPTOIR HOLLANDAIS DE NANGASAKI;

OUVRAGE

REVU, COMPLÉTÉ ET CORRIGÉ SUR L'ORIGINAL JAPONAIS CHINOIS,

ACCOMPAGNÉ DE NOTES, ET PRÉCÉDÉ

D'UN APERÇU DE L'HISTOIRE MYTHOLOGIQUE DU JAPON,

PAR M. J. KLAPROTH.

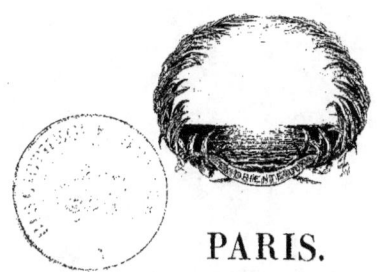

PARIS.

PRINTED FOR THE ORIENTAL TRANSLATION FUND
OF GREAT BRITAIN AND IRELAND.

SOLD BY PARBURY, ALLEN AND CO., LEADENHALL STREET,
LONDON.
M. DCCC. XXXIV.

TO THE RIGHT HONOURABLE

GEORGE FITZ-CLARENCE,

EARL OF MUNSTER,

VISCOUNT FITZ-CLARENCE, AND BARON TEWKESBURY; F. R. S., F. G. S.;
A VICE PRESIDENT OF THE ROYAL ASIATIC SOCIETY,
A VICE PRESIDENT OF THE ROYAL SOCIETY OF LITERATURE,
A DEPUTY CHAIRMAN AND TREASURER
OF THE ORIENTAL TRANSLATION FUND OF GREAT BRITAIN AND IRELAND,

THIS WORK

IS RESPECTFULLY DEDICATED

BY HIS MOST OBLIGED HUMBLE SERVANT

KLAPROTH.

TO THE RIGHT HONOURABLE

GEORGE FITZ-CLARENCE,

EARL OF MUNSTER,

VISCOUNT FITZ-CLARENCE, AND BARON TEWKESBURY; F. R. S., F. G. S.;
A VICE PRESIDENT OF THE ROYAL ASIATIC SOCIETY,
A VICE PRESIDENT OF THE ROYAL SOCIETY OF LITERATURE,
A DEPUTY CHAIRMAN AND TREASURER
OF THE ORIENTAL TRANSLATION FUND OF GREAT BRITAIN AND IRELAND,

THIS WORK

IS RESPECTFULLY DEDICATED

BY HIS MOST OBLIGED HUMBLE SERVANT

KLAPROTH.

PRÉFACE.

La traduction des Annales du Japon, qui paraît aujourd'hui sous les auspices et par la munificence du Comité des traductions orientales, est due au zèle de M. Isaac Titsingh, jadis chef du commerce hollandais à Nangasaki [1]. Dès sa première arrivée dans cette ville, en 1779, cet

---

[1] M. Titsingh naquit à Amsterdam, vers 1740. Il passa de bonne heure aux Indes orientales, entra dans l'administration de la Compagnie, et, par son zèle et son assiduité, parvint à l'emploi de conseiller. Grâce à son tempérament vigoureux et à son humeur égale et enjouée, il brava pendant dix-sept ans les effets désastreux du climat de Batavia, si funeste aux Européens; il y vit deux fois se renouveler en totalité, par la mort de ses membres, le corps dont il faisait partie. En 1779, il fut envoyé au Japon comme chef du commerce hollandais.

Il partit de Batavia le 27 juin, et arriva à Nangasaki le 15 août. L'année suivante il alla comme ambassadeur à la cour du Seogoun. Il quitta Nangasaki le 19 février, et arriva à Yedo le 25 mars. Il eut sa première audience chez le Seogoun le 5 avril, et celle de congé le 10 du même mois. Il repartit de Yedo le 14 avril, et fut de retour à Nangasaki le 25 mai. Le 29 novembre 1780 il quitta le Japon, et revint à Batavia le 24 décembre. En 1781, il fut de nouveau nommé chef de la factorerie de Desima. Il quitta Batavia le 30 juin, et arriva au Japon le 12 août. Le 26 février 1782, il partit de Nangasaki à la tête de l'ambassade pour le Seogoun, et arriva à Yedo le 7 avril. Le 15 du même mois il fut présenté au Seogoun, eut son audience de congé le 18, pour repartir le 22 d'avril. Il revint à Nangasaki le 27 mai. En 1783, M. Titsingh partit le 6 novembre de ce port, pour se rendre à Batavia, où il jeta l'ancre le 13 du mois de décembre. Il s'y embarqua pour son troisième voyage au Japon le 26 juin 1784, et arriva à Nangasaki le 18 août, dans un état déplorable, et après la perte d'un vaisseau qui accompagnait le sien. Le 26 novembre 1784 il quitta pour toujours le Japon, et retourna à Batavia. On voit donc que M. Titsingh a été trois fois au Japon, entre 1779 et 1784, mais qu'il n'a pas fait dans ce pays un séjour de quatorze ans, comme l'éditeur de ses *Cérémonies usitées au Japon pour les mariages et les funérailles* l'a avancé.

Peu de temps après son dernier retour du Japon, M. Titsingh fut nommé gouverneur de Chinsoura, comptoir hollandais du Bengale sur les bords du Hougly. Étant revenu à Batavia, il y exerçait ses fonctions de conseiller du gouvernement, lorsqu'il fut appelé de nouveau à représenter sa nation, comme ambassadeur en Chine. Il quitta, en cette qualité, Batavia, le 15 août 1794, arriva à Canton le 24 septembre, et se mit en route pour Peking le 22 novembre. Il repartit de cette capitale le 9 janvier 1795, eut le 12 sa première audience chez l'empereur, et le 8 février celle de congé, au château de plaisance de Yuan ming yuan. Le 10 il prit congé au tribunal des cérémonies, et quitta Peking le 15 février. Il était de retour à Canton le 10 du mois de mai.

Après un séjour de trente-trois ans en Asie,

PRÉFACE.

homme estimable commença à tirer le meilleur profit de son séjour dans un pays aussi intéressant, et en même temps aussi peu connu que le Japon. Persuadé que pour parvenir à bien connaître une nation, le moyen le plus sûr est de l'étudier dans ses propres livres, il résolut d'entreprendre la traduction de quelque ouvrage japonais d'une grande importance. Son choix se fixa bientôt sur le NIPON O DAÏ ITSI RAN, contenant l'histoire des Daïri, ou empereurs du Japon, depuis le premier, qui commença à régner 660 ans avant J. C., jusqu'au cent huitième, décédé l'an 1611 après cette époque. Cependant M. Titsingh ne savait ni le japonais, ni le chinois, langues dans lesquelles l'original de ces annales est écrit; mais il trouva, parmi les Japonais attachés comme interprètes à la factorerie hollandaise, des personnes très-disposées à l'aider. Il y en eut principalement trois, nommées YOSIO KOSAK, NARI BASI ZENBI et NARI BAYASI ZUIBI, qui se chargèrent de lui expliquer de vive voix le contenu du livre, qu'il écrivit, sous leur dictée, en hollandais. On conçoit aisément qu'une traduction faite de cette manière ne pouvait être ni très-exacte, ni très-complète. D'ailleurs les interprètes de la factorerie de Desima, n'étant pas des savans, mais de simples dragomans, devaient naturellement ignorer beaucoup de choses dont il est question dans l'original de l'Histoire des Daïri. Par conséquent ils ne se trouvaient nullement en état de traduire, dans une langue qui ne leur était que peu familière, les passages dans lesquels il était question de matières dont ils n'avaient aucune connaissance. D'un autre côté, on rencontre dans le texte du NIPON O DAÏ ITSI RAN une foule de détails minutieux, relatifs aux différens grades et à l'avancement des officiers supérieurs de la cour du Daïri, qu'il aurait été impossible de traduire, sans y ajouter un grand nombre de notes explicatives très-étendues pour la plupart. Les interprètes de M. Titsingh ont eu le bon esprit de supprimer ces passages, comme tout à fait inutiles

M. Titsingh revit l'Europe. Il y était avantageusement connu de plusieurs savans. Possesseur d'une fortune considérable, il la fit partager à sa famille. Il s'occupait à mettre en ordre les matériaux nombreux qu'il avait apportés du Japon, et voulait publier le résultat de ses travaux à la fois en Hollande, dans sa langue maternelle, et à Paris, en français. Il venait fréquemment dans cette capitale, et avait même fini par y fixer son séjour, lorsqu'une maladie aiguë l'emporta, en février 1812. Après sa mort, les collections et les manuscrits de M. Titsingh ont été totalement dispersés. Ceux de ses ouvrages qui ont vu le jour, ont été publiés d'une manière peu exacte, et sont remplis de fautes de copiste et d'impression.

PRÉFACE.

pour un lecteur européen, et, on peut le dire, de peu d'intérêt même pour un Japonais. Quoi qu'il en soit de ce dernier procédé, qu'on ne peut pas trop blâmer, la traduction des Annales du Japon avait besoin d'être entièrement revue sur l'original chinois-japonais. J'ai entrepris cette tâche difficile, qui valait presque une nouvelle traduction; car j'ai trouvé beaucoup à corriger et souvent beaucoup à ajouter au travail de M. Titsingh. Pour donner au lecteur un exemple de la différence qui existe entre sa version dans son état primitif, et cette même version revue sur l'original, je prends au hasard un morceau dans le livre, et je mets les deux textes en regard.

VERSION DE M. TITSINGH.	LA MÊME REVUE SUR L'ORIGINAL.
Le 1er mois de la 12e année (793), il fit examiner le terrain *Kodo-no kori* dans la province Jamasiro, par le Daynagon *Foesiwara-no Kokoro Maro*, par le Sadayben *Ki-no Kosami* et par le prêtre *Ken kei*, afin d'y transporter la cour. Il en fit faire part au dieu *Kamo-no Miosin* et aux tombeaux de Tentje-ten-o, de Komin-ten-o, et de Tawara-no-osi.	A la 1re lune de la 12e année (793), le Daïri fit examiner la situation du village *Ouda-no moura* (Yu taï tsun), du district de Kado no kori (Ko ye kiun), dans le Yamasiro, par le Daïnagon *Fousiwara-no Kokouro maro* (Theng yuan Siao he ma liu), par le Sadaïben *Ki-no Kosami* (Tso ta pian Ki ko tso mei), et par le prêtre *Ken kei* (Hian king); car il avait le dessein d'y transporter la cour. Il fit annoncer cette intention au dieu *Kamo-no mió sin* (Ho meou ming chin), aux tombeaux des Daïri Ten tsi ten o, Kwo nin ten o, et à celui du prince Tawara-no o si.
Le 6e mois, il envoya l'ordre à différentes provinces de construire un certain nombre de portes au nouveau dayri; chacune porte son nom comme *Infoemon*, *Bifoemon*, *Ankimon*, *Ikanmon*, *Saoefekimon*, *Soeikenmon*, *Jaoemeimon*, *Tatsoetjemon*, *Tatsoetenmon* et *Ikoewoemon*.	Le 6e mois, l'ordre fut expédié dans toutes les provinces de fabriquer les portes du nouveau palais; chacune eut un nom particulier, savoir : *In fou mon* (Yn fou men), *Bi fouk mon* (Meï fou men), *An ki mon* (Ngan ki men), *I kan mon* (I kian men), *Sŏ feki mon* (Thsao py men), *Soui ken mon* (Cheou hian men), *Yŏ meï mon* (Yang ming men), *Tats si mon* (Ta tchi men), *Tats ten mon* (Than thian men), et *Ikou wŏ mon* (Tou fang men).
Soegano-no Mamitje et *Foesiwara-ka-*	Le 9e mois, *Souga no - no Mamitsi*

do-no *Maro* y furent envoyés le 9ᵉ mois pour tracer le terrain pour ses serviteurs, et pour faire construire une demeure pour chacun d'eux.

La nouvelle cour étant achevée, il s'y rendit le 10ᵉ mois de la 13ᵉ année (794). Des quatre côtés, elle fut entourée de bonnes rivières et de montagnes qui sont à l'entour très-bien situées pour y entrer et en sortir. A cause de cela, il donna à cette excellente cour le nom *Feiansio*. L'on fit une statue de terre, environ de cinquante pieds de haut; elle fut décorée d'un casque de fer, et eut un arc et des flèches de fer à la main, pour servir de garde comme un dieu tutélaire, durant l'absence du Dayri. Il en fit mettre le piédestal en terre sur la montagne *Tosan*, la face tournée du côté de l'ouest. Même dans ce temps, le peuple prétendit que c'était l'image du Ziogon *Tsoeka*[1], qui, lorsqu'on devait s'attendre à quelque événement fâcheux ou extraordinaire dans le dayri, s'agitait spontanément.

(Kouan ye Tchin tao) et *Fousiwara-no Kado-no maro* (Theng yuan Ko ye ma liu) furent envoyés à la nouvelle résidence, pour y partager le terrain où devaient être construits les bâtimens destinés à la demeure des personnes de service.

Le nouveau palais de *Kado no* étant achevé, le Daïri s'y rendit le 10ᵉ mois de la 13ᵉ année (794). Le terrain sur lequel ce bâtiment était placé, se trouvait sous l'influence des quatre génies qui président aux quatre points cardinaux, savoir, à gauche celui du *dragon azur* (le génie de l'orient), à droite celui du *tigre blanc* (le génie de l'occident), sur le devant celui de l'*oiseau rouge* (le génie du sud), et en arrière celui du *guerrier obscur* (le génie du nord). Cet édifice était entouré de belles eaux et de montagnes. De grandes routes y arrivaient de quatre côtés; il était assez vaste pour servir de résidence à cent rois, c'est pourquoi il reçut le titre honorifique de *Feï an sió* (Phing ngan tchhing) ou *ville de la paix et de la tranquillité*. On y éleva une statue de terre, haute de huit pieds (*siak*); elle portait un casque et une cuirasse de fer,

et tenait à la main un arc et des flèches de fer. Elle était destinée à servir de divinité protectrice de la capitale, qui depuis ce temps a toujours été la résidence des Daïri. Cette statue fut placée sur un piédestal sur le mont *Tó san* (Toung chan), la face tournée du côté de l'occident. Actuellement elle se trouve près des tombeaux des Seogoun. On prétend que lorsqu'il doit survenir quelque changement dans l'empire, cette image chante et se meut d'elle-même.

Pendant son séjour au Japon, M. Titsingh avait contracté des liaisons amicales avec plusieurs grands personnages de ce pays, mais principalement avec Koutsouki samon, prince de Tamba, lequel avait appris le hollandais, et écrivait même passablement cette langue.

(1) C'est une erreur grave de M. Titsingh : le mot *tsouka* signifie *sépulture*, et n'est pas un nom d'homme. — Kl.

PRÉFACE.

L'intention de M. Titsingh était de lui dédier sa traduction des Annales des Daïri. J'ai trouvé dans ses papiers l'essai suivant d'une dédicace adressée à ce personnage. La voici :

A KOUTSOUKI MINAMOTO-NO MASA TSOUNA, PRINCE DE OKI ET DE FIKOUTSI YAMA,
DANS LA PROVINCE DE TAMBA.

Notre dernière entrevue eut lieu à Yedo, le 9 du 3ᵉ mois de la 2ᵉ des années *Ten meï* (1782). Plus de vingt-cinq ans se sont écoulés depuis. Pendant mon séjour dans l'Inde, notre correspondance fut active. Elle fut interrompue par mon départ pour l'Europe, dans la 8ᵉ année de *Kwan seï* (1795). Depuis mon retour, la guerre y a mis, à mon grand regret, des obstacles presque insurmontables. Une seule fois (le 16 de mai 1801) j'ai pu vous écrire de Londres; mais n'ayant point reçu de réponse, je demeure incertain si ma lettre vous est parvenue.

Après m'avoir aidé si cordialement de vos lumières dans mes recherches sur l'histoire de votre pays, vous aviez le droit d'espérer depuis longtemps que quelques détails auraient été publiés après mon retour en Europe; mais l'abattement d'esprit que m'ont causé, à mon arrivée, le sort de ma patrie et celui de l'administration de la Compagnie des Indes, et puis la vie errante et dissipée que j'ai menée, ne me l'ont pas permis. Ce n'est que depuis que je me suis établi à mon gré à Paris, que j'ai eu le loisir de m'en occuper. En vous offrant d'avance la dédicace de mon ouvrage, je m'acquitte de ma promesse. Cette dédicace servira de preuve de ma reconnaissance. Qui de vos compatriotes mieux que vous a droit d'y prétendre? Votre noble émulation de les surpasser dans tout ce qui a rapport aux arts et aux sciences, vos infatigables recherches sur ce qui concerne l'hémisphère européen, et votre connaissance de la langue de ma patrie, vous mettent en état de bien juger mon travail.

Ma traduction de vos Annales nationales vous a déjà été remise en manuscrit, dans la 3ᵉ des années *Ten meï* (1783); elle formera avec d'autres pièces un volume. Ayant recueilli, pendant mon séjour dans votre heureux pays, que j'aime à me rappeler chaque jour, assez de matériaux, je peux passer le reste de ma vie utilement occupé à les mettre en ordre. L'aphorisme de *Koung fou tsu* (Confucius) :

Itsou wari wo	Il est facile de
Fito ni wa iu té	mentir ; mais
Tsou mi no besi	alors, comment
Kokoro no towa ba	faire pour tranquilli-
Ikaga kotaï in.	ser sa conscience?

cet aphorisme que vous m'avez recommandé avec tant d'empressement, et qui est si scrupuleusement observé dans tous vos ouvrages, me servira de guide dans cette entreprise. Sachant combien les voyageurs qui parcourent des pays lointains se plaisent

PRÉFACE.

à embellir leurs rapports, vous vous rappellerez ma promesse de ne dire que ce qui est tiré de vos meilleurs auteurs, ou fondé sur des pièces authentiques, et sur des renseignemens de personnes dignes de toute confiance. Aussi je me garderai d'ajouter rien du mien en ce qui concerne le fond. Si jamais j'ai le bonheur d'achever mon ouvrage sur le Japon, vous jugerez jusqu'à quel point j'ai observé la maxime de Koung fou tsu : *Ghen ko ma takf seï yo.* « Il faut que l'action soit conforme à la parole. »

Permettez-moi néanmoins de vous exposer un doute qui m'est survenu en travaillant sur vos Annales. Ne doit-on pas supposer, me suis-je dit, que les Japonais, si jaloux de leurs voisins les Chinois, ont tâché, en écrivant leur propre histoire, de remplir plusieurs lacunes par la prolongation des règnes de leurs premiers Daïri? Ce qui m'a suggéré cette idée, c'est la vie trop longue de plusieurs d'entre eux, et l'excessive durée de leurs règnes, depuis *Zin mou* jusqu'à *Ri tsiou ten o*. On trouve de cette manière, dans votre histoire, une période de 1060 ans, occupée seulement par les règnes de dix-sept Daïri. La durée de la vie de *Zin mou*, des règnes de *Ko an*, de *Seï nin*, et la vie de *O sin*, fils de *Tsiou aï ten o*, paraissent surtout improbables. Le premier mourut à l'âge de 127 ans; le second régna pendant 102, le troisième pendant 99 ans; le dernier naquit, suivant les Annales, l'an 200 de notre ère, et mourut en 310. Ce sont des événemens trop extraordinaires pour y croire aveuglément. On pourrait en effet accorder que la vie chaste et frugale de ces princes ait pu contribuer à leur faire atteindre un âge très-avancé; mais comment se fait-il alors, que depuis *Ri tsiou ten o*, aucun de ses successeurs n'ait dépassé le terme ordinaire de la vie humaine? Permettez-moi de recommander à votre discernement la solution de ce problème.

Agréez mes vœux les plus ardens pour votre bonheur. Puissent les plus hautes destinées devenir la récompense de votre rare mérite! Rien ne peut m'être plus précieux que de recevoir encore de vos nouvelles, avec quelques éclaircissemens sur les nombreuses questions contenues dans mes lettres. Dans cet espoir flatteur, je me plais à vous répéter l'assurance de mon parfait dévouement.

Isaac TITSINGH.

A Amsterdam, le 7 août 1807.

L'orthographe des noms propres japonais était en général très-irrégulière et souvent fautive dans le manuscrit de M. Titsingh. Il m'a été facile de la rétablir, dans l'original imprimé à Miyako, quand leur transcription en caractères *kata kana* se trouvait à côté des caractères chinois. Mais ce secours m'a manqué souvent, et alors j'ai été obligé de faire des recherches, quelquefois longues et pénibles, pour donner la véritable prononciation des noms d'hommes et de lieux. Malgré le soin que j'ai eu de purger, sous ce rapport, le texte de toutes les fautes, quelques-unes y sont pourtant restées ; on les trouvera indiquées dans l'*Errata*. Quant au nom de la célèbre famille des *Foudzi wara*, M. Titsingh l'avait toujours écrit *Fousiwara*. Comme je n'en ai découvert l'orthographe exacte que quand la moitié de l'ouvrage était déjà tirée, j'ai été obligé de laisser subsister la transcription fautive de M. Titsingh, mais je n'ai pas voulu manquer de la rectifier ici.

La plupart des livres historiques des Japonais sont écrits en caractères chinois, qu'on prononce, au Japon, autrement qu'en Chine; il m'a donc paru nécessaire de placer entre deux parenthèses, après les noms propres japonais les plus importans, la prononciation des caractères chinois avec lesquels ils sont écrits dans l'original. C'était le seul moyen de les faire reconnaître, quand on les trouvera dans un autre livre où ils sont seulement exprimés en signes idéographiques de la Chine. J'ai aussi cru nécessaire d'ajouter aux noms des empereurs et aux *nengo*, ou titres honorifiques des années de leur règne, les caractères chinois avec lesquels ils sont écrits dans l'original.

Le livre traduit par M. Titsingh ne contient que l'histoire des Daïri jusqu'en 1611; je l'ai conduite, dans mon *Supplément*, aussi bien que j'ai pu, jusqu'à nos jours. Les faits que j'y donne sont, pour la plupart, extraits de différens tableaux chronologiques japonais-chinois, imprimés au Japon.

Les notes que j'ai ajoutées au texte serviront à éclaircir les passages auxquels elles ont rapport. J'aurais désiré en augmenter le nombre; mais d'un côté le manque de matériaux, et de l'autre la crainte de trop grossir le volume, m'en ont empêché. Il aurait été utile d'accompagner cet ouvrage d'une carte du Japon; elle aurait considérablement contribué à l'intelligence de son contenu. Les circonstances ne l'ont pas permis. Je dois renvoyer les lecteurs à MA CARTE de ce pays, publiée par M. l'amiral KRUSENSTERN, dans son Atlas de l'Océan pacifique, sous le titre de *Carte du Japon de S. A. R. le duc de Weimar*. Cette feuille n'est que l'extrait d'une carte plus étendue et plus complète. Toutes les deux seront bientôt remplacées par une beaucoup plus parfaite et plus exacte, que va publier M. le docteur VON SIEBOLD, dans ses ARCHIVES DU JAPON. Cet ouvrage, dont trois livraisons ont paru, est rempli de renseignemens importans et curieux sur ce pays, lesquels éclairciront, mieux que je n'aurais pu le faire, une foule de points contenus dans les Annales des Daïri. C'est une des plus vastes et des plus belles entreprises de notre siècle, destinée à faire connaître la partie la plus orientale de l'Asie moyenne.

Un ouvrage aussi rempli de détails que les Annales des Daïri exigeait d'être accompagné d'une table alphabétique très-détaillée. C'est M. LANDRESSE, un des bibliothécaires de l'Institut de France, et éditeur de la *Grammaire japonaise du P. Rodriguez,* publiée par la Société asiatique de Paris, qui s'est chargé de cette tâche, et il s'en est acquitté avec cette exactitude qui caractérise tous ses travaux. Je me plais à lui exprimer ici ma reconnaissance particulière, pour ce surcroît d'utilité qu'il a ajouté à l'ouvrage que j'étais chargé de publier.

J. KLAPROTH.

Paris, ce 20 mai 1834.

APERÇU

DE

L'HISTOIRE MYTHOLOGIQUE

DES JAPONAIS,

PAR M. KLAPROTH.

L'histoire fabuleuse, ou plutôt la mythologie des Japonais, donne à leur empire une antiquité démesurée; elle fait régner la première dynastie divine des cent mille millions d'années, et place le commencement de la seconde 836,702 ans avant notre ère. Cependant les gens instruits au Japon ne font aucun cas de ces chimères, et avouent que l'origine de leur nation est enveloppée de ténèbres qu'il paraît impossible de dissiper entièrement. L'opinion la plus répandue et la plus probable est, non pas que le Japon a été peuplé par des Chinois, mais que ses aborigènes ont été civilisés par des colonies de cette nation qui y sont arrivées à différentes époques. M. Titsingh, dans un manuscrit hollandais fort court et peu utile sur l'antiquité des Chinois, cite la colonie qui fut conduite au Japon par *Go-no Taï fak*, c'est-à-dire par 伯太 *Thaï pĕ* du pays de 吳 *Ou*; et il rapporte à cette occasion le passage suivant, extrait d'un ouvrage japonais, mais mal rendu par lui ou plutôt par ses interprètes; car il ne savait lire ni le japonais ni le chinois : « *Gŏ*
« *tan* (Koung than), grand-père de *Bou wo* (Wou wang), eut trois fils; l'aîné fut
« *Go-no Taï fak* (Ou Thaï pĕ), le second *Tsiou yeï* (Tchoung young), et le
« troisième *Ki riak* (Ki lў). Ce dernier succéda à son père, et son fils devint
« empereur sous le nom de *Bou wo* (Wou wang). Quand *Ki riak* monta sur le
« trône, ses deux frères aînés se coupèrent les cheveux et se piquèrent des
« figures sur les bras qu'ils frottèrent d'une matière noirâtre; puis ils se reti-
« rèrent dans une contrée située à l'est de la Chine. *Go-no Taï fak*, après sa
« fuite de la cour, se rendit d'abord dans le pays de *Go* (Ou), la Chine méri-
« dionale, où il s'arrêta pendant quelque temps dans le village *Baï ris son.*
« En le quittant, il prit avec lui plusieurs des habitans et les conduisit au

« Japon. Il aborda dans la province de *Fiouga*, voisine de celle de *Satsouma*, et
« y résida dans un temple appelé *Taka tewo*. Sa première demeure fut dans les
« rochers. La terre était alors couverte d'insectes volans, de deux pouces de
« long, nommés *tsou sou ga* [1], dont la morsure était mortelle. Ses compagnons
« vivaient dans des trous qu'ils creusaient sous terre. Mais à mesure que le
« pays fut défriché et cultivé, ces insectes disparurent. On prétend qu'ils ont
« donné l'origine à la phrase par laquelle, au Japon, quand quelqu'un s'in-
« forme de l'état de votre santé, on lui répond, *Tsou sou ga nakou*, je n'ai
« pas de Tsou sou ga, c'est-à-dire, je me porte bien. »

Go-no Thaï fak, ou prononcé à la chinoise *Ou Thaï pĕ*, était en effet le fils aîné de 王太 *Thaï wang* ou 公古 *Kou koung*, roi de 周 *Tcheou*, dont la capitale était *Khi tcheou*, ville située dans la partie septentrionale de la province actuelle de *Tchy̆ li*. Son frère cadet 歷季 *Ki ly̆* (le Ki riak des Japonais), qui régna plus tard sous le nom de *Wang ki*, et fut le père de *Wen wang*, naquit, selon les auteurs chinois, en 1285 avant J. C., et parvint au trône en 1250. *Thaï pĕ*, qui lui céda volontairement le trône, s'expatria alors avec son frère 雍仲 *Tchoung young* ou 仲虞 *Yu tchoung*, ainsi 570 ans avant la 1ʳᵉ année du règne de 皇天武神 *Zin mou ten o*; époque sur laquelle les Japonais n'ont aucun doute, et qu'ils prennent pour base de toute leur chronologie. On voit donc que *Ou Thaï pĕ* ne pouvait être le même personnage que *Zin mou*, et qu'il doit y avoir erreur dans la traduction de M. Titsingh.

Thaï pĕ, et son frère *Tchoung young*, qui se trouvaient alors sur le mont *Heng chan* pour y cueillir des plantes médicinales, allèrent chez les 蠻荊 *King man*, peuple à moitié barbare, habitant sur les bords du Kiang, dans le département actuel de *King tcheou fou*, dans le Hou pĕ. Ces King man se tatouaient le corps et se coupaient les cheveux (usages que les anciens Chinois ne suivaient pas). Ils choisirent *Thaï pĕ* pour leur chef, qui donna à sa nouvelle principauté le nom de 吳句 *Keou Ou*. Comme il mourut sans enfans, le fils de son frère lui succéda. Le petit-fils de celui-ci vivait à l'époque de la destruction de la dynastie de Chang par Wou wang, qui, en 1122 avant J. C., le fit roi de 吳 *Ou*; mais dans un pays différent et situé dans le département actuel de *Sou tcheou fou*, province de Kiang nan. Les descendans de ce prince,

---

(1) C'est en vain que j'ai cherché le nom de cet insecte dans les lexiques et vocabulaires japonais qui sont à ma disposition; il ne se trouve pas non plus dans la grande Encyclopédie japonaise.

nommé 章周 *Tcheou tchang*, y régnèrent pendant 659 ans, jusqu'en 473 avant notre ère, époque à laquelle leur territoire fut conquis par le roi de 越 *Yuĕ*. 差夫 *Fou tchha*, dernier roi de Ou, se pendit alors pour ne pas survivre à la perte de ses états. Voici ce que l'auteur du *Thsian pian*, ou de la première partie du *Thoung kian kang mou*, ajoute à cette occasion : « On compte « dans le royaume de Ou, depuis *Thaï pĕ* jusqu'à *Fou tchha*, vingt-six généra- « tions. Les rois du *Japon* de nos jours sont aussi regardés comme descendans « de *Ou Thaï pĕ*. Après la destruction de ce royaume, les fils, les petits-fils et « la parenté du dernier roi de Ou, mirent en mer, et devinrent les 倭 *Wo* « ou Japonais [1]. »

Ce passage des livres chinois est le seul qui soit relatif à la descendance des Japonais ou de leurs princes de la famille de Ou Thaï pĕ. Mais comme le Thsian pian ne place l'expatriation de cette dernière qu'à la conquête de leur royaume par les Yuĕ, en 473 avant J. C., ou 188 ans après l'avénement de *Zin mou ten o*, il est clair que celui-ci ne peut passer pour descendre de ces émigrés chinois, qui néanmoins peuvent avoir conduit une colonie au Japon. Aussi le rédacteur de la grande Encyclopédie japonaise, si habilement analysée par M. Abel-Rémusat, s'écrie-t-il : « Pour ce qui regarde la supposition que *Zin* « *mou ten o* soit descendant de *Go-no Taï fak* (Ou Thaï pe), elle est de toute « fausseté et inventée du temps des Thang. » Il déclare également que l'opinion de l'auteur du Thsian pian, que je viens de rapporter, n'est que du 談墨 (*mĕ than*) ou *bavardage d'écrivain*.

Kaïbara Tok zin, auteur d'une *Histoire des origines japonaises*, cite, à l'endroit où il parle des premières habitations humaines [1], un passage de 軒損 *Son ken* (Sun hian), autre écrivain japonais, qui dit : « Après la création du monde, les « hommes demeurèrent d'abord en plein air; mais y étant exposés aux effets « du vent, de la pluie et de la chaleur, le besoin leur apprit à creuser des ca- « vernes dont ils préférèrent le séjour, malgré l'humidité de la terre, qui leur « causa des maladies. »

Son ken ajoute qu'il a parcouru tout l'empire pour en examiner les diverses localités. C'est dans la partie la plus escarpée des montagnes, et sur-tout dans des lieux éloignés des villes, qu'il trouva un grand nombre de cavernes dont l'intérieur était garni de grosses pierres. Ces antres avaient leur ouverture du côté du sud, et se composaient ordinairement de deux ou trois compartimens. Il en vit des milliers dans la province de *Kawatsi*, près des rives du 川部服

---

(1) *Thoung kian kang mou, Thsian pian*; édition impériale de 1717, liv. xviii, fol. 20 *verso*.

(2) *Wa zi si*, publié en 1690; vol. II, fol. 15 et suiv.

Fatori gawa (Fou pou tchhouan), au pied du mont 嶽駒生 *I koma ga take*, et aussi dans le canton de *Yama be-no kóri*, dans le *Yamato*. Toutes paraissaient avoir été habitées.

A cette occasion, *Kaïbara Tok zin* rapporte qu'ayant parcouru la province de Tsikouzen, il y avait découvert plusieurs milliers de ces cavernes, disposées par groupes de six à vingt. Les habitans des villages voisins les exploitaient, et se servaient des pierres pour faire des gouttières, des digues, et les fondemens de leurs maisons. Tous ces antres étaient ouverts du côté du sud. « On n'en trouve point, ajoute-t-il, dans le voisinage de la capitale de la pro-« vince, mais bien dans les lieux les plus éloignés et déserts. Ceux qui étaient « situés près des endroits habités ont tous été exploités, et les pierres em-« ployées à divers usages. » Comme on avait supposé que ces cavernes avaient autrefois servi de sépulcres, Kaïbara Tok zin les a examinées sous ce rapport; mais il n'y a trouvé nulle part le moindre reste d'ossemens : par conséquent, il rejette cette opinion, et dit qu'il est convaincu qu'elles ont été habitées anciennement, et qu'il y a probablement de semblables grottes en Chine, quoique les ouvrages chinois et japonais n'en fassent pas mention.

D'autres auteurs japonais, jaloux de la gloriole de descendre d'autochthones, rejettent le récit de l'arrivée de *Go-no Taï fak* au Japon, ainsi que ce qu'on raconte des insectes *tsou sou ga*; ils déclarent que ces récits sont d'invention moderne.

Quelques écrivains japonais placent pourtant la colonisation du Japon par les Chinois à une époque beaucoup plus reculée, savoir, sous le règne de l'ancien empereur *Houang ti*, que les chronologistes chinois les plus modérés font parvenir au trône en 2697 avant notre ère. Ces écrivains basent leur système sur une autorité assez suspecte, celle du 經海山 *San gaï kio* (Chan haï king), antique livre chinois qui contient une cosmographie fabuleuse, et qu'on attribue faussement à l'empereur Yu. Ils rapportent en même temps qu'on trouve dans leur pays un bois pétrifié et noirâtre, qui est fort estimé, et qu'on nomme 木桑扶 *Fou só bok* (Fou sang moü) ou bois du pays *Fou só* (Fou sang) [1]; que ce pays est le Japon, qui a reçu ce nom à cause de sa

---

(1) Le célèbre Deguignes, ayant trouvé dans les livres chinois la description du pays de *Fou sang*, situé à une grande distance à l'orient de la Chine, à ce qu'il lui sembla, crut que cette contrée pouvait bien être une partie de l'Amérique. Il a exposé cette opinion dans un mémoire lu à l'Académie des inscriptions et belles-lettres, et intitulé *Recherches sur les navi-gations des Chinois du côté de l'Amérique, et sur plusieurs peuples situés à l'extrémité orientale de l'Asie* (Mém. de l'Acad. des inscr. et bell. lett., vol. XXVIII, pages 505 à 526).

Il faut d'abord observer que ce titre est inexact. Il ne s'agit nullement, dans l'original chinois que Deguignes a eu devant les yeux, d'une navigation entreprise par les Chinois au Fou sang,

beauté, par laquelle il ressemble à l'arbrisseau *fou sang*, qui est, comme l'on sait, l'espèce d'*hibiscus* que nous désignons par le nom de *rosa sinensis*.

mais, comme on verra plus bas, il est simplement question d'une notice de ce pays donnée par un religieux qui en était originaire et qui était venu en Chine. Cette notice se trouve dans la partie des grandes Annales de la Chine intitulée *Nan szu*, ou *Histoire du midi*. Après la destruction de la dynastie de *Tsin*, en 428 de J. C., la Chine fut pleine de troubles, dont il résulta l'établissement de deux empires, l'un dans les provinces septentrionales, l'autre dans celles du midi. Ce dernier fut successivement gouverné, de 420 à 589, par quatre dynasties, les *Soung*, les *Thsi*, les *Liang* et les *Tchhin*. L'histoire de ces deux empires a été rédigée par *Li yan tcheou*, qui vivait vers le commencement du VIIe siècle. Voici ce qu'il dit du Fou sang :

« Dans la 1re des années *Young yuan*, du « règne de *Fi ti* de la dynastie des *Thsi*, un *cha* « *men* (ou prêtre bouddhique), nommé *Hoei* « *chin*, arriva du pays de Fou sang à *King tcheou* « (dans le Hou pë); il raconte ce qui suit : Le « *Fou sang* est à 20,000 li à l'est du pays de *Ta* « *han*, et également à l'orient de la Chine. Dans « cette contrée, il croît beaucoup d'arbres appe-« lés *fou sang*, dont les feuilles ressemblent à « celles du *thoung* (*bignonia tomentosa*), et les « premières pousses à celles du bambou. Les gens « du pays les mangent. Le fruit est rouge et a la « forme d'une poire. On prépare l'écorce de cet « arbre comme le chanvre, et on en fait des toiles « et des habits. On en fabrique aussi des étoffes « à fleurs. Les planches du bois servent à la cons-« truction des maisons; car dans ce pays il n'y a « ni villes, ni habitations murées. Les habitans « ont une écriture et fabriquent du papier avec « l'écorce du *fou sang*. Ils n'ont ni armes ni « troupes, et ne font pas la guerre. D'après les « lois du royaume, il y a une prison méridionale « et une septentrionale. Ceux qui ont commis des « fautes peu graves sont envoyés dans la méri-« dionale; mais les grands criminels sont relé-« gués dans la septentrionale. Ceux qui peuvent « recevoir leur grâce sont envoyés à la première; « ceux au contraire auxquels on ne veut pas l'ac-« corder sont détenus dans la prison du nord.

« Les hommes et les femmes qui se trouvent dans « celle-ci peuvent se marier ensemble. Les en-« fans mâles qui naissent de ces unions sont ven-« dus comme esclaves à l'âge de huit ans, et « les filles à l'âge de neuf. Jamais les criminels « qui y sont enfermés n'en sortent vivans. Quand « un homme d'un rang supérieur commet un « crime, le peuple se rassemble en grand nom-« bre, s'assied vis-à-vis du criminel placé dans « une fosse, se régale d'un banquet, et prend « congé de lui comme d'un mourant. Puis on « le couvre de cendres. Pour un délit peu grave, « le criminel est puni seul; pour un grand « crime, le coupable, ses fils et les petits-fils « sont punis; enfin, pour les plus grands mé-« faits, ses descendans, jusqu'à la septième gé-« nération, sont enveloppés dans son châtiment.

« Le nom du roi du pays est *Y khi* (ou *Yit* « *khi*); les grands de la première classe sont ap-« pelés *Toui lou*, ceux de la seconde les *petits* « *Toui lou*, et ceux de la troisième *Na tü cha*. « Quand le roi sort, il est accompagné de tam-« bours et de cors. Il change la couleur de ses « habits à différentes époques; dans les années « du cycle 甲 *kia* et 乙 *y*, ils sont bleus; « dans les années 丙 *ping* et 丁 *ting*, rouges, « dans les années 戊 *ou* et 己 *ki*, jaunes; « dans les années 庚 *keng* et 辛 *sin*, blancs; « enfin dans celles qui ont les caractères 壬 « *jin* et 癸 *kouei*, ils sont noirs.

« Les bœufs ont de longues cornes, sur les-« quelles on charge des fardeaux qui pèsent jus-« qu'à 20 *hoü* (120 livres chinoises). On se sert, « dans ce pays, de chars attelés de bœufs, de « chevaux et de cerfs. On y nourrit les cerfs « comme on élève les bœufs en Chine; on fait du « fromage avec le lait des femelles. On y trouve « une espèce de poire rouge qui se conserve « pendant toute l'année. Il y a aussi beaucoup « de vignes; le fer manque, mais on y rencontre « du cuivre; l'or et l'argent ne sont pas estimés.

vj HISTOIRE MYTHOLOGIQUE

Cependant le passage du *San gaï kio* (Chan haï king), que les mêmes auteurs prennent pour appui, et que je donne ici, ne me paraît pas très-propre

« Le commerce est libre et l'on ne marchande
« pas.

« Voici ce qui se pratique aux mariages. Celui
« qui desire épouser une fille établit sa cabane
« devant la porte de celle-ci; il y arrose et net-
« toie la terre tous les matins et tous les soirs.
« Quand il a pratiqué cette formalité pendant un
« an, si la fille ne donne pas son consentement,
« il la quitte; mais si elle est d'accord avec lui,
« il l'épouse. Les cérémonies de mariage sont
« presque les mêmes qu'en Chine. A la mort du
« père ou de la mère, on s'abstient de manger
« pendant sept jours. A celle du grand-père ou
« de la grand'mère, on se prive de nourriture
« pendant cinq jours, et seulement pendant trois
« à la mort des frères, sœurs, oncles, tantes et
« autres parens. Les images des esprits sont
« placées sur une espèce de piédestal, et on leur
« adresse des prières le matin et le soir. On ne
« porte pas d'habits de deuil.

« Le roi ne s'occupe pas des affaires du gou-
« vernement pendant les trois années qui sui-
« vent son avénement au trône.

« Autrefois, la religion de Bouddha n'existait
« pas dans cette contrée. Ce fut dans la 4ᵉ des
« années *Ta ming*, du règne de *Hiao wou ti* de
« la dynastie des *Soung* (458 de J. C.), que cinq
« *pi khieou* ou religieux du pays de *Ki pin* (Co-
« phène) allèrent au Fou sang et y répandirent
« la loi de Bouddha; ils apportèrent avec eux
« les livres, les images saintes, le rituel, et ins-
« tituèrent les pratiques monastiques, ce qui fit
« changer les mœurs des habitans. »

La circonstance qu'il y avait des vignes et des chevaux dans le pays de Fou sang suffirait pour prouver qu'il n'était pas une partie de l'Amérique, où ces deux objets n'ont été importés par les Espagnols qu'après la découverte de Christophe Colomb, en 1492. Mais d'autres raisons tirées des livres chinois s'opposent formellement à ce qu'on puisse supposer que Fou sang soit identique avec une partie quelconque du nouveau monde. Nous avons vu, par la relation du prêtre *Hoei chin*, que le Fou sang était à 20,000 li à

l'est du Ta han. Deguignes a pris ce dernier pays, à tort, pour le Kamtchatka; il appuie cette hypothèse sur un autre passage du *Nan szu*, dans lequel l'auteur dit : Pour aller dans le Ta han, on part du district de 浪樂 *Lo lang* (dans la partie nord-ouest et sur la côte occidentale de la Corée); on cotoie cette presqu'île; et après avoir parcouru 12,000 li, on arrive au Japon; de là, après une route de 7,000 li vers le nord, on rencontre le pays de *Wen chin*, et à 5,000 li de ce dernier, vers l'orient, on trouve le pays de *Ta han*, dont le *Fou sang* est éloigné de 20,000 li.

Anciennement les vaisseaux chinois qui allaient au Japon traversaient le détroit de Corée, passaient devant les îles de *Tsou sima* (en chinois *Toui ma tao*), et abordaient dans quelque port de la côte septentrionale de la grande île de Niphon. Par conséquent, nous pouvons conclure que les distances, dans le routier duquel il s'agit, dépassent de beaucoup la réalité; aussi les anciens Chinois n'avaient-ils aucun moyen de déterminer la longueur de leurs courses par mer. Si l'on admet même que le li maritime, dans le vᵉ siècle, ait été de 400 au degré, la distance de 12,800 li de navigation pour aller de l'embouchure du *Ta thoung kiang* sur la côte occidentale de la Corée, par 38° 45′ lat. N., au milieu de la côte du Niphon sur la mer du Japon, est toujours plus de deux fois trop longue; l'espace entre ces deux points, en cotoyant, n'étant au plus que 5,608 li à 400 au degré. Il en résulte que les li du routier chinois sont d'environ 850 au degré.

Le même routier estime à 7,000 li la distance entre le port japonais et le pays de *Wen chin*, ainsi un peu plus de 8 degrés de latitude. Cette distance nous conduit, toujours en suivant le contour des côtes sur la mer du Japon, exactement à la partie septentrionale du Niphon et la pointe méridionale de l'île de Iéso. C'était là en effet le pays des *Wen chin* ou peuples tatoués; car les Aïnos ou *Yébis*, qui occupaient alors aussi bien la partie septentrionale du Japon que l'île de

à prouver que les Japonais sont issus des Chinois, puisqu'il n'y est nullement question d'une colonie chinoise arrivée au Japon. « Dans le vaste espace placé

Iéso, ont encore aujourd'hui l'usage de se peindre le visage et le corps de différentes figures.

La distance du pays des Wen chin à celui de Ta han était, selon notre routier, de 5,000 li, ou d'environ 6 degrés de latitude ; cela nous fait arriver tout droit à la pointe méridionale de l'île de *Taraïkaï*, nommée, sur nos cartes, mal à propos *Saghalien*. L'identité de cette île avec le Ta han est confirmée par un autre routier, qui conduit de la Chine septentrionale dans ce dernier pays.

Du temps de la dynastie des Thang, les Chinois avaient établi trois villes fortifiées au nord de la courbe la plus septentrionale que décrit le Houang ho, et qui entoure de trois côtés le pays actuel des *Ordos*, appelé pour cette raison *Ho thao*, ou enveloppé par le fleuve. L'une de ces villes, située entre les deux autres, portait le nom de *Tchoung cheou kiang tchhing*, ou la ville du milieu qui protège les peuples soumis : elle n'existe plus ; mais son emplacement, qu'on ne peut plus fixer avec précision, était dans le pays occupé actuellement par la tribu mongole des *Orat*, sur le bord septentrional du Houang ho. Pour aller par terre au pays de *Ta han*, on partait de cette ville, on traversait le désert de Gobi ou Cha mo, et l'on arrivait au principal campement des Turcs, *Hoei khe*, situé sur la gauche de l'Orkhon, non loin de ses sources, et à l'endroit où les Mongols construisirent plus tard leur première capitale *Kara korum*. De là, on gagnait le pays des *Kou li han* et des *Tou pho*, situés au midi d'un grand lac, sur la glace duquel on pouvait passer en hiver. On sait par d'autres renseignemens que ce lac était le *Baïkal*. Au nord de ce lac, disent les relations chinoises, on trouve de hautes montagnes et un pays où le soleil n'est, dit-on, sur l'horizon que pendant le peu de temps qu'il faut pour faire cuire une poitrine de mouton. Les Tou pho, voisins des Kou li han, habitent le pays au sud du lac. Un autre historien nous fait connaître quelle était la véritable demeure des Kou li han, en nous apprenant que leur contrée est la même que l'ancien pays des Kirkis ou Kirghiz, situé

entre l'*Opou* (l'Ob) et l'*Angkola* (l'Angara). En quittant le pays des Kou li han et se dirigeant à l'est, on entrait dans celui des *Chy̆ wei*. Ces Chy̆ wei se composent d'un grand nombre de tribus, qui ne paraissent pas avoir appartenu à une même nation ; car les relations chinoises parlent de plusieurs qui parlaient une langue différente de celle dont les autres faisaient usage. Cependant la plupart des Chy̆ wei étaient de la même origine que les Khitan, et parlaient leur idiome, qui était identique avec celui des Mo ho ; ceux-ci étaient, suivant toutes les apparences, des Mongols ; d'autres appartenaient à la race toungouse. Les Chy̆ wei les plus méridionaux habitaient dans le voisinage de la rivière Non, affluent de droite de l'Amour supérieur. Après avoir quitté le pays des Chy̆ wei qui habitaient à l'est des Kou li han et du lac Baïkal, et en marchant pendant quinze jours à l'est, on trouvait les Chy̆ wei appelés 者如 *Jou tche*, qui sont vraisemblablement le même peuple que d'autres auteurs chinois appellent 直如 *Jou tchy̆*, c'est-à-dire, les *Djourdjé*, ancêtres des Mandchoux actuels. De là on s'avançait pendant dix journées vers le nord, et l'on entrait dans le *Ta han*, entouré de trois côtés par la mer.

Ce pays, appelé aussi *Lieou kouei*, ne pouvait donc être autre que l'île de *Taraïkaï*, comme nous l'avons déjà reconnu, en suivant le routier par mer, rapporté par Li yan cheou. Deguignes a voulu faire du Ta han le Kamtchatka ; mais il est impossible d'arriver en trente jours de la côte orientale du Baïkal au Kamtchatka, tandis que ce temps est justement suffisant pour aller, en traversant un pays où il n'y a pas de chemins, de la pointe orientale du Baïkal, par le pays des Mandchoux et le long de l'Amour, à la grande île de Taraïkaï, située devant l'embouchure de ce fleuve.

L'identité du Ta han et de l'île de Taraïkaï, une fois démontrée, ne permet plus de chercher le pays de Fou sang en Amérique. Nous avons vu que les navigateurs qui allaient de la côte occidentale de la Corée au Ta han, parcouraient

« à l'extrémité orientale du monde est la montagne 羝𧱓摇孼 *I yo kun te*

d'abord 12,000, puis 7,000, et encore 5,000 li pour y arriver, ainsi en tout 24,000 li (ou, d'après notre calcul, 29 degrés 1/2 de longitude à l'équateur). Le Fou sang était à 20,000 li (ou 23 degrés 1/2) à l'est du Ta han ou Taraïkaï, ainsi moins éloigné de 4,000 li que celui-ci ne l'était de la côte occidentale de la Corée. En adoptant la lettre de la relation, et en cherchant le Fou sang à l'*est* du Ta han, on tomberait dans le grand Océan; car la côte opposée de l'Amérique sous la même latitude est au moins quatre fois plus éloignée.

Il faudrait donc rejeter tout le récit de Fou sang comme fabuleux, ou trouver un moyen de le concilier avec la réalité. Ce serait de supposer inexacte l'indication de la direction du routier par mer à l'est. Or, ce routier, qui nous conduit au Taraïkaï, indique constamment cette direction, tandis qu'il faut d'abord aller au sud pour doubler la Corée, puis, en entrant dans la mer du Japon, se diriger au nord-est, et changer finalement cette marche pour une plus septentrionale, afin de suivre la manche de la Tatarie jusqu'à la pointe méridionale du Taraïkaï. On peut donc présumer qu'on partait de là et que d'abord on allait droit à l'est pour passer le *détroit de la Pérouse*, en longeant la côte septentrionale de Iéso; mais qu'arrivé à la partie orientale de cette île, on tournait au sud et l'on arrivait ainsi à la partie sud-est du Japon, qui était le pays qu'on appelait *Fou sang*. C'est en effet un des anciens noms de cet empire.

Si l'on analyse les deux syllabes qui composent le mot Fou sang, on trouve que la première 扶 *fou* signifie aider, être utile, et que la seconde 桑 *sang* désigne le mûrier. Ce mot signifierait donc le *Mûrier utile*. Cette circonstance me fait penser qu'il y a quelque méprise dans le récit chinois conservé dans le Nan szu, et qu'il confond l'*hibiscus* ou la rose de la Chine, avec le mûrier à papier (*morus papyrifera*); car la description de l'arbre en question s'applique plutôt à ce dernier qu'à l'*hibiscus*: en effet, l'écorce du mûrier à papier fournit aux Japonais toutes les productions que la relation chinoise attribue à l'arbre *fou sang*. On emploie cette écorce à faire du papier, des étoffes, des habits, des cordes, des mèches et beaucoup d'autres choses utiles.

Parmi les autres productions du Fou sang, la vigne et le cheval, comme nous l'avons déjà remarqué, n'existaient pas en Amérique avant l'arrivée des Européens, tandis qu'on les trouve au Japon. Le cuivre de cette contrée est célèbre et un objet important d'exportation. Le fer est encore aujourd'hui rare au Japon, et par conséquent plus estimé que le cuivre. Selon les traditions mythologiques des Japonais, le cheval et le bœuf furent produits par les yeux de l'esprit *Ouke motsi no kami*, et les autres animaux domestiques sortirent de sa bouche. Quant à la vigne, il paraît qu'elle est plus ancienne au Japon qu'en Chine, où elle ne fut introduite que dans le second siècle avant notre ère; car, selon la tradition japonaise, les raisins furent produits par une tresse de cheveux noirs jetée par *Iza naki-no mikoto*, le dernier des sept esprits célestes qu'on prétend avoir régné dans ce pays.

La seule difficulté qui reste, est celle qui concerne l'introduction du bouddhisme. Selon les annales japonaises, cette religion ne se répandit dans l'empire qu'en 552, époque à laquelle, du *Fiak saï* ou *Pë tsi*, royaume situé en Corée, elle fut portée à la cour du Daïri. Cependant comme cette croyance avait déjà été introduite en 572 dans le royaume de *Kao li* ou *Koraï*, et en 384 dans le Fiak saï, et que les Japonais avaient alors eu depuis long-temps des relations avec ces deux pays, il n'est pas improbable que le bouddhisme eût trouvé des sectateurs au Japon, avant que l'entrée du palais du Daïri lui fût ouverte.

Finalement, je dois faire observer que le pays de Fou sang a procuré aux poëtes chinois des occasions innombrables de faire des descriptions fantastiques de ses merveilles. Les auteurs du *Chan haï king*, du *Li sao*, *Hoai nan tsu*, *Li pë taï* et autres écrivains du même genre y ont puisé à pleines mains. Suivant eux, le soleil se lève dans la vallée de *Yang hoù*, et fait sa toilette à *Fou sang*, où il y a des mûriers de plusieurs milliers de toises de hauteur; les habitans

« (Niĕ yao kiun ti)[1]; c'est là que croît l'arbre *fou sô* (fou sang). Sa hauteur est
« de trois cents *li* (chinois); ses feuilles ressemblent à celles de la moutarde.
« Près de là est la vallée *On ghen kokf* (Wen yuan koŭ). » *I yo kou ni* (lisez *I yo
kun te*), ajoute l'auteur japonais, est l'*Iyo*, une des quatre provinces de l'île
de *Si kokf*. La vallée *On ghen kokf* est aussi appelée *Tô kokf* (Thang koŭ)
ou des Sources chaudes.

On lit dans un autre ouvrage chinois, intitulé 經異神 *Sin ghi kio* (Chin
i king)[2] : « Dans la partie orientale du monde, il y a un *sô* (sang) ou mûrier
« haut de huit cents pieds; il s'étend fort loin, et ses feuilles ont dix pieds
« de long sur six ou sept de large. Sur cet arbre vivent des vers à soie de trois
« pieds de longueur, et dont les cocons fournissent une livre de soie. Les
« fruits de cet arbre ont trois pieds et cinq pouces de longueur. »

Le passage suivant se trouve dans un autre chapitre du Chan haï king :
« Au-delà de l'Océan du sud-est, et entre les *Kan soui* (Kan choui) ou les Rivières
« douces, est le royaume de 國和義 *Ghi wa kokf* (Hi ho kouĕ). Là vivait la
« vierge *Ghi wa* (Hi ho), qui épousa *Te ziun* (Ti tsiun), et donna naissance à
« dix soleils. » Le même livre dit aussi que *Ghi wa* (Hi ho) est le nom d'un
royaume dans les contrées de l'orient, et qu'on l'appelait également *le lieu
d'où sort le soleil*.

C'est sur des argumens aussi faibles et aussi incertains que des auteurs japonais supposent que leur pays a été peuplé long-temps avant l'époque de *Go-
no Taï fak*, et que leur nation descend des Chinois. A l'appui de cette hypothèse,
ils citent un passage du *Chan haï king thseng tchu*, qui est un commentaire du
Chan haï king, dans lequel on lit : « Du temps de l'empereur *Kô te* (Houang
« ti), *Ghi wa* (Hi ho) était l'astronome chargé d'observer le soleil. Ce
« prince lui ayant donné le pays de Fou sang, il s'embarqua avec sa
« famille, s'y fixa, et nomma cette contrée *Ghi wa kokf* (Hi ho kouĕ), ou
« pays de Ghi wa. Il eut dix enfans ; les garçons furent nommés 彦 *Fiko*
« (Yen) ou soleil mâle, les filles 姫 *Fime* (Ki) ou soleil femelle ; le so-
« leil étant considéré comme principe de toute fécondité. » Ainsi un homme,

en mangeant les fruits qui donnent à tout leur
corps un éclat doré, et leur procurent la propriété de voler dans l'air. Dans une notice du
Fou sang, également fabuleuse, et qui date du
temps de la dynastie des Liang, il est question
des vers à soie de ce pays qui ont six pieds de
longueur et sept pouces de grosseur ; ils sont
de couleur d'or et pondent des œufs de la di-
mension de ceux des hirondelles, etc.

(1) Dans l'original ce mot est écrit *I yo kou
ni* ; mais c'est une faute ; les deux dernières syllabes *kiun ti*, en chinois, doivent se prononcer
en japonais *kun te*.

(2) Ce livre a été composé sous les Han par
朔方東 *Toung fan so* ; il contient une
courte cosmographie fabuleuse.

ajoute l'auteur japonais, qui serait de nos jours nommé *Ko sak*, aurait eu a cette époque le nom de *Ko fiko*; et une femme nommée *Ouki ne*, celui d'*Ouki fime*. Ce pays, poursuit-il, fut aussi appelé *Wa kokf*. 和口 *Wa* ou *Kwa* (Ho), le second caractère de *Ghi wa*, signifie tranquillité et paix; *kokf* veut dire royaume. *Wa* est encore aujourd'hui un des noms du Japon.

On s'aperçoit facilement que les matériaux nécessaires pour résoudre avec quelque probabilité la question difficile de leur origine, manquent aux Japonais mêmes; il serait donc téméraire pour un Européen de vouloir aller plus loin qu'eux. Cependant, si l'on considère d'un côté la différence radicale entre la langue japonaise et la chinoise, et de l'autre le type tout-à-fait chinois de la civilisation actuelle du Japon, on peut conjecturer avec beaucoup de vraisemblance que ce pays, originairement habité par des autochthones, a été civilisé par des colonies chinoises, arrivées à différentes époques dans les provinces occidentales du Japon. On verra plus bas que le théâtre de l'histoire mythologique qui précède l'époque de *Zin mou ten o*, est placé dans le *Fiougo*, province de l'île de Kiouziou, qui est la plus occidentale du Japon, et que ce conquérant partit de là pour aller soumettre la partie orientale de cet empire, habitée par un peuple qui ressemblait aux Aïnos du Yéso, du Taraïkaï, des îles Kouriles et du Kamtchatka. Ce peuple, qui est aussi appelé 人毛 *Mao jin*, ou, d'après la prononciation japonaise, *Mozin*, c'est-à-dire hommes velus, occupa, à ce qu'il paraît, jusqu'au temps des Thang, la partie orientale du Japon; car on lit dans l'histoire de cette dynastie chinoise, que le *Wo kouĕ*, ou le Japon, était borné au nord par de hautes montagnes au-delà desquelles vivaient les *Mao jin*. Il paraît donc qu'à cette époque la différence entre les Japonais et les Aïnos ou Yéso n'était pas encore bien établie, mais que les derniers commencèrent alors à se mêler avec les autres, et finirent plus tard par s'identifier avec les Japonais sur le continent du Japon. En effet, la partie nord-est de l'empire n'a été civilisée que fort tard, relativement à celles de l'ouest et du midi. Ce fait, ainsi que plusieurs autres circonstances, paraissent appuyer la conjecture énoncée ci-dessus, et l'élever presque à la certitude.

Les auteurs japonais qui se sont affranchis des préjugés nationaux, paraissent être convaincus que leur patrie n'a commencé d'avoir un gouvernement régulier que sous *Zin mou ten o*, et que tout ce qui précède cette époque est enveloppé de fables. Les habitans du Japon, disent-ils, étaient des sauvages qui ne s'occupaient que de pourvoir aux besoins de la vie animale; ils ne connaissaient pas l'art d'écrire; les événemens qui les intéressaient le plus n'étaient marqués que par des entailles, et par des nœuds de cordes de paille, dont les vieillards expliquaient le sens à la jeunesse. Tout était alors grossier, et plongé dans cet état de barbarie et de misère où l'homme ne diffère de la brute que par la faculté de développer son intelligence au moyen de la contemplation, de l'observation et de l'expérience, et de s'élever peu à peu à un certain degré de civilisation, qui résulte des découvertes utiles, des communications sociales, et des conventions fondées sur la raison et sur l'équité. Ceux qui excellaient par leurs connaissances, étaient révérés pendant leur vie comme des êtres supérieurs, et honorés après leur mort comme *kami* ou dieux. Une vie pure, des principes austères, une conduite modeste, le désir ardent d'améliorer le sort de leurs semblables, et une pratique constante des préceptes qu'ils professaient, les distinguaient de la multitude. Un de ces hommes supérieurs était *Zin mou*. Par ses grandes qualités, il acquit une influence qui lui donna la facilité de devenir le premier souverain du Japon, et d'être honoré après sa mort du titre auguste de *Ten o* ou *Empereur céleste*. Aucune pompe ne l'entourait; sa demeure était une cabane de paille de douze toises ou de soixante-douze pieds en carré, ouverte de tout côté à l'inclémence des saisons; le toit en était couvert de broussailles; la terre lui servait de lit. Le souvenir de sa cabane a été conservé dans la construction des deux temples d'*Izé*, et dans une partie du palais des Daïri.

L'histoire véritable du Japon ne commence guère qu'à la 1re année du règne de *Zin mou*, qui est celle de 酉辛 *Sin yeou*, c'est-à-dire, la 58e du cycle de soixante, ou l'an 660 avant notre ère. Cependant, comme un ouvrage historique sur le Japon serait incomplet si l'on n'y trouvait pas un aperçu des traditions mythologiques de ses habitans, traditions dans lesquelles se peuvent trouver cachés quelques faits véritables, nous donnons ici la cosmogonie et l'histoire fabuleuse des Japonais, extraites du 卷代神 *Sin daï-no maki* (Chin taï kiuan), ou Histoire des dynasties divines, et du premier volume de la grande histoire du Japon intitulée 史本日大 *Daï Ni fon si* (Ta Jÿ pen szu), par *Minamoto Mitsou kouni* (Yuan Kouang kouě).

代七神天 TEN SIN SITS DAÏ,

OU LES SEPT GÉNÉRATIONS DES ESPRITS CÉLESTES.

Anciennement le ciel et la terre n'étaient pas encore séparés. Alors le 陰 *me* (yn), ou principe femelle, n'était pas détaché du 陽 *ó* (yang), ou principe mâle. Le chaos, ayant la forme d'un œuf, jetait des vagues comme une mer agitée. Il contenait cependant les germes de toutes choses; ceux qui étaient purs et transparens s'élevèrent et formèrent le ciel, tandis que tout ce qui était lourd et opaque se précipita, se coagula et produisit la terre. La matière subtile et parfaite se réunit et forma l'éther; la matière pesante et épaisse se durcit et devint ce qui est compacte. Le ciel fut donc formé le premier, et la terre s'acheva après. Un être divin, ou 神聖 *kami* (chin ching), naquit au milieu. C'est cet événement qu'on regarde comme le commencement de la création. Une île de terre molle nagea sur les eaux comme un poisson. Il naquit en même temps, entre le ciel et la terre, une chose semblable aux tiges de la plante *asi*[1], qui se métamorphosa en un dieu (*kami*), auquel on donna le titre honorifique de *Kouni toko tatsi-no mikoto*[2], et qui fut le premier des sept esprits célestes, dont voici la suite:

1. KOUNI TOKO TATSI-NO MIKOTO (Kouë tchhang lў tsun), ou *l'honorable du royaume toujours existant*, régna pendant cent mille millions d'années. On l'adore principalement dans un temple de la province d'Oomi.

2. KOUNI SA TSOUTSI-NO MIKOTO (Kouë hiă tchoui tsun), ou *l'honorable du milieu maniant le maket*, régna pendant une période de la même durée, et par la vertu de l'eau. Son temple est dans la province de Kawatsi.

3. TOYO KOUN NOU NO MIKOTO (Fung tchin chun tsun), ou *l'honorable qui puise en abondance du limon salé*[3], régna autant d'années, par la vertu du feu. Son temple est dans la province d'Oomi.

Suivant les lois du ciel, ces trois êtres divins s'engendraient tout seuls et étaient des mâles purs.

4. Le génie mâle OUFI TSI NI-NO MIKOTO (Ni thou tchu tsun), ou *l'honorable qui cuit la terre argileuse*. Il régna par la vertu du bois. Sa compagne était le génie femelle SOU FITSI NI-NO MIKOTO (Cha thou tchu tsun), ou *l'honorable qui cuit la terre sablonneuse*. Ces deux génies ont régné deux cent mille millions d'années. Leur temple est dans la province d'Izé. Depuis eux, il y eut des mâles et des femelles; mais il n'y avait pas encore de copulation charnelle.

(1) En chinois 葦 *wei* : c'est une graminée à laquelle M. de Siebold a donné le nom d'*erianthus japonicus*. Actuellement cette plante ne se trouve que très-rarement sur les côtes maritimes du Japon, tandis que toutes les montagnes de ce pays, jusqu'à l'île de Yéso, en sont couvertes à une hauteur de 1,500 à 5,000 pieds.

(2) Le mot *mikoto* est l'équivalent du chinois 尊 *tsun*, qui signifie *vénérable*.

(3) C'est le caractère 淳 *chun*, en japonais *nou*, qui signifie limon salé ou terre imprégnée de natron et de sulfate de natron. D'autres auteurs japonais mettent le troisième de ces esprits célestes avant les deux premiers, et lui donnent le titre honorifique d'*Oumasi assi fiko tsi-no mikoto*, ou *l'honorable et excellent oncle cadet, du côté de la mère, de la belle tige d'asi*.

5. Le génie mâle Oo to-no tsi-no mikoto (Ta hou tchi tsun), ou le *vénérable de la grande porte*, et le génie femelle Oo toma be-no mikoto (Ta chen pian tsun), ou *l'honorable du bord de la grande natte*. Ces deux esprits célestes régnèrent par la vertu du métal, et autant d'années que les précédens. Leur temple est dans la province de Yetsizen.

6. L'esprit mâle Omo tarou-no mikoto (Mian tsü tsun), c'est-à-dire le *vénérable à face pleine*, et l'esprit femelle Kassiro ne-no mikoto (Houang ken tsun), *l'honorable de la racine de la crainte*. Ils régnèrent par la vertu de la terre pendant deux cent millions d'années.

7. Le génie mâle Isa naghi-no mikoto (I tsang no tsun), ou *l'honorable qui a trop accordé*, et le génie femelle Isa na mi-no mikoto (I tsang thsĕ), ou *l'honorable qui trop excite* [1].

Les trois couples d'êtres divins qui avaient précédé celui-ci, suivaient les lois du ciel et de la terre, et se reproduisirent comme mâles et femelles, par une contemplation mutuelle.

La période des sept générations des esprits (*Kami yo tsits yoto*) a duré depuis *Kouni toko tatsi-no mikoto* jusqu'à *Issa nagi-no mikoto* et *Issi nami-no mikoto*.

Issa naghi-no mikoto et *Issa nami-no mikoto* montèrent sur l'*Ama-no ouki batsi* (Thian feou khiao), ou le *pont du ciel* [2], et dirent : N'y aurait-il pas là-bas au fond des pays et des îles ? Ils dirigèrent par conséquent en bas la *pique céleste de pierre précieuse rouge* [3], et remuèrent le fond. En retirant la pique des eaux troublées, il en tomba des gouttes qui formèrent l'île appelée *Ono koro sima*, ou *l'île qui s'est formée spontanément*. Les deux génies descendirent alors et allèrent l'habiter. Cette île est la colonne du milieu sur lequel est basé l'empire (*Kouni-no naka-no mibasira*).

Le génie mâle marcha du côté gauche et le génie femelle suivit le côté droit. Ils se rencontrèrent à la colonne de l'empire; et s'étant reconnus, l'esprit femelle chanta ces mots : « Je suis ravi de rencontrer un si beau jeune « homme. » Le génie mâle répondit d'un ton fâché : « Je suis un homme, ainsi « il est juste que je parle le premier ; comment toi, qui es une femme, oses-tu « commencer ? » Ils se séparèrent alors et continuèrent leur chemin. Se rencon-

(1) D'autres auteurs japonais donnent la généalogie suivante de ces deux derniers des génies célestes. *Kouni toko tatsi-no mikoto*, le premier de cette dynastie, fit naître *Ome kagami-no mikoto*, ou l'honorable du miroir céleste ; celui-ci donna la vie à *Ama yorotsou no mikoto*, l'honorable de la totalité des cieux, lequel fit naître *Awa naghi-no mikoto*, l'honorable du mouvement de l'écume, et celui-ci produisit *Issa nagi-no mikoto*.

(2) Les commentateurs disent que c'est une expression allégorique pour exprimer l'idée de l'amour et de l'attachement des deux sexes.

(3) *Ama-no to bokoû* (Thian tchi khioung); les commentateurs disent que ces mots désignent le membre viril.

trant de nouveau au point d'où ils étaient partis, le génie mâle chanta le premier ces paroles : « Je suis fort heureux de trouver une jeune et jolie femme. » Et il lui demanda : « As-tu à ton corps quelque chose propre à la procréation ? » Elle répondit : « Il y a dans mon corps un endroit d'origine féminine. » Alors le génie mâle répliqua : « Et mon corps a également un endroit d'origine « masculine, et je desire de joindre cet endroit à celui de ton corps. » Ce fut l'origine de l'accouplement des mâles et des femelles.

Son épouse devint enceinte, et accoucha d'abord de l'île *Awasi-no sima* [1], qui fut le premier lieu créé du Japon. Puis elle mit au monde l'île *Iyo-no fouta na-no sima* [2], ensuite l'île de *Tsikousi-no sima* [3], puis les îles jumelles de *Oki-no sima* et *Sado-no sima* [4], ainsi que *Kosi-no sima* [5], *Oo-no sima* [6] et *Kibi-no ko sima* [7]. Tous ces pays sont compris sous le nom d'*Oya sima-no kouni*, qui signifie les *Huit grandes îles ou contrées* [8]. Puis naquirent *Tsou sima*, *Iki-no sima*, et un grand nombre d'autres petites îles, produites toutes par l'écume.

Dans la suite, ils engendrèrent la mer, les rivières, les montagnes, le *Kougou-no tsi*, qui fut l'aïeul des arbres, le *Kayo-no fime* ou *No tsoume*, espèce de bruyère qui est la mère de toutes les plantes. Isanaghi-no mikoto et Isanami-no mikoto ayant réfléchi qu'il manquait encore un être pour gouverner le monde qu'ils avaient procréé, se mirent de nouveau à l'ouvrage. Isa nami-no mikoto mit d'abord au monde un être divin, nommé *Oo firou me-no mousi* (Ta jў ling koueï), c'est-à-dire, l'*Intelligence précieuse du soleil céleste*, et vulgairement appelé *Ten sio daï sin* (Thian tchao ta chin) [9]. Cette fille avait la figure resplendissante et l'air spirituel. Ses parens en furent enchantés ; mais la trouvant trop belle pour la terre, ils résolurent de l'envoyer au ciel, et de l'y charger du gouvernement universel.

(1) C'est-à-dire l'île de l'écume. Elle forme une province du Japon et est située entre l'île de *Si kokf* et la province d'*Idzoumi*.

(2) C'est-à-dire la seconde île qui reçut un nom. C'est celle de *Si kokf*.

(3) Ce sont les deux provinces de Tsikouzen et Tsikoungo dans la grande île de *Kiou ziou*.

(4) *Oki-no sima*, grande île au nord-ouest du Japon. *Sada-no sima*, île à peu de distance du *Ni pon*.

(5) Sous la dénomination de *Kosi-no sima* (Yuĕ tcheou) sont comprises les provinces d'*Yetsizen*, *Yetsingo* et *Yetsiou* de la grande île du Ni pon.

(6) *Oo sima* (Ta tao) ou la Grande Île, est située entre celle de Kiousiou et l'archipel de Lieou khieou.

(7) *Kibi-no ko sima* indique les trois provinces de *Bitsiou*, *Bizen* et *Bingo*.

(8) A cette époque, disent les auteurs japonais, on ne connaissait pas encore la division en nord, est, ouest et sud. Le nombre huit est, suivant la doctrine du Sinto ou de la religion primitive du Japon, considéré comme le plus parfait, le plus heureux ; c'est pourquoi ces contrées sont désignées par le nom des huit îles. La division d'après quatre points cardinaux ne commença que sous le règne de Zin mou.

(9) 神大照天 *Ten sio daï sin*, en japonais *Ama terasou oon kami*, signifie l'esprit céleste de l'éclat du soleil. Quelques auteurs prétendent qu'elle est la vierge Hi ho (p. ix).

La mère accoucha ensuite de *Tsouki-no kami* (Yuĕ chin), ou la *Déesse de la lune*. D'une figure moins resplendissante, elle fut aussi envoyée au ciel, et gouverne le monde conjointement avec sa sœur.

Puis naquit *Firou ko* (Tchў eul) [1], ou la sangsue. Cet enfant ne fut pas en état de marcher ni de se tenir sur ses jambes avant l'âge de trois ans. Ses parents l'envoyèrent à la mer, dans la barque *Ama-no iwa kousou foune* [2]. Enfin la déesse accoucha de *Sasan-no o-no mikoto* (So san ming tsun) [3]. Celui-ci devenait furieux à la moindre contrariété : alors il était très-fort et très-entreprenant ; autrement il était doux, et avait toujours les larmes aux yeux. Mais étant provoqué, il cassait tout, déracinait les arbres, et mettait le feu aux forêts des montagnes. Ses parents l'en grondèrent, et lui firent entendre qu'il était trop dur et trop intraitable pour rester sur la terre, et qu'ils l'enverraient au *Ne-no kouni* (Ken kouĕ) [4]. Il demanda et obtint la permission de faire, avant de s'y rendre, une visite à ses deux sœurs au ciel.

Ayant fini la création, Isa naghi-no mikoto retourna avec sa femme au ciel, après avoir construit dans l'Awasi une petite cabane, en mémoire de leur séjour sur cette île. Leur palais au ciel eut le nom de *Fi-no waka miya* (Jў tchi chao koung) ou palais du jeune soleil [5].

代五神地 TSI SIN GO DAÏ,

OU LES CINQ GÉNÉRATIONS DES ESPRITS TERRESTRES.

1. **TEN SIO DAÏ SIN.** *Sasan-no o-no mikoto* s'approcha du ciel [6] avec un bruit affreux. *O firou me-no moutsi*, connaissant l'esprit turbulent de son frère, en

---

(1) Les Japonais disent que les grenouilles et les crapauds, en naissant, n'ont point de pattes, et ne peuvent sauter qu'à l'âge de trois ans. *Firou ko* dénote ici le dieu de la mer, nommé *Yebis san ro*, ou troisième fils à figure riante. Firou ko fut envoyé dans la province de Sets, arrosée par la mer, et dont la capitale est Osaka. Son temple *Nisi-no miya* y est encore en grande vénération. On l'y voit représenté ayant une brême sous le bras et une ligne de pêcheur à la main. Son nom est communément prononcé *Ibis*.

(2) En chinois, *Thian phan yu tchang tchhouan*, c'est-à-dire, barque céleste faite d'un tronc de camphrier.

(3) C'est le dieu des vents et des tempêtes.

(4) *Ne-no kouni* ou *Zoumo-no kouni* est le nom d'une contrée au nord-est de Miyako. Il y existe encore le temple *Oya siro*, où est l'image de Sasan-no o-no mikoto. *Ne-no kouni* signifie proprement le royaume des racines, et c'est sous ce nom qu'on désigne ordinairement l'enfer ; mais ici il s'agit du pays au nord-ouest de Miyako, qui alors était désert.

(5) *Fi-no waka* désigne l'aurore, le soleil levant. Dans un autre ouvrage, on nomme ce palais *Taka-no Sinsia* ; *Taka* est le nom du lieu, et *Sinsia* un temple dans la province d'Oomi, à l'est de Miyako.

(6) C'est la province de *Yamato* qui est dési-

fut très-effrayée ; elle présumait que, quoique ses parens eussent confié le gouvernement de différens départemens à chacun de leurs enfans, le but de cette visite était d'envahir le domaine qui lui était échu. Cependant elle prit courage, noua ses cheveux sur sa tête, retroussa ses vêtemens, les tira comme des caleçons entre ses cuisses, et les attacha à sa ceinture. Dans une main elle prit les cinq cents fils de grains de pierre précieuse rouge appelée *Yasaka ni* [1] ; elle orna ses cheveux de guirlandes qui lui tombèrent sur l'épaule, et sur le dos elle s'attacha deux carquois ; l'un contenait mille, l'autre cinq cents flèches. A son coude elle mit le gantelet *Isou-no taka gara* [2], et prit de l'autre main un arc. Ainsi équipée, elle alla au devant de son frère, et le questionna d'un ton aigre sur ce qui l'amenait. Il répondit : « Je n'ai point de « mauvaises intentions ; mais mes parens m'ayant ordonné de me rendre au Ne- « no kouni, j'ai obtenu leur consentement de venir auparavant prendre congé de « vous. J'ai eu beaucoup de peine à percer l'air et les nuages pour venir jusqu'à « vous, et je ne m'imaginais pas que mon arrivée dût si fort fâcher ma sœur. » Elle lui demanda alors comment il pouvait la convaincre qu'il n'avait pas d'intentions hostiles. Il offrit de conclure avec elle cette convention, que s'il procréait trois filles, elle pourrait croire qu'il avait le cœur mauvais ; mais que s'il engendrait trois fils, son cœur serait pur. Elle accepta cette épreuve, prit l'épée de son frère appelée *To souka-no tsouroughi* [3], la brisa en trois morceaux, qu'elle lava dans le puits *Ama-no mana i* [4] ; puis elle les mâcha entre ses dents, et les rejeta. Un brouillard épais sortit en même temps de sa bouche, et il parut trois vierges, nommées *Ta gori fime*, *Taki tsou fime* et *Itsi ki sima fime* [5]. Sasan-no o mikoto prit alors des guirlandes que sa sœur avait tressées dans ses cheveux et les cinq cents fils de grains de *Yasaka ni*, les remua dans le

gnée ici sous le nom du *ciel*. Elle est la plus fertile du Japon, et forme avec celle de *Yamasiro* ce qu'on nomme le *Pays central*, où se trouve Miyako, ou la résidence du Daïri. C'est là que son frère vint voir la déesse Ten sio daï sin. Par la suite elle fixa sa demeure à Izé, où sont ses temples si renommés, et visités chaque année par des milliers de pélerins.

(1) Dans l'original : *Yasaka* nom d'une ville de la province de Yamasiro ; *ni* pierre précieuse de couleur rouge, *iwo* cinq cents, *tsou* pièces, et *misou marou* filières de grains de corail. Ces grains sont un des trois insignes impériaux dont la possession rend le Daïri légitime.

(2) C'est un gantelet de buffle qu'on attache au bras quand on tire de l'arc, pour rompre ou diminuer le choc de la corde.

(3) C'est le troisième des insignes impériaux. *To* signifie dix, *souka* poignée, et *tsouroughi* lame.

(4) *Ama* signifie ciel, *mana* pur, et *i* puits. Ce puits est à *Mana i fara*, dans la province de Tamba, voisine de celle de Yamato.

(5) Le temple de ces trois vierges est dans la province d'Aki, et se nomme *Isou kou sima*. Il appartient au culte de Sinto. On y jouit d'une vue qui est de la plus grande beauté. C'est un des trois lieux du Japon célèbres pour cette raison. Les deux autres sont *Mats sima*, dans la province de Mouts ; et *Ama-no fasi tate* dans celle de Tango.

DES JAPONAIS.

même puits, les mâcha et les rejeta avec un brouillard épais duquel sortirent cinq garçons, nommés *Masa ya a katsou katsou-no faya fi ama-no osi wo mimi-no mikoto, Ama-no o fi-no mikoto, Ama tsou fiko ne-no mikoto, Ikou tsou fiko ne-no mikoto*, et *Kouma no-no kou sou fi-no mikoto*; il prétendit que c'étaient ses fils. Elle répliqua qu'étant produits par ses bijoux, ils étaient à elle; mais que les trois filles produites par son épée, qu'elle avait mâchée, étaient à lui : en conséquence le traité fut rompu. Ces trois vierges possédèrent ensuite l'île de Kiou ziou, composée des neuf provinces de Tsikouzen, Tsikoungo, Figo, Fisen, Boungo, Bouzen, Fiouga, Osoumi et Satsouma.

Le traité ainsi rompu, *Sosan-no o-no mikoto* commit toute sorte de dégâts. Quand *O firou me-no moutsi* ensemença la terre au printemps, il y jeta l'ivraie et foula aux pieds les sentiers. En automne, il chassa le cheval bigarré *Ama-no boutsi koma* [1] dans les champs, pour détruire la récolte. Enfin il se permit toute sorte de vexations envers sa sœur. Celle-ci en fut tellement effrayée, qu'elle se blessa involontairement avec sa navette, ce qui lui causa une si grande colère, qu'elle s'enfuit dans une caverne du rocher *Ama-no iwa* (Thian chỹ) [2], situé dans le ciel, et en boucha l'entrée d'une grosse pierre : aussitôt le monde fut couvert de ténèbres.

Alors les huit cent mille dieux s'assemblèrent près de la rivière *Ama-no yasou gawa* (Thian ngan ho) [3], pour se consulter sur le meilleur moyen de faire sortir Ten sio daï sin du rocher. *Omofi gane-no kami* (Szu kian chin), le dieu du destin, proposa d'y rassembler des oiseaux et de les faire chanter, tandis que *Ta tsikara o-no kami* (Cheou lỹ hioung chin) [4] garderait l'entrée, qu'*Ama-no koyane-no mikoto* (Thian eul wŏ ming) [5] et *Fouto dama-no mikoto* (Tai yu ming) [6] iraient à la montagne *Ama-no kako yama* [7], pour y déraciner les cinq cents arbres nommés *Ma saka ki* (Tchin pan chu), et les planter devant le rocher; puis ils suspendraient les cinq cents fils des grains [8] impériaux faits de

(1) En chinois *Thian pan kiu*, coursier du ciel, c'est-à-dire, la neige et la grêle.

(2) *Ama-no iwa* signifie rocher du ciel. On dit qu'il était dans la province de Fiouga. Kæmpfer place cette caverne dans la province d'*Ize*, à 20 *ken* du bord de la mer. Elle a, dit-il, environ un *ken* et demi de diamètre, et contient une chapelle dans laquelle on adore un dieu assis sur une vache et appelé *Daï nits-no raï*.

(3) C'est une rivière de la province de Yamato; mais ici il s'agit d'une rivière du ciel.

(4) C'est-à-dire, le Dieu fort à la main puissante. Son temple *Toga kousi-no miosin* est dans la province de Sinano.

(5) *Ama-no koyane-no mikoto* est réputé avoir été le premier ancêtre de la famille du premier Kouanbak ou premier ministre du Daïri.

(6) *Fouto dama-no mikoto* fut le premier père de la famille d'*Imbe* (Ki pou), éteinte aujourd'hui.

(7) Cette montagne est près de Miyako ou de la capitale de l'empire, de laquelle toutes les distances sont comptées.

(8) Les commentateurs japonais disent que *Ten sio daï sin* est l'emblème du soleil et de toutes

la pierre précieuse *Yasaka ni* (Pä pan khioung)[1] à leur sommet, le miroir *Ya ta-no kagami* (Pä chi kian)[2] au milieu, et aux branches inférieures les *Nighite* (Thsing ho pi)[3]; qu'ensuite on y ferait danser *Ama-no ousou me-no mikoto* (Thian tian niu ming)[4], ayant sur la tête une guirlande de branches de l'arbre *Ma saka ki*, et les manches de sa robe retroussées avec des liens d'herbes; enfin qu'il faudrait y allumer un grand feu. Tout ceci fut approuvé par les autres dieux, et mis à exécution.

O firou me-no moutsi ou *Tensio daï sin*, entendant ce tumulte, se disait: « Puis-« que j'ai fermé l'entrée de la caverne, il doit régner une nuit obscure dans « l'univers. » Entraînée par la curiosité de voir pourquoi Ama-no ousoume-no mikoto dansait au son de la musique, elle poussa la pierre un peu en dehors. Aussitôt Ta tsikara o-no kami passa une main dans l'ouverture, saisit la pierre des deux mains, la jeta de côté, et fit sortir O firou me-no moutsi du rocher. Ama-no koyane-no mikoto et Fouto dama-no mikoto tendirent au même instant une corde devant l'entrée, pour empêcher qu'elle ne fût bouchée de nouveau[5].

les influences bienfaisantes, et qu'elle dénote le printemps et l'été. *Sosan-no o-no mikoto*, au contraire, né au Japon, homme rude et féroce, est pris pour l'automne et l'hiver.

(1) Ces *Misou marou* ou grains précieux étant ronds, sont, selon l'explication de quelques auteurs japonais, l'emblème de l'heureuse influence du soleil, qui fertilise tout.

(2) *Ya* signifie huit, et *ta* est une mesure de huit pouces; ainsi ce miroir avait soixante-quatre pouces de diamètre. Le nombre huit est au Japon regardé comme parfait et de bon augure. Ce miroir, un des emblèmes de la puissance suprême, est aussi appelé *Ma fou tsou-no kagami* (Tchin king tsin kian), ou le miroir qui aide à arriver à bon port; il est l'emblème de la pureté; aussi ne voit-on dans les temples des Sinto qu'un miroir suspendu à une boule nommée *kokoro* ou le cœur. Les Japonais visitent ces temples avec une profonde vénération. Le corps incliné, ils y offrent avec le plus grand recueillement et en silence leurs hommages au miroir, emblème de l'Être suprême, qui est la source de toute création. Ainsi que dans un miroir, disent-ils, on aperçoit les défauts du corps, de même l'Être suprême aperçoit les moindres vices et les mauvaises intentions dans le cœur humain.

(3) Ce sont de petites bannières; il y en a de deux espèces: les *Siro nighite* sont faits de l'écorce de chanvre apprêtée, et les *Ao nighite* de la même écorce, mais brute. Actuellement on les fait de papier; elles représentent les dons offerts à Ten sio daï sin, ou tout autre dieu, quand on vient prier au temple. Ces sortes d'offrandes sont même généralement en usage dans les relations de politesse parmi les Japonais. Si l'on se propose de rendre visite à quelqu'un chez lequel on n'est jamais allé, il est d'étiquette de lui envoyer d'abord quelque cadeau, auquel on attache, avec de petits cordons de couleur dorés et réservés à cet usage, un papier plié suivant la nature du don, et qui contient un petit morceau de *nosi* ou (*awabi*) holothurie sèche. S'il est accepté, c'est une preuve que la visite sera agréable. Les différentes manières de plier ce papier selon les circonstances, et l'envoi du *nosi*, ont été expliqués par M. Titsingh, dans son *Traité des cérémonies de mariage des Japonais*.

(4) *Ama-no ousou me-no mikoto* était une femme de la province Fiouga, renommée pour sa perfection dans la danse.

(5) Cette corde dénote, disent les commentateurs japonais, la distinction entre le pur et l'impur, le bienfaisant et le malfaisant. Anciennement on la nommait *Siri koume nawa*, à

Tous les dieux supplièrent alors la *déesse du soleil* de ne plus s'enfuir; et pour l'apaiser, ils arrachèrent à Sosan-no o-no mikoto les ongles des mains et des pieds, et les cheveux [1]. Alors il fit sa soumission à Ten sio daï sin, quitta le ciel, et descendit sur la terre aux bords de la rivière *Fi-no kawa* (Phi tchhouan), dans la province Idzoumo.

En y arrivant, des gémissemens frappèrent son oreille: pour découvrir d'où ils provenaient, il se promena le long de la rivière; et bientôt il aperçut un couple âgé, le mari se nommait *Asi natsou tsi* (Kiŏ mo ju) et la femme *Te natsou tsi* (Cheou mo ju) [2]; entre eux était une fille belle et jeune, nommée *Ina da fime* (Tao thian ki) [3]. Le dieu demanda au mari et à la femme la cause de leur douleur; il apprit qu'ils avaient eu huit filles, dont sept avaient déjà été dévorées par un terrible serpent, ayant huit têtes et huit queues, nommé *Ya mata-no orotsi* [4], et que ce même jour ils craignaient à chaque instant son retour pour dévorer aussi la seule qui leur restait. Sosan-no o-no mikoto les exhorta à prendre courage, et leur demanda cette fille en mariage. Les parens ayant consenti, il leur ordonna de préparer huit grands vases de saki, fit une espèce d'échafaud à huit ouvertures dans lesquelles il plaça les vases, puis il se cacha dessus pour attendre le serpent, qui arriva bientôt: ses yeux étaient rouges comme du soya mêlé de vinaigre; sur son dos croissaient des pins et des cyprès, et la trace de sa marche formait comme huit vallées entre huit rangées de collines. Il enfonça chacune de ses têtes dans un vase, but la liqueur, et s'endormit aussitôt.

A l'instant Sosan-no o-no mikoto tira son sabre et coupa le serpent depuis les têtes jusqu'aux queues en petits morceaux. Le sabre reçut à cette occasion quelques brèches. Le vainqueur vit alors un autre sabre caché dans la queue du serpent, mais présumant qu'il appartenait à quelque dieu, il crut ne pas devoir le conserver, et en fit don aux dieux célestes. Ayant trouvé à *Souka* (Thsing), dans l'Idzoumo, un terrain convenable, il y bâtit une maison et épousa la jeune fille; il donna l'intendance de la maison aux parens, et leur conféra

---

présent, elle est appelée *Sime nawa*, ce qui veut dire, repousser tout ce qui est impur. On la trouve suspendue à l'entrée des temples Sinto.

(1) Cette punition de Sosan-no o-no mikoto veut dire, arracher l'ivraie et labourer la terre, pour qu'elle soit mieux fécondée par les rayons bienfaisans du soleil.

(2) *Assi natsou tsi* et *Te natsou tsi* sont les noms des deux premiers habitans du Japon. Le premier signifie celui qui touche le bouton de la mamelle avec le pied, et le second, celui de sa femme, celle qui touche le même bouton avec la main.

(3) *Ina* est le riz nouveau, *ta* champ, et *fime* dame.

(4) *Ya* signifie huit, *mata* cime, et *orotsi* grand serpent. C'est, selon l'explication des commentateurs japonais, le nom d'un fleuve rapide, ayant huit embouchures.

le titre d'*Ina da miya nousi-no kami*, ou de gardiens du palais d'Ina da fime. Il eut de sa femme un fils qui fut appelé *Oo ana moutsi-no kami* (Ta ki kouei chin); il partit dans la suite pour le *Ne-no kouni*, comme il l'avait promis.

2. Masa ya ya katsou katsou-no faya fi ama-no osi wo mimi-no mikoto (Tching tsaï ou ching ching soŭ jў thian ki hoei eul tsun), fils aîné de Ten sio daï sin [1], épousa *Tagou tada tsi tsi fime* (Khao fan thsian thsian ki), fille de *Takan mi mosou fi-no mikoto* (Kao houang thsan ling tsun), et en eut un fils.

3. Ama tsou fiko fiko fo-no ni ni ghi-no mikoto (Thian tsiu yan yan ho khioung khioung tchhu tsun), qui lui succéda. Son grand-père maternel, qui aimait beaucoup son auguste neveu (*Sou me mima*, Houang sun), résolut de le faire gouverneur d'*Asi wara-no naka tsou kouni* (Weï yuan tchoung kouĕ) [2]. Ce pays était alors rempli d'esprits brillans sous la forme de vers luisans, de mauvais génies qui bourdonnaient comme des mouches, d'herbes et d'arbres parlans. Pour l'en débarrasser auparavant, il assembla les quatre-vingts *kami* ou dieux célestes, leur annonça son intention de chasser les mauvais démons du Japon, et leur demanda lequel d'entre eux ils jugeaient le plus propre à accomplir ce dessein. Tous désignèrent *Ama-no fo fi-no mikoto* (Thian hoei jў ming), qui y fut envoyé; mais loin de remplir sa commission, il se prêta en tout aux vues d'*Oo ana moutsi-no kami*, et demeura chez celui-ci trois ans sans retourner au ciel. On fit partir alors son fils *Oseï-no mi kouma-no ousi*, qui suivit l'exemple de son père et ne revint pas. Takan mi mosou fi-no mikoto, choqué de cette conduite, consulta encore plusieurs *kami*, qui proposèrent *Ame waka fiko* (Thian tchi yan), homme d'un grand courage, et fils d'*Ama-no kouni tama* (Thian kouĕ yŭ). Takan mi mosou fi-no mikoto le fit venir, lui remit l'arc *Ama-no kago yumi* (Thian loŭ cul koung) ou du cerf céleste, et les flèches *Ama-no faba ya* (Thian yu tchi) ou des pennes du ciel, et lui ordonna de descendre sur la terre. Celui-ci y resta de même, y épousa *Sita terou fime* (Hia tchao ki), fille d'*Otsousi kouni tama* (Hian kouĕ yŭ), et se proposa de retenir plutôt pour lui-même le gouvernement du pays, que de le purifier pour le petit-fils de Ten sio daï sin. Long-temps après son départ, Takan mi mosou fi-no mikoto ne le voyant pas revenir, dépêcha le faisan *Na nasi kisi* pour en apprendre la cause. Le faisan se percha sur l'arbre *Yetsou-no katsoura* (Thang tsin thou moŭ), devant la porte d'Ame waka fiko; celui-ci informé par sa femme qu'il y avait un oiseau extraordinaire sur l'arbre, Ame waka fiko crut que c'était un présent que celui qui l'avait envoyé lui faisait parvenir; il prit donc l'arc, sortit de la maison, et perça la poitrine de Na nasi kisi. L'oiseau

(1) Selon d'autres, le fils de *Sosan-no o mikoto*.

(2) C'est-à-dire, le règne du milieu du plateau de l'*Eryanthus japonicus*.

tomba roide mort : mais la flèche monta au ciel, et s'arrêta aux pieds de Takan mi mosou fi-no mikoto ; il la reconnut à l'instant, et, la voyant ensanglantée, il présuma qu'on était en guerre avec les *kami* terrestres ; il la ramassa donc et la rejeta sur la terre, où elle atteignit à la poitrine Ame waka fiko, qui dormait après son dîner, et qui fut tué du coup. Les gémissemens de Sita terou fime percèrent jusqu'au ciel, et furent entendus d'Ama-no kouni dama. Instruit par-là de la mort de son fils, il dépêcha à l'instant un vent rapide pour lui rapporter le corps, et construisit un édifice où il l'enterra. Les oies sauvages et les moineaux l'accompagnèrent, et passèrent huit jours et huit nuits en lamentations.

Ame waka fiko avait eu, pendant son séjour sur terre, un ami nommé *Atsi souki taka fiko no-no kami* (Weï szu kao yan ken chin), qui lui ressemblait beaucoup. Celui-ci monta au ciel pour faire son compliment de condoléance aux parens. Ces divinités, en le voyant, croyant leur fils ressuscité et de retour, lui détachèrent sa ceinture ; ce qui l'irrita. Il changea de couleur, et leur demanda comment lui, qui était l'ami de leur fils et qui venait de si loin pour leur faire politesse, était pris par eux pour le défunt. Dans sa colère, il tira son sabre, et hacha toute la maison de deuil en pièces ; elles tombèrent dans la province de Mino, et y formèrent le mont *Mo yama* (Sang chan) ou la montagne du Deuil, dans laquelle la rivière *Aya mi-no kawa* (Lan kian tchhouan) a sa source.

Takan mi mosou fi-no mikoto assembla de nouveau les *kami*, et les informa que la terre n'était pas encore purifiée, quoiqu'il y eût dépêché plusieurs des plus braves. Ils répondirent unanimement : « *Iwa tsoutsou o* « (Phan toung nan), fils de *Iwa sakou ne sakou-no kami*, a épousé *Iwa tsoutsou me* ; « il en a un fils, nommé *Foutsou nousi-no kami* (King tsin tchu chin) ; c'est lui « qui est le plus propre à réussir. » Alors *Take mika soutsi-no kami*, fils de *Fe ino faya fi-no kami*, petit-fils de *Mika-no faya fi-no kami*, et arrière-petit-fils d'*Isou-no obasiro-no kami*, et kami ou dieu lui-même, qui demeurait dans la caverne du rocher *Ama-no iwa*, entra de force dans l'assemblée, et demanda en courroux si Foutsou nousi-no kami était le seul brave, et déclara que lui-même était décidé à partir.

Takan mi mosou fi-no mikoto les expédia tous les deux sur la terre ; ils y descendirent à *Iso dosa-no obama*, dans la province d'Idzoumo. L'un d'eux enfonça la pointe de l'épée *Tosouka-no tsouroughi* dans le sol, s'assit auprès, et fit venir Oo ana moutsi-no kami, fils de So san-no o-no mikoto. Il lui raconta que Takan mi mosou fi-no mikoto avait envoyé plusieurs *kami* célestes sur la terre pour la purifier, mais qu'ils ne s'étaient pas acquittés de cette commission ; il lui reprocha d'en être la cause, et lui demanda s'il voulait la quitter ou y rester. Oo ana moutsi-no kami demanda du délai, pour consulter son fils Kotosiro nosi-no kami, et promit une prompte réponse. Ce dernier était allé au cap *Mi fo-no saki* (San hoei khi), dans l'Idzoumo, où il s'occupait à prendre des poissons dans des nasses. Son père lui dépêcha Inase fagi pour s'entendre avec lui sur ce qu'il y avait à faire. Kotosiro-no kami se décida à reconnaître la suprématie des dieux célestes, à quitter la terre, et à se cacher dans la mer, où il construisit un enclos et s'y enferma. Le père rapporta aux deux *kami* la réponse de son fils; il ajouta que lui-même il prenait le parti d'obéir aussi, que tous les *kami* terrestres suivraient son exemple, et qu'aucun d'eux ne résisterait aux *kami* du ciel. Il leur offrit en même temps son épée *Fok ko*, longue de douze à dix-huit pieds, les priant d'en faire présent de sa part à Amatsou fiko fo-no nini ghi-no mikoto, en l'assurant qu'à son arrivée sur la terre, s'il faisait usage de cette arme, personne ne pourrait lui résister : ensuite il alla se cacher avec les quatre-vingts *kami*. Foutsou nosi-no kami et Take mika soutsi-no kami mirent à mort tous les autres *kami* subalternes qui ne voulurent pas se soumettre, retournèrent ensuite au ciel, et firent leur rapport à Takan mi mosou fi-no mikoto. Celui-ci plaça alors son petit-fils Amatsou fiko fo-no nini ghi-no mikoto sur un trône céleste, ouvrit les cieux, et le fit descendre par la voie des huit espèces de nuages sur le mont *So-no taka tsi fo-no dake* (Sÿ tchi kao thsian hoei fung), dans la province de Fiouga. De là il alla au cap *A ta-no naga ya-no kasa sa-no misaki* (Ou thian tchhang wo lÿ hiă tchi khi), où il rencontra un homme nommé *Koto katsou kouni katsou naga sa*. Il lui demanda si ce pays touchait à quelque autre; celui-ci répondit que oui, et lui offrit, s'il avait envie d'en faire le tour, de se reposer d'abord et de passer la nuit dans sa maison. *Amatsou fiko* accepta la proposition, et trouva en entrant une femme d'une rare beauté, nommée *Ka asi tsou fime* (Loü weï tsin ki). Il lui demanda quels étaient ses parens; elle répondit : « Votre servante est la « fille d'un dieu céleste, et ma mère est une divinité terrestre des grandes « montagnes. » Amatsou fiko l'épousa, et la rendit enceinte la même nuit. Cependant il crut qu'elle l'était déjà d'un autre, et lui dit : « Comment se peut-« il que toi, fille d'un dieu céleste, tu deviennes enceinte dès la première « nuit de ton mariage? » Cette question l'offensa; elle fit construire une petite cabane, et lui dit : « Je mettrai le feu à cette cabane; si vous êtes le père « de l'enfant dont je suis grosse, le feu ne me touchera pas; sinon, je serai « consumée. » Elle s'y enferma et y mit à l'instant le feu. Dès que la flamme s'éleva, elle mit au monde un enfant, nommé *Fo-no sousoro-no mikoto* (Ho lian kiang ming); lorsque la flamme fut au plus haut degré, elle donna le jour à un autre, nommé *Fiko fofo de mi-no mikoto* (Yan ho ho tchhu kian tsun); et quand le feu commença à s'affaiblir, parut un troisième enfant, nommé *Fo-no akari-no mikoto* (Ho ming ming). C'est ainsi qu'elle accoucha de trois fils.

Amatsou fiko mourut, et fut enterré sur le mont *Ka ye-no yama* (Kho ngai tchi chan), entre le Tsoukouzi et le Fiouga.

4. FIKO FO FO DE MI-NO MIKOTO (Yan ho ho tchhu kian tsun). *Fo-no sousoro-no mikoto*, aîné des fils du troisième dieu terrestre, s'occupa du gouvernement de la mer, tandis que le cadet Fiko fo fo de mi-no mikoto présida aux montagnes. Quelque temps après, ils convinrent de changer cet état de choses : le second donna son arc et ses flèches au premier, et en reçut l'hameçon; mais ne trouvant pas leur compte à cet arrangement, chacun voulut bientôt reprendre ses premières occupations. Cependant le cadet avait perdu l'hameçon, et voulut en donner un autre à son frère, qui le refusa; il en fit donc faire plusieurs de son épée, et les lui offrit dans un van (mı) à blé, en le priant d'en prendre autant qu'il voudrait. Mais l'aîné, trop irrité contre lui, n'en voulut pas, et insista pour qu'il lui rendît le sien. Son frère en fut fort affligé; il parcourut le rivage pour chercher l'hameçon perdu, et rencontra un vieillard nommé *Siwo tsoutsou-no o si* (Yan thou lao oung), ou le vieillard de la terre salée, qui lui demanda pourquoi il errait si triste sur la plage. En ayant appris la cause, il l'exhorta à prendre courage, et lui promit de l'aider. Il construisit à l'instant une sorte de cloche de plongeur, y introduisit son protégé, et le fit couler au fond de la mer. Celui-ci arriva près du palais du dieu de la mer. Cette habitation était de la plus grande magnificence. A l'entrée, il y avait un puits, sous l'arbre *Ye tsou-no katsoura*, dont les branches et les feuilles ombrageaient les environs : une jeune fille d'une grande beauté, ayant à la main une jatte de jade oriental, sortit de la maison pour puiser de l'eau; le nouveau venu s'approcha du puits; elle en fut effrayée, rentra précipitamment, et conta à ses parens ce qui venait d'arriver. Ceux-ci étendirent à l'instant dans le salon huit doubles nattes, pour y recevoir l'étranger, allèrent à sa rencontre, et le conduisirent dans la maison. Après les premiers complimens, ils s'informèrent du motif de son voyage. Ayant appris ses aventures, ils ordonnèrent à tous les poissons grands et petits de s'assembler devant la salle. Ne voyant pas venir le poisson *Aka me* (Tchhў niu) ou la dame rouge [1],

(1) Ce poisson appelé aussi en chinois 魚周 *tiao* (ou *taï* d'après la prononciation japonaise), est nommé par les Hollandais dans l'Inde *steenbrassen*; c'est le *sparus aurata*, ou le *chrysophrys cristiceps*. Au Japon, ce poisson est très-estimé, tant parce qu'il est consacré au dieu marin Yebis, que pour sa beauté et pour l'éclat qu'il jette dans l'eau. La chair du *taï* est très-

ils interrogèrent les autres poissons sur la cause de son absence. Ceux-ci répondirent que l'Aka me avait en ce moment mal à la bouche, ce qui l'empêchait de venir. On dépêcha donc vers elle quelques poissons, qui revinrent avec l'hameçon perdu.

Fiko fofo de mi-no mikoto épousa alors la fille du dieu de la mer, nommée *Toyo tama fime* (Fung yu ki), et bâtit dans l'eau un palais où il passa trois ans à se divertir avec elle. Cependant le souvenir de son pays le tourmentait sans cesse, et il brûlait d'envie de le revoir. Sa femme s'en aperçut, et en fit part à ses parens, qui lui permirent d'y aller pour y porter l'hameçon. A son départ, ils lui donnèrent le *siwo mitsou ni* (tchhao man khioung), la pierre précieuse du flux, et le *siwo firou ni* (tchhao hŏ khioung), la pierre précieuse du reflux, et lui dirent : « Si ton frère ne te permet pas de revenir, jette la pre-
« mière dans la mer, et à l'instant tout le pays sera submergé ; si alors il
« t'accorde la faculté de t'en retourner, jette l'autre pierre, et bientôt l'eau
« s'écoulera. »

Quand il fut sur le point de partir, sa femme lui dit : « Votre épouse est
« enceinte et accouchera bientôt. Aidée par un gros vent et un flux considé-
« rable elle gagnera le bord de la mer, où il faut lui préparer une demeure
« convenable pour qu'elle y fasse ses couches. » Il lui dit adieu et alla chez son frère. Après lui avoir remis l'hameçon, il lui demanda la permission de rentrer dans la mer. Ayant essuyé un refus, il se vit forcé d'user du talisman de son beau-père, et jeta le joyau *siwo mitsou ni* dans la mer, qui submergea bientôt tout le pays. Cet événement effraya extrêmement son frère aîné, qui lui offrit d'obéir en tout à ses ordres, d'être son serviteur, et de faire tout ce qu'il desirerait, pourvu qu'il lui laissât la vie. *Fiko fofo de mi-no mikoto* jeta donc le *siwo firou ni* à la mer, et aussitôt elle rentra dans ses bornes ordinaires.

Bientôt après s'éleva un vent très-fort, accompagné d'un flux considérable. Fiko fofo de mi-no mikoto courut au rivage, et aperçut de loin son épouse, accompagnée de sa sœur cadette *Tama yori fime*. Après qu'il les eut jointes, sa femme lui dit qu'étant sur le point d'accoucher, il devait s'éloigner et s'abstenir de regarder. Il le promit et se retira ; mais il se cacha et l'épia pendant qu'elle accouchait. Elle s'en aperçut, mit au monde un fils, se changea aussitôt en dragon, et se plongea toute honteuse dans la mer. Depuis cet événement, elle ne revit plus son mari. Le nouveau né fut nommé *Fiko naki sa dake ou kaya fouki awa sesou-no mikoto*. Son père vécut encore longtemps : il fut enterré sur le mont *Faka ya-no yama*, dans la province de Fiouga.

délicate, et l'on paie souvent pour un individu de cette espèce, quand ce n'est pas la saison, jusqu'à 1,000 kobang, ou 28,000 francs.

DES JAPONAIS.

5. Fiko na kisa take ou ka ya fouki awa sesou-no mikoto (Yan pho lian wou Lou thsu thsao thsȳ poŭ hŏ tsun), eut de son épouse *Tama yori fime* quatre fils, nommés *Fiko itsou se-no mikoto*, *Ina iye-no mikoto*, *Mi ke iri no-no mikoto* et *Kan yamato Iwa are fiko-no mikoto*. Il mourut dans le *Palais du royaume occidental* (Sai-no kouni-no miya), c'est-à-dire, dans l'île de *Kiouziou*, et fut enterré sur le mont *A fira-no yama*, dans le Fiouga. *Tamo yori fime* était la fille cadette du dieu marin *Wada tsoumi* ou *Toyo tama fiko*.

代皇人 NIN O DAI,

OU LES AUGUSTES DE RACE HUMAINE.

Zin mou ten o (Chin wou thian houang), le plus jeune de ces quatre frères, devint le fondateur de l'empire japonais. Son titre honorifique fut *Yamato-no Iwa are fiko-no mikoto* (Jȳ peu phan yu yan tsun), et son petit nom *Sa no* (Hiä ye). Dès son enfance, il se distingua par son esprit et son courage. A l'âge de 15 ans, il fut nommé Taïsi ou successeur au trône. Il épousa plus tard *A fira tsou fime*, née à *Oda-no moura*, dans la province de Fiouga. Il en eut un fils nommé *Taghere mimi-no mikoto*.

Dans l'année 寅甲 *kia yn*, qui est la 51ᵉ du cycle de soixante (667 avant J. C.), *Zïn mou* ayant atteint l'âge de 45 ans[1], tint conseil avec ses frères, et leur dit : « Anciennement *Takan mi motsou fi-no mikoto* a donné tout le pays
« appelé *Toyo asi wara-no misou fo-no kouni* (l'empire japonais) au premier de
« nos ancêtres *Ama tsou fiko fiko fo-no ni ni ghi-no mikoto*, qui quitta le ciel, et,
« en dispersant les nuages et les vapeurs, se fraya le chemin de la terre. Tout
« était alors encore rude et grossier. Il choisit la contrée occidentale (l'île de
« *Kiouziou*) pour y tenir sa cour. D'année en année, le bonheur et l'importance
« de ce pays ont augmenté, grâces à la sagesse de son gouvernement. Depuis
« que ces événemens ont eu lieu, de longues années se sont écoulées; mais
« les peuples éloignés sont encore barbares. Chaque village a bien un chef;
« mais ces chefs sont souvent en guerre pour leurs limites respectives. *Siwo*
« *tsoutsi-no ousi* m'a rapporté que, du côté de l'orient, le pays est bon et entouré
« de montagnes verdoyantes, entre lesquelles est arrivée la barque céleste

---

(1) A cette époque, dit le *Daï ni fon si*, les provinces occidentales (c'est-à-dire, celles de l'île de Kiouziou) étaient civilisées depuis long-temps, tandis que les orientales n'avaient pas encore suivi cet exemple. *Naga soune fiko* (Tchhang soui yan) et *Oki faya fi-no mikoto* (Jao sŭ jy ming) y régnaient ; *You kesi* (Hioung houa), *Oto kesi* (Ti houa), *Yaso takeri* (Pă chy kiao), *You si ki* (Hioung ki tchhing) et *Oto si ki* (Ti ki tchhing), étaient chefs de diverses principautés ; mais toutes ces provinces n'étaient pas réunies sous la domination d'un seul empereur. — Kl.

« *Ama-no iwa foune*. Si ce pays est tel qu'on le décrit, il mérite d'être le centre
« de l'empire. Je crois que c'est *Oki faya fi* qui est descendu du ciel dans cette
« barque. Je veux y aller bientôt, et y établir ma résidence. » Ses frères approuvèrent son dessein, demandèrent à l'accompagner, et le pressèrent de partir.

Le 3ᵉ jour du 10ᵉ mois, *Zin mou* s'embarqua donc avec ses frères pour l'expédition projetée. Il navigua vers l'est et arriva à *Faya soufi-no minato*, appelé de nos jours *Saga-no seki*, dans la province de Boungo. Un pêcheur vint à leur bord dans un petit bateau. L'empereur lui demanda qui il était. Il répondit : « Je suis le *Kouni yetsou kami*, ou le chef protecteur de ce pays ;
« mon nom est *Outsou fiko* ; étant à la pêche à la baie *Wada-no oura*, j'ai appris
« l'arrivée du descendant d'un dieu céleste, et je m'empresse de venir ici le
« recevoir. » L'empereur l'invita à lui servir de guide ; il y consentit. On lui tendit une gaffe pour s'y tenir, et on l'attira ainsi à bord, où il fut fait pilote sous le nom de *Si ne tsou fiko*.

Il vira directement de bord vers *Ousa*, dans le pays de Tsikouzi. Le gouverneur *Ousa tsou fiko* et sa sœur *Ousa tsou fime* firent construire, à l'entrée de la rivière *Ousa gawa*, un palais qu'ils nommèrent *Atzi fito tsou agare-no miya*, pour y recevoir l'empereur pendant son séjour. Ce prince maria Ousa tsou fime à un des grands de sa suite nommé *Ama-no tane ko-no mikoto* ; ses descendans existent encore ; *Naka tomi* est leur nom de famille. Ils sont chargés de la garde des trois insignes impériaux appelés *Yn kan sa i-no maka tama*, *Ya ta-no kagami* et *Kousa naghi-no tsouroughi*, ou la boule de pierre précieuse, le miroir et l'épée (voyez page 32, note 1).

Le 9ᵉ jour du 11ᵉ mois, Zin mou arriva à *Oka-no minato*, dans le Tsikouzi. Peu de jours après il poursuivit son voyage, et aborda le 27ᵉ jour du 12ᵉ mois dans la province de Aki, où il bâtit le palais *Ye-no miya*.

Le 6ᵉ jour du 3ᵉ mois de l'année suivante 卯乙 *y mao* (666 avant J. C.), il partit pour le pays de *Kibi-no kouni*, qui se composait des trois provinces actuelles de Bingo, de Bizen et de Bitsiou. Il y bâtit le palais *Taka sima-no miya*, et y resta trois ans. Pendant ce temps, il fit construire beaucoup de vaisseaux de guerre, et assembla une grande quantité d'armes et de provisions, afin de se rendre maître de tout l'empire.

Le 11ᵉ jour du 2ᵉ mois de l'année 午戊 *wou ou* (663 avant J. C.), il dirigea sa course vers l'orient : le grand nombre des mâts des vaisseaux faisait ressembler sa flotte à une forêt mouvante. Il arriva au cap *Naniwa-no misaki* (qui est la pointe d'Osaka), appelé à présent *Amaga sahi*. Un courant rapide l'avait amené ; c'est pourquoi il donna à cette pointe le nom de *Naniwa*.

Le 10ᵉ jour du 3ᵉ mois, le courant changea; il remit alors à la voile, et vint jeter l'ancre dans la baie *Awa koumo-no siro kata-no tsu*, près du village *Kousa ka-no moura*, dans le Kawatsi, où il débarqua ses troupes.

Le 9 du 4ᵉ mois, il les passa en revue, et commença sa marche par terre. Arrivé au mont *Tatsou ta yama*, le chemin était si étroit qu'il ne pouvait avancer; il tourna alors vers l'est, passa le mont *I koma yama*, et arriva dans le *Yamato* (Tchoung tcheou), ou province du centre.

Naga soune fiko [1], qui la gouvernait, apprenant l'arrivée du descendant des dieux célestes qui venait envahir son pays, assembla son armée à *Kousa ye-no saka*. Un grand combat eut lieu : *Itsou se-no mikoto*, l'un des frères aînés de Zin mou, fut blessé grièvement par des flèches au coude et à la jambe; ce qui découragea les troupes. L'empereur, se rappelant alors qu'il descendait de la déesse du soleil, pensa que s'il attaquait l'orient en venant par l'occident, il risquerait d'être défait. Il ordonna donc la retraite. L'ennemi crut qu'il fuyait; mais il fit un détour, marcha d'un autre côté, et, ayant invoqué ses ancêtres, il suivit le cours du soleil, qu'il avait ainsi par derrière. Il proclama alors que le soleil étant venu à son secours, il ne voulait pas souiller ses armes de sang, et que l'ennemi se soumettrait volontairement. Ces paroles furent applaudies par l'armée. Après s'être reposé pendant quelque temps sans être poursuivi, il marcha vers Kousa tsouka-no, et y fit élever un retranchement. C'est pourquoi cette baie reçut le nom de *Tate tsou*, baie du Bouclier.

Après la défaite à Kousaye-no saka, un des soldats de Zin mou, s'étant caché dans le tronc d'un arbre vermoulu, se disait : « Si je n'avais pas trouvé « cet arbre, ma mort aurait été certaine; maintenant qu'il me garde dans son « sein, il est ma seconde mère, et je suis né une seconde fois. » Ayant raconté son aventure, on donna à ce lieu le nom de *Omo fafa-no ki moura* [2]; il s'appelle encore aujourd'hui *Oki moura*, le village du grand arbre.

Le 8 de la 5ᵉ lune, Zin mou campa avec son armée au port de *Ki-no minato*, sur le mont *Tsino-no yama*. Itse se-no mikoto, auquel ses blessures occasionnèrent des douleurs insupportables, s'écria de désespoir : « Il est affreux qu'un « homme de mon courage périsse par les flèches des barbares sans pouvoir se « venger. » Cette exclamation fut nommée *Oto kebi*, et le port, *O-no minato*, la baie de la Bravoure. Itsou se-no mikoto mourut dans la marche vers le mont *Kamado yama*, dans la province de Kiï, et fut enterré sur son sommet.

Le 23ᵉ jour du 6ᵉ mois, l'empereur parvint à *Kousa-no moura* : *Nagou sano*, qui y commandait, fut tué dans un combat. Zin mou alla alors par *Sano*

---

(1) *Naga* signifie long, *soune* moelle, et *fiko* chef.

(2) *Omo* à présent, *faka* mère, *ki* arbre, *moura* village.

jusqu'à *Kami-no moura* dans le canton de *Kouma no* et s'y embarqua de nouveau sur les bateaux célestes Ama-no iwa foune. Au milieu de la mer il fut assailli par une violente tempête qui tourmenta extrêmement ses vaisseaux. Son frère *Ina iye-no mikoto* dit alors : « Mes ancêtres du côté paternel sont des « dieux célestes; du côté maternel, des dieux marins : pourquoi n'empêchent-« ils pas que je me trouve en si grand danger ? » Il tira en même temps son épée, et se précipita dans la mer. Son second frère *Mi ke irino-no mikoto* s'écria : « Mon oncle et ma tante sont des dieux marins; pourquoi donc la mer « est-elle si orageuse? » Il s'y jeta, et tâcha de parvenir au *Tokoyo-no kouni*[1].

Zin mou n'ayant plus de toute sa famille que son fils, partagea avec lui le commandement de l'armée. La tempête s'apaisa, et il aborda heureusement à *Ara saka-no minato tsou*, dans le Kouma no. Il y combattit *Ni sikou do be*, et le tua ; mais l'ennemi ayant fait élever contre lui une vapeur vénéneuse, tout son monde en tomba malade, ce qui retarda sa marche.

Un homme, nommé *Kouma no-no Taka koura sita*, rêva alors que la déesse du *Daï sin gou* ou *Ten sio daï sin* disait au dieu du tonnerre *Take kami tsoutsi-no kami* : « Tout le pays du centre est en révolte; dépêche-toi de l'apaiser. » Le dieu répondit : « Quoique je n'y aille pas moi-même, je veux donner mon épée, « et le pays se calmera. » La déesse *Ten sio daï sin* y consentit et dit au rêveur : « J'enverrai mon épée *Fou tsou-no mitama* dans ton magasin; va l'offrir au des-« cendant des dieux célestes. » *Taka koura sita*, à son réveil, ouvrit son magasin, et y vit tomber une épée dont la pointe entra dans la terre; il la ramassa et la porta à l'empereur. Celui-ci, s'éveillant après un profond sommeil, s'étonna d'avoir dormi aussi long-temps. L'armée, jusqu'alors étourdie de la vapeur vénéneuse qui venait de disparaître, se mit sur pied, et se trouva dans le même état que si elle était revenue d'une longue ivresse. Elle brûlait d'envie de marcher vers le pays central; mais comme la route des montagnes était impraticable, on erra long-temps avant d'en trouver une bonne. L'empereur, s'étant endormi de fatigue, rêva que Ten sio daï sin lui promettait pour guide le *yada-no kras*[2] ou *corbeau à huit pieds*. Au moment où il se réveilla, cet

---

(1) C'est-à-dire, le royaume immuable ou de la mort.

(2) 烏尼八 *Yada-no kras* (pă chi kiao) signifie le corbeau à 8 pieds (de 8 pouces). Le nombre huit, suivant la doctrine du Sinto, est le nombre le plus parfait. Ils ont adopté la division chinoise d'après les huit *koua*, dont ils prononcent les noms *kan, kon, zin, zon, ri, kon, daï, ken*, et qu'eux et les Chinois disposent dans leur boussole de la manière suivante :

☵ 坎 *Kan* (khan). — Nord.
☶ 艮 *Kon* (ken). — Nord-ouest.
☳ 震 *Zin* (tchin). — Ouest.
☴ 巽 *Zon* (sun). — Sud-ouest.

oiseau descendit du ciel, et vérifia ainsi son rêve. Il fut fort joyeux de l'assistance de ses ancêtres. Un de ses officiers *Fi-no omi-no mikoto* et son général *O koume* lui amenèrent en même temps un renfort considérable. On commença aussitôt à se frayer un chemin commode à travers les montagnes et les forêts, en suivant le vol du corbeau, et l'on arriva ainsi dans le district d'*Ouda-no Simotsou kori*. L'empereur avait ordonné à *Mitsi omi-no mikoto* de servir de guide à l'armée, en suivant le vol du corbeau à huit pattes.

Le 2ᵉ jour de la 8ᵉ lune, il manda les deux chefs du district d'Ouda-no kori, nommés *You kesi* et *Oto kesi*, qui étaient frères. Le premier refusa d'acquiescer à ses ordres ; l'autre s'avança jusqu'à l'entrée du retranchement, et dit « que son frère ne voulait pas obéir, et que décidé à la guerre, « quoique convaincu de ne pouvoir résister à une si grande armée, il aurait « recours à la ruse, et qu'il s'occupait à bâtir un petit palais, où il inviterait « l'empereur, pour s'en défaire par une embuscade. » Zin mou envoya *Mitsi omi-no mikoto* aux informations ; celui-ci, à son retour, rapporta qu'effectivement on construisait un palais, et que beaucoup d'armes étaient cachées dans les appartemens. L'empereur, extrêmement irrité de cette trahison, prit son arc et son carquois, mit son épée à son côté, et marcha, suivi de forces considérables. *You kesi* avait préparé plusieurs pièges à ressort, qui, lorsqu'on y touchait, se fermaient. Voyant son mauvais dessein découvert, il entra dans l'appartement, et fut tué par ces machines. L'empereur l'en retira, et le hacha en pièces. Comme il entra jusqu'aux chevilles du pied dans le sang, ce lieu prit le nom d'*Ouda-no tsi bara* ou le Plateau ensanglanté d'Ouda.

Oto kesi offrit alors des bœufs, du vin et d'autres vivres à l'empereur, qui en régala ses troupes, et chanta les paroles suivantes :

« On m'attendait à Ouda, dans un palais élevé, rempli d'armes à ressort. « Si j'y étais allé, j'aurais été comme une baleine qui s'offre de bon gré aux « pêcheurs ; si j'y étais allé, ma femme et les miens seraient dans la plus « grande détresse : mais je me suis défié d'You kesi. J'étais comme un homme « dégoûté de sa femme, et j'eus soin de ne pas me plonger dans le malheur. »

L'envie lui prit de visiter *Yosi no*, dans la province de Yamato. A son départ d'*Ouketsi-no moura*, il avait peu de monde avec lui. Près de Yosi no, il vit sortir d'un puits un homme qui avait le corps resplendissant et une queue : l'em-

離 *Ri* (li). — Sud.

坤 *Kon* (kuen). — Sud-est.

兌 *Daï* (touï). — Est.

乾 *Ken* (khian). — Nord-est.

Il est donc probable que le *corbeau à huit pattes* désigne la boussole dont Zin mou s'est servi pour se guider dans son expédition.

pereur lui demanda qui il était; il répondit : « Je suis le chef de ce pays; mon « nom est *Ibi kare.* » Ayant continué sa route, il en aperçut un autre s'élançant hors d'un rocher qui se fendit; il avait une queue, et disait qu'il était fils d'*Iwa osi wake.* Zin mou poursuivit son chemin à l'occident; suivant le bord d'une rivière, il y trouva un pêcheur qui avait établi dans l'eau un grillage de bambous pour attraper les poissons; lui ayant demandé son nom, ce pêcheur répondit : « Je suis fils de *Ni mots no.* » Ce fut le premier des ancêtres de la tribu de *A tata-no ouka fi.*

Le 5ᵉ jour du 9ᵉ mois, l'empereur monta au sommet du mont *Taka koura yama* d'Ouda, d'où il aperçut le retranchement de *Yaso-no takeri*, placé au sommet du *Kouni mi-no oka.* On y arrivait par trois grandes rampes ou montées, dont une, nommée *Me saka*, l'escalier des femmes, était gardée par un corps de femmes; l'autre, *O saka*, était défendue par une troupe d'hommes; et la troisième, appelée *Soumi saka*, l'escalier d'Encre, était constamment remplie de charbons de terre ardens pour empêcher d'y pénétrer.

Ces noms sont encore actuellement en usage.

You si ki, autre chef ennemi, avait assemblé près du village *Yware-no moura* une si grande armée, que les environs en étaient couverts. Les demeures de ces deux chefs étaient bien fortifiées, et nul étranger n'y pouvait pénétrer.

Zin mou vit en songe un dieu du ciel qui lui conseilla d'envoyer au mont *Ama-no kako yama*, et de faire faire de la terre qu'on y trouve quatre-vingts *kawa rake* ou jattes grandes et épaisses; d'invoquer ensuite les dieux célestes et terrestres, et de faire chanter l'hymne *Izi-no kasiri*, l'assurant qu'après cela l'ennemi se soumettrait de bon gré.

A son réveil, Zin mou voulut tout de suite obéir à ce songe; mais Oto kesi vint l'informer qu'au village *Si ki-no moura*, dans le Yamato, il y avait un chef nommé *Si ki-no yaso takeri*, et un autre nommé *Akaga ne-no Yaso takeri*, chef du village *Taka obari-no moura*, qui se préparaient à l'attaquer ensemble; qu'ils étaient très-puissans, et qu'il concevait des craintes pour sa sûreté. Il conseilla à l'empereur de faire faire des jattes de la terre du mont *Ama-no kako yama*, et de s'en servir pour sacrifier aux dieux du ciel et de la terre, ce qui certainement le ferait triompher de ses ennemis. Zin mou, entendant ce conseil, se réjouit de le trouver conforme à son rêve. Il ordonna aussitôt à Si ne tsou fiko de se couvrir de haillons, de prendre un chapeau et un manteau de paille, vêtement ordinaire de la plus basse classe du peuple, et d'aller avec Oto kesi, déguisé en vieille femme, chercher de la terre de cette montagne, dont il avait besoin pour subjuguer sans délai le pays central.

Ils se mirent en effet en chemin; mais le grand nombre d'ennemis dispersés dans tout le pays ne leur permit que d'avancer lentement. Cependant, convaincus que la conquête de cette contrée dépendait de leur succès, ils redoublèrent d'activité et marchèrent hardiment. L'ennemi se moqua de leur accoutrement burlesque, et les laissa passer; ils parvinrent à la montagne. Ils en apportèrent de la terre à l'empereur, qui, charmé de leur adresse, fit faire à l'instant les quatre-vingts jattes et autant de petits pots, avec lesquels il alla à l'embouchure du *Nibou-no kawa*, pour y invoquer les dieux du ciel et de la terre.

Arrivé à *Asa wara*, près de la rivière *Ouda gawa*, il dit : « Si je fais la con-« quête du pays central, et si cela s'exécute sans répandre de sang, cette eau « doit se changer en *ame* [1]. » Il versa du *sake* [2] dans les jattes, et les jetant dans la rivière, il continua ainsi : « Si les poissons viennent par troupes avaler ce « *sake* et viennent flotter sur l'eau comme les feuilles du *make* (taxus verti-« cillata), cela me sera d'un bon augure, autrement tout mon espoir s'éva-« nouit. » Les jattes coulèrent à l'instant à fond, les poissons surnagèrent, vomirent de l'écume, et descendirent avec le courant.

Si ne tsou fiko en fit le rapport à l'empereur, qui fut extrêmement flatté de voir que tout réussissait si bien, arracha les cinq cents arbres *ma saka ki* [3] à l'embouchure de la rivière *Nibou-no gawa*; et les tenant à la main, il invoqua les dieux célestes et terrestres. C'est à cette époque qu'a commencé l'usage des jattes de terre dans les sacrifices. Zin mou prit alors le nom de *Taka soube-raki omou tamasiï-no mikoto*, et alla faire ses prières en plein air. *Mitsi omi-no mikoto* fut nommé grand-prêtre, avec le titre d'*Itsou fimé* [4]. Les petits pots de terre furent nommés *Itsou be*; le feu fut appelé *Itsou-no kakou tsoutsi*; l'eau, *Itsou-no midzou fana me*; les aliments reçurent le nom d'*Itsou-no ouga-no me*; le bois à brûler, celui d'*Itsou-no yama tsoutsi*, et l'herbe celui d'*Itsou nono-no tsoutsi*.

Le 1ᵉʳ jour de la 10ᵉ lune, Zin mou mangea du riz dans une jatte de terre; puis il se mit à la tête de ses troupes pour attaquer *Yasou-no ta keri* sur le

(1) *Ame* 飴 est expliqué dans les vocabulaires japonais et portugais par : « *Certa agoa-« mel grossa, ou alfelou que se faz em Japaõ de « trigo, e outras cousas*. » M. Medhurst traduit ce mot en anglais par *gruel*, coulis de gruau ou de riz.

(2) *Sake*, et non pas *saki*, est une liqueur vineuse faite de riz; c'est la boisson ordinaire au Japon. L'art de la faire est très-ancien dans ce pays, et se perd dans les ténèbres de sa mythologie.

(3) Quand on prie selon les rites du *Sinto*, qui est l'ancienne religion du Japon, on tient toujours près de soi une branche de cet arbre et un petit pot avec de l'eau. Nous avons vu qu'on se servit déjà du même arbre devant le roc où Ten sio daï sin s'était enfermée.

(4) Le mot *fime* désigne proprement une femme. Il était d'usage que les invocations adressées aux dieux célestes et terrestres se fissent par une femme. Mais comme cela ne pouvait avoir lieu pendant la guerre, Zin mou donna le titre de *fime* au prêtre *Itsou*, pour en conserver le souvenir.

mont *Kouni mi-no oka*; il le vainquit. Avant le combat il avait chanté les vers suivants :

« Un vent divin souffla de la mer d'Ize sur une grande pierre (le retranche-
« ment de l'ennemi), autour de laquelle les écrevisses de mer s'attachèrent.
« Mes enfans, mes enfans s'y attachèrent de même comme autant d'écrevisses.
« Ils défirent l'ennemi, et ils mirent fin à la guerre, fin à la guerre. »

Ayant alors passé son armée en revue, il la trouva assez forte pour essayer encore une attaque dans un autre canton. Il ordonna donc à *Mitsi omi-no mikoto* de marcher avec une partie de ses troupes sur *Osaka-no moura*, et d'y inviter l'ennemi à un grand festin; mais d'après ses ordres secrets, ce général y fit creuser une cave, où il cacha beaucoup de monde. Il commanda ensuite aux plus forts de ses soldats de se disperser parmi les ennemis qui viendraient à la fête, et quand ceux-ci auraient bu beaucoup et se leveraient pour danser, de les égorger tous au moment où il commencerait à chanter.

Les ennemis se rendirent en effet à son invitation, et s'assirent au festin sans crainte. Au milieu de l'alégresse générale, ils furent bientôt étourdis par la boisson. Mitsi omi se leva alors, commença à danser et chanta :

« Une grande cave à Osaka contient beaucoup de monde. Plusieurs y
« sont venus avec leur général *Koume*, armés de marteaux, de pierres et de
« haches d'armes. Quand les ennemis en seront frappés, ce sera la fin de la
« guerre. »

Dès que ses gens entendirent ce chant, ils tombèrent sur les ennemis, et les assommèrent tous.

Le 7 du 11ᵉ mois, Zin mou ayant défait *Sitsi fiko*, envoya à *You si ki* l'ordre de venir le trouver. Sur son refus, il dépêcha vers lui le corbeau *Yada-no kras*, qui se percha sur le toit de sa demeure, et lui cria : « Tu es mandé par
« le descendant des dieux célestes, *i faya, i faya*, dépêche-toi, dépêche-toi. »
You si ki, irrité des paroles de cet oiseau, prit son arc et ses flèches pour le tuer, mais le corbeau s'envola sur la demeure de son frère *Oto si ki*, où il répéta les mêmes cris. Celui-ci eut peur et dit : « J'entends le messager
« des dieux célestes qui est perché sur mon toit; cela me fera trembler la nuit,
« le matin, et pendant toute la journée. Je suis bien aise qu'il m'appelle. » Il mit de la nourriture sur huit feuilles de *Kasouwa* ou nénuphar [1], et les offrit au corbeau. Lorsque celui-ci s'envola, il le suivit et arriva chez l'empereur, auquel il dit : « Quand mon frère You si ki a appris l'arrivée du fils des dieux du
« ciel, il a réuni ses forces à celles de *Yaso takeri*, pour le combattre; ainsi

---

[1] Dans les grands sacrifices à la cour du Daïri, les offrandes sont encore placées sur des feuilles de nénuphar, auxquelles on donne alors le nom de *kouyete* ou jattes.

« sois sur tes gardes. » Zin mou assembla ses généraux, et leur apprit que You si ki méprisait ses ordres; que, quoique invité à plusieurs reprises, il refusait de venir. Ils répondirent : « You si ki est un homme de tête et courageux ; il « vaudrait mieux le faire encore une fois exhorter à la paix par son frère, et « agir de même avec *You koura sita* et *Oto koura sita*. Si alors ils refusent d'obéir, « il faudra les attaquer de vive force. » *Oto si ki* fut donc envoyé vers son frère pour le presser d'obtempérer aux ordres de Zin mou ; il lui fit envisager que c'était le seul moyen de sauver sa vie; qu'autrement lui et les siens seraient mis à mort. Toutes ses instances furent vaines ; You si ki ne voulut rien entendre de soumission : Oto siki revint donc pour en instruire l'empereur.

La guerre étant ainsi inévitable, *Si ne tsou fiko* proposa à Zin mou d'envoyer les plus mauvaises troupes en avant vers *Osi saka*, où campait l'ennemi, et de faire répandre le bruit que c'était l'élite de l'armée; d'attaquer ensuite avec les meilleurs de ses soldats *Soumi saka* ou la montée d'Encre [1], et de faire éteindre par les eaux du fleuve *Ouda gawa* le feu que l'ennemi y aurait mis. Nos adversaires, ajouta-t-il, attaqués ainsi d'un côté où ils ne s'y attendent pas, seront faciles à vaincre. On suivit ce conseil ; les plus mauvaises troupes furent envoyées en avant. L'ennemi, qui les croyait l'élite de l'armée, fit marcher ses plus braves soldats contre elles. Celles-ci firent halte dans un endroit avantageux pour les attendre. Comme l'armée était très-fatiguée par les marches continuelles, l'empereur récita cette chanson pour l'animer :

« Nous avançons sans bruit dans les forêts du mont *Inasa* vers le camp « de l'ennemi, méditant de le bien surprendre. *Oukayega tomo* [2], viens à pré-« sent à notre secours ! »

Arrivés à la montée Soumi saka, le signal de l'attaque fut donné. Assailli par-devant et par-derrière, l'ennemi fut bientôt mis en confusion, et défait facilement. You si ki resta sur le champ de bataille.

Le 4 du 12ᵉ mois, l'empereur recommença les hostilités contre *Naga soune fiko*, qui commandait à un peuple fort brave, ce qui fit traîner la guerre en longueur. Un certain jour, l'air se couvrit d'un brouillard épais et une pluie abondante tomba ; mais un milan de couleur d'or vint se placer sur la corde de l'arc de l'empereur, en dardant des rayons de lumière si vifs tout à l'entour, que les yeux de l'ennemi en furent éblouis comme d'autant d'éclairs. Zin mou prit ce phénomène pour un bon augure, attaqua ses adversaires à l'improviste,

(1) C'est la montée de feu dont il a été question plus haut. Anciennement on ne connaissait point au Japon de remparts ni de murailles ; les retranchemens se faisaient de troncs et de branches d'arbres, auxquels pendant l'attaque de l'ennemi on mettait le feu.

(2) C'était le nom du directeur des vivres de l'armée.

et remporta la victoire. Le lieu où cette bataille se donna fut nommé *Tobi-no moura* [1], le village du Milan.

L'empereur se ressouvenant alors que son frère aîné *Itsou se-no mikoto* avait été blessé par des flèches dans le premier combat à *Kousaye-no saka*, et en était mort, ordonna d'exterminer tout ce peuple, et composa ensuite cette chanson :

« Je suis attristé par la mort de mon général, auquel je pense toujours ;
« l'ennemi doit être haché en pièces comme des ognons, avec ses femmes et
« ses enfans, au pied de ses palissades. Cela suffira, et mettra fin à la guerre. »

« Je suis attristé par la mort de mon général, auquel je pense sans cesse : ma
« colère est pénétrante comme le goût du gingembre ; c'est en les exterminant
« tous qu'il faut mettre fin à la guerre. »

Naga soune fiko, après sa défaite, envoya dire à Zin mou : « Autrefois
« *Kousiki tama nighi faya fi-no mikoto*, fils des dieux du ciel, descendit sur la
« terre dans la barque céleste *Ama-no iwa foune*; il y épousa ma sœur cadette
« *Mikaski ya fime*. Étant de cette manière devenu son serviteur, je pense qu'il
« ne peut y avoir deux espèces de dieux célestes; dis-moi donc pourquoi tu
« t'arroges ce titre, et viens m'attaquer dans mon pays? » L'empereur répondit :
« Il y a plusieurs fils de dieux célestes; de quel dieu ton maître est-il fils? S'il
« en a la preuve, qu'il me la fasse voir. » *Naga soune fiko* lui fit dire : « *Kousiki*
« *tama* a apporté du ciel un baudrier et une flèche nommée *Ama-no faya fa*,
« que je t'envoie et soumets à ton examen. » Zin mou voyant ces pièces, s'écria : « Elles sont fausses. » Il tira une flèche de son carquois, défit son baudrier, et fit voir l'une et l'autre à Naga soune, qui les ayant examinés attentivement et s'étant aperçu combien ils différaient des siens, commença à avoir peur, d'autant plus qu'il remarqua que ses propres sujets en voulaient à sa vie. Cependant son grand attachement pour *Kousiki tama*, dont il avait adopté le fils, le fit persévérer dans ses projets de résistance.

L'empereur, voyant son aveuglement, le fit mettre à mort; après quoi tout le peuple se rendit. Il fit annoncer que sachant que *Kousiki tama nighi faya fi-no mikoto* était d'origine céleste, ses descendans, s'ils voulaient le servir, seraient toujours comblés d'honneurs [2].

Le 20 du 2ᵉ mois de l'année 未己 *ki weï* (662 avant J. C.), Zin mou ordonna à tous les généraux de faire des préparatifs pour une nouvelle campagne. Il avait encore à vaincre trois ennemis, *Nighi tobe*, demeurant au cap *Tada-no oka saki*, *Kosin-no fon*, à *Wani saka moto*, et *I fori*, occupant

(1) Actuellement ce nom a changé en *Torri mi moura*.

(2) Leur famille, nommée *Mono nobe*, existe encore aujourd'hui.

le cap *Nagaye-no oka saki;* tous dans la province de Yamato. Ces trois chefs étaient nommés *Tsoutsi goumo*, les araignées de terre, parce qu'ils n'avaient point de demeure fixe, et qu'ils vivaient sous terre, dans des cavernes. Tous trois étaient forts et braves, et ne voulaient pas se soumettre. L'empereur envoya une partie de ses troupes contre eux, tandis qu'il marcha avec le reste contre un autre *Tsoutsi goumo*, demeurant à *Taka o wari-no moura.* Les sujets de cette araignée de terre étaient de petite taille et avaient de longs bras. Les troupes de Zin mou firent donc une sorte de filets de l'arbuste nommé *Katsoura*, qu'ils jetèrent sur eux, et les tuèrent : ce qui fit donner à ce lieu le nom de *Katsoura ki*, le fort de *Katsoura*.

Le 7ᵉ jour de la 3ᵉ lune, Zin mou adressa une proclamation à ses troupes, dans laquelle il leur disait que, quoiqu'il eût fait la guerre depuis six ans, et que par la faveur des dieux du ciel il eût triomphé de ses ennemis, il y avait quelques cantons éloignés qui ne lui obéissaient pas encore, mais que le pays du centre étant en paix, il avait le dessein d'y bâtir un palais. A cette époque, les habitans du Japon étaient encore plongés dans la barbarie, et vivaient pour la plupart dans des cavernes. Il fit donc abattre les forêts, rendit les chemins des montagnes praticables, et se dit : « Dès que j'aurai fait cons-« truire une maison, on imitera cet exemple. » Il visita alors l'*Ounebi yama*, dans le Yamato, et ordonna de bâtir son palais au pied de cette montagne, sur le plateau de *Kasiwa bara*, qui était le centre de l'empire. Le palais fut nommé *Kasiwa bara-no miya;* et quand il fut achevé, il y fixa son séjour, pour gouverner de là tout le pays.

Dans l'année 申庚 *keng chin* (661 avant J. C.), le 16ᵉ jour de la 8ᵉ lune, Zin mou, voulant se marier, fit chercher dans ses états une femme digne de lui. Il se fit présenter à cet effet les arbres généalogiques des plus illustres familles. Le dieu *Kotosiro nosi-no kami* [1] avait épousé *Tama kousi fime*, fille de *Misima-no miso koubi*, et en avait eu une fille d'une grande beauté, nommée *Fime tatara izou sou-no fime-no mikoto*. C'est celle que Zin mou choisit pour épouse; il la reçut le 24 du 9ᵉ mois dans son palais.

Le 1ᵉʳ jour du 1ᵉʳ mois de l'an 酉辛 *sin yeou* (660 avant J. C.), Zin mou fut reconnu empereur par tout l'empire, sous le titre de *Kan Yamato-no iwa are fiko fo fo demi ten o* (Chin Jÿ pen phan yu yan ho ho tchhü kian thian houang). Cette année est comptée comme la première de son règne. Il eut de sa femme deux fils : l'aîné reçut le nom de *Kami ya i-no mikoto;* l'autre, qui succéda à son père, celui de *Kan nou na gawa mimi-no mikoto*.

(1) C'est *Yebis*, ou dieu de la mer. Voyez la note 1, page xv.

Le 2ᵉ jour du 2ᵉ mois de l'année 戌壬 *jin siŏ* (659 avant J. C.), qui fut la 2ᵉ de son règne, il accorda des titres et des emplois à ceux qui avaient montré le plus de courage pendant la guerre : il donna à *Mitsi omi-no mikoto* un grand bourg, nommé *Tsouki saka-no moura*; à *Okou mebe*, le pays du mont *Ounebi yama*, à l'ouest de la rivière nommée aujourd'hui *Koume-no moura*, dans la province de Yamato; il fit *Outsou fiko* seigneur de *Yamato*, petit district de la province de ce nom; *Oto kesi* devint commandant de *Si ki*; *Tsoune* eut le gouvernement de *Katsoura ki*, et le corbeau *Yado-no kras* fut comblé de présents.

Le 23 du 2ᵉ mois de la 4ᵉ année de son règne (qui est la cyclique appelée 子甲 *kia tsu* (657 avant J. C.), il institua le service solennel pour ses ancêtres, à *Kami-no ono-no fari bara*, situé sur le mont *To mi-no yama*. Il le fit en commémoration de ce qu'ils lui avaient apparu en songe, et l'avaient secouru dans ses guerres sous la forme d'une clarté éblouissante.

Le 4ᵉ mois de la 51ᵉ année de son règne 卯辛 *sin mao* (630 avant J. C.), il fit une tournée dans l'empire, et se rendit au sommet du mont *Waki kan-no fotsou ma-no oka*, d'où il eut la vue sur tout le Japon. Il remarqua qu'il avait la forme de l'insecte *Akitsou mousi* (la demoiselle), et c'est pour cette raison qu'il le nomma *Akitsou sima*. *Isa naghi-no mikoto* l'avait nommé *Oura yasou-no kouni*, *Foso foko-no tsi tarou-no kouni*, et *Si wa gami fo-no ma-no kouni*. *Owana moutsi-no kami* l'avait appelé *Tama gaki-no outsitsou kouni*; et lorsque *Ofaya fi-no mikoto*, pendant un voyage qu'il fit dans l'espace vide sur la barque céleste *Ama-no iwa foune*, aperçut cet empire, il l'avait nommé *Soura mi tsou Yamato-no kouni*.

Le 3ᵉ jour de la 1ʳᵉ lune de la 42ᵉ année de son règne 寅壬 *jin yn* (619 avant J. C.), Zin mou créa son fils *Kan nou na gawa mimi-no mikoto* Taïsi, ou successeur au trône.

Le 11 du 3ᵉ mois de la 76ᵉ année 子丙 *ping tsu* (585 avant J. C.), il mourut dans son palais de *Kasiwa bara-no miya*, âgé de 127 ans.

Le 12 du 9ᵉ mois, il fut enterré sur le flanc nord-est du mont *Ounebi yama*. Son titre posthume fut ZIN MOU TEN O.

覧一代王本日

NIPON O DAÏ ITSI RAN,

ou

ANNALES

DES EMPEREURS DU JAPON.

I. DAÏRI 皇天武神 ZIN MOU TEN O.

(De 660 à 585 avant J. C.)

ZIN MOU TEN O (en chinois Chin wou thian houang) descendait à la cinquième génération de *Ten sio daï sin*; il fut le quatrième fils d'*Ouka ya fouki awasezou-no mikoto* (Lou thsu yu thsy poü hŏ tsun). Sa mère était *Tama yori fime* (Yŭ i ki), fille du *Rio zin* (Loung chin), ou Dieu Dragon [1]. A l'âge de 15 ans il fut nommé *Taï si* (Taï tsu) ou prince héréditaire; et, à l'âge de 45, il partit, avec une expédition maritime, de la province de *Fiougo*, pour conquérir

---

(1) Quelques auteurs japonais croient que la mère de *Zin mou* était fille du roi de l'archipel de 球琉 *Riou kiou* (ou Lieou khieou), dont les îles, au nombre de trente-trois, forment une chaîne qui s'étend depuis Formose jusqu'au Japon. Il se pourrait effectivement que les ancêtres de Zin mou, colons chinois établis dans ces îles, fussent venus de là à la grande île *Kiou siou*, qui fait partie du Japon, et de laquelle nous voyons que ce prince commence son expédition militaire pour conquérir ce pays. Anciennement les rois des îles Lieou khieou portaient, à leur inauguration, une couronne en forme de dragon, marque de distinction réservée à eux et à leur famille. Les grands de leur cour ornaient également leurs bonnets de figures de différens poissons, chacun suivant son rang et l'emploi qu'il occupait. — Voyez le SAN KOKF TSOURAN TO SETS, ou *Aperçu général des Trois Royaumes*, publié à Paris en 1832, p. 171. — KL.

le canton de *Tsikousi* (Tchŭ tsu) [1]. L'ayant soumis, il se dirigea sur la province d'*Aki*, puis vers le pays de *Kibi* (Kў pi) [2]; il y rassembla beaucoup de vaisseaux de guerre et de vivres; ce qui l'occupa pendant trois ans. Il marcha ensuite contre *Naniwa* [3] et la province de *Kawatsi*, et arriva dans la province de *Yamato* (Ta ho), où il combattit, à *Kousa ye-no saka* (Koung che weï fan), le fameux *Naga soune fiko* (Tchhang soui yan), ou le chef à la longue moelle. Dans la province de *Ki i*, il défit *Na gousa* (Ming thsao); puis il livra plusieurs batailles près de *Kouma no* (Hioung ye). S'étant rembarqué, ZIN MOU perdit beaucoup de monde sur mer, par une violente tempête, dans laquelle périrent ses trois frères aînés.

Ayant rassemblé de nouvelles troupes, il poursuivit ses entreprises. Il vainquit d'abord *Naga soune fiko*, puis *You kesi* (Hioung houa) d'*Ouda* (Thou thian), *Ya so takeri* (Pă chў kiao szu) et *You siki* (Hioung ki tchhing). Tous ces ennemis et un grand nombre d'autres furent détruits dans les dix années qui suivirent son départ de Fiouga, lequel avait eu lieu dans l'année cyclique *Kia yn*, qui correspond à 667 avant notre ère.

Dans l'année cyclique *Sin yeou* (660 avant J. C.), il avait fait aplanir, dans la province de *Yamato*, la montagne *Oune bi yama* (Mou pang chan). Il y bâtit un *Daïri* ou palais [4], et fut proclamé empereur sous le titre de *Kasiwa bara-no* (Kiang yuan koung) [5] : c'est de cette époque que date la première année du règne de ZIN MOU TEN O. *Ou ma si-no Matsi-no mikoto* (Yu mo tchi Ma tchi ming) et *Mitsi-no Omi-no mikoto* (Tao tchin ming), deux hommes d'un grand mérite militaire, furent faits chefs des troupes qui gardaient le palais. La division du premier fut appelée *Kou me bou* (Laï moŭ pou), et celle de

(1) Le pays de 紫筑 *Tsikousi* (Tchŭ tsu) comprenait les provinces actuelles de *Tsikousen* et de *Tsikoungo*. Dans le district actuel de *Mi kasi*, de la province de *Tsikousen*, on voit encore aujourd'hui, près du village de *Wara da*, un temple dédié *au génie protecteur du pays de Tsikousi*. —KL.

(2) L'ancien royaume de 備吉 *Kibi* (Kў pi) comprenait les provinces de *Bitsiou*, de *Bisen* et de *Bingo*, situées dans la partie occidentale du Nipon et à l'est de la province de *A ki*. —KL.

(3) 波南 *Naniwa* (Nan pho), ancien nom du canton d'*Osaka*. —KL.

(4) Ce palais était situé au sud-est de la montagne et sur la frontière des districts actuels de *Katsouke* et *Takaïts*. Le mot 裏内 *Daïri* (Neï li), dans le texte, signifie *l'intérieur*; c'est le nom qu'on donne au palais impérial : mais cette expression sert aussi à désigner l'empereur même. On sait qu'on nomme vulgairement *Daïri* les empereurs du Japon. — KL.

(5) Aussi longtemps qu'un empereur est en vie, il n'est pas permis de proférer son nom en parlant de lui; on ne le désigne que sous celui de son palais. C'est ce qui a également lieu à l'égard du *Seogoun* et du prince son successeur; on donne au premier le nom de *Gofon marou*, et à l'autre celui de *Nisio marou*, d'après les palais que ces princes habitent. — KL.

l'autre, *Mo no-no be* (Wĕ pou) : cette dernière dénomination existe encore aujourd'hui dans l'armée [1]. L'administration de l'empire fut confiée à *Ama-no tane ko-no mikoto* (Thian tchoung tsu), à *Ama ko ya-no mikoto* (Thian eul ming), qui fut la souche de la famille *Fousi wara* (Theng yuan), à *Ou ma si-no Ma si mikoto*, et à *Ame-no agasi fi kata-no mikoto*. Ces ministres furent appelés alors *Sin siok kok seï daï fou* (Chin chў kouĕ tching ta fou); dénomination qu'on a remplacée, dans les temps postérieurs, par celle de *Daï sin* (Ta tchhin).

Un jour l'empereur étant monté sur une haute montagne d'où la vue s'étendait sur tout le royaume, il lui trouva la forme de l'insecte *Akitsou mousi* (Thsing ling), ou la *demoiselle*. Depuis ce temps, le Japon porte le nom d'*Akitsou sou* (Thsieou tsin tcheou), c'est-à-dire l'Ile de la demoiselle.

Après un règne de 76 ans, l'empereur mourut âgé de 127 ans (585 avant J. C.). La 1ʳᵉ année de son règne fut la 17ᵉ de celui de *Siou-no Keï ô* (Hoeï wang, de la dynastie de Tcheou), ou 660 avant notre ère.

II. DAÏRI. 皇天靖綏 SOUI SEÏ TEN O.

(De 581 à 549 avant J. C.)

Soui seï ten o (Soui tsing thian houang), fils de Zin mou, eut pour mère *Tata ra isouzou fime* (Thao-pi ou chў ling youan), petite-fille d'*Ofo ana moutsi-no kami* (Ta szu kouei chin), et fille de *Koto siro nousi-no kami* (Szu taï tchu chin). Soui seï avait un frère aîné, né d'une autre mère, et nommé *Ta tosi mimi-no mikoto* (Cheou yan eul ming), qui aspira aussi à l'empire : ce qui causa tant de troubles que la dignité impériale fut vacante pendant plus de deux ans après la mort de Zin mou, jusqu'à ce qu'enfin Soui seï fut élevé à la dignité de Daïri. Un autre de ses frères aînés, né de la même mère que lui, et nommé *Kami ya moto mimi-no mikoto* (Chin pă tsing eul ming), le secourut puissamment, et tua d'un coup de flèche Ta tosi mimi-no mikoto; action qui fit monter au trône Soui seï. Celui-ci bâtit le palais *Taka oka-no miya* (Kao khieou koung) dans la ville de *Katsoura ki* (Kŏ tchhing), et y établit sa résidence [2]. Il confia l'administration de

---

(1) Les 部目來 *Kou me bou* (Laï mo pou), ou *ceux qui viennent devant les yeux de l'empereur*, sont les domestiques du palais, tandis que les 部物 *Mono-no be* (Wĕ pou) forment la garde impériale. Tout Japonais qui a le droit de porter deux sabres, prend, encore à présent, le titre de *Mono-no be* ou *Mono-no fou*. — Kʟ.

(2) 城葛 *Katsoura ki* (ville du *dolichos hirsutus*) était situé dans le district de *Katsoura kami* de la province *Yamato*. — Kʟ.

l'empire à *Ko fiko tomo-no mikoto* (Thang yan yeou ming), régna 33 ans, et mourut à l'âge de 84 ans.

III. DAÏRI 皇天寧安 AN NEÏ TEN O.

(De 548 à 511 avant J. C.)

AN NEÏ TEN O (Ngan ning thian houang) était fils de Soui seï; sa mère était *Isouzou yoto fime* (Ou chў ling i youan), fille de *Koto siro nousi-no kami* (Szu taï tchu chin). A cette époque, la résidence [1] fut transportée à *Kata sivo* (Pian yan), dans la province de Yamato; on y bâtit le palais impérial nommé *Ouki ana-no miya* (Feou khoung koung). *Idzoumo Iro-no mikoto* (Tchŭ yun sĕ ming) fut chargé du gouvernement de l'empire. Le Daïri régna 38 ans; il en avait vécu 57.

IV. DAÏRI 皇天德懿 I TOK TEN O.

(De 510 à 476 avant J. C.)

I TOK TEN O (I tĕ thian houang), fils d'An neï, avait pour mère *Me na soko naka fime* (Thing ming ti tchoung youan), fille de *Kamo-no ofo kimi* (Yă wang). A cette époque, la cour s'établit à *Karou-no tokoro* (King ti), dans la province de Yamato. On y bâtit le palais de *Magari o-no miya* (Khiŭ hiă koung). Sous cet empereur, *Idzoumo Iro-no mikoto* (Tchŭ yun sĕ ming) fut encore chargé des affaires publiques. I tok régna 38 ans et mourut âgé de 77 ans. La première année de son règne fut la dixième de celui de *Siou-no Keï oo* (King wang, de la dynastie chinoise de Tcheou), c'est-à-dire l'an 510 avant notre ère. Sous le règne de ce Daïri vivait le philosophe chinois *Kô si* (Khoung tsu), c'est-à-dire Confucius.

V. DAÏRI 皇天照孝 KO SEO TEN O.

(De 475 à 393 avant J. C.)

KO SEO TEN O (Hiao tchao thian houang) était fils d'I tok; sa mère, *Ama toyo tsou fime* (Thian fung tsin youan), était petite-fille d'An neï et la fille d'*Iki si mimi-no mikoto* (Szu chў eul ming). Sous le règne de ce prince, la résidence fut transportée à *Waki-no kami* (Ye chang), dans la province de

---

(1) Dans l'original, 都 *Miyako* (Tou), ou la *résidence impériale*. C'est le nom que portent tous les palais des Daïri; *Miyako*, en japonais, signifie proprement *grand temple* ou *palais*.—KL.

Yamato; le palais de *Ikezi-no miya* (Tchhi sin koung) y fut construit. Les premiers ministres furent *De isizi-no mikoto* (Tchhu chў ming) et *Oki tsou yo so-no mikoto* (Ing tsin chi sў ming). Ce Daïri, ayant régné 83 ans, mourut à l'âge de 114 ans.

VI. DAÏRI 皇天安孝 KO AN TEN O.

(De 392 à 291 avant J. C.)

Ko AN TEN O (Hiao ngan thian houang) était fils de Ko seo; sa mère, *Ioso tarasi fime* (Chў tsoŭ yuan), était la sœur cadette de *Oki yo so-no mikoto* (Ing tsin chi sў ming). A cette époque, on bâtit le palais de *Mouro tsi aki tsou sima-no miya* (Chў ti thsieou tsin tao koung), dans la province de Yamato. Ce prince régna 102 ans, et mourut à l'âge de 137 ans.

VII. DAÏRI 皇天靈孝 KO REÏ TEN O.

(De 290 à 210 avant J. C.)

Ko REÏ TEN O (Hiao ling thian houang), fils aîné de Ko an, avait pour mère *Osi fime* (Yă yuan), petite-fille du Daïri *I tok*, et fille d'*Ama tarasi fiko kouni osi fito* (Thian tsoŭ yan kouĕ yă jin). Il établit sa cour à *Kouro da* (Hĕ tbian), dans le palais d'*Ifori do-no miya* (Lou hou koung), dans la province de Yamato. Dans la cinquième année du règne de ce prince (286 avant J. C.), la terre s'ouvrit dans la province d'*Oomi*, et il s'y forma le lac *Mitsou-no oumi* [1]; en même temps, la montagne de *Fou si* [2] s'éleva, dans la province de *Sourouga*.

Ce Daïri gouverna pendant 76 ans, et mourut à l'âge de 128 ans. A cette époque régnait en Chine l'empereur *Si kwŏ* (Chi houang), de la dynastie de *Sin* (Thsin), qui envoya l'habile médecin *Zio fouk* (Siu foŭ) à l'île de

---

(1) Le lac 水海 *Mitsou-no oumi* (Haï choui, Eau de mer) porte aussi le nom de 湖琶琵 *Biva-no oumi* (Pbi pha hou), ou *Mer de la guitare*, parce qu'il a la forme de cet instrument de musique. Il a vingt-quatre *ri* japonais (de dix-huit et demi au degré) du sud au nord, et sept de l'est à l'ouest; dans les endroits les plus étroits, sa largeur n'est que d'un *ri*. Dans sa partie septentrionale, on voit à présent l'île *Tsikou bou sima* (Tchu seng tao), qui sortit du fond des eaux dans l'été de l'an 82 après J. C. Elle fait actuellement partie du district de *Aza i*. — KL.

(2) 山士富 *Fousi-no yama* (Fou szu chan) est la plus haute montagne du Japon; elle est couverte de neiges perpétuelles, et située sur la frontière des provinces de *Sourouga* et de *Kaï*. C'est une pyramide colossale, et le volcan le plus considérable et le plus actif du *Nipon*. — KL.

Fó raï san (Phung laï chan) [1], pour y chercher le breuvage de l'immortalité. On raconte que, n'ayant pas réussi dans cette commission, il arriva au Japon et mourut au mont de Fousi. On a bâti un temple en l'honneur de Zio fouk, à *Kouma-no* (Hioung ye), dans la province de *Ki siou* [2].

VIII. DAÏRI 皇天元孝 KO GHEN TEN O.

(De 209 à 158 avant J. C.)

Ko ghen ten o (Hiao yuan thian houang) était fils de Ko reï; sa mère, appelée *Foso fime* (Si yuan), était fille de *Kofori nousi oo me* (Hian tchu ta mou), chef de la ville de *Si ki* (Ki tchhing). Ce Daïri bâtit le palais de *Karou-no tokoro-no sakafi wara-no miya* (King ti king yuan koung), dans le Yamato. *Outsi siko o-no mikoto* (Yü sĕ hioung ming) administra l'empire sous lui. Ko ghen régna 57 ans, et mourut âgé de 117 ans.

IX. DAÏRI 皇天化開 KAÏ KWA TEN O.

(De 157 à 98 avant J. C.)

Kaï kwa ten o (Kaï houa thian houang), fils de Ko ghen, avait pour mère *Outsi siko me-no mikoto* (Yü sĕ khian ming), sœur cadette d'Outsi siko o-no mikoto. Il établit sa résidence dans le palais de *Kasou ga-no isa gawa-no*

(1) Les mythologistes chinois prétendent qu'il y a dans la Mer Orientale trois montagnes des génies, appelées *Phung laï*, *Fang tchang* et *Yng tcheou*. Elles sont inaccessibles. On donne aussi à la première le nom de *Phung tao* ou *île de Phung*; on dit qu'elle est couverte de pavillons et de salles d'or et d'argent qui servent d'habitation aux génies.

C'est à ces trois îles que *Thsin chi houang ti* envoya, en 219 avant notre ère, une expédition composée de quelques milliers de jeunes gens des deux sexes, sous la conduite d'un *Tao szu*, pour y chercher le remède qui rend immortel. Les historiens chinois rapportent que la flotte qui les portait fit naufrage, et qu'une seule barque en revint apportant la nouvelle de ce désastre. On voit que les annalistes japonais sont d'un avis contraire. *Zio fouk* était, suivant leur récit, un des médecins de l'empereur de la Chine; il apporta dans leur pays des arts et des sciences qu'on n'y connaissait pas auparavant;

c'est pour cette raison que les Japonais lui ont accordé les honneurs divins.

Il paraît que la tradition chinoise des trois îles fabuleuses de *Phung laï*, *Fang tchang* et *Yng tcheou*, situées dans l'Océan Oriental, a pris son origine dans les notions vagues qu'on avait à cette époque sur le Japon, qui, en effet, se compose de trois grandes îles, dont l'accès est difficile à des marins aussi peu expérimentés que les Chinois devaient l'être au troisième siècle avant notre ère. D'autres auteurs chinois prétendent que l'île ou la montagne de *Phung laï* se trouve dans le voisinage d'une île située à l'est de 國昌 *Tchhang kouĕ*, district de *Thaï tcheou* de la province de *Tchĕ kiang*.

Le *Szu ki* de Szu ma thsian donne aussi à *Zio fouk* (Siu foŭ) le nom de *Siu chi*. — KL.

(2) *Ki siou* est la même province qu'on appelle vulgairement *Ki i*. — KL.

miya (Tchhun jў tsŭ bo koung), et épousa *I ka siko me-no mikoto* (I hiang sĕ khian ming), une des femmes en second de son père Ko ghen. Le père de cette princesse, *Ofo fe-no tsouki mikoto* (Ta tsoung ma tchhŭ ming), fut chargé du gouvernement de l'empire, et *I ka siko o-no mikoto* (I hiang sĕ khian ming) dirigea les travaux publics. L'empereur ayant régné 60 ans, mourut à l'âge de 115 ans.

X. DAÏRI 皇天神崇 SOUI ZIN TEN O.

(De 97 à 30 avant J. C.)

Soui zin ten o (Thsoung chin thian houang) était fils de Kaï kwa; sa mère, qui s'appelait *I ka siko me-no mikoto* (I hiang sĕ khian ming), était fille d'*I ka siko o-no mikatto*. Ce Daïri établit sa résidence à *Si ki* (Ki tchhing), ville de la province de Yamato; il y bâtit le palais *Midzou gaki-no miya* (Soui li koung). Il fut le premier qui gouverna lui-même l'empire, tenant conseil avec les grands de l'état sur toutes les affaires majeures. A peine était-il monté sur le trône, que le Japon fut ravagé par une maladie contagieuse (*Yakou bioou*). Il envoya alors sa fille aînée [1] *Toyo souki iri fime* (Fung thsieou jў ki) au bourg de *Kasa noui-no moura* (Ki y foung y), dans la province de Yamato, pour y sacrifier à la déesse *Ten sio daï sin* (Thian tchao ta chin), et la cadette, *Nou na ki iri fime* (Thing ming tchhing jy ki), pour offrir des sacrifices au dieu *O kouni tama-no kami* (Ta kouĕ hoen chin, l'âme de l'empire) [2]. Ces dieux dédaignèrent d'exaucer leurs prières, parce que les cheveux de ces princesses étaient tombés, et qu'elles étaient elles-mêmes malades. Le Daïri s'abstint alors d'avoir aucun commerce avec des femmes et de manger du poisson; il offrit des sacrifices au dieu *O mono nousi-no kami* (Ta wĕ tchu chin) [3], et aux huit millions d'autres divinités protectrices: aussitôt l'épidémie cessa et l'empire redevint florissant.

---

(1) Les filles des *Daïri*, des *Seogoun* et des *Kokfziou* ou princes souverains portent toutes le titre de *Fime*. On nomme aussi les filles d'un Daïri *Kozio* ou *Fime miya sama*, et celles d'un Seogoun *Fime kimi sama*. — Kl.

(2) Les divinités *O kouni tama* et *O mono nousi* sont chargées par le dieu supérieur *Miwa mio sin* (San lun ta ming chin) du soin d'accorder toute sorte de prospérité à l'empire. — Note de l'original japonais.

(3) Le dieu *O kouni tama-no kami* est aussi appelé par les Japonais 國大 *Daï kok* ('Ta kouĕ): c'est le Grand Esprit de l'empire. Il ne faut pas le confondre avec une autre divinité appelée également *Daï kok*, mais dont le nom est écrit avec les caractères 黑大 qui se prononcent en chinois Ta hĕ, et signifient *le Grand Noir*. Cette dernière divinité, qu'on dit originaire de l'Inde, préside aux richesses. Le premier *Daï kok* était neveu de *Ten sio daï sin*. — Kl.

Il nomma quatre *Seogoun* (Tsiang kiun) ou généraux en chef : *Ofo fiko-no mikoto* (Ta yan ming), *Take-no nou kawa wake* (Wou thing ho piĕ), *Kibi tsou fiko* (Kў pi tsin yan), et *Tamba mitsi nousi-no mikoto* (Tan pho Tao tchu ming), qui furent chargés de commander dans les quatre parties de l'empire [1], et de les purger des *Yebis* ou tribus barbares qui les habitaient encore. On nomma ces quatre généraux *Si do seogoun* (Szu tao tsiang kiun), ou les commandants des quatre provinces. Ceci fut l'origine des *Seogoun* (Tsiang kiun) ou généralissimes au Japon.

A cette époque, un certain *Take fani yasou fiko* (Wou tchў ngan yan) se révolta dans la capitale; mais le ministre de la guerre du Daïri le vainquit, le mit à mort, et rétablit ainsi la paix dans l'empire. Le Daïri confia à son fils *Toyo ki-no mikoto* (Fung tchhing ming) le gouvernement de la partie orientale de l'empire. Le premier ministre *Take moro wake-no mikoto* (Wou tchou khiu ming) fut fait *Ofa mourazi* (Ta lian) [2], ou inspecteur de toutes les provinces.

Sous le règne de ce Daïri, un ambassadeur d'*Amana* (Jin na) [3] arriva et apporta des présens. Ce pays faisait partie de celui de *San kan* (San han) [4]. Ce fut la première fois qu'une nation étrangère envoya un tribut (ou des présens) au Japon. Quelques auteurs prétendent que l'ambassadeur d'Amana avait une corne au front. Il mouilla dans la baie de *Ke fi-no wara* (Szu fan phou), dans la province de *Yetsisen* (Yuĕ thsian). Depuis, cette baie reçut le nom de *Tsou-no ga* (Kiŏ lou, cerf à cornes). Le nom de *Ke fi* (Szu fan) est écrit à présent avec des caractères chinois qui se pro-

---

(1) *Ofo fiko-no mikoto* était gouverneur général des provinces du nord; *Take-no nou kawa wake* administrait celles qui bordent la Mer Orientale; *Kibi tsou fiko*, les contrées occidentales; et *Tamba mitsi nousi-no mikoto*, le Tamba. — Kl.

(2) Ou *Omourazi*; ce titre équivalait à celui de *Kouanbak* (Kouan pĕ). — Kl.

(3) Quelques auteurs placent cette ambassade dans la 65ᵉ année de ce Daïri, qui correspond à l'an 33 avant J. C. Le pays d'*Amana* ou *Amana-no kokf* s'écrit en chinois avec les deux caractères 那任 *Jin na*. Les Japonais disent que son nom primitif a été *Karo*, et ils racontent que l'ambassadeur venu dans leur pays avait dit : « Je suis le fils du roi *I fo* de Karo; » je me nomme *Tsounou wo aros* ou *Ou si ki* « *ari tsa tsi ouki*. » Le pays appelé *San kan* est la Corée. Un roi de *Sin ra* (Sin lo) soumit le pays d'Amana en 562 de J. C. Il est difficile de dire dans quelle partie de la Corée il était situé. Les nations étrangères le nommaient *Mimona*. L'ambassadeur demeura, pendant plus de trois ans, à *Ke fi-no wara*. — Kl.

(4) 韓三 *San han* ou *les trois Han*, ancien nom de la Corée. Ce pays était autrefois habité par trois peuples qui portaient le nom générique de *Han*. Le premier de ces peuples, les *Ma han*, habitait les provinces actuelles de *Tchhoung tsing* et de *Houang haï*. Les *Pian han* étaient dans le *Thsiuan lo*; ils parlaient la même langue que les *Tchhin han*, qui occupaient le *Khing chang*. — Kl.

noncent *Khi pi*, mais en japonais, *Ke fi*. Tsou-na ka s'appelle à présent *Tsourouga* (Tsiun ho).

Ce Daïri régna 68 ans et mourut à l'âge de 120 ans.

XI. DAÏRI 皇天仁垂 SEÏ NIN TEN O.

(De l'an 29 avant J. C. à l'an 70 après cette époque.)

SEÏ NIN TEN O (Tchhoui jin thian houang), fils de Soui zin, avait pour mère *Mima ki fimé* (Yu kian tchhing ki), fille d'*Ofiko-no mikoto* (Ta yan ming). Il résida dans le palais de *Tama ki-no miya* (Tchu tchhing koung), à *Maki moukou* (Tchhen hiang), ville de la province de Yamato.

Un ambassadeur du royaume de *Sinra* (Sin lo)[1], nommé *Ama-no fio ko* (Thian jy thsang), vint apporter des présens consistant en miroirs, jade oriental (*tama*; en chinois, yu), sabres, coutelas et autres choses précieuses.

L'épouse (*kisaki*) du Daïri fut *Sawo fimé* (Hiă hoei ki); le frère aîné de cette princesse, nommé *Sawo fiko* (Hiă hoei yan), ayant l'intention de se révolter, persuada à sa sœur de l'assister dans son dessein : à cet effet, il lui remit un glaive pour tuer le Daïri. La reine s'y refusa d'abord; enfin elle promit de faire ce qu'il demandait et prit l'arme. Peu de temps après, le Daïri s'étant endormi la tête appuyée sur les genoux de sa femme, elle fut tentée de le tuer; mais, craignant de commettre ce crime, elle se mit à pleurer, et une larme tomba sur la joue de l'empereur. Celui-ci rêvait qu'un petit serpent d'une belle couleur s'entortillait autour de son cou; il s'éveilla, et, voyant sa femme en pleurs, la força de lui en dire la cause; elle finit par l'avouer. Le Daïri la consola en disant que son frère seul était criminel. Il envoya aussitôt le grand général *Koúdzouke-no Ya tsou na da* (Chang mao ye Pă kang thian) pour combattre Sawo fiko : celui-ci s'était construit avec des sacs de riz un retranchement derrière lequel il se défendit. Sa sœur, se reprochant de l'avoir plongé dans le malheur, alla le trouver, avec son enfant dans les bras, pour périr avec lui; Ya tsou na da lui arracha l'enfant : elle entra dans le retranchement et embrassa son frère; à l'instant, on mit le feu de tous les

---

(1) *Sin lo* en chinois, et *Sin ra* ou *Si raki* en japonais, est le nom d'un royaume qui a existé dans la partie orientale de la Corée. Son premier fondateur, *Hĕ kiu chi*, vécut vers l'an 57 avant notre ère. Il résida dans le pays des *Tchhing han*, dans la province actuelle de *Khing chan*. Le titre honorifique qu'il donna à sa dynastie fut *Siu fa lo*. A la vingt-deuxième génération, sous le règne de *Tchi tching wang*, le nom du royaume fut changé en *Sin lo*. Auparavant, il avait aussi été appelé *Szu lo* ou *Szu lou*. Ce royaume a subsisté jusque dans la première moitié du Xe siècle après J. C., époque à laquelle il fut conquis par les rois de la seconde dynastie de *Kao li* ou *Koraï*. — KL.

côtés, et tous deux y perdirent la vie. L'enfant de cette princesse fut muet jusqu'à l'âge de trente ans : il arriva alors qu'une oie sauvage (*kougoui*; en chinois, *hŏ*) passa au-dessus de sa tête en poussant des cris ; aussitôt il s'écria, « Qu'est-ce que c'est que cela ? » au grand étonnement de ceux qui étaient avec lui.

Il y avait dans ce temps-là deux hommes d'une force supérieure : l'un, nommé *Tasema-no kouyé saya* (Tang ma kiuĕ soü), demeurait dans la province de Yamato ; et l'autre, nommé *Nomi-no soukouné* (Yé kian sou ni), dans celle d'Idzoumo. Le Daïri les fit venir pour lutter devant lui. Le premier se cassa la jambe et mourut ; l'autre fut gratifié d'un petit terrain et d'une pension, et resta dans la capitale. Il fut l'inventeur des poupées de terre glaise et d'autres bagatelles. Il fut nommé intendant des travaux publics ; et cette dignité resta à ses fils, ses petits-fils et à leurs descendans, dont la famille porta le nom de *Taka sara* (Kouan yuan chi). C'est à cette époque que l'art de lutter [1] a commencé au Japon.

L'empereur confia le gouvernement aux cinq ministres *Take nou kawa waké* (Wou thing tchhouan piĕ), *Fiko kouni foukou* (Yan kouĕ thsy̆), *O ka sima* (Ta lou tao), *Ioutsiné* (Chy̆ thsian ken) et *Také-fi* (Wou jy̆).

Dans la vingt-cinquième année de son règne (l'an 5 avant J. C.), à la troisième lune, ce Daïri chargea sa fille cadette *Yamato fimé* (Wo ki) de bâtir un temple en l'honneur de *Ten sio daï sin*, sur les bords de la rivière de *Goyou sou gawa* (Ou chy̆ ling tchhouan), dans la province d'Izé, et de s'y établir comme prêtresse. C'est de cette époque que date l'emploi des femmes comme prêtresses [2], emploi auquel on donne le titre de *Saïkou* (Tchai koung).

Dans la quatre-vingt-sixième année du règne de ce Daïri (57 de J. C.), une ambassade partit, pour la première fois, du Japon, pour un royaume étranger : elle fut envoyée en Chine, à l'empereur *Kô bou kô teï* (Kouang wou houang ti), de la dynastie de *Go kan* (Heou han), où elle arriva dans la dernière année du règne de ce prince.

Ce Daïri mourut à l'âge de 140 ans, après en avoir régné 99. Sous son règne, l'empire jouit d'une grande tranquillité.

---

(1) On trouve par-tout, dans le Japon, des lutteurs. La plupart des princes ont les plus fameux à leur service ; ils s'en font accompagner dans leurs voyages. — Kl.

(2) Parmi le grand nombre de prêtres attachés au service des temples de la province d'*Izé*, on trouve toujours une fille de Daïri comme prêtresse, et portant le titre de *Saï koá*. Si le Daïri n'a pas de fille, il envoie une de celles du *Kouanbak*, ou de quelqu'un de ses proches parens, qui portent tous le titre de *Sin o sama*. Actuellement un fils du Daïri occupe constamment la dignité de grand-prêtre à *Niko*, lieu de la sépulture des *Siogoun* de la dynastie régnante. Un autre de ses fils remplit la place de grand-prêtre à *Ouyé no*, à Iédo. On les désigne

XII. DAÏRI 皇天行景 KEÏ KÔ TEN O.

(De 71 à 130 après J. C.)

Keï kô ten o (King hing ten o) était fils de Sei nin; sa mère fut *Fi wa sou fimé* (Jў ye tsŏ yuan), fille de *Tamba-no mitsé nousi* (Tan pho tao tchu), l'un des quatre gouverneurs de l'empire.

Le Daïri ayant été établi sur le trône, parcourut la province de *Mino* (Meï noung); étant arrivé dans celle de Yamato, il y bâtit, à *Maki makou* (Chen hiang), le palais de *Fi siro-no mia* (Jў tai koung), ou de la famille du soleil. Alors les *Oso* (Hioung sў)[1], dans le pays de *Tsoukousi* (Tchoü tsu), ayant fait mine de se révolter, le Daïri marcha contre eux. Il se rendit d'abord dans la province de *Souwoû* (Tcheou fang), conquise par *Kami ka si fimé* (Chin hia ki yuan), femme d'un grand courage, et qui commandait une armée très-nombreuse : elle se soumit à l'empereur, qui alla ensuite dans la province de *Bouzen* (Fung tsian), où il tua la grande araignée de terre *Tsoutsi koumo* (Thou tchi tchu), qui avait son nid dans la caverne d'un rocher[2]; puis il passa à la province de *Fiouga* (Jў hiang), et y éleva le palais *Takaya-no miyă* (Kao chў koung). Il y fit venir la fille de *Ya so takerou* (Pă chў hiao szu), grand général des Oso, et la prit pour concubine. Il lui persuada de l'assister dans son entreprise; ce qu'elle fit en enivrant son père : dans cet état, le Daïri le tua de sa propre main. Dans ce temps, les pêcheurs présentèrent à l'empereur le poisson *faraga* (fou tchhў yu), qui est fort rare[3].

Ce prince resta pendant six ans dans le Fiouga; il fit le tour du pays de Tsoukouzi. S'étant endormi une nuit dans sa barque, elle échoua; il

---

tous deux par le titre de *Miya sama*, puisqu'il n'est pas permis de prononcer leur nom. — Kl.

(1) 襲熊 *Hioung sy* en chinois, et, selon la prononciation japonaise, *O so*, signifie *les descendans de la famille noble des ours* : c'étaient vraisemblablement des vassaux tributaires de l'empire. — Kl.

(2) Il est souvent question, dans l'histoire japonaise, d'araignées de terre. Dans la seconde année de Zin mou ten o, il y en avait une près de l'endroit où l'on bâtit après la ville de *Katsoura ki*; elle avait le corps court et les pieds longs. Comme elle n'obéissait pas aux ordres de l'empereur, celui-ci envoya un de ses officiers, qui la prit dans un filet fait de la plante *katsoura* (kŏ) et la tua : c'est de là que la ville de *Katsoura ki* a reçu son nom. Il parait qu'il est question, dans cette tradition, d'une espèce de *phalangium*. L'épouse de *Reïko*, le quatrième des ancêtres de *Yori tomo*, fut blessée par une de ces araignées, que son mari tua d'un coup de flèche. — Kl.

(3) *Faraka* est une abréviation de *fara-aka* (ventre rouge); de *fara* ou *farra*, qui signifie ventre, et *aka*, rouge. — Kl.

s'éveilla et aperçut du feu tout autour de lui. Son bateau étant remis à flot, il donna à ce pays le nom de *Fi-no kouni* (Ho kouë), ou royaume du Feu : il comprend les deux provinces actuelles de Fizen et de Figo. Dans ce temps, le dieu du temple de l'Aso apparut à l'empereur sous une forme humaine; puis le Daïri retourna dans le Yamato.

Quelques années après, les Oso se révoltèrent encore. L'empereur y envoya une armée sous le commandement de son fils *O ousou-no mikoto*. Ce prince, qui n'était âgé que de seize ans, avait déjà dix pieds de hauteur; il était si fort, qu'il levait facilement un de ces grands vases appelés *kanafe* (ting) dont on se sert dans les sacrifices.

Le grand général d'Oso, *Kawa kami Takerou* (Tchhouan chang Hiao szu), se divertissait à table avec ses amis; le prince (*mikoto*) se déguisa en femme et vint les trouver. Kawa kami, frappé de sa beauté, et le prenant pour une femme, l'amena chez lui et lui donna une chambre à coucher. Pendant la nuit, lorsque tout fut tranquille, le prince tira de sa manche un glaive, et, étant entré dans l'appartement de Kawa kami, il lui enfonça le fer dans la poitrine. Kawa kami, s'éveillant avec effroi, s'écria : « Qui est là ? » Le fils du Daïri se fit connaître ; alors Kawa kami lui dit : « Dans tout le Tsoukouzi, « il n'y a personne qui m'égale en force ni en courage; toi qui me prives « de la vie, tu dois porter à l'avenir le nom de *Yamato take-no mikoto* (Jў « pen wou tsun), ou *le Prince des guerriers du Japon.* » Puis il expira. Ce prince extermina toute la famille de Kawa kami, rétablit la paix dans le pays, et retourna ensuite au Yamato. C'est de cette époque que date, au Japon, le titre de *Take-no mikoto* (Prince des guerriers).

Bientôt après, une autre révolte fut excitée par les *Yébis*[1] ou barbares de la partie orientale de l'empire. Le Daïri chargea *Oo ousou-no o si* (Ta toui houang tsu), frère aîné du *Prince des guerriers du Japon*[2], d'aller

---

(1) *Yébis*, en chinois 夷 *I*, signifie *barbares*. C'est ainsi que les Japonais appellent les anciens habitants de leur pays, avant qu'il fût civilisé par *Zin mou*. Mais long-temps après ce fondateur de la monarchie japonaise, la partie orientale de la grande île de Nipon était encore habitée par les Yébis non civilisés et connus sous le nom de 夷東 *Atsouma Yébis* (Toung i), ou *barbares de la région orientale*. Le général *Fatsman taro* combattit, sous le règne du Daïri Fou ka ten o (en 1087 de J. C.), pendant neuf ans, contre les Atsouma Yébis de la province d'Oosiou. Outre cette guerre avec eux, les annales japonaises font souvent mention d'autres qui ont eu lieu avant et après cette époque. Encore aujourd'hui les Japonais de la partie occidentale de l'empire donnent aux habitants de Iédo le sobriquet d'*Atsouma Yébis*. Les anciens aborigènes du Japon ne différaient peut-être pas beaucoup des Aïnos de nos jours, qui habitent le Iéso, l'île de Tarrakaï (mal-à-propos nommée *Saghalien* sur nos cartes) et les Kouriles. Ce peuple est également désigné au Japon par le nom de *Yébis* ou *barbares*. — Kl.

(2) D'après la grande Encyclopédie japo-

l'étouffer. Oo ousou avait d'abord fait beaucoup de bravades; mais quand il fallut marcher, il eut peur et se cacha. Alors le *Prince des guerriers du Japon* eut le commandement. Avant de partir pour les pays orientaux, il alla au temple *Daï zin goŭ* (Ta chin koung), dans l'*Izé*, où *Yamato fimé* (Wo ki), fille du Daïri précédent, était prêtresse : elle lui fit cadeau d'un sabre précieux. Il se mit en route et arriva dans le *Sourouga* (Tsiun ho). Pendant qu'il chassait les cerfs dans une plaine, les Yébis mirent par-tout le feu à l'herbe pour brûler le prince; mais celui-ci tira le sabre précieux, coupa l'herbe, et l'alluma du côté des ennemis, afin de les incommoder par les flammes que le vent poussait contre eux. Alors ce sabre reçut le nom de *Kousa nagi-no kin* (Thsao tchhi kian), ou le sabre qui fauche l'herbe. De là le prince se mit en route pour la province de *Sagami* (Siang mo). Sur la mer de *Katsousa* (Chang tsoung)[2], une forte tempête l'assaillit et lui fit courir un grand danger. *Tatsibanafi fimé* (Kiŭ yuan), l'une de ses femmes en second, croyant le dieu marin *Riou zin* (Loung chin) irrité contre lui, se jeta dans la mer pour l'apaiser; en effet, la tempête se dissipa.

Dès que le prince eut mis pied à terre, il fit la guerre dans l'*Osiou* ou *Mitsi-no kou-no kouni* (Loŭ ngao), passa dans l'*Iéso* (Hia i) et l'assujettit. De là il marcha vers la province de *Fitats* (Tchhang loŭ), traversa la montagne *Tsoukou ba yama* (Tchoŭ pho chan), et poussa jusque dans le *Kaï* (Kiä fi). Ensuite il fit le tour des provinces de *Mousadz* (Wou tsang) et de *Kôtsouke* (Chang yé), où il gagna les hauteurs par la montée d'*Ousou fi toghé* (Toui jў pan), d'où il eut une belle vue vers l'est et le sud. Se rappelant alors le dévouement de Tatsibanafi fimé, il s'écria, avec un profond soupir, « *Akatsouma!* » (c'est-à-dire, *ma femme!*) C'est pourquoi les provinces orientales de l'empire reçurent le nom d'*Atsouma* ou *le Pays des femmes*. Il chargea ensuite *Kibi-no take fiko* (Kў pi wou yan), général en second de son armée, de parcourir les provinces septentrionales, et se dirigea vers le Sina no et le Mino, où Take fiko, qui s'était déjà acquitté de sa commission, vint à sa rencontre. Il partit de là pour l'Owari; il y fit un long séjour, et épousa *Miya sou fimé* (Koung tsing yuan).

Ayant appris qu'il y avait sur le mont *I bouki-no yama* (Tan tchhoui chan)[3], dans la province Oomi, un génie malfaisant, il y alla et grimpa sur cette montagne. Le génie, ayant pris la forme d'un grand serpent, se tint comme

---

naise, *Wo han san thsai thou hoeï*, ces deux princes étaient jumeaux. — Kl.

(1) Cette mer est peu éloignée de Iédo. — Kl.

(2) Le nom de cette montagne signifie *montagne qui crache du fiel;* elle est située dans le district de *Kouri moto*, province d'*Oomi*. — Kl.

endormi au milieu du chemin. Le prince marcha sur ce serpent [1] : aussitôt la montagne fut entourée de nuages et de brouillards si épais, qu'il eut beaucoup de peine à descendre. Il se sentait aussi étourdi que s'il eût bu beaucoup de vin. Il trouva au pied de la montagne une source d'eau pure; il en but et se remit bientôt : c'est pour cette raison qu'on a donné à cette source le nom de *Samega ï* (Sing tsing), ou *puits qui guérit de l'ivresse* [2]. Cependant le souffle du poison s'était répandu dans tous ses membres et lui causait des douleurs très-vives. Il retourna dans l'Owari, d'où il gagna la province d'Iké. Lorsque son mal empira, il dépêcha Kibi-no Take fiko au Daïri, pour l'informer de sa situation et de la pacification des pays orientaux. Il mourut à *No fo no* (Neng pao yé), dans l'Iké, âgé de trente ans. Son ame, après sa mort, entra dans un *Sira tori* (oiseau blanc), espèce de héron qui vole à *Koto fiki-no wara* (Khin tan yuan), dans la province de Yamato.

Le Daïri, ayant reçu la nouvelle de son décès, confia le gouvernement à *Také outsi-no soukouné* (Wou neï sou ni) [3] et au conseil des grands, et se transporta, vers la fin de l'année, dans la partie orientale du pays, pour y visiter tous les lieux où avait combattu *le Prince des guerriers du Japon*, qu'il regrettait amèrement. Il fixa ensuite sa résidence à *Si ga* (Tchi ho), dans l'Oomi, où il mourut après un séjour de trois ans. Il avait régné 60 ans et atteint l'âge de 106 ans. Il laissa plus de soixante fils, à chacun desquels il avait donné un territoire dans une des provinces de l'empire, pour y séjourner, de sorte qu'il existe encore aujourd'hui beaucoup de descendans de ce Daïri.

XIII. DAÏRI 皇天務成 SEÏ MOU TEN O.

(De 131 à 191 de J. C.)

Seï mou ten o (Tchhing wou thian houang) était fils de Keï kô, et frère cadet du *Prince des guerriers du Japon*. Sa mère *Ia saka iri fime* (Pă pang jỹ yuan) était fille de *Ya saka iri fiko* (Pă pang jỹ yan). Cet empereur établit sa résidence dans le palais de *Taka ana fo-no miya* (Kao hiuĕ souï koung), à Siga, dans la province d'Oomi. *Take outsi-no soukouné* continua d'administrer l'empire. Il établit des gouverneurs dans les provinces et les districts; il en

---

(1) Ce génie malfaisant fut nommé *Ya mata-no tsu rotsi*, c'est-à-dire, *le grand serpent à huit cimes*. — Kl.

(2) Cette fontaine est située dans la province d'Oomi, au pied du mont *Fira-no dake*, éloigné de 13 *ri* japonais, au nord-nord-est, de la résidence actuelle de *Miyako*. — Kl.

(3) *Soukouné* est le titre d'une dignité. — Kl.

fixa les limites d'après les montagnes, les rivières, les champs, les plantations, les villages et les hameaux; il établit par-tout des garnisons, de sorte que le peuple fut heureux et que la tranquillité publique ne fut point troublée.

Ce Daïri régna 60 ans, et mourut à l'âge de 107 ans.

XIV. DAÏRI 皇天衰仲 TSIOU AÏ TEN O.

(De 192 à 200 de J. C.)

Tsiou aï ten o (Tchoung ngai thian houang) fils du *Prince des guerriers du Japon* et neveu de Seï mou, eut pour mère *Touka mitsi iri fime* (Liang tao jў yuan), fille du Daïri Seï nin. Tsiou aï, étant parvenu au trône, se fit apporter de toutes les provinces de l'empire, des oiseaux blancs, en mémoire de son père le *Prince des guerriers du Japon*. Sous son règne, *Oo domo-no také motsi* (Ta pan wou tho) remplit la dignité d'*Omourazi* (Ta lian)[1], et *Také outsi-no soukouné* fut premier ministre; ces deux emplois reviennent à ceux de *Sa daï sin* (Tso taï tchhin) ou ministre de la gauche, et *Ou daï sin* (Yeou taï tchhin) ministre de la droite, des temps postérieurs.

Dans la seconde année de son règne, il se rendit à *Tsou-no ga*[2] dans la province de Yetsizen; il y fit quelque séjour dans le palais de *Ke ye-no miya* (Szu fan koung); il y laissa ses reines et sa cour, et partit pour le Kiï-no kouni, où il apprit que les *Oso*[3] s'étaient révoltés de nouveau. Il alla donc directement dans le Nagato, s'y établit dans le palais de *Toyora-no miya* (Fung peou koung), et y fit venir les reines de Tsou-no ga. De là il transporta sa cour à *Kasifi-no miya* (Kiang jў koung) dans le pays de *Tsoukouzi*[4], et marcha contre les Oso. L'impératrice son épouse eut un pressentiment surnaturel qui lui fit apercevoir qu'il ne fallait pas faire la guerre aux Oso, mais s'avancer directement contre le pays des *Sin ra* (Sin lo). Le Daïri rejeta cette proposition de l'impératrice et se porta contre les Oso; il succomba, au milieu de son camp, à une forte maladie. D'autres disent qu'il fut atteint par une flèche ennemie, et qu'il mourut à la suite de cette blessure.

Il avait régné 9 ans et en avait vécu 52. Son corps fut déposé dans le temple du *Kebi-no daï mioo zin* (Khi pi ta ming chin), dans la province Yetsizen[5].

(1) Voyez la note 2, à la page 8.
(2) Voyez plus haut, à la page 8.
(3) Voyez la note 3, à la page 11.
(4) Voyez la note 1, à la page 2.
(5) Son nom d'apothéose est Ki goro mioo zin (Khi pi ming chin). — Kl.

XV. DAÏRI 皇天功神 SIN GOU KWO GOU.

(De 201 à 269 de J. C.)

SIN GOU KWO GOU (Chin koung houang heou), épouse de Tsiou aï, était l'arrière-petite-fille du Daïri Kaï kwa, et fille d'*Iki naga soukouné* (Khi tchang sou ni). Cette princesse, étant restée dans le Tsoukouzi, se trouvait enceinte à la mort de l'empereur. Elle résolut, d'accord avec Take outsi-no soukouné, de cacher le décès de son époux, et se mit en marche contre les Oso, qu'elle vainquit et réduisit à la soumission, après avoir puni les mutins. Alors, par suite du pressentiment surnaturel qu'elle avoit eu, elle voulut faire la guerre au peuple de *Sin ra*. Elle gagna donc les rives du *Matsoura gawa* (Soung phou ho), rivière du Fizen [1]. Elle y pêcha à l'hameçon, et dit à sa suite : « Si mes projets doivent réussir, l'amorce sera mordue, sinon elle « restera intacte. » En retirant la ligne, elle vit qu'elle avait pris un éperlan [2]. On trouve encore aujourd'hui beaucoup d'éperlans dans cette rivière, et l'on prétend qu'ils mordent bien à un hameçon jeté par une femme, mais jamais à celui d'un homme.

L'impératrice, arrivée à la rade de *Kasifi-no oura* (Kiang jў phou), retroussa ses cheveux, en disant : « Comme je veux aller soumettre les pays occidentaux, « je divise mes cheveux. » Elle les baigna alors dans les eaux de la mer, les peigna des deux côtés de la tête, et en réunit les tresses en un nœud comme le portent les hommes; puis elle tint conseil avec ses ministres, décida la guerre, et donna des ordres dans toutes les provinces de l'empire, d'assembler des vaisseaux, des munitions de guerre, des troupes, des armes, et notamment de grands arcs qui lançaient des pierres, et qu'on venait d'inventer. Elle-même se munit d'une hache d'armes.

Quand toute l'armée fut rassemblée, le dieu marin *Founmi yori mioo zin* (Tchu kў ming chin) la précéda constamment, pour lui montrer la route et pour la secourir. A cette occasion, on observa beaucoup de choses extraordinaires. L'impératrice trouva une pierre qu'elle plaça sur ses reins; ce caillou avait la vertu de retarder ses couches jusqu'à la fin de la guerre. Ayant mis à la voile avec sa flotte à *Wa ni-no so* (Ho eul tsin), elle fut assaillie par une forte tempête; alors plusieurs grands poissons vinrent à la surface de la mer pour soutenir les vaisseaux, jusqu'à ce que la tempête fût apaisée ; c'est ainsi qu'elle aborda dans le *Sin ra* (Sin lo).

(1) Cette rivière s'appelle aujourd'hui *Fama sima gawa*.— KL.

(2) En japonais, *Ayou*; et en chinois, *Sie lin yu*. — KL.

DES EMPEREURS DU JAPON.   17

Le roi de Sinra, frappé de terreur, s'écria : « Voilà l'armée invincible[1] du Ja-
« pon! je suis trop faible pour lui résister. » Alors, en signe de sa soumission,
il se fit lier les mains comme à un prisonnier, et, précédé d'un pavillon blanc,
il vint se déclarer esclave du Japon, en s'engageant à payer le tribut. L'armée
voulut ravager le pays du roi de Sinra; mais l'impératrice s'y opposa : elle
rétablit le roi sur le trône, après lui avoir enlevé les trésors et les choses précieuses qu'il possédait; elle fit transporter tout cela dans un magasin qu'elle
scella de son cachet, et ne se réserva que les peintures, les tableaux et autres
objets de ce genre. La canne de cette princesse était une pique; elle la suspendit, en signe de sa victoire, à la porte du palais du roi de Sinra, où on
la vit encore pendant plusieurs siècles. Quelques auteurs prétendent que l'impératrice écrivit avec la pointe de son arc sur cette porte : « Le roi de Sinra est
« le chien du Japon. »

Le roi lui envoya plusieurs de ses sujets en otage, ainsi que de l'or, de
l'argent, des étoffes de couleur et quatre-vingts barques; ces dernières composaient le tribut qu'il était obligé de donner chaque année.

Les rois de *Kôraï* (Kao li) et de *Fiaksaï* (Pé tsi)[2], ayant reçu la nouvelle

---

(1) Dans le texte, 兵神, c'est-à-dire, *l'armée surnaturelle.* — KL.

(2) Le royaume de *Fiaksaï* (Pé tsi), appelé
aussi par les Japonais *Koutara*, occupait l'ancien pays des *Ma han*, ou les deux provinces
de *Tchhoung thsing* (en coréen, *Tsig sing*) et
de *Houang haï* (en coréen, *Ba faï* ou *Fan feï*),
situées dans la partie occidentale de la Corée.
Ce royaume fut fondé l'an 18 avant notre ère,
par le roi *Wen tsou wang*, qui résida dans la
ville de *Wei li tchhing*. Il donna aux Ma han
le titre honorifique de *Pian tsi* (en coréen,
Ben kan), qu'on a changé plus tard en *Pé
tsi* (en japonais, *Fiaksaï*). Trente générations
de ses descendants ont régné dans ce pays, jusqu'au roi *I thsu wang*, avec lequel cette dynastie
finit en 660 de J. C., après avoir occupé le trône
pendant 678 ans.

Le royaume appelé par les auteurs chinois
Kao li ou *Kao kiu li*, et par les Japonais *Kôraï*,
Koukouri et *Koumo*, est celui qui a donné à toute
la presqu'île de Corée le nom qu'elle porte en
Europe. Suivant la tradition du pays, les rois
de *Kôraï* étaient originaires du *Fou yu*, contrée située dans le pays actuel des Mandchous,
et au nord-est du Liao tung, sur les rives du
Ghirin. C'est pour cette raison que les Coréens
portent encore aujourd'hui le nom de *Ghirin* ou
Kirin. *Tsü moung*, qui, comme fondateur du
royaume de *Kôraï*, est nommé *Toung min wang*,
venait du Fou yu, canton du pays des Tchhin
han; il résida dans la ville de *Tsü*, et donna à
son royaume le titre honorifique de *Kao kiu li*.
Sa dynastie a duré 705 ans, sous vingt-huit de
ses successeurs; *Pao thsang wang*, le dernier,
fut forcé, en 668, de se soumettre à l'empereur
de la Chine, qui le fit conduire à sa cour. L'empereur Kao tsoung, de la dynastie de Thang,
le renvoya en Corée, en 677; mais Pao thsang
wang, ayant essayé de se révolter, fut ramené à
la Chine.

Vers l'an 904 de notre ère, un bonze nommé
Koung i se fit déclarer roi de Kôraï. Il fut très-
libéral et puissant, et régna pendant dix-huit
ans. En 922, son ministre *Wang kian* se souleva contre lui, le tua, et prit le titre de roi.
Sa dynastie est connue sous le nom de *Heou
Kao li*, ou *Kôraï postérieurs*. Elle subjugua, en
934, le royaume de *Sin lo* (en japonais, *Sinra*),
gouverné par *Khing chun wang*, et celui des *Pé*

de ces événemens, expédièrent en secret des hommes chargés d'examiner la manière dont les Japonais étaient accoutrés pour le combat. Sur leur rapport, ils ne se sentirent point en état de résister, et vinrent tous les deux au camp de l'impératrice pour faire leur soumission; ils se reconnurent pour toujours vassaux du Japon, et s'engagèrent de payer un tribut annuel. C'est ainsi que furent subjugués en peu de temps les trois royaumes de *Sinra*, de *Kôraï* et de *Fiaksaï*, que l'on comprit alors sous le nom de *San kan*, et qui forment le *Tsiô sen* (Tchao sian) de nos jours.

Ayant ainsi assujetti les San kan, l'impératrice laissa dans le Sinra son ministre Yada-no soukouné, chargé du commandement de l'armée cantonnée dans les San kan; puis elle retourna au Japon. On lit dans l'histoire de la Chine que l'empereur de la Chine de la dynastie des *Ghi* (Wei) lui envoya un ambassadeur nommé *Tsioû seï* (Tchang tching), pour contribuer au rétablissement de la paix entre le Japon et les San kan.

L'impératrice revint dans le Tsoukouzi, et y accoucha d'un fils qui fut le Daïri O sin ten o. Le lieu où il naquit reçut le nom d'*Omi*, qui veut dire accoucher. De là, elle se rendit à *Toyora* (Fung phou), dans la province de Nagato, où tout fut préparé pour les funérailles de son époux, dont le corps fut transporté dans le Yamato.

Tsiou aï ten o avait eu d'une de ses concubines deux fils, l'un nommé *Kako saka-no o* (Mi pan wang), l'autre *Osi kouma-no o* (Jin hioung wang) : ces princes, ayant réuni une grande armée, s'avancèrent jusque dans la province de *Farima* (Po mo) pour surprendre l'impératrice; car ils prétendaient qu'étant les aînés, le trône leur appartenait, et qu'ils ne devaient pas être les sujets du fils qu'elle avait mis au monde. Mais le premier ayant été tué à la chasse par un sanglier rouge (*aka ï*), l'autre se retira à *Ou si* (Thou tao) dans la province *Yama siro* (Chan tchhing), où il établit son camp.

L'impératrice y envoya son grand général Také outsi-no soukouné, qui tâcha de s'emparer du prince par ruse. Il le flatta, en lui disant qu'étant l'aîné, il avait réellement plus de droits au trône : le prince, qui le croyait réellement dévoué à ses intérêts, ne se défiait nullement de lui; mais un jour Také outsi l'attaqua inopinément, et, comme il n'était pas sur ses gardes, il

---

tsi postérieurs sous *Chin kian wang*. Cette dynastie a régné pendant trente-deux générations; elle finit avec *Wang tchouan*, qui, ayant perdu l'esprit, fut tué par *Li jin jin*, un des grands du pays. Des troubles éclatèrent après sa mort; enfin les habitans du pays élurent pour roi *Wang yao* : celui-ci ne resta pas une année entière sur le trône; il fut déposé par *Li tchhing kouei*, qui se fit roi sous le titre de *Tchhing wang*, et adopta pour son royaume, en 1392, le nom honorifique de *Tchao sian*; en japonais, *Tsiô sen*. — Kl.

ne put se sauver que par la fuite. Arrivé à *Seta* (Chi thian), petite ville de la province d'Oomi, il s'y noya de désespoir.

Depuis ce temps, l'impératrice gouverna tranquillement; elle occupa le palais d'*Iwaré-no miya* (Phan yu koung), dans le Yamato, et y fit les funérailles de son époux. Son fils fut déclaré *Taïsi* ou successeur.

Deux fois elle envoya des ambassadeurs avec des présens à l'empereur de la Chine de la dynastie de *Ghi* (Wei)[1], et elle reçut souvent des ambassadeurs et des présens de ce monarque.

Zon ken (Sun khiuan)[2], de la dynastie des *Go* (Ou), qui régna alors dans la Chine méridionale, conçut le projet de se rendre maître du Japon, et y envoya une armée de plusieurs dixaines de mille hommes. La plus grande partie mourut en mer par la peste, ce qui fit échouer l'expédition.

Il est question de cette impératrice dans plusieurs auteurs chinois. Elle régna 69 ans, et mourut à l'âge de 100 ans[3].

XVI. DAÏRI 皇天神應 O SIN TEN O.

(De 270 à 312 de J. C.)

O SIN TEN O (Yng chin thian houang) était fils de Tsiou aï. Sa mère Singou kwo gou se trouvant enceinte de lui à la mort de son époux, il était déjà, avant sa naissance, considéré comme le successeur du Daïri, et c'est pour cette raison qu'on le nomma TAÏ TSIOU TEN O (*Taï tchoung thian houang*, ou *l'empereur dans le ventre de sa mère*). Il naquit avec une loupe sur le bras, de la forme d'un carquois, anciennement nommé *fonda* ou *tomo*, à présent *yébira*, ce qui lui fit donner aussi le nom de FONDA-NO TEN O.

Il parvint au trône à la mort de sa mère, et occupa le palais d'*Aké-no miya* (Ming koung), à *Karou-no sima* (King tao), dans la province de Yamato. Il fit venir beaucoup de *Yémisi* ou habitans de *Ieso* et de gens du *San kan* (San han); il employa les premiers à construire une chaussée qui conduisit à ses écuries,

(1) L'histoire de la Chine parle d'une de ces ambassades; on y lit: « La seconde des années «*king thsou* (238 de J. C.), sous l'empereur «*Ming ti* des *Wei*, 呼彌皁 *Pi mi hou*, reine «du pays de *Wo* (ou Japon), envoya à la ca-«pitale un de ses grands, qui apporta le tribut. «Cette ambassade fit que les Wei furent en «bonne amitié avec la reine de Wo. L'empe-«reur lui donna un sceau d'or, dans une en-«veloppe de soie pourpre. » — KL.

(2) La Chine était, à cette époque, partagée en trois royaumes appelés *Wei*, *Choü* et *Ou*. — KL.

(3) Elle reçut après sa mort le titre de KASI-NO DAÏ MIO SIN (Hiang tchi ta ming chin), sous lequel elle est révérée comme une des divinités protectrices du Japon. — KL.

les autres à creuser un étang; voulant prouver par-là sa souveraineté sur tous ces peuples. Les trois royaumes de San kan lui envoyèrent des présens, et se conformèrent à la manière de gouverner du Japon.

Le premier ministre Také outsi-no soukouné vint en Tsoukouzi pour saluer le Daïri. Son frère Oumasi outsi-no soukouné l'accusa, après son départ de Yamato, d'avoir conspiré avec les peuples de San kan pour se révolter, ce qui irrita le Daïri au point qu'il envoya après lui pour le faire mettre à mort; mais son innocence ayant été reconnue, un de ses serviteurs, nommé *Iki-no Atafi-no Maneko* (I khi Tchy̆ tching Ken tsu), qui avait répandu le bruit de la rebellion, subit le sort destiné à son maître. Také outsi-no soukouné se rendit en secret chez le Daïri pour lui prouver son innocence; les deux frères eurent l'ordre de se justifier devant les dieux, en plongeant la main dans de l'eau bouillante. Cette épreuve démontra pleinement l'innocence du premier, qui fut rétabli dans ses emplois. C'est de cette époque que date l'*oukisiyoo* (thang khi thsing) ou la justification par l'eau bouillante.

A cette époque, *Wo nin* (Wang jin), grand philosophe, arriva du royaume de Fiaksaï; il apporta le *Ron go* (Lun yu) et d'autres livres [1], qu'il présenta à l'empereur; il enseigna aussi à lire et à écrire [2] à *Oudzi-no Wakaï Ratsou go* (Wen tao Tchi Lang tsu), fils du Daïri. Alors furent aussi introduits l'art de

---

(1) Le *Lun yu* est le troisième des *Szu chou*, ou quatre livres de Confucius et de Mencius. La grande histoire du Japon, 大日本史 *Daï ni fon si*, dit que Wo nin apporta un *Lun yu* en dix volumes ou cahiers, et le 千字文 *Thsian tsu wen*, ou l'*Écrit en mille caractères*, en un volume. Ce dernier ouvrage est un livre élémentaire dans lequel les enfans chinois apprennent les mille caractères les plus nécessaires. Il se compose, en effet, de mille signes idéographiques chinois, dont aucun ne revient une seconde fois, et qui sont disposés de manière que deux fois quatre forment toujours une phrase ou un sens complet. Ce traité a été composé sous *Wou ti*, fondateur de la dynastie de *Liang*, lequel régna de 502 jusqu'en 549 de J. C. Ce prince aimait beaucoup la calligraphie, et avait fait une collection des autographes du célèbre calligraphe *Wang hi*; il ordonna à un de ses écrivains, nommé *Tcheou hing szu*, d'en extraire mille caractères, et de les disposer de manière à composer un discours suivi. Tcheou hing szu se mit de suite à l'œuvre et la termina dans une nuit : cependant ce travail difficile l'avait si fatigué, que le lendemain ses cheveux et sa barbe étaient blanchis. L'empereur fut très-content de l'ouvrage, récompensa l'auteur, et ordonna que les mille caractères écrits par lui servissent à l'instruction du prince héréditaire et des autres enfans de la famille impériale. — Kl.

(2) Jusqu'au temps du Daïri O zin ten o, les Japonais n'avaient pas d'écriture; les ordonnances et les proclamations étaient publiées de vive voix. Ce ne fut que sous le règne de ce prince que l'on commença à se servir des caractères chinois nommés *Sin zi*, et plus tard *Kan zi*, c'est-à-dire lettres de Thsin et de Han. O zin ten o envoya aussi, en 284 (le 6e jour de la 8e lune), une ambassade dans le royaume de *Fiaksaï* (Pé tsi) en Corée, pour y chercher des hommes instruits et en état de répandre la civilisation et la littérature de la Chine dans son pays. Cette ambassade ramena avec elle le cé-

DES EMPEREURS DU JAPON.   21

filer, celui de travailler au métier et celui de coudre; ils vinrent du San kan et du royaume de *Go* (Ou), dans la Chine méridionale.

Les descendans des empereurs de la Chine *Sin si kwo* (Thsin chi houang) et ceux de la dynastie des *Go kan* (Heou han) [1] vinrent à la cour du Daïri.

Le Daïri s'amusant à la chasse sur le mont *Yosi no* (Ky̆ yĕ), et y ayant pénétré jusqu'à l'endroit nommé *Kousou* (Kouĕ tsao), un homme qui y demeurait lui offrit pour se rafraîchir du *ko zaki* (li) ou vin doux; c'est pour cette raison que tous les habitans de Yosi no-no Kousou ont encore la libre entrée chez le Daïri.

O sin ten o mourut après un règne de 41 ans, il en avait vécu 110. Après son décès, on l'honora comme un dieu, parce que sa mère, étant enceinte de lui, avait vaincu les peuples du San kan; on lui bâtit, dans la province de Bouzen, un temple nommé *Ousaï-no miya* (Yu tso koung) : à la construction de cet édifice, huit pavillons blancs descendirent du ciel; c'est pourquoi on donna à la divinité qu'on y révère le nom de *Fatsman daï Bosats* (Pă fan taï Phou sa) [2], le grand Bodhisattwa aux huit drapeaux [3].

lèbre *Wo nin*, qui remplit parfaitement l'objet que le Daïri se proposait.

Voici ce que les annales japonaises intitulées *Sio nitso pon gi* nous apprennent sur ce personnage : « *Wo nin* était de la famille de l'empereur « *Kao tsu*, de la dynastie des Han. Ce monarque « avait un descendant nommé *Ran* (Louan); *Wo* « *kou* (Wang keou) était de la postérité de ce der- « nier; il se retira dans le *Fiaksaï*. Dans le temps « que *Ko son wo* (Kieou sou vang) régnait dans « ce pays, O zin ten o lui fit demander, par une « ambassade, un homme lettré. Ko sou wo choisit « alors *Wo nin*, fils de *Wo kou*, et l'envoya pré- « senter ses hommages à l'empereur. *Wo nin* ar- « riva à la cour, dans la seconde lune de l'an « 285, et fut nommé instituteur des princes im- « périaux. » C'est de lui que date l'introduction de la littérature au Japon. Ses descendans ont rempli de hautes dignités militaires sous le règne de Kwan mou ten o, L^e Daïri, entre 781 et 805 de J. C.

Le mérite de *Wo nin* a paru si éminent aux Japonais, qu'ils lui ont accordé des honneurs divins. Son temple principal est dans la province d'*Idzoumi*, et s'appelle *Too wara daï mioo in*. Wo nin y est adoré conjointement avec *Giou to ten o* (Nieou theou thian houang), c'est-à-dire. *l'empereur céleste à tête de bœuf.*

Depuis le temps de Wo nin jusqu'à nos jours, les signes idéographiques de la Chine sont restés en usage chez les Japonais : ainsi que la langue chinoise, ils sont principalement employés dans les ouvrages savans; mais cela n'empêche pas que leur connaissance ne soit répandue dans tout le Japon. Cependant, comme la construction de la langue japonaise diffère sensiblement de celle des Chinois, et comme les mêmes caractères chinois ont souvent plusieurs significations, on s'aperçut bientôt qu'on manquait d'un moyen de parer à cet inconvénient; on inventa donc, dans la première moitié du VIIIe siècle, les syllabaires *kata-kana* et *fira-kana*.
— Kl.

(1) Nommés aussi *Toung han* ou *Han orientaux.* — Kl.

(2) Cette dénomination doit être d'une époque postérieure, car le mot *Bosats* en japonais et *Phou sa* en chinois, qui est l'équivalent du sanscrit *Bodhisattwa*, n'est venu au Japon qu'avec la religion bouddhique, vers le milieu du VIe siècle de notre ère. — Kl.

(3) On lit dans la vie du LVIe Daïri Si wa

XVII. DAÏRI 皇天德仁 NIN TOK TEN O.

(De 313 à 399 de J. C.)

Nin tok ten o (Jin të thian houang) était fils d'Osin : sa mère *Naka fimé* (Tchoung ki) était petite-fille du prince impérial *Yo ki iri fiko-no osi* (Ou pě tching jў yan houang tsu). A sa naissance, un *kisou* (moǔ wen) ou hibou entra dans la chambre, et se plaça sur le fauteuil de l'accouchée. Také outsi-no soukouné eut le même jour un fils, qui naquit à l'instant où un *sazagi* (tsiao liao)[1] ou tarin vola dans la chambre de l'accouchée. Le Daïri O sin, surpris de cet événement, résolut de changer les noms de ces enfans, puisque le hibou est regardé comme un oiseau de mauvais augure, et le tarin, au contraire, comme un oiseau d'heureux présage. Il nomma donc son fils *O sazagi*, ou le Grand tarin, et celui de Také outsi-no soukouné, *Kisou-no soukouné*.

O sin ten o avait chargé pendant son règne son fils cadet *Oudzi-no Wakaï Ratsou go* (Wen tao Tchi Lang tsu) du gouvernement, et lui avait donné O sazagi pour l'aider. Après sa mort, Ratsou go s'efforça de persuader à son frère aîné O sazagi de monter sur le trône; celui-ci le refusa constamment, en disant : « L'empereur vous a confié le gouvernement; si vous l'abdiquez « et que je l'accepte, nous enfreindrons les ordres de notre père. » Ce conflit dura trois ans ; pendant ce temps, il n'y eut point de Daïri. Ratsou go demeura à *Oudzi* (Wen tao) et O sazagi à *Naniwa* (Nan pho). Lorsqu'il y arrivait des présens pour le Daïri, ils étaient portés de l'une à l'autre de ces villes ; les deux princes les refusaient. Pour mettre un terme à cet état d'incertitude, Ratsou go se donna la mort. O sazagi, apprenant que son frère était grièvement blessé, accourut vers lui; Ratsou go, qui respirait encore, lui parla et mourut. C'est alors qu'O sazagi monta sur le trône, et régna sous le nom de Nin tok ten o.

Il établit sa résidence près de *Naniwa*, ville de la province de Sets, dans le

---

ten o, que le prêtre *Ko kio* allant vers ce temple, l'esprit d'O sin ten o lui apparut et l'instruisit de beaucoup de secrets. Ce prêtre retourna à la capitale et les communiqua au Daïri, qui fit construire, en l'honneur d'O sin ten o, un temple à *Otoko yama*, près de *Fousimi* : ce temple existe encore. — Kl.

(1) Dans le texte, 鷦鷯 en chinois, *tsiao liao*; en japonais, *sazagi*. M. Titsingh avait traduit ce mot par *hochequeue* ; mais le *sazagi*, appelé aussi en japonais *takoumi tori* et *miso sazagi*, est le turin. Les Chinois donnent encore à cet oiseau les noms de *khiao fou niao* (l'épouse habile) et *niu tsiang* (la femme travailleuse), qui correspondent à l'expression japonaise *takoumi tori* (l'oiseau habile ou travailleur). Quant au hochequeue, il s'appelle en chinois *tsẏ ling* ou *young khiu*, et en japonais, *isi-tataki*, ou le batteur de pierres. — Kl.

palais de *Taka tsou-no miya* (Kao tsin koung), qui était très-simple et dépourvu de tout ornement. Il vécut avec une sobriété extrême; *Wo nin*, le philosophe de Fiaksaï, fit des vers sur son séjour à Naniwa et sur son avénement au trône.

La quatrième année de son règne (316 de J. C.), voyant que le pays n'était pas assez habité et que le peuple se trouvait dans le besoin, le Daïri ne voulut accepter d'autres dons que les impôts ordinaires des terres : ses vêtemens étaient-ils sales, il les faisait nettoyer et n'en voulait point changer; son palais était-il endommagé par la pluie ou le vent, il le laissait dans cet état. Ses repas étaient de même d'une grande frugalité. On donne pour raison de cette conduite, que, montant à son avénement au trône sur un bâtiment élevé, il n'aperçut dans les environs que peu de fumée s'élever des maisons, et en conclut que la misère empêchait les habitans de faire cuire des alimens. Trois ans après, étant monté de nouveau sur le même édifice, il vit que les plus petites cabanes avaient bonne apparence, et que la fumée sortait de toutes les cheminées, ce qui le satisfit beaucoup; ces trois années avaient été très-fertiles, et le peuple était riche et à son aise.

Quoique le peuple vînt le prier de rebâtir son palais, il ne le fit que trois ans plus tard : alors les artisans, jeunes et âgés, accoururent de tout côté; l'ouvrage fut entrepris avec tant d'ardeur, qu'il fut bientôt achevé. Tout le monde appela ce Daïri *Zeï sin* (Ching jin) ou *l'homme saint*.

On lui envoya du *Kôraï* (Kao li) un grand bouclier de fer. Il fit venir l'ambassadeur, et ordonna au chef des troupes à boucliers de le percer d'un coup de flèche, ce qui fut exécuté au grand étonnement de l'envoyé coréen.

Il arriva du Fiaksaï un homme nommé *Zaki-no kimi* (le Prince du vin) avec un faucon, pour apprendre cette chasse au Daïri, qui prit le premier une perdrix de cette manière. Depuis ce temps, il y a eu des fauconniers au Japon [1].

Také outsi-no soukouné mourut en ce temps, suivant les uns à l'âge de 317 ans, suivant d'autres à l'âge de 330, ayant été pendant 240 ans premier ministre de six Daïris. Il laissa beaucoup d'enfans; tous ses descendans furent heureux [2].

Nouka da-no osi (Nge thian houang tsu), l'un des fils du Daïri, étant à la

---

(1) Les Japonais regardent les faucons de la Corée comme les meilleurs pour la chasse, et ce pays en envoie tous les ans douze avec le tribut au Siogoun. — KL.

(2) On assure que les descendans en ligne directe de *Také outsi-no soukouné*, qui devint régent de l'empire sous le XIIe Daïri KEÏ KOU TEN O, lui ont succédé dans cet emploi, et qu'ils ont tous porté le même nom : c'est de cette manière que cet emploi a continué dans sa famille pendant une longue suite d'années. — KL.

chasse sur le mont *Tsoughé* (Teou ki), y trouva un grand morceau de glace qu'il apporta à son père : on établit alors une glacière; et depuis ce temps, il est d'usage d'offrir au Daïri, le premier jour du sixième mois, de la glace de la province de Yamato [1]. On appelle cet usage *kakousi okou* (thsang tchi).

Dans la province de *Fida* (Fei tan), vécut un homme nommé *Souk na* (Soŭ nan), ayant un corps, deux têtes, quatre bras et quatre jambes : il fut très-fort et adroit; d'une main il tenait un arc, de l'autre les flèches, de la troisième et quatrième un sabre, qu'on dit avoir été long de neuf éventails ou de quatre-vingt-dix pouces. Comme il insultait tout le monde, le Daïri chargea *Také fourou kouma* (Wou tchin hioung) de le mettre à mort.

Pendant tout son règne, Nin tok s'occupa jour et nuit du soin de l'empire. Il fut généreux et plein de bonté; aussi de son temps la prospérité et la fécondité furent sans exemple Il gouverna pendant 87 ans, et mourut à l'âge de 110 ans [2].

XVIII. DAÏRI 皇天中履 RI TSIOU TEN O.

(De 400 à 405 de J. C.)

Ri tsiou ten o (Li tchoung thian hoang), fils de Nin tok, eut pour mère *Iwa riki-no fimé* (Phan tchi yuan), petite fille de Také outsi, et fille de *Katsoura ki-no Sotsou fiko* (Kŏ tchhing Sў tsin yan). Après la mort de son père, et après avoir été inauguré, ce Daïri voulut épouser *Kouro fimé* (Hē yuan), fille de *Tayasiro-no soukouné* (Thian chi tai soŭ ni); il envoya son frère cadet *Soumi Yosi-no naka-no osi* (Tchu kў tchoung houang tsu) en prévenir le père : mais ce frère le trompa; il se donna pour le Daïri et coucha avec Kouro fimé. En partant, il eut l'imprudence d'oublier un grelot (*souzou*). L'empereur, allant la nuit suivante chez cette dame, vit ce grelot et lui demanda à qui il appartenait; elle répondit qu'il l'avait oublié la nuit précédente : il le reconnut pour être à son frère, soupçonna ce qui s'était passé, en conçut beaucoup de chagrin, et se retira sans rien dire de plus. Son frère ayant su que sa supercherie était connue, assembla des troupes, se révolta et investit le palais. L'empereur, qui ne se méfiait de rien, avait bu trop de vin et dormait d'un profond som-

---

(1) Outre la glace de la province de Yamato, où il y a une grande glacière, le Siogoun envoie de Yédo au Daïri, le 1ᵉʳ du 6ᵉ mois, de la glace du mont *Fousi-no yama*. Le prince de Tamba lui offre également de celle du mont *Fimourou yama* : elle lui est présentée ce même jour. Tous les Japonais se font, à la même époque, des présens de petits gâteaux à la glace, qu'on prépare pendant l'hiver et que l'on conserve à cet effet. — Kl.

(2) Son titre d'apothéose est Fira no-no daï mio sin (Phing yé ta ming chin). — Kl.

meil; trois de ses serviteurs, *Fégouri-no Kitsou-no soukouné*, *Monono bé-no omaé* et *Atsi-no kimi*, voyant qu'il était impossible dans le moment de réunir assez de monde pour résister, l'éveillèrent, l'assirent de force à cheval, et le conduisirent dans la province de Kawatsi. Naka-no osi, ignorant sa fuite, mit le feu au palais situé dans le Naniwa.

L'empereur, arrivé dans le Yamato, y leva une armée nombreuse : son frère cadet *Mitsou fa Waké-no osi* (Soui tchi piĕ houang tsu) vint du Naniwa pour le voir : le Daïri, se méfiant de lui, lui ordonna, pour preuve de son attachement, d'y retourner et de tuer son frère Naka-no osi ; il partit en effet avec *Ki tsou-no soukouné* (Moŭ wen soŭ ni), et réussit à corrompre *Sasi firé*, l'un des gardes de Naka-no osi, qui assassina son maître pendant qu'il était sur la garde-robe.

Kitsou-no soukouné parvint à convaincre Mitsou fa Waké que, quoique Sasi firé eût fait une action louable, il méritait la mort pour avoir porté la main sur son maître ; il fut donc égorgé avec tous ceux qui avaient pris part à la révolte.

La tranquillité rétablie, le Daïri bâtit un palais à *Iwaré* (Phan yu), dans la province de Yamato. Il confia le gouvernement de l'empire aux quatre gouverneurs généraux *Fégouri-no Kisou-no soukouné* (Phing kiun moŭ wen soŭ ni), *Soga-no Matzi-no soukouné* (Sou ngo mouon tchi soŭ ni), *Monono bé-no irofou-no omourazi* (Wĕ pou i liu fĕ ta lian) et *Tsouboura-no okimi* (Yuan ta szu tchu). Pour récompenser le dévouement de son frère Mitsou fa Waké-no osi, il le nomma Taïsi, ou successeur à l'empire.

Ce Daïri étant un jour en bateau sur un étang de son palais, une quantité de fleurs de cerisier (*wakoura fana, yng houa*) tomba dans sa tasse à boire du vin. Il en fut si charmé, qu'il nomma le palais *Waka sakoura-no miya* (Tchi yng koung), ou le palais des cerises nouvelles.

Il envoya des savans dans toutes les provinces de l'empire pour en écrire l'histoire. Il régna 6 ans, et mourut après en avoir vécu 70.

XIX. DAÏRI 皇天正反 FAN SIO TEN O.

(De 406 à 411 de J. C.)

FAN SIO TEN O (Fan tching thian houang) était frère cadet de Ri tsiou. Il portait, avant son avénement au trône, le nom de *Mitsou fa Waké-no osi*. Ayant été élu Taïsi après l'assassinat de Naka-no osi, il demeura à *Tanpi* (Tan pi), au palais de *Siba gaki-no miya* (Tchhai li koung), dans la province de Kawatsi. Il mourut après un règne de 6 ans [1].

(1) FAN SIO TEN O mourut le 23ᵉ jour du 1ᵉʳ mois de la 6ᵉ année de son règne : il n'a donc pas régné six ans ; mais au Japon il est d'usage de compter de cette manière, et un

XX. DAÏRI 皇天恭允 IN KIO TEN O.

(De 412 à 455 de J. C.)

In kio ten o (Yun koung thian houang) était frère cadet de Fan sio. Comme ce prince était très-maladif depuis son enfance, son père et ses frères l'aimaient peu, quoiqu'il fût d'un caractère très-doux. A la mort de Fan sio, tous les grands de l'empire voulurent le nommer Daïri; mais il refusait constamment d'accepter cette dignité. Son épouse *Osi zaka o naka fimé* (Jin pan ta tchoung yuan) lui représenta l'inconvenance de résister plus long-temps à leurs vives instances; il s'y rendit à la fin, et fut proclamé Daïri, plus d'un an après la mort de son frère. On fit venir du royaume de Sinra (en Corée), un habile médecin qui rétablit entièrement sa santé. Alors In kio s'appliqua soigneusement au gouvernement de l'empire, et fit examiner et vérifier les généalogies de toutes les familles du peuple et des grands de l'empire [1].

Il aima beaucoup *So toori fimé* (I thoung ki), sœur cadette de sa femme, lui fit bâtir le palais de *Fouzi wara-no miya* (Theng yuan koung) dans le Yamato, et la prit pour maîtresse. L'impératrice en fut si jalouse, qu'elle voulut se jeter dans le feu. Alors le Daïri fit construire pour So toori fimé le palais de *Tsinou-no miya* (Mao thing koung), dans la province Kawatsi, à une grande distance du sien; ce qui apaisa son épouse. Il allait pourtant voir souvent son amante à Tsinou-no miya. So toori fimé composa sur ce sujet des vers, qu'on estime encore beaucoup aujourd'hui.

Il régna 42 ans, et mourut âgé de 78 ans. Son fils *Ki nasi-no karou-no osi* (Moü li king houang tsu), prince héréditaire, était un débauché. Il souleva le peuple et fit la guerre à son frère cadet *Ana fo-no osi* (Hiuĕ soui houang tsu); mais il fut vaincu et périt dans sa fuite. D'autres disent qu'il fut exilé par son frère dans la province d'*Iyo* (I yu).

XXI. DAÏRI 皇天康安 AN KO TEN O.

(De 454 à 456 de J. C.)

An ko ten o (Ngan khang thian houang) était fils d'In kio. Il porta d'abord le nom d'*Ana fo-no osi*, et fut proclamé Daïri après la défaite de son frère.

---

enfant né au 12ᵉ mois de l'année, est censé avoir déjà vécu un an. — Kl.

(1) Ce fut dans la quatrième année de son règne, ou l'an 415 de J. C. De cette époque datent les noms de famille et les surnoms au Japon. — Kl.

Sa mère était *Osi zaka o naka fimé*, fille de *Fouta maka-no osi* (Eul khi houang tsu). Il établit sa résidence dans le palais d'*Ana fo-no miya* (Hiuĕ soui koung), à *Iso-no kami* (Chў chang) dans la province de Yamato. Se méfiant de son oncle *O kousa ka-no osi* (Ta thsao hiang houang tsu), il envoya des troupes qui le tuèrent, et conduisirent sa concubine *Nakaré fimé* (Tchoung ti ki) dans le palais du Daïri; celui-ci la prit pour maîtresse. Elle avait d'O kousa ka-no osi un fils nommé *Mi rin o* (Mei lun wang): comme sa mère demeurait dans le palais, il y avait un libre accès. Quoique le Daïri le fît surveiller à cause de l'assassinat de son père, Mi rin o, le trouvant un jour endormi sur les genoux de la princesse sa mère, le tua.

Ce Daïri a régné 3 ans, et en a vécu 56.

XXII. DAÏRI 皇天略雄 YOU RIAK TEN O.

(De 457 à 477 de J. C.)

YOU RIAK TEN O [1] (Hioung liŏ thian houang), frère puiné d'An ko, apprenant sa mort, revêtit à la hâte sa cuirasse et accourut au palais. Mi rin o, effrayé, déclara que son intention n'avait pas été de devenir Daïri, mais qu'il avait seulement voulu venger son père. Puis il prit la fuite et se cacha dans la maison de *Katsouraki-no tsouboura-no daïsin* (Kŏ tchhing yuan ta tchhin). You riak, soupçonnant ses deux frères *Saka afi-no osi* (Pan ho houang tsu) et *Ya tsouri-no osi* (Pă tiao houang tsu) d'être complices de Mi rin o, tira son sabre, et tua Ya tsouri; l'autre prit la fuite et se cacha avec Mi rin o. L'empereur, irrité, enjoignit à Tsouboura-no daïsin de les chasser de chez lui; sur son refus, il ordonna que l'on investît sa demeure et que l'on y mît le feu. Mi rin o et Tsouboura périrent dans l'incendie. Se méfiant aussi de son neveu *Itzi-no bé-no osi* (Chi pian houang tsu), fils de Ri tsiou, il le perça d'un coup de flèche à la chasse.

Son palais de *Fotsou sé-no asa koura-no miya* (Pŏ lai tchao tsang koung) était dans le Yamato. Il chargea *Fégouri-no matori* (Phing kiun tchin niao), *Otomo-no mourasi moriya* (Ta pan lian chў wŏ), et *Monono bé-no mourasi mé* (Wĕ pou lian moŭ), du gouvernement de l'empire.

Ce Daïri était d'un caractère féroce; il se plaisait à répandre le sang; il fit périr grand nombre d'innocens, ce qui lui valut le nom de DAÏ AKOU TEN O (Ta o thian houang), le très-mauvais Daïri.

Il aimait la chasse; un jour qu'il se trouvait sur les montagnes de Katsouraki, il y eut un entretien avec le dieu de ces monts.

(1) On écrit aussi le nom de ce Daïri KOU RIAK TEN O; mais c'est par erreur. — KL.

Le Sinra, le Kôraï et le Fiaksaï se révoltèrent sous son règne, et refusèrent de payer le tribut; il y envoya des troupes qui firent rentrer ces royaumes dans le devoir. Le Fiaksaï resta toujours soumis au Japon; mais le Sinra et le Kôraï ne le furent que par intervalles.

La 21ᵉ année de son règne (477), *Ten sio daï sin* lui apparut en songe et lui enjoignit de bâtir encore un temple dans l'Izé; il exécuta cet ordre le 9ᵉ mois de l'année suivante. Le temple fut dédié au dieu *Toyo ke daisin* (Fung chcou taï chin); il était situé à *Ta-no wara* (Thian yuan), sur une montagne du district de *Watara ye-no kofori* (Tou hoci kiun); à présent on l'appelle *Gekoú* ou le *temple intérieur* [1].

La même année, un pêcheur nommé *Oura sima-no ko* (Phou tao tsu) prit dans le *Mitsou-no ye* (Choui kiang), rivière de la province de Tamba, une grande tortue qui se changea en femme et prit cet homme pour mari; elle alla avec lui à l'île de *Fouraïsan* (Fung lai chan) [2].

Cet empereur régna 23 ans, et mourut à l'âge de 62. Au commencement de son règne, il fut cruel; dans la suite il se modéra beaucoup, de sorte que l'empire resta en repos et que sa prospérité s'accrut [3].

XXIII. DAÏRI 皇天寧清 SEÏ NEÏ TEN O.

(De 480 à 484 de J. C.)

SEÏ NEÏ TEN O (Thsing ning thian houang), fils d'You riak, avait pour mère *Katsouragi-no mo fimé* (Kŏ tchhing han yuan), fille d'*Ousoura-no daïsin* (Yuan ta tchhin). A la mort de You riak, *Kibi-no Waka fimé* (Kў pi tchi yuan), belle-

---

(1) SEÏ NIN, XIᵉ Daïri, fonda, dans la province d'*Izé*, un temple auquel on donna le nom de 宮內 *Naï kou* (Neï koung), ou temple intérieur. Le temple extérieur, nommé 宮外 *Ghe kou* (Waï koung), est celui qui sert au Daïri régnant; il est aussi appelé *Ten sio ko dai sin gou* (Thian tchao houang tai chin koung). Ces deux temples sont situés dans le district de *Watara yé*, de la province d'*Izé*.

A l'inauguration d'un Daïri, on mesure sa hauteur avec un bambou, qui est porté au Ghe kou et qu'on y conserve jusqu'à sa mort : alors on le transporte au Naï kou, après y avoir attaché douze ou treize petits papiers contenant le nom du prince; tous ces bambous des Daïris défunts sont révérés comme des *kami* ou esprits.

Outre le bambou du Daïri régnant, on conserve également dans le Ghe kou un chapeau de paille, un manteau pour garantir de la pluie et une bêche; ce sont les attributs de l'agriculture, occupation qui tient le premier rang au Japon, après l'état militaire. Ces objets y sont placés derrière un rideau de toile blanche; le peuple croit que ce sont des images de dieux qu'on y cache. — KL.

(2) Voyez la note 1 à la page 6. Les Japonais appellent proverbialement *Fou raï san* tous les lieux où l'on conserve des trésors. — KL.

(3) Dans la 16ᵉ année de son règne (482), ce Daïri fit planter des mûriers dans toutes les provinces de l'empire. — KL.

mère de Seï nin, voulut faire monter sur le trône son fils *Fosi kawa-no osi* (Sing tchhouan houang tsu); mais les deux premiers ministres *Otomo-no mourouya-no otsoura* (Chў yŏ ta lian) et *Yamato-no aya-no isouka-no atafi* (Toung han kiŭ tchў) firent mettre la mère et le fils à mort. Alors Seï neï fut proclamé Daïri.

Il établit sa résidence à *Iwa ré-no mika gouri* (Phan yu oung lў) dans le Yamato, et chargea du gouvernement *Otomo-no moura-no otsoura* et *Fégouri-no matori*.

Il était né avec des cheveux blancs, ce qui lui fit donner le surnom de SIRA GANO TEN O (Pĕ fă thian houang), ou le Daïri à cheveux blancs: il régna 5 ans, et mourut âgé de 42 ans.

XXIV. DAÏRI 皇天宗顯 GHEN SO TEN O.

(De 485 à 487 de J. C.)

GHEN SO TEN O (Hian tsoung thian houang) était petit-fils du Daïri Ritsiou, et fils d'*Itsi-no bé-no osi*. Il était encore très-jeune lorsque You riak tua son père à la chasse; alors il s'enfuit avec son frère aîné *Nin ken* (Jin hian) dans la province de Farima, où ils vécurent comme des gens du commun. Ils prirent du service dans le district d'*Akasi* (Ming chў), chez *Osi oumi bé-no Fosomé* (Jin hai pou si moŭ), et gardèrent les bestiaux, sans se faire reconnaître.

Yama-no bé-no Otate (Chan pou siao jun), prince de Farima, vint un jour à Akasi, où il rencontra Ghen sô, qui, dansant et chantant devant lui, déclara dans sa chanson qu'il était petit-fils de Ritsiou: le prince en instruisit *Seï neï ten o*, qui, n'ayant point d'enfans, en fut enchanté, fit venir Ghen sô et Nin ken à la cour et les adopta.

A la mort de *Seï neï*, Ghen sô voulut que son frère succédât au trône; mais celui-ci refusa, disant que puisque c'était Ghen sô qui avait découvert leur origine au prince de Farima, il avait le plus de droits au rang suprême. Ces deux princes ne pouvant s'accorder, leur sœur aînée *Ifi toyo-no kwo nio* (Fan fung houang niu), qui était mariée, se chargea du gouvernement; mais elle s'abstint depuis de son mari. Elle mourut dix mois après, et on ne la compte pas parmi les Daïris, parce que son règne n'a pas été d'une année entière. Après sa mort, elle reçut le titre d'IFI TOYO-NO TEN O (Fan fung thian houang).

Les grands de l'empire et le premier ministre (Ta lian) insistèrent alors de nouveau pour qu'un des deux princes prît le gouvernement: Ghen sô fit son possible pour persuader à Nin ken d'occuper le trône; mais il rejeta la proposition, et parvint à la fin à le faire accepter à son frère, au grand contentement de tout le peuple. Cet empereur résida dans le palais de *Ya tsouri-no miya* (Pă tiao koung) dans le Yamato.

Il institua pour le 3ᵉ jour du 3ᵉ mois le festin nommé *kiokou sou-no nen* (kiŭ choui yan)¹, donna au prince de Farima *Yama-no bé-no Otaté* le titre de *san kwan* (chan kouan), ou gouverneur des montagnes, et le combla de richesses.

Beaucoup de gens ayant perdu la vie à la mort de son père, le Daïri fit chercher leurs enfans et leurs familles, et leur distribua des présens.

Une vieille femme nommée *Okimé* (Tchi moü) savait seule l'endroit où son père avait été enterré ; elle en informa le Daïri, qui très-satisfait y alla aussitôt, y trouva le corps, et le fit enterrer de nouveau avec pompe. Il récompensa généreusement Okimé et sa famille.

Dans la province de Yamato il y avait un vieillard nommé *Iama* (Tchu kan), qui, dans la fuite du Daïri à Farima, lui avait pris le peu de riz qu'il avait sur lui. Étant parvenu au trône, ce prince manda le vieillard, et lui fit trancher la tête sur les rives de l'*Asouka gawa* (Fei niao ho). Il fit aussi couper les tendons des pieds à tous les parens de cet homme, et l'on prétend qu'encore aujourd'hui leurs descendans naissent boiteux.

Pendant son règne, ce Daïri déchargea ses sujets de tout impôt, de sorte que le peuple (pĕ sing) devint riche. Durant cette période, les cinq espèces de grains furent si abondantes, qu'on achetait cent *kokf* (chў)² ou ballots de riz pour la dixième partie d'une once d'argent.

Ghen sô régna 3 ans, et mourut à l'âge de 38 ans.

XXV. DAÏRI 皇天賢仁 NIN KEN TEN O.

(De 488 à 498 de J. C.)

Nin ken ten o (Jin hian thian houang), frère aîné de Ghen sô, lui succéda après sa mort. Il habita le palais de *Yso-no kami-no firo taka-no miya* (Chў chang kouang kao koung) dans le Yamato.

Sous son règne, qui fut de 11 ans, l'empire jouit du repos, et les cinq espèces de grains furent abondantes³.

---

(1) Cette fête est originairement chinoise. On s'assemble au bord d'une rivière pour s'y divertir et boire du vin. — Kl.

(2) Le *kokf*, en chinois *khing*, et appelé par les Hollandais *ganting* ou *ganton*, est la seule mesure usitée au Japon pour le riz, le froment et les autres grains. Chaque *kokf* pèse 82 à 83 livres du Japon, qui équivalent à une livre et un quart, poids de Hollande. — Kl.

(3) L'original japonais n'indique pas l'âge auquel ce Daïri parvint. M. Titshsing avait ajouté, dans sa traduction, les mots : « Il mourut à l'âge « de 41 ans. » Kæmpfer le fait vivre 51 ans. — Kl.

XXVI. DAÏRI 皇天烈武 BOU RETS TEN O.

(De 499 à 506 de J. C.)

Bou rets ten o (Wou liĕ thian houang) était fils de Nin ken. A la mort de son père, et avant que Bou rets fût proclamé Daïri, *Fégouri-no matori* (Phing kiun tchin niao), grand de l'empire, qui avait gouverné l'état sous You riak, voulut s'emparer du pouvoir suprême. Bou rets se proposait d'épouser *Kagé fimé* (Yn yuan), fille de *Monono bé-no soga-no fi* (Wĕ pou thsou lou ho); mais *Sibi-no sin* (Wei tchbin), fils de Matori, l'enleva. Matori avait un beau cheval; Bou rets le lui demanda, et éprouva un refus. Tout cela l'aigrit au point qu'il envoya *O domo-no kana moura* (Ta pan kin tsoun), avec quelques milliers de soldats, contre Matori. Kana mourou mit d'abord à mort Sibi-no sin, puis Matori. Ce dernier était petit-fils de *Také outsi-no soukouné*.

Ce ne fut qu'après cet événement que Bou rets fut proclamé Daïri. Ce fut un très-mauvais prince: il résida dans le palais de *Fatsoufi no moumouki-no miya* (Pho lai tchbing koung) dans le Yamato. Il ouvrait le ventre à des femmes enceintes pour voir l'intérieur de leur corps. Il faisait arracher les ongles aux gens, et les forçait à déterrer dans cet état avec les doigts la racine *yama-no imo*[1]; il en faisait monter d'autres sur des arbres que l'on sciait ensuite, ou bien il les y perçait à coups de flèche pour les faire tomber. D'autres étaient jetés dans des réservoirs pleins d'eau et tués à coups de lance; il faisait lier des femmes nues à des planches, pour que des étalons pussent les saillir. Il commit encore un grand nombre d'autres crimes. Il était toujours plongé dans le vin et le libertinage; tout le monde le craignait et le détestait.

Il mourut sans enfans, après avoir régné 8 ans. Il était descendant, à la vingt-septième génération, de *Nin tok ten o*, dont la famille fut éteinte avec lui.

XXVII. DAÏRI 皇天體繼 KEÏ TAÏ TEN O.

(De 507 à 531 de J. C.)

Keï taï ten o (Ki thi thian houang) descendait, à la cinquième génération, d'*O zin ten o*. Le fils de celui-ci, *Fouta mata-no osi* (Eul kou houang tsu), fut père d'*Ofoï ratsou go* (Taï lang tsu), dont le fils *Fiko nousi bito-no o*

---

(1) En chinois *chu yu*. Cette racine est comestible; elle est noirâtre et a souvent trois pieds de longueur. On l'appelle aussi au Japon *yamatsou imo* et *naga imo*. C'est le *dioscorea japonica* de Thunberg. — Kl.

(Yan tchu ta wang) engendra *Keï taï*. D'autres auteurs prétendent que le fils d'O zin, nommé *Si fi o* (Szu feï wang), fut le père de *Fiko nousi bito-no o*, et que par conséquent *Keï taï* était arrière-petit-fils d'O zin.

Keï taï avait séjourné pendant long-temps dans la province de Yetsizen. A la mort de Bou rets, et à l'extinction de la famille de Nin tok, les trois principaux ministres, *Odomo-no Kana moura-no otsoura*, *Monono-no Soga-no fi-no otsoura*, et *Kosé-no Obito-no daïsin* (Kiu chi Nan jin ta tchhin), tinrent conseil, et résolurent de faire venir Keï taï à la cour.

Il établit sa demeure dans le palais de *Kousou fa-no miya* (Tchang ye koung). Le miroir impérial, le glaive précieux et la tablette des esprits [1] lui furent offerts par Kana moura. Cinq fois il les refusa; à la fin il les accepta, sur les vives instances de Kana moura et de ses collègues, et fut proclamé Daïri, à l'âge de 58 ans. Il conféra le gouvernement aux trois ministres nommés plus haut, et fixa son séjour d'abord à *Tsoutsou ki* (Thoung tchhing) [2], ville du Yamasiro, puis à *Otomi* (Y hiun) dans la même province, et enfin à *Ywa ra* (Phan yu) dans la province de Yamato, au palais de *Tama wo-no miya* (Yü soui koung).

Iwa i (Phang tsing), seigneur du pays de Tsoukouzi, excita une révolte dans les provinces de Fizen, Figo, Bounzen et Boungo, et retint les tributs des *Sankan*. Le Daïri chargea *Kana moura* et *Soga-no fi* de marcher contre lui. Ils quittèrent la capitale, et *Soga-no fi* attaqua le rebelle à l'improviste dans le district de *Mi i-no kouri* (Yu thsing kiun), où il fut tué. Par la mort d'Iwa i, la tranquillité fut rétablie dans le Tsoukouzi.

Le Daïri nomma alors *Kéma no* (Mao ye), natif de la province d'Oomi, gou-

---

(1) Ces trois objets précieux sont appelés 寶神種三 *san ziou zin bo* (san tchoung chin pao): ce sont les attributs ou marques d'honneur de la dignité de Daïri. On prétend que leur origine remonte au temps de *Ten sio daï sin*, de qui ZIN MOU TEN o descendait dans la cinquième génération.

Le 始事和 *Wa zi si* (Ho szu chi) ou *l'Origine des choses japonaises*, ouvrage composé par *Kaibara tokzin*, et imprimé en 1697, dit (vol. III, fol. 30) que *Ten sio daï sin* présenta au dieu *Amatsou fiko fonoki ninigi-no mikotto*:

1. La boule ou planchette *Ya saka ni-no maka tama*; on dit qu'elle est d'une pierre verdâtre, avec deux petits trous ronds;

2. Le glaive *Kousa nagi-no tsourougi*;

3. Le miroir *Ya ta-no kagami*.

Le dieu envoya ces trois choses précieuses sur la terre; à présent on les nomme ordinairement *Zensi*, *Fo ken* et *Mi komi*.

Le glaive *Kousa nagi-no ken* (ou *Tsourougi*) a déjà été mentionné dans l'histoire du XIIe Daïri KEÏ KO TEN O. Alors *Yamato fimé*, prêtresse d'Izé, donna à son frère *Yamato také-no mikoto* ce glaive, qui lui servit à couper l'herbe, ce que désigne son nom. Voyez plus haut, page 15. — KL.

(2) Selon la plupart des auteurs japonais, dans la 5e année de son règne, ou 511 de J. C. Dans la 12e (518), il alla résider à *Tadakouni*, et dans la 20e (526) à *Tama wo*. — KL.

verneur au Sankan. Celui-ci y étant arrivé, monta sur un lieu élevé d'où il harangua les officiers civils et militaires du Sankan qui s'étoient prosternés à terre.

A cette époque [1], un savant très-versé dans les cinq livres classiques [2], nommé *Tan yô ni* (Kia yang eul), arriva du royaume de Fiaksaï à la cour. Plus tard, *Kô an bo* (Kao ngan meou), autre savant, vint pour le remplacer.

Keï taï régna 25 ans, et mourut âgé de 82 ans; d'autres lui donnent 28 ans de règne [3].

XXVIII. DAÏRI 皇天閑安 AN KAN TEN O.

(De 534 à 535 de J. C.)

An kan ten o (Ngan hian thian houang) était fils aîné de Keï taï. Sa mère *Méko fimé* (Mou tsu yuan) était déjà mariée à Keï taï, lorsque celui-ci habitait encore dans le Yetsizen.

Quand le Daïri fut proclamé, il occupa le palais de *Migari kana-no tatsibana-no miya* (Keou kin kiŭ koung) dans le Yamato, et *Kana moura* continua d'être premier ministre.

Sous le règne d'An kan ten o, qui dura deux ans, la fécondité fut générale dans tout l'empire. Ce Daïri est encore honoré comme un dieu à *Yosi no* (Kў ye), sur le mont *Kinbouzan* (Kin fung chan) [4].

XXIX. DAÏRI 皇天化宣 ZIN KWA TEN O.

(De 536 à 539 de J. C.)

Zin kwa ten o (Siuan houa thian houang) était frère cadet d'An kan mort sans postérité. Il résida dans le palais de *Iwori iri no-no miya* (Liu jў ye koung), à *Figouma* (Hoei wei) dans le Yamato. *Soga-no Inamé* (Sou ngo Siao moŭ),

---

(1) D'autres historiens mettent cet événement dans la 7ᵉ année de son règne, qui est la 573ᵉ de J. C. — Kl.

(2) Dans le texte, *Ko ghio fakase*; en chinois, *Ou king pŏ szu*. — Kl.

(3) La table chronologique *Wo han ti wang nian piao*, met un interrègne de deux ans (532 et 533 de J. C.) après la mort de Keï taï ten o, et lui assigne un règne de 25 ans. Son titre d'apothéose est Aso ka-no mio sin (Tsou yu ta ming chin), ou le grand génie illustre aux pieds ailés. — Kl.

(4) Cette montagne est nommée aussi *Yosi no yama* (Kў yé chan), parce qu'elle est située dans le district de Yosi no, de la province de Yamato. Elle est une des sept *mi daké* ou cimes les plus hautes du Japon.

Le titre d'apothéose de ce Daïri est Kim bou zan gon ghen (Kin fung chan khiuan hian). — Kl.

conjointement avec *Kana moura* et *Soga-no fi*, eut le gouvernement de l'empire. Le Daïri leur dit un jour : « Si je possédais dix mille onces d'or et mille « caisses de jade oriental blanc, elles ne me mettraient pas en état de nourrir « mon peuple en cas de famine ; les cinq espèces de grains sont le fondement « sur lequel est basée l'existence de l'empire. » Aussi fit-il construire par Iná-mé et Soga-no fi des magasins impériaux dans chaque province, et il les remplit de blé, pour le distribuer au peuple dans les temps de disette.

Sous son règne, le *Sinra* et l'*Amana* dans le *San kan* se firent la guerre ; il envoya *Odomo-no Saté fiko* (Ta pan Hiä cheou yan) pour les réconcilier. La concubine de celui-ci, *Matsoura-no Sayo fimé* (Soung phou Tso young phin), voulut l'accompagner, ce qu'il refusa ; lorsqu'il partit, elle monta sur une hauteur pour suivre ses vaisseaux des yeux, et fit des vers qu'on admira beaucoup. *Saté fiko* était le fils de *Kana moura*.

Ce Daïri régna 4 ans, et mourut à l'âge de 73 ans.

XXX. DAÏRI 皇天明欽 KIN MEÏ TEN O.

(De 540 à 571 de J. C.)

KIN MEÏ TEN O (Khin ming thian houang) était fils de Keï taï et de l'impératrice *Te siro ka-no kwo gou* (Cheou pě hiang houang heou), fille du Daïri Nin ken. Il naquit après l'avènement de Keï taï au trône ; il était par conséquent frère utérin d'An kan et de Zin kwa. Il établit sa résidence dans le palais de *Kana sasi-no miya* (Kin thsu koung), à *Siki sima* (Ki tchhing tao), dans le Yamato.

A cette époque, des troubles désolaient le San kan; les Sinra et les Kô-raï y étaient en guerre avec le Fiaksaï et l'Amana. Ces derniers ayant demandé du secours au Japon, on leur envoya *Kasiwadé-no omi fatésou* (Chen tchhin pa ti szu). Ce général partit pour le Fiaksaï, et fut assailli en mer par une forte chute de neige, qui l'obligea à prendre terre. Son fils, encore en bas âge, y fut dévoré par un tigre. Fatésou, furieux, suivit les traces de l'animal pour sauver son fils. Arrivé dans les montagnes, le tigre sauta sur lui la gueule ouverte; mais Fatésou y enfonça le bras gauche, empoigna la langue du tigre, et le tua avec le sabre qu'il tenait de la main droite, puis l'écorcha et emporta la peau.

La 13ᵉ année du règne de ce Daïri (552), le roi de Fiaksaï envoya une ambassade qui présenta à l'empereur une image du Bouddha *Siaka* (Chỹ kia)[1], des pavillons, un *ten gai* (thian kai)[2], et les livres classiques de la reli-

(1) C'est le Bouddha शाक्यमुनि *S'âkya mouni*. — KL.

(2) 蓋天. C'est le nom des parasols dont l'empereur de la Chine et les grands de la cour

gion de Bouddha. Ces présens furent très-agréables au Daïri. Le ministre Inamé (Tao moŭ) entreprit de lui persuader d'adorer ce dieu ; mais *Mono-no bé no Ogosi* (Wĕ pou Wei yu) l'en détourna, disant : « Notre royaume est d'origine « divine, et le Daïri a déjà beaucoup de dieux à adorer ; si nous adorons ceux « des royaumes étrangers, les nôtres en seront irrités. » Intimidé par ce discours, le Daïri fit cadeau de l'image à Inamé, qui de joie fit abattre sa maison, et construire sur l'emplacement le temple *Koû ghen si* (Hiang yuan szu) [1] ; il y plaça l'idole, et lui rendit constamment son adoration : c'est de cette époque que date l'introduction de la religion de Siaka au Japon, et de ses temples nommés *Ga ran* (Kia lan) [2].

Bientôt après, toutes les provinces furent ravagées par la peste. Les conseillers de l'empereur attribuèrent ce désastre à l'image de Bouddha ; par conséquent, son temple fut brûlé, et l'idole jetée dans la rivière *Naniwa-no Fori yé* (Nan pho Chŭ kiang) [3]. Le temple fut rebâti dans la suite.

Le roi de Fiaksaï envoya au Japon des savans très-versés dans l'explication des *Go kio* (Ou king), ou cinq livres classiques des Chinois ; un *yeki-no fakassi* ou commentateur du livre *Yeki* (Y king), un *koyomi-no fakassi* ou compositeur de calendrier, un *kousou-no fakassi* ou médecin, un *kousouri wo misirou mono* ou botaniste, et une dixaine de *siya mon* (cha men) ou prêtres bouddhistes.

Les royaumes de *Sinra* et de *Kôraï* manquaient souvent d'envoyer leur tribut au Japon ; le Daïri dépêcha donc *Odomo-no Saté fiko* (Ta pan Hiä cheou yan) pour leur faire la guerre. Saté fiko pénétra bientôt jusqu'à la cour du roi de *Kôraï*, qui s'enfuit ; tous ses trésors furent enlevés, et envoyés au premier ministre Inamé.

De là le général japonais marcha contre les Sinra. Un de ses gens nommé *Ikina* (I khi no) tomba entre leurs mains ; ils lui promirent la vie sauve s'il se rendait. Ils tirèrent alors leurs sabres, et voulurent le forcer de se découvrir le derrière, de le tourner vers le Japon, et de s'écrier : « Que le général japonais « baise mon derrière ! » Mais Ikina se retourna brusquement, et s'écria : « Que

---

se servent. *Thian* signifie *ciel*, et *kaï*, *couvercle*. —Kl.

(1) Il existe encore un temple de ce nom à Miyako.—Kl.

(2) 藍伽. C'est le nom général des temples et couvens bouddhiques. Il est évidemment d'origine sanscrite ; cependant je n'ai pas encore pu retrouver son équivalent dans cette langue.

Les Japonais admettent qu'un temple complet doit se composer des sept pièces suivantes :

1. *Daï mon*, la grande porte ;
2. *Zou ro*, le pavillon où les cloches sont suspendues ;
3. *Fon do*, le séjour de la divinité ;
4. *Ho so*, la demeure du chef des prêtres ;
5. *Kio so*, la bibliothèque ;
6. *Zan mon*, l'escalier par lequel on monte jusqu'au faîte ;
7. *Kouri*, la cuisine.—Kl.

(3) Cette rivière coule dans le voisinage d'Osaka.—Kl.

« le roi de Sinra baise mon derrière ! » Aussitôt il fut massacré. Saté fiko soumit les Sinra en peu de temps.

Dans la dernière année de son règne, ce Daïri, ayant été fort troublé dans la nuit par un rêve, fit construire, dans le district d'*Ousa-no kóri* (Yu tso kiun) de la province *Bouzen* (Foung thsian), un temple en l'honneur du dieu *Fatsman-no daïsin* [1]. Il bâtit de même pour le dieu *Kamo-no miosin* (Kia meou ming chin) un temple dans la province de *Yamasiro* (Chan tchhing), où l'on sacrifie encore à présent à cette divinité.

Ce Daïri régna 32 ans, et mourut âgé de 63 ans.

XXXI. DAÏRI 皇天達敏 BIN DATS TEN O.

(De 572 à 585 de J. C.)

Bin dats ou Fin dats ten o (Min tă thian houang), fils de Kin meï, avait pour mère *Isi fimé* (Chy ki), fille du Daïri Zin kwa. A son avénement au trône, il nomma *Mono-no bé-no Moriya* (Wĕ pou cheou wŏ), fils de *Mono-no bé-no Ogosi*, régent de l'empire, et *Soga-no Moumako* (Sou ngo ma tsu), fils de *Soga-no Inamé*, premier ministre.

On reçut alors du pays de Kôraï une lettre écrite sur des plumes de corbeau ; personne ne pouvait la lire. *O sin ni* (Wang chin ni) la tint sur la vapeur du riz cuit, ce qui humecta les plumes, de sorte que les lettres parurent ; il la pressa ensuite sur une pièce de soie, et par ce moyen on parvint à la lire.

Bientôt après, le Daïri bâtit un nouveau palais à *O sa da* (Y yu thian). On lui envoya du Fiaksaï et du Sinra plusieurs images de Bouddha et des livres de prières ; mais quoiqu'il aimât la littérature chinoise, il ne favorisa pourtant pas la doctrine de Siaka. Son neveu *Moumaya do-no osi* (Kieou hou houang tsu) et le premier ministre Moumako étaient très-attachés à cette religion. A cette époque, la peste reparut : Moriya, régent de l'empire, ayant appris que Moumako suivait la religion de Bouddha, représenta au Daïri qu'il fallait réprouver cette doctrine. Ce prince y ayant consenti, Moriya alla au temple, le détruisit, fit abattre les chapelles et les tours, brûla l'image de Siaka, et jeta les cendres dans les eaux du Naniwa-no Fori yé ; il fit aussi arracher les vêtemens ecclésiastiques aux prêtres et aux religieuses, et les renvoya chez eux. Moumako en pleura et tomba malade de chagrin : il implora du Daïri la permission d'adorer Siaka, comme l'unique moyen de rétablir sa santé ; il l'obtint pour lui seul. C'est ainsi que le culte de Bouddha fut derechef rétabli.

---

(1) Ce dieu est nommé à présent *Ousa-no Fatsman*, d'après ce temple. — Kl.

Ce Daïri régna 14 ans, et mourut à l'âge de 48 ans. D'autres prétendent, mais à tort, qu'il ne vécut que 24 ans.

XXXII. DAÏRI 皇天明用 YOU MEÏ TEN O.

(De 586 à 587 de J. C.)

You meï ten o (Young ming thian houang) était le quatrième fils de Kin meï. Sa mère *Kata siwo fimé* (Kian yan yuan) était fille de Soga-no Inamé. Dans la deuxième année de son règne, le Daïri tomba malade; ses serviteurs lui conseillèrent de permettre le culte de Bouddha. *Moriya* et *Nakatomi-no katsou oumi* (Tchoung tchhing chin hai) voulurent s'y opposer; mais Moumako leur dit que c'était l'ordre exprès du Daïri, et que personne ne pouvait l'enfreindre. En dépit de Moriya, il fit venir le prêtre *Fou kouk fots sin* (Foung kouě fǎ szu). *Moumaya do-no osi*, fils du Daïri, était l'ami intime de Moumako.

You meï mourut bientôt après. Moriya proposa *Anafabé-no osi* (Hiuĕ sou pou houang tsu), frère cadet de ce prince, pour lui succéder. Moumako le rejeta, et le fit assassiner en secret, afin de favoriser les prétentions de Moumaya do-no osi. Il leva ensuite ses troupes et attaqua Moriya, qui fut tué d'un coup de flèche par *Atomi-no Itsi fi* (Tsў kian Tchў cheou), et toute sa famille fut détruite.

Moumaya do-no osi, bâtit dans la province de *Sets* (Chě tcheou), le *temple des quatre Rois du Ciel*[1], en reconnaissance de l'appui que Siaka lui avait prêté dans cette guerre. Il donna un *mankokf* (wan khing)[2] des biens de Moriya à Atomi-no itzi fi, et le reste à ce temple.

Moumaya do-no osi, aussi nommé *Sió tok taïsi* (Ching tě taï tsu), naquit à côté d'une écurie; c'est de là que lui vint ce premier nom de *Moumaya do*, signifiant *la porte d'une écurie*. Osi est le titre des fils du Daïri. On lui donna

---

(1) 王天四 *Si ten o* (Szu thian wang) ou les quatre rois du ciel, sont les quatre *Mahá rádjá* des Bouddhistes.

Ce temple, situé dans le voisinage d'*Osaka* (Ta pan), est visité ordinairement par les ambassadeurs hollandais qui passent par cette ville à leur retour de Yédo. — Kl.

(2) Le *mankokf* (wan khing) est de dix mille *kokf* (khing); le *kokf* est de trois ballots *isi* (chў) de riz; le ballot de riz est évalué à deux onces d'argent; ainsi le *mankokf* vaut soixante mille onces d'argent, ou dix mille kobans. Les revenus de tous les grands de l'empire, de même que des moindres employés, sont évalués sur ce taux, comme on le peut voir dans le *Yédo kagami* (Kiang hou king), ou *Miroir de Yédo*, espèce d'almanach impérial, en quatre petits volumes, qui paraît deux fois par an, et dans lequel on trouve les noms de tous les grands de l'empire, ainsi que ceux des autres employés, avec l'indication des revenus de chacun d'eux. — Kl.

encore les noms de *Ziogou taïsi* (Chang koung tai tsu) et de *Ya mimi-no osi* (Pä eul tai tsu), *le Prince impérial à huit oreilles*, parce qu'il pouvait donner audience à huit personnes à-la-fois. Par la même raison, il eut également le nom de *Toyo ké* (Fung thsoung), *qui a l'ouïe fine*. Il refusa le trône [1].

XXXIII. DAÏRI 皇天峻崇 SIOU ZIOUN TEN O.

(De 588 à 592 de J. C.)

Siou zioun ten o (Thsoung siun thian houang), frère cadet de You meï, lui succéda par l'appui de Moumako. Moumako se conduisit mal dans l'administration; ce qui irrita fortement le Daïri. Un jour on présenta à celui-ci un sanglier; dès qu'il le vit, il s'écria en présence de Moumaya do-no osi : « Quand « pourrai-je abattre la tête à quelqu'un comme à cette bête! » Une des maîtresses du Daïri, qu'il aimait beaucoup et qui était toujours avec lui, entendit ces mots; l'empereur s'étant refroidi plus tard pour cette dame, elle alla, pour se venger, trouver Moumako, et lui dit : « Le Daïri veut mettre quelqu'un « à mort comme le sanglier qu'on lui a donné; ce quelqu'un, c'est toi. » Alors Moumako excita *Yamato-no aya-no Atafi koma* (Toung han Tchỳ kiu) [2], homme intrépide, à se glisser furtivement dans la chambre à coucher du Daïri et à le tuer, ce qui fut exécuté.

Cet empereur n'a régné que 5 ans.

Atafi koma épousa en secret *Kawa kami fimé* (Ho chang ki), fille de Moumako. Quand celui-ci en fut instruit, il en devint furieux, fit attacher cet homme à un arbre, le fit percer à coups de flèche, et finalement décapiter.

Les guerres continuelles avec le *Sankan* obligeaient les Japonais de tenir constamment une armée sur pied dans le Tsoukouzi; une partie faisait la garde dans la capitale, et était relevée chaque année. Moumako envoya un courrier

(1) Kæmpfer nomme *Sotoktaïs* ce célèbre propagateur de la religion bouddhique au Japon Il place sa naissance au premier jour de la première lune de la 3ᵉ année du Daïri *Bin dats*, c'est-à-dire, en 574 de J. C., et le fait mourir dans la 28ᵉ année du Daïri *Souï ko*, dans la 49ᵉ année de son âge. Mais d'après ce compte, il n'aurait vécu que 47 ans, ce qui est contraire à notre texte, qui lui donne également l'âge de 49 ans, comme on le verra plus bas. — Kl.

(2) Le nom de famille de ce personnage, 漢東 *Toung han* en chinois, et *Yamato-no aya* en japonais, montre qu'il descendait de la famille impériale des Han orientaux, qui paraît s'être dispersée après la chute de cette dynastie. En effet, des membres de cette famille se réfugièrent au Japon (voyez plus haut, page 21); d'autres avaient déjà cherché un asile en Perse, puis s'étaient retirés en Arménie. C'est dans ce pays qu'ils s'établirent et fondèrent la famille des Mamigoniens, ainsi nommée de son auteur *Mamkon*. Voyez les excellens *Mémoires sur l'Arménie*, par M. Saint-Martin, vol. II, p. 25 et suiv. — Kl.

avec la nouvelle de la révolution qui venait d'arriver, et manda en même temps qu'on n'avait pas besoin de l'armée, qui devait rester dans le Tsoukouzi.

XXXIV. DAÏRI 皇天古推 SOUI KO TEN O.

(De 593 à 628 de J. C.)

Soui ko ou Si ko ten o (Tchhoui kou thian houang), fille de Kin meï et sœur de You meï, avait épousé, à l'âge de dix-huit ans, son frère utérin Bin dats, et était par conséquent impératrice à la mort de son mari. You meï et Siou zioun étant morts si promptement l'un après l'autre, Soga-no Moumako invita cette princesse à monter sur le trône. Pour la persuader, il lui dit que *Sin gou kwo gou*, quoique régente de l'empire, n'avait jamais été véritablement reconnue comme Daïri; qu'à la vérité elle avait porté le titre de *Kwo gou* (Houang heou) ou impératrice, parce qu'elle s'était trouvée enceinte à la mort de son mari, mais qu'elle n'avait jamais eu le titre de Ten o. Ces raisons la déterminèrent, et elle accepta le gouvernement sous le nom de Soui ko ten o; elle était alors âgée de 39 ans. Ce fut la première femme reconnue effectivement comme Daïri.

Elle adopta aussitôt son cousin *Moumaya do-no osi*, qui avait 21 ans, et le nomma régent de l'empire. Comme ce prince était l'ami de Moumako, il s'occupa avec lui d'établir dans le Japon la doctrine de Siaka, et de construire des *ga ran* ou temples bouddhiques, pour lesquels on fit venir de Sinra des prêtres instruits.

Soui ko bâtit pour sa demeure le palais de *Ko farou da-no miya* (Siao khen thian koung). Moumaya do-no osi occupa le palais d'*Ikarouga-no miya* (Pan kieou koung). Il reçut de la province de Kaï de superbes chevaux noirs en présent, dont il se servit tous les jours pour aller voir l'impératrice. Il interdit dix-sept choses, et établit parmi les officiers du gouvernement douze classes distinguées par douze espèces de bonnets de formes et de couleurs différentes [1]; en voici les dénominations :

1. *Taï tok* (Ta tĕ), grande vertu.
2. *Zio tok* (Siao tĕ), petite vertu.
3. *Taï nin* (Ta jin), grande humanité.
4. *Ziao nin* (Siao jin), petite humanité.
5. *Taï ré* (Tai li), grande politesse.

---

(1) La plupart des auteurs japonais mettent cette circonstance dans la 11ᵉ année du règne de Soui ko, 604 de J. C. — Kl.

6. *Zio ré* (Siao li), petite politesse.
7. *Tai sin* (Ta sin), grande foi.
8. *Zio sin* (Siao sin), petite foi.
9. *Taï ghi* (Ta i), grande justice.
10. *Zio ghi* (Siao i), petite justice.
11. *Taï dzi* (Ta tchi), grand savoir.
12. *Zio dzi* (Siao tchi), petit savoir.

A cette époque, l'empereur *Yô te* (Yang ti), de la dynastie de *Zoui* (Soui), régnait en Chine. L'impératrice lui envoya en ambassade [1] *O no-no Imoko* (Siao yé meï tsu), avec une lettre rédigée par Moumaya do-no osi, et portant pour adresse : « Le Fils du Ciel du soleil levant au Fils du Ciel du soleil couchant, « salut; » ce qui irrita beaucoup Yô te, qui trouva ce style très-malhonnête. Imoko, à son retour, fut accompagné d'un des grands de la Chine, nommé *Faï zeï seï* (Feï chi thsing); il apporta une lettre de son maître, et fut logé à la cour et magnifiquement traité. Quand il retourna dans son pays, Imoko et *Taka-no ki-no Kouro maro* (Kao hiang Hiuan li) partirent avec lui : le premier revint bientôt; l'autre resta trente ans en Chine pour y étudier les sciences.

Le bruit courut parmi le peuple qu'à la mort du prêtre *Nan gak Si daï kwa sio* (Nan yo szu ta ho chang) [2], son ame avait passé dans le corps de Moumaya do-no osi; que le *Fots kwa kio* (Fă houa king), livre classique, l'un des principaux de la doctrine de Siaka, dont ce prêtre s'était toujours servi, existait encore sur le mont *Nan gak* (Nan yŏ), et qu'Imoko avait été envoyé pour le chercher. Cependant le *Nipon ki* (Jў pen ki), ou histoire du Japon, ne parle pas de cette circonstance.

Bientôt après, la dynastie de *Zoui* (Soui) finit, et celle des *Too* (Thang) la remplaça. A cette occasion, *Inoubamé-no Mita souki* (Taï chang Yu thian tsiao) fut envoyé en ambassade aux Thang.

Moumaya do-no osi et Moumako rectifièrent l'histoire des Daïris avant Soui

---

[1] L'histoire de la Chine place cette ambassade dans la 20ᵉ des années appelées *Khaï houang* (600 de J. C.), sous le règne de Wen ti, de la dynastie de Soui. *Thou chi* en parle dans son *Thoung tchi*. « Le nom de famille du roi de *Wo* « (Japon), dit-il, était *Amei*, et son nom *To li* « *szu pi kou*. Son nom honorifique est *A pei* « *kimi*, ce qui signifie *enfant du Ciel*. Son ambassade ne fut pas reçue, car la lettre de « créance qu'elle apporta commençait par les « mots : *Le fils du Ciel de l'endroit où le soleil se* « *lève, au fils du Ciel de l'endroit où le soleil se* « *couche, salut*. L'empereur *Wen ti*, voyant ces « mots, n'en fut pas content, et dit à son ministre : « La lettre des barbares est impolie; je n'en veux « plus entendre parler. » — *A pei kimi* est vraisemblablement le terme japonais *Ama kimi*, seigneur du Ciel. — Kl.

[2] C'est-à-dire, le prêtre bouddhique méditant au Yŏ méridional. C'est le mont *Heng chan*, dans la province chinoise de Hou nan. — Kl.

ko ten o, et composèrent l'histoire des premiers empereurs du Japon, intitulée *Kou si fon gi* (Kieou szu pen ki) ou *Mémorial des affaires de l'antiquité*.

Moumaya do-no osi dirigea les affaires du gouvernement pendant 29 ans, et mourut avant de monter au trône, à l'âge de 49 ans. Il fut d'un caractère très-doux; il s'abstenait de tuer aucun être vivant. Aux festins qu'il donnait aux grands, on ne servait que des végétaux, conformément à la loi de Bouddha, dont il expliquait lui-même les livres sacrés. Il bâtit à Osaka le grand temple de *Ten o si* (Thian wang szu) et neuf autres.

Passant un jour par *Kata oka* (Pian kang), il aperçut un homme affamé et lui fit donner des habits et des alimens. Celui-ci lui adressa des vers, et mourut bientôt après : il fut enterré aux dépens de Moumaya do-no osi, qui, ayant lu les vers après ses funérailles, les trouva si bien faits, qu'il conjectura que l'auteur ne pouvait être un homme ordinaire. Il le fit déterrer; mais on ne trouva plus le corps; il ne restait que les vêtemens dans lesquels il avait été mis en terre. Plus tard, on a prétendu que cet homme était une incarnation de *Mon zio* (Wen chu ou *Mandjousri*); mais les prêtres de la secte de *Zen ken* (Chen kia) soutiennent que c'était l'âme de *Darma* (Ta mo)[1].

Après la mort de Moumaya do-no osi, Moumako devint régent de l'empire. Il fut grand zélateur de la doctrine des *Trois précieux*[2]. Un jour, un prêtre ayant frappé son grand père d'une hache, Moumako proposa au Daïri de nommer un *Sou zio* (Seng tching) ou chef de prêtres, et de régler en même temps les rangs de ceux-ci. Il y avait alors au Japon 46 temples de Siaka, 816 prêtres, et 569 religieuses; mais depuis ce temps, leur nombre s'est augmenté considérablement.

Le prêtre *Yé kwan* (Hoei kouon), venant du Kôraï, apporta au Japon la doctrine bouddhique *San ron sio* (San lung tsoung) ou des trois roues.

---

(1) *Darma*, ou plutôt *Dharma* ou *Bodhidharma*, vingt-huitième patriarche de la religion de Bouddha, était originaire de l'Inde méridionale, de la caste des kchatrias, et fils du roi de Mawar. Il s'appela d'abord *Bodhiana*, et ne changea son nom qu'après la mort de son maître *Banneyadara*, le vingt-septième patriarche, qui se brûla lui-même en 457 de J. C. Plus tard, Bodhidharma quitta l'Inde, s'embarqua sur la mer du midi, vint à la Chine, et fixa sa demeure sur le mont *Soung*, dans le voisinage de la ville de Ho nan fou, où il mourut en 495. Cette notice, extraite de l'Histoire des patriarches bouddhiques en chinois, ne correspond pas pour les dates avec le récit de Kæmpfer, qui dit, d'après les livres japonais : « Dans la 12ᵉ année du règne du xxvııᵉ « Daïri *Keï teï* (518 de J. C.), arriva en Chine le « célèbre prophète et apôtre *Darma*, qui fut le 3ᵉ « fils du roi indien *Kosiouwo*, et le 28ᵉ successeur sur le saint siége de *Siaka*. Il venait de *Si* « *Tensik* (Si Thian tchŭ), c'est-à-dire, le Pays céleste de l'occident. C'est sous ce nom qu'on « désigne le continent de l'Inde, puisqu'il est « situé à l'ouest de la Chine. » — Kʟ.

(2) Les 寶三 *San foo* (San pao) ou *Trois précieux* de la religion bouddhique, sont Bouddha, la Loi et l'Église. — Kʟ.

Moumako mourut après avoir gouverné l'empire pendant 55 ans depuis Bin dats.

Soui ko régna 36 ans, et mourut après en avoir vécu 75.

XXXV. DAÏRI 皇天明舒 ZIO MEÏ TEN O.

(De 629 à 641 de J. C.)

Zio meï ten o (Chu ming thian houang) était petit-fils de Bin dats et fils d'*Osi saka fiko fito-no osi* (Yă pan yan jin houang tsu). Lorsque l'impératrice Soui ko était à l'article de la mort, elle voulut lui céder l'empire; mais il ne put accepter, n'ayant pas encore été déclaré *Taïsi* (Tai tsu). *Yamasiro-no o* (Chan peï wang), fils de *Sió tok taïsi*, ambitionna également le trône; cependant l'impératrice, après avoir consulté *Soga-no Yémisi* (Sou ngo Hia i), fils de Moumako, choisit Zio meï pour successeur.

Ce Daïri résida dans le palais d'*Oka moto-no miya* (Kang pen koung), dans le pays d'*Asouka* (Feï niao). Après son inauguration, il envoya une ambassade à la Chine, sous la conduite d'*Inoukami-no Mida souki* (Khiuan chang San thian thsiao), qui à son retour amena avec lui *Ko fio sin* (Kao piao jin), envoyé de l'empereur de la grande dynastie de Thang. Le Daïri expédia une barque à *Naniwa* (Nan pho) pour le recevoir, et à son départ il le fit escorter jusqu'à l'île de *Tsou sima* (Toui ma)[1]. A cette époque, l'empereur *Too-no Taï zó kwo et* (Thang tai tsoung houang ti) régnait en Chine[2].

Le *Sankan* se soumit alors à cet empire; mais la paix ne fut point troublée.

On observa à cette époque plusieurs comètes; des ouragans affreux et de fortes et longues pluies dévastèrent le pays. Le Daïri fit venir au palais le prêtre *Yé on* (Hoei yn), pour expliquer le livre bouddhique *Mou riou zio kio* (Wou liang cheou king)[3].

(1) 島馬對 *Tsou sima*, en chinois *Toui ma tao* (île des Chevaux opposés), est le nom d'une grande île située entre la Corée et le Japon, et qui appartient à ce dernier pays. — Kl.

(2) L'histoire de la Chine raconte l'issue de cette ambassade tout autrement. Elle la met dans la 5ᵉ des années *Tching kouan*, ou 631 de J. C. A cette époque, l'empereur Taï tsoung des Thang envoya *Kao jin piao* (et non pas *Kao piao jin*, comme écrivent les Japonais), ancien mandarin de *Sin tchéou*, au Japon, pour assurer le roi de ce pays de sa bienveillance, et lui offrir toute sorte de bons offices de sa part. *Kao jin piao* s'embarqua, et arriva au Japon après une navigation de plusieurs mois. Il se disputa sur le cérémonial avec le roi de ce pays, ne remplit pas les ordres de son maître, et retourna en Chine. Depuis ce temps, on rompit toute communication avec le Japon. — Kl.

(3) 壽量無 *Mouriou zio* (Wou liang cheou), ou celui dont la durée de la vie est immense; c'est la traduction chinoise d'une des épithètes du dieu *Amidábha*, vulgairement appelé *Amida*. — Kl.

Sous le règne de ce Daïri commença l'usage de régaler les prêtres dans le palais impérial ; on nomme ces fêtes *zaï* ou *foki*. Ce prince allait de temps en temps à *Arima* (Yeou kian), dans la province de *Sets*, pour y prendre des bains chauds. Il visita de même les eaux thermales de la province *Iyo*; il chassait par-tout.

Il mourut après un règne de 13 ans.

XXXVI. DAÏRI 皇天極皇 KWO GOK TEN O.

(De 642 à 644 de J. C.)

Kwo gok ten o (Houang ky thian houang) était arrière-petite-fille de *Bin dats*, petite-fille d'*Osi saka Fiko fito no osi*, fille de *Tsinou-no o* (Meou thing wang), et veuve de *Zio meï*, auquel elle succéda.

Après son inauguration, elle bâtit à *Asouka* (Feï niao), dans la province de Yamato, le palais d'*Ita biouki-no miya* (Pan kaï koung). Soga-no Yemisi fut premier ministre. Les San kan envoyèrent des ambassadeurs chargés de présenter des complimens de condoléance pour la mort de Zio meï, et des félicitations sur l'avénement de Kwò gok.

A cette époque, il y eut une grande sécheresse : l'impératrice ordonna des prières dans tous les temples des génies tutélaires du pays, pour obtenir de la pluie ; Yémisi prescrivit la même chose dans les temples bouddhiques ; mais ces supplications ne furent point exaucées. Alors l'impératrice alla sur les rives du *Minami bousi gawa* (Nan yuan tchhouan), et y sacrifia aux *Si fo* (Szu fang) ou quatre points cardinaux, et au ciel. Il tomba aussitôt une pluie abondante pendant cinq jours : tout le peuple en fut réjoui, et l'empire retentit des cris de *ban si* (wan soui) ou *dix mille ans*, âge qu'on souhaite au Daïri.

Le premier ministre Soga-no Yémisi devint fort orgueilleux : il fit construire à *Kadzoura ki* (Kŏ tchhing), pour son père Moumako, un tombeau pareil à ceux des Daïris, et y établit de même des chants et des danses. Son fils *Irouka* (Jy̆ lou), quoiqu'il n'en eût pas le droit, gouverna le Japon avec encore plus d'orgueil que le père ; aussi fut-il extrêmement haï de tout le monde, et on lui donna le sobriquet de *Koura-no foukouri* (Ngan thso, c'est-à-dire, le Sellier).

Yémisi, étant très-malade, lui remit de sa propre autorité le gouvernement, et lui donna le chapeau de pourpre *mourasaki-no kamori* (tsu kouon), marque d'honneur attachée à l'emploi de premier ministre ; ce qui porta l'orgueil d'Irouka hors de toute borne.

Yamasiro-no o, fils de Siô tok taïsi, était haï par Irouka. Celui-ci ordonna à son son serviteur *Kosé-no Toko fasi-no mourasi* (Kiu chi Tĕ thou Szu lian) de l'attaquer, et de détruire son palais d'*Igarouga-no miya* (Pan kicou koung). *Mitso nari* (San tchhing), homme très-brave et serviteur de Iamasiro-no o, en vint aux prises avec Mourasi, le vainquit, et mit en fuite les troupes d'Irouka.

Yamasiro-no o, craignant l'issue de ce combat, fit porter beaucoup d'ossemens de chevaux dans son appartement, quitta son épouse et prit la fuite, pour se cacher dans le mont *I koma yama* (Tan kiu chan), accompagné de *Miwa-no kimi* (San lun kiun) et de *Ta-no me mourasi* (Thian mou lian).

Kosé-no Toko fasi-no mourasi assembla d'autres troupes, marcha de nouveau contre le palais d'Igarouga-no miya, et y mit le feu. Comme on trouva beaucoup d'ossemens dans les cendres, et que le palais avait été investi de tout côté, Kosé-no en conclut que Yamasiro-no o avait péri dans les flammes, et se retira.

Miwa-no kimi conseilla à Yamasiro-no o d'assembler une armée dans la partie orientale de l'empire; il le refusa, disant : « La dispute est entre moi et « Irouka : si je me tiens tranquille, la paix sera conservée; mais si je commence « la guerre, beaucoup de monde perdra la vie. » Quatre ou cinq jours après, Irouka apprit que son ennemi existait encore, et il envoya des troupes de tout côté pour le prendre; alors Yamasiro-no o vint en secret d'I koma yama à l'endroit où avait été son palais, et chargea Miwa-no kimi de porter à Irouka ce message : « Si je voulais te faire la guerre, certainement je te vaincrais; « mais cela ferait périr trop de monde; je préfère me rendre à toi, pour que « tu fasses de moi ce que tu voudras. »

Après le départ de ce message, il donna la mort à sa femme, à ses enfans, et se tua lui-même. Il était fils de Siô tok taïsi, nommé pendant sa vie Moumaya do-no osi, et ainsi très-proche parent du Daïri. Après sa mort, l'orgueil d'Irouka s'accrut encore, ce qui le fit détester généralement. On observa à cette époque plusieurs événemens extraordinaires.

Le premier mois de la deuxième année de son règne (643), l'impératrice voulut conférer à *Naka tomi-no Kamatari* (Tchoung tchhin Liang tsou) la charge de *Sin ghi fak* (Chin khi pë) ou grand sacrificateur d'Izé; mais il s'en excusa sur sa mauvaise santé, et se retira à *Mi sima* (San tao).

Karou-no osi (King houang tsu), frère cadet du Daïri, fut attaqué de la goutte, ce qui le retint constamment chez lui. Il était très-lié avec Kamatari, qui venait le voir souvent; il lui donna sa maîtresse la plus chérie en mariage, parce qu'il le regardait comme un homme d'une très-grande probité et d'un courage à toute épreuve; en conséquence, Kamatari dit un jour aux domestiques de Karou-no osi : « Votre maître est un bon seigneur; je desi- « rerais pouvoir l'élever au trône, pour lui montrer ma reconnaissance de ce

« qu'il m'a donné sa maîtresse. » Karou-no osi, ayant appris ce discours, en fut très-satisfait.

Naka-no oyé-no osi (Tchoung ta hioung houang tsu), fils de Zio meï ten o, fut de même un homme de grande probité. Kamatari, mécontent de l'arrogance d'Irouka, mais n'étant pas en état de s'y opposer, avait déjà cherché depuis long-temps, parmi les parens du Daïri, un homme de courage pour le punir; il ne connaissait pas encore Naka-no osi. Près du temple de *Fokosi* (Fă hing szu) il y avait un arbre de l'espèce nommée *tsou ki* (kouei) [1], sous lequel Naka-no osi s'amusait souvent au jeu de paume : Kamatari l'y rencontra un jour; il arriva que la balle de Naka-no osi tomba; Kamatari la ramassa, et la lui présenta avec politesse; il l'accepta de même. Depuis ce temps, ils se lièrent d'amitié.

Tous les amis de Naka-no osi étaient suspects à Irouka. Il y avait alors un savant, nommé *Nami bouké sen sei* (Nan yuan sian seng), qui enseignait les préceptes de la secte des lettrés. Naka-no osi et Kamatari assistaient souvent à son cours, chacun un livre à la main, et faisant semblant de lire en se promenant; mais ils se consultaient entre eux sur le meilleur moyen de se défaire d'Irouka. Le résultat de leurs conférences fut qu'ils avaient besoin d'un concours nombreux d'amis pour une entreprise aussi dangereuse.

Kamatari conseilla à Naka-no osi d'épouser la fille de *Soga-no Koura yamata maro* (Sou ngo Tsang chan thian ma liu), homme d'un grand courage; il y consentit, et Kamatari alla conclure les arrangemens de ce mariage. Il rechercha en même temps l'amitié de *Sa iki-no ko maro* (Tso pë tsu ma liu) et de *Katsoura ki-no Tsouna da* (Kŏ tchhing Kang thian), qui étaient deux hommes intrépides.

Irouka ignorait que tant de braves conspiraient contre lui. Il avait fait construire une nouvelle maison plus belle que celle de son père Yémisi, et à laquelle il donna le nom de *Kio mon* (Koung men) ou Porte du palais : elle était entourée d'une muraille comme un château, et contenait plusieurs appartemens remplis d'armes; de tout côté on y avait établi des réservoirs d'eau en cas d'incendie. Irouka donna à son fils et à sa fille le titre d'*Osi* (Taï tsu), qui n'appartient qu'aux enfans d'un Daïri. Quand il sortait, il avait toujours une suite nombreuse de gardes qui marchaient le sabre nu à la main.

---

(1) Je n'ai trouvé nulle part des renseignemens satisfaisans sur l'arbre *tsou ki*, appelé en chinois 木槵 *kouei moŭ*. Les dictionnaires chinois disent que le bois de cet arbre est propre à faire des arcs; il doit donc être bien dur, et c'est pourquoi je crois que M. Titsingh s'est trompé en traduisant *tsou ki* par *palmier*. Les Chinois connaissent encore un autre arbre *kouei*; mais ils y ajoutent le mot *fan*, et le nomment *fan kouei*, ou *kouei des haies*. Son écorce, trempée dans l'eau, donne une encre très-noire et indestructible. — Kl.

Le 1ᵉʳ jour du 6ᵉ mois de la 3ᵉ année du règne de l'impératrice (644), tout fut prêt pour l'exécution du complot contre Irouka. Naka-no osi dit à Yamata maro qu'aussitôt que le tribut de San kan serait offert au Daïri, il le chargerait de lire la lettre et la liste des présens, ce qui fournirait l'occasion de tuer Irouka; Yamata maro promit d'obéir.

Le 12 du même mois, l'impératrice entra dans la salle d'audience *Taï gok den* (Tai kў tian). Kamatari, sachant qu'Irouka, qui se défiait de ses propres domestiques, portait jour et nuit un sabre, ordonna à toutes les personnes présentes de quitter leurs sabres. Irouka, en remettant le sien, dit d'un air moqueur : « C'est à moi que Kamatari en veut ; mais comme il n'ose enjoindre « à moi seul de me désarmer, il ordonne la même chose à tout le monde. »

Naka-no osi avait donné l'ordre aux gardes du palais d'en fermer les douze portes aussitôt que Yamata maro commencerait à lire, et de ne laisser entrer ni sortir personne; il fit assembler dans une cour extérieure les gens de la suite des ministres, les y régala, et se tint derrière la salle d'audience armé d'une longue pique; Kamatari avait son arc et ses flèches. Il fit porter par son serviteur Katsou maro à Sa iki-no Ko maro et à Katsoura ki-no Tsouna da, une cassette contenant deux sabres, et leur prescrivit de s'en servir pour tuer Irouka; mais la peur les retint. Yamata maro lisait lentement : parvenu à-peu-près à la fin de la lettre, une sueur froide lui couvrit le corps ; il attendait en balbutiant le moment où l'on attaquerait Irouka. Celui-ci, qui commençait à concevoir des soupçons, lui demanda la cause de son agitation; Yamata maro répondit que la présence du Daïri l'intimidait.

Naka-no osi s'apercevant de la frayeur de Ko maro et de Tsouna da, se montra, et leur ordonna de punir Irouka : à l'instant ils lui portèrent des coups sur la tête et les bras. Irouka se leva effrayé; mais Ko maro lui coupa une jambe, ce qui le fit tomber. Il inclina la tête à terre, et demanda à l'impératrice de quoi il était coupable. Cette princesse, très-épouvantée, demanda à Naka-no osi la cause de ce tumulte. Celui-ci lui dit à l'oreille qu'Irouka avait massacré les parens du Daïri, que son orgueil était au comble, qu'il régnait en Daïri, qu'il aspirait au trône, et qu'il fallait le punir de ces attentats. L'impératrice se leva, quitta la salle, et se retira dans un autre appartement. A l'instant Ko maro et Tsouna da coupèrent la tête à Irouka. Comme les pluies abondantes avaient rendu la terre autour du palais très-humide, on couvrit le corps de nattes et on le mit à l'abri, jusqu'à ce qu'on pût l'emporter.

Soga-no Yémisi était très-malade en ce moment : Naka-no osi se retira avec le Daïri et tous ses parens dans le temple de *Fokosi* (Fa hing szu), qu'il fit entourer d'un retranchement; puis il envoya le corps d'Irouka à son père, et donna ordre au grand général *Kosi-no tok* (Chi tĕ) de l'attaquer. La moitié des gens du Daïri étaient près de prendre le parti de Yémisi; mais Kosi-no tok leur fit demander s'il y avait quelque exemple qu'un Daïri eût cédé son pouvoir à un rebelle : alors tous abandonnèrent Yémisi, qui aussitôt fut mis à mort. Ses trésors et tout ce qu'il avait de précieux périt dans l'incendie de sa maison, qui devint la proie des flammes.

Comme les journaux et les archives des premiers Daïris du Japon étaient déposés chez le régent, il s'en perdit une grande partie dans cette occasion. *Tsoune-no foufito* (Tchouan szu) en sauva quelques-uns des flammes, et les donna à *Naka-no osi*, auquel l'impératrice voulut céder l'empire; mais il le refusa, pour ne pas en priver son frère aîné *Fourou fito-no osi* (Kou jin houang tsu). Kamatari présenta pour Daïri leur oncle *Karou-no osi*, qui ne consentit pas non plus à accepter cette dignité, et proposa Fourou fito. Celui-ci ayant été très-lié avec Irouka, fut très-peiné de sa mort; et pour ne pas accepter la dignité qu'on lui offrit, il se rasa la tête et se fit religieux. Karou-no osi fut alors élu Daïri sous le nom de Ko tok ten o. Dans la suite, Naka-no osi monta sur le trône, sous le nom de Ten tsi ten o; Kamatari fut régent. C'est le premier exemple qu'un Daïri ait abdiqué l'empire.

XXXVII. DAÏRI 皇天德孝 KO TOK TEN O.

(De 645 à 654 de J. C.)

Nengo { 化大 *Tai kwa* (Ta houa), de 645 à 649.
{ 雉白 *Fokoutsi* (Pĕ tchi), de 650 à 654.

Ko tok ten o était frère cadet de l'impératrice Kwo gok ten o, qui, après la mort d'Irouka, avait résigné en sa faveur. Aux audiences qu'il donnait aux grands de l'empire, deux officiers *Odomo-no Naga toko* (Ta pan Tchang tĕ) et *Inougami-no Takepé* (Ta chang Kián pou), se tenaient à sa gauche et à sa droite, un peu en avant du trône, ayant à la main un sabre nu et monté en or. Il honora du nom de *Kousofo-no mikoto* (Houang tsou mou tsoung), sa sœur, qui lui avait cédé le trône, et déclara *Naka-no oyé-no osi* son successeur.

Abé-no koura-no Fasi maro fut nommé *Sadaïsin* (Tso ta tchhin) ou ministre de la gauche, et *Soga-no koura Yamata maro* eut la place d'*Oudaïsin* (Yeou ta tchhin) ou ministre de la droite. Ces deux emplois furent créés à cette époque : Kamatari devint *Nadaïsin* (Nei ta tchhin) [1], et obtint la permission de porter un

(1) Il y avait autrefois au Japon quatre ministres portant le titre de 臣大 *Daï sin* (Ta tchhin) : le premier était le 臣大政太 *Daï sio daï sin*, ou le grand qui dirige l'adminis-

bonnet brodé; on lui assigna des revenus considérables, et on le choisit pour régent de l'empire, en récompense des services qu'il avait rendus par la mort d'Irouka. Dans la suite, le Daïri lui accorda le chapeau de pourpre, et augmenta encore ses revenus.

Taka noki-no Kouro maro (Kao hiang Hiuan li) et *Zobin* (Seng min) étaient deux des savans de la cour les plus renommés; ils avaient fait leurs études en Chine.

Ko tok ten o, en montant sur le trône, introduisit le premier au Japon l'usage des *nengo* (nian hao) ou titres honorifiques des années du règne des empereurs. Il nomma les premières années du sien *Tai kwa* (Ta houa). Il divisa l'empire en huit provinces, et régla le rang de tous les officiers du gouvernement, qu'il distingua par dix-neuf sortes de bonnets de formes et de couleurs différentes, d'après leurs rangs. Il résida dans un palais qu'il avait fait nouvellement construire sur le promontoire *Toyo saki* (Fung khi), à *Nagara* (Tchang ping), dans le voisinage de Naniwa.

La 2ᵉ des années *Tai kwa* (646), le 1ᵉʳ jour du 1ᵉʳ mois, il fixa les jours des grandes audiences de la cour [1]. Il établit, dans toutes les provinces de l'empire, des magistratures, des barrières et des relais de poste, divisa le pays d'après les montagnes et les rivières, plaça des gouverneurs dans chaque province, et fixa le salaire des porteurs. Il nomma des chefs dans les districts et les villages, et le premier fit enregistrer le nombre des maisons et des habitans de chaque lieu, les impôts à payer et le produit des terres. Il introduisit les revues de l'infanterie et de la cavalerie; il ordonna de prendre dans chaque centaine de familles une belle femme pour le service du palais. Tous les ans il envoyait un officier dans chaque province pour examiner la conduite des gouverneurs. Il fit aussi construire des magasins et des arsenaux.

---

tration; c'est ce que nous appellerions le président du conseil des ministres. Immédiatement sous lui se trouvaient les trois autres *Daï sin*, dans l'ordre suivant : 臣大左 *Sa daï sin* (Tso ta tchhin) ou grand de la gauche, le 臣大右 *Ou daï sin* (Yeou ta tchhin), grand de la droite, et le 臣大内 *Na daï sin* (Nei ta tchhin), grand de l'intérieur. Les mêmes emplois existent encore aujourd'hui, mais sous d'autres dénominations : le président du conseil est appelé 國相大 *Daï sio kokf* (Ta siang kouĕ), et les trois autres 國相左 *Sa so kokf* (Tso siang kouĕ), 國相右 *Ou so kokf* (Yeou siang kouĕ), et 臣内 *Na sin*. Pour 國相 *So kokf* (Siang kouĕ), on dit aussi 府相 *So fou* (Siang foü). — Kl.

(1) Cette fête est appelée par excellence le *grand jour de cérémonies*. A la cour du Daïri, elle porte le nom de *Tsio faï*, et à celle du Siogoun, celui d'*Oré*. Les cérémonies durent à présent trois jours, qu'on nomme pour cette raison *Kwan san*. — Kl.

L'Oudaïsin *Soga-no koura Yamata maro* fut chargé de l'avertir de toutes les fautes qu'il pourrait commettre dans le gouvernement. Ce fut lui qui inventa et introduisit en grande partie l'étiquette qu'on observe encore à la cour; *Naka-no oyé-no osi* et le régent *Kamatari* lui conseillèrent toutes ces mesures.

La 5ᵉ des années *Tai kwa* (649), mourut le Sadaïsin *Abé-no koura-no Fasi maro*.

Dans la même année, *Soga-no Fiouga* (Sou ngo Jy hiung), frère cadet de l'Oudaïsin *Soga-no koura Yamata maro*, ayant informé le Daïri que son frère aîné tramait une conspiration, l'empereur envoya des gens armés à sa demeure pour le mettre à mort. Yamata maro, quoiqu'il fût innocent, tua d'abord sa femme et ses enfans; puis il se donna la mort. Dans la suite, lorsque son innocence fut prouvée, son frère Fiouga fut exilé en Tsoukouzi, qui alors était un pays sauvage et désert.

Kosé-no tok (Kiu chi tĕ) fut fait Sadaïsin, et *Odomo-no naga tok* (Ta pan tchang tĕ) Oudaïsin; ils eurent le chapeau de pourpre [1].

L'année suivante (650), on envoya de la province de *Nagato* (Tchang men) au Daïri un faisan blanc; ce qui fut jugé d'un heureux présage. Le Daïri en fut très-content, et manda toutes les personnes de sa cour pour leur montrer cet oiseau. La pompe fut ce jour-là aussi brillante qu'au jour de l'an. On plaça le faisan dans une chaise à porteurs: ainsi élevé en l'air, quatre personnes le promenèrent de tout côté, puis le portèrent à l'appartement du Daïri, où il fut reçu par le Sadaïsin et l'Oudaïsin, qui le lui présentèrent. A cette occasion, le nengo fut changé en *Fakoutsi*, qui veut dire *Faisan blanc*. Le prince de Nagato fut avancé en rang d'un degré, et les prisonniers furent mis en liberté dans tout l'empire.

---

(1) De la même année date l'établissement des 省八 *Fats siô* (Pă seng), ou huit administrations ou ministères. Ce sont:

1. 省務中 *Tsiou iô-no siô* (Tchoung wou seng), la direction générale centrale;

2. 省部式 *Sik bou-no siô* (Chy̆ pou seng), la direction législative et de l'instruction publique;

3. 省部治 *Dzi bou-no siô* (Tchi pou seng), la direction générale de l'intérieur;

4. 省部民 *Min bou-no siô* (Min pou seng), la direction des affaires du peuple ou de la police générale;

5. 省部兵 *Fio bou-no siô* (Ping pou seng), la direction générale de la guerre;

6. 省部刑 *Ghio bou-no siô* (Hing pou seng), la direction des affaires criminelles;

7. 省藏大 *Oo koura siô* (Ta thsang seng), la direction générale du trésor;

8. 省内宮 *Koû naï-no siô* (Koung nei seng), le ministère de la maison de l'empereur.
—Kl.

La 2ᵉ des années *Fakoutsi* (651), le Daïri fit faire une image de Bouddha, haute de seize pieds, d'après laquelle on grava mille autres images de cette divinité. Il assembla dans son palais deux mille et cent religieux et religieuses, chargés d'y lire les livres de la loi de Bouddha. A cette occasion, la cour fut illuminée de deux mille sept cent lanternes.

La 4ᵉ des années *Fakoutsi* (653), le Daïri envoya *Kiso-no osani* (Ky szu tchang tan), à la tête d'une ambassade, à *Ko zo kwo té* (Kao tsong houang ti), empereur de la Chine, qui la reçut en audience solennelle. Plusieurs prêtres japonais accompagnaient cette ambassade; parmi eux se trouvait *Zio yé* (Ting hoei), fils de Kamatari [1], qui depuis fonda le grand temple de la montagne de *Fafou-no miné-no kaï san* (To wou fung khaï chan), dans le Yamato [2].

Les royaumes de Sin ra, de Kôraï et de Fiaksaï faisaient parvenir tous les ans des présens à la cour; mais c'était peu de chose: le Daïri en fut mécontent. En même temps, on lui annonça qu'un envoyé de Sin ra, vêtu de l'habit chinois, venait d'arriver dans le Tsoukouzi; l'empereur, irrité, le renvoya, parce qu'il n'observait pas les usages du Japon. Kosé-no daïsin avait conseillé de le punir de mort.

Ko tok ten o mourut après un règne de 10 ans; savoir, 5 ans du nengo *Tai kwa*, et 5 de celui de *Fakoutsi*.

XXXVIII. DAÏRI 皇天明齊 ZAÏ MEÏ TEN O.

(De 655 à 661 de J. C.)

ZAÏ MEÏ TEN O (Thsi ming thian houang) fut le nouveau nom honorifique de l'impératrice Kwo gon ten o, quand elle reprit, à la mort de Ko tok ten o, le gouvernement qu'elle lui avait cédé. C'est le premier exemple dans l'histoire du Japon que la même personne ait occupé le trône pour la seconde fois. *Nakano oyé-no osi* resta Taïsi ou prince héréditaire. Sur sa proposition, l'impératrice transporta sa résidence de Naniwa au palais *Itabouki-no miya*, dans le district Asouka du Yamato. Une énorme quantité de rats et de souris y arrivèrent

---

(1) *Zio yé* n'était point le fils de *Kamatari*; il avait pour père *Ko tok ten o*: celui ci, avant de devenir Daïri, porta le nom de *Karou-no osi*. Il avait alors une maîtresse qu'il chérissait beaucoup, et qui se trouvait enceinte; il la donna à Kamatari, et lui dit: « Si elle accouche « d'un fils, tu le garderas; si c'est d'une fille, « tu me la rendras. » — Kl.

(2) Les temples les plus considérables au Japon sont: le *Ni ko*, où se trouvent les sépultures des Siogoun de la présente dynastie; puis les temples de *Founominé*, *Koya*, de *Fiko san* et de *Yosi no*. Ils ont chacun une administration particulière; mais en cas de réparations, les frais sont à la charge du Siogoun. — Kl.

de Naniwa en même temps; alors Zaï meï ten o quitta le district d'Asouka, et alla résider dans le palais d'*Oka moto-no miya* (Kang pen koung) dans la province d'Oomi. Le Nadaïsin *Kamatari* fut régent de l'empire.

La 4ᵉ année (658), en hiver, l'impératrice se rendit avec le prince héréditaire aux eaux thermales de la province de Kiï-no kouni. Le palais resta sous la garde de *Soga-no Akayé* (Sou ngo tchhÿ hioung). Pendant l'absence de l'impératrice, cet officier se plaignit à *Arima-no osi* (Yeou ma houang tsu), fils de Ko tok ten o, de la manière dont l'empire était gouverné. Celui-ci croyant l'occasion favorable pour une révolte et animé par les discours de Soga-no Akayé, le consulta sur les moyens de l'exécuter. Soga-no Akayé, qui n'avait eu d'autre but que de l'éprouver, l'excita encore davantage; mais ayant eu la précaution de faire investir sa demeure, il donna l'ordre de l'arrêter, et l'envoya prisonnier dans le *Kizio* (Ki tcheou). Le prince impérial, chargé de l'interroger, découvrit ses mauvaises intentions et le fit étrangler à *Fougi siro saka* (Theng taï pan), à l'âge de 19 ans. Quelques auteurs disent qu'il se pondit, d'autres qu'il fut pendu à la branche d'un sapin, à *Ifa daï* (Yan taï) dans le Kizio, et que peu de momens avant sa mort il fit des vers.

Le grand général *Abé-no Firafou* (A pou pi lo fou) fut chargé, dans le courant de l'année, d'une expédition contre le royaume d'*Asifase-no kouni* (Sü chin kouë)[1]. Il y prit deux grands ours en vie, et obtint soixante-dix peaux d'ours. Ce royaume était situé dans le nord et en Tatarie. Abé-no Firafou passa avec plusieurs vaisseaux armés chez les *Yémisi* (ou Aïnos de Iéso) qu'il subjugua totalement; puis il revint au Japon. Du temps de *Yamato také-no mikoto* ou le *Prince des guerriers du Japon*, le Iéso avait déjà été soumis à l'empire; mais ses habitans s'étaient constamment révoltés: Firafou s'en rendit entièrement maître, et y établit une place d'armes, pour tenir le pays en respect.

La 5ᵉ année (659), *Saka aki-no Sinouno* (Pan ho chÿ pou) et *Tsoumori-no Yorosi* (Tsin cheou kÿ thsiang) furent envoyés en ambassade en Chine; ils avaient plusieurs habitans de Iéso à leur suite. A l'audience qu'ils obtinrent

---

(1) 國愼肅 *Sü chin kouë* en chinois, et, d'après la prononciation japonaise, *Sik sin kokf*, signifie mot à mot, pays ou royaume des respectueux et des attentifs: mais il ne faut pas faire attention au sens que les caractères chinois peuvent avoir; ils ne sont ici que la transcription de *Djourdjé*, qui est le nom ancien et primitif de la nation appelée de nos jours les Mandchous.

Ce même mot *Djourjdé* a été ensuite écrit de cette manière en chinois: 眞女 *Jou djin*, et 直女 *Jou djÿ*. Il ne faut pas que le caractère 女 soit prononcé ici *niu*, mais *jou*. Les Japonais appellent dans leur langue les Soü tchin *Asifase*, ce qu'on pourrait traduire par *ceux qui marchent à pied*. — KL.

chez l'empereur *Ko zo kwo té* (Kao tsoung houang ti) des grands *Too* (Thang), ce monarque s'informa d'abord de la santé de l'empereur du Japon, puis de l'état intérieur de l'empire; ensuite il se fit donner des détails sur le Iéso. Les gens de ce pays lui offrirent des arcs, des flèches et des peaux de cerf.

Le 9ᵉ mois de la 6ᵉ année (660), un ambassadeur de *Fiaksaï* apporta la nouvelle que le roi de *Sin ra*, aidé par les Chinois, avait attaqué dans le 7ᵉ mois le roi de Fiaksaï, et l'avait fait prisonnier avec toute sa cour. *Fouksin* (Foŭ sin), général des Fiaksaï, s'étant sauvé seul, avait rassemblé dans le même mois de nouvelles troupes pour se défendre. L'ambassadeur pria l'impératrice de créer roi de Fiaksaï le fils du roi prisonnier, lequel se trouvait en otage au Japon, et de lui donner une armée pour reprendre ses états. Elle y consentit, le nomma roi de Fiaksaï, arma une flotte, et voulut l'accompagner jusqu'à Naniwa. Naka-no oyé no osi fut chargé du gouvernement pendant son absence. Il ordonna de recruter dans toutes les provinces : du seul district de *Sima-no kori* (Hia kiun), dans la province de Bitsiou, arrivèrent vingt mille hommes; ce qui valut à ce lieu le nom de *Ni man-no sato* (Eul wan hiang) ou les bourgs des vingt mille.

Au printemps de l'année suivante (661), l'impératrice mit à la voile avec le roi de Fiaksaï. D'abord elle jeta l'ancre dans la province *I yo* (I yu); ensuite à *Asakoura* (Tchhao tsang), dans la province *Tosa* (Thou thso). Il y avait là un temple près duquel étaient des arbres sacrés que l'impératrice fit abattre, parce qu'on manquait de bois pour lui élever une résidence. Le dieu du temple, irrité de cette action, fit écrouler l'édifice qu'on venait de construire, et qui dans sa chute écrasa beaucoup de monde.

L'impératrice mourut le septième mois de la même année, dans le palais d'Asa koura. La première fois elle avait régné 3 ans et demi, et la seconde 7 ans; son règne fut donc en tout de 10 ans. *Kwo gok* et *Zaï meï* sont par conséquent des noms différens du même Daïri. On trouve bien, dans quelques auteurs japonais, que le 36ᵉ et le 38ᵉ Daïri ont été deux personnes distinctes; mais c'est une erreur; la différence n'existe que dans le nom que la même impératrice prit à son second avénement au trône.

XXXIX. DAÏRI 皇天智天 TEN TSI TEN O.

(De 662 à 672 de J. C.)

Tén tsi ten o (Thian tchi thian houang), fils de Zio meï ten o, succéda à sa mère. Il porta d'abord le titre de *Naka-no oyé-no osi* (Tchoung ta hioung houang tsu), puis celui de *Katsoura ki-no osi* (Kŏ tchhing houang tsu), enfin celui de *Firaki waké-no osi* (Khaï pў houang tsu). *Nakatomi-no Kamatari*, qui avec son aide exécuta l'entreprise dangereuse contre Irouka, avait, pendant les règnes *Ko tok* et *Zaï meï*, porté le titre de Taïsi.

Dans la 6ᵉ année du règne de Zaï meï (660), les Chinois et les peuples de Sin ra avaient attaqué les *Fiaksaï* (Pĕ tsi); *Fouksin*, général de ceux-ci, était venu comme ambassadeur au Japon pour demander du secours. L'impératrice Zaï meï l'avait accompagné avec beaucoup de troupes, et était descendue à *Asa koura* (Tchao tsang), dans le Tosa. *Tensi taïsi*, qui administrait alors les affaires militaires, y fit construire dans les montagnes l'habitation impériale de *Kouro ki* (Hĕ moŭ), la salle d'*Asa koura-no ki marou tonou*, ainsi que le château fort (*seki*) de *Karou kaya* (Hi hian). Il y établit la police la plus sévère; tous ceux qui y arrivaient étaient examinés; on prenait leurs noms et prénoms par écrit. Zaï meï, qui était avec le nouveau roi, se prépara, le 7ᵉ mois de la même année (661), à mettre à la voile d'Asa koura avec une grande armée pour ce royaume. Elle y mourut au grand regret de son fils, qui, quoique déjà parvenu au trône, porta long-temps le deuil.

Le 8ᵉ mois, le Daïri expédia au secours du roi de Fiaksaï des troupes formidables, bien armées et munies de provisions, sous les ordres des deux généraux *A tsoumi-no Firafou* (A tan pi lo fou) et de *Kawa bé-no Moroyé* (Ho pian pĕ tchi).

Le 9ᵉ mois, il fit partir *Fôsiô* (Fung tchang), fils du roi de Fiaksaï, avec cinq mille hommes commandés par *Fada-no yé itsi takoutsou* (Thsin phŏ fou thian). Aussitôt que Fôsiô fut arrivé au Fiaksaï, Fouksin vint chez lui, le reçut avec le plus grand respect, et le proclama roi de Fiaksaï avec les formalités observées à l'inauguration de ses ancêtres. Ce pays, quoique envahi alors par les Chinois et les Sin ra, était resté toujours tributaire du Japon et lui envoyait des otages.

Aussitôt que le deuil de sa mère Zaï meï fut fini, Ten tsi ten o retourna dans le Yamato.

L'année suivante (662), le Daïri envoya à *Fôsiô*, roi de Fiaksaï, un présent qui consistait en 500 pièces d'étoffes, 150,000 flèches, 500 livres de soie, 1,000 livres de coton, 1,000 peaux tannées et 1,000 sacs de riz.

Dans la même année, les Sin ra et les Chinois attaquèrent le royaume de Kôraï, qui demanda du secours. Le Daïri fit partir aussitôt beaucoup de troupes : des trois généraux de l'ennemi, *Zingasiou* (Jin ya siang) mourut de maladie, *Fokoutaï* (Phang hiao taï) fut tué, et *Soteïfou* (Sou ting fang), ayant tâché vainement de prendre la capitale de Kôraï, d'où il fut repoussé avec une perte considérable, retourna dans son pays.

L'année suivante (663), une grande flotte, portant beaucoup de troupes pourvues de vivres et d'armes, fut expédiée pour le Fiaksaï, afin de conquérir le Sin ra. A cette époque, Fôsiô, mécontent de Fouksin, le fit mettre à mort. Il n'était pas encore en état de marcher contre les Sin ra, lorsque ceux-ci l'attaquèrent. Les généraux chinois *Zonzinsi* (Sun jin szu), *Riouzingouan* (Lieou jin youen) et *Riouzinki* (Lieou jin kouei), l'assaillirent par terre et par mer. Le dernier débarqua, avec cent soixante-dix vaisseaux de guerre, à *Fakôkô* (Pĕ kian kheou), tomba sur l'armée japonaise, qui n'était pas assez forte pour résister, la prit par les deux flancs et la battit. Un grand nombre de Japonais périrent dans l'eau : *Fada-no y itzi fakoutsou*, leur général, enragé de sa défaite et grinçant les dents, tua un grand nombre de Chinois, puis il s'ôta la vie. Le roi de Fiaksaï s'enfuit chez les Kôraï; les restes de l'armée japonaise revinrent accompagnés de beaucoup d'habitans de Fiaksaï, dont quatre cents des deux sexes furent envoyés, par ordre du Daïri, dans le district de *Zin sen gori* (Chin thsian kiun) dans la province d'*Oomi* (Kin kiang), et plus de deux mille dans le *Kwan to* (Kouan toung)[1].

Quelque temps après, l'empereur de la Chine envoya un ambassadeur nommé *Riou tok ko* (Lieou tĕ kao) pour rétablir la paix. Deux ambassadeurs japonais, *Mori kimi-no oyé* (Cheou kiun ta chÿ) et *Sakabé-no yési tsoumi* (Pan pou chÿ tsÿ), allèrent trouver à cet effet *Ko zo kwo té* (Kao tsong houang ti), empereur des grands Thang; ils furent reçus favorablement, et revinrent.

Dans la suite on bâtit plusieurs châteaux dans le pays de Tsoukouzi, pour y tenir des soldats en garnison; on construisit aussi la forteresse de *Taka yasou no siro* (Kao ngan tchhing) dans la province d'Yamato, et une autre dans le *Sanouki* (Tsan khi), appelée *Ya sima siro* (Wŏ tao tchhing).

Six ans après la mort de Zaï meï ten o, sa sépulture fut reconstruite. Ten tsi ten o, n'ayant pas encore été proclamé Daïri, n'avait jusqu'alors gouverné que comme Taïsi; cette année-ci, il établit sa cour à *Si ga* (Tsu ho), dans la province d'Oomi, où son inauguration eut lieu au 1er mois du printemps de la 7e année (668).

Le Na daïsin *Nakatomi-no Kamatari* étant très-malade dans l'hiver de la 8e année (669), le Daïri alla le voir, et lui demanda ce qu'il desirait; il répondit : « Une mort douce et des funérailles simples. » Le Daïri, de retour dans

---

(1) 東關 *Kwan to* (Kouan toung), ou le pays à l'est des barrières, est le nom qu'on donne à la contrée qui se compose des provinces actuelles de *Mousats, Sagami, Awa, Kadzouza, Simoosa, Fitats, Kootské* et *Simotské*.

On l'appelle aussi 東坂 *Saka tô* (Pan toung), ou le pays à l'est du boulevart; car anciennement ou avait séparé ces provinces de celles qui en sont à l'ouest par un boulevart, dans lequel on avait pratiqué des barrières. — Kl.

son palais, envoya son frère cadet *Ten bou* (Thian wou) lui annoncer qu'il avait été créé Na daïsin, avec le titre de *Daï sio kwan* (Ta chў kouan), et honoré du nom héréditaire de famille *Fousiwara* (Theng yuan), qui était celui du lieu de sa naissance. Kamatari mourut bientôt après, âgé de 50 et suivant d'autres de 56 ans, au grand regret du Daïri, qui vint chez lui pour y pleurer sa mort.

Comme Ten tsi ten o aimait les sciences, l'administration des affaires publiques et celle de la justice furent, sous son règne, établies sur des bases régulières et stables : on l'honore encore aujourd'hui comme un des plus grands princes qui aient régné au Japon.

Le 1er jour du 1er mois de la 10e année de son règne (671), qui est la 8e (sin wei) du cycle de soixante, il créa *Taï zio daï sin* (Taï tching ta tchhin) son fils *Otomo-no osi* (Ta fan houang tsu), qui fut le premier revêtu de cet emploi éminent. Le Daïri traça en même temps un nouveau plan d'administration, et nomma *Soga-no Akayé* (Sou ngo tchbў hioung) Sadaïsin, et *Nakatomi-no Kana mourazi* (Tchoung tchhin kin lian) Oudaïsin. Il adopta aussi son frère cadet *Ten bou*, qui avait épousé sa fille *Zi to* (Chў thoung). La femme de son fils *Otomo-no osi*, nommée *To itsi-no osi* (Chў fou houang niu), était fille de Ten bou. Otomo-no osi aimait les sciences, avait beaucoup de discernement, et composait des vers. Il était généralement chéri et respecté ; mais Ten bou le craignait.

Au 10e mois, le Daïri, étant très-malade, fit venir Ten bou. Quand celui-ci fut arrivé, *Soga-no yasou maro* (Sou ho ngan ma liu) lui conseilla de peser soigneusement ses paroles avant de répondre au Daïri : ce prince lui annonça qu'il sentait les approches de la mort, et qu'il desirait mettre ordre aux affaires ; Ten bou répondit qu'étant d'une constitution très-faible, et ayant l'intention de se faire religieux, il priait le Daïri de nommer Otomo son successeur. Sa demande lui fut accordée, on lui rasa la tête dans un temple bouddhique, et le Daïri lui fit cadeau d'un *kesa* (kia cha)[1] ou écharpe de religieux. Il quitta aussitôt l'Oomi, et partit pour *Yosi no* (Kў ye)[2] ; tous les grands l'accompagnèrent jusqu'à *Ou tsi* (Yu tchi). Le bruit courut alors que Ten bou, retiré à Yosi no, y méditait quelque mauvais dessein.

Otomo-no osi se livra, depuis cet événement, à toute sorte d'excès, et fit les promesses les plus éblouissantes au Sadaïsin Soya-no Akayé, à l'Oudaïsin

---

[1] Le *kesa* est une écharpe de pourpre que les prêtres portent sur les épaules en-dessus de leurs vêtemens. Cette partie de l'habillement des prêtres bouddhistes est nommée en tubétain *snam sdhjar*, et en mongol *kercha taban*. — Kl.

[2] 野吉 *Yosi no* (Kў yé), ou la *Plaine heureuse*, est le nom d'un district de la province de *Yamato*, au pied de la montagne *Yosi no yama*, ou *Kin bou san*, célèbre par ses temples bouddhiques. — Kl.

Nakatomi-no Kana mourasi, et à tous les grands de l'empire, qui se mirent dans son parti.

Ten tsi ten o mourut le douzième mois, après un règne de 10 ans, à l'âge de 46, ou, suivant d'autres, de 58 ans. On prétendit qu'il était allé à *Yama sina* (Chan kho), d'où il était monté au ciel; car on ne le revit plus dans son palais, et l'on retrouva ses pantoufles à Yama sina; c'est pourquoi on y construisit son *misaziki* (ling) ou tombeau.

Dans l'année Jin chin du cycle de soixante (672), Otomo-no osi, méditant déjà sur le moyen de mettre Ten bou à mort, l'avait invité à venir de Yosi no à son palais dans l'Oomi. Cette invitation affligea beaucoup *To itsi,* épouse d'Otomo, et elle écrivit à son père un billet qu'elle lui fit parvenir dans le ventre d'un poisson. Ten bou l'ayant lu, fut consterné : il fit venir *Moura kouni-no Oyori* (Tsun kouĕ Nan i), et l'informa de la trame ourdie contre sa vie par les hauts fonctionnaires dans l'Oomi; il le chargea d'assembler incessamment des troupes dans la province de *Mino* (Meï noung), d'occuper le défilé de *Fouwa* (Pou pho)[1], et de s'y maintenir jusqu'à ce qu'il vînt le rejoindre; il envoya aussi *Otomo-no Sima* (Ta pan Tchi mo) au gouverneur de Yamato, pour lui demander du secours, qui lui fut promis. Alors le prince quitta sa demeure à Yosi no et monta à cheval; sa femme fut portée dans un palanquin (*norimon*); ses deux fils, *Kousa kabé-no osi* (Thsao pў houang tsu) et *Isousi bi-no osi* (Jin pў houang tsu), suivirent à pied avec vingt domestiques mâles et dix servantes : une vingtaine de chasseurs se joignirent à eux sur la route; ils rencontrèrent cinquante chevaux chargés de riz qu'on envoyait de la province d'Izé à la cour; ils s'en emparèrent, jetèrent le riz de côté, et montèrent tous à cheval.

Étant sur la route de la province de Yamasiro, Ten bou fut blessé à l'improviste dans le dos par une flèche, sans qu'on pût découvrir d'où elle était partie; c'est pour cette raison que, dans la suite, ce lieu reçut le nom de *Ya sé* (Chi pei) ou *Flèche au dos.* Ten bou se retira alors avec sa troupe dans les montagnes; et comme ses gens y suspendirent les selles des chevaux, on donna à la montagne où ils étaient campés le nom de *Koura ma yama* (Ngan ma chan), ou des Selles de chevaux.

De là ils marchèrent vers *Oo no* (Ta yé)[2]. La nuit survint, et ils ne purent trouver leur chemin par les montagnes : ils démolirent donc une maison, se servirent de pieux de sapin en guise de torches, et arrivèrent heureusement dans l'Iga. Une centaine d'hommes étaient venus se joindre à eux quand ils tra-

---

(1) Dans la province de *Mino,* à la frontière de celle d'*Oomi.* — Kl.

(2) Capitale de l'*Iga.* — Kl.

versaient ces montagnes, et le gouverneur de la province d'Izé *Miyaké-no mourasi* (San tsĕ lian) vint à leur secours avec plus de 500 hommes, pour garder le passage de *Souzou ka seki* (Ling lou kouan).

Koaï no o si (Kao foŭ houang tsu) et *Otsou no o si* (Ta tsin houang tsu), deux fils de Ten bou, détenus en otage à la cour dans l'Oomi, s'enfuirent et vinrent rejoindre leur père dans l'Iga et l'Izé, où il était accouru de loin pour implorer, sur les bords de la grande rivière (*O gawa-no fen*, Ta tchhouan pian), l'appui de la divinité *Ten sio daïsin*.

Moura kouni-no Oyori lui ayant conseillé de garder avec 3,000 hommes le défilé de *Fouwa* (Poŭ pho), dans la province de Mino, Ten bou suivit cet avis, et y envoya son fils Koaï-no o si. En même temps il dépêcha des courriers dans le *Tôkaïdo* (Toung haï tao) et dans le *Tôsando* (Toung chan tao)[1] pour exciter ces contrées à la guerre, tandis que lui-même resta avec son épouse dans le district de *Kouwana-no góri* (Sang ming kiun), dans la province d'Izé. Quelques auteurs prétendent que Ten bou fut battu dans plusieurs endroits par les troupes d'Otomo-no osi, par exemple, à *Yosi no-no Kousou* (Kў ye Kouĕ thsao), dans la province de *Sima*, et à *Souno mata* (Tcheou kou), dans le Mino; mais ces assertions sont peu vraisemblables, puisque l'histoire intitulée *Nipon ki* ne les confirme pas.

Ten bou laissa sa femme à Kouwana et se porta sur Fouwa. *Tsiïsa ko bé-no Souki tsouri* (Siao tsu pou Thsou tiao), gouverneur de l'*Owari* (Weï tchang), y vint à son secours avec 20,000 hommes. Ten bou envoya alors son fils Koaï-no o si à *Wa ni* (Ho tsan) pour commander l'armée, et resta à *No gami* (Ye chang).

Ofa-no Fou kési (Ta pan Tchhoui fu), vaillant guerrier, vint du Yamato au secours de Ten bou; il attaqua l'armée d'Otomo, la battit à différentes reprises, et peu s'en fallut qu'il ne poussât jusqu'à son palais dans l'Oomi. Otomo envoya beaucoup de troupes contre lui, mais sans succès; elles furent forcées de se retirer. *Moura kouni-no Oyori*, grand général de Ten bou, marcha en même temps avec des forces considérables pour surprendre l'Oomi. Il avait donné à chacun de ses soldats une marque rouge pour qu'ils pussent se reconnaître. A *Iki naga* (Szu tchhang) et à *Yoro gawa* (Koueng tchhouan), il en

---

(1) 東海道 *Tôkaïdo* (Toung haï tao) ou *le Chemin oriental de la mer*, et 東山道 *Tôsando* (Toung chan tao), *le Chemin oriental des montagnes*, sont les noms des sept grandes contrées dans lesquelles l'empire japonais est divisé. Elles se trouvent dans la partie orientale de la grande île de Niphon. Le *Tôkaïdo* comprend quinze provinces, savoir: *Iga, Izé, Sima, Owari, Mikawa, Tootomi, Sourouga, Idzou, Kaï, Sagami, Mousasi, Awa, Kadzouza, Simoosa* et *Fitats*. Le *Tôsando* se compose de huit provinces, qui sont: *Oomi, Mino, Fida, Sinano, Kootské, Simotské, Mouts* et *Dewa*. — Kl.

vint aux mains avec les troupes d'Otomo, commandées par *Sakaï bé-no Kousouri* (King pou Yŏ), qui fut blessé. Dans une seconde bataille donnée à *To ko-no yama* (Niao loung chan), *Fada-no Tomotarou* (Thsin Fan tsoŭ), autre général des troupes d'Otomo, perdit la vie. Une troisième fut livrée à *Yafou gawa* (Ngan ho); *Sen sima* (Thsian tao), le chef de la milice, y fut fait prisonnier. Ten bou marcha alors en toute hâte avec son armée sur *Séta* (Chi to); Otomo y vint à sa rencontre, et un combat terrible s'engagea : le bruit des tambours et des cymbales était épouvantable; les flèches tombaient comme la grêle. *Tsi son* (Tchi thsoun), général en chef d'Otomo, ayant fait de vains efforts pour s'opposer aux fureurs de l'ennemi, fut tué. Otomo, défait, fut forcé de prendre la fuite avec les restes de son armée. *Moura kouni-no Oyori* l'atteignit à *Awatsou* (Soü tsin), où le combat commença de nouveau ; *Isoukafi-no mourazi* (Khiuan yang lian) et *Tani-no Siwoté* (Kü Yan cheou), généraux d'Otomo, ainsi que ce qui lui restait de troupes, y perdirent la vie. Otomo, n'ayant plus d'espoir, se sauva dans les montagnes, où il s'étrangla; il était âgé de 25 ans. On lui coupa la tête, qui fut portée à Ten bou.

Koaï-no o si vint au palais d'Oomi, et y jugea les coupables. L'Oudaïsin Nakatomi-no Kana mourazi fut mis à mort, et le Sadaïsin Soga-no Akayé et les autres furent exilés. Ces troubles eurent lieu dans l'année 672.

XL. DAÏRI 皇天武天 TEN BOU TEN O.

(De 672 à 686 de J. C.)

Nengo { 鳳白 *Fak fŏ* (Pĕ fung), de 672 à 685,
鳥朱 *Zu tsiŏ* (Tchu niao), 686.

TEN BOU ou TEN MOU TEN O (Thian wou thian houang), frère cadet de Ten tsi ten o, ayant heureusement terminé la guerre contre Otomo-no o si, vint d'Izé au Yamato, y bâtit le palais *Kiyo mi bara-no miya* (Thsing kian yuan koung), et fut proclamé Daïri. Il récompensa tous ceux qui l'avaient secouru, et donna aux années de son règne le nom de *Fak fo* (Pĕ fung), le Phénix blanc.

Des ambassadeurs arrivèrent de Sin ra et du Kôraï pour le complimenter sur son avénement au trône.

La 2ᵉ des années *Fak fŏ* (673), on fit la première copie du livre bouddhique *Tai zŏ ghio* (Ta thsang king).

La 3ᵉ année (674), on trouva de l'argent [1] dans l'île de *Tsou sima* (Toui

---

[1] On lit dans l'histoire du Japon intitulée *Ni pon ki* : La 3ᵉ année du règne de TEN BOU TEN O, de l'argent blanc lui fut offert le 7ᵉ jour du 3ᵉ mois, par *Osi Oumi-no miya Tsouko o*

ma tao); on l'offrit au Daïri. C'est le premier qui ait été découvert au Japon. Cet empereur donna, le premier mois de chaque année, des fêtes auxquelles des hommes et des femmes chantaient et dansaient dans l'intérieur du palais. Le 15 du même mois, les grands de l'empire lui présentèrent du bois à brûler (*kamaghi*). Le dernier jour du 6ᵉ mois, il institua des sacrifices (*forifi*) pour détourner les maux et implorer du bonheur. Il institua aussi le pélerinage *Daï sioô ye* (Ta tchhang hoei) et d'autres fêtes, régla tout ce qui concernait les sacrifices et les cérémonies, et distribua tous les offices de l'empire en quarante-huit classes, distinguées par la couleur et la broderie de leurs habits. Il introduisit aussi l'usage des noms de famille parmi le peuple.

Dans la 13ᵉ des années *Fak fó* (684), il y eut un tremblement de terre terrible; les montagnes se fendirent, les rivières débordèrent dans toutes les provinces; un grand nombre de bâtimens du gouvernement, de magasins impériaux, de temples et de tours s'écroulèrent; beaucoup d'hommes et d'animaux périrent par ces désastres ; les sources chaudes de la province d'Iyo tarirent; dans la province de *Tosa*, plus de 50,000 acres de terrain et de terres labourables furent submergés et engloutis par la mer; une île s'éleva subitement près de la province d'Idzou. Plusieurs autres événemens extraordinaires arrivèrent sous le règne de ce Daïri.

Ten bou mourut le 9ᵉ mois de la 1ʳᵉ des années du *Zu tsio* (686), après avoir régné 15 ans; savoir, 24 ans avec le nengo *Fak fó*, et un an avec celui de *Zu tsio*.

XLI. DAÏRI 皇天統持 SI TÔ TEN O.

(De 687 à 696 de J. C.)

Si tô ten o (Tchi thoung thian houang), fille de Ten tsi et épouse de Ten bou, l'avait accompagné pendant la guerre dans l'Izé, et était revenue avec lui dans le Yamato. Elle avait partagé avec ce Daïri les soins du gouvernement; elle s'en chargea à sa mort. Ten bou avait nommé son fils *Kousa kabéno o si* (Thsao pў houang ti) prince héréditaire, quoiqu'il fît plus de cas de son fils *Otsou-no o si* (Ta tsin houang tsu), qui à ses connaissances et à ses grandes qualités réunissait le talent d'un poëte distingué. A la mort de son père, celui-ci se révolta; mais il fut aussitôt arrêté et tué, par ordre de

kouni, prince de *Tsou sima*. C'est la première fois qu'on ait exploité des mines de ce métal dans l'empire. Le prince reçut un nouveau titre en récompense, et le Daïri distribua l'argent en partie aux temples, pour le service des dieux, en partie aux grands de la cour. C'est de cette époque que date l'usage de l'argent au Japon. —Kl.

Si tô ten o et de Kousa kabé-no o si. Avant de mourir, il fit quelques vers pour déplorer sa fin prématurée, car il n'avait que 24 ans.

Trois ans après, Kousou kabé-no o si mourut âgé de 28 ans.

L'année suivante (691), l'impératrice Si tô fut proclamée Daïri, et les grands de l'empire lui offrirent les insignes de l'empire. A cette occasion, tous les prisonniers furent relâchés, et ceux qui avaient été bannis de la capitale et de la province de la cour, eurent la permission d'y revenir. Dans la capitale, plus de cinq mille vieillards reçurent chacun vingt bottes de riz en épi, et l'on distribua du riz en grain aux pauvres et aux malades.

Koaï-no o si fut nommé *Taïsio daïsin* (Ta tching ta tchin), *Tanfi-no sima* (Tan pi tao) fut créé Oudaïsin, et des promotions eurent lieu parmi les officiers des huit ministères. L'impératrice conféra aux filles des Daïris le titre de *Naï sin o* (Nai tsin wang), qu'elles portent depuis ce temps; les servantes des Daïris furent également avancées en grade.

Tous les ans, l'impératrice faisait un voyage à *Yosi-no*. Une fois elle voulut aller à Izé; *Miwa-no Koaï maro* (San lun Kao foŭ ma liu) tâcha inutilement de l'en détourner. Pendant le temps qu'elle y resta, elle diminua les impôts des provinces d'Iga, d'Izé et de Sima, et fit distribuer du riz aux gens âgés.

Dans la suite, elle bâtit le palais *Fousiwara-no daïri* (Then yuan neï li), où elle résida. A la mort de Koaï-no o si, elle consulta ses ministres sur le choix d'un Taïsi. *Katsoura no o* (Kŏ ye wang) proposa *Karou-no o* (Kho lieou wang), fils de Kousa kabé-no o si; l'impératrice, étant tombée malade, lui céda l'empire, après avoir régné 11 ans. Karou-no o prit le titre de Mom mou ten o (Wen wou thian houang), et l'impératrice *Si to* reçut à son abdication le titre de Taï zio ten o (Tai chang thian houang)[1]. Des Daïris avaient précédemment aussi abdiqué le trône; mais elle fut la première qui, à cette occasion, reçut le titre de Taï zio ten o.

XLII. DAÏRI 皇天武文 MON MOU TEN O.

(De 697 à 707 de J. C.)

Nengo { 寶大 *Taï foo* (Ta pao), de 701 à 703,
       雲慶 *Kii wonn* (Khing yun), de 704 à 707.

Mon mou ten o (Wen wou thian houang), petit-fils de Ten bou et fils de

(1) 皇天上太, ou le *très-élevé souverain céleste*, est le titre que les Daïris prennent quand ils renoncent à la possession du trône. — KL.

Kousa kabé-no o si, étant devenu Daïri (en 697), épousa *Fousiwara-no Miyako fimé* (Then yuan Koung tsun yuan), fille de *Fousiwara-no Foufira* (Theng yuan Poŭ pi teng), fils de *Daï zio kwan* (Ta chў kouan), nommé depuis *Tan kaï kŏ* (Tan haï koung).

L'année suivante (698), Mon mou ten o exila *Yen-no Sio kok* (Yŭ Siao kiŏ) dans une île de la province d'Idzou. Ce Sio kok, aussi nommé *Yen-no Ghio sia* (Yŭ Hing tche), pratiquait la magie à la montagne *Katsoura ki san* (Kŏ tchhing chan), dans le Yamato. On disait qu'il commandait aux esprits, qui, d'après ses ordres, arrêtaient et garrottaient quiconque refusait de lui obéir. Il séduisit *Kan kok-no Firo tarou* (Han kouĕ Kouang tsou), qui l'avait pris pour maître : lorsque le Daïri en fut informé, celui-ci fut aussi arrêté et banni ; mais quelques années après, il obtint la permission de revenir.

La 4ᵉ année du règne de ce Daïri (700), le fameux prêtre bouddhique *Do seo* (Tao tchao) mourut : son corps fut brûlé ; ce fut la première fois qu'on pratiqua cet usage au Japon. Dans sa jeunesse, Do seo était allé étudier en Chine ; à son retour, il vécut dans le temple de *Gwan gŏ si* (Yuan hing szu). Il avait parcouru tout le Japon, rendu plusieurs rivières navigables, et bâti des ponts. C'est à lui qu'on doit la construction de celui d'*Ou zi basi* (Yu tchi khiao), dans le Yamasiro. Ce fut le premier prêtre bouddhique qui fit de semblables choses. Dans la même année, Fousiwara-no Foufira rédigea, par ordre du Daïri, un recueil de lois divisé en six sections, et un code pénal en dix ; ces deux ouvrages ont été encore très-estimés dans les temps postérieurs.

Le 1ᵉʳ du mois de la 1ʳᵉ année du nengo *Taïfoo* (701), le Daïri se rendit à la salle *Daï gok den* (Tai kў tian), et fit placer en face de la porte du palais des bannières avec des figures d'oiseaux. On arbora du côté gauche la bannière du soleil, celles du dragon bleu (génie qui préside à la partie orientale du ciel) et de l'oiseau rouge (génie qui préside au sud); la bannière de la lune, ainsi que celle du guerrier noir (génie qui préside au nord), et du tigre blanc (génie qui préside à l'occident), furent placées à droite[1]. Le Daïri donna ses audiences aux grands de l'empire et aux ambassadeurs étran-

---

(1) Pour comprendre ce passage, il faut savoir que le 記禮 *Li ki* ou livre des rites admet quatre constellations qui président aux quatre points cardinaux du monde, savoir : sur le devant ou au sud, le 鳥朱 *Tchu niao*, oiseau rouge ; derrière ou au nord, le 武玄 *Hiuan wou*, guerrier obscur et merveilleux ; à gauche ou à l'est, le 龍青 *Thsing loung*, le dragon bleu ; et à droite ou à l'ouest, le 虎白 *Pĕ hou*, tigre blanc. — Voyez *Li ki ta thsiouan*, édition de 1717 ; chap. *Khiu li*, kiv. I, fol. 52 recto. — Kl.

gers à gauche et à droite de ces bannières; ce cérémonial a été observé dans la suite à toutes les grandes fêtes de la cour.

Dans le même mois, le Daïnagon [1] *Ofan-no Mighio* (Ta pan Yu hing) mourut; le Daïri lui donna après sa mort le titre d'Oudaïsin. Ce fut le premier exemple d'un rang supérieur accordé à un défunt.

A la 2ᵉ lune, le 54ᵉ jour du cycle (Ting tsu), une assemblée solennelle eut lieu dans le *Daï gak rio* (Taï hiŏ liao), la *salle de la Grande Doctrine*. Ce fut la première fois que des discours furent prononcés en public, et qu'on sacrifia à Confucius (*Kô si*). Le Daïri ordonna que cette fête serait célébrée chaque année, au printemps et en automne.

Le 3ᵉ mois, ce prince fit présent à *Awata-no Mabito* (Soü thian Tchin jin) d'une épée, et l'envoya, accompagné d'un grand nombre d'officiers, en ambassade à la Chine.

Le 7ᵉ mois, le Sadaïsin *Tadzifi-no sima* (To tchi pi tao) mourut, âgé de 78 ans.

Le 2ᵉ jour du 10ᵉ mois (de la 2ᵉ année, 702), l'impératrice douairière *Taï zio ten o Sito* alla dans la province de *Mikawa* (San ho); elle revint le 11ᵉ mois au Yamato, et mourut le 12ᵉ mois.

Le 1ᵉʳ mois de la 3ᵉ année (703), toutes les cérémonies d'usage à la cour furent suspendues à cause de la mort de cette princesse.

Sanbon osaka bé-no sin o (San phin hing pou thsin wang), oncle du Daïri, fut nommé *Tsidaïsio kwansi* (Ta tchhing kouang szu); le devoir de cette charge est de veiller à la stricte observation des lois de l'empire.

Le 4ᵉ mois, l'Oudaïsin *Abé-no minousi fito* (O pei yu tchu jin) mourut.

Le 12ᵉ mois, le corps de *Taï zio ten o Sito*, impératrice douairière, fut brûlé à *Asouka-no oka* (Fei niao kang). Ce fut la première fois qu'on brûla le corps d'un Daïri.

Le 1ᵉʳ mois de la 1ʳᵉ année du nengo *Kiïwoun* (704), *Ysi-no foyé maro* (Chў chang ma liu) fut créé Oudaïsin.

Le 7ᵉ mois, *Awata-no Mabito* revint de la Chine : le Daïri lui fit présent de vingt *matsi* [2] de terres labourables et de mille ballots de riz. Son grand savoir

---

(1) Il y a à la cour du Daïri trois espèces de 言納 *Nagon* (Nă yen) ou censeurs. Les premiers portent le titre de *Daïnagon* (Ta nă yen), grands censeurs; les seconds sont les *Tsiou nagon* (Tchoung nă yen), censeurs du milieu; et les troisièmes, les *Seo nagon* (Chao nă yen), petits censeurs. Les *San ghi* (Thsan i), les conseillers d'état, prennent rang à la cour entre les seconds et les troisièmes. Les Daïnagon et les Tsiou nagon appartiennent à la troisième classe des grands, et les San ghi et Seo nagon à la quatrième. — Kl.

(2) Un *matsi* (町 ting, rue) de terre labourable contient 60 步 *bo* (pou) ou toises japonaises carrées. — Kl.

et ses talens distingués l'avaient fait admettre chez *Ten kwo gou* (Thian houang heou), impératrice de la Chine; elle l'invita souvent à ses festins dans la salle *Rin tok den* (Lin tĕ tian). Elle lui fit des présens consistant en ouvrages de littérature, en bonnets et habits précieux. Les auteurs chinois font également mention de ces circonstances.

La 2ᵉ année (705), il y eut une grande disette dans tout l'empire; beaucoup de monde fut emporté par la peste : le Daïri ordonna d'envoyer des médecins et de fournir des médicamens aux malades.

Le 5ᵉ mois de la 4ᵉ année (707), il fit donner du riz, des vêtemens et du sel à *Nisiki bé-no Tóra* (Kin pou Tao liang), de la province de *Sanouki* (Tsan khi), et à *Kosé-no Katami* (Hiu chi Hing kian), de celle de *Tsikougo* (Tchü heou). Sous le règne de Ten tsi ten o, ils avaient été faits prisonniers par les Chinois dans le Fiaksaï, et, après un séjour de quarante ans en Chine, ils étaient revenus avec Awata-no Mabito.

Le 6ᵉ mois, le Daïri mourut : c'était un prince doux, humain et instruit. Il excellait dans la poésie, et dans l'art de tirer de l'arc; il fut très-aimé de son peuple. Il n'avait atteint que l'âge de 25 ans. Les quatre premières années de son règne n'ont eu aucun nengo particulier : les trois suivantes eurent celui de *Taï fô*, et les quatre dernières furent appelées *Kii woun*; ce qui porte son règne à 11 ans. Les *nengo* avaient commencé avec celui de *Taï kwo*, sous *Kô tok ten o*; mais les années des successeurs de cette princesse n'en ont pas eu. Depuis 707, les Daïris ont constamment eu des nengo.

XLIII. DAÏRI 皇天明元 GHEN MIO TEN O.

(De 708 à 715 de J. C.)

Nengo 銅和 *Wado* (Ho thoung), de 708 à 715.

GHEN MIO TEN O (Yuan ming thian houang) était fille de Ten tsi ten o, sœur cadette de Si tô ten o, et épouse de Kousa kabé no taïsi. Le Daïri Mon mou l'avait, par son testament, chargée du gouvernement, à cause du bas âge de son fils.

Au printemps de l'année (708), on offrit à cette princesse du cuivre de la province de *Mousasi*; c'était le premier qu'on avait trouvé dans l'empire. Pour cette raison, Ghen mio donna aux années de son règne le titre honorifique de *Wado* (Ho thoung), qui veut dire *cuivre japonais* [1].

---

[1] On lit dans le *Sio Nipon ki* : Le 11ᵉ jour de la 4ᵉ lune de la 1ʳᵉ des années *Wado*, le Daïri *Ghen mio ten o* reçut du cuivre du district de *Tsitsi bou-no kori* (Thsieou fou kiun), dans la province de Mousasi, d'où le nengo prit le nom de *wado*, qui veut dire *cuivre japonais*. — KL.

Le 3ᵉ mois de cette année, *Ysi-no Foyé-no maro* (Chў Chang ma liu) fut nommé Sadaïsin, et *Fousiwara-no Foufira* (Theng yuan Poŭ pi teng) Oudaïsin.

Le 3ᵉ mois de la 2ᵉ année (709), les *Yébis* ou peuples sauvages des provinces de *Mouts* (Loŭ ngao) et d'*Yétsingo* (Yuĕ hcou)[1] se révoltèrent ; on envoya contre eux des troupes qui les domptèrent.

Le 5ᵉ mois, *Kin sin fouk* (Kin sin foŭ) arriva comme ambassadeur de Sin ra, pour offrir le tribut. Il fit une visite à Fousiwara-no Foufira, pour le féliciter de son avancement.

Le 3ᵉ mois de la 3ᵉ année (710), l'impératrice établit la résidence à *Nara* (Phing tchhing). Dès les dernières années du règne de Mon mou, on avait eu le projet de l'y transporter ; mais le palais ne fut achevé qu'à cette époque. Fousiwara-no Foufira construisit aussi le temple *Ko fouk si* (Hing foŭ szu) à Nara.

La 4ᵉ année (711), *Foudo-no Yasou maro* (Taï Ngan ma liu) publia l'histoire ancienne *Ko si ki* (Kou szu ki) en trois volumes[2].

La 5ᵉ année (712), on sépara de la province de Mouts celle de Dewa (Tchhü yu).

La 6ᵉ année (713), on sépara de la province de *Tanba* (Tan pho) celle de *Tango* (Tan hcou); on démembra du *Bizen* (Pi thsian) le pays de *Mimasaka* (Meï tso), et de la province *Fiouga* (Jў hiang) celui d'*Osoumi* (Ta yu).

Dans la même année, le livre *Foŏ to ki* (Fung thou ki) fut achevé : c'est une description de toutes les provinces, villes, montagnes, rivières, vallées et plaines, des plantes, arbres, oiseaux, quadrupèdes du Japon ; elle contient également le récit de tous les événemens remarquables qui, dans les temps anciens, se sont passés dans ce pays.

La route qui traversoit les provinces de *Mino* et de *Sinano* étant fort étroite, on la fit élargir pour la commodité des voyageurs, et l'on établit aussi celle de *Ki so* (Moŭ tseng).

Dans la 7ᵉ année (714), l'impératrice ayant su que, dans la province d'Yamato, il y avait deux hommes qui se distinguaient par leur amour et leur respect pour leurs parens, elle les exempta pour la vie de tout impôt et de toute redevance ; elle récompensa de même tous ceux qui brillaient dans la pratique des vertus domestiques.

La 8ᵉ année (715), elle résigna l'empire en faveur de sa fille *Ghen sio*

---

(1) Anciennement, tous les habitans du pays de Mouts étaient nommés *Atsouma yébis*, ou sauvages de l'orient. On se sert encore aujourd'hui de cette épithète pour désigner un homme stupide. — Kʟ.

(2) 記事古. Cet ouvrage contient l'histoire du Japon, depuis la dynastie des dieux célestes jusqu'au 28ᵉ jour de la 1ʳᵉ lune de la 5ᵉ année du Daïri Si ko (597 de notre ère). — Kʟ.

(Yuan tching); et après un règne de 8 ans, qui portèrent le nom de *Wado*, elle prit le titre honorifique de *Taï zio ten o*.

XLIV. DAÏRI 皇天正元 GHEN SIO TEN O.

(De 715 à 725 de J. C.)

Nengo { 龜靈 *Rei kü* (Ling kouei), de 715 à 716,
{ 老養 *Yô rô* (Yang lao), de 717 à 723.

GHEN SIO TEN O (Yuan tching thian houang) était fille [1] de Ghen mio, et sœur aînée de Mon mou; elle changea le nom du nengo en *Reï kü* (Ling kouei).

La 2ᵉ des années *Reïki* (716), une colonie de 1799 hommes originaires du Kôraï (la Corée), fut établie dans la province de *Mousaï* (Wou tsang); le territoire qu'ils y occupèrent reçut le nom de *Kôreï-no kôri* (Kao li kiun).

Dans la même année, *Tasifi-no kata mori* (Tu tchi pi hian cheou) fut envoyé en ambassade à la Chine; *Fousiwara-no Nokiafi* (Theng yuan Yu ho) était son adjoint. *Kibi-no daïsin* [2], âgé de 23 ans, et portant alors le nom de *Sima do-no Mabi* (Hia tao Tchin pi), et *Abé-no Naka maro* (A pou Tchoung ma liu), âgé de 16 ans, partirent avec cette légation pour faire leurs études en Chine.

Le 3ᵉ mois de la 1ʳᵉ année du nengo *Yô ro* (717), le Sadaïsin *Isi-no Foyéno maro* (Chy Chang ma liu) mourut âgé de 78 ans.

Le 9ᵉ mois, l'impératrice alla dans l'Oomi, où elle fut complimentée par les seigneurs de *San on* (Chan in), de *San yo* (Chan yang) et de *Nankaïdo* (Nan haï tao) [3], et fêtée par des chants et des danses. De là elle passa au Minano,

---

(1) M. Titsingh avait traduit *fille adoptive*; mais il n'y a dans l'original que 娘 *mousoumé* (niang), fille. — KL.

(2) 備吉 *Ki bi* (Kỹ pi) ou 公備吉 *Ki bi ko* (Kỹ pi koung), le comte Kibi, était grand de l'empire. A l'âge de vingt-trois ans, il fut envoyé en Chine pour y étudier. Il revint en 733, remplit pendant sa vie plusieurs postes éminens, et mourut en 775, âgé de 83 ans. La tradition vulgaire lui attribue l'invention de l'alphabet *Kata kana*, composé de quarante-sept lettres syllabiques, qui servent à indiquer, à côté des caractères chinois, leur prononciation ou leur signification en japonais, ainsi que pour marquer les formes grammaticales de cet idiome, rendues difficiles par l'usage des signes idéographiques. Kibi est vénéré comme un des plus grands saints du *Sin tŏ*, qui est la religion primitive du Japon. Son principal temple, situé dans la province de Yamasiro, est nommé *Kami go rioo yasiro* (Chang yu ling ché). — KL.

(3) Ce sont trois des sept grandes divisions du Japon : 道陽山 *Sanondo* ou *Sanin do* (Chan in tao), le chemin au nord des montagnes, comprend les provinces de *Tanba*, *Tango*, *Tasima*, *Inaba*, *Fooki*, *Idzoumo*, *Iwami* et *Oki*. Le 道陰山 *Sanyôdo* (Chan yang tao) le chemin au sud des montagnes, se compose de celles de *Farima*, *Mimasaka*, *Bizen*, *Bitsiou*, *Bingo*, *Aki*, *Souwo* et *Nagata*. Le 道海南 *Nankaïdo* (Nan haï tao), le *chemin méridio-*

où les seigneurs de *Tokai* (Toung hai), *To san* (Toung chan)¹ et *Fokrokdo* (Pe loŭ tao)², lui rendirent les mêmes honneurs.

Il y avait alors sur le mont *Ta do san* (To tou chan), dans le district de *Ta ki gori* (Tang khi kiun) de la province de Mino, une source dont l'eau était douée de la propriété, quand on s'y lavait les mains et le visage, de rendre la peau très-belle, d'adoucir à l'instant les douleurs des parties qu'on y plongeait, de noircir les cheveux gris, et de les faire pousser quand ils étaient tombés ; cette eau éclaircissait également la vue. Comme l'impératrice se rendit à cette source dans les années appelées *Yô rô*, on donna à celle-ci le nom de *Yô rô-no taki* (Yang lao loung) ou cascade *Yô rô*.

Le 5ᵉ mois de la 2ᵉ année (718), elle partagea les provinces de *Yetsizen* (Yuĕ thsian) et de *Noto* (Neng teng), et celles de *Simosa* (Hia thsoung) et d'*Awa* (Ngan fang).

Le 12ᵉ mois, *Tasifi-no kata mori* revint de son ambassade à la Chine.

Dans la même année, l'Oudaïsin *Fousiwara-no Foufira* fut chargé par l'impératrice de faire un nouveau recueil de lois en dix volumes.

Le 5ᵉ mois de la 4ᵉ année (720), *Sanbon-no Tonéri-no sin o* (San phin Che jin thsin wang), fils de Ten bou ten o, offrit au Daïri le livre *Nipon-ki* (Jў pen ki) en 30 volumes⁵ ; il contient l'histoire de l'empire, depuis les dynasties des génies jusqu'au règne du Daïri Si tô.

---

nal de la mer, comprend les provinces de *Kii-no kouni*, *Awadzi*, *Awa*, *Sanouki*, *Iyo* et *Tosa*. — Kl.

(1) Ces deux dénominations sont déjà expliquées dans la note 1 de la page 57. — Kl.

(2) 道陸北 c'est-à-dire, le chemin de la contrée septentrionale. Cette contrée se compose des provinces de *Wakasa*, *Ietsizen*, *Kaga*, *Noto*, *Ietsiou*, *Ietsingo* et *Sado*. — Kl.

(3) Le *Nipon ki* (Jў pen ki) fait actuellement partie du grand ouvrage *Ri kok si* ou *Chronique du Japon*, qui commence à la création, et va jusqu'à l'an 887 de notre ère. Cette chronique est composée des six ouvrages suivans :

1° 紀本日 *Nipon ki* (Jў pen ki), en 30 volumes. Depuis la création jusqu'en 720 de J. C.

2° 紀本日續 *Siok Nipon ki* (Siŭ jў pen ki), en 40 volumes. Depuis la 1ʳᵉ année du règne de *Mon mou* (697) jusqu'à la 10ᵉ de *Kwan mou* (791). Il décrit les événemens qui eurent lieu dans le courant de 95 années. Les premiers 21 volumes furent composés par le Minbou-no Tayu *Sougano-no Mamitsi*, et par le Minbou-no Tayu *Sougawara-no Sané Mitsi* ; les 19 autres par l'Oudaïsin *Fousiwara-no Tsougou tsouna*.

3° 紀後本日 *Nipon ko ki* (Jў pen heou ki), en 40 volumes, composé en 840 par *Fousiwara-no Otsoughi*. Cet ouvrage commence à la 11ᵉ des années *In riak* (792), et finit à la 10ᵉ du nengo *Tentsio* (830).

4° 紀後本日續 *Siok Nipon ko ki* (Siŭ Jў pen heou ki), en 30 volumes, par le Taïzio daïsin *Yosi Fousa*, et par *Rarou Zoumi-no Yosi Nawa*. Il commence à la 10ᵉ des années *Tentsio* (833), et finit à la 3ᵉ du nengo *Kasio* (850).

5° 錄實德文 *Mon dok Sits rok* (Wen tĕ chў loŭ), en 10 volumes, par *Fo-no Yosi ka*, précepteur de *Kansiosio*. Il commence à la 3ᵉ

Le 8ᵉ mois, l'Oudaïsin *Fousiwara-no Foufira* mourut âgé de 62 ans; il fut honoré après sa mort, du rang de *Taï zio daï sin*. Plus tard, dans la 4ᵉ année du nengo *Tempé Fôzi* (760), il fut créé *Boun tsiou kô* (Wen tchoung koung) et *Tan kaï ko* (Tan haï koung); il avait exercé les fonctions de *Si Taï zio kwan si* (Tchi taï tching kouan szu), surveillant de l'exécution des lois.

Dans cette année, les peuples d'*Osoumi* (Ta yu), nommés *Fayato* (Sin jin), et les Yémis de la province de Mouts, se révoltèrent. On envoya contre eux les généraux de l'est et de l'ouest, qui rétablirent la tranquillité.

Le 1ᵉʳ mois de la 5ᵉ année (721), *Nagaya-no o* (Tchhang wo wang) fut nommé Oudaïsin. L'impératrice fit des présens aux docteurs qui expliquaient les livres classiques (*king*), et aux premiers savans de la cour.

Le 12ᵉ mois, l'ancienne impératrice *Taï zio ten o* ou *Ghen meï* mourut à l'âge de 61 ans.

Le 1ᵉʳ mois de la 8ᵉ année (724), l'impératrice régnante résigna en faveur de son neveu *Sio mou*; elle avait régné 9 ans: elle prit le titre de TAÏ ZIO TEN O.

XLV. DAÏRI 皇天武聖 SIÔ MOU TEN O.

(De 724 à 748 de J. C.)

Nengo { 龜神 *Zin ki* (Chin kouei), de 724 à 728,
       { 平天 *Ten pe* (Thian phing), de 729 à 748.

SIÔ MOU TEN O (Ching wou thian hououg) était fils de *Mon mou*; sa mère *Fousiwara-no Bounin miya ko* (Theng yuan Fou jin koung tsu) était fille du Taïzio daïsin *Fousiwara-no Foufira*. Siô mou étant encore très-jeune à la mort de son père, il ne lui succéda pas. Il avait été nommé Taïsi à l'âge de 14 ans; pendant le règne de sa tante *Ghen siô ten o*, il s'appliqua à l'étude de tout ce qui concernait le gouvernement. Il changea le nom du nengo en *Zin ki* (Chin kouei).

Le 2ᵉ mois, l'Oudaïsin *Nagaya-no o* fut nommé Sadaïsin.

Le 10ᵉ mois, le Daïri visita l'île de *Tama tsi sima* (Yŭ tsin tao), et le port de *Waka-no moura* (Jŏ phou), situés dans la province de Kiï-no kouni.

des années *Kasio* (850), et finit à la 2ᵉ du nengo *Ten gan* (858).

6° 錄實代三 *Sau daï sits rok* (San taï chỷ loŭ), en 50 volumes, par le Sa daïsin *Toki Fira*, et par son précepteur *O Fira-no Yosi uki*. Le mot *San daï* veut dire trois règnes; et en effet l'ouvrage contient l'histoire de *Siwa ten o*, de *Yosi ten o* et de *Ko ko ten o*: il commence à la 8ᵉ lune de la 2ᵉ des années *Ten gan*, et finit au 8ᵉ mois de la 3ᵉ des années *Nin wa* (887).—KL.

La 4ᵉ année (727), il envoya des commissaires dans les différentes provinces pour examiner l'administration des gouverneurs et la conduite de tous les fonctionnaires publics.

La 5ᵉ année (728), un envoyé apporta le tribut d'usage du royaume de *Bok kaï* (Poŭ haï) ; celui de Kôraï avait été conquis dans la dernière guerre par les Chinois, et il n'en restait que cette partie, qui reçut alors le nom de Bok kaï.

Le 1ᵉʳ mois de la 1ʳᵉ année du nengo *Ten pé* (729), le Sadaïsin *Nagaya-no-o* (Tchhang wŏ wang) se révolta. Le Daïri chargea le Siki boukio *Fousiwara-no Nokiafi* (Chy pou hiang Thcng yuan yu ho) d'investir sa demeure avec des troupes, et chargea le prince *Toneri-no sin o* d'aller faire une enquête sur son crime. Mais Nagaya-no o n'attendit pas l'arrivée de celui-ci ; il tua sa femme et ses enfans, et se donna la mort. Il était fils de Koaï-no o si, et petit-fils de Ten bou ten o.

Le 8ᵉ mois, le Daïri épousa *Fousiwara-no Kwo mio si* (Theng yuan Kouang ming tsu), fille de Foufira, qui par conséquent était son grand-père et son beau-père ; à cause de cette alliance, les descendans de Foufira sont respectés jusqu'à ce jour.

Le Daïri ayant, le 2ᵉ mois de la 2ᵉ année (730), plusieurs de ses principaux officiers avec lui, leur distribua des billets roulés dont chacun portait un des cinq caractères qui désignent les cinq vertus cardinales (suivant la doctrine de Confucius), 仁 *zin* (jin) la commisération, 義 *ghi* (i) la justice, 禮 *reï* (li) la politesse, 智 *tsi* (tchi) le savoir, et 信 *sin* (sin) la fidélité. Il leur fit des présens conformes au contenu du billet de chacun.

Le 2ᵉ mois, il envoya un officier porter des présens aux savans réunis en assemblée publique dans la salle *Daï gak rio* (Ta hiŏ liao).

Le 4ᵉ mois, il fonda la première pharmacie publique, où l'on distribua aux malades les médicamens nécessaires.

Dans la 4ᵉ année (732), *Tasifi-no Firo nari* (To tchi pi Kouang tchhing) fut envoyé en ambassade à la Chine.

La 6ᵉ année (734), *Fousiwara-no Mousi maro* (Theng yuan Wou tchi ma liu) devint Oudaïsin. Il était fils aîné de Fousiwara-no Foufira, qui eut quatre fils ; tous remplissaient des emplois distingués : le second, nommé *Fousa saki* (Fang thsian), était *Sanghi* (Thsan i), conseiller ; le troisième, *Noki afi* (Yu hŏ), était *Siki bou kio* (Chỹ pou hiang), grand juge de l'intérieur de la cour ; le quatrième, *Sakio-no daïyo maro* (Tso king ta ma liu), était aussi *Sanghi*.

Le 3ᵉ mois de la 7ᵉ année (735), *Tasifi-no Firo nari* revint de la Chine, où il était allé complimenter l'empereur *Ghen só kwo té* (Hiuan tsoung houang ti), dont la renommée avait percé jusqu'aux pays étrangers. *Simo Mitze-no Mabi* et *Kibi-no daïsin* accompagnaient l'ambassadeur; ils apportèrent quantité de livres et de choses rares, de même que les portraits des philosophes *Kô si* (Confucius) et *Yan si*, et de neuf des principaux sages de la Chine. Tous les deux avaient fait un séjour d'environ vingt ans dans cet empire.

Dans l'été de la même année, la petite vérole fit des ravages affreux qui durèrent jusqu'à l'hiver; un très-grand nombre de malades succombèrent.

Le 12ᵉ mois, *Sanbon-no Toneri-no sin o* mourut âgé de 60 ans. Le Daïri lui donna le titre posthume de *Taïzio daïsin*.

La 8ᵉ année (736), deux prêtres bouddhistes arrivèrent au Japon. L'un, nommé *Bodaï* (Pou ti), venait du *Nan Ten sik* (Nan Thian tchu), l'Inde méridionale, et l'autre, nommé *Bouts tets* (Fou tchĕ), du royaume de *Rin yif* (Lin ÿ), le Siam [1].

La même année, le Daïri accorda à *Katsoura ki o* (Kŏ tchhing wang), qui était de la seconde division de la troisième classe, le nom de *Moroyé* (Tchu hioung) et le nom de famille de *Tatsibana* (Kiŭ, espèce d'orange douce), qui à cette occasion fut introduit.

Le Sanghi *Fousiwara-no Fousa saki* mourut le 4ᵉ mois de la 9ᵉ année (737), à l'âge de 57 ans.

Le 7ᵉ mois, arriva le décès du Sanghi *Fousiwara-no maro*, âgé de 43 ans.

Le même mois, succomba également l'Oudaïsin *Fousiwara-no Mousi maro*, âgé de 58 ans. Quand il était à l'article de la mort, le Daïri l'éleva au premier rang de la première classe, lequel égale celui de Sadaïsin.

Le 8ᵉ mois, le Sanghi *Fousiwara-no Nokiafi*, fils de *Foufira* et oncle du Daïri, mourut à l'âge de 44 ans. Ainsi les quatre frères furent, dans la même année, enlevés par la petite vérole.

La maison de l'Oudaïsin *Mousi maro* étant au sud, elle fut nommée *Minami kou* (Nan kia), la maison méridionale; celle de *Fousa saki* étant au nord, elle fut désignée par le nom de *Kita-kou* (Pĕ kia), la maison septentrionale. *Fousa saki* était le second fils de Foufira; ses descendans obtinrent des emplois distingués, et ils ont toujours été jusqu'à présent les premiers servi-

[1] Les interprètes de M. Titsingh, peu instruits dans l'histoire de leur pays, avaient traduit ce passage par : «La 8ᵉ année, deux prêtres «arrivèrent du *Nan ten sik* et du *Rin yu*, pays «situés dans les *environs du paradis*.» — M. Titsingh a ajouté à cette traduction la note suivante : «Il n'a pas été possible d'obtenir une «explication suffisante sur ce sujet.» Plus tard, il s'est adressé à M. *Deguignes* fils, qui lui a donné une version latine de ce passage, laquelle démontre clairement qu'il est incapable de traduire le moindre morceau du chinois. Voyez *Journal asiatique*, vol. XI, p. 124. — Kl.

teurs du Daïri. Fousiwara-no Nokiafi était *Siki bou kio* (Khў pou taï fou), et par cette raison on l'appelait aussi *Siki kou* (Chў kia); c'était un homme très-instruit et reconnu pour tel chez l'étranger. Fousiwara-no maro était *Sa kio-no daï you* (Tso king ta fou), et on le nommait ordinairement *Kio kio* (King kia). Les descendans de la famille de Foufira furent, dans les temps postérieurs, très-nombreux; tous dérivent de ces quatre souches.

La mère du Daïri était malade depuis long-temps, et ne voulait voir personne. Dans l'hiver de cette année, le prêtre *Ghen bô* (Hiuan fang) alla chez elle, ce qui lui causa beaucoup de joie. Le Daïri y vint aussi et passa plusieurs heures chez elle, ce qui la contenta; le prêtre reçut un présent de pièces d'étoffes de coton.

Le 1ᵉʳ mois de la 10ᵉ année (738), le Daïri nomma *Taïsi* ou princesse héréditaire, sa fille *Abé-no naï sin o* (O pou nci thsin wang); car son fils était mort en bas âge. *Tatsibana-no Moroyé* (Kiŭ tchu hioung) fut créé Oudaïsin.

Le 8ᵉ mois de la 12ᵉ année (740), le Dasaï-no sio ni *Fousiwara-no Firo tsouki* (Ta hing chao euï Theng yuan Kouang szu) ayant fait de faux rapports sur plusieurs affaires importantes, *Simo mitsi-no Mabi* (Hia tchao Tchin pi) et le grand-prêtre *Ghen bô* (Hiuan fang) représentèrent au Daïri qu'il devait s'attendre à une révolte, s'il ne renvoyait pas Firo tsouki. Elle éclata en effet au 9ᵉ mois dans le Tsoukouzi. Le Daïri y fit marcher aussitôt, sous le commandement d'*Ono-no Atsouma* (Ta ye Toung jin) et de *Ki-no Iro maro* (Ki Fan ma liu), une armée de 17,000 hommes assemblés de différens endroits. 4,000 hommes sous les ordres de *Saïki-no tsouné bito* (Thso pě tchhang jin) et d'*Abé-no Mousi maro* (A pou Tchoung ma liu) y furent ajoutés. Toutes ces troupes étaient destinées à punir Firo tsouki. Le Daïri chargea aussi un grand de sa cour d'aller dans l'Izé pour y faire des offrandes et implorer la protection des divinités tutélaires du temple de *Daï sin gou* (Taï chin koung). Il fit occuper par ses troupes plusieurs passages fortifiés.

Firo tsouki avait de fortes garnisons dans les châteaux du district d'*Oga* (Yuan o), de la province de Fizen, et à *Itabitsou* (Fan kouei).

Le 10ᵉ mois, il y eut un engagement entre les troupes d'*Ono-no Atsouma* et celles de Firo tsouki, sur les bords de la rivière d'*Itabitsou*. Firo tsouki, au lieu de bateaux, y avait construit des radeaux; Tsounébito et Mousi maro les attaquèrent avec des arcs très-grands et forts, et mirent ainsi le désordre dans la ligne de l'ennemi, sur lequel ils tombèrent avec 6,000 hommes. Ils cherchaient de tout côté Firo tsouki, qu'ils rencontrèrent enfin à cheval. Il leur demanda à qui le Daïri avait confié le commandement; Tsounébito répliquant que c'était à lui, Firo tsouki mit alors pied à terre, et protesta qu'il n'avait nulle intention hostile contre le Daïri, et qu'il n'en voulait qu'à Mabi et à Ghen bô. Mais quand Tsounébito lui demanda pourquoi il s'était opposé avec ses troupes à l'armée du Daïri, il ne sut comment s'excuser. Il avait partagé ses soldats en trois corps, le premier, sous ses ordres, était de 5,000 hommes ; son frère cadet *Tsouna té* (Kang cheou) en avait autant; le troisième corps sous *Tako-no Korou maro* (Ta hou Kou ma liu) était de 3,000 hommes. Ayant été attaqué avant que les autres divisions pussent venir à son secours, Firo tsouki fut défait et tâcha de s'enfuir dans un bateau ; mais il fut fait prisonnier par *Abé-no Kouro maro* (Ngan pou Hĕ ma liu), au village de *Naga-no* (Tchhang ye), dans le district de *Mats oura kori* (Soung phou kiun), de la province de Fizen; et il eut la tête tranchée. Son frère Tsouna té subit le même sort. Quelques auteurs prétendent que Firo tsouki avait sauté dans la rivière à cheval, et que s'étant noyé, son ame courroucée avait causé beaucoup de malheurs dans le pays, et que, pour l'apaiser, on y avait construit un temple dans le district de Matsra, où il fut révéré comme un dieu. Il était fils de Nokiafi. Pendant cette guerre, le Daïri était allé faire des offrandes au temple Daï sin gou, dans l'Izé. Il revint par le Mino et l'Iga au district de *Sagara-no kôri*, du Yamasiro, où il établit sa cour, dans le palais de *Kou nin kiô* (Koung jin koung). Tous ceux qui avaient conspiré avec Firo tsouki furent punis : Atsouma, Iro maro, Tsounébito et Mousi maro furent avancés en grade.

La 14ᵉ année (742), le Daïri se rendit à *Sikaraki* (Tsu hiang lŏ) dans le district de *Kafoura-no kôri* (Kia ho kiun), de la province d'Oomi, d'où il envoya Tatsibana-no Moroyé à Izé, pour rendre grâces aux divinités du temple *Daï sin gou* pour l'appui qu'il en avait obtenu.

Le 1ᵉʳ mois de la 15ᵉ année (743), il reçut de la ville de *Taï saï fou* (Ta tsaï fu)[1] un *faraka* ou poisson à ventre rouge (pag. 11); depuis ce temps, un poisson semblable est toujours offert au Daïri le jour de l'an.

Le 5ᵉ mois, l'Oudaïsin Tatsibana-no Moroyé fut gratifié par le Daïri d'un rang à-peu-près égal à celui de Sadaïsin.

Au 10ᵉ mois, le Daïri visita le temple *Sigaraki-no miya* (Tsu hiang lŏ) : le prêtre *Kio ghi* (Hing khi) avait parcouru tout l'empire afin de recueillir des fonds pour faire faire une image de cuivre doré du dieu *Rousiana* (Lou chĕ no)[2].

Au printemps de la 16ᵉ année (744), la cour fut transportée à *Naniwa*, dans la province de Sets.

---

(1) *Taï saï fou*, place d'armes établie par le 39ᵉ Daïri *Ten tsi ten o*, dans la province de *Tsikouzen*. Cette ville est la même que *Saifou* ou *Saïf* de nos jours. — Kl.

(2) *Rousiana* est le mot sanscrit रोचन *Rôtchana*, le resplendissant ; épithète donnée à Bouddha quand il est représenté avec une auréole. — Kl.

La 11ᵉ lune, l'image du dieu *Daï Bouts* (Ta foŭ, ou le Grand Bouddha) fut érigée dans le temple Sikaraki-no miya. Le Daïri y tira en personne une des cordes. Il alla ensuite visiter l'impératrice Taï zio ten o, ou Ghen sio. Le 1ᵉʳ mois de la 17ᵉ année (745), le prêtre *Kio ghi* (Hing khi) fut fait *Daï so zio* (Ta seng tching). Le 8ᵉ mois, l'image du Daï Bouts fut transportée du temple de Sikaraki-no miya à Nara.

Dans la 18ᵉ année (746), le prêtre *Ghen bô* (Hiuan fang) mourut dans le Tsoukouzi. Il avait autrefois été en Chine, d'où il avait apporté au Japon plus de 5,000 volumes de livres bouddhiques et beaucoup d'images saintes. Le daïri lui avait accordé un *kesa*[1] de pourpre et lui témoignait beaucoup d'égards. Ghen bô traitait tout le monde avec dédain; il avait défendu aux laïques d'imiter les manières et les usages des *Sia mon* (Cha men) ou prêtres de Bouddha. Il était haï de tout le monde, et l'on prétend que l'esprit de Firo tsouki le tua pour se venger de lui.

Dans la 19ᵉ année (747), l'ancienne impératrice *Taï zio ten o* ou *Ghen sio* tomba malade; le 4ᵉ mois de la 20ᵉ année, elle mourut âgée de 69 ans. Pour le salut de son âme, elle avait copié les mille sections du livre bouddhique *Fots ke kiô* (Fă houa king).

Le 8ᵉ mois, on décréta une fête en l'honneur du dieu Siaka.

Le 1ᵉʳ mois de la 21ᵉ année (749), il fut défendu dans tout l'empire de tuer aucun animal : le prêtre *Kio ghi* (Hing khi) obtint le titre distingué de *Daï Bosats* (Ta Phou să). Le 2ᵉ mois, il tomba malade et mourut âgé de 80 ans. Il avait parcouru toutes les provinces, avait fait construire des ponts et des digues; il avait élevé des autels et des lieux de sacrifice dans le lieu où il demeurait, ainsi que dans quarante-neuf endroits de la province de la cour. Le Daïri le consulta souvent et le combla de bienfaits.

Fiaksai o Kei fouk (Pĕ tsi wang Khing foŭ), prince de Mouts, offrit au Daïri, pour la première fois, un tribut en or, tiré des mines du district d'*Oda* (Siao thian)[2].

---

(1) Voyez page 55, note 1.

(2) Le *Nipon ki* dit : «Le 3ᵉ mois de la 1ʳᵉ des années *Taï fo* (701), Mon mou ten o reçut de l'or en présent de l'île de *Tsou sima*. Cet événement donna occasion au nom du nengo de *Taï fô*, car *taï* signifie grand, et *fo* trésor.» Dans une note on lit : « Siô mou ten o disait qu'avant son temps on n'avait pas trouvé de l'or dans l'empire; cependant le premier or lui fut envoyé du pays de *Mouts*. Il y a des auteurs qui prétendent que l'or offert à Mon mou avait été importé à Tsou sima des pays étrangers.»

Le *Siok Nipon ki* dit : « Siô mou ten o reçut, le 2ᵉ mois de la 21ᵉ des années *Ten pe* (749), le premier tribut en or du pays de Mouts ; il envoya des messagers à tous les temples pour en informer les dieux. Depuis ce temps, on lui offrit tous les ans de l'or de Mouts.

On lit dans le *Man yo zio* (Wan ye tsÿ), qui est un recueil d'anciens poëmes par *Taïsi bana-*

Le 4ᵉ mois, le Daïri étant allé au temple *Tôdaïsi* (Toung ta szu), se tourna vers le nord, et se déclara, devant l'image de Bouddha, *esclave des trois précieux*[1]. Il était accompagné de l'impératrice, de ses fils et de tous les grands de la cour.

Tatsibana-no Moroyé (Kiŭ Tchu hioung) se rendit devant l'image de ce dieu, lui fit part que l'on avait trouvé de l'or dans le pays de Mouts, et le remercia de ce bienfait. Auparavant l'or dont le Daïri se servait pour faire des images du *Daï Bouts* (Grand Bouddha) venait de l'étranger; c'est pourquoi il se réjouit beaucoup de ce qu'on en avait découvert dans le Mouts. Le 3ᵉ mois, il en avait déjà reçu 900 onces (ou *kobang*), qui furent entièrement employées à couler l'image du Daï Bouts.

Le Sadaïsin *Tatsibana-no Moroyé* fut gratifié, dans le même mois, du premier rang de la première classe, et le Daïnagon *Fousiwara-no Toyo nari* fut honoré d'un rang égal à celui d'Oudaïsin.

Le 7ᵉ mois, le Daïri, après un règne de 25 ans, résigna l'empire en faveur de sa fille, et prit le titre de TAÏ ZIO TEN O (Tai chang thian houang).

XLVI. DAÏRI 皇天謙孝 KÔ KEN TEN O.
(De 749 à 758 de J. C.)

Nengo { 寶勝平天 *Ten pe zio fo* (Tai phing ching pao), de 749 à 756,
       { 實寶平天 *Ten pe fo zi* (Tai phing pao tsu), de 757 à 758.

KÔ KEN TEN O (Hiao kian thian houang), fille de Siô mou, avait pour mère *Kwo mio ko gou* (Kouang ming houang heou), fille de Fousiwara-no Foufira. Comme Siô mou n'avait pas de fils, sa fille lui succéda. Pendant le règne de Siô mou, le célèbre *Kibi kô* (Kў pi koung) l'avait instruite dans l'art de gouverner.

La 1ʳᵉ des années *Ten pe zio fo*, le dieu *Fatsman daïsin* (Pä fan ta chin) apparut à Kô ken ten o, et lui enjoignit de construire un temple dans le district de *Fira-kôri* (Phing kiun) de la province de Yamato, où on l'honorait sous le nom de *Tôdaïsi-no Fatsman* (Toung ta szu Pä fan). Ce temple achevé, l'impératrice s'y rendit avec son père le Taï zio ten o, et sa mère la *Kwo mio kwo gou*,

---

no Moroye (Kiu tchou hioung) : « Le 12ᵉ jour « de la 5ᵉ lune de la 21ᵉ des années *Ten pe*, « le prince de *Yetsiou*, pour complimenter le « Daïri sur la découverte de l'or, fit les vers « suivans :

So e me ro ghi
Ni mi o sa ki yen to
A zou ma na ro
Moutsi-no kou yama ni
Ka ga ne fana sako.

« C'est-à-dire : Le règne du Daïri est si agréable « aux dieux, qu'ils font éclore des fleurs d'or sur « les montagnes de Mouts. » — KL.

(1) Voyez la note 2 de la page 41. — KL.

pour assister à une grande assemblée de prêtres, qui y lisaient les livres sacrés (de Bouddha).

Dans la 2ᵉ année (750), elle envoya *Fousiwara-no Seïga* (Theng yuan Thsing ho), *Ofan-no Kô maro* (Ta pan Kou ma liu) et *Kibi-no Mabi* (Kў pi Tching pi), en ambassade près de l'empereur de la Chine (Thang) [1].

Le 4ᵉ mois de la 4ᵉ année (752), eut lieu l'inspiration [2] de l'image du *Daï Bouts*, auquel on offrit un banquet. A cette occasion, l'impératrice alla au temple Tôdaïsi, accompagnée d'une pompe égale à celle qui est en usage au jour de l'an. A son retour, elle visita le Daïnagon *Fousiwara-no Naka maro* (Theng yuan Tchoung ma liu). Par estime pour sa personne et en récompense de ses bons services, elle resta pendant quelque temps chez lui.

Le 1ᵉʳ mois de la 6ᵉ année (754), Ofan-no Kô maro et Kibi-no Mabi revinrent de la Chine, où ils avaient laissé Fousiwara-no Seïga. Le premier rapporta qu'à l'audience qu'ils avaient eue chez l'empereur *Ghen tsiô* (Hiuan tsoung), au jour de l'an, les ambassadeurs de *Towan* (Tou pho, ou Tubet) occupaient la première place à l'ouest, ceux de *Sinra* la première à l'est, et que la seconde place à l'ouest avait été destinée pour eux, et la seconde à l'est pour les ambassadeurs du royaume de *Daï siok* (Ta chў, la Perse). Kô maro, offensé de cet arrangement, demanda pourquoi l'on donnait le rang sur eux aux envoyés de Sinra, pays qui depuis long-temps était tributaire du Japon. Grâces à sa fermeté et au mécontentement qu'il montrait, les ambassadeurs du Japon furent placés au dessus de ceux de *Daï siok*, et les envoyés de Sinra au dessous de ceux de *Towan*. Le prêtre chinois *Kan sin* (Kian tchin) était venu avec Kô maro et Kibi à la cour; ces derniers furent récompensés par des emplois plus élevés.

Le 2ᵉ mois de la 8ᵉ année (756), le Daïri, informé que le Sadaïsin du premier rang de la première classe *Tatsibana-no Moroyé* méditait la révolte, refusa d'y croire; mais Moroyé se démit de sa charge.

Le 5ᵉ mois, l'ancienne impératrice *Taï zio ten o Sio mou* mourut âgée de 58 ans. A cause de sa grande dévotion envers Bouddha, on lui rasa la tête après sa mort, et elle reçut le nom ecclésiastique de *Siô man* (Ching muon). C'était la première fois qu'on rasait la tête à un Daïri après sa mort. Avant de fermer les yeux, *Siô man* ordonna que *Mitsi-no On-no o*, petit-fils de Ten bou, et fils de Nitsouta-no Osi, fût élu Taïsi; ce qui eut lieu.

La 1ʳᵉ des années *Ten pé fo zi* (757), Tatsibana-no Moroyé mourut âgé de

---

(1) C'était *Hiuan ti* (en japonais, *Ghen té*) qui régnait alors en Chine. Je ne trouve pas de mention de cette ambassade dans les annales chinoises. — Kl.

(2) Dans l'original, 眼開 *Khaï yan*, c'est à-dire, *l'ouverture des yeux*. — Kl.

74 ans; il reçut le titre posthume de *Ide-no daïsin* (Tsing cheou ta tchhin).

La 3ᵉ lune, on priva *Mitsi-no On-no o* de la dignité de Taïsi, et on le renvoya à sa demeure. Quoique l'Oudaïsin *Fousiwara-no Toyo nari* (Theng yuan Fung tchhing) représentât à l'imperatrice que ce prince avait été élu Taïsi par son père, elle répliqua qu'elle en était mécontente et qu'elle ne voulait plus de lui.

Le 4ᵉ mois, elle consulta les princes du sang sur la nomination d'un Taïsi : Toyo nari recommanda celui qui avait été déposé; mais elle n'y eut aucun égard; et sur la proposition de Fousiwara-no Naka maro, elle déclara son successeur *Ofofi-no o* (Ta tchoui wang), petit-fils de Ten bou, et fils de *Toneri-no sin o* (Che jin thsin wang).

Le 5ᵉ mois, l'impératrice alla demeurer au palais de Fousiwara-no Naka maro, nommé *Tamoura-no miya* (Thian tsoun koung), et avança le propriétaire au rang de *Sifi naïsiou* (Tsu wei nei siang), ou général en chef de la maison militaire de l'empereur, emploi qui équivaut à celui de Daïsin. Toyo nari, frère aîné de Naka maro, n'était qu'Oudaïsin ; et comme celui-ci fut élevé par la faveur de l'impératrice à un poste si élevé, il conçut une haine irréconciliable contre son frère. Tous les deux étaient petits-fils de Foufira et fils de Moutsi maro.

Nara maro, fils de Tatsibana-no Moroyé, jaloux du crédit de Naka maro, conspira dans ce temps avec Ofan-no Ko maro, pour l'assassiner, et élever de nouveau Mitsi-no On-no o au rang de Taïsi. Fousiwara-no Toyo nari en fut instruit; mais il ne révéla pas le complot. Naka maro l'ayant appris entra dans une grande colère. Il fit part au Daïri de ce qui se tramait, et l'on trancha la tête aux deux conspirateurs. Mitsi-no On-no o fut de même mis à mort, et Toyo nari, pour avoir eu connaissance du complot sans le dénoncer, fut banni au Tsoukouzi.

Le 8ᵉ mois de l'année suivante (758), l'impératrice résigna en faveur d'*Ofofi-no o* : elle avait régné 10 ans. Elle prit le nom de Ko ya no ten o (Kao ye thian houang).

XLVII. DAÏRI 帝廢 FAÏ TAÏ [1].

(De 759 à 764 de J. C.).

Faï taï (Fi ti), petit-fils de Ten bou, et fils de *Toneri-no sin o*, ayant été élu Taïsi à la recommandation de Fousiwara-no Naka maro, succéda à l'impéra-

---

(1) *Faï taï*, en chinois *Fi ti*, désigne un empereur déposé; on donne ce nom à tous les monarques chinois et japonais qui ne sont pas comptés comme véritables empereurs. Celui dont

trice le 8ᵉ mois de la 2ᵉ année du nengo *Ten pe fo zi*. En récompense, il éleva Naka maro au rang de *Daïfou* (Ta pao), égal à celui d'Oudaïsin. Il déclara en même temps que la famille de Naka maro, par sa conduite sage et prudente, depuis le temps de son premier ancêtre *Daï siok kwan* (Ta chў kouon), avait maintenu la tranquillité de l'empire; que Naka maro avait fait avorter les mauvais desseins de quantité de personnes mal intentionnées, et déjoué leurs projets; qu'ainsi, pour lui en témoigner sa reconnaissance, il l'honorait du nom de *Fousiwara-no Youmi-no Osikatsou* (Theng yuan Hoei mei Yă ching), c'est-à-dire, le meilleur gardien, le bienfaisant et le plus beau de la famille de Fousiwara.

Le 12ᵉ mois, on reçut de la Chine la nouvelle de la révolte d'*An rok san* (Ngan lŏ chan) : on donna à l'instant l'ordre de surveiller soigneusement toutes les côtes du Japon, afin que, dans le cas où ses desseins échoueraient, il ne pût passer dans ce pays.

A la 6ᵉ lune de la 3ᵉ année (759), le Daïri honora son père défunt *Toneri-no sin o*, du titre de *Soŏ do zin kiŏ kwo té* (Thsoung tao tsin khing houang ti).

Le 1ᵉʳ mois de la 4ᵉ année (760), on envoya des commissaires dans les différentes provinces pour recueillir des informations sur les mœurs et les habitudes du peuple.

Dans le même mois, le Daïri fit une visite à l'impératrice Kô ken ten o.

Osikatsou fut gratifié du second rang de la première classe, qui équivaut à celui de Daïsi, et qui est supérieur à celui de Taïzio daïsin; le Daïri et Koya no ten o allaient souvent le voir.

Le 6ᵉ mois, l'impératrice Kwo mio kwo gou mourut âgée de 60 ans.

Le 8ᵉ mois, le Daïri fit présent à Fousiwara-no Foufira (mort en 720) de douze districts dans la province d'Oomi, en récompense de ses éminens services, imitant en cela le célèbre *Taï ko* (Tai kung) de la Chine; il lui conféra aussitôt le titre de *Tan kaï ko* (Tan haï koung) ou prince de Tan kaï, qui est le nom d'un lieu de cette province. A la requête d'*Osikatsou*, son père et son oncle *Moutsi maro* et *Fousa saki*, décédés, furent élevés au rang de Taïzio daïsin.

La 5ᵉ année (761), la cour fut transportée à *Fŏ riŏ* (Pao liang), dans la province d'Oomi.

A la 3ᵉ lune de la 6ᵉ année (762), Osikatsou fut gratifié du premier rang de la première classe.

il est question n'a pas eu de *nengo* pour les années de son règne, dont la première est comptée comme la seconde de celles qui sont appelées *Ten pe fo zi* (Thian phing pao tsu). D'autres auteurs nomment cet empereur 炊大皇天 *Ten o ofofi* (Thian houang ta tchhoui). — Kʟ.

Il y avait alors un prêtre nommé *Oughe-no Do kiô* (Siŏ Tao king); il avait su se concilier la faveur de l'impératrice Kô ken ten o. Le Daïri en témoigna son mécontentement à cette princesse, ce qui causa une querelle entre eux. Kô ken alla de Forio à Nara; le Daïri la suivit. Plus tard, elle se fit raser la tête, et prit le nom ecclésiastique de *Bô ki* (Fă khi); cependant elle se conserva sa voix dans les grandes affaires de l'empire, ainsi que la faculté de punir les coupables et de faire grâce. Elle céda au Daïri la direction du reste.

Dans le courant de la 7ᵉ année (763), *Sokafi o Sinfouk* (Szu wang Sin foŭ) arriva du Kôraï (de la Corée), avec le tribut pour le Daïri; il visita aussi Osikatsou, qui lui donna un banquet.

A la 9ᵉ lune de la 8ᵉ année (764), la faveur d'Osikatsou s'augmentant de jour en jour, *Do kiô* en devint jaloux et envia son rang élevé; il flattait constamment l'impératrice Kô ken, dont il était le favori. Alors Osikatsou déroba le sceau du *Taï siô kouan* (Taï tching kouan), et rendit un faux décret pour lever des troupes. Kô ken en étant informée, envoya le Sionagon *Yama moura-no o* (Chan tsoun wang) pour lui reprendre le sceau; mais *Kounziou maro* (Hiun jou ma liu), fils d'Osikatsou, s'en empara: alors *Saka-no Wou-no Karida maro* fut envoyé contre Kounziou maro, et le tua d'un coup de flèche. Osikatsou dépêcha *Yatabé-no Okétsi* (Chў thian Pou lao), avec un nombre de gens armés à pied et à cheval, pour chasser Yama Moura-no o, que Kô ken avait chargé de ses ordres; mais le Daïri ordonna à *Ki-no Founa mori* (Ki tchhouan Cheou laï) de mettre à mort Yatabé-no oketsi et de déposer Osikatsou. Celui-ci s'enfuit avec ses partisans dans la province d'Oomi; mais il fut poursuivi par les troupes de *Fousiwara-no Yosi tsougou* (Theng yuan Liang ki) et de quelques autres chefs: il y eut plusieurs engagemens entre leurs armées, principalement au cap *Mi oko saki* (San weï khi), près de *Taka sima* (Kao tao). *Saiki-no Sanya* (Tso pĕ San ye) avait livré vers midi un combat à *Materou*, un des fils d'Osikatsou; ses troupes commençaient à se ralentir, quand *Fousiwara-no Koura simo maro* (Theng yuan Thsang hia ma liu) arriva à son secours: alors la bataille reprit avec un nouvel acharnement. D'autres chefs étant venus par eau et par terre également à son secours, l'armée d'Osikatsou fut entièrement défaite. Osikatsou tâcha de s'enfuir avec sa femme et son fils dans une barque; mais il fut pris et mis à mort par *Isimoura Kono*, et sa tête envoyée à la capitale. Materou et environ une trentaine de ses partisans perdirent également la vie, ainsi que *Siwo yaki-no o* (Yan jao wang), frère aîné de Mitsi-no On-no o, lequel avait trempé dans la rebellion.

Toyo nari, frère aîné d'Osikatsou, qui sous le dernier Daïri avait été banni à Tsoukouzi, reçut sa grâce, et fut rétabli dans son emploi d'Oudaïsin. Do kiô fut nommé *Daï sin Zen si* (Ta tchin chen szu) ou chef des prêtres bouddhistes, et chargé de l'administration de leurs affaires.

A la 10ᵉ lune, l'impératrice Kô ken envoya Yama moura-no o et d'autres chefs investir la résidence de Faï taï, parce qu'il avait résolu sa mort avec Osikatsou. Faï taï fut déposé, et banni dans l'île d'*Awasi* (Tan lou). Il avait régné six ans. Il y mourut l'année suivante, âgé de 33 ans; d'autres disent qu'il y fut mis à mort. On l'appelle pour cette raison AWASI-NO KI-NO MIKADO, ou l'empereur déposé d'Awasi.

XLVIII. DAÏRI 皇天德稱 SIÓ TOK TEN O.

(De 765 à 769 de J. C.)

Nengo { 護神平天 *Ten pe zin go* (Thian phing chin hou), de 765 à 766,
       { 雲景護神 *Zin go kei oun* (Chin hou king yun), de 767 à 769.

Siô TOK TEN O (Tchhing të thian houang), nommée auparavant Ko ken, reprit le gouvernement après la chute de Faï taï; de même que l'impératrice *Kwo gok* ou *Zaï mé*, elle eut deux noms [1].

A la 2ᵉ lune de la 1ʳᵉ des années *Ten pe zin go* (765), elle créa Do kiô *Taï zio daï sin zen si* (Taï ching ta tchhing chen szu).

L'Oudaïsin du second rang de la première classe, *Fousiwara-no Toyo nari*, mourut le 11ᵉ mois, à l'âge de 62 ans.

Le 1ᵉʳ mois de la 2ᵉ année (766), *Fousiwara-no Nagaté* (Theng yuan Young cheou) fut nommé Oudaïsin, et *Kibi-no Mabi* devint Daïnagon.

Le 10ᵉ mois, *Do kiô* fut déclaré *Fots wô* (Fă wang) ou roi de la loi; *Fousiwara-no Nagate* fut proclamé Sadaïsin, et *Kibi-no Mabi* Oudaïsin. Ce dernier était allé deux fois en Chine pour y étudier; il était monté, par ses talens distingués, à un emploi si élevé, et c'est lui qui fut le *Kibi-no daïsin* si fameux.

A la 1ʳᵉ lune de la 1ʳᵉ des années *Zin go kei oun* (767), on célébra la fête du Bouddha Siaka. L'impératrice assista en personne à la grande réunion dans laquelle on expliqua la doctrine de ce dieu.

Le 3ᵉ mois, mourut *Otsi-no Taïroú* (Yuĕ tchi Thaï tchhing) : c'était lui qui avait percé le *Sira yama* (Pĕ chan) ou mont blanc de la province Yetsizen.

A la 7ᵉ lune, le prêtre *Seou do* (Ching tao) commença des travaux pour percer la montagne de *Ni kwo san* (Eul houang chan), qu'on appelle aussi *Ni kwô san* (Jў kouang chan), dans la province de Simotské.

(1) Voyez aux pages 43 et 50. — KL.

Le 10ᵉ mois de la 2ᵉ année (768), le grand maître de la doctrine *Ko kasiwa-de-no Oodaï oka* (Chen tchhin Ta kieou) représenta au Daïri que l'empereur de la Chine ayant conféré à Confucius (*Kô si*) le titre de *Boun sen ô* (Wen siuan wang), le même titre devait lui être donné au Japon. Cette proposition fut agréée.

A la 11ᵉ lune, on éleva pour la première fois un autel pour sacrifier au *Kassiga daï miosin* (Tchhun jÿ chin), ou esprit du soleil du printemps; et sur la montagne de *Mi kassa yama* (San lÿ chan), dans la province de Yamato, on offrit des sacrifices aux dieux *Také Ikatsouki-no mikoto* (Wou loui ming), *Ama-no ko yane-no mikoto* (Thian eul wǒ ken ming), *Ifaſi o-no mikoto* (Thsi tchu ming), et à *Fimé daï sin* (Ki ta chin).

Le 1ᵉʳ mois de la 3ᵉ année (769), Do kiô fut logé dans l'intérieur du palais impérial, au pavillon occidental (*Seï kiou*); tous les officiers d'un rang inférieur au Daïsin le servaient.

Le 2ᵉ mois, l'impératrice alla voir le Sadaïsin *Nagate* et l'Oudaïsin *Kibi-no Mabi*.

Naï sin o (Naï thsing wang), reine de *Fouwa* (Poǔ pho), sœur cadette de l'impératrice, avait été mariée à *Siwo Saki-no o*. Celui-ci ayant été mis à mort, son fils conspira, à la 3ᵉ lune, avec *Fi-no o Sighesi maro* (Ho chang Chÿ tchi ma liu) pour assassiner l'impératrice; mais le complot fut découvert. Naï sin o fut chassé de la capitale, et Sighesi maro exilé dans la province de Tosa.

Le 9ᵉ mois, *Da saï fou-no Aso maro* (Ta tsai fou O tseng ma liu) avait dit à Do kio : « Le dieu *Ousa Fatsman* m'est apparu en songe, et m'a annoncé « que si tu deviens Daïri, l'empire jouira d'un repos perpétuel. » Do kiô rapporta cette conversation à l'impératrice, qui lui répondit que, quoiqu'elle fît beaucoup de cas de lui, elle n'avait pas le droit de l'élever à cette dignité, mais qu'elle consulterait le dieu Fatsman et agirait suivant sa décision. Elle fit donc venir *Waké-no Kiyo maro* (Ho khi Thsing ma liu), et lui dit : « Le dieu « Fatsman daïsin qui m'est apparu en songe, m'a ordonné de t'envoyer à Ousa, « afin de le consulter sur l'élection d'un Daïri : va-s-y, et rapporte-moi sa « réponse. »

Avant de partir, Waké-no Kiyo maro se présenta chez Do kiô, qui, ayant fait retirer tout le monde, lui raconta que l'impératrice avait l'intention de consulter le dieu Fatsman daïsin sur son élévation à la place de Daïri; qu'ainsi il devait lui apporter pour réponse que tel était en effet le desir de la divinité. Il lui promit qu'aussitôt qu'il serait Daïri, il le ferait Daïsin, et lui confierait l'administration de l'empire; le menaçant au contraire de le punir, s'il faisait un rapport défavorable à ses vues. Il lui jeta en même temps un regard sévère, et mit la main sur son sabre pour l'effrayer.

Sur la route, vers le temple d'Ousa Fatsman, Kiyo maro considéra que, quelle que fût la réponse du dieu, l'affaire était de la plus grande importance pour l'empire, et qu'elle méritait pour cette raison d'être mûrement pesée. Il résolut donc de supplier le dieu, avec la plus grande ferveur, de lui communiquer distinctement sa volonté. Dans cette intention, il entra dans le temple, où le dieu lui apparut en effet dans l'ombre. Il était haut de trente *tsiô* (tchang, ou toises de dix pieds), et jetait un éclat comme la pleine lune. Kiyo maro se prosterna devant lui. Le dieu lui dit : « Dans notre empire, depuis la dynastie des « esprits célestes, et sous leurs descendans, nul être qui n'était pas de leur « souche n'a jamais été honoré de la dignité impériale. Il était donc inutile « de venir ici. Retourne sur tes pas; tu n'as rien à craindre de Do kiô. »

Kiyo maro grava profondément cette réponse dans sa mémoire, regagna la capitale et se présenta chez l'impératrice. Do kiô était avec elle pour apprendre le résultat de la mission de Kiyo maro. Celui-ci rendit fidèlement la réponse de Fatsman, qui avait manifesté son improbation de Do kiô ; l'impératrice jugea de même que l'élévation de celui-ci serait insensée. Sur quoi Do kiô devint furieux : ses yeux étincelèrent, ses veines se gonflèrent, son visage était tantôt bleu, tantôt rouge ; il respirait à peine ; et regardant fixement Kiyo maro, il s'écria : « La réponse que tu prétends avoir été donnée par « le dieu, tu l'as inventée ; tu es un imposteur. » Il voulut le faire mettre à mort, mais l'impératrice s'y opposa. Dans sa rage, il fit couper les tendons des pieds à Kiyo maro, changea son nom en *Kegasi maro* (Weï ma liu) ou le *Maro sale*, et le bannit à *Osoumi*. Il avait le dessein de le faire massacrer en route; mais un orage affreux, accompagné de tonnerre et d'éclairs, éclata ; et l'impératrice, ayant appris son projet, lui défendit sévèrement de le mettre à exécution.

Kiyo maro ne pouvant plus marcher, parce que ses tendons étaient coupés, se fit porter au temple d'Ousa Fatsman, implora son secours, et fut guéri instantanément, au grand étonnement de ceux qui l'accompagnaient.

Fousiwara-no Momoka (Theng yuan Pĕ tchhouan), dont le pays dépendait du Figo, envisageant Kiyo maro comme un homme probe et un serviteur fidèle, partagea ses biens avec lui.

A la 10e lune, les élèves de l'école de *Da saï fou* (Ta tsaï fou) furent en état de lire les *Go ghiô* (Ou king) ou cinq livres classiques de la Chine ; à leur requête, l'impératrice leur fit présent des livres Szu ki, Han chou, Heou han chou, San kouë tchi et Tsin chou [1].

Le 2e mois de la 4e année (770), l'impératrice se rendit au palais d'*Oughi-*

---

(1) Ce sont des livres historiques de la Chine. — Kʟ.

no miya (Yeou ki koung) dans la province de Kawatsi. Do kiô lui servit quelques plats extraordinaires.

Elle revint le 4ᵉ mois à la résidence ; au 6ᵉ, elle tomba très-malade, et aucun remède n'eut d'effet ; tout espoir de la voir guérir s'évanouit. Do kiô en fut enchanté, car il se flattait de lui succéder.

L'impératrice mourut à la 8ᵉ lune, âgée de 53 ans. La dernière fois elle avait régné 6 ans, la première 10 ans ; ainsi elle a occupé le trône en tout 16 ans.

Le Sadaïsin *Fousiwara-no Nagate* et l'Oudaïsin *Kibi-no mabi* délibérèrent lequel des princes du sang impérial lui succéderait ; mais ils n'en purent trouver aucun qui fût capable. Alors Fousiwara-no Momoka et Fousiwara-no Yosi tsougou proposèrent *Sira kabe-no ó* (Pĕ pў wang) ; il fut proclamé empereur. Do kio, qui habitait auprès de la sépulture de Siô tok ten o, fut exilé à la province Simotske, où il devint prêtre du temple du génie qui préside aux remèdes. C'était en effet un homme pervers, qui avait tâché de s'emparer du trône, et auquel l'impératrice Siô tok, par une trop grande clémence, avait laissé la vie. Il y mourut quelques années après. Waké-no Kiyo maro fut rappelé à la résidence.

XLIX. DAÏRI 皇天仁光 KWO NIN TEN O.

(De 770 à 781 de J. C.)

Nengo { 龜寶 *Fô ki* (Pao kouei), de 770 à 780,
       { 應天 *Ten wô* (Thian yng), 781.

Kwo nin ten o (*Kouan jin thian houang*), nommé auparavant *Sirakabé-no o*, était petit-fils de *Ten tsi ten o*, et fils de *Siki-no o si* (Chi ki houang tsu). Pendant le règne de Siô mou et de Siô tok ten o, il exerça les fonctions de Daï nagon. Il devint Daïri à l'âge de 62 ans, par l'appui de Nagate et de Momoka. Dans les troubles de l'année cyclique *Jin chin* (672), *Otomo-no osi* ayant été tué et Tenbou proclamé Daïri, les parens de Ten tsi furent peu respectés ; à l'élévation de Kwo nin, ils recouvrèrent leur ancienne splendeur. L'empereur prit pour titre honorifique des années de son règne celui de *Fô kii* (Pao kouei) ou tortue précieuse.

A la 10ᵉ lune de la 1ʳᵉ année, le Sadaïsin *Fousiwara-no Nagate* fut élevé du second au premier rang de la première classe. Ce rang, le plus éminent dans l'empire, n'avait été accordé qu'à Tatsibana-no Moroyé et à Iémisi-no Osikatsou ; eux et Nagaté en furent seuls gratifiés durant leur vie. Quoique Fousiwara-no Mousi maro eût été le premier qui l'eût obtenu, ce ne fut que sur son lit de mort; dans la suite, il ne fut plus conféré qu'après la mort.

Le 11ᵉ mois, le Daïri honora son père Siki-no o si du titre posthume de *Ta wara-no o si* (Thian yuan houang tsu).

Le 12ᵉ, il fit présent à Nagate de deux cents *matsi* carrés de terre labourable, dans la province de Yamasiro.

A la 2ᵉ lune de la 2ᵉ année (771), le Sadaïsin Nagate mourut âgé de 58 ans; il était petit-fils de *Tan kaï ko* et fils de *Fousa Saki*.

Le 3ᵉ mois, l'Oudaïsin *Kibi-no Mabi* se retira entièrement du service. *Daï naka tomi-no Kiyo maro* (Ta tchoung tchhin Thsing ma liu) devint Oudaïsin, et *Fousiwara-no Yosi tsougou* (Theng yuan Liang ki) fut créé Naïsin.

Le 11ᵉ mois, l'empereur fit le pélerinage *Daï sió yé* (Ta tchhang hoei), il alla d'abord à *You ki* (Yeou ki), dans la province Mikawa, puis à *Sou ki* (Siu khi), dans celle d'*Inaba*. Chaque Daïri est tenu de s'en acquitter une fois dans sa vie [1].

La 3ᵉ année (772), un envoyé du royaume de *Bok kaï* (Phoü haï), nommé *Itsi man fouk* (I wan foü), arriva et apporta le tribut. Sa lettre de créance était rédigée dans des termes peu respectueux. On lui adressa des remontrances sévères, il demanda pardon, et fut renvoyé avec une lettre en réponse.

I-no wou-no naï sin o (Tsing chang neï thsin wang), une des épouses de l'empereur, avait un fils nommé *Tado-no sin o* (Tha hou thsin wang), que le Daïri voulut choisir pour successeur. Le fils aîné du monarque était *Yama-no bou-no sin o* (Chan pou thsin wang). Le Sanghi Fousiwara-no Momoka insista pour que ce prince succédât au Daïri; ce qui causa une dispute entre l'empereur et l'impératrice. Celle-ci résolut alors d'empoisonner le Daïri, pour faire monter son fils sur le trône. Momoka découvrit la trame, et en informa le Daïri; la mère et le fils furent dégradés. L'empereur tint alors conseil pour délibérer sur le choix entre ses fils. Momoka soutenait que Yama-no bou-no sin o, comme l'aîné, avait le plus de droits à devenir Taïsi. Le Daïri préféra de faire monter sur le trône sa fille *Miki fito-no naï sin o* (Thsieou jin neï thsin wang). Fousiwara-no Tama nari représenta que la mère de Yama-no bou-no sin o étant une femme de basse extraction, son fils ne devait pas succéder, et proposa le second prince impérial *Fiye da-no sin o* (Pi thian thsin wang). Momoka répliqua que la haute ou la basse naissance de la mère ne devait avoir aucune influence dans le choix d'un successeur. Le Daïri était embarrassé; Momoka,

---

[1] Ce pélerinage fut introduit par le 40ᵉ Daïri *Ten bou ten o*. C'est une tâche bien pénible, puisque l'empereur est obligé, le 11ᵉ mois, de se baigner de grand matin dans l'eau froide, et d'y faire en même temps ses prières. — Kl.

observant son irrésolution, en fut si indigné, qu'il grinça des dents, déclara qu'il ne fermerait pas les paupières de quarante jours, et qu'il ne bougerait pas de devant le palais avant que Yama-no bou-no sin o si fût déclaré Taïsi. Le Daïri s'apercevant de sa mauvaise humeur, consentit à la fin à ce qu'il desirait. Le Sanghi Fousiwara-no Momoka était très-respecté à cause de sa grande probité. Tado-no sin o et sa mère moururent peu d'années après; la tradition prétend que l'ame de celle-ci passa dans le corps d'un dragon (*rioô riô*, ling loung).

Kibi-no daïsin [1] mourut à la 10ᵉ lune de la 6ᵉ année (775), âgé de 82 ans.

A la 11ᵉ, les peuples barbares du pays de Mouts se soulevèrent : le Daïri y envoya *Ofan-no Sourouga maro* (Ta pan Tsu ho ma liu), commandant général des places fortes de la frontière. Ce général prit d'assaut leur principale forteresse, et rétablit la tranquillité. Le Daïri le fit complimenter sur ce beau fait d'armes.

Le 1ᵉʳ mois de la 8ᵉ année (777), le Naisin Fousiwara-no Yosi tsougou fut avancé au rang de Nadaïsin, emploi qui n'est inférieur que d'un degré à celui d'Oudaïsin.

Dans la même année, le Daïri nomma *Saïki-no Imaghe fito* (Tsio pë Kin mao jin) premier, et *Ono-no Isine* (Siao ye Chý ken) second ambassadeur en Chine. En chemin, le premier fit semblant d'être indisposé, et resta en route; l'autre prit sa place et s'embarqua.

Sous le règne de Kô ken ten o, *Fousiwara-no Seïga*, envoyé à la Chine comme ambassadeur extraordinaire, y était resté. A différentes reprises, des navires avaient été expédiés pour le ramener; mais l'empereur des Thang, qui l'aimait beaucoup, ne voulut jamais consentir à son départ. Cette fois le Daïri lui envoya un ordre par écrit, auquel il n'obtempéra pas non plus. Il était fils de Fousa saki.

Sous le règne de Ghen sio ten o, *Abé-no Naka maro* (A pou Tchoung ma liu) avait été en Chine avec Kibi-no daïsin. A cette nouvelle ambassade, il fut nommé *Fi sio kan* (Pý chou kian), ou premier secrétaire, et l'on changea son nom en celui de *Tseou kaou* ou *Tseou keï* (Tchao heng, ou Tchao hiang): il était fort lié avec les célèbres lettrés chinois *Ri fak* (Li pë), *Ghi man* (Weï wan), et *Oghi* (Wang weï). Lorsqu'il fut sur le point de retourner au Japon, il composa une chanson dans laquelle il décrit son départ de *Men siou* (Ming tcheou) [2], port de Chine, son arrivée en vue des côtes du Japon dans les parages

---

(1) Voyez page 65, note 2.

(2) 州明 *Ming tcheou* était le nom que portait, sous les Thang, la ville actuelle de *Ning pho fou* dans la province de *Tche kiang*. — KL.

de *Ten-no miyako* (Thian yuan), enfin la beauté de la lune quand elle sort au printemps de derrière la montagne de *Mi kassa-no yama* (San ly̆ chan). Étant en mer, il fut assailli par une forte tempête qui fit couler bas son navire. D'autres disent qu'étant, à son retour au Japon, avec Fousiwara-no Seïga, ils avaient été jetés par un ouragan sur la côte du royaume d'*An nan kokf* (Ngan nan kouĕ, le Tonking), que de là ils étaient retournés en Chine, et qu'ils y moururent, le dernier à l'âge de plus de 70 ans.

A la 9ᵉ lune, le Nadaïsin *Fousiwara-no Yosi tsougou* mourut. Il était fils de *Noki Afi*, et s'était fort distingué par son courage dans la guerre contre Osikatsou en 754.

Le 1ᵉʳ mois de la 9ᵉ année (778), le Daïri donna une grande fête à tous ses officiers d'un rang plus élevé que celui de *Go-i* (le cinquième), et leur distribua divers présents.

Le Daïnagon *Fousiwara-no Wouo na* (Theng y̆uan Yu ming) fut fait Naïsin au 3ᵉ mois.

A la 10ᵉ lune, le second et le quatrième vaisseau de l'ambassade revinrent de la Chine. Le premier, qui portait *Ono-no Isine* et l'ambassadeur chinois *Teou fŏ yei* (Tchao pao yng), avait coulé bas dans un coup de vent terrible. Lorsqu'on envoyait des ambassadeurs en Chine, on leur donnait quatre grands navires. Les légations se composaient d'un premier et d'un second ambassadeur et de deux adjoints. Chacun de ces personnages avait son bâtiment.

Le 1ᵉʳ mois de la 10ᵉ année (779), Fousiwara-no Wouo na fut créé Nadaïsin.

A la 5ᵉ lune, il arriva une ambassade chinoise : elle avait pour chefs *Son kô sin* (Sun hing tsin) et *Sin fou ki* (Thsin fou khi), et apportait divers présents; elle fut logée dans le *Daïri* ou palais impérial. Le Tsiou nagon *Ysi-no woue Iyé tsougou* (Chy̆ chang Tsĕ szu), homme fort habile et très-instruit, fut chargé d'avoir soin des ambassadeurs. L'Oudaïsin *Daï naka tomi-no Kiyo maro* (Ta tchoung tchhin Thsing ma liu) les régala aussi chez lui. A leur départ, les envoyés chinois reçurent un présent de trois mille paquets de coton, pesant chacun une livre.

A la 7ᵉ lune, le Sanghi Nakayé Daïsio *Fousiwara-no Momoka* mourut âgé de 48 ans ; il était fils de Noki Afi, et fut très-regretté par le Daïri et le Taïsi.

Au 1ᵉʳ mois de la 11ᵉ année (780), *Kô kouk rin* (Kao hŏ lin) arriva en ambassade de la Chine, et *Kin ran son* (Kin lan sun) de Sinra. Ils furent fêtés par le Daïri, qui leur fit des présents.

A la 3ᵉ lune, les peuples sauvages du pays de Mouts, ayant à leur tête *Izi-no Tsi maro* (I pŏ Sie ma liu), se révoltèrent; ils massacrèrent l'Asetsi Sanghi *Ki-no Firo soumi* (Ki Kouang chun), et s'emparèrent des armes et d'autres effets appartenant au gouvernement. Le Daïri ordonna aussitôt à Ofan-no Masi fatsi et à Ki-no Kosami, d'entrer, à la tête de leurs troupes, dans le Mouts et le Dewa ; il fit transporter des différentes provinces de l'empire toute sorte d'approvisionnemens dans le Mouts.

Fousiwara-no Ko kouro maro (Theng yuan Siao hë ma liu) y fut envoyé le 9ᵉ mois, pour prendre le commandement en chef; car le nombre des révoltés augmentait de jour en jour. Il les réduisit en peu de temps.

(Le 1ᵉʳ mois de la 1ʳᵉ des années *Ten wo* (781), une flotte étrangère débarqua dans le pays de Mouts, pour venir au secours des révoltés)[1].

Le 2ᵉ mois, cent mille *kokf* (hŏ) ou ballots de riz furent envoyés au pays de Mouts. A la 3ᵉ lune, le Daïri tomba malade, et à la 4ᵉ, il résigna l'empire en faveur de son fils *Yama-no bou-no sin o*, qui prit le nom de KWAN MOU TEN O, et fit annoncer par un ambassadeur extraordinaire son avénement au trône aux divinités du temple Daï sin gou, dans l'Izé.

Le 5ᵉ mois, les révoltés furent complètement battus dans le pays de Mouts.

A la 6ᵉ lune, l'Oudaïsin *Daï naka tomi-no Kiyo maro* se retira entièrement des affaires; le Nadaïsin *Fousiwara-no Wouo na* fut élevé au rang de Sadaïsin.

Le 8ᵉ mois, Fousiwara-no Kokouro maro revint dans la capitale, après avoir entièrement éteint la révolte dans le pays de Mouts. Il fut nommé Zio san i. Ki-no Kosami fut fort applaudi, à cause du courage qu'il avait montré; mais Ofan-no Masi fatsi fut déposé pour sa lâcheté.

A la 12ᵉ lune, mourut le Daïri Kwo nin ten o, à l'âge de 73 ans, après avoir régné 11 ans avec le nengo *Fŏ kiï*, et 1 avec celui de *Ten wo*; en tout 12 ans.

---

(1) Ce passage ne se trouve pas dans l'original japonais. Il paraît que M Titsingh l'a inséré dans sa traduction d'après d'autres documens ; car on lit dans son *Mémoire sur les fêtes et cérémonies observées à la cour des Seogouns*, le passage suivant : « La 1ʳᵉ des années *Ten wo* (781), « sous le règne du 49ᵉ Daïri, nommé *Kwo nin « ten o*, une flotte de vaisseaux de guerre vint « des pays étrangers aborder dans la province « de *Mouts*, pour subjuguer le Japon. Le Daïri « envoya son fils *Sara sin o* et deux de ses frères, « *Iyo sin o* et *Momori sin o*, pour commander l'ar- « mée qu'il opposait à l'ennemi. Avant de partir, « *Sara sin o* se rendit au temple *Fousi-no mori*, « pour informer le dieu de sa marche, et pour « implorer son appui. Il vainquit l'ennemi et dé- « truisit son armée. Les trois princes furent dans « la suite mis au nombre des dieux. Depuis ce « temps, on commença, le jour de la fête du 5ᵉ « mois, à ériger des étendards et des figures cui- « rassées devant les maisons, et à donner des « sabres aux garçons pour jouets, tant pour com- « plimenter le Daïri sur la victoire que ses fils « avaient remportée, que pour inspirer aux en- « fans, dès leur bas âge, l'horreur de toute lâ- « cheté et un noble courage. » — KL.

L. DAÏRI 皇天武桓 KWAN MOU TEN O

(De 782 à 805 de J. C.)

Nengo 曆延 *Yn riak* (Yen lў), de 782 à 805.

Kwan mou ten o (Houon wou thian houang), fils aîné de Kwo nin ten o, porta auparavant le nom de *Yama-no bou-no sin o*. Sa mère était *Koya no-no fousin* (Kao ye fou jin), fille de *Koyano-no Oto tsougou* (Kao yé Y ki). Sous Siô tok ten o, ce prince était de la seconde division de la cinquième classe, et remplissait les fonctions de *Daï gak-no kami* (Ta hiŏ theou), ou chef de l'instruction publique. Lorsque son père parvint au trône, il fut élevé au rang de Si i-no si ziou, égal à celui de *Naka tsou kasa-no kyo* (Tchoung wou khing). Dans la 4ᵉ année du nengo *Fŏ ki*, il devint Taïsi, et fut nommé Daïri dans l'année *Ten wo*. Il choisit alors son frère cadet *Faya yosi-no sin o* (Tsao liang thsin wang) pour Taïsi ou prince héréditaire.

A la 1ʳᵉ lune, qui était *ouro* (jun) ou intercalaire, de la première des années *In riak* (782), *Inaba-no kami Kore-no wou-no Kawa tsougou* (Yen fan cheou Ping chang Tchhouan ki) conspira dans le dessein de s'emparer pendant la nuit du palais du Daïri; mais on découvrit le complot, et il fut banni à Idzou. Il était arrière-petit-fils de Ten bou et fils de Siwo saké-no o : sa mère Foufa-no naï sin o avait déjà été exilée de la cour à la 3ᵉ lune de la 3ᵉ des années Zin go keï woun (769), et envoyée dans l'Awasi. Quant à lui, il fut banni seulement, parce que le Daïri portait encore le deuil de Ko nin ten o. Tous ses parens et ses complices, comme *Guats keï woun kak* (Yuĕ khing yun khĕ) et autres, subirent le même châtiment.

Le 5ᵉ mois, le dieu *Fatsman* du temple d'*Ousa* ordonna qu'on lui donnât le titre de *Daï Bo sats* (Ta Phou să) [1].

A la 6ᵉ lune, le Sadaïsin *Fousiwara-no Wouo na* fut déposé de son emploi, et exilé dans le Tsoukouzi. Plus tard, le Daïri lui permit de revenir dans la capitale, où il mourut.

Fousiwara-no Ta maro (Theng yuan Thian ma liu) fut nommé Oudaïsin. A cette époque, lorsque les emplois de Sadaïsin et d'Oudaïsin étaient vacans, le Daïnagon et le Daïsin en exerçaient les devoirs.

Le 5ᵉ mois de la 2ᵉ année (783), l'Oudaïsin *Ta maro* mourut à l'âge de 62 ans. Il était cousin de Noki Afi.

A la 7ᵉ lune, *Fousiwara-no Kore kimi* (Theng yuan Chi koung) devint Oudaïsin.

[1] Voyez la note 2, à la page 21. — Kl.

À la 10ᵉ lune, le Daïri se rendit à la plaine de *Kata no* (Kiao ye), pour y chasser avec des faucons.

Le 5ᵉ mois de la 3ᵉ année (784), l'empereur fit examiner le terrain de *Naga oka* (Tchhang kang), dans le district de *Oto gouni-no kori* (Y hiun kiun) de la province de Yamasiro, et ordonna, au 6ᵉ mois, d'y construire un palais impérial (*Daïri*).

Le 11ᵉ mois, il se rendit de *Nara* à *Naga oka*. Il envoya des présens au dieu *Kamo mio sin* (Kia meou ming chin), et le fit prévenir qu'il avait transporté sa cour dans le Yamasiro. C'est de ce dieu que dépend cette province.

À la 8ᵉ lune de la 4ᵉ année (785), le Daïri fit un voyage à Nara, confiant, pendant son absence, la garde du palais de Naga Oka au *Sóra-no taïsi* (Tsao ling taï tsu), à l'Oudaïsin *Fousiwara-no Kore kimi*, et au Tsiounagon *Fousiwara-no Tane tsougou*. Comme ce Daïri aimait beaucoup la chasse, il n'avait auparavant chargé de cette garde que le Taïsi, quand il prenait cet exercice. Le devoir de Tane tsougou était de rester constamment auprès du Daïri, et, en cas de changement de résidence, d'avoir les yeux sur tout et de donner les ordres nécessaires. Il y avait quelque temps que le Taïsi avait prié le Daïri d'élever *Saïghi-no Imaghe fito* (Tso pé Kin mao jin) au poste de Sanghi; mais Tane tsougou ayant représenté au Daïri qu'Imaghe fito, à cause de sa basse extraction, n'était pas fait pour remplir un emploi si élevé, la demande fut refusée. Le Taïsi, outré de cet affront, chercha l'occasion de se défaire de Tane tsougou; mais il en fut empêché par le Daïri, qui depuis ce temps ne confia plus la garde du palais, en son absence, au Taïsi seul, ce qui augmenta encore la colère de celui-ci contre Tane tsougou. Le Daïri parti pour Nara, le Taïsi crut l'occasion favorable pour se venger. Il envoya donc dans la soirée *Otomo-do Tsougou fito* et *Otomo-no Tsikoura* à la demeure de Tane tsougou, qui était assis près d'un flambeau; ils tirèrent sur lui des flèches dont une lui traversa le corps, et il mourut.

Le Daïri, ayant appris ce forfait, en fut consterné; il revint aussitôt de Nara à Naga oka, et fit arrêter Tsougou fito et Tsikoura. Leur interrogatoire fit voir clairement qu'ils avaient agi par ordre du Taïsi. Le Daïri, indigné de sa conduite, le bannit à Awazi. Le prince refusa toute nourriture, mourut sur la route, et fut enterré à Awazi; ses deux complices furent décapités, et ceux qui avaient été intimes avec lui furent bannis. Le Daïri conféra à Tane tsougou le titre de Zio itsi Sadaïsin, et regretta vivement sa perte. L'ame du Taïsi *Sóra-no sin o* excitant beaucoup de malheurs, le Daïri, pour calmer sa colère, lui accorda le titre de Sou do ten o (Thsoung tao thian houang), et envoya annoncer tous ces événemens aux tombes des Daïris Ten tsi et Kwo nin.

A la 11ᵉ lune, il choisit son fils *Tosou to-no sin o* (Ngan tian thsin wang) pour Taïsi.

Le 1ᵉʳ mois de la 5ᵉ année (786), le Zio san i et Ouyé mon-no kami *Sakano wouyé-no Karita maro* mourut âgé de 59 ans : il était frère de Tamoura maro, et commandait la garde du palais ; il excellait à monter à cheval et à tirer de l'arc.

Le 10ᵉ mois de la 6ᵉ année (787), le Daïri se rendit à *Kata no*, et logea dans la maison du Daïnagon *Fousiwara-no Tsougou tsouna*, qu'il avait envoyé à Kata no, pour y offrir des sacrifices solennels en l'honneur des dieux célestes et du Daïri Kwo nin ten o.

Le 1ᵉʳ mois de la 7ᵉ année (788), on coupa les cheveux du front du Taïsi et on le revêtit de l'habit de l'âge viril (*ghen fouk*, yuan fou). Le Daïnagon *Tsougou tsouna* et le Tsiounagon *Ki-no Founa mori* lui offrirent un bonnet impérial.

Le 2ᵉ mois, *Oto tsougou* (Siu szu), fils de feu Fousiwara-no Momoka, fut mandé par le Daïri ; il avait alors 15 ans : on lui rasa également les cheveux sur le front. Le Daïri l'ayant regardé attentivement, se ressouvint des services éminens de son père, et versa des larmes ; il le combla de présens, et l'honora d'un rang.

Le 7ᵉ mois, le Saki-no Oudaïsin ou le vieux Oudaïsin, *Daï naka tomi-no Kiyo maro*, mourut à l'âge de 88 ans.

Le 12ᵉ mois, les barbares de la province Oziou se révoltèrent : le Daïri nomma le Sanghi *Kino kosami* général en chef pour les combattre, et lui ordonna de prendre toutes les mesures qu'il jugerait convenables pour apaiser ces troubles.

Dans la même année, le prêtre bouddhiste *Saï tou* (Tsoui tchhing) commença les travaux pour aplanir le sommet de la montagne *Fi yeï zan* (Pi joui chan)[1], où il bâtit le temple *Yen riak si* (Yen lỹ szu). Quand cet édifice fut achevé, Saï tou reçut le titre ecclésiastique de *Den teou daï bo si* (Tchhouan teng ta fă szu)[2].

La 8ᵉ année (789), le nombre des sauvages révoltés dans la province d'Oziou

---

(1) Cette montagne, appartenant à la province d'Oomi, est située à sa frontière occidentale, vers celle de *Yamasiro*. Le temple *Yen riak si* est à 3 demi-*ri* japonais, au nord-est de Miyako ou Kio. La salle du milieu du temple est dédiée au dieu de la médecine, la tour occidentale à S'akya mouni, et une chapelle près de la petite rivière *Yo kawu* à *Amithâba kouan chi in*. Les revenus annuels de ce temple montent à 5000 *kokf* ou ballots de riz.—Kʟ.

(2) Dans l'original, on a imprimé *Den ghiô daï si* (Tchhouan kiao ta szu) ; mais c'est une erreur, puisque ce titre posthume ne fut accordé à Saï tou qu'en 866. J'ai corrigé cette faute d'après la *Grande Encyclopédie japonaise*, vol. LXXI, fol. 10 recto (Voyez la note 1, page 94). — Kʟ.

s'étant considérablement augmenté, *Ki-no Kosami* (Ki Kou tso meï) y mena, à la 6ᵉ lune, beaucoup de troupes pour les punir. *I kéda-no Mamaki* (Tchhi thian Tchin mou) et *Abé-no Kouro tsouna* (Ngan pou Mĕ ching), qui commandaient sous lui, en vinrent aux mains avec les révoltés, et furent totalement battus; ce succès rendit les Yébis fort insolens. Les troupes du Daïri furent également défaites sur mer; environ trois mille hommes périrent tant sur terre que dans l'eau; les Yébis ne perdirent que quatre-vingt-neuf hommes.

A la 9ᵉ lune, Ki-no Kosami revint à la capitale. Le Daïri chargea le Daïnagon Tsougou tsouna de le citer devant lui au *Taï sió kwan* (Taï tching kouan) ou palais du gouvernement, pour rendre compte et se justifier relativement à cette défaite. Il le fit si complètement qu'il fut absous, tandis que Mamaki et Kouro tsouna furent destitués. L'Oudaïsin Fousiwara-no Kore kimi, petit-fils de Mousi maro, mourut à l'âge de 63 ans.

Le 2ᵉ mois de la 9ᵉ année (790), Fousiwara-no Tsougou tsouna lui succéda comme Oudaïsin.

Le 3ᵉ mois, on promulgua des ordres dans les contrées de *Tôkaï* (Toung haï), de *Tôsan* (Toung chan) et d'autres, pour rassembler 400,000 *kokf* (hŏ) ou ballots de riz. L'arsenal de *Taï saï fou* (Taï tsaï fou) fut chargé de fournir 2,000 casques de fer. Tous ces préparatifs avaient pour but d'étouffer la révolte des Yébis dans l'Oziou.

A la 8ᵉ lune, il survint une famine dans le Tsoukouzi; le Daïri fit distribuer du riz et du blé à quatre-vingt-huit mille habitans de ce pays.

Le premier mois de la 10ᵉ année (791), il envoya *Fiaksaï-no Sioun tets* (Pĕ tsi Tchun tchĕ) et *Saka-no woué-no Tamoura maro* (Pan chang Thian tsun ma liu) dans le Tôkaïdo et le Tôsando, pour assembler des troupes et des armes.

Le 7ᵉ mois, *Otomo-no Otogou maro* (Ta pan Ti ma liu) fut envoyé dans l'Oziou, comme premier inspecteur des affaires militaires de l'est, *Sioun tets* (Tsi tchĕ) et *Tamoura maro* (Thian tsu ma liu) comme seconds.

A la 1ʳᵉ lune de la 12ᵉ année (793), le Daïri fit examiner la situation du village *Ouda-no moura* (Yu taï tsun), du district de *Kado no kori* (Kŏ ye kiun), dans le Yamasiro, par le Daïnagon *Fousiwara-no Kokouro maro* (Theng yuan Siao hĕ ma liu), par le Sadaïben *Ki-no Kosami* (Tso ta pian Ki ko tso mei), et par le prêtre *Ken kei* (Hian king), car il avait le dessein d'y transporter la cour. Il fit annoncer cette intention au dieu *Kamo-no mió sin* (Ho meou ming chin)[1], aux tombeaux des Daïris Ten tsi ten o, de Kwo nin ten o, et à celui du prince Tawara-no o si.

---

(1) Le principal temple de ce dieu, nommé avec tout son titre *Kami Kamo ó daï sin* (Chang Ho meou houang taï chin), est sur le mont *Kamo yama*, au nord-est de la ville actuelle de

Le 6ᵉ mois, l'ordre fut expédié dans toutes les provinces, de fabriquer les portes du nouveau palais; chacune eut un nom particulier, savoir: *In fou mon* (Yn fou men), *Bi fouk mon* (Meï foü men), *An ki mon* (Ngan ki men), *I kan mon* (I kian men), *Só feki mon* (Thsao pÿ men), *Soui ken mon* (Cheou hian men), *Yó meï mon* (Yang ming men), *Tats si mon* (Ta tchi men), *Tats ten mon* (Than thian men), et *Iko uwó mon* (Tou fang men).

Le 9ᵉ mois, *Souga no-no Mamitsi* (Kouan ye Tchin tao) et *Fousiwara-no Kado-no maro* (Theng yuan Kŏ yé ma liu) furent envoyés à la nouvelle résidence, pour y partager le terrain où devaient être construits les bâtimens destinés à la demeure des personnes de service.

Le nouveau palais de *Kado-no* étant achevé, le Daïri s'y rendit le 10ᵉ mois de la 13ᵉ année (794). Le terrain sur lequel ce bâtiment était placé se trouvait sous l'influence des quatre génies qui président aux quatre points cardinaux, savoir, à gauche celui du *dragon azur* (le génie de l'orient), à droite celui du *tigre blanc* (le génie de l'occident), sur le devant celui de *l'oiseau rouge* (le génie du sud), et en arrière celui du *guerrier obscur* (le génie du nord). Cet édifice était entouré de belles eaux et de montagnes. De grandes routes y arrivaient de quatre côtés : il était assez vaste pour servir de résidence à cent rois; c'est pourquoi il reçut le titre honorifique de *Feï an sió* (Phing ngan tchhing) ou *ville de la paix et de la tranquillité* [1]. On y éleva une statue en terre, haute de huit pieds (*siak*); elle portait un casque et une cuirasse de fer, et tenait à la main un arc et des flèches de fer. Elle était destinée à servir de divinité protectrice de la capitale, qui depuis ce temps a toujours été la résidence des Daïris. Cette statue fut placée sur un piédestal sur le mont *Tósan* (Toung chan), la face tournée du côté de l'occident. Actuellement elle se trouve près des tombeaux des Seogoun. On prétend que lorsqu'il doit survenir quelque changement dans l'empire, cette image chante et se meut d'elle-même.

Le 1ᵉʳ mois de la 15ᵉ année (796), le Daïri alla chasser à *Firi kawa no* (Khin tchhouan ye); il était passionné pour cet exercice, et le prenait tous les ans; dans les environs de la capitale et dans d'autres lieux.

Au 7ᵉ mois, l'Oudaïsin *Fousiwara-no tsougou Tsouna* mourut âgé de 70 ans: c'était un homme fort savant; il avait composé avec *Souga no-no Mamitsi* (Kouan yé Tchin tao) l'ouvrage intitulé *Siok Nipon ki* (Sŭ Jÿ pen ki).

Le Tsiounagon *Ki-no kosami* et *Sin o* furent nommés Daïnagon, et chargés des soins du gouvernement.

---

[1] C'est la même ville que *Kió* ou *Miyako* de nos jours, laquelle est encore aujourd'hui la résidence des Daïris, comme son nom l'indique. Miyako, dans le district de *Wo taghi* de la province d'Yamasiro. — Kl. Elle s'appelle aussi 中洛 *Rok tsiou*. — Kl.

Dans l'hiver, on construisit le *Tôsi* (Toung szu), ou temple oriental.

Le temple *Koura ma tera* (Ngan ma szu) fut commencé dans le courant de cette année par *Fousiwara-no Izé fito* (Theng yuan I chi jin). A la même époque, le prêtre *Gon zó* (Khin thsao)[1] commença à publier les huit explications du livre bouddhique *Fots ke ghiô* (Fă houa king) ou de la fleur de la loi.

Ki-no Kosami mourut le 4ᵉ mois de la 16ᵉ année (797).

Au 11ᵉ mois, le Ziou si i *Saka-no Woue-no Tamoura maro* reçut le titre de *Seï daï sió goun* (Tching i tsiang kiun) ou général qui combat les barbares, en récompense de ses services signalés, pour avoir subjugué les Yébis révoltés dans le pays de Mouts.

Au 7ᵉ mois de la 17ᵉ année (798), Tamoura maro fonda le temple *Seï soui si* (Tching choui szu), ou de l'eau pure.

A la 8ᵉ lune, le Daïnagon *Sin o* (Chin wang) fut nommé Oudaïsin.

Le 2ᵉ mois de la 18ᵉ année (799), le Ziou san i *Minboukiô Waki-no Kiyo maro* (Min pou khing Ho khi Thsing ma liu) mourut, âgé de 67 ans.

La 17ᵉ année (800), le sommet du mont *Fousi* brûla depuis le 14 du 3ᵉ mois jusqu'au 18 du 4ᵉ. Dans le jour une épaisse fumée et dans la nuit une grande flamme montaient au ciel avec un bruit de tonnerre; les cendres tombaient comme une forte pluie, et coloraient en rouge le pied de la montagne et les rivières.

Au 11ᵉ mois, le Daïri ordonna à Tamoura maro de faire des recherches sur les révoltés de Mouts qui étaient en fuite, et de noter leurs noms.

Au 2ᵉ mois de la 20ᵉ année (801), *Sougawara-no Seï kô* (Kouan yuan Thsing koung), fut chargé de faire subir un examen aux bacheliers sur la littérature Ce Seï kô était le grand-père de *Kwan sió sió* (Kouan tchhing siang).

Taka maro (Kao houon), le chef des Yébis révoltés dans le Mouts, était parti de *Tagaya* (Tă koŭ khŭ) pour surprendre le fort de *Kiomiga seki* (Thsing kian kouon) dans la province de Sourouga. A cette occasion, le Daïri fit présent d'un sabre au Seï daï scogoun *Saka-no Woue-no Tamoura maro*, qui marcha avec courage contre l'ennemi. Taka maro s'enfuit devant lui vers le Mouts; Tamoura maro le poursuivit et l'atteignit à *Kagou ra oka* (Chin lo kang), où

---

(1) 操勤 *Gon zó* ou *Kin só*, de la famille de 秦 *Sin*, naquit dans le district de *Taka iki*, de la province de Yamato. Sa mère ayant rêvé qu'elle se trouvait dans les bras d'un être auguste et resplendissant, devint enceinte, et le mit au monde. A l'âge de douze ans il entra dans un couvent de bonzes, et remplit successivement plusieurs hautes dignités dans l'ordre monastique. Ce fut entre 810 et 823 qu'il reçut le titre honorifique de *Gon zô*. Il mourut en 827, âgé de 74 ans; le 53ᵉ Daïri *Ziun wa ten o* lui conféra le titre posthume de *So dziô*. On rapporte que l'ordre actuel de l'*Irofa* ou de l'alphabet japonais est dû à lui, à *Zaï tsió* et à *Kô bó daï sin*. — Kʟ.

ils se battirent. *Taka maro* et un autre chef des brigands, nommé *Akouro o* (O lou wang), y furent tués, et la tranquillité fut rétablie dans le Mouts.

Tamoura maro fonda alors dans le district d'*Izawa kori* (Tan thse kiun) un temple dédié au dieu *Fatsman*, et y suspendit son arc et ses flèches. Au sud de *Tagaya*, il en bâtit un autre sur le plan du temple *Kourama dera* (Ma ngan szu), de la province d'Yamasiro, auquel il donna le même nom; il y fit élever l'image du dieu *Ta mon ten* (To men thian).

A la 11ᵉ lune, il revint à la capitale, où il fut comblé de louanges par le Daïri pour avoir réprimé la révolte, qui depuis plusieurs années désolait le Mouts. Il reçut en récompense le second rang de la troisième classe.

Au printemps de la 21ᵉ année (802), Tamoura fut renvoyé dans le Mouts pour y construire le fort d'*Izawa siro* (Tan thse tchhing).

A la 7ᵉ lune, il regagna la capitale, amenant avec lui *O baka kŏ* (Ta mou koung) et *Ban kou kŏ* (Phan kiu koung), deux chefs des Yébis, pour implorer leur pardon. Il insista pour qu'ils fussent renvoyés chez eux, afin de tranquilliser leurs compatriotes; mais le Daïri les fit mettre à mort, disant qu'ils ressemblaient aux brutes qui ne se ressouviennent pas des bienfaits.

Le Daïri étant allé au jardin *Sin zen yen* (Chin thsiuan yuan), y consulta l'Oudaïsin Sin o sur le projet qu'il avait d'élever au rang de Sanghi *Fousiwara-no O tsoughi* (Then yuan Siu ki), âgé seulement de 29 ans. Le Daïri et le Taïsi firent observer à leurs conseillers, que, quoiqu'on pût être mécontent de ce projet à cause de la jeunesse d'O tsoughi, la reconnaissance l'exigeait, puisque l'empereur avait été placé sur le trône par l'appui de Momoka, père d'O tsoughi.

La 23ᵉ année (804), le Daïri envoya *Fousiwara-no Kado-no maro* (Theng yuan Kŏ ye ma liu) comme premier, *Isigawa-no Mitsi masou* (Chỹ tchhouan Tao i) comme second, et *Sougawara-no Seï kŏ* comme troisième ambassadeur en Chine. *Asano-no Ka tori* (Tchhao ye Loŭ thsiŭ) les accompagnait, en qualité de secrétaire. Ces quatre personnes étaient très-instruites. A cette occasion, le prêtre *Ten ghio* (Tchhouan khiao) obtint la permission de s'embarquer pour la Chine sur le bâtiment de Seï kŏ; et le prêtre *Kô kaï* (Khoung hai) demanda la faculté de faire ce voyage sur celui de Kado no. Kô kaï est le même personnage que le fameux *Kô bô daï si* (Houng fă ta szu)[1], et Kado no est aussi

---

(1) 法弘 *Kô bô* (Houng fă) ou 法弘師大 *Kô bô daï si* (Houng fă ta szu), le grand maître de la doctrine qui répand la loi, était natif de *Fió fouka oura* (Phing foung phou), du district de *Tato* (To tou), province de Sanouki. Son père fut le comte *Saï ki-no atafi ta kimi* (Tso pĕ Tchỹ thian koung), et sa mère, la fille de l'officier *Ato-no si kwan* (A tao szu kouan). Elle rêva qu'elle était embrassée par un prêtre

appelé *Ka-nŏ* (Ho neng). Ils furent pourtant détenus jusqu'à la fin de l'année; les bâtimens de Kado no ayant été endommagés par une tempête en sortant de la baie de Naniwa.

Le Daïri tomba malade au printemps de la 24ᵉ année (805); ne sentant aucun soulagement de l'emploi de plusieurs remèdes, il fit offrir des sacrifices, et réciter des prières dans tous les temples pour son rétablissement. Il prescrivit d'élever dans l'Awazi un temple en l'honneur de *Sóra-no taïsi* et fit construire des greniers d'abondance dans toutes les provinces. Il ordonna de

de *Fan* (de l'Inde), en devint enceinte, et mit au monde un fils, douze mois après son rêve, en 774, le 15ᵉ jour de la 6ᵉ lune. Cet enfant montra, dès son bas âge, beaucoup de bon sens, de sorte qu'on l'appela *le garçon ingénieux*. Il pénétra bientôt le sens des six *king* et des livres d'histoire. Il fut reçu parmi les disciples du célèbre bonze *Gou so*, du temple d'*Ywa bou si*, et commença alors à approfondir les livres de la loi de Bouddha; il s'appliqua aussi à l'étude de l'analyse des caractères chinois d'après les six règles (*loŭ chou*), et des huit sortes de lettres (*pä ti*). A l'âge de vingt ans, il reçut le titre de 海空 *Koŏ kaï* (Khoung haï), ou *de mer du vide*. A l'âge de trente ans, il fut envoyé en Chine et s'embarqua sur un vaisseau chinois; il arriva dans ce pays l'année suivante, du temps de l'empereur *Tĕ tsoung*, de la dynastie de Thang. Il y étudia la doctrine de Bouddha sous la direction du bonze *Hoeï ko*, retourna au Japon au bout de trois ans (en 806), et habita dans le temple du mont *Maki-no yama* (Tchin weï chan), dans la province d'*Idzoumi*. En 850, il reçut un nouveau titre d'honneur, qui signifie *le grand maître de la doctrine, dont le pinceau, trempé dans l'aurore, transmet la lumière*. Il établit alors son séjour sur le *Daï rio daké* (Ta loung yŏ), haute montagne de la province d'Awa, et sur le promontoire *Ya do saki* (Wŏ hou khi), dans celle de Tosa. En 824, il y eut une grande sécheresse dans l'empire; il prescrivit, pour obtenir la pluie, des formules de prières qui furent exaucées. A l'âge de 43 ans, il jeta les fondemens du temple *Kon go bou si* (Kin kang fung szu) sur la montagne *Ko ya san* (Kao ye chan); lequel ne fut achevé qu'en 890, après sa

mort. Ce temple est situé dans le district d'*Ito* (I tou) de la province d'Iki, à 29 *ri* de Yédo et à 16 d'Osaka. Ses revenus sont de 21,700 ballots de riz. Il n'est pas permis aux femmes d'entrer dans son enceinte sacrée. Il est entouré de 7,700 habitations qui en dépendent.

Kô bô daï si est l'auteur du syllabaire japonais appelé *fira kana*, qu'on emploie à écrire la langue japonaise seule, sans qu'il soit nécessaire d'avoir recours aux caractères chinois. Il se compose, ainsi que le *kata kana*, de quarante-sept signes, dérivés de caractères chinois.

Kô bô daï si mourut âgé de 62 ans, en 835, le 1ᵉʳ jour de la 3ᵉ lune. En 921, le 60ᵉ Daïri, Daï go ten o, envoya une ambassade au temple *Kon go bou si*, pour honorer *Kô bô* du titre de *Daï si*, ou grand maître. C'est depuis ce temps qu'il porte le nom de *Kô bô daï si*. Il a toujours été très-vénéré au Japon, et a beaucoup de temples et de sanctuaires dans ce pays. On voit encore aujourd'hui, dans le district de *Fira se*, province de *Yamato*, trois *ike* ou étangs que ce saint homme a fait creuser. Ils sont appelés *A-ike*, *Fa-ike* et *Oun-ike*. Les premières syllabes des noms ne s'écrivent pas en caractères japonais ou chinois, mais en lettres *dévanagari* irrégulièrement formées, telles qu'on les emploie au Japon, savoir:

ㅈ *A*. ㅈ *Pa ou Fa*. ㅈ *Houm ou Houng*.

La grande *Encyclopédie japonaise*, qui me fournit cette notice (vol. LXXIII, fol. 32 *verso*), ne donne pas la raison de cette manière inusitée d'écrire ces noms; elle se rapporte vraisemblablement à quelque tradition bouddhique. — Kl.

94 ANNALES

même qu'on prendrait sur les revenus annuels, des étoffes et des vivres pour les offrir à l'ame de Sôra-no taïsi, qui fit beaucoup de mal au Daïri.

Au 6ᵉ mois, les ambassadeurs revinrent de la Chine.

Le 7ᵉ mois, *Kado no* vint à la cour, et fut avancé du second rang de la quatrième classe au second de la troisième. *Souga wara-no Seikô*, qui était de la sixième, obtint la cinquième. *Isi gawa-no Mitsi masou*, le second de l'ambassade, était mort à *Mio zio* (Ming tchcou); il obtint un rang posthume. Le prêtre *Ten ghio* ('Tchhouan kiao)[1], à son retour, apporta au Japon la doctrine de *Ten daï* (Thian thai). Il s'était rendu fameux même dans l'étranger. *Kô bô* resta en Chine.

(1) 澄最 *Saï tou* (Tsoui tchhing), ou avec son titre posthume, 師大教傳 *Ten ghio daïsi* (Tchhouan kiao ta szu), était de la famille 津三 *San tsou* (San tsin). Son père était *Momo ye* (Pé tchi). Il naquit le 18ᵉ jour de la 8ᵉ lune de la 1ʳᵉ des années Zingo kei woun (767), dans le district de *Siga* (Thsu ho) de la province d'Oomi. En 804, il accompagna une ambassade japonaise en Chine. Il y visita les principaux temples bouddhiques, et principalement le 寺清國 *Kouĕ thsing szu*, situé sur le 山台天 *Ten daï san* (Thian thaï chan), dans la province de Tche kiang. Il revint au Japon en 805, où il rapporta plus de deux cent trente traités bouddhiques, qu'il avait copiés de sa propre main, ainsi que le baptême bouddhique, qui alors fut introduit dans ce pays. *Saï tou* mourut âgé de 56 ans, dans la 13ᵉ des années Kô nin (822), le 4ᵉ jour de la 6ᵉ lune; peu de temps après que l'empereur lui avait accordé le titre de *Ten ziô daï si* (Tchhouan tchhing taï szu), écrit de sa propre main. Ce fut en 866 qu'il reçut le titre posthume de *Ten ghio daï si* (Tchhouan kiao taï szu). Outre plusieurs autres écrits, il laissa des commentaires sur les livres bouddhiques suivans : *Fă houa king*, en 12 volumes ; *Kin kouang ming king*, 5 volumes ; et *Wou liang i king*, aussi en 3 volumes. Son principal temple au Japon est le *Ghen riak si* (Yen lў szu), sur le mont *Fi yeï san* (Pi joui chan), dans l'Oomi. C'est celui dans lequel il résida pendant sa vie.

Saï tou est le fondateur de la 7ᵉ des 8 observances anciennes de la religion bouddhique au Japon, appelées 宗八 *Fats siô* (Pă tsoung), qui sont:

1. 宗輪三 *San ron siô* (San lun tsoung), ou l'observance des trois roues de la religion. Elle fut introduite au Japon par le prêtre coréen *Yé kwan* (Hoei kouon), en 625. Elle se subdivise en trois branches, appelées *Tsiou ron*, *Siouni mon ron* et *Fiak ron*, qui diffèrent peu entre elles. Actuellement le *San ron* n'est pas très-répandu au Japon.

2. 宗相法 *Fots siwô siô* (Fă siang tsoung), l'observance de la réflexion de la loi. Cette doctrine fut d'abord établie par *Ghen siô* (Hiuan tsiang), et répandue dans le Japon par *Ghen bô* (Hiuan fang), qui vivait deux générations après lui, et qui l'apporta de la Chine, où elle lui avait été transmise par le grand maître *Tsi siou daï si* (Tchi tcheou tai szu) de la ville de *Si siou* (Szu tcheou).

3. 宗舍俱 *Kou sia siô* (Kiu che tsoung), l'observance du livre du même nom. Elle fut également portée au Japon par *Ghen bô*, qui était allé en Chine, en 735 de J. C.

4. 宗實成 *Ziô zits siô* (Tchhing chў tsoung), l'observance du livre de *Ziô zits*, ou de la vérité parfaite. Elle fut répandue dans le Japon par le prêtre *Tô zi* (Tao thsu), revenu de la Chine en 737.

5 宗律 *Rits siô* (Liŭ tsoung), l'obser-

Le 8ᵉ mois, le Daïri fit venir le prêtre *Ten ghio*, qui lui remit une image de Bouddha, et une explication des livres sacrés de sa religion.

Le 9ᵉ mois, il reçut derechef *Ten ghio* à *Taka ô* (Kao hioung), et se fit baptiser par lui. C'est la première fois que le baptême bouddhique fut administré au Japon [1].

A la 3ᵉ lune de la 25ᵉ année (806), le Daïri mourut à l'âge de 70 ans, et après 25 ans de règne, qui portèrent le titre d'*Yn riak*.

vance des règles, actuellement professée de préférence dans les temples *Sioô taï zi* et *Saï daï zi*, fut introduite au Japon par le prêtre chinois *Ghan sin* (Kian tchin), qui vint en 754 à la cour du Daïri. Elle ne fut répandue dans tout l'empire qu'en 1211 par le maître de la loi *Sioun zaï fo si* (Tsiun tchhing fă szu). Il n'est pas permis aux prêtres de cette observance d'avoir aucune espèce de commerce avec les femmes, et ils sont tenus d'observer cinq commandemens particuliers.

6. 華嚴宗 *Ke gon sió* (Houa yan tsoung), ou l'observance du *Ke gon ghio* (Houa yan king), ouvrage célèbre des bouddhistes. Elle fut fondée par le prêtre chinois *To ziun kwa sioô* (Thou chun ho chang), et introduite au Japon par *Itô ben* (Liang pian), mort en 773.

7. 天台宗 *Ten daï sió* (Thian thaï tsoung), ou l'observance du mont de *Thian thaï* en Chine. Elle avait été fondée par un célèbre ecclésiastique chinois, connu sous le titre de *Thian thaï ta szu*, ou le grand maître du Thian thaï chan. Sous les dynasties de Tchhin et de Soui (à la fin du 6ᵉ siècle), ce prêtre avait été *Kouě szu*, ou instituteur de l'empire; il vivait encore sous le règne du premier empereur des Thang. Cette observance fut portée au Japon en 805 par *Saï tou* (Tsoui tchhing). Elle est une des plus répandues dans cet empire; son siège principal est au temple *Yen riak si*.

8. 眞言宗 *Sin gon sió* (Tchin yan tsoung), ou l'observance des paroles véritables. Elle fut fondée par le Bodhisatwa *Rioo mio* (Loung meng), natif de l'Inde méridionale, lequel vivait 800 ans après S'akya mouni. Il rédigea les livres intitulés *Daï ni ghio* (Ta jỹ king), *So zits tsi ghio* (Sou sỹ ti king) et *Ghin gô teô ghio* (King kang ting king). Cette observance fut introduite au Japon par le célèbre *Kô kaï* (Koung haï) ou *Kô bô daï si* (Koung fă ta szu), qui revint de la Chine en 806. Elle y existe à présent sous deux formes, savoir, *Ko ghi* (Kou i) d'après l'ancienne règle, et *Sin ghi* (Sin i) d'après la nouvelle, introduite par *Negoro Kakban* (Ken laï Kiô tsoung), mort en 1143.

Les sectateurs de ces deux dernières observances se servent, dans leurs prières, de la langue sanskrite, et copient encore les livres bouddhiques en caractères dévanagari, appelés *bon zi* (fan tsu) lettres de l'Inde.

Outre ces huit observances anciennes des bouddhistes du Japon, il y en existe encore plusieurs autres, dont j'aurai plus bas l'occasion de parler. — Kl.

(1) La cérémonie du 頂灌 *Kwan tsioô* (Kouan ting) ou baptême bouddhique se fait dans un endroit obscur, où ne peuvent pénétrer les regards de personne. Le grand-prêtre, qui tient en main un vase de cuivre, répand un peu d'eau sur la tête du néophyte, en prononçant quelques paroles. On appelle l'eau du baptême *kan ro* (kan lou), la rosée douce. En la versant sur la tête du néophyte, le prêtre prie les dieux de lui remettre les *san go* (san kouo), c'est-à-dire, ses péchés, avant, pendant et après cette vie, et de l'aider à purifier son cœur et à parvenir à la perfection. — Kl.

LI. DAÏRI 皇大城平 FEI ZEÏ TEN O.

(De 806 à 809 de J. C.)

Nengo 同大 *Daï dô* (Ta thoung), de 806 à 809.

FEI ZEÏ TEN O (Phing tchhing thian houang) était fils de Kwan mou; il portait auparavant le nom de *Yasoudo* (Ngan o tian). Sa mère était l'impératrice *Fousiwara-no Oto mouro* (Theng yuan Y meou lieou), fille du Nadaïsin *Yosi tsougou* (Liang ki). Cet empereur aimait les sciences, et était excellent poëte. A la mort de Kwan mou, il choisit pour son successeur son frère cadet *Kami no-no sin o* (Chin ye thsing wang).

A la 5ᵉ lune de la 1ʳᵉ des années *Daï dô* (Ta thoung), le Daïnagon *Fousiwara-no Wousi maro* (Theng yuan Nei ma liu) fut nommé Oudaïsin. De grands sacrificateurs, qui avaient le rang de Sanghi, furent établis dans tous les temples des Tao szu (*Do-no kwan*, Tao kouon).

A la 9ᵉ lune, le Daïri honora son grand-père défunt le Nadaïsin *Yosi tsougou* du premier rang de la première classe, et le nomma Taïzio daïsin.

A la 8ᵉ lune, le prêtre *Kô kaï* revint de la Chine, d'où il rapporta l'observance de la secte bouddhique appelée *Sin gon* (Tchin yan)[1]. Le docteur *Tatsibana-no faya nari* (Kiŭ y̆ chi) rentra en même temps dans le Japon; il était fameux pour la beauté de son écriture, même dans l'étranger.

Le 1ᵉʳ mois de la 2ᵉ année (807), la totalité des présens apportés par l'ambassade de la Chine fut expédiée au temple *Ka si-no miya* (Hian tchhoui koung), dans la province de Tsikouzen, fondé en l'honneur de l'impératrice Sin gou kwo gou, et aux *San reo* (Chan ling), lieu de sépulture des anciens Daïris.

Le 4ᵉ mois, le titre de la classe des officiers militaires nommés jusqu'alors *Kon yé-no fou* (Kin weï fou) fut changé en *Sa kon yé-no fou* (Tso kin weï fou), et celui des *Tsiou yé-no fou* (Tchoung weï fou) en *Ou kon yé-no fou* (Yeou kin weï fou). L'Oudaïsin *Fousiwara-no Woutsi maro* devint Sadaïsio, et le Tsiounagon *Saka-no Wouyé-no Tamoura maro* fut nommé Oudaïsio. De cette époque date l'usage de faire habiter dans l'intérieur du palais les deux grands généraux de la droite et de la gauche; les autres officiers militaires restèrent en dehors.

Le 8ᵉ mois, les offrandes du Japon et des productions de la Chine furent présentées dans le temple *Daï sin gou* (Ta chin koung), de la province d'Izé.

A la 10ᵉ lune, *Iyo-no sin o* (Y yu thsing wang), frère cadet du Daïri et

(1) Voyez la note de la page précédente.

favori de l'empereur défunt, trama une révolte avec *Fousiwara-no Moune nari* (Theng yuan Tsoung tchhing). L'Oudaïsin *Woutsi maro* l'ayant appris, en informa le Daïri. Moune nari fut arrêté, et contraint à avouer le complot. Le Daïri envoya le Satsiousio *Abé-no Koré ô* (Ngan pou Chi hioung) et le Safio yé-no kami *Kosé no-no Moudarou* (Kiu chi Ye tsoŭ), avec quelques soldats, pour arrêter Iyo-no sin o, avec sa mère *Fousiwara-no bounin Kitsousi* (Theng yuan fou jin Kў tsu), et les conduire au temple *Kawa wara si* (Tchhouań yuan szu): ils devaient y mourir de faim; mais le prince et Kitsousi s'empoisonnèrent. Moune nari fut banni. Le Daïnagon *Fousiwara-no Tomo* (Theng yuan hioung yeou), oncle maternel d'Iyo-no sin o, fut envoyé en exil dans la province Iyo; plusieurs personnes furent privées de leurs emplois.

A la 5ᵉ lune de la 3ᵉ année (808), *Firo kata* (Kouang tchin), natif de la province d'Idzou, et médecin du Daïri, lui présenta un ouvrage de sa composition intitulé *Daï do rou ziou* (Ta thoung loui thsiu), en cent volumes, et traitant de la médecine.

A la 11ᵉ lune, le Daïri accomplit le pèlerinage *Daï siô yé* (Ta tchhang hoei), qui aurait dû avoir lieu l'année précédente; mais l'attentat d'Iyo-no sin o y avait mis obstacle.

Le 2ᵉ mois de la 4ᵉ année (809), l'Oudaïsin Woutsi maro obtint la permission de porter aux audiences impériales la robe rouge (*mourasaki*).

Le Daïri gouverna en personne: les requêtes et les rapports qui arrivaient de toute part étaient jetés dans une boîte [1]; il les examinait attentivement. Étant tombé malade au printemps, il résigna à la 4ᵉ lune, et remit l'empire au prince héréditaire, après avoir régné 4 ans avec le nengo *Daï dô*.

LII. DAÏRI 皇大峨嵯 SA GA-NO TEN O.

(De 810 à 823 de J. C.)

Nengo 仁弘 *Kô nin* (Houng jin), de 810 à 823.

SA GA-NO TEN O (Thso ngo thian houang), frère cadet et utérin de Feï zeï ten o, portait auparavant le nom de *Kami-no sin o*; il parvint au trône le 4ᵉ mois de la 4ᵉ année du nengo Daï do. Il conféra à Feï zeï le titre de *Taï zio ten o*, et choisit son fils *Taka oka-no sin o* (Kao yŏ thsing wang) pour Taïsi ou prince héréditaire.

Le 11ᵉ mois, il donna ordre au Ouyemon-no kami (commandant de la divi-

---

[1] Ces boîtes sont nommées *meyas fako* et *zozio fako*. — KL.

sion de la droite de la garde) *Fousiwara-no Naka nari* (Theng yuan Tchoung tchhing) de bâtir à Nara, pour le Taï zio ten o, un palais, qui fut nommé *Feï zeï gou* (Phing tchhing koung). Naka nari était un des grands officiers de l'ancien Daïri *Taï ziô ten o*.

A la 3ᵉ lune de la 1ʳᵉ des années Kô nin (810), le Daïri créa la classe de fonctionnaires nommés *Kourado* (Thsang jin); *Koké-no no tarou* (Khi ye tsoü) et *Fousiwara-no Fou tsoughi* (Theng yuan Toung szu) furent les chefs de cette classe.

Le 4ᵉ mois, il arriva du *Bok kaï* (Phoü hai), un ambassadeur nommé *Kô nan you* (Kao nan young). Le Daïri le fit loger à un des bureaux du ministère nommé *Kô rek wan* (Houng lou kwan); il l'invita à dîner, le combla de présens, et le renvoya avec une lettre pour son roi.

Le 9ᵉ mois, on répandit le bruit que le Taï zio ten o, ou l'ancien Daïri, avait l'intention de transporter sa résidence à Nara; chacun en fut consterné. Ce prince était très-amoureux de *Siôsi Kousourigo* (Chang chi Lo tsu), sœur cadette de Naka nari, qui se flatta de jouir d'un crédit sans bornes aussitôt que l'ancien Daïri aurait quitté Nara. Naka nari fit donc informer ce prince, par Siôsi Kousourigo, que, depuis son abdication, le peuple était en général mécontent de l'administration, et le fit exciter à remonter sur le trône. L'ancien Daïri y consentit, au grand contentement de Siôsi Kousourigo, qui espéra devenir son épouse et impératrice, et mettre le gouvernement entre les mains de son frère. C'était elle qui avait répandu le bruit du changement de résidence, lequel causa beaucoup d'inquiétude dans l'empire.

Le Daïri fut très-affligé en apprenant cette nouvelle; il fit aussitôt occuper par des troupes les défilés fortifiés des provinces d'Izé, d'Oomi et de Mino, et arrêter Naka nari, afin d'obtenir des renseignemens sur les menées de sa sœur. *Feï an ziô* (Phing ngan tchhing) était un lieu de résidence trouvé convenable par Kwan mou, et pendant long-temps avait été considéré comme tel; ainsi la nouvelle que Siôsi Kousourigo avait déterminé l'ancien Daïri à le quitter fit naturellement naître beaucoup de rumeur dans l'empire. L'empereur conféra au Tsiounagon *Saka-no Wouyé-no tamoura maro* l'emploi de Daïnagon, et lui ordonna de se rendre directement à Nara, d'y veiller sur le palais du Taï zio ten o, d'en chasser Siôosi, et de la priver, ainsi que son frère, de leurs dignités. Le Taï zio ten o, extrêmement irrité de cette nouvelle, rassembla les troupes du Gokinaï [1] et du Kiziou, dans l'intention de se porter à leur tête de *Kawa*

---

(1) 内河 Gokinaï (Ho nei) est la grande contrée qui forme le domaine de l'empereur; elle se compose de cinq provinces *Yama siro*, *Yamato*, *Kawatsi*, *Idzoumi* et *Sits*. — Kʟ.

goutsi (Tchhouan kheou) au Kwan to. Il quitta en effet Nara, accompagné de Siôsi, assis dans un char impérial.

Le Daïri, de son côté, nomma Tamoura maro général en chef, et lui envoya, sur sa demande, le Sanghi *Bounya no Wata maro* (Wen wŏ Mian ma liu) comme adjudant général, pour garder les passages d'*Ou si yama* (Yu tchi chan) et de *Zaki yoto* (Khi tian); il lui ordonna en même temps de mettre Naka nari à mort, au lieu de l'exiler dans l'île de Sado.

Taï zio ten o, informé que tous les passages étaient occupés, fut forcé de retourner à son palais à Nara, où il se rasa la tête et se fit prêtre. Siôsi Kousourigo, sentant l'énormité de son crime, prit du poison et expira; tous ses complices furent bannis. Le Taïsi Také oka-no sin o fut déposé, et devint prêtre et disciple de Kô bô; il prit le nom de *Sin zio* (Tchin ju) : *Otomo-no sin o* (Ta pan thsing wang), frère cadet du Daïri, fut nommé à sa place Taïsi ou prince héréditaire.

Le Daïri envoya *Outsi si no nai sin o* (Yeou tchi tsu nai thsing wang), la plus jeune de ses filles, au temple *Saï kou* dans l'Izé, pour y être *Saï in* (Tsai yuan) ou prêtresse du dieu de Kamo. Ce fut la première origine de cet emploi. Cette princesse avait beaucoup d'esprit, et aimait passionnément la poésie.

Le 1ᵉʳ mois de la 2ᵉ année (811), il arriva un ambassadeur du royaume de *Bok kaï* (Phoŭ hai).

Le 3ᵉ mois, le Daïnagon et Oudaïsio *Tamoura maro* mourut, au grand regret du Daïri, qui distribua à cette occasion au peuple une grande quantité d'étoffes de soie, de toile de coton, et du riz. Le défunt fut enterré au village de *Kourousou moura*, dans le district d'Ousi (du Yamasiro). Son arc, ses flèches, son carquois et son sabre furent mis dans son cercueil par ordre du Daïri. Tamoura maro était un homme très-bien fait; il avait cinq pieds huit pouces de haut; sa poitrine était large d'un pied deux pouces; il avait les yeux comme un faucon, et la barbe de couleur d'or. Quand il était en colère, il effrayait les oiseaux et les animaux par ses regards; mais lorsqu'il badinait, les enfans et les femmes riaient avec lui. Il mourut âgé de 54 ans.

Le 11ᵉ mois, les Yébis du pays de Mouts se révoltèrent; le Daïri y envoya *Bounya-no Wata maro* (Wen chў Mian ma liu), qui les réduisit à l'obéissance et fut récompensé par le second rang de la troisième classe.

Le 2ᵉ mois de la 3ᵉ année (812), le Daïri alla au jardin *Sin zen yen* (Chin thsiuan yuan, jardin de la source des génies), pour s'amuser à y contempler les fleurs et à faire des vers. C'est à cette époque que commença au Japon le goût pour les fleurs. Ce prince aimait les sciences, et écrivait supérieurement. Il se plaisait à la chasse, et prenait souvent cet exercice à *Owara* (Ta yuan), *Tarizen* (Soŭ thsian), *Mitsou nari* (Choui seng), *Kata no* (Kiao ye), *Seri gawa* (Khin tchhouen), *Oï gawa* (Ta yan tchhouan), et autres endroits.

Le 6ᵉ mois, il ordonna à *Ki-no Firo fama* (Ki Kouang pin) et à *Abé-no Makatsou* (O pou Tchin ching) de lire pour la première fois, en public, l'ouvrage intitulé Nipon ki.

Le 10ᵉ mois, l'Oudaïsin *Fousiwara-no Woutsi maro* mourut âgé de 57 ans; le Daïri l'honora, après sa mort, du titre de Taï zio daïsin.

Le 12ᵉ mois, il fit venir le Sanghi *Fou tsougou* (Toung szu), fils de Woutsi maro, et l'éleva au rang de Sadaïsio; le Daïnagon et *Fousiwara-no Sono fito* fut créé Oudaïsin.

Le 4ᵉ mois de la 4ᵉ année (815), étant allé à l'étang méridional du palais du Taïsi, tous les savans lui offrirent des vers et des éloges; l'Oudaïsin fit aussi une chanson et la lui présenta.

Le 5ᵉ mois, *Bounya-no Wata maro* (Wen chў Mian ma liu) obtint un rang militaire égal à celui de *Zio i seogoun* (Tching i thsiang kiun). La même année, en hiver, les Yébis du pays de Mouts se révoltèrent. A cette occasion, *Ono-no Sekio* (Siao ye Chў hioung) fit faire des casques et des cuirasses de peau de mouton et de bœuf, qu'il distribua aux troupes avec lesquelles il marcha contre les mutins, et les défit.

Dans le courant de cette année, Fousiwara-no Fou tsougou et Kô bô arrêtèrent le plan de construire l'hôpital *Nan yen dô* (Nan yuan thang) dans l'enceinte du temple *Kô bouk si* (Hing fou szu).

Le 4ᵉ mois de la 5ᵉ année (814), le Daïri se rendit à *Kan in-no take* (Hian yuan kouan), maison de Fou tsougou, et lui fit cadeau d'un poëme qu'il avait composé lui-même.

Le 5ᵉ mois, il accorda à ses filles *Nobou* (Sin), *Firon* (Houng), *Tsoune* (Tchhang) et *Akira* (Ming) le nom de famille de *Minamoto* (Yuan), qui alors fut introduit pour la première fois.

Le 6ᵉ mois, il chargea *Naka tsoukasa kiô man ta sin o* (Tchoung wou Khing fang to thsin wang) et l'Oudaïsin *Sono fito* (Yuan jin) et autres, de rédiger le *Siô zi rok* (Sing chi lou) ou la généalogie de tous les grands de la cour. Il fit aussi présent au prêtre *Ten ghio* (Tchhouan kiao) de quatre cents ballots de riz de la province d'Oomi.

Le 1ᵉʳ mois de la 6ᵉ année (815), *Okôren* (Wang biao lian) arriva comme ambassadeur du royaume de Bok kaï. Le Daïri le régala à la cour; l'ambassadeur fit des vers qu'il lui offrit. Il fut honoré du premier rang de la quatrième classe, et renvoyé dans son pays.

Le 4ᵉ mois, le Daïri se rendit à *Siga* (Thsu ho), dans la province Oomi.

Le 9ᵉ mois, il éleva la reine *Tatsibana-no fousin Kaghesi* (Khiŭ fou jin Hi tchi tsi) au rang d'impératrice, sous le nom de *Dan rin kwo gou* (Than lin houang heou).

Le 2ᵉ mois de la 7ᵉ année (816), s'étant transporté à l'édifice *Saga-no bets kwan* (Thso ngo piĕ kwan), tous les lettrés y furent appelés pour faire des vers.

Le 6ᵉ mois, Kô bô ayant rendu habitable le mont *Ko ya san* (Kao ye chan) dans le Kiziou, y établit sa demeure.

Le 4ᵉ mois de la 9ᵉ année (818), tous les *gakf* (ngĕ) [1] au dessus des portes des salles de l'intérieur du palais impérial furent renouvelés. Le Daïri écrivit celui du nord, Tatsibana-no Faya nari celui de l'est; le gakf du sud et celui de la porte *Tats ten mon* (Thă thian men) furent écrits par Kô bô.

Le 12ᵉ mois, l'Oudaïsin Fousiwara-no Sono fito mourut âgé de 63 ans. Le Daïri lui donna le titre posthume de Sadaïsin zio itsi i. Pendant tout le temps que la dignité d'Oudaïsin resta vacante, le Daïnagon Fousiwara-no Fou tsougou en exerça les fonctions.

Le 2ᵉ mois de la 10ᵉ année (819), le Daïri enjoignit aux grands de la cour de distribuer aux pauvres ses revenus tant en denrées qu'en argent provenant des provinces appelées *Gokinaï*[2]. Cette année il y eut une grande sécheresse durant l'été, et l'empereur donna ordre que l'on offrît au temple *Daï sin gou* (Ta chin koung) et au dieu *Niou-no mio sin* (Tan seng min chin) d'Izé des sacrifices pour obtenir de la pluie : en effet, il en tomba constamment pendant l'automne; alors il ordonna des sacrifices pour avoir du beau temps (*fari*).

Le 1ᵉʳ mois de la 11ᵉ année (820), l'empereur prononça en public le panégyrique de la famille de Fousiwara, et loua les services éminens qu'elle avait constamment rendus. Il compara ses membres à *Sïou kó* (Tcheou koung), *Tan só ga* (Tan siao ho) et autres, et leur accorda de nouveaux priviléges.

Le 2ᵉ mois, sept cents des naturels de Sin ra, qui autrefois avaient été établis dans les pays de Tootomi et de Sourouga, se révoltèrent, tuèrent des habitans de ces deux provinces, pillèrent le riz de la province d'Idzou, et se préparèrent à se sauver par mer dans des barques; mais ils furent poursuivis par les habitans du Mousasi et du Sagami, qui les mirent tous à mort.

Le 4ᵉ mois, le Daïri prescrivit au Daïnagon Fou tsougou de régler ses dé-

---

(1) On nomme 額 *gakf* les planchettes sur lesquelles sont inscrits, d'une manière élégante, des noms ou des sentences, et qu'on place au-dessus des portes du palais, des temples, et même de quelques maisons de particuliers.

(2) Voyez la note 1, à la page 98. — Kl.

cisions d'après ce qui est statué dans les ouvrages intitulés *Kô nin gak* (Koung jin kĕ) et *Kó nin sik* (Koung jin chў), dont le premier est une compilation de tous les décrets sur l'administration impériale et la législation pénale ; l'autre règle d'avance ce qui se pratique ordinairement dans le courant de l'année. Tous les officiers supérieurs sont tenus d'étudier ces deux ouvrages, ainsi que ceux qu'a composés *Tan kaï kó* (Than haï koung), et qui sont connus sous le nom de *Rits rió gak* (Liu ling kĕ), afin d'agir suivant leur teneur dans l'administration des affaires et dans le maintien des lois. Quiconque ne s'y conforme pas est puni. Ces quatre ouvrages forment l'antique code administratif du Japon.

Le 1ᵉʳ mois de la 12ᵉ année (821), le Daïnagon Fou tsougou fut nommé Oudaïsin.

Le 6ᵉ mois, le Daïri ordonna de construire un *Ko dan* (Kiai than) [1] sur le sommet du mont *Fi yei zan* (Szu joui chan); il le mit sous la direction du prêtre *Ten ghio* (Tchhouan kiao).

Dans la même année, *Fou tsougou* (Toung szu), comme membre de l'université impériale, composa pour tous les jeunes gens de la famille *Fousiwara*, un discours qu'ils étaient tenus d'apprendre par cœur.

A la 6ᵉ lune de la 13ᵉ année (822), le prêtre *Ten ghio* (Tchhouan kiao) mourut à l'âge de 59 ans, très-regretté du Daïri.

Le 1ᵉʳ mois de la 13ᵉ année (823), ce monarque donna le temple *Tô si* (Toung szu ou oriental) au prêtre *Kó bó* (Houng fa), et le temple *Saï si* (Si szu ou occidental) au prêtre *Siou bin* (Cheou min).

A la 2ᵉ lune, l'empereur alla au village situé dans les montagnes, où résidait la savante princesse Naï sin o, prêtresse du dieu *Kamo-no mio sin* (Ho meou ming chin), pour y donner un banquet parmi les fleurs, et entendre réciter des pièces de poésie. Naï sin o fit aussi quelques vers, quoiqu'elle n'eût alors que 17 ans. C'était la fille du Daïri, comme on l'a dit plus haut.

Le 3ᵉ mois, la province d'*Yetsizen* fut partagée en *Yetsizen* et *Kaga*.

Le 4ᵉ mois, le Daïri résigna l'empire au Taïsi *Otomo* (Ta pan), et se retira dans le palais de *Reï sen in* (Leng jen yuan). Il avait régné 14 ans, avec le nengo *Kó nin*.

(1) 壇戒 *Ko dan* sont des chapelles dans lesquelles on prononce des sermons, et où l'on prie. — Kʟ.

LIII. DAÏRI 皇天和口淳 ZIOUN WA TEN O.

(De 824 à 833 de J. C.)

Nengo 長天 *Ten tsiô* (Thian tchhang), de 824 à 833.

ZIOUN WA TEN O (Chun ho thian houang), auparavant nommé *Otomo-no sin o* (Ta pan thsin wang), était le fils de *Kwan mou* et le frère cadet de *Saga ten o*: sa mère *Fousiwara-no Tafsi* (Theng yuan Liu tsu) était fille de *Momoka*. Cet empereur aimait les sciences, faisait des vers, et écrivait supérieurement. Saga ten o l'avait nommé Taïsi au 4ᵉ mois de la 14ᵉ des années Kô nin. Ayant été proclamé Daïri, il nomma Taïsi *Masa yosi-no sin o* (Tching lang thsin wang), fils de Saga ten o. Quant à Saga ten o, il fut honoré du titre de *Taï zio ten o* (Taï chang thian houang), et *Feï zeï ten o* de celui de *Saki-no taï zio ten o* (Thsian taï chang thian houang).

A la 5ᵉ lune, le Daïri accorda au Tsiounagon *Yosiminé Yasouyo* (Lang thsin Ngan chi) le rang de grand général de la droite. Ce Tsiounagon était frère cadet du Daïri, qui lui avait donné le nom de famille *Yosimine* (Lang thsin), et qui l'employa parce qu'il était très-instruit. Son grand père du côté maternel, *Momoka*, avait obtenu le rang de Taï zio daïsin de la première classe.

Le 9ᵉ mois, le Taï zio ten o se proposant d'aller à son palais à Saga, le Daïri voulut que cela eût lieu avec la pompe d'un Daïri en voyage; mais le Taï zio ten o s'en défendit, refusa le char de cérémonie, et fit le voyage à cheval.

Le 11ᵉ mois, le Daïri accomplit le pélerinage *Daï siô yé* (Ta tchhang hoei).

A la 12ᵉ lune, le Saki-no taï zio ten o, ou *Feï seï* (Phing tchhing), arriva à la cour pour prendre l'amusement de la chasse; le Daïri le combla lui et les siens de présens de toute espèce.

L'été de la 1ʳᵉ année du nengo *Ten tsiô* (824) étant extrêmement sec, le prêtre Kô bô invoqua les dieux dans le jardin *Sin zen yen* (Chin thsiuan yuan), pour avoir de la pluie, et l'obtint.

A la 7ᵉ lune, le Saki-no taï zio ten o *Feï seï* mourut âgé de 51 ans.

Le 10ᵉ mois, le Daïri accorda à *Ghi sin* (I tchin), disciple de Ten ghio, le temple *Yen riak si* (Yan lỷ szu), pour demeure. L'observance de *Ten daï* (Thian thaï)[1] commença à être en vogue au Japon, depuis l'époque où cet ecclésiastique y remplit les fonctions de grand-prêtre[2].

(1) Voyez la note à la page 95. — KL.

(2) 主座 *Za sou*, en chinois Tso tchu.

Voici les différentes classes et dénominations des prêtres bouddhiques au Japon.

Les princes du sang impérial qui embrassent

A la 5ᵉ lune de la 2ᵉ année (825), l'Oudaïsin *Fou tsougou* fut nommé Sadaïsin, et le Daïnagon *Fousiwara-no O tsougou* (Theng yuan Siou szu) Oudaïsin. L'empereur chargea le Sadaïsin et l'Oudaïsin du gouvernement de l'empire; le dernier était fils de Momoka, et oncle du Daïri du côté de sa mère.

Le 8ᵉ mois, le Daïri fit venir les premiers docteurs de l'empire à la salle *Si sin den* (Tsu chin tian), pour s'informer des progrès de leurs disciples. Cet usage a prévalu depuis lors.

Le 11ᵉ mois le Taï zio ten o *Saga* célébra sa 40ᵉ fête.

Dans le courant de l'année, *Oura sima go* (Phou tao tsu) revint du *Fouraï san* (Fung laï chan)[1] à son village dans le Tango. C'était dans la 22ᵉ année du règne de Yn riak ten o (478) qu'il était parti pour cette montagne; il avait

l'état ecclésiastique, prennent le titre de 跡門 *Mon zek* (Men tsў), parce qu'ils doivent se tenir à la porte du palais.

Les hautes dignités ecclésiastiques sont:

1. 正僧大 *Daï sô ziô* (Ta seng tching), avec le rang de Daïnagon.
2. 正僧少 *Siô sô ziô* (Tching seng tching), avec le rang de Tsiounagon.
3. 正僧權 *Gwon sô ziô* (Kouon seng tching), avec le rang de Sanghi.
4. 都僧大 *Daï sô dzou* (Ta seng tou).
5. 都僧少 *Siô sô dzou* (Chao seng tou).
6. 師律 *Rits si* (Liü szu).

D'autres titres de prêtres bouddhiques sont:

印法 *Fô yin* (Fă yn), cachet de la loi.
眼法 *Fô ghen* (Fă yan), œil de la loi.
橋法 *Fô kioô* (Fă khiao), pont de la loi.

Le chef des 尚和 *Kwa sioô* ou *O sioô* (Ho chang) ou bonzes, porte le titre de 尚和大 *Daï kwa sioô* (Ta ho chang).

師法 *Fô si* (Fă szu), maître de la loi.
師國 *Kokf si* (Kouě szu), maîtres du royaume,

et 師大 *Daï si* (Ta szu), grand maître, sont des titres honorifiques qu'on donne à des prêtres d'un grand mérite.

梨闍阿 *A zia ri* (A che li) est le mot sanscrit आचार्य *Atchâryya*, qui signifie instituteur spirituel. Ce titre fut pour la première fois introduit au Japon en 973 de J. C.

主座 *Za sou* (Tso tchu), maître du siége ou du trône, est le titre qu'ou donne au premier prêtre d'un temple bouddhique.

師禪 *Zen zi* (Chen szu), docteur de la méditation, est un titre d'une haute dignité ecclésiastique accordé pour la première fois au Japon en 1278.

座首 *Siou za* (Cheou tso), titre qu'on donne au supérieur d'un couvent.

老長 *Tsiô rô* (Tchhang lao) et 人上 *Sioô nin* (Chang jin) sont des titres de membres du haut clergé bouddhiste.

錄僧 *Sô rok* (Seng loů), titre qu'on donnait aux chefs de communautés religieuses, sous la dynastie des Thang en Chine. Il y en avait un de la gauche et un de la droite.

善識智 *Zen tsi sik* (Chen tchi chў), prêtre absorbé dans l'extase religieuse. — Kl.

(1) Voyez à la page 28. — Kl.

été absent pendant plus de 300 ans. Cette histoire singulière n'est vraisemblablement qu'une fable.

A la 3ᵉ lune de la 3ᵉ année (826), la copie du *Fots ke kio* (Fă houa king), écrite de la main du Taï zio ten o, fut lue dans le temple *Saïsi*, pour le salut de l'ame de l'empereur Kwan mou ten o.

Le 7ᵉ mois, le Sadaïsin du second rang Foutsougou mourut âgé de 52 ans. Le Daïri l'éleva à la première classe, et l'honora du titre *Kan in-no Sadaïsin* (Yang yuan tso ta tchhin).

A la 11ᵉ lune, le prêtre Kô bô conseilla au Daïri de bâtir une tour (*thă*) auprès du temple *Tósi*.

A la 5ᵉ lune de la 4ᵉ année (827), l'empereur chargea *Sighe no-no Sada o* (Thsu ye Tching tchu) de rassembler tous les anciens poëmes, et de les réunir dans un ouvrage nommé *Keï kok sou* (King kouĕ tsў), en 20 volumes. *Sada o* excella dans toute sorte de littératures; il y avait alors beaucoup de savans et de bons poëtes à la cour du Daïri.

Le 2ᵉ mois de la 5ᵉ année (828), *Yosimine-no Yasougo* obtint un rang équivalant à celui de Daïnagon; le même rang fut accordé à *Fousiwara-no Moutsi mori* (Theng yuan San cheou) et à *Kiyo wara-no Natsou no* (Thsing yuan hia ye). Ils étaient chargés de veiller à ce que les lois de l'état fussent observées.

Le 9ᵉ mois, *Ono-no Taka moura* (Siao ye Houang) fut nommé Daïnaki; il était fort versé dans les affaires de tout genre.

A la 5ᵉ lune de la 9ᵉ année (829), Yosimine-no Yasougo conseilla au Daïri d'ordonner au peuple des différentes provinces de fabriquer des machines hydrauliques, pour conduire l'eau sur les champs et les terres labourables, afin d'augmenter la récolte.

A la 7ᵉ lune de la 7ᵉ année (830), il mourut à l'âge de 46 ans.

Le 12ᵉ mois, le Daïri alla à une maison de campagne appartenant au Daïnagon Kiyo wara-no Natsou no, et située sur le mont *Torabi-no oka* (Chouang kang).

Dans la 8ᵉ année (831), l'empereur ordonna à Sighe no-no Sada o de faire un recueil de tous les ouvrages élégamment écrits, tant anciens que modernes; cette collection, qui reçut le titre de *Fi fou riak* (Pi fou liŏ), se composait de 1000 volumes.

Le 4ᵉ mois de la 9ᵉ année (832), l'empereur se rendit à *Mourasaki no* (Tsu ye): on y bâtit une maison où il allait se divertir souvent; elle fut appelée *Oun rin in* (Yun lin yuan), ou le palais de la Forêt des nuages.

Le 11ᵉ mois, *Fousiwara-no o tsougou* fut créé Sadaïsin, et *Kiyo wara-no Natsou no* Oudaïsin.

Le 1ᵉʳ mois de la 10ᵉ année (833), le Daïri chargea *Kiyo wara-no Natsou no* de lui présenter une nouvelle révision du *Riou ghi kaï* (Ling i kiaï), ouvrage rédigé autrefois par *Tan kaï kô*.

Le 10ᵉ mois, il remit l'empire au Taïsi *Masa yosi sin o*, et se retira à *Saï in* (Si yuan), où le lieu de sa résidence fut nommé *Zioun wa in* (Chun ho yuan). Il avait régné pendant 10 ans, avec le nengo *Ten tsiô*.

LIV. DAÏRI 皇天明仁 NIN MIO TEN O.

(De 834 à 850 de J. C.)

Nengo { 和承 *Zeó wa* (Tching ho), de 834 à 847,
{ 祥嘉 *Ka siô* (Kia siang), de 848 à 850.

NIN MIO TEN O (Jin ming thian houang), fils de Saga ten o, était nommé auparavant *Masa yosi-no sin o* (Tching lang thsin wang). Sa mère *Dan rin kwô gou* (Than lin houang heou) était fille de Kiyo tomo; elle eut aussi le nom de *Tatsibana fousin Kaghesi* (Kiŭ kia Tchi tsu): elle était sœur cadette du Sadaïsin Moroye. Zioun wa ten o étant devenu Daïri, le nomma Taïsi. Il monta sur le trône, à la résignation de cet empereur, au 10ᵉ mois de la 10ᵉ année du nengo *Ten tsiô*. Il choisit pour Taïsi *Tsoune sada-no sin o* (Heng tching thsin wang). A cette époque, l'ancien Daïri Saga ten o reçut le titre de *Saki-no taï zio ten o* (Thsian taï chang thian houang), et Sioun wa celui de *Notsi-no taï zio ten o* (Heou taï chang thian houang).

O tsougou et *Natsou no* étant Sadaïsin et Oudaïsin, furent chargés du gouvernement. Le Sanghi *Tatsibana-no Outsi kimi* (Kiŭ Chi koung), oncle du Daïri, fut fait Oudaïsio, ou grand général de la droite.

Le Daïri visitait souvent ses prédécesseurs Saga ten o et Zioun wa ten o.

Le 11ᵉ mois, il accomplit le pélerinage *Daï siô ye* (Ta tchhang hoei); le terrain fut décoré de quantité de pavillons, sur lesquels étaient représentés le phénix de l'arbre appelé *go to* (ou thoung, *volkameria japonica*), le soleil et la lune, la pêche de la Mère du roi de l'Occident entouré de nuages de bon augure, le bambou du pays d'*On* et de *Lian li*, le *Khi lin*, et autres emblèmes.

Dans le courant de l'année, le Daïri créa le Sanghi *Bounza-no Akitsou* (Wen chў Thsieou thsin) grand juge; il le chargea de veiller à ce que, pour les récompenses et les punitions, les lois de l'état fussent observées et en tout strictement exécutées. Il créa plusieurs emplois nouveaux distingués par différens titres. Les officiers chargés de la conservation des édifices de la capitale portaient ceux de *Sakio* et *Oukio*. Le *Ghiï bou* (Hing pou), ou tribunal des crimes, avait soin que la peine prononcée fût mise à exécution. Le grand-juge devait aussi examiner toutes les plaintes et les requêtes, bannir les criminels, et pourvoir à ce que la loi fût accomplie dans tout ce qu'elle prescrit. Le Daïri nomma encore soixante-six juges inférieurs; il en envoya un dans chaque province.

Le 1ᵉʳ jour du 1ᵉʳ mois de la 1ʳᵉ année du nengo *Zeó wa* (834), il alla faire ses prières dans la salle *Daï kok den* (Taï kў tian).

Le 2ᵉ mois, il fit une visite à Zioun wa ten o.

Le 3ᵉ jour, Zioun wa ten o visita Saga ten o, pour le féliciter sur la nouvelle année.

Le 7ᵉ, le Daïri se rendit à la salle *Boú rak den* (Foung lŏ tian), et y célébra la fête du jour du cheval blanc. Il nomma à cette occasion le Sanghi *Fousiwara-no Tsoune tsougou* premier et *Ono-no Taka moura* second ambassadeur en Chine, et leur adjoignit plusieurs autres personnes comme secrétaires.

Le 2ᵉ mois, l'empereur vint à l'arène destinée à l'exercice du tir à l'arc. Il distribua des récompenses aux meilleurs tireurs; il tira lui-même, ainsi que le Daïsin et tous les officiers subalternes.

Le 3ᵉ mois, Saga ten o se rendit à la demeure de l'Oudaïsin Natsou no, à *Torabi-no oka* (Chouang kang).

Le 8ᵉ mois, la princesse *Kousi nai sin o* (Kieou tsu thsin wang) alla faire ses prières à la rivière *Kamo gawa* (Ho meou tchhouan) : ensuite elle visita le temple *No miya* (Ye koung); puis elle se rendit dans l'Izé pour devenir *Saï koú* ou prêtresse.

Le 1ᵉʳ mois ds la 2ᵉ année (835), le Daïri alla chasser à la rivière *Seri gawa* (Khin tchhouan) : il aimait à prendre cet exercice dans les campagnes éloignées.

Le 21 du 3ᵉ mois, le fameux prêtre *Kô bó* mourut au mont *Kô ya san* (Kao ye chan).

Le 5ᵉ mois, le Daïri alla pêcher dans l'étang du jardin *Sin zen in*, et envoya les poissons qu'il avait pris à Saga ten o et à Zioun wa ten o.

Le 7ᵉ mois, il fit venir *Souga wara-no Seï kô* (Kwan yuan Thsing koung) pour se faire lire les livres *Sen kan sio* (Thsian han chou) et *Go kan sio* (Heou han chou).

Le 9 du 9ᵉ mois, il se rendit à la salle *Si sin den* (Tsu chin tian), pour y célébrer la fête de la fleuraison de la matricaire (kiŏ). Les poëtes lui offrirent des vers à cette occasion.

Le 2ᵉ mois de la 3ᵉ année (836), il manda *Fousiwara-no Tsoune tsougou* et

Ono-no Taka moura, qui avaient été nommés ambassadeurs en Chine, et leur fit distribuer par l'Oudaïsin *Tatsibana-no Ousi kimi* des étoffes de soie.

Le 4ᵉ mois, il les appela à la salle Si sin den, leur fit plusieurs présens et les régala de vin. Il gratifia d'habits royaux et de brocards tous ceux qui excellaient dans la poésie. A la même occasion, il accorda des titres posthumes à Fousiwara-no Seïga, Abé-no Naka maro et Isigawa-no Mitsi masou, qui autrefois étaient allés en Chine, où ils étaient restés jusqu'à leur mort.

Le 7ᵉ mois, les ambassadeurs destinés pour la Chine partirent sur quatre bâtimens de *Taï saï fou* (Taï tsaï fou); mais ils furent forcés par un typhon d'y revenir.

Le 3ᵉ mois de la 4ᵉ année (837), ils mirent de nouveau à la voile, accompagnés du prêtre *Ghen nin* (Yuan jin), qui plus tard devint *Zi gak daïsi* (Tsu kiŏ ta szu)[1].

Le 9ᵉ mois, *Kiyo wara-no Natsou no* mourut à l'âge de 56 ans.

Le 1ᵉʳ mois de la 5ᵉ année (838), *Fousiwara-no Mitsi mori* fut nommé Oudaïsin.

Le 9ᵉ mois, *Tsio do-no firo kŏ* (Tchy̆ tao kouang koung) lut, dans la salle *Seï riŏ den* (Thsing leng thian), le *Kiun chu tchi yao*, ouvrage chinois qui est une espèce d'aperçu de tout ce qui a rapport au gouvernement.

A la 8ᵉ lune, le 25ᵉ jour du cycle, on expliqua le *Siŏ sio* (Chang chou, ou Chou king), le *Tchhun thsieou*, d'autres parties des cinq king, ainsi que le Lun yu et le Hiao king.

Le 12ᵉ mois, *O no-no Taka moura*, second ambassadeur en Chine, revint, prétextant une indisposition qu'il avait gagnée en route. On supposait que Tsoune tsougou avait plus d'esprit, mais réellement Taka moura l'emportait sur lui en ce point. La nomination de Tsouné tsougou comme premier ambassadeur avait beaucoup choqué Taka moura; cependant les ordres positifs du Daïri l'avaient forcé de quitter la capitale. Des quatre bâtimens qui composaient l'expédition, celui de Tsoune tsougou fut le plus endommagé; il prit alors celui de Taka moura, qui, encore plus offensé de cela, refusa de par-

---

(1) 師大覺慈 *Zi gak daï si* (Thsu kiŏ ta szu) portait le surnom de 仁圓 *Yen nin* (Yuan jin). Il était de la famille 生壬 *Nin siŏ* (Jin seng), et natif du district de *Tsouka* de la province de Simotske. Il naquit en 794 et fut disciple du célèbre *Ten ghio*. En 838, il alla en Chine, où il s'appliqua principalement à l'étude des livres de la loi bouddhique, écrits en langue *fan*, ou sanskrite. Il visita plusieurs des plus fameux temples de la Chine, et entre autres celui du *Thian thaï chan*, où il copia tous les ouvrages religieux des moines qui l'habitaient. Il rapporta au Japon 559 volumes, formant en tout 21 ouvrages, et mourut le 14ᵉ jour de la 1ʳᵉ lune (864), âgé de 71 ans. C'est alors qu'on lui donna le titre posthume de *Zi gak daï si*. — KL.

tir, et écrivit au Daïri. Sa lettre était remplie de plaintes; il allait jusqu'à dire qu'il n'avait pas peur même du Daïri. Saga ten o en fut fort offensé, craignant que la faute ne tombât sur lui. Cependant on fit grâce de la vie à Taka moura, à cause de ses talens et de ses connaissances littéraires; mais il fut banni à Oki. Après quelques années, on lui permit cependant de revenir à la capitale.

Le 8ᵉ mois de la 6ᵉ année (839), *Tsoune tsougou* fut de retour.

Le 9ᵉ mois, il se présenta au Daïri dans la salle Si sin den, et lui offrit par l'Oudaïsin *Fousiwara-no Mitsi mori* la lettre de l'empereur de la Chine : le Daïri reçut Tsoune tsougou avec beaucoup d'affection. Celui-ci était fils de Kado na. Lui et son père avaient été premiers ambassadeurs en Chine, chose bien rare au Japon, et à cause de cela fort applaudie.

Le 2ᵉ mois de la 7ᵉ année (840), le nombre des brigands s'étant augmenté prodigieusement dans plusieurs provinces, le Daïri y envoya le Sakio et l'Oukio pour les arrêter.

L'ancien Daïri Zioun wa ten o mourut le 5ᵉ mois, âgé de 52 ans.

L'Oudaïsin Fousiwara-no Mitsi mori décéda de même au 7ᵉ mois.

Le 8ᵉ mois, on suspendit les cours publics, à cause du deuil du Daïri (Yuan tchbang). Le Daïnagon *Minamotto-no Tsouné* fut nommé Oudaïsin.

Au printemps de la 9ᵉ année (842), il arriva un ambassadeur de *Bok kaï*; on le congédia le 4ᵉ mois, et il retourna dans son pays.

Le 7ᵉ mois, Saga-no taï zio ten o mourut âgé de 57 ans.

A cette même époque, *Fougou-no Fate waki, Ban-no Kowa mine* et *Tatsibana-no Faya nari*, prince de *Tasima*, s'étaient réunis pour se révolter, et pour proclamer Daïri le Taïsi *Tsoune sada*, fils de Zioun wa ten o et neveu du Daïri régnant. A la mort de Zioun wa ten o, ils n'étaient pas d'accord : Kowa mine et Faya nari étaient résolus d'exécuter leur projet; car ils croyaient que le décès de Saga ten o leur offrait une occasion favorable. Le prince *Abou sin o* (A pao thsin wang), ayant eu connaissance du complot, le découvrit à la mère du Daïri, veuve de Saga ten o; elle en fit part à Fousiwara-no Yosi fousa, qui aussitôt fit investir de troupes les demeures de Kowa mine et de Faya nari, et fermer toutes les avenues par une forte garde, afin de les arrêter et de les punir : on se saisit aussi des personnes du Daïnagon *Fousiwara-no Aibotsou*, du Tsiounagon *Fousiwara-no Kitsou no* et du Sanghi *Bounya-no Akitsou*, qui furent tous destitués de leurs emplois et bannis de la résidence, puisqu'ils avaient été serviteurs de Zioun wa et fort attachés au Taïsi. On prétend que *Tsoune sada sin o* ignorait entièrement le complot; mais qu'à cause de ses liaisons avec les conspirateurs, il fut déposé du rang de Taïsi, et devint prêtre sous le nom *Goû zio* (Heng chŏ). Faya nari fut banni à Idzou, et Kowa mine à Oki : Tsoune sada écrivait supérieurement. Quelque temps après, *Mitsi yasou sin o* (Tao khang thsin wang), fils aîné du Dairi, fut nommé Taïsi.

Le 7ᵉ mois de la 10ᵉ année (843), le Sadaïsin *Fousiwara-no O tsougou* mourut âgé de 70 ans.

Le 9ᵉ mois, on reçut de l'île *Tsou sima* la nouvelle qu'on y entendait un bruit très-fort de tambours du côté de Sin ra, ce qui fit craindre une invasion. On envoya donc des troupes du pays Tsoukouzi à Tsousima.

Le 12ᵉ mois, *Bounya-no Miya ta maro* (Wen chў Koung thian ma liu) eut l'intention de se révolter ; mais le complot fut découvert ; on l'exila à Idzou, Tous ses fils furent également bannis.

Le 3 du 1ᵉʳ mois de la 11ᵉ année (844), le Dairi rendit une visite à sa mère.

Le 6ᵉ mois, le Dairi ordonna à *Sougawara-no Taka tosi* (Kouan ye kao nian) d'achever la lecture du Nipon ki, commencée déjà le 6ᵉ mois de l'année précédente.

Le 7ᵉ mois, *Minamotto-no Tsoune o* devint Sadaïsin, et *Tatsibana-no Ousi kimi* Oudaïsin. Le premier était frère cadet, l'autre l'oncle du Dairi.

Le 1ᵉʳ mois de la 12ᵉ année (845), un certain *Mourasi Fama nousi* (Lian pin tchu), né dans la province Owari et âgé de 133 ans, vint danser devant le Daïri. Cet homme était extrêmement leste à s'asseoir et à se lever ; c'était à force de danser qu'il avait atteint un âge si avancé. Le Dairi l'admira beaucoup, et lui fit présent d'un de ses propres habits.

Le 2ᵉ mois, *Sougawara-no Kore yosi* obtint le titre de *Boun siô fak se* (Wen tchang phŏ szu), ou premier maître du style. Il était père adoptif de *Kan siô siô* (Kwan ching siang), et fils de *Seï kô* (Thsing koung), fils de *Ko zin* (Kou jin). Ce dernier ainsi que ses descendans furent des docteurs du premier ordre et très-savans. Il faut que Kan siô siô soit né à cette époque, car à l'âge de six ans il vint chez Seï kô ; il n'avait ni père ni mère, et personne ne connaissait son origine. Kore yosi prit soin de lui et de son éducation, et l'adopta. Ce récit paraît cependant peu croyable.

Le 2ᵉ mois de la 14ᵉ année (847), *Fousiwara-no Sada fosi* revint de la Chine, où il avait étudié la musique. Il fut nommé *Outa-no kami* (Ya yo theou), ou premier musicien.

Le 5ᵉ mois, *Soumi-no yosi tsoune* (Tchhing ohen ching), étant devant le Daïri, lut le livre du philosophe chinois *Sô zi* (Tchouang tsu), ainsi que le *Kan sio* (Han chou).

Le 10ᵉ mois, le prêtre *Zigak* (Thsŭ kiŏ) [1] revint de la Chine, où il était resté

(1) Voyez la note 1 de la page 108.

pendant dix ans. Il rapporta le réglement pour les moines et les religieuses, fait par l'empereur *Wou tsoung houang ti*, de la dynastie de Thang. Le prêtre *Yen saï* (Yuan tsaï), qui était parti avec lui, resta en Chine.

Au même mois, *Tatsibana-no Nara maro* fut honoré du titre posthume de Taïzio daïsin du premier rang de la première classe. Sous le règne de Ko ken ten o, il avait été décapité par ordre d'Ousikatsou ; mais comme la mère du Daïri descendait de lui, il obtint ce titre éminent.

Dans le même mois, mourut, à l'âge de 41 ans, la princesse *Outsisi-no naï sin o*, prêtresse du dieu *Kamo-no mio sin* (Ho meou) ; elle était fille de Saga ten o.

Le 12° mois, l'Oudaïsin *Tatsibana-no Ousi kimi* mourut âgé de 65 ans.

Le 1ᵉʳ mois de la 1ʳᵉ année du nengo *ka siô* (848), le Daïnagon *Fousiwara-no Rosi fousa* (Theng yuan Liang fang) devint Oudaïsin. Il était fils du défunt Sadaïsin *Foutsougou* (Fung szu) ; dans la suite il reçut le titre de *Tsiô nin kô* (Tchouang jin koung).

Le 6° mois, on offrit au Daïri une tortue blanche de la province de Boungo. Comme c'était une chose extraordinaire, tous les fonctionnaires publics allèrent en complimenter l'empereur, qui donna pour la même raison aux années de son règne le nengo *Ka siô* (Kia siang) ou d'heureux augure.

Le 4ᵉ mois de la 1ʳᵉ année (839), un ambassadeur nommé *O boun kou* (Wang wen kiu) arriva du *Bok kaï*. Il fut logé dans le pavillon *Koû ro kwan* (Houng lou kouan). *Yosimine-no Tsouné sada* (Lang thsin Tsoung tchin), fils d'*An se*, et un des grands qui approchaient le plus du Daïri, furent envoyés pour le complimenter.

A la 5ᵉ lune, il vint au palais, et fut régalé par l'empereur, qui chargea Ono-no Taka moura de préparer une lettre, avec laquelle l'ambassadeur fut renvoyé.

Le 10ᵉ mois, le Daïri célébra sa 40ᵉ fête ; sa mère et le Taïsi lui firent à cette occasion beaucoup de présens.

Le 11ᵉ mois, il fit une promenade par la capitale, et distribua beaucoup de riz et d'argent aux pauvres. En passant par-devant la prison, il ordonna à Yosi fousa de mettre en liberté les coupables qu'on y détenait.

Le 1ᵉʳ mois de la 3ᵉ année (850), il rendit une visite à sa mère, à sa résidence *Reï zen in*. Arrivé dans sa demeure, il descendit de son char, monta à la salle où elle se tenait, s'assit sur une natte, se tourna vers le nord et observa les cérémonies d'usage. Les ayant achevées, il redescendit l'escalier, monta en voiture et s'en retourna. Tout le monde fut édifié de cette marque publique de sa piété filiale.

Le 1ᵉʳ mois, le Daïri tomba malade, et mourut au 3ᵉ, âgé de 41 ans. Suivant son desir, il fut enterré sans pompe à la sépulture *Foukakousa-no misaghi* (Chin thsao ling). C'était un prince fort instruit ; il aimait les sciences et écrivait parfaitement. Il avait aussi étudié la médecine, et excellait à tirer de l'arc et à jouer de la guitare et de la flûte. Sous son règne, l'empire jouit d'une paix profonde et fut très-florissant. La plus grande dépense de ce monarque avait été la construction d'un grand *Daïri* (Neï li) ou palais. Le général de la gauche *Yosimine-no Moune sada*, qui était toujours avec lui, fut si affligé de sa mort qu'il se rasa la tête et se fit prêtre, sous le nom de *Fen zeou* (Pian tchao). Dans la suite, il fut grand-prêtre bouddhique au mont *Ye san* (Houa chan), et porta alors le titre de *Yesan-no sô zio*. Le Daïri avait régné 17 ans, savoir, 14 avec le nengo *Zeô wa* et 3 avec celui de *Ka siô*.

LV. DAÏRI 皇天德文 BOUN TOK TEN O.

(De 831 à 858 de J. C.)

Nengo
- 壽仁 *Nin ziou* (Jin cheou), de 851 à 853,
- 衡齊 *Sai kaô* (Tchaï heng), de 854 à 856,
- 安天 *Ten an* (Thian ngan), de 857 à 858.

BOUN TOK TEN O (Wen tĕ thian houang), nommé auparavant *Mitsi yasou* (Tao khang), était fils de Nin mio ten o. Sa mère, l'impératrice *Zioun si* (Chun tsu), était fille du Sadaïsin Fousiwara-no Foutsougou. D'autres veulent que le nom de sa mère ait été *Go sio-no Kisaki* (Ou thiao heou). Il avait été déclaré Taïsi la 9ᵉ année du nengo Zeô wa (842). Nin mio étant décédé le 3ᵉ mois de la 3ᵉ année du nengo Ka siô, il fut proclamé Daïri dans le 4ᵉ mois de la même année.

Le 5ᵉ mois, l'impératrice veuve de Saga ten o, mère de Nin mio et grand'-mère du Daïri, mourut. Cette princesse, très-dévote, avait fondé le temple *Dan rin si* (Than lin szu), ce qui lui fit donner le nom de *Dan rin Kwo gou* (Than lin houang heou). C'était elle qui avait envoyé en Chine le prêtre *Zi gak*, pour y étudier la religion. Elle aimait les sciences, et bâtit l'école publique *Gak kwan in* (Hiŏ kouan yuan), où elle logea les descendans de Tatsibana-no Ousi, pour donner des cours publics. A la mort de Nin mio, elle se coupa les cheveux de désespoir, et mourut peu de temps après, âgée de 65 ans. Elle fut enterrée au palais *Moume-no miya* (Meï koung), où se trouvait la salle de ses ancêtres de la famille *Tatsibana*. Cette princesse fut honorée comme une sainte.

Le 7ᵉ mois, le Sadaïsin Fou tsougou reçut le titre posthume de Taïzio Daïsin.

Le 11ᵉ mois, le Daïri choisit *Kore fito* (Weï jin) pour Taïsi. La mère de ce prince, qui n'était âgé que de 9 mois, était fille de l'Oudaïsin Yosi fousa.

Le 3ᵉ mois de la 1ʳᵉ année du nengo *Nin ziou* (831), l'empereur se rendit à la maison de Yosi fousa, pour jouir de la beauté des cerisiers en fleurs, et pour s'occuper de la poésie et du chant.

Le 4ᵉ mois, Yosi tsouna expliqua publiquement le *Boun sen* (Wen siuan) [1].

Le 11ᵉ mois, l'empereur assista à la cérémonie *Daï siô yé*.

Le 5ᵉ mois de la 2ᵉ année (832), on reçut la nouvelle que le *kan ro* (kan lou) ou la *rosée douce* tombait dans plusieurs provinces.

Le 12ᵉ mois, le Sanghi *Ono-no Taka moura* (Siao ye Houang) mourut à l'âge de 51 ans. On dit que ses descendans existent encore dans le *Kwan to*. (Voyez page 54.)

Le 2ᵉ mois de la 3ᵉ année (833), le Daïri alla à l'habitation de Yosi fousa, et gratifia *Naniwa-no Akitsou*, serviteur de celui-ci, d'un rang au-dessous de la cinquième classe.

Le 6ᵉ mois, l'Itsiban *Katsourawa-no sin o*, fils de Kwan mou ten o, mourut.

Le 8ᵉ mois, mourut *Kawa nari* (Ho tchhing), né dans le Fiaksaï; il excellait dans l'art de peindre.

Le même mois, le prêtre *Yen tsin* (Yuan tchin) partit pour la Chine. C'est lui qui, dans la suite, reçut le titre de *Tsi siô daï si* (Tchi tching taï szu) [2].

Dans le courant de cette année, beaucoup de monde fut enlevé par la petite vérole, qui fit de grands ravages par tout l'empire.

Le 6ᵉ mois de la 1ʳᵉ année du nengo *Saï kaô* (854), le Sadaïsin *Minamotto-no Tsoune* mourut âgé de 43 ans.

Le 7ᵉ mois, un prêtre qui prétendait vivre sans prendre de nourriture, vint de la province de Bizen à la capitale. Le Daïri le logea dans le jardin Sin zen

---

(1) 選文 *Wen siouan* est une collection de pièces de rhétorique en chinois, faite par le prince *Tchao ming*, fils de l'empereur Wou ti de la dynastie de Liang, vers le milieu du VIᵉ siècle. Cet ouvrage fut commenté sous les Thang par *Li chen*; il se compose de 60 sections.—Kl.

(2) 師大證智 *Tsi siô daï si* portait le nom de 珍圓 *Yen tsin* (Yuan tchin). Il était de la famille 和 *Wa* (Ho), et naquit en 813, dans le district de *Naka*, de la province de Sanouki. Dès sa jeunesse, il montra beaucoup de talent et d'assiduité pour l'étude. Arrivé en Chine, il apprit la langue sanskrite et visita les principaux temples. Il rapporta au Japon plus de mille volumes d'ouvrages religieux. Il mourut le 39ᵉ jour de la 4ᵉ lune de l'an 890, âgé de 78 ans. Ce ne fut qu'en 927 que le Daïri Daï go ten o lui conféra le titre posthume de *Tsi siô daï si*.—Kl.

yen : tout le monde fut fort étonné de cette chose, et l'on accourut en foule de tout côté pour le voir. Dans la suite, on découvrit sa tromperie; car il prenait dans la nuit du riz et de l'eau, et l'on trouva ses excrémens dans la maison.

Le 1er mois de la 2e année 855, les Yemis de la province de Mouts se révoltèrent; on y envoya de l'Oomi un secours de 1,000 hommes et des provisions au gouverneur du pays.

Le 5e mois, la tête de l'image du Daï Bouts du temple *Tôdaïsi* (Toung ta szu) tomba d'elle-même; en conséquence, le Daïri ordonna, le 9e mois, au Daïnagon *Fousiwara-no Yosi souke* (Theng yuan Liang siang) et au prêtre *Sin zio* (Tchin jou), d'amasser des dons pieux par tout l'empire, pour faire une autre image du Daï Bouts; imitant en ceci ce qui s'était pratiqué du temps de Sio mou ten o. Yosi souke était le frère cadet de Yosi fousa.

Le 7e mois de la 3e année (856), le Tsiounagon *Fousiwara-no Naga yosi* mourut âgé de 55 ans; il était frère aîné de Yosi fousa, qui, n'ayant point de fils, adopta Moto tsouné, troisième fils de Naga yosi.

Le 11e mois, le Daïri fit venir Yosi tsouna, et lui ordonna d'expliquer le *Sin sio* (Tsin chou), ou l'histoire de la dynastie chinoise de *Tsin*.

Le même mois, il fit construire une nouvelle salle, pour y offrir sur la terrasse un sacrifice au ciel. Fousiwara-no Yosi souke et Sougawara-no Kore yosi furent chargés de l'exécution de cette bâtisse.

Le 2e mois de la 1re année du nengo *Ten an* (857), l'Oudaïsin Yosi fousa fut nommé Taïzio daïsin, le Daïnagon *Minamoto-no Nobou* devint Sadaïsin, et Yosi souke fut fait Oudaïsin. Nobou était l'oncle du Daïri.

Le 3e mois, le Daïri permit à Yosi fousa de garder son sabre sur lui en venant à la cour, suivant en cela ce qui avait été accordé par le fondateur de la dynastie chinoise de Han à *Sou ga* (Siao ho)[1]; mais Yosi fousa refusa cet honneur.

Le 6e mois, les habitans de l'île *Tsou sima* se révoltèrent et tuèrent leur gouverneur. Le Daïri y envoya des troupes de *Taï saï fou* (Tai tsaï fou) pour rétablir la tranquillité.

Le 11e mois, *Kô bô*, sur la requête de son disciple *Si seï* (Tching tsi), fut honoré du titre posthume de *Daï soû ziô* (Ta seng tching).

Le 12e mois, le Daïri manda devant lui son fils aîné *Kore taka* (Wei khiao),

---

(1) *Siao ho* avait le plus contribué à l'élévation de *Liéou pang* au trône, qui, étant parvenu à la dignité impériale, adjugea à Siao hio, en 201 avant J. C., la première place parmi ses grands; il le nomma son premier ministre, avec la liberté d'entrer au palais quand il le jugerait à propos, sans une permission expresse et sans ses habits de cérémonie. Il lui permit encore de venir le sabre au côté, distinction qui n'était accordée à personne. — Kl.

lui fit prendre la robe virile et l'éleva à la quatrième classe ; puis il dîna avec Yosi fousa et autres grands. Il avait l'intention de choisir *Kore taka sin o* pour successeur, à cause de la grande jeunesse de *Kore fito sin o* (Wei jin thsing wang); mais Yosi fousa et le Sadaïsin Minamoto-no Nobou s'y opposèrent, en lui faisant observer que le dernier avait depuis long-temps été déclaré Taïsi : alors l'empereur se rangea de leur avis.

Dans la même année, le premier corps de garde fut construit à *Osaka-no Seki* ou *Keaghi*, en dehors de la capitale [1].

Le 2ᵉ mois de la 2ᵉ année (858), le nombre des voleurs s'étant prodigieusement accru dans la capitale, *Saki-no Wouye-no Masa mitsi* (Pan chang Tang tao) et *Fousiwara-no Ari sané* (Theng yuan Yeou tchin) reçurent l'ordre de les rechercher et de les arrêter.

Le 6ᵉ mois, un grand nuage blanc flotta du nord-est vers le sud-ouest ; on lui donna le nom de *Fata koumo* (Khi yun) ou le nuage de la Bannière.

Le 8ᵉ mois, le Daïri mourut âgé de 32 ans. Ce prince avait toujours soigneusement veillé à la stricte observation des lois ; il n'aimait point la chasse : il était d'une constitution très-faible, ce qui l'empêcha de se charger lui-même des soins du gouvernement, et fut aussi la cause qu'il mourut fort jeune, n'ayant régné que huit ans, savoir, 3 ans avec le nengo *Nin ziou*, 3 avec celui de *Saï kaô*, et 2 avec celui de *Ten an*.

LVI. DAÏRI 皇天和清 SEI WA TEN O.

(De 859 à 876 de J. C.)

Nengo 觀貞 *Zioô kwan* (Tching kouon), de 859 à 876.

SEI WA TEN O (Tching ho thian houang), nommé auparavant *Kore fito* (Weï jin), succéda à Boun tok. Sa mère était *Somedono-no kisaki Fousiwara-no Aki ko* (Jen tian heou Theng yuan Ming tsu), fille du Taïzio daïsin *Yosi fousa* (Liang fung). A l'âge de 9 mois, Kore fito devint Taïsi ; Boun tok étant mort le 8ᵉ mois de la 2ᵉ année du nengo *Ten gan* (858), il fut proclamé Daïri le 11ᵉ mois, âgé de 9 ans. On nomma aussitôt son grand-père Yosi fousa *Sets sioô* ou régent. C'est pour la première fois que ce titre fut accordé à un membre de la famille de Fousiwara, et le premier exemple au Japon d'un prince aussi jeune devenu Daïri. On fit annoncer son avènement au trône au temple *Daïsingou* dans l'Izé, et à tous les tombeaux de la famille impériale. On honora la grand-mère du Daïri *Minamotto-no Ketski* (Yuan kiĕ ki) du premier rang de

(1) Ce passage ne se trouve pas dans le texte. — KL.

la première classe ; elle était fille de Saga ten o, épouse de Yosi fousa, et mère de Some do-no Kisaki.

Dans le courant de cette année, le prêtre *Tsi siô* (Tchi tching) revint de la Chine.

Le 1ᵉʳ mois de la 1ʳᵉ année du nengo *Zioô kwan* (859), toutes les fêtes de nouvel an furent suspendues, à cause du deuil du Daïri Boun tok.

Le 2ᵉ mois, le Daïri éleva le dieu *Mi wa mio sin* (San lung ming chin)[1], de la province Yamato, au premier rang de la première classe, et accorda également des rangs supérieurs aux dieux des autres provinces.

L'Oudaïsin *Fousiwara-no Yosi souke* bâtit le palais *Sô sin in* (Thsoung thsin yuan), à l'usage de tous ceux de la famille de Fousiwara qui n'avaient point de logement; il construisit également la maison *Ghen meï in* (Yen ming yuan), pour les recevoir en cas de maladie.

Le 3ᵉ mois, l'empereur envoya *Wake-no Tsoune nori* (Ho khi I fan) au temple du dieu Fatsman à Ousa, pour lui faire part de son avénement au trône. Chaque Daïri doit envoyer une fois une semblable ambassade à ce dieu.

Le 4ᵉ mois, il fit présent au Sadaïsin *Minamoto-no Nobou* (Yuan Sin) d'un terrain de chasse dans la province de Sets.

Le même mois, il fit offrir des sacrifices au dieu *Kamo-no mio sin* par plusieurs des grands de sa cour.

Le 5ᵉ mois, *Ou kô sin* (Ou kiao tchin), ambassadeur du Bok kaï, arriva par mer dans la province de Kaga; le Daïri envoya Abé-no Seïkio pour prendre ses lettres de créance, lui fit parvenir sa réponse, et le dépêcha de là, sans l'avoir fait venir à la cour.

Le 7ᵉ mois, il envoya des ambassades aux temples de *Kamo* (Ho meou), *Mats-no o* (Soung weï), *Fira no* (Phing ye), *O fara no* (Ta yuan ye), *Mi wa* (San lun), *Kasouga* (Tchhun jy̆), *Soumi yosi* (Tchu ky̆), *Kebi* (Khi pi) et *Fi maye* (Jy̆ thsian).

Le 11ᵉ mois, il fit le pélerinage *Daï siô ye*.

Dans la même année, le prêtre *Kiô kou* (Hing kiao) alla prier à Ousa, dans le temple de Fatsman Daïsin. Ce dieu l'informa qu'il se rendrait à la cour pour protéger le Daïri. L'empereur, aussitôt qu'il fut instruit de cette nouvelle, fit construire le premier temple en l'honneur de Fatsman Daïsin sur le mont *Ofoko yama* (Nan chan), près de la rivière *Iwa se mitsou* (Chy̆ thsing choui), dans la province de Yamasiro.

---

(1) Le temple de ce dieu est sur le mont 山輪三 *Mi wa yama*, duquel dérive son nom. C'est un dieu japonais qui est regardé comme un des protecteurs de l'empire. On l'appelle aussi *Oo yama moutsi-no mikado* (Ta i kouei tsun). — Kʟ.

A la 1re lune de la 2e année (860), le grand docteur *O tsoughi* (Hioung ki) du temple de *Kasouga* (Tchhun jÿ), offrit au Daïri le *Keô ghio* (Hiao king), livre chinois, qui depuis ce temps a été étudié par tous ses successeurs.

Le 2e mois de la 3e année (861), l'empereur se rendit à la demeure du Taïzio daïsin *Yosi fousa*, et accorda aux gens de sa cour, ainsi qu'à ceux de Yosi fousa, un rang plus élevé.

L'image du Daï Bouts ou grand Bouddha du temple Tôdaïsi étant achevée le 3e mois, on y célébra à cette occasion une grande fête.

Le 5e mois, les vaisseaux de l'ambassadeur de Bok kaï firent des descentes sur la côte de la province d'Idzoumo, et commirent beaucoup de dégâts; le Daïri ordonna de les forcer à partir.

Le 6e mois, l'empereur fit exécuter devant le palais une lutte d'enfans, et leur fit distribuer quelques présens.

Le 8e mois, le Daïri lut le *Ron go* (Lun yu); ce livre lui fut expliqué par Kasouga-no O tsoughi.

Le 3e mois de la 4e année (862), il accorda à *Ariwara-no Nari fira* (Tsai yuan Niĕ phing), fils d'Abou-no sin o et petit-fils de Saga ten o, un rang supérieur à la cinquième classe.

Le 1er mois de la 5e année (863), mourut le Daïnagon et grand général de la droite *Minamoto-no Sada* (Yuan Ting), favori de Saga ten o. Son frère aîné le Daïnagon *Minamoto-no Firo* (Yuan Houng), homme très-instruit et excellent écrivain, le suivit dans la tombe le même mois.

A la 5e lune, on sacrifia dans le jardin *Sin zen yen*, aux âmes courroucées de Soudô ten o, mort en 785, d'*Iyo-no sin o*, mort en 807, de *Fousiwara-no bounin Kitsousi*, morte en 807, de *Tatsibana-no Faya nari*, mort en 842, et de *Bounya-no Miyata maro*, mort en 843. Cette fête religieuse fut appelée *Go reô ye* (Yu ling hoei). Depuis quelques années, le pays avait été affligé par une maladie contagieuse, qui au printemps avait enlevé beaucoup de monde. On attribua ces désastres à l'influence de ces âmes courroucées; on leur offrit des sacrifices pour les apaiser.

Le 10e mois, le Daïri fit venir Yosi fousa pour le régaler à l'occasion de son 60e anniversaire.

Sur la proposition de Yosi fousa, l'empereur chargea cette année *Farou zoumi-no Yosi nawa* (Tchhun tchhing Chen ching) de composer le *Siok Nipon kô ki*. (Voyez page 66.)

Le 1er du 1er mois de la 6e année (864), on rasa au Daïri les cheveux sur le front; il était alors âgé de 15 ans. On en fit de même à treize jeunes gens de la famille Fousiwara.

Le 2ᵉ mois, l'empereur se rendit à la maison de plaisance de Yosi fousa, pour s'amuser à contempler les fleurs; il y tira aussi de l'arc et toucha souvent le but. Il dit à *Ima mori*, gouverneur de Yamasiro, de lui amener des laboureurs avec leurs outils, et leur fit travailler la terre, afin de se procurer une idée de leurs pénibles travaux.

Le 5ᵉ mois, le mont *Fousi-no yama* brûla pendant dix jours, et vomit de son sommet une immense quantité de quartiers de roche, dont plusieurs tombèrent à la distance de 30 *ri* dans la mer. Beaucoup de monde périt et un grand nombre de maisons furent détruites. L'éruption volcanique commença du côté du mont *Asama*, et s'étendit jusque dans la province de Kaï.

Le 4ᵉ mois de la 7ᵉ année (865), le Daïri dépêcha Wake-no Tsoune nori au temple du dieu Fatsman à Iwa si midzou, et le chargea de lui présenter des plastrons (*tate*) et des selles (*koura*).

Le 8ᵉ mois, il ordonna que cent ballots de riz et cent ballots de fèves fussent employés pour rétablir les mines d'argent de l'île *Tsou sima*, dont les fortes pluies avaient détruit les ouvrages.

Le 3ᵉ mois de la 8ᵉ année (866), il alla à la campagne de l'Oudaïsin *Yosi souke*.

Le 1ᵉʳ du 3ᵉ mois, qui était *ouro* ou intercalaire, le Daïri fit une partie de plaisir à la demeure de Yosi fousa.

Le 10ᵉ, pendant la nuit, la porte du palais appelée *O ten mon* (Yng thian men) fut détruite par un incendie : on ignorait si c'était par accident ou par méchanceté. Yosi fousa, étant alors presque toujours avec le Daïri, avait confié la direction des affaires à Yosi souke : celui-ci, qui avait pour favori le Daïnagon *Tomo-no Yosio*, desirait de le faire monter bientôt à un emploi plus élevé; il n'y en avait pourtant aucun de vacant. Minamoto-no Nobou était Sadaïsin; Yosi souke comptait obtenir cette place après lui, et faire donner alors à Yosio la place d'Oudaïsin. Il eut l'impudence d'accuser le Sadaïsin d'avoir mis le feu à la porte, et se rendit avec Yosio à la salle de justice comme pour examiner l'affaire; il y fit venir le Sangbi Tsiousio *Moto tsoune* (Ki king), et lui dit que l'incendie de la porte étant l'ouvrage du Sadaïsin, il devait aller directement à la demeure de celui-ci pour le punir. Moto tsoune demanda si le Taïzio daïsin en était prévenu. Il reçut pour réponse qu'étant entièrement occupé de la foi de Bouddha, il ne se mêlait plus de l'administration, et n'était pas informé de l'accident. Moto tsoune refusa alors de punir le Sadaïsin sans avoir reçu l'ordre du Taïzio daïsin; à cet effet, il fit part de ce qui arrivait à Yosi fousa, qui en fut consterné, et s'informa du crime du Sadaïsin.

Apprenant ce dont on l'accusait, il dit que si le crime avait été réellement commis, on aurait dû s'adresser à lui comme Taïzio daïsin; que Yosi souke méritait d'être puni, au lieu du Sadaïsin. Ceci tranquillisa le dernier.

Le 3ᵉ du 4ᵉ mois, *Oya-no Taka tori* (Ta tse Yng thsiŭ) découvrit que le feu avait été mis secrètement à la porte O ten mon par *Yosio* et son fils, qui en avaient accusé faussement le Sadaïsin. Le Daïri chargea le Sanghi *Miname boutsi-no Tosi ma* (Nan yuan Nian ming) et le *Fousiwara-no Yosi tsouna* (Theng yuan Liang ching) de les punir tous les deux. Quoique, pour un tel crime, Yosio eût mérité la mort, il fut seulement banni à Idzou, et son fils et les autres complices ailleurs.

Le 7ᵉ mois, l'impératrice *Some dono-no Taïgwo* tomba malade, et ordonna à *So o* (Siang yng), prêtre du temple de Yeï zan, de prier pour sa guérison; les prières ayant été exaucées, *Ten ghio* (Tchhouan kiao) et *Zi gak* (Thsu kiŏ) furent gratifiés du rang posthume de Daïsi. So o avait été disciple de *Zi gak*, mort dans la 6ᵉ année du nengo *Sioŏ kwan* (804).

Le 10ᵉ mois de la 9ᵉ année (867), l'Oudaïsin *Yosi souke* mourut.

Le 12ᵉ mois de la 10ᵉ année (868), le Sadaïsin *Minamoto-no fobou* mourut; il était savant, écrivait supérieurement, excellait dans la peinture, et fut très-habile dans d'autres exercices, principalement à monter à cheval et à chasser au faucon.

Le 4ᵉ mois de la 11ᵉ année (869), le Daïri chargea le Daïnagon *Fousiwara-no Ousi moune*, le Sanghi *Oo ye-no Oto fito* et *Sougawara-no Kore yosi*, assesseur du tribual des crimes, de rédiger le *Ziŏ kwan kiyak* (Tching kouon kŏ), qui fut le code en vigueur pendant les années de son règne. Oto fito était un des hommes les plus versés dans la littérature.

Le 5ᵉ mois, il y eut un tremblement de terre affreux dans le Mouts; plus de mille personnes y perdirent la vie.

Le 6ᵉ mois, plusieurs pirates de Sin ra mouillèrent à *Fakata* (Fou to), pour piller les barques qui devaient porter à la cour le tribut de la province de Bouzen. On envoya des troupes de *Taï saï fou* (Taï tsaï fou) pour les arrêter; mais ils s'enfuirent au plus vite.

Le 1ᵉʳ mois de la 12ᵉ année (870), *Fousiwara-no Ousi moune* fut fait Oudaïsin. *Minamoto-no Oto moura* et *Fousiwara-no Moto tsoune* devinrent Daïnagon. Oto moura était fils de Saga ten o.

Le 2ᵉ mois de la 13ᵉ année (871), le Daïri se rendit au *Si sin den* (Tsu chin tian), ou à la salle d'audience. Ce fut la première fois qu'il s'occupa des affaires du gouvernement; il prit connaissance de tout ce qui se fit. Avant le temps de Nin mio ten o, les Daïri avaient l'habitude de venir chaque jour au Si sin den, et de prendre part à l'administration ; cet usage cessa entièrement sous Boun tok ten o. L'empereur le reprit, à la satisfaction de tout le monde.

Le 4ᵉ mois, il combla Yosi fousa, pour ses services distingués, de beaucoup de présens, et le nomma *San gô* (San koung), c'est-à-dire, inspecteur des armes des gardes du corps de l'empereur. Ce titre fut alors introduit pour la première fois.

Le 8ᵉ mois, l'Oudaïsin Ousï moune offrit à l'empereur le *Ziô kwan sik* (Tching kouon chў), ou le réglement administratif qui devait avoir cours durant son règne, qu'il avait composé.

Le 9ᵉ mois, la reine *Go zio-no Fousiwara-no kisaki Zioun si* (Ou tiaô heou Theng yuan Chun tsu), veuve de Nin mio et mère de Boun tok ten o, mourut.

Le 12ᵉ mois, un ambassadeur du Bok kaï, nommé *Yoo seï ki* (Yang tching koueï), arriva avec sa suite dans la province de Kaga.

Le 1ᵉʳ mois de la 14ᵉ année (872), le Daïri y envoya le Sionaïki *Souga wara-no Mitsi sane* (Kouon yuan Tao tchin), pour complimenter l'ambassadeur de Bok kaï. *Mitsi sane* est le même personnage que *Kan siô siô* (Kouan ching siang).

Le 2ᵉ mois, l'Oudaïsin *Fousiwara-no Ousi moune* mourut.

Le 5ᵉ mois, Yosi fousa tomba dangereusement malade ; le Daïri donna 500,000 *seni* (thsian) ou pièces de monnaie de cuivre, destinées à offrir aux dieux un sacrifice pour son rétablissement.

Le 5ᵉ mois, l'ambassadeur de Bok kaï arriva à la cour ; il fut logé et régalé dans la maison *Koû ro kwan* (Houng lou kouan). On lui donna un festin impérial, et *Ariwara-no Nari fira* vint le complimenter au nom du Daïri. Plusieurs savans lui rendirent visite ; *To rioô kioô* (Tou liang hiang), homme très-instruit, alla aussi le voir. Plus tard, le Daïri envoya la lettre de congé à l'ambassadeur, qui partit de la maison Koû ro kouan sans avoir été au palais. Cette maison, qui servait de demeure aux ambassadeurs étrangers, était tout près de la porte *Ra siô mon* (Lo tchhing men) du temple *Tô tera* (Toung szu).

Le 8ᵉ mois, *Minamoto-no Oto moura* devint Sadaïsin, et *Fousiwara-no Moto tsouné* Oudaïsin.

Le 2 du 9ᵉ mois, le Taïzio daïsin du second rang de la première classe *Fousiwara-no Yosi fousa* mourut âgé de 69 ans ; il fut élevé, après sa mort, au premier rang de cette classe, et son titre de *Meï nô kô* (Meï noung koung) fut changé en celui de *Tsiô nin kô* (Tchoung jin koung). Les Sadaïsin et Oudaïsin *Oto moura* et *Moto tsouné* furent tous les deux chargés du gouvernement ; le premier pourtant était moins respecté que l'autre.

Le 2ᵉ mois de la 16ᵉ année (874), on fonda le temple *Ziô kwan si* (Tching kouan szu), et l'on y célébra la fête religieuse *Daï saï ye* (Ta tsai hoeï).

Le 4ᵉ mois, le palais *Ziun wa in* (Chun ho yuan) fut détruit par les flammes; les brandons tombèrent jusqu'en dedans du daïri ou palais impérial. Moto Tsoune et sa suite y accoururent; et par leur prompt secours, le feu fut bientôt éteint. Le palais Ziun wa in était la demeure de Ziun wa ten o après son abdication.

Le 1ᵉʳ mois de la 17ᵉ année (875), le palais de *Reï sen in* (Lang jen yuan) fut brûlé; c'était la résidence de Saga ten o. On y avait transporté les archives et une grande quantité de choses précieuses; tout fut détruit par les flammes. *Owara-no Ofiro*, qui voulut étouffer l'embrasement, y périt.

Le 4ᵉ mois, le Daïri lut les cinq livres classiques de la Chine, le *Siki* (Szu ki), l'encyclopédie chinoise intitulée *Goun sio dzi you* (Kiun chu tchi yao). Ces ouvrages lui avaient été offerts par *Sougawara-no Koré yosi*, *Souga-no Souke yo* et *O oyé-no Oto fito*.

Le 10 du 4ᵉ mois de la 18ᵉ année (876), la salle *Daï kok den* (Taï kÿ tian) et ses portes extérieures furent consumées par le feu. Le Daïri soupçonna que cet incendie avait été causé par la malveillance, et ordonna de faire les recherches les plus sévères par toute la ville de *Rok tsiou* (Lŏ tchoung) ou Miyako, pour découvrir les coupables.

Le 5ᵉ mois, il envoya des ambassadeurs aux temples d'Izé et à celui de Kamo et de Matsou-no o, pour annoncer aux dieux la destruction de la salle Daï kok den. Le 7ᵉ mois, on commença à la rebâtir.

Le 11ᵉ mois, le Daïri céda l'empire à son fils aîné *Zada akira-no sin o* (Tching ming thsin wang), nomma l'Oudaïsin *Moto tsoune* (Ki king) régent ou Sets sioô, et lui recommanda de suivre les règles du gouvernement données par *Tsiou nin kó* (Tchoung jin koung).

Le 12ᵉ mois, Seï wa ten o prit le titre de *Taï zio ten o*, et alla demeurer au mont *Midzou-no ouye-no yama* (Choui weï chan), ce qui lui fit donner le nom de *Midzou-no ouye-no mikado* (Choui weï ti). Il avait régné 18 ans avec le nengo *Zioó kwan*.

LVII. DAÏRI 皇天成陽 YO ZEÏ TEN O.

(De 877 à 884 de J. C.)

Nengo 慶元 *Gwan kioó* (Yuan khing), de 877 à 884.

YO ZEÏ TEN O (Yang tchhing thian houang), nommé auparavant *Zada akira*, avait pour mère l'impératrice *Fousiwara-no Ko si* (Theng yuan Kao tsu), fille du Tsiounagon *Faga yasou*, et sœur cadette de l'Oudaïsin *Moto tsoune*. Suivant d'autres, la mère de cet empereur fut *Ni zio-no kisaki* (Eul tiao heou). Il naquit dans la 10ᵉ année du nengo Zioô kwan, et fut fait Taïsi dans la 11ᵉ. Seï wa ten o lui ayant cédé l'empire au 11ᵉ mois de la 18ᵉ année de son règne, il fut proclamé Daïri le 3 du 1ᵉʳ mois de la 1ʳᵉ année du nengo *Gwan kioô* (877). Comme la salle de Daï kok den n'était pas encore achevée, il logea dans celle qui était appelée *Bou rak den* (Fung lŏ tien). L'empereur n'étant âgé que de 8 ans, Moto tsoune exerça l'emploi de régent. Il conféra à son grand-père défunt *Naga yasou* le titre de Sadaïsin avec le rang de la première classe supérieure.

Le 2ᵉ mois, des ambassadeurs du Bok kaï arrivèrent dans la province d'Idzou mo, d'où ils furent renvoyés chez eux.

Le 6ᵉ mois, il régna une grande sécheresse; on offrit alors des sacrifices aux dieux *Fatsman*, *Kamo*, et autres des temples de la province d'Izé, afin d'obtenir de la pluie.

Le 11ᵉ mois, le Daïri fit le pélerinage *Daï siô yé*.

Le 12ᵉ mois, on bâtit le temple *Gwan kioô si* (Yuan khing szu).

Le 2ᵉ mois de la 2ᵉ année (878), *Yosi boutsi-no Yosi nari* (Chen yuan Ngai tchhing) fut chargé de lire au Daïri le *Nipon ki* (Jў pen ki), livre historique.

Le 3ᵉ mois, une troupe de Yébis révoltés, au nombre de plus de mille, s'étant réunie dans la province Dewa, y brûla le château d'*Akita* (Thsieou thian). Le prince *Fousiwara-no Oki yo* (Theng yuan Hing chi) eut un engagement avec eux; mais il fut battu et perdit plus de cinq cents des siens; il informa le Daïri de cet événement. Il fut de nouveau défait au 4ᵉ mois.

Le 5ᵉ mois, le Daïri envoya *Fousiwaru-no Yasou nori* dans le Dewa pour y rassembler les troupes des provinces voisines, et exterminer les rebelles.

A la 6ᵉ lune, *Okano-no Farou kase* (Siao ye Tchhun fung) fut nommé général en chef. Il se rendit dans le Mouts pour y réunir une armée; il fit de même avancer des troupes des autres provinces du Tokaïdo.

Le 7ᵉ mois, Yasou nori combattit les rebelles, et obtint quelques légers succès; mais l'ennemi fut renforcé par d'autres venus du canton de *Tsougar* (Tsin king).

Le 9ᵉ mois, il y eut un tremblement de terre terrible dans le *Kwan to*. (Voyez page 54.)

Le 1ᵉʳ mois de la 3ᵉ année (879), les rebelles du Dewa se soumirent, et la tranquillité y fut rétablie; ce qu'on manda au Daïri.

Le 5ᵉ mois, l'ancien Daïri *Seï wa ten o* se rasa la tête et se fit religieux.

Le 10ᵉ mois, la salle *Daï kok den* fut achevée; le Daïri s'y transporta et donna une fête à toute la cour.

Le 3ᵉ mois de la 4ᵉ année (880), Seï wa taïzio ten o visita les provinces de Yamasiro, de Yamato et de Sets, ainsi que plusieurs montagnes célèbres, et des temples bouddhiques. Dans celui qui est nommé *Midzou-no ouye-no tera* (Choui weï szu), dans le Tamba, il se revêtit de la robe sacerdotale, et y fit le service en personne.

Le 5ᵉ mois, le général en second de la gauche *Ariwara-no Nari fira* mourut âgé de 56 ans; il était très-habile à faire des chansons japonaises et très-adonné au libertinage.

Le 8 du 11ᵉ mois, l'Oudaïsin *Moto tsoune*, régent de l'empire, prit le titre de *Kwan bak* (Kouan pĕ), qui alors fut introduit pour la première fois. Vers la fin de ce mois, Seï wa taï zio ten o tomba malade.

Le 4 du 14ᵉ mois, Moto tsoune fut nommé Taïzio daïsin. Les services que son père Yosi fousa et lui avaient rendus à l'État lui avaient acquis l'estime du Daïri, qui les éleva tous les deux à ces emplois éminens.

L'ancien Daïri Seï wa taï zio ten o mourut âgé de 31 ans; son image fut placée parmi les *Kami* (Chin) ou dieux bienfaisans.

Le 2ᵉ jour de la 1ʳᵉ lune de la 6ᵉ année (882), *Moto tsoune* posa le bonnet viril sur la tête du Daïri; ses cheveux furent rasés par le Daïnagon *Minamoto-no Ofosi* (Yuan To): cette cérémonie fut accompagnée d'une grande pompe. *Minamoto-no Ofosi* fut créé Oudaïsin, *Fousiwara-no Yasou yo* et *Fousiwara-no Fou o* devinrent Daïnagon, et *Ariwara-no Ouki fira* et *Minamoto-no Nowou*, Tsiounagon.

Le 2ᵉ mois, Moto tsoune fut gratifié du rang de San gou, et obtint la permission d'avoir une suite armée.

Le 1ᵉʳ mois de la 7ᵉ année (883), un ambassadeur du Bok kaï, nommé *Faï teï* (Poei ti), arriva dans la province de Kaga; le Daïri le fit venir le 4ᵉ mois à Miyako, le logea dans la maison Koû ro kwan, et envoya le docteur *Kanseósió* (Kouan tchhing siang) pour le complimenter. Faï teï étant très-savant, ils s'entretinrent sur l'histoire ancienne, la littérature et la poésie.

Le 5ᵉ mois, le Daïri donna à Faï teï une fête à la cour; il y eut des courses de chevaux et des tirs à l'arc; puis il le renvoya dans son pays.

Le 11ᵉ mois, il commença à goûter l'exercice du cheval; il entretint un grand nombre de chevaux à la cour; il faisait constamment des courses. Il admit beaucoup de gens du peuple à sa présence, et contracta leurs habitudes grossières. Moto tsoune, qui en fut informé, vint au palais, et chassa *Ono-no Kiyo kazou* (Siao ye Thsing ho), ainsi que d'autres qui étaient toujours avec le Daïri. Depuis ce temps, le Daïri resta presque toujours seul; quelquefois il faisait jeter des grenouilles aux serpens pour les voir avaler par ces reptiles, ou bien il prenait plaisir à faire combattre des chiens avec des singes. Bientôt ses amusemens devinrent plus dangereux : il tuait de sa main des criminels, et chassait à coups de sabre ceux qui osaient lui adresser des représentations, quand il était en colère. Moto isoune fit toutes les instances possibles pour le détourner d'une pareille conduite; mais il ferma l'oreille à toutes ses remontrances.

Le 1ᵉʳ mois de la 8ᵉ année (884), les habitudes extravagantes du Daïri augmentèrent : Moto tsoune, étant venu à la cour, fut témoin que, pour se divertir, l'empereur faisait monter des gens sur des arbres, et ordonnait de les percer à coups de lance jusqu'à ce qu'ils tombassent morts à terre. Alors Moto tsoune se convainquit que ce prince était indigne de régner plus long-temps, et se servit du stratagème suivant pour le déposer. Il alla au palais, et lui dit qu'il devait être ennuyé de se trouver toujours seul, et lui promit de l'amuser par une course de chevaux. Le Daïri, charmé de cette proposition, le pria de fixer le jour où cette course aurait lieu. Il fut convenu que ce serait le 4 du 2ᵉ mois. Ce jour-là, le Daïri sortit en voiture; Moto tsoune fit aussitôt occuper les portes par une forte garde, et envoya l'empereur au palais *Yo seï in* (Yang tchhing yuan) à *Ni zio* (Eul tiao)[1]. Il lui déclara que sa démence le rendait incapable de régner, et qu'il était détrôné. Le Daïri pleura beaucoup, ce qui excita la compassion de tout le monde. On lui donna le titre de *Tai ziô ten o*; il n'avait alors que 17 ans. Moto tsoune était très-hautain; mais le grand pouvoir dont il abusait, fit trembler tous les grands de la cour; plusieurs eurent à se repentir d'avoir voulu lui résister. Le Daïri était souvent malade : il n'avait régné que 8 ans, avec le nengo *Gwan kioô*.

LVIII. DAÏRI 皇天孝光 KWÔ KO TEN O.

(De 885 à 887 de J. C.)

Nengo 和口仁 *Nin wa* (Jin ho), de 885 à 887.

Kwô ko ten o (Kouang hiao thian houang), troisième fils de Nin mio ten o, fut nommé, avant son avénement au trône, *Toki yasou* (Chi khang). Sous Boun tok ten o, Seï wa ten o et Yo zeï ten o, il porta le titre d'*Itsi bon Sik bou kio sin o* (Y phin Chỷ pou khing thsin wang). A la déposition de Yo zeï ten o, il fut proclamé Daïri, le 23 du 2ᵉ mois de la 8ᵉ année du nengo *Gwan kioô*. Il avait alors 55 ans. Moto tsoune continua dans son emploi de Kwanbak.

(1) Ville située à peu de distance au sud-ouest de Miyako, et qui forme pour ainsi dire un de ses faubourgs. — KL.

Le 3ᵉ mois, le Daïri conféra à son grand-père *Fousiwara-no Fousa tsouki* (Theng yuan Tsoung ki) le premier rang de la première classe.

Le 4ᵉ mois, le Daïri commença la lecture du *Boun sen* (Wen siuan), qui lui fut expliqué par Tatsibana-no Firo souke. (Voyez page 113.)

Le 11ᵉ mois, le Daïri fit le pélerinage *Daï sió yé*.

Le 1ᵉʳ mois de la 1ʳᵉ année du nengo *Nin wa* (885), il fit présent à Moto tsoune d'un terrain de chasse dans la province de Sets.

Le 4ᵉ mois, il célébra le cinquantième anniversaire de Moto tsoune.

Le 8ᵉ mois, il alla au jardin *Sin zen yen* pour s'amuser à pêcher et à monter à cheval.

Le 11ᵉ mois, il célébra la 70ᵉ fête du prêtre *Soô zió Fen zó* (Pian tchao).

Le 1ᵉʳ mois de la 2ᵉ année (886), le Daïri donna lui-même le bonnet viril à *Toki fira* (Chi phing), fils de Moto tsoune, lequel avait atteint l'âge de 16 ans : Moto tsoune lui fit à cette occasion beaucoup de présens.

Le 8ᵉ mois, le jour 未丁, on expliqua publiquement l'Y king. Moto tsoune se rendit au temple de *Kó sï* (Confucius), et y accomplit les cérémonies d'usage.

Le 14 du 12ᵉ mois, le Daïri alla à *Seri gawa* pour y chasser au faucon ; il aimait la chasse et prenait souvent cet exercice.

Le 4ᵉ mois de la 3ᵉ année (887), il envoya offrir des présens aux temples d'*Izé*, d'*Iwa si midzou* et de *Fiyosi*.

Le 5ᵉ mois, il gratifia l'ancien Daïri *Yo zeï taï zio o* d'un terrain de chasse à *Ofara-no* (Ta yuan ye), dans le Yamasiro.

Le 8ᵉ mois, plusieurs signes extraordinaires apparurent dans le palais ; le Daïri mourut le 26 de ce mois, âgé de 58 ans. Sous les règnes de Feï zeï ten o, de Saga ten o et de Ziun wa ten o, on s'était appliqué beaucoup à composer des vers ; ce qui fut la cause que, sous ces monarques, il y eut beaucoup de grands poëtes. Comme Kwô ko ten o lui-même excellait dans la poésie, chacun s'en occupait aussi. Il n'a régné que 3 ans, avec le nengo *Nin wa*.

LIX. DAÏRI 皇天多字 OUDA TEN O.

(De 888 à 897 de J. C.)

Nengo 平寛 *Kwan feï* (Kouan phing), de 889 à 897.

OUDA TEN O (Yu to thian houang), troisième fils de Kwô ko ten o, portait auparavant le nom de *Sada yosi* (Ting ching). Sa mère était l'impératrice *Fan si* (Pan tsu), fille de *Naka no-no sin o* (Tchoung ye thsin wang). Avant que

Kwô ko devînt Daïri, il avait demandé à ses trois fils, qu'il aimait beaucoup, ce qu'ils souhaiteraient si jamais il était élevé à cette dignité. Le premier, *Kore tsiou* (Chi tchoung), demanda le gouvernement du pays de Tsoukouzi; le second, nommé *Kore sada* (Chi tching), celle du Tokaïdo; le troisième, *Sada yosi*, dit qu'il voudrait succéder à son père : celui-ci, ayant été proclamé Daïri, l'éleva au grade de *Zi ziou* (Chi tsoung). Pendant sa maladie et sur les instances de Moto tsoune, il le déclara Taïsi. Quand il mourut, Moto tsoune conduisit Sada yosi à la salle Daï kok den, où il le déclara Daïri. Ce prince avait alors 21 ans.

Le 17 du 11ᵉ mois de la 3ᵉ année du nengo *Nin wa* (887), Moto tsoune offrit un placet et demanda de se retirer des affaires. Le Daïri lui dit : « Ma « grande jeunesse ne me permet pas de gouverner; et si tu cesses de m'aider « de tes conseils, je serai obligé d'abdiquer et de me retirer dans les mon- « tagnes ou dans une forêt. » Moto tsoune continua donc à remplir sa charge de Kouan bak.

Le 4ᵉ mois de la 4ᵉ année (888), il y eut une grande sécheresse dans le Sanouki. Kanseôsiô, gouverneur de cette province, offrit alors un sacrifice solennel au dieu du mont *Siô san* (Tchhing chan), lequel était le patron du pays.

Le 8ᵉ mois, le temple *Nin wa si* (Jin ho szu) fut achevé. *Sin nen* (Tchin jen), prêtre du temple du mont *Ko ya san* (Kao ye chan), y fut installé comme grand-prêtre. C'était un disciple de Kô bô daïsi.

Le 9ᵉ mois, le Daïri ordonna au peintre *Kana oka* (Kin kang) de peindre l'appartement[1] du sud, ainsi que les murs de l'est et de l'ouest du palais.

Le 10ᵉ mois, l'Oudaïsin *Minamoto-no Ofosi* mourut âgé de 59 ans; il était fils de Nin mio ten o.

Le 11ᵉ mois, le Daïri fit le pèlerinage *Daï siô yé*.

Le 1ᵉʳ du 1ᵉʳ mois de la 1ʳᵉ année du nengo *Kwan feï* (889), le Daïri adressa des prières aux dieux des quatre points cardinaux, ce qui depuis s'est pratiqué chaque année.

Le Daïnagon *Fousiwara-no Yasou yo* (Theng yuan Liang chi), frère cadet de Yosi fousa, devint Sadaïsiô, et le Tsiounagon *Minamoto-no No wou* (Yuan neng yeou) Oudaïsio; il était fils de Boun tok ten o.

Le 5ᵉ mois, le Daïri gratifia *Taka moutsi-no o* (Kao wang wang) du nom de famille *Feï* (Phing); c'était l'arrière petit-fils de Kwan mou ten o, le petit-fils

---

(1) En japonais *Figasi*, ce qui signifie, d'après le dictionnaire japonais et portugais, imprimé à Nangasaki en 1603 : « *Acercentamento pequeno* « *da casa continuado ou pegado com o mesmo tel-* « *hado.* » — Kʟ.

de *Katsoura wara-no sin o*, et le fils de *Takami-no o*, aïeul de Kiyo mori et de Fofouziô.

Le 10° mois, l'ancien Daïri Yo zeï-no taïzio o fut de nouveau attaqué de son ancienne maladie mentale, qui le rendit furieux. Il fit alors garrotter des femmes avec des cordes d'instrumens de musique, et les fit jeter à l'eau; il courait à cheval et écrasait les gens; quelquefois il entrait dans les palais des personnes de la cour et s'y comportait avec la plus grande rudesse, ou bien il s'enfonçait dans les montagnes pour y chasser aux sangliers et aux cerfs.

Le 11° mois, le Daïri offrit un sacrifice extraordinaire au dieu *Kamo-no mio sin*. Avant de devenir Daïri, il avait demandé à ce dieu d'obtenir cette dignité, et il en avait reçu la promesse dans un songe, à condition qu'il l'honorerait d'une fête particulière.

Le même mois, il accorda à Moto tsoune le droit d'entrer à la cour et d'en sortir en voiture; il permit de même à Minamoto-no Oto moura l'usage d'une autre espèce de voiture.

Le 15 du 1er mois de la 2e année (890), on lui servit de la bouillie composée de riz et de sept sortes de légumes (*Nana kousa-no kaye*, en chinois Thsў tchoung tchў); ce qui est encore aujourd'hui l'usage au palais.

Le 11° mois, Moto tsoune tomba malade; le Daïri alla le voir et lui souhaita meilleure santé. *Tsi ziô* (Tchi tching), prêtre du temple *Mi ye dera* (San tsing szu), y vint aussi pour prier les dieux pour son rétablissement.

Le 13 du 1er mois de la 3e année (891), le Kouan bak et Taïzio daïsin *Fousiwara-no Moto tsoune* mourut âgé de 56 ans. Il fut honoré du premier rang de la première classe et du titre posthume de *Yets sen kô* (Yuë thsian koung).

Le 3e mois, le Daïnagon *Fousiwara-no Yasou yo* devint Oudaïsin, et *Toki fira*, fils aîné de Moto tsoune, fut gratifié d'un rang équivalant à celui de Sanghi.

Au 10e mois mourut le prêtre *Tsi ziô*, fondateur du temple *Mi ye dera*.

Le 5e mois de la 4e année (892), *Toki fira* fut nommé grand-juge. *Kanseôsiô* fut chargé de rédiger l'ouvrage intitulé *Roui kiô kou si* (Loui thsiŭ kouĕ szu), ou histoire de différentes provinces.

Le 2e mois de la 5e année (893), *Toki Fira* fut Tsiounagon et grand général de la droite, et *Kanseôsiô* fut fait Sanghi; comme il surpassait tous les savans dans la connaissance de la belle littérature, le Daïri le gratifia d'un rang plus distingué.

Le 7e mois, le Tsiounagon *Ariwara-no Ouki fira* mourut à l'âge de 75 ans.

Le 8e mois de la 6e année (894), *Kanseôsiô* (Kouan tchhing siang) fut nommé premier et *Ki-no Fa se ô* (Ki Tchhang kŭ hioung) second ambassadeur à la

Chine: tous les deux excellaient en savoir; le voyage fut pourtant suspendu à cause des troubles qui régnaient en Chine. *Fa se ô* avait principalement étudié le *Kan sio* (Han chu), le *Boun zen* (Wen siuan) et l'encyclopédie *Goun sio* (Kiun chu), et était fort instruit.

Le 9ᵉ mois, plus de cinquante barques de pirates de Sin ra mouillèrent à l'île Tsousima. *Bounya-no Yosi tomo* (Wen chў Chen yeou), gouverneur de Tsikouzen et commandant en chef de *Taï saï fou*, s'y rendit sans perdre de temps, en tua plus de trois cents, et prit leurs barques et leur appareil de guerre.

Le 12ᵉ mois, les prêtres *Yak sin* (Y sin) et *Sioô bó* (Ching pao) furent nommés directeurs des affaires ecclésiastiques bouddhiques. Le premier demeura au temple *Nin wo si* (Jin ho szu), l'autre au temple *Daï go* (Ti hou); c'étaient les deux ecclésiastiques les plus renommés de l'observance *Sin gon*. (Voyez page 95.)

Le même mois, *Faï boun sek* (Poei wen thsў) arriva en ambassade du Bok kaï; le Daïri le logea au palais *Kô ro kouan* (Houng lou kouan), où il avait déjà demeuré quand il vint en ambassade en la 7ᵉ année du nengo Gwan kioô (883), sous le nom de *Faï teï*. Ayant lu les vers de Kansiosiô, il avoua que ce poëte égalait sous tous les rapports le célèbre *Fak rak ten* (Pĕ lŏ thian), renommé dans l'empire des Thang (la Chine).

Le 3ᵉ mois de la 7ᵉ année (895), le Daïri alla au jardin *Sin zen yen* pour voir les cerisiers en fleurs. Kanseôsiô l'y accompagna.

Le 8ᵉ mois, le Sadaïsin *Minamoto-no Oto moura* mourut âgé de 73 ans. Il avait fait bâtir le palais *Rok sio-no kawa wara-no in* (Loü tiao ho yuan yuan). Il avait fait creuser dans sa cour des étangs très-larges, que cent hommes remplissaient chaque jour d'eau de mer de la baie d'*Amagasaki* (Ni thsian phou), dans le Sets. De cette manière, il obtenait tous les mois jusqu'à 30 *kokf* de sel. Il avait fait cet établissement à l'imitation des salines du Mouts. Il nourrissait aussi des poissons, des oiseaux et des insectes; il planta une grande quantité de différens arbres et d'herbes. On lui donna également le nom de *Kawara-no Sadaïsin*.

Le 10ᵉ mois, Kanseôsiô fut fait Tsiounagon.

Le 6 du 1ᵉʳ mois de la 8ᵉ année (896), le Daïri fit une partie de plaisir au palais *Oun rin in* (Yun lin yuan), accompagné des princes et des grands de sa cour.

Le 7ᵉ mois, Fousiwara-no Yasou yo fut avancé à l'emploi de Sadaïsin, et Minamoto-no Nowou à celui d'Oudaïsin.

A la 9ᵉ lune, on découvrit que *Ni sio-no Kisaki* (Eul tiao heou), veuve de l'empereur de Seïwa et mère de Yo seï ten o, vivait en adultère avec *Zen you*

(Chen yeou), prêtre du temple Tôkwansi ; elle fut dégradée et exilée dans Isou. Cette princesse avait alors 55 ans.

Le 12ᵉ mois, le Sadaïsin *Yasou yo* mourut âgé de 74 ans : l'Oudaïsin *Minamotto-no Nowou* gouverna l'empire. Il était fils de Boun tok ten o, et excellait à monter à cheval et à tirer de l'arc, de même que le fondateur de la famille Minamotto *Sada soumi sin o* (Tching chun thsing wang).

Le 6ᵉ mois de la 9ᵉ année (897), l'Oudaïsin *Minamotto-no Nowou* mourut âgé de 55 ans.

Au même mois, *Fousiwara-no Toki fira* devint Daïnagon avec un rang équivalant à celui de grand général de la gauche : *Minamotto - no Kwô* (Yuan Kouang) et *Kan seô siô* furent nommés *Gon Daïnagon* (Kouan ta nei yan), le dernier avec un rang égal à celui de grand général de droite. Lui et Toki fira furent chargés du gouvernement.

Le 2 du 7ᵉ mois, le Daïri céda l'empire au Taïsi *Atsou fito* (Thun jin) et se retira dans le palais *Siou siak in* (Tchu tsiao yuan); il était alors âgé de 30 ans; il reçut le nom Teï si in (Ting tsu yuan). Plus tard (en 989), il se fit raser la tête et devint prêtre, sous le nom de Kwan feï fô wô (Kouan phing fa houang). Il avait régné 10 ans, savoir pendant la 4ᵉ des années *Nin wa*, et 9 avec le nengo *Kwan feï*.

LX. DAÏRI 皇天醐醍 DAÏ GO TEN O.

(De 898 à 930 de J. C.)

Nengo
- 泰昌 *Sioô taï* (Tchhang thai), de 898 à 900,
- 喜延 *In ghi* (Yen hi), de 900 à 922,
- 長延 *In tsioô* (Yen tchhang), de 923 à 930.

Daï go ten o (Thi hou thian houang)[1], fils aîné d'Ouba ten o, et nommé avant son avénement au trône *Atsou fito* (Tun jin), avait pour mère *Fousiwara-no Insi* (Theng yuan Yn tsu), fille du Tsiounagon *Taka fousi* (Kao theng). Dans la 5ᵉ année du nengo Kwan pe (895), il fut créé Taïsi, et proclamé Daïri le 3 du 7ᵉ mois de la 9ᵉ année, étant alors âgé de 13 ans. Le même jour, Ouda ten o prit le titre de *Taï zio ten o*; et d'après son desir, les soins du gouvernement furent confiés au Daïnagon *Fousiwara-no Toki fira* (Theng

---

(1) *Daï go*, en chinois *thi hou*, est le nom d'une liqueur grasse et épaisse comme de la crème ; elle traverse, dit-on, tous les vases, à l'exception de la calebasse et de la coque d'œuf. On se sert de ce terme au figuré pour désigner la bienfaisante compassion que Bouddha porte à toutes les créatures. — Kl.

yuan Chi phing) et à *Kan seô siô* (Kouan tchhing siang), qui devint alors Daïnagon. On prétend que Toki fira, âgé à cette époque de 27 ans, vivait en adultère avec la femme de son oncle *Kouni tsoune* (Kouĕ king). Comme il était le fils aîné de Moto tsoune, le Daïri le nomma régent, en récompense des services importans rendus par son père, et parce que déjà d'autres membres de sa famille avaient été chargés de ce poste important. *Kan seô siô*, âgé alors de 54 ans, était fort versé dans les littératures japonaise et chinoise, et ce fut ce qui l'éleva à une dignité si éminente. Pendant la jeunesse du Daïri, ces deux ministres gouvernèrent l'empire et dirigèrent toutes les affaires.

Le 2ᵉ mois de la 1ʳᵉ année du nengo *Siô taï* (898), le Daïri alla au palais *Seï riô den* (Thsing leng tian), y lut l'encyclopédie *Goun sio* (Kiun chou) et le traité de l'art de gouverner *Dzi yô* (Tchi yao). *Ki-no Fa se o* (Ki Tchhang kŭ hioung) les lui expliqua.

Le 10ᵉ mois, le Taï zio ten o se rendit dans le Yamato et dans le Sets; il était accompagné de Kan seô siô.

Le 1ᵉʳ du 11ᵉ mois, le soleil étant entré dans le solstice d'hiver, tous les grands officiers de l'empire vinrent complimenter le Daïri à ce sujet; ce qui est resté en usage.

Le 3 du 1ᵉʳ mois de la 2ᵉ année (899), le Daïri alla présenter ses devoirs au Taï zio ten o à son palais *Siou siak in* (Tchu tsiŏ yuan).

Le 2ᵉ mois, *Fousiwara-no Toki fira* fut créé Sadaïsin et grand général de la gauche (Sadaïsio), *Kan seô siô* devint Oudaïsin et grand général de la droite (Oudaïsio). *Minamotto-no Kwô* (Yuan Kouang), fils de Nin mio ten o, et *Taka fousi* (Kao theng) de la famille Fousiwara, grand-père du Daïri, furent nommés Daïnagons.

Le 9ᵉ mois, la princesse impériale *Ziou si naï sin o* (Jeou tszu nei thsin wang) devint prêtresse à Izé. Le Daïri sortit pour assister à sa consécration; le Tsiounagon Fousiwara-no Kouni tsouné l'y accompagna et l'installa dans le temple *Zai kô*.

Le 10ᵉ mois, l'ancien Daïri Tai ziô ten o se rasa la tête au temple *Nin wasi* (Jin ko szu), et prit le nom ecclésiastique de *Kin gô kak* (Kin kang kiŏ).

A la 11ᵉ lune, *Kwan teo* (Kouan ting), prêtre du temple Tôdaïsi, se rendit auprès du Tai ziô ten o, et le consacra comme prêtre de la religion bouddhique. Ce fut la première fois qu'un Daïri devint 皇法 *Fô wô* (Fă houang) ou empereur consacré prêtre.

Le 3 du 1ᵉʳ mois de la 3ᵉ année (900), le Daïri alla au palais Siou siak in pour voir son père. Kan seô siô lui ayant offert des vers, reçut une robe impériale en présent. L'empereur prit de jour en jour plus d'amitié pour lui, ce qui excita la haine et la jalousie de Toki fira. On dit que le Daïri proposa en secret à Kan seô siô de le créer Kwanbak, mais que celui-ci refusa d'accepter cette haute dignité.

Dans le même mois, *Taka fousi* fut nommé Nadaïsin.

Le 3ᵉ mois, Taka fousi mourut âgé de 63 ans; on lui conféra le titre de Daïsin, et le premier rang de la première classe.

Le 7ᵉ mois une comète parut.

Le 10ᵉ mois, *Miyosi-no Kiyo tsoura* (San hi Thsing hing), un des premiers savans de la cour et qui s'occupait beaucoup de la cabale, avertit Kan seô siô par une lettre, que l'année prochaine lui serait funeste, s'il ne se défaisait de son emploi. C'était parce qu'il jouissait de l'entière confiance de l'empereur et qu'il était de la secte des lettrés.

Ce mois-là, le Fô wô, ou vieux Daïri, se rendit à la montagne *Ko ya san* (Kao ye chan).

Le 1ᵉʳ du 1ᵉʳ mois de la 1ʳᵉ année du nengo In ghi (901), il y eut une éclipse de soleil.

Le 25, Kan seô siô, calomnié par Toki fira, Minamotto-no Kouwou, Fousiwara-no Sada kouni et Fousiwara-no Souga ne, fut exilé dans le Tsoukouzi. A cette nouvelle, l'ancien Daïri Ouda ten o s'empressa d'aller à la cour; il trouva les portes fermées, et resta pendant toute la nuit en dehors; personne n'en informa le Daïri ni n'ouvrit la porte. A la pointe du jour il retourna chez lui. Kan seô siô partit dans la matinée pour le Tsoukouzi, accompagné de ses quatre fils, qui étaient également bannis.

Le 8ᵉ mois, le Daïri chargea *Toki Fira* et *Ofira-no Yosi ouki* (Ta thsang Chen hing) d'écrire l'histoire des règnes de Seï wa, de Yô si et de Kwô kô ten o. Cet ouvrage, qui se compose de cinquante volumes, porte le titre de *San daï siets rokf* (voyez page 67): Yosi ouki avait été précepteur de Toki fira, et était alors âgé de 70 ans.

Le 12ᵉ mois, le vieux Daïri, suivant les conseils du prêtre *Kwan teo* du temple Tô daï si, se bâtit une demeure ou *o mouro* (yu chў) dans l'enceinte du temple *Nin wa si*. Ce fut la première de ce genre; il y établit sa résidence. Dans les temps postérieurs, les princes de la famille impériale qui se sont faits religieux ont suivi cet exemple.

Le 3ᵉ mois de la 2ᵉ année (902), on donna une fête à la famille de Fousiwara dans l'édifice appelé *Fi kiô sia* (Fei hiang che).

Le 25 du 2ᵉ mois de la 3ᵉ année (903), Kan seô siô mourut dans le Tsoukouzi, âgé de 59 ans.

Le 2ᵉ mois de la 4ᵉ année (906), *Yasou akira* (Pao ming), fils du Daïri, fut nommé Taïsi. Il n'avait alors que deux ans : sa mère *Fousiwara-no Insi* (Theng yuan Wen tsu) [1] était la sœur cadette de Toki fira.

Le 3 du 1ᵉʳ mois de la 5ᵉ année (905), le Daïri alla au temple Nin wa si.

Le 4, il rendit visite à Toki fira pour assister à une fête que celui-ci lui donna.

Le 4ᵉ mois, Ki-no Tsoura ouki offrit à l'empereur la collection des poésies japonaises anciennes et modernes *Ko kan wa ka sió* (Kou kin wo ko tsẙ).

Le 9ᵉ mois, Fô wô ou l'ancien Daïri visita le mont *Kon fó san* (Kin fung chan).

Le 11ᵉ mois, on acheva la rédaction du règlement administratif appelé d'après le nengo *In ghi kiak* (Yen hi kë).

Le 8ᵉ mois de la 6ᵉ année (906), le Daïri se fit lire le *Si ki* (Szu ki) [2].

Le 7ᵉ mois mourut *Fousiwara-no Sada kouni* (Theng yuan Ting kouë), Daïnagon, grand général de la droite et beau-père du Daïri.

Le 9ᵉ mois, une bande de voleurs s'était formée dans la montagne *Sousou ka yama* (Ling loŭ chan), située dans l'Izé ; soixante furent pris par les gardes et mis à mort.

Le 12ᵉ mois, la lecture publique du *Nipon ki* fut achevée ; le lecteur fut régalé d'un festin, et il composa une pièce de vers sur cet événement.

Le 10ᵉ mois de la 7ᵉ année (907), le Daïri éleva le dieu tutélaire de *Kouma no* (Hioung ye chin) au second rang de la première classe des officiers de l'empire. Le Fô wô ou ancien Daïri se rendit à Kou ma no.

Le 1ᵉʳ mois de la 8ᵉ année (908), un ambassadeur nommé *Faïkio* (Peï khieou) arriva de Bok kaï ; le 4ᵉ mois, il retourna dans son pays.

Le 4ᵉ mois de la 9ᵉ année (909), le Sadaïsin *Fousiwara-no Toki Fira* mourut âgé de 39 ans. Il fut honoré du titre de régent de l'empire de la première division de la première classe, et reçut le nom honorifique de *Ne in-no Daï sin* (Pen yuan taï tchhin).

La 10ᵉ année, il y eut une grande sécheresse ; on observa des signes fort extraordinaires au ciel.

Le 3ᵉ mois de la 13ᵉ année (913), l'Oudaïsin *Minomotto-no kouwou* mourut, âgé de 69 ans.

Le 8ᵉ mois, il y eut un ouragan affreux.

---

(1) Il ne faut pas confondre cette princesse avec la mère du Daïri, qui porte un nom semblable, mais écrit en partie avec d'autres caractères chinois. — Kʟ.

(2) Ce sont les mémoires historiques du célèbre historiographe chinois *Szu ma thsian*. — Kʟ.

Le 1er mois de la 14e année (914), plus de six cents maisons furent consumées par un incendie à Miyako.

Le 6e mois, il y eut de grandes inondations.

Le 7e mois, le Daïnagon *Fousiwara-no Tada fira* (Theng yuan Tchoung phing), frère cadet de Toki fira, fut nommé Oudaïsin.

Le 7 du 3e mois de la 16e année (916), le Daïri alla au palais *Siousiak in* (Tchu tsiŏ yuan), pour complimenter le vieux Daïri, qui y célébra sa 50e fête.

Le 7 du 5e mois, *Sada Soumi sin o* (Tching chun thsin wang), sixième fils de Seïwa ten o, mourut. Il porta aussi le nom de de *Momo sono-no sin o* (Thao yuan thsin wang), et fut le premier des ancêtres de la famille des *Minamotto* [1].

Le 21, il y eut une violente tempête, accompagnée de fortes pluies. Le Tsiounagon *Fousiwara-no Sada kata* (Theng yuan Ting fang) et *Fousiwara-no Kiyo tsoura* (Theng yuan Thsing kouon) furent chargés d'aller inspecter les digues de la rivière *Kamou gawa* (Ho meou tchbouan).

La 17e année, il y eut une grande sécheresse; tous les étangs et les puits de Miyako tarirent.

Le 7e mois de la 20e année (920), *Faï kio* revint une seconde fois comme ambassadeur de Bok kaï; il fut honoré du premier rang de la troisième classe, et retourna dans son pays.

Le 10e mois de la 21e année (921), le Daïri envoya le Sionagon *Faïra-no kore souke* (Phing weï fou) au mont *Ko ya san* (Kao ye chan), pour porter le titre de Daïsi à Kôbô.

La 22e année (922), la grande sécheresse continua encore.

Le 3e mois de la 1re année du nengo *In tsio* (923), le Taïsi *Yasou akira* mourut; il reçut le titre *Boun ghen taïsi* (Wen yen taï tsu). On prétendit que l'esprit de Kan seô siô irrité avait causé sa mort.

Le 1er mois de la 2e année (924), *Tada fira* devint Sadaïsin, et le Daïnagon *Fousiwara-no Sada kata*, fils de Sada kouni, fut créé Oudaïsin.

Le Daïri reçut ce mois-là les félicitations à l'occasion de son 40e anniversaire.

Le 6e mois de la 3e année (925), il eut des pustules à la figure.

Le 12e mois de la 4e année (926), on célébra le 60e anniversaire du Fô wô.

Le 11e mois de la 5e année (927), le Sadaïsin *Tada fira* présenta au Daïri le *In gki sik* (Yan hi chў), ouvrage en cinquante volumes, qu'il avait composé. On avait commencé à rédiger de pareils réglemens du temps du Daïri *Saga*. Sous *Saï wa*, on s'occupa de dresser des généalogies de la maison impériale.

(1) C'est de lui que descend le célèbre *Yosi ye* (I kia), duquel il sera question dans l'année 1057. — KL.

La description géographique et statistique des soixante-six provinces de l'empire (Fung thou hi) fut faite sous *Ghen mio*.

Le 12ᵉ mois, l'empereur accorda au prêtre *Tsi siŏ* (Tchi tchhing) le titre posthume de Daïsi.

A la 6ᵉ lune de la 6ᵉ année (928), *Siŏno-no Mitsi kase* (Siao ye Tao fung) fut appelé à la cour pour peindre sur le mur méridional du palais *Sei riŏ den*, les actions vertueuses du célèbre ministre *Ken o* (Hian wang), qui vivait sous la dynastie des Han, en Chine.

Le 8ᵉ mois de la 7ᵉ année (929), des inondations dévastèrent les campagnes et beaucoup de monde périt.

Le 9ᵉ mois, *Siŏ no-no Mitsi kase* peignit le fameux tableau représentant *Ken ziŏ siŏ si* (Hian ching tchang tsu).

Le 26 du 6ᵉ mois de la 8ᵉ année (930), un nuage noir, venant du côté d'*Atago* (Ngai thang), s'avança accompagné d'affreux coups de tonnerre; la foudre tomba sur le palais *Seï riŏ den*, et frappa le Daïnagon *Fousiwara-no Kiyo tsoura*, l'Outsiouben *Taïra-no Mare yo* et beaucoup d'autres officiers subalternes, qui furent tués et consumés dans l'incendie. Le Daïri se réfugia dans le palais *Ziŏ nei den* (Tchhang ning tian). On attribua ce désastre au courroux de l'ame de Kan seŏ siŏ.

Le 22 du 5ᵉ mois, le Daïri tomba malade, et résigna l'empire à son fils *Firo akira* (Kouan ming). Il mourut le 29 âgé de 46 ans, après en avoir régné 33, savoir, 3 avec le nengo *Siŏ tai*, 22 avec celui de *In ghi*, et 8 avec le nengo *In tsiŏ*. Il fut aussi appelé IN GHI MIKADO (Yen hi ti). Il fut enterré près du temple *Daï go si*, et c'est pourquoi il reçut le titre de DAÏ GO TEN O.

LXI. DAÏRI 皇天雀朱 ZU SIAK TEN O.

(De 931 à 946 de J. C.)

Nengo { 平承 *Seŏ feï* (Tchhing phing), de 931 à 937,
       { 慶天 *Ten keï* (Thian khing), de 938 à 946.

ZU SIAK IN (Tchu tsiŏ yuan) était le onzième fils de Daï go ten o, et nommé auparavant *Firo akira*: sa mère l'impératrice *Fousiwara-no In si* était fille de *Siŏ sen kŏ* (Tchao siuan koung). Il avait été créé Taïsi le 10ᵉ mois de la 3ᵉ année du nengo *In tsioŏ*, à l'âge de 3 ans. Le 9ᵉ mois de la 8ᵉ année, son père lui céda l'empire, et le 11ᵉ mois il fut proclamé Daïri : il n'avait alors que 8 ans. Le Sadaïsin *Fousiwara-no Tada fira* fut choisi pour régent.

Le 7e mois de la 1re année du nengo *Seo feï* (931), l'ancien Daïri *Ouda-no Fówó* mourut, âgé de 65 ans.

Le 8e mois de la 2e année (932), l'Oudaïsin *Fousiwara-no Sada kata* (Theng yuan Ting fang) mourut à l'âge de 65 ans; il avait porté le titre de *San sio-no Oudaïsin*.

Le 11e mois, le Daïri célébra la fête *Daï zió ye;* il offrit à cette occasion des présens de grand prix au dieu d'Izé, duquel descendait sa race, et sacrifia également aux autres dieux tutélaires de ce pays.

Le 1er mois de la 3e année, il y eut des bandes de voleurs à Miyako.

Le 2e mois, le Daïnagon *Fousiwara - no Naka fira* (Theng yuan Tchoung phing), frère de Taka Fira, devint Oudaïsin.

Le 12e mois, dix des premiers dignitaires de l'empire allèrent chasser avec des faucons dans la plaine d'*Owara-no* (Ta yuan ye); ils étaient tous vêtus avec une grande magnificence.

La 4e année (934), le nombre des pirates s'étant accru considérablement dans les contrées de Sanyô et de Nankaï, le Daïri y envoya des troupes pour les arrêter.

La 5e année (935), *Sió zen koun* (Tsiang tchhing hiun), natif du pays *Go yets* (Ou youë)[1], vint offrir au Daïri des moutons.

Le 6e mois de la 6e année (936), *Fousiwara-no Somi tomo* (Theng yuan Chun yeou), chef des pirates du Nankaï, rassembla des troupes à *Fi fouri sima* (Jy̆ tchin tao), île de la province de *Iyo*. Avec plus de mille barques il arrêta et pilla toutes celles qui allaient à la cour. Le Daïri ordonna alors à *Ki-no Yosi fito,* prince d'Iyo, de les punir. Comme c'était un homme fort juste et très-respecté, les pirates se tinrent pendant quelque temps tranquilles.

Le 7e mois, Sió zen koun, du pays de *Go yets,* vint à *Tai saï fou*.

Le 8e mois, Tada fira lui fit parvenir une lettre pour le roi de Go yets en Chine.

Dans le même mois, *Tada fira* fut nommé Taïzio Daïsin, *Naka fira* Sadaïsin et *Fousiwara-no Tsoune souke* Oudaïsin.

Le 1er mois de la 7e année (957), on revêtit de la robe virile le Daïri, âgé alors de 15 ans; Tada fira présida à cette cérémonie.

Le 12e mois, on célébra le 70e anniversaire de l'ancien Daïri *Yosi taï zio o*.

(1) Le royaume appelé 越吳 *Ou yuĕ*, était situé dans la province chinoise de *Tche kiang*. Il fut fondé en 895 de J. C. par *Thsian lieou*, et finit avec *Houng chĕ*, qui se soumit, en 978, au second empereur de la dynastie impériale des Soung. La capitale de ce petit état était *Yuĕ tcheou*, actuellement *Chao hing fou*, dans le Tche kiang. Douze villes du second ordre en dépendaient. — KL.

Le 4 du 3ᵉ mois de la 1ʳᵉ année du nengo *Ten keï* (938), on fit combattre dix paires de coqs devant le Daïri.

Depuis le 10 jusqu'au 29 du 4ᵉ mois, on ressentit constamment des tremblemens de terre.

Le 1ᵉʳ mois de la 2ᵉ année (939), on célébra le 60ᵉ anniversaire de Tada fira.

Le 5ᵉ mois, l'Oudaïsin *Tsoune souke*, fils de *Yasou yo*, mourut.

Le 4ᵉ mois, il éclata une révolte parmi les habitants de la province de Dewa.

Le 22 du 8ᵉ mois, le Daïri donna un festin à la cour.

Le 11ᵉ mois, il lut le *Si ki* (de Szu ma thsian), que *Fousiwara-no Ari fira* (Theng yuan Thsaï heng) et d'autres lui expliquèrent.

Le 12ᵉ mois, *Taira-no Masa kado* (Phing Tsiang men) se révolta dans le pays de Kwan tô ; il fit une invasion dans la province de Fitats, tua son oncle Fitats-no Daïsio *Taïra-no Kouni ka* (Phing Kouë biang), et se rendit maître de toute cette province. De là il marcha vers le Simotske et en chassa le prince ; puis il alla dans les provinces de Kotske, Kadzousa, Simosa, Mousatsi et Sagami, qu'il conquit, et se bâtit un palais dans le village *Isi i-no gou* (Chy̌ tsing khing), du district de *Sarou sima* (Heou tao), de la province de Simosa, où il se fixa et prit le titre de Daïri sous le nom de *Feï sin o* (Phing thsin wang), parce qu'il descendait, à la cinquième génération, de *Kwan mou ten o*. Il donna à ses officiers les mêmes titres que le Daïri accorde aux siens ; il eut un Sadaïsin, un Oudaïsin et un astronome chargé de composer l'almanach. Il construisit encore une autre demeure dans le district de *Sô komiyo* (Siang ma), dans la même province, et donna à cette résidence le nom d'*O siro* (Wang tching), c'est-à-dire, ville royale.

A la même époque, *Fousiwara-no Soumi tomo* (Theng yuan Chun yeou) envahit, à la tête d'un grand nombre de pirates, la province d'Iyo, se rendit maître de celles de Bizen et de Farima, dont il fit prisonniers les princes, subjugua la contrée de Nankaï, et s'empara aussi de celles de Sanyô, de Sanin et de Sikaï. Il avait été intimement lié avec Taïra-no Masa kado. Pendant leur séjour à Miyako, ces deux chefs étaient convenus de se révolter et de conquérir tout l'empire ; Masa kado devait alors être proclamé Daïri, et Soumi tomo devenir Kwanbak. En conséquence de ce plan, le premier était allé dans le Kwan tô, l'autre dans l'Iyo, pour assembler des troupes. Ils se soulevèrent en même temps dans les parties orientale et occidentale du Japon ; ce qui causa dans tout l'empire et dans la capitale une grande terreur. *Minamotto-no Tsoune moto* (Yuan King hi), demeurant dans le Mousaï, courut en hâte à Miyako, pour en informer le Daïri, et fut récompensé de son zèle par un titre. *Tsoune moto* était fils de Sada Zoumi, qu'on dit avoir été le sixième fils de Seï wa ten o; c'est pour cette raison que *Tsoune moto* portait le titre de *Rok mago o* et le nom de famille de *Ghen*. Le fils de *Tsoune moto* était *Tada-no Man tsiou* (To thian Man tchoung).

Au 1er mois de la 3e année (940), on offrit des sacrifices dans tous les temples, pour obtenir la prompte défaite de *Masa kado* et de *Soumi tomo*.

Le 2e mois, le Daïri nomma le Sanghi Ou sei mon *Fousiwara-no Tada boun* (Theng yuan Tchoung wen) général en chef, et son frère cadet *Fousiwara-no Tada nobou* (Theng yuan Tchoung chu) et *Minamoto-no Tsoune moto* (Yuan king ki) pour commander sous lui, avec ordre de marcher vers le Kwan tô. *Oo no-no Yosi fourou* (Siao ye Kao kou), *Fousiwara-no Yosi ouki* (Theng yuan Khing hing) et *Okamoura-no Farou sané* (Ta thsang Tchhun chÿ) eurent le commandement de deux cents vaisseaux de guerre, et furent envoyés vers l'Iyo. Dans les pays de Tôkaï et de Tôsan, un décret promettant à ceux qui vaincraient les rebelles d'être avancés à des rangs supérieurs fut promulgué.

Le 1er du 2e mois, *Fousiwara-no Fide sato* (Theng yuan Sieou khing), prince de Simotske, et *Taïra-no Sada mori* (Phing tching ching), prince de Fitats, à la tête de 16,000 hommes, attaquèrent l'armée de Masa kado, dans la province de Simotske. Après avoir fait un affreux carnage des rebelles, ils forcèrent Masa kado de prendre la fuite, et le poursuivirent pendant treize jours jusque dans la province de Simosa, où il se retira sur le mont *Sima firo yama* (Tao kouang chan) : Sada Mori y mit le feu aux retranchemens de Masa kado, et le força de les quitter. Le 14, Masa kado se prépara au combat à *Kou sima* (Sin tao); mais blessé par une flèche de Sada Mori, il tomba de cheval. Fidé sato mit aussitôt pied à terre, et lui coupa la tête. Cent quatre-vingt-dix-sept de ses gens furent tués, et l'on prit leurs armes; plusieurs de ses frères se trouvèrent dans le nombre : *Fousiwara-no Farou si O oka yowo*, et plusieurs autres de ses complices, perdirent la vie en différens endroits.

Le 9 du 3e mois, *Fide sato* fut récompensé, pour cette victoire, par le second rang de la quatrième classe, et fut nommé gouverneur des deux provinces de Simotske et Mousaï. Il fut célèbre dans tout l'empire, sous le nom de *Tawara tô da* (Piao theng thaï). Dans la suite, lui et *Sada Mori*, qui avait obtenu le second rang de la cinquième classe, furent créés *Zin siou fou Seogoun* (Tchin cheou fou tsiang kiun).

Le 25, la tête de Masa kado fut apportée à Miyako.

Soumi tomo, qui avait conquis les provinces d'Iyo, de Sanouki et d'Awa, ayant été défait, le 4e mois, dans un engagement avec *Awa-no Souke kouni kase*, se retira vers les provinces de Tosa, d'Aki et de Souwa, dont il se rendit maître, et marcha de là contre Taï saï fou, pour piller l'arsenal de cette ville. Il fut poursuivi par Yosi fousou, qui l'attaqua le 5ᵉ mois de la 4ᵉ année (941) à Wakata, dans la province de Tsikouzen. Fousou, aidé par Fousiwara-no Yosi ouki et Okamoura-no Farou sane, remporta une victoire complète et mit le rebelle en fuite.

Le 6ᵉ mois, Yosi ouki et Farou sane brûlèrent ses bateaux, ce qui le força de s'enfuir dans un petit canot vers l'Iyo; mais il fut pris par Tatsibana-no To yasou, et mis à mort avec son fils. To yasou envoya leurs têtes à Miyako, où Yosi Fourou arriva dans le 8ᵉ mois.

Le 11ᵉ mois, le Daïri nomma Kwanbak le régent *Tada fira*. Quand celui-ci eut été investi de cette dignité, toutes les affaires lui furent d'abord soumises; ensuite il les communiquait au Daïri, suivant ce qui s'était pratiqué du temps de Moto tsoune.

Le 12ᵉ mois, les troubles étant apaisés dans la partie orientale de l'empire et dans le pays de Sankaï, un pardon général fut proclamé.

Le 3ᵉ mois de la 5ᵉ année (942), le Daïri envoya des députations aux temples d'Izé et d'Ousa, pour y offrir de riches présens aux dieux; lui-même alla pour la première fois au temple de Kamo, et y rendit des actions de grâces pour la destruction des rebelles.

Le 4ᵉ mois de la 7ᵉ année (944), *Fousiwara-no Sane yori* (Theng yuan Chỷ laï), fils aîné de Tada fira, fut nommé Oudaïsin.

Le 9ᵉ mois de la 8ᵉ année (945), le Sadaïsin *Fousiwara-no Naka fira* mourut âgé de 71 ans. Il reçut le titre posthume de *Biwa-no Sadaïsin* [1].

Le 4ᵉ mois de la 9ᵉ année (946), le Daïri résigna l'empire à son frère cadet *Nari akira* (Tchhing ming), se retira dans le palais *Sio siak in* (Tchu tsiŏ yuan), et prit le titre de Taï ziô ten o. Il avait régné 16 ans; 7 avec le nengo *Siô feï* et 9 avec celui de *Ten keï*.

---

(1) 杷枇 *Biwa* (Phi pa) est le *cratægus bibas*. — Kl.

LXII. DAÏRI 皇天上村 MOURA KAMI TEN O.

(De 947 à 967 de J. C.)

Nengo
- 曆天 *Ten riak* (Thian lỹ), de 947 à 956,
- 德天 *Ten tok* (Thian tĕ), de 957 à 960,
- 和應 *O wa* (Yng ho), de 961 à 963,
- 保康 *Kô foo* (Khang pao), de 964 à 967.

MOURA KAMI TEN O (Tsoun chang thian houang) était le quatorzième fils de Daï go ten o, et frère cadet et utérin de Zuriak in; il portait auparavant le nom de *Nari akira*. Zu riak in, n'ayant point de fils, le choisit pour Taïsi et lui céda l'empire. Il fut proclamé Daïri le 28 du 4ᵉ mois de la 9ᵉ année du nengo *Ten keï*, à l'âge de 21 ans. Il a la réputation d'avoir été un prince fort savant et un excellent poëte.

Le 4 du 1ᵉʳ mois de la 1ʳᵉ année du nengo *Ten riak* (947), il alla au palais *Sio siak in*, pour rendre visite à sa mère l'impératrice *In si* et au Taï zio Ten o.

Le 4ᵉ mois, *Fousiwara-no Sane yori* devint Sadaïsin et grand général de la gauche; son frère cadet *Moto souke* fut nommé Oudaïsin et grand général de la droite; enfin leur père *Tada fira* fut créé Kwanbak et Taïzio daïsin. Ce fut le premier exemple qu'un père et deux de ses fils occupassent en même temps des emplois aussi distingués; on considéra cela comme un événement très-fortuné. La fille de Moto souke, nommée *Yasou ko* (Ngan tsu), était l'épouse du Daïri.

Le 6ᵉ mois, le Sanghi *Fousiwara-no Tada boun* mourut, âgé de 75 ans. Après sa mort, il fut nommé Tsiounagon; il avait été général en chef dans la guerre contre Masa kado.

A la 8ᵉ lune, il y eut beaucoup de maladies cutanées par tout l'empire; pour détourner ce fléau, on offrit des sacrifices, et on lut les livres saints dans les temples.

Le 9ᵉ mois, on bâtit à *Kita no* (Pĕ ye) un temple en l'honneur de *Kan seŏ siŏ*.
Le 11ᵉ mois, le Daïri alla chasser à *Oudzi* (Ou tchi).
La 2ᵉ année (948), il y eut une grande sécheresse en été, et de fortes pluies en automne.
Le 24 du 8ᵉ mois, on vit en même temps au ciel le soleil et la lune.
Le 1ᵉʳ mois de la 3ᵉ année (949), le Taïzio daïsin *Tada fira* fut renvoyé des affaires, pour cause de maladie. *Sane yori* et *Moto souke* eurent ensemble la direction des affaires.

Le 14 du 8ᵉ mois, *Tada fira* mourut, âgé de 70 ans; on lui conféra le premier rang de la première classe, et le titre de *Teï sin kó* (Tching sin koung); pendant vingt ans il avait été régent de l'empire, et pendant huit Kwanbak.

Le 9ᵉ mois, l'ancien Daïri *Yosei-no Taï zio ten o* mourut à l'âge de 81 ans.

Le 12ᵉ mois, le Daïri ordonna à *Oyé-no Tomo tsouna* (Ta kiang Tchao kang), à *Tatsibana-no Nao moto* (Khiu Tchў o), à *Sougawara-no Boun toki* (Kouan yuan Wen chi), et à *Oyé-no Kore toki* (Ta kian Wei chi), de composer quelques poëmes, qu'il fit écrire ensuite par *Ono-no Tofou* sur des paravens ornés de peintures.

Le 7ᵉ mois de la 4ᵉ année (950), il créa Taïsi son second fils *Nori fira* (Hian phing).

La 5ᵉ année (951), il nomma *Fousiwara-no Kore tada* conservateur des pièces de poésies en japonais, et il chargea *Minamotto-no Sita gafou* (Yuan chun), le Daïnakatomi-no *Ousin* (Neng siuan), *Kiyo wara-no Moto souke* (Thsing yuan yuan fou), *Ki-no Toki boun* (Ki chi wen), et le *Saka-no Wouye-no Motsi Tsiki* (Pan chang Wang tchhing), de rédiger le *Go sen Wa ka si* (Heou siuan Ho ko tsў), ou la seconde collection de poésies japonaises. Sita gafou et Toki boun étaient des hommes très-savans et très-instruits en littérature.

Le 8ᵉ mois de la 6ᵉ année (952), l'ancien Daïri *Zu riak taï zio ten o* mourut à l'âge de 50 ans.

Le 3ᵉ mois de la 7ᵉ année (953), le Daïnagon *Fousiwara-no Moto kata* mourut âgé de 66 ans; sa fille était l'épouse du Daïri. Le fils aîné de cette princesse était *Firo fira* (Kouang phing); mais ce fut le second *Nori fira* (Hian phing) qui fut nommé Taïsi. L'empereur l'avait eu de *Yasou ko*, fille de *Moro souke* (Szu fou). C'était pourquoi Moto kata détestait Moto souke; la nomination du Taïsi l'affligea si fortement qu'il mourut de chagrin. Son petit-fils Firo fira et sa mère le suivirent de près dans la tombe. Le Taïsi Nori fira était toujours languissant, ce qu'on attribua à l'influence du courroux de l'ame de Moto kata.

Le 1ᵉʳ mois de la 9ᵉ année (955), on expliqua au palais du Daïri, pour la première fois, le *Fots ke kio* (Fä hwa king), et l'on interpréta son contenu.

Le 3ᵉ mois, le dieu céleste de *Kita-no* fit annoncer au Daïri que mille sapins avaient poussé dans une seule nuit à *Oukon-no baba* (Kin ma tchhang).

Le 4ᵉ mois de la 1ʳᵉ année du nengo *Ten tok* (957), le Daïri célébra le 50ᵉ anniversaire de Moro souke par un festin dans la maison *Fousi tsoubo* (Theng khouen); à cette occasion, le Daïri lui fit présent de sa coupe à Zaki.

Le 3ᵉ mois de la 2ᵉ année (958), il accorda à *Sane yori* (Chў laï) l'usage d'une voiture.

A la 11ᵉ lune, mourut *Minamotto-no Tsoune moto* (Yuan King ki).

Le 3ᵉ mois de la 3ᵉ année (959), les prêtres du temple *Kan sin in* (Kan chin yuan) eurent une dispute avec ceux du temple *Seï souï si* (Thsing choui szu); le Daïri envoya des juges pour décider entre eux. Le temple Kan sin in était dans le jardin *Ghi won* (Khi yuan).

Dans le même mois; *Moro souke* se rendit au temple de *Kasouga* (Tchhun jў) : Kasouga, nommé pendant sa vie Kamatari (voyez page 55), était le fondateur de la famille *Fousiwara*. C'est pourquoi tous ses descendans vont constamment prier dans son temple.

Le 4 du 5ᵉ mois de la 4ᵉ année (960), l'Oudaïsin *Fousiwara-no Moro souke* mourut âgé de 57 ans. Il était d'un caractère doux et affable; gai ou en colère, on n'apercevait pas le moindre changement sur son visage.

Le 8ᵉ mois, *Fousiwara-no Aki tada* (Theng yuan Hian tchoung), fils de Toki fira, devint Oudaïsin.

Le 9ᵉ mois, le daïri ou palais impérial fut réduit en cendres. C'était la première fois qu'un accident de ce genre arrivait depuis que la cour était à Feï an siô, où déjà treize Daïri avaient résidé. Beaucoup de choses précieuses des anciens temps qu'on y conservait furent consumées par les flammes. On raconte que le miroir précieux *Sin kiô* (Chin king) se détacha spontanément dans la salle *No meï den* (Wen ming tian), s'envola et s'accrocha à la branche d'un cerisier, près de la salle méridionale, où une servante du Daïri le trouva suspendu; elle l'apporta à ce prince sur la manche de sa robe.

Le 11ᵉ mois, l'empereur fixa sa demeure dans le palais *Reïzen in* (Leng thsiuan yuan).

Le 11ᵉ mois de la 1ʳᵉ année du nengo *O wa* (961), il alla habiter le nouveau daïri qu'on avait construit.

Le 2ᵉ mois de la 2ᵉ année (962), il envoya des députés aux temples d'*Isé*, de *Kamo*, *Mats-no o* (Soung wei), *Fira no* (Phing ye) et de *Kasouga* (Tchun jў), pour offrir des présens aux dieux. Aux temples de *Kamo* et de *Mats-no o* il donna dix chevaux; il fit de même présenter des offrandes dans les autres temples de l'empire.

Le 2ᵉ mois de la 3ᵉ année (963), le Taïsi fut vêtu de la robe virile dans la salle *Si sin den* (Tsu chin tiao). *Sane yori* lui posa la couronne sur la tête, le Sanghi *Fousiwara-no Aki tada* lui rasa les cheveux.

Le 8ᵉ mois, Sane yori alla faire ses prières à la rivière *Iwa si midzou* (Chў thsiang choui); plusieurs de la famille Fousiwara suivirent cet exemple et s'y rendirent également.

Dans le même mois, le Daïri fit venir *Yosi ghen* (Liang yuan) du temple du mont *Yeï san* (Joui chan), et *Tsiou san* (Tchoung souan) de *Nan bou* (Nan tou), et les chargea d'examiner les affaires spirituelles de la religion bouddhique.

Le 4ᵉ mois de la 1ʳᵉ année du nengo *Kô fô* (964), l'impératrice *Fousiwara-no An si* (Theng yuan Ngan tsu) mourut. Sa sœur cadette *Fô si* (Teng tsu) était mariée à *Sighe akira sin o* (Tchoung ming thsin o), frère aîné du Daïri. Comme elle était d'une grande beauté, celui-ci en devint amoureux et vécut avec elle. Sighe akira sin o décéda dans ce temps, ainsi que l'impératrice. Alors l'empereur fit venir Fo si à la cour, et négligea le soin du gouvernement.

Le 4ᵉ mois de la 2ᵉ année (965), l'Oudaïsin *Fousiwara-no Aki fira* mourut âgé de 68 ans.

Le 12ᵉ mois, le Daïri célébra sa 40ᵉ fête.

Le 1ᵉʳ mois de la 3ᵉ année (966), *Minamotto-no Taka akira* devint Oudaïsin.

Le 8ᵉ mois, le prêtre *Yosi ghen* (Liang yuan) fut nommé maître suprême de l'observance bouddhique *Ten daï* (voyez page 95); il porte aussi le titre de *Zi ye Sô siô* (Thsu hoeï seng tching).

Le 25 du 5ᵉ mois de la 4ᵉ année (967), le Daïri mourut âgé de 42 ans, après en avoir régné 21; savoir 10 avec le nengo *Ten riak*, 4 avec celui de *Ten tok*, 3 avec celui d'*O wa*, et 4 avec le nengo *Kô fô*.

LXIII. DAÏRI 院泉冷 REÏ ZEN IN.

(De 968 à 969 de J. C.)

Nengo 和安 *An wa* (Ngan ho), de 968 à 969.

Reï zen in (Leng thsiuan yuan) était le second fils de *Moura kami ten o*; il portait, avant son avénement au trône, le nom de *Nori fira*. Sa mère, la reine *An si*, était fille de l'Oudaïsin Moro souke; il naquit le 5ᵉ mois de la 4ᵉ année du nengo *Ten riak* (950), et fut déclaré Taïsi au 7ᵉ mois. Son père, qui languissait depuis le 2ᵉ mois de la 4ᵉ année du nengo *Kô fô*, étant mort au 5ᵉ mois, il lui succéda étant âgé de 18 ans.

A la 6ᵉ lune, *Fousiwara-no Sane yori* fut créé Kwanbak.

Le 12ᵉ mois, il fut nommé régent de l'empire; *Minamotto-no Taka akira* devint Sadaïsin, et *Fousiwara-no Moro tada* (Theng yuan Szu yun) Oudaïsin. Ce dernier était le frère de Sane yori. Le second frère du Daïri était *Tame fira*, et le troisième *Mori fira*. Tame fira était gendre du Sadaïsin Taka akira et l'enfant favori de son père Moura kami ten o. Avant de tomber malade, cet empereur avait l'intention de le déclarer Taïsi, ce qui étonna tout le monde;

mais comme l'exécution de ce projet aurait aussi pu troubler la bonne harmonie avec Sane yori et Taka akira, il s'en désista. Mori fira fut alors nommé *Tô gó* (Toung koung), ou prince impérial.

Dans le courant de la 1re année du nengo *An wa* (968), le Daïri, se trouvant très-indisposé, confia le gouvernement à *Sane yori* (Chў laï), à *Taka akira* (Kao ming) et à *Moro tada* (Szu yun).

Le 2e mois de la 2e année (969), les gens de l'Oudaïsin *Moro tada* eurent une dispute avec ceux du Tsiounagon *Fousiwara-no Sin ka* (Theng yuan Kian kia); un des premiers ayant été tué, les autres, au nombre de quelques centaines, coururent à la maison de Sin ka et la détruisirent. Sin ka était le troisième fils de Moro souke, et cousin de Moro tada.

Le 3e mois, le Sadaïsin *Taka akira*, appuyé par *Minamotto-no Sighe nobou* (Yuan Min yan) et par le prêtre *Woun mo* (Lian meou), se prépara à faire une révolte, dans le but de déposer le Daïri, et de proclamer à sa place son gendre *Tame fira*. Ce complot fut découvert par *Minamotto Mantsiou* (Yuan Man tchoung), et par *Fousiwara-no Yosi toki* (Theng yuan Chen chi); ils en informèrent Sane yori et Moro tada, qui en firent part au Daïri : Taka akira eut la tête rasée, et fut exilé dans le Tsoukouzi ; Moro tada devint Sadaïsin, et *Ari fira* Oudaïsin. Ils envoyèrent aussitôt des juges pour arrêter Sighe nobou et le prêtre Woun mo, qui, à leur interrogatoire, confessèrent tout, ainsi que *Fousiwara-no Tsi farou* (Theng yuan Thsian thsing), qui était un des complices ; sur quoi Sighe nobou, Woun mo et Tsi farou furent emprisonnés.

Le 4e mois, la maison de Taka akira fut rasée, et Tsi farou, Sighe nobou et Woun mo furent bannis. On envoya aussi plusieurs commissaires spéciaux en différentes provinces pour arrêter les autres conjurés. Mantsiou et Yosi toki furent récompensés pour la découverte du complot. On prétend que Taka akira n'y eut point de part, et qu'il fut redevable de son bannissement dans le Tsoukouzi aux calomnies de Mantsiou, qui le rendit suspect à Sane yori.

Le 8e mois, la maladie du Daïri augmenta, ce qui lui fit résigner l'empire à son frère cadet *Mori fira*. Il se retira dans le palais *Reï zen in*, et prit le titre de *Taï zio ten o*. Tous ses successeurs ont adopté le titre *In* (Yuan), au lieu de celui de *Ten o*. Son règne n'a duré que 2 ans, avec le nengo *An wa*.

LXIV. DAÏRI 院融圖 YEN WOU IN.

(De 970 à 984 de J. C.)

Nengo
- 祿天 *Ten rok* (Thian loŭ), de 970 à 972,
- 延天 *Ten yin* (Thian yen), de 973 à 975,
- 元貞 *Tseï ghen* (Tching yuan), de 976 à 977,
- 元天 *Ten ghen* (Thian yuan), de 978 à 982,
- 觀永 *Yeï kwan* (Young kouan), de 983 à 984.

Yen wou in (Yuan young yuan), cinquième fils de *Moura kami ten o*, était nommé auparavant *Mori fira* (Cheou phing). Il avait pour mère la reine *An si*, et fut proclamé Daïri, au 9ᵉ mois de la 2ᵉ année du nengo *An wa* (984), à l'âge de 11 ans. Sane yori occupa le poste de régent, et obtint la permission d'entrer dans la cour du palais et d'en sortir en voiture, et d'avoir l'attirail de guerre dans son train. Il porta le titre de *Sets ziô Taï siô daï sin*.

Le 10ᵉ mois, le Sadaïsin Moro tada mourut.

Le 13ᵉ mois, on célébra la 70ᵉ fête de Sane yori.

Le 1ᵉʳ mois de la 1ʳᵉ année du nengo *Ten rok* (970), *Fousiwara-no Ari fira* (Theng yuan Thsai heng) devint Sadaïsin, et *Fousiwara-no I tada* (Theng yuan I yun), fils aîné de Moro souke et beau-père du Daïri, Oudaïsin. Ari fira avait été admis dans le commencement chez les Daïris, comme étant de la secte des lettrés; sous Moura kami ten o, il obtint de l'emploi, tant pour son grand savoir, que parce que le Daïri épousa sa fille, qu'il aima beaucoup. A l'exception de Kibi-no daïsin et de Kan seô siô, il fut le seul personnage de la secte des lettrés qui, depuis les temps les plus reculés, monta à un poste aussi élevé.

Le 5ᵉ mois, le Se siô ou régent et Taï zio daïsin *Fousiwara-no Sane yori* mourut âgé de 71 ans. Il fut honoré du premier rang de la première classe et du titre de *Seï sin kô* (Thsing tchin koung); l'Oudaïsin *I tada* (I yun) devint régent.

Le 10ᵉ mois, le Sadaïsin *Ari fira* (Tsai heng) mourut à l'âge de 79 ans.

Le 5ᵉ mois de la 2ᵉ année (971), on célébra la première fois une fête particulière en l'honneur du dieu d'*Iwa si midzou* (Chỹ thsing choui); l'Outsiousiô *Tada ki yo* (Tchoung thsing) en eut la direction.

Le 11ᵉ mois, *I tada* fut créé Taï zio daïsin, *Minamotto-no Kane akira* (Yuan Kian ming) Sadaïsin, et *Fousiwara-no Yori tada* (Theng yuan Laï tchoung)

Oudaïsin. Kane akira était fils du prince impérial *In ghi* (Yen hi) et Yori tada fils de *Sane yori* (Chў laï).

Le 5 du 1ᵉʳ mois de la 3ᵉ année (972), le Daïri fut couronné à l'âge de 14 ans par I tada; les cheveux autour de son front furent rasés par Kane akira.

Le 4ᵉ mois, Minamotto-no Taka akira obtint la permission de revenir à Miyako de son bannissement dans le Tsoukouzi.

Le 11ᵉ mois, *I tada* mourut âgé de 49 ans, fut honoré du rang de la première classe, et reçut le titre posthume de *Mi kawa kô* (San ho koung). Son frère cadet *Kane mitsi* fut nommé Nadaïsin, avec le rang de *Kwanbak*[1]. Dans le temps qu'il n'était que Sanghi, son frère aîné *Kane ye* devint Tsiounagon. Kane mitsi ayant été créé Tsiounagon, Kane ye fut promu à la dignité de Daïnagon. Kane mitsi, élevé au poste de Nadaïsin et de Kwanbak, fut chargé avec l'Oudaïsin *Yori tada* du gouvernement de l'empire. Kane ye, jaloux de la promotion de son frère, conçut le dessin de l'assassiner; il était furieux contre tous ceux qui rendaient leurs hommages à Kane mitsi.

Le 24 du 4ᵉ mois de la 1ʳᵉ année du nengo *Ten yin* (973), des scélérats mirent dans la nuit le feu à la maison de *Minamotto Mantsiou* (Yuan Man tchoung); malgré tous les efforts qu'on fit pour les saisir, ils s'enfuirent. Plus de trois cents maisons furent réduites en cendres. On doubla alors la garde en dedans du daïri.

Le 2ᵉ mois de la 2ᵉ année (974), Kane mitsi fut nommé Taï ziô daïsin, et obtint le privilége de venir à la cour en voiture.

Le 10ᵉ mois, on envoya au Daïri des chevaux de la Corée (Kao li).

Le 6ᵉ mois de la 3ᵉ année (975), *Kane mitsi* envoya des ambassadeurs au temple *Ghi won*, afin qu'on y célébrât une fête pour remercier ce dieu de sa guérison de la petite vérole. On y dansa au son de la flûte.

Le 8ᵉ mois, la princesse *Sensi Naï sin o* devint prêtresse du dieu Kamo; elle était fille du Daïri *Moura kami ten o*. Dans la même année, on observa au ciel plusieurs choses extraordinaires, et il parut une comète.

Le 11 du 5ᵉ mois de la 1ʳᵉ année du nengo *Tseï ghen* (976), le palais impérial fut détruit par un incendie.

Depuis le 6ᵉ jusqu'au 7ᵉ mois, il y eut constamment des tremblemens de terre affreux, qui endommagèrent grandement les temples et les maisons des

---

(1) 白關 *Kwanbak* ou *Kouanbak* (Kouan pĕ), ou *Atsouraki morou* (c'est-à-dire, le garde des bonnets de cérémonie de l'empereur) est le nom d'une des plus hautes dignités au palais du Daïri; elle date de l'an 880 de notre ère (voy. page 123). Le Kouanbak est le président du conseil des ministres. — Kl.

habitans de Miyako et des provinces voisines. Beaucoup de monde périt dans ces désastres.

L'empereur se retira avec son épouse la Tsiougou à *Fori kawa-no fatsi* (Khü tchhuan kouan), demeure du père de cette princesse. Cette maison était très-spacieuse et construite sur le plan du daïri ou palais impérial. Kane mitsi avait encore une autre maison nommée *Kan in*, qu'il prépara pour y donner une fête au Daïri.

Le 4e mois de la 2e année (977), *Minamotto-no Kane akira*, qui avait excité l'envie de Kane mitsi, fut démis de sa charge de Sadaïsin et dégradé : *Yori tada* le remplaça, et *Minamotto-no Masa nobou*, petit-fils du Daïri Ou da ten o, devint Oudaïsin. Kane akira était un homme de talent et grand poëte. Il se retira sur le mont *Kame yama* (Kouei chan), où il mourut quelques années après.

Le 7e mois, le Daïri alla habiter le nouveau palais qu'il avait fait construire. Les *gakf* (voyez page 101, note 1) au dessus des portes y étaient écrits par *Fousiwara-no Souke masa* (Theng yuan Thso li), célèbre en Chine même pour sa belle écriture.

Le 10e mois, Kane mitsi résigna la place de Kwanbak, à cause de l'état chétif de sa santé; Yosi tada lui succéda. Kane mitsi, qui haïssait son frère Kane ye, l'accusa d'avoir l'intention de déposer le Daïri, et le fit dégrader. Non content de cela, il voulut le faire exiler ou mettre à mort; mais le Daïri, qui savait que toute cette accusation n'était que l'effet de sa passion, refusa d'y prêter l'oreille

Le 8 du 11e mois, Kane mitsi mourut âgé de 51 ans.

Le 8e mois de la 1re année du nengo *Ten ghen* (978), le Daïri fit venir *Sen si* (Thsiuan tsu), fille de Kane ye, et l'épousa. Pendant tout le temps que Kane mitsi vécut, aucune femme n'obtint la permission de venir à la cour, à cause du mariage de l'empereur avec la fille de ce ministre. Cette princesse donna bientôt un fils au Daïri.

Le 10e mois, *Yori tada* devint Taï zio daï sin; *Minamotto-no Masa nobou* fut nommé Sadaïsin, et *Kane ye* Oudaïsin.

Le 27 du 3e mois de la 2e année (979), le Daïri visita le temple du dieu *Fatsman* à *Iwa si midzou* (Chỹ thsing choui). Depuis ce temps, ses successeurs ont toujours fait de même.

Le 2e mois de la 3e année (980), on rasa les cheveux sur le front du fils de Yori tada, au palais *Seï riou den* (Thsing leng tian),

Le 10 du 10e mois, le Daïri se rendit au temple du dieu Kamo, et ses successeurs ont depuis suivi cet exemple.

Le 22 du 11ᵉ mois, le palais impérial fut consumé par les flammes.

Le 20 du 2ᵉ mois de la 4ᵉ année (981), le Daïri visita le temple de *Fira no* (Phing ye).

Au 7ᵉ mois, il tomba malade ; *Zi ye* [1], chef des prêtres du temple du mont *Yeï san*, fut appelé auprès de l'empereur pour réciter des prières pour la guérison de ce monarque, laquelle ayant eu lieu, il obtint le titre de *Daï sô ziô*, et la permission de venir en voiture à la cour.

Le 9ᵉ mois, le *Sougawara-no Boun toki* (Kouan yuan Wen chi), de la seconde division de la troisième classe, mourut âgé de 83 ans. Il était petit-fils de Kan seô siô ; son grand savoir l'avait fait nommer instituteur du Daïri *Moura kami ten o*.

Le 10ᵉ mois, le Daïri alla demeurer dans un nouveau palais qu'on avait bâti pour lui.

Le 1ᵉʳ mois de la 5ᵉ année (982), les prêtres *Zi gakf* et *Tsi siô* du mont *Yeï san* eurent des querelles entre eux ; pour les apaiser, le Daïri y envoya le Korando *Taïra-no Tsoune masa* (Thsang jin Phing Heng tchhang).

Le 9ᵉ mois, *Teou nen* (Tiao jan), prêtre du mont *Yeï san*, fit un voyage dans l'empire de la grande dynastie des *Soung*, c'est-à-dire, en Chine [2].

---

(1) 師大慧慈 *Zi ye daï si* (Thsu hoeï ta szu), ou vulgairement 師大三元 *Ghen san daï si* (Yuan san ta szu), sont des titres posthumes du célèbre prêtre 源良 *Yosi ghen* (Lang yuan), dont le nom de famille était 津木 *Ki tsou* (Moŭ tsin). Il naquit en 912, dans le district d'*Azi i*, de la province d'Oomi. Il se distingua par ses travaux spirituels, et contribua puissamment au maintien et à l'extension de la religion bouddhique au Japon. Aussi fut-il placé, en 966, sur le siége pontifical de l'observance Tendaï ; en 981, il reçut la dignité de *Daï sô ziô*, et mourut en 985, âgé de 74 ans. — Kl.

(2) L'histoire chinoise de la dynastie des Soung met l'arrivée de 然䄂 *Teou nen* (Tiao jan) en Chine, dans la 1ʳᵉ des années *Young hi* (984). Il y vint par mer, accompagné de cinq ou six de ses disciples. Arrivé à la cour, il présenta à l'empereur une dixaine de vases de bronze et un volume contenant la succession des rois de sa patrie. Ses habits étaient faits d'étoffe de soie noire. Il se disait de la famille de *Theng yuan* (en japonais Fousiwara), et mandarin de la cinquième classe dans son pays. Il écrivait fort bien les caractères *li chou*, mais il ne comprenait pas la langue parlée de la Chine. Il rapporta un exemplaire du texte de *Hiao king*, ou du livre sur la piété filiale de Thseng tsu, disciple de Confucius, ainsi que le 13ᵉ volume de la nouvelle explication (*Sin i*) de cet ouvrage, fait par *Yuĕ wang*, second fils de Taï tsoung, de la dynastie des Thang. L'empereur Taï tsoung le reçut fort bien, lui fit cadeau d'une robe rouge, et le fit loger dans le temple *Taï phing hing kouĕ szu*. Mais comme ce séjour ne lui convenait pas, il alla bientôt demeurer sur le mont 山臺五 *Ou thaï chan*, dans le Chan si. Cette montagne célèbre a reçu son nom de ses cinq cimes, qui s'élèvent dans les nues et qui ressemblent à autant de tables ou autels ; car leur surface supérieure est plane et unie. Elle est couverte d'hermitages, où se retirent des sectateurs de Foë ou Bouddha. Plusieurs temples et couvens célèbres se trouvent sur ses flancs. Le plus ancien est le

Le 17 du 11ᵉ mois, le palais impérial fut de nouveau réduit en cendres; le Daïri se retira dans celui qui est appelé *Fori kawa-no in* (Khiŭ tchhouan yuan).

Le 2ᵉ mois de la 1ʳᵉ année du nengo *Yeï kwan* (983), il ordonna à tous les officiers de justice d'arrêter quiconque, dans la ville de Miyako et dans la province qui en dépend, errait armé d'un arc et de flèches.

Le 3ᵉ mois, on fonda le temple *Yen wou si* (Yuan yong szu), et l'on y fit venir les prêtres *Zi ye* du temple de *Yeï san*, et *Kwan so* de celui de *Nin wa si* (Jin ho szu), pour réciter des textes sacrés et bénir l'édifice.

Le 8ᵉ mois de la 2ᵉ année (984), le Daïri résigna l'empire en faveur de son cousin *Moro sada*, et prit le titre de Taï zio ten o. Il avait régné 3 ans avec le nengo *Ten rok*, 3 avec celui de *Ten yin*, 2 avec celui de *Teï ghen*, 5 avec celui de *Ten ghen*, et 2 avec le nengo *Yeï kwan*; en tout 15 ans.

LXV. DAÏRI 院山花 KWA SAN-NO IN.

(De 985 à 986 de J. C.)

Nengo 和寬 *Kwan wa* (Kouan ho), de 985 à 986.

Kwa san-no in (Houa chan yuan) était fils aîné de *Reï zen in*, et nommé auparavant *Moro sada* (Szu tching). Sa mère *Fousiwara-no Kane ko* (Theng yuan hoaï tsu) était fille du régent Kore tada. Ce Daïri, choisi pour Taïsi par *Yen yoŭ in*, fut, à la résignation de celui-ci, proclamé Daïri, le 27 du 8ᵉ mois de la 2ᵉ année du nengo *Yeï kwan* : il avait alors 17 ans. *Yori tada* continua à remplir l'office de Kwan bak. Les Daïris *Reï zen in* et *Yen yoŭ in* portèrent tous les deux le titre de *Taï zio ten o*.

Le 4ᵉ mois de la 1ʳᵉ année du nengo *Kwan wa* (985), *Fousiwara-no Toki akira* et son frère *Yasou souke* se battirent à coups de sabre avec *Fousiwara-no Souki taka* et *Oye-no Masa fira*. Le dernier perdit les doigts de la main gauche; les deux premiers s'enfuirent, on ne sut par où. Ce ne fut qu'après de soigneuses recherches qu'on arrêta Toki akira dans la province d'Oomi.

Thsing leng szu, fondé par l'empereur *Hiao wen ti* des Weï postérieurs, dans la seconde moitié du vᵉ siècle, et renouvelé par les Mongols en 1265. Dans un autre, appelé *Yn kiao szu*, et situé sur la cime du milieu, on conserve des reliques de Bouddha dans une tour de fer fondu. Cette montagne est à 120 li au nord-est de la ville *Ou thaï hian*; la montée pour arriver à la plus haute cime est de 39 li ou 4 lieues de 20 au degré.

Teou nen revint au Japon en 987; il mourut en l'année 1016, et reçut le titre posthume de 師大濟弘 *Kŏ zi daï si* (Houng tsi daï szu). — Kl.

Le Daïri prit, à son avénement au trône, trois femmes; elles étaient filles du Kwanbak *Yori tada*, du prince *Tame fira sin o*, et du Daïnagon *Fousiwara-no Tsio ko*. Plus tard, il épousa la fille du Daïnagon *Fousiwara-no Tsoune ko*, qui à cette occasion reçut le titre de *Kô ghi den* (Koung weï tian). Comme il en était très-amoureux, il négligea entièrement les trois autres; mais elle mourut bientôt. Il en fut si affligé, qu'il eut l'esprit aliéné, et résolut de se retirer du monde. Son père avait aussi été attaqué d'une maladie semblable, dont il ne guérit jamais.

Le 8ᵉ mois, le Taï zio ten o *Yin yoû* se fit raser la tête, prit le titre ecclésiastique de *Fŏ wŏ* (Fă wang), et se retira dans le palais *Yin yoû in*.

La 2ᵉ année (986), le Daïri, toujours occupé du souvenir de son épouse chérie, fille de Kô ghi den, résolut de quitter le monde et de se faire prêtre. Le 22 du 6ᵉ mois, il sortit secrètement, pendant la nuit, par la petite sortie de la salle *Deou kwan den* (Tching kouan tian) et alla au temple *Kwan san si*, où il se rasa la tête, et prit le nom de *Nag gakf* (Jў kiŏ). Il avait alors à peine 19 ans : il ne fut accompagné que par Kourando Fousiwara-no Mitsi kane, et par le prêtre *Gon kou* (Yan kieou). L'astronome impérial *Abe-no Seï meï* (Ngan pou Tsing ming), occupé dans ce moment à faire ses observations, découvrit par un phénomène céleste qu'un changement était arrivé au Daïri. Effrayé de ce signe, il se rendit en toute hâte au palais; mais nonobstant toutes les recherches, on ne put trouver l'empereur. A la pointe du jour, on le chercha par-tout; et à la grande surprise de tout le monde, on apprit à la fin qu'il s'était fait prêtre dans le temple *Kwan san si*. Le Tsiounàgon *Fousiwara-no Yosi kane* et le Satsiouben *Fousiwara-no Kore nari*, qui l'avaient constamment servi, prirent également l'habit ecclésiastique.

Ce prince n'a régné que 2 ans, avec le nengo *Kwan wa*.

LXVI. DAÏRI 院條― YETS SIO-NO IN.

(De 987 à 1011 de J. C.)

Nengo
- 延永 *Yei yin* (Young yen), de 987 à 988,
- 祚永 *Yei zoo* (Young thsou), 989.
- 曆正 *Ziô riak* (Tching lў), de 990 à 994,
- 德長 *Tsiô tok* (Tchhang te), de 995 à 998,
- 保長 *Tsiô foo* (Tchhang pao), de 999 à 1003,
- 弘寬 *Kwan ko* (Kouan houng), de 1004 à 1011.

Yets siô-no in (Y tiao yuan) était fils aîné de Yen yoû in, et portait, avant son avénement au trône, le nom de *Kane fito* (Houaï jin). Sa mère *Fousiwara-no Sen si* était fille de l'Oudaïsin *Kane ye*. Kane fito avait été créé Taïsi sous le règne de Kwa san-no in; dès qu'on sut que celui-ci s'était retiré du monde, Kane ye s'empressa de venir au palais, et veilla soigneusement sur tout ce qui se passait, en attendant que Kane fito, qui n'avait que sept ans, fût proclamé Daïri. Kane ye quitta alors l'emploi d'Oudaïsin, et devint Kwanbak; son frère Tame ko fut nommé Oudaïsin à sa place.

Reï zen in porta alors le titre de Taïzio ten o; Yen yoû in et Kwa san-no in eurent celui de *Fo wô*. Aucun de ces trois empereurs ne s'était mêlé du gouvernement; tous en avaient laissé le soin à Kane ye.

Le 1er mois de la 1re année du nengo *Yeï yen* (987), le prêtre Teou nen revint de la Chine; il en rapporta l'image du dieu Siaka, qu'on conserve encore aujourd'hui dans le temple Saga à Miyako, ainsi que le livre *Isou saï kiô* (Y thsië king).

Le 10e mois, le Daïri alla à la maison de *Kane ye;* le 11e mois, au temple d'*Iwa si midzou*, et le 12e, à celui du dieu *Kamo*.

Le 6e mois de la 2e année (988), *Fousiwara-no Yasou souke*, chef des brigands, s'étant caché dans la maison du Tsiounagon *Fousiwara-no Aki ko*, le Daïri donna ordre de l'arrêter; mais il se coupa la gorge.

Le 8e mois, Kane ye, ayant construit un palais, y invita un grand nombre des serviteurs du Daïri, et les régala splendidement. Minamotto-no Yori ko y vint avec trente chevaux, pour les distribuer à ceux qui étaient d'un rang inférieur à celui d'Oudaïsin.

Le 11e mois, le Daïri alla au palais de Kane ye, pour y célébrer le 60e anniversaire de celui-ci.

Le 2e mois, Mitse taka, fils aîné de Kane ye, fut nommé Nadaïsin et Sadaïsio.

Le 3e mois, le Daïri se rendit au temple du dieu *Kasouga* (Tchhun jў).

Le 6e mois, le Sake-no Kwanbak *Fousiwara-no Yori tada* (Thsian kouan pë) mourut âgé de 66 ans. Il reçut le titre posthume de *Sourouga kô* (Tsjun ho koung).

Le 8e mois, un ouragan violent détruisit un grand nombre de temples et d'autels situés en dehors des portes du palais impérial.

Le 12e mois, Kane ye fut nommé Taï zio daï sin.

Le 1er mois de la 1re année du nengo *Tsio riak* (990), on rasa le front du Daïri, qui était âgé de 11 ans.

Le 1er mois du nengo *Yeï zoo* (989), le Daïri fit une visite au Fo wô *Yen yoú in*.

Le 5e mois, Kane ye, étant tombé malade, se fit raser les cheveux et devint prêtre sous le nom de *Tô san sio-no Daï mou do* (Toung san tiao Ta jў tao). Son fils *Mitsi tada* fut choisi pour régent à sa place.

Le 2 du 7e mois, Kane ye mourut âgé de 62 ans : son palais fut converti en temple, et reçut le nom de *Fo keô in* (Fa hing yuan). Il fut le premier qui obtint le titre de *Sets ye-no in* (Chĕ kia yuan).

Le 2e mois de la 2e année (991), le Fo wô *Yen yoú in* mourut à l'âge de 32 ans.

Le 9e mois, l'Oudaïsin *Fousiwara-no Tame kio* fut promu à la dignité de Taï zio daï sin, *Minamotto-no Sighe nobou*, frère cadet du Sadaïsin *Masa nobou*, devint Oudaïsin, et *Fousiwara-no Mitsi kane*, frère cadet de *Mitsi taka*, Nadaïsin.

Le 10e mois, la veuve de Yen yoú in se rasa la tête, et reçut du Daïri le titre de *Figasi san sio in*, et des prêtres celui de *Kisaki-no in*. Elle fut la première femme qui porta le titre de *Nio in* (Niu in).

Le 6e mois de la 3e année (992), le Taï zio daï sin *Tame ko* mourut âgé de 51 ans. Il reçut le titre posthume de *Sagami kô* (Siang mou koung).

Le 12e mois, le Daïri ordonna à *Minamotto-no Tada yosi* de se saisir d'*Aziari*, chef des pirates.

Le 4e mois de la 4e année (993), Mitsi taka fut démis de l'emploi de régent, et nommé Kwanbak.

Le 5e mois, on accorda à *Kanseôsió* le titre posthume de Taï zio daï sin et le premier rang de la première classe. On fit annoncer cette promotion par une députation au temple *An rok si* (Ngan lŏ szu), dans le Tsoukouzi.

Le 7e mois, le Sadaïsin *Minamotto-no Masa nobou* mourut âgé de 74 ans.

Sa fille *Rin si* (Lun tsu) était mariée à *Mitsi naga*, troisième fils de Kane ye.

Le 3ᵉ mois de la 5ᵉ année (994), le Daïri envoya *Minamotto-no Misou masa*, *Taïra-no Kore toki*, *Minamotto-no Yori tsika* et *Minamotto-no Yori nobou*, commandans de troupes, dans différentes provinces, pour arrêter les brigands qui les infestaient.

Le 7ᵉ mois, *Minamotto-no Sighe nobou* fut nommé Sadaïsin, *Mitsi kane* Oudaïsin, et *Kore masa*, fils aîné de Mitsi taka, Nadaïsin.

Le 1ᵉʳ mois de la 1ʳᵉ année du nengo *Tsiô tok* (995), le Daïri fit une visite à l'impératrice *Nio in*.

Le 3ᵉ mois, *Mitsi taka*, étant tombé malade, se rasa la tête et demanda que son fils *Kore masa* obtînt sa place de Kwanbak. Il mourut peu de temps après, âgé de 43 ans.

Le 4ᵉ mois, l'Oudaïsin Mitsi kane fut nommé Kwanbak; Kore masa en fut très-mécontent. Cela causa de grandes querelles entre eux; Kore masa pria les dieux de priver Mitsi kane de la vie.

Le 7 du 5ᵉ mois, le Sadaïsin *Minamotto-no Sighe nobou* mourut, âgé de 74 ans.

Le 8ᵉ mois, le Kwanbak Mitsi kane mourut; onze jours après, il reçut le titre de *Kourida-no Kwanbak* (Soü thian kouan pë).

Le 11ᵉ mois, *Mitsi naga* (Tao tchhang), Sa daï seo et frère cadet de Mitsi kane, fut choisi pour Kwanbak, sur les instances de l'impératrice douairière *Nio in*, et à la grande mortification de Kore masa, qui se flattait d'obtenir cette charge. Dans sa colère, celui-ci implora de nouveau les dieux pour qu'ils fissent mourir le Kwanbak; mais ce vœu ne fut pas exaucé.

A cette époque, une maladie contagieuse fit périr un grand nombre des officiers de la cour du Daïri.

Le 7ᵉ mois, Mitsi naga devint Oudaïsin, et fut chargé des soins du gouvernement.

Le 1ᵉʳ mois de la 2ᵉ année (996), le Fo wô *Kwa san* fit un voyage dans le Kinaï, ou la province de la cour. A son retour à Miyako, il eut une intrigue avec la princesse *Taka tsoukasa-no Si-no kimi* (Yng szu Szu kiun), et se rendit en secret chez elle. La sœur aînée de celle-ci en avait une avec Kore masa. Comme le Fo wô venait souvent à cheval chez Si-no kimi, Kore masa en devint jaloux, l'attaqua dans la nuit, au clair de lune, avec son frère cadet le Tsiounagon *Taka ye*, et le blessa au côté d'un coup de flèche. Le Fo wô en ressentit une grande frayeur; mais ayant honte d'ébruiter cette affaire, il n'en dit rien. Cependant elle fut bientôt connue; et le 4ᵉ mois, Kore masa fut exilé dans le Tsoukouzi, et son frère Taka ye dans l'Idzoumo.

Le 7ᵉ mois, *Mitsi naga* (Tao tchhang) devint Sadaïsin, et *Fousiwara-no Aki mitsi* (Theng yuan Hian kouang), fils de Kane ye, fut nommé Oudaïsin.

Le 4ᵉ mois de la 3ᵉ année (997), Kore masa et Taka ye furent rappelés de leur bannissement, parce que leur sœur la Tsiou gou (l'impératrice) *Sada ko* (Ting tsu), épouse du Daïri, était accouchée d'un fils. Kore masa, indigné d'avoir été exilé, s'était coupé les cheveux; mais le Daïri parvint à apaiser sa colère.

Le 7ᵉ mois, le Daïnagon *Fousiwara-no Kin souye* (Theng yuan Koung khi), le plus jeune des fils de Moro souke et oncle de Mitsi naga, fut créé Nadaïsin.

Le 8ᵉ mois, mourut *Tada-no Mantsiou*. Depuis le nengo *Kwan wa*, qu'il se rasa la tête, il avait été reçu dans le Sets, dans la maison Tada-no in. Il avait atteint l'âge de 88 ans. Ses fils *Yori mitsi*, *Yori tsika* et *Yori nobou* excellaient dans le maniement des armes, et furent gardes du corps du Daïri.

Le 9ᵉ mois de la 4ᵉ année (998), plusieurs barbares méridionaux, habitant les îles de la mer de Tsoukouzi, furent pris et conduits à Taïsaïfou.

Le 3ᵉ mois de la 1ʳᵉ année du nengo *Tsió fó* (999), le gouverneur de la province de Simotske *Taïra-no Kore fira* se battit, dans le pays de Kwan to, avec *Taïra-no Moura yori*. Le Daïri ayant envoyé des juges pour rechercher qui avait tort, Moura yori fut banni.

Le 8ᵉ mois, on expédia l'ordre à Taïsaïfou de mettre à mort les barbares du midi, qui avaient commis des pirateries.

Le 11ᵉ mois, *Aki ko*, fille de *Mitsi naga*, vint à la cour; et comme la Tsiou gou ou impératrice *Sada ko* était morte, le Daïri l'épousa.

Le 5ᵉ mois de la 3ᵉ année (1001), une maladie contagieuse désola l'empire. On bâtit un temple à *Moura no* (Tsu ye), et l'on y célébra une fête en l'honneur du dieu de la santé. Ce temple porte à présent le nom de *Gori you* (Yu ling).

Le 11ᵉ mois, le daïri ou palais impérial fut détruit par le feu.

Le 12ᵉ mois, mourut *Figasi san sio-no Nio in sen si*, veuve de Yen yu in.

Le 5ᵉ mois de la 4ᵉ année (1002), le prêtre *Ziak só* (Tsў tchao)[1] partit pour la Chine; il y resta et ne retourna plus au Japon.

---

(1) 昭寂 *Ziak só* (Tsў tchao), ou avec son titre honorifique, 師大通圓 *Ghen tô dai si* (Yuan thoung tai szu), ne savait pas la langue chinoise parlée; mais il formait parfaitement bien les caractères avec lesquels elle s'écrit. Il composa un *irofa* ou alphabet japonais de 47 lettres, qui ne diffère pas beaucoup du *fira kana*, encore en usage, mais qui n'avait pas la dernière lettre 京 *kio* (king), laquelle ne sert en effet qu'à écrire le nom de la capitale de l'empire. — Kʟ.

Le 5ᵉ mois, le Daïri envoya des ambassadeurs aux vingt-un principaux temples de l'empire.

Le 10ᵉ mois de la 5ᵉ année (1003), il s'installa dans le nouveau palais.

Le 10ᵉ mois de la 1ʳᵉ année du nengo *Kwan kó* (1004), l'empereur se rendit pour la première fois au temple de *Kita no* (Pĕ ye).

Le 2ᵉ mois de la 2ᵉ année (1005), il permit à Kore masa de venir à la cour, et le chargea de l'administration.

Le 1ᵉʳ mois de la 5ᵉ année (1008), Kore masa fut élevé à un rang égal à celui de Daïsin.

Le 2ᵉ mois, le Fowô *Kwa san* mourut à l'âge de 41 ans.

Le 4ᵉ mois, la Tsiou gou *Aki ko* (Tchang tsu) établit sa résidence dans le palais *Zió tó mon in* (Chang toung men yuan), et en adopta le nom. Elle avait *Mourasaki sik bou* (Tsu chў pou) pour première dame de sa cour. *Sensi Naï sin o*, prêtresse du dieu Kamo, demanda à *Zió tó mon in* un ouvrage sur les événemens anciens; celle-ci chargea Sik bou d'en composer un qui fût intitulé *Ghen si-no monogatari* (Yuan chi wĕ yu), c'est-à-dire, Histoire de la famille de *Ghen* ou *Minamoto*. Ce livre fut présenté à Sensi.

Le 7ᵉ mois de la 6ᵉ année (1009), *Nakatsou kasa-no kio Ghi feï sin o* (Tchoung wou king Kiu phing thsin wang), prince impérial du second rang, mourut âgé de 46 ans.

Le 12ᵉ mois, le Sanghi *Sougawara-no Souke masa* (Kouan yuan Fou tching) mourut âgé de 85 ans; il excellait dans toutes les branches de la littérature. On lui sacrifia, après sa mort, dans le temple de Kita no.

Le 1ᵉʳ mois de la 7ᵉ année (1010), *Kore masa* mourut, âgé de 57 ans.

Le 13 du 6ᵉ mois de la 8ᵉ année (1011), le Daïri étant infirme résigna l'empire en faveur du Taïsi *Souke sada sin o* (Kiu tching thsin wang), et mourut le 22, à l'âge de 32 ans : il en avait régné 25, savoir, 2 avec le nengo *Yeï yin*, 1 avec celui de *Yeï zoo*, 5 avec celui de *Tsió riak*, 4 avec celui de *Tsió tok*, 5 avec celui de *Tsió fó*, et 8 avec celui de *Kwan kó*.

LXVII. DAÏRI 院條三 SAN ZIO-NO IN.

(De 1012 à 1016 de J. C.)

Nengo 和長 *Tsió wa* (Tchhang ho), de 1012 à 1016.

SAN ZIO-NO IN (San tiao yuan) était le second fils de Reï zen in; avant son avènement au trône, il portait le nom de *Souke sada*; sa mère l'O daï gou (Houang ta heou) *Fousiwara-no Teou si* (Theng yuan Tchao tsu) était fille du régent *Kane ye* (Kian kia). Il avait été nommé Taïsi pendant le règne d'*Itsi sio-no in;* et à la résignation de celui-ci, il fut proclamé Daïri, le 6ᵉ mois de la 8ᵉ année du nengo *Kwan kô*, ayant alors 38 ans. *Mitsi naga* (Tao tchang) fut *Se siô* ou régent.

Le 10ᵉ mois, l'ancien Daïri Reï zen Taï zio ten o mourut âgé de 62 ans.

Le 8ᵉ mois de la 1ʳᵉ année du nengo *Tsió wa* (1012), le Daïri épousa *Ken si* (Kian tsu), fille de Mitsi naga.

Le 3ᵉ mois, le Daïri envoya une offrande en grains aux dieux des vingt-un *yasiro* (che), ou principaux temples de l'empire [1].

Le 9ᵉ mois de la 2ᵉ année (1013), il se rendit au palais de Mitsi naga.

Le 11ᵉ mois, il visita le temple *Iwa si midzou*, et le 12ᵉ mois, le temple de Kamo; ce qui fut également observé par ses successeurs.

Dans le même mois, *Fousiwara-no Masa nobou* (Theng yuan Ya sin), officier de la Tsiou gou ou impératrice, fut tué par un militaire, nommé *Fousiwara-no Kore kane*. Mitsi naga, indigné de cet assassinat, le fit arrêter et mettre en prison.

Le 9 du 2ᵉ mois de la 3ᵉ année (1014), le palais impérial fut détruit par un incendie.

Le 5ᵉ mois, le Daïri étant allé à la demeure de Mitsi naga, s'y amusa à monter à cheval et à tirer de l'arc.

Le 6ᵉ mois, *Ghen sin* (Yuan sin), prêtre du temple *Ye sin in* (Hoei sin yuan) sur le mont Yeï san, mourut.

Le 9ᵉ mois de la 4ᵉ année (1015), le nouveau palais fut achevé.

Le 10ᵉ mois, le 50ᵉ anniversaire de Mitsi naga fut célébré.

Le 11ᵉ mois, le palais fut de nouveau réduit en cendres.

Le 1ᵉʳ mois de la 5ᵉ année (1016), le Daïri devint aveugle; il résigna en faveur du Taïsi *Atsou nari* (Tun tchhing), et prit le titre de Taï zio ten o, après avoir régné 5 ans, avec le nengo *Tsió wa*.

---

(1) On trouvera les noms des vingt-un 社 *yasiro* sous l'année 1039. — Kl.

LXVIII. DAÏRI 院條一後 GO ITSI SIO-NO IN.

(De 1017 à 1056 de J. C.)

Nengo
{
仁寬 *Kwan nin* (Kouan jin), de 1017 à 1020,
安治 *Dzi an* (Tchi ngan), de 1021 à 1023,
壽萬 *Man zio* (Wan cheou), de 1024 à 1027,
元長 *Tsió ghin* (Tchhang yuan), de 1028 à 1036.
}

Go itsi sio-no in (Heou y tiao yuan), fils cadet de *Itsi sio-no in*, portait auparavant le nom d'*Atsou nari*. Sa mère l'impératrice (Tsiougou) *Fousiwara-no Aki ko* (Theng yuan Tchang tsu), nommée ensuite *Zio tô mon in*, était fille du Sadaïsin *Mitsi naga*. Go itsi sio-no in avait été déclaré Taïsi sous le règne de *San zio-no in*, qui lui céda l'empire, le 1er mois de la 5e année du nengo *Tsió wa*. Il fut proclamé Daïri n'ayant que 9 ans; son grand-père Mitsi naga resta régent. Un fils de San zio-no in, nommé *Atsou akira* (Tun ming), fut déclaré Taïsi.

Le 22 du 1er mois de la 1re année du nengo *Kwan nin* (1017), quelques voleurs ayant pénétré pendant la nuit dans le palais impérial, furent tués à coups de flèche par *Fousiwara-no Naga souke* et *Fousiwara-no Yosi taka*, officiers de Mitsi naga. Le Daïri leur accorda des récompenses.

Le 3e mois, Mitsi naga se démit de la charge de Sadaïsin; l'Oudaïsin *Aki mitsi* (Hian kouang) lui succéda. Le Nadaïsin *Kin souye* (Koung ki) devint Oudaïsin, et le Daïnagon *Yori mitsi* (Laï thoung), fils de l'épouse légitime de Mitsi naga, fut fait Nadaïsin; son père lui céda dans la suite la place de régent de l'empire. Il était âgé alors de 26 ans, et son frère cadet, le Tsiounagon *Koré mitsi* (Kiao thoung), fut fait Sadaïsio, ou grand général de la gauche.

Le 3 du 5e mois, Mitsi naga distribua des dons à plus de 3,000 pauvres, dans un bâtiment construit par ses ordres, dans la rue *Itsi sio-no mats*.

Le 9 de ce mois, le Taï zio ten o *San zio-no in* mourut, âgé de 42 ans.

Le 27 du 6e mois, quelques voleurs entrèrent de force dans le trésor de Mitsi naga, et emportèrent environ 1,300 onces de poudre d'or; quelques mois après, ils furent arrêtés dans la province de Farima.

Le 8e mois, *Atsou akira sin o*, qui était 宮東 *Tô gou* ou successeur du trône, fut attaqué d'une maladie cutanée. Ayant résigné pour cette raison, il reçut le titre d'*O itsi sio-no in* (Siao y tiao yuan), et, avec l'autorisation du Taï zio ten o, son frère cadet *Atsou yosi* (Tun liang) fut nommé *Tô gou* ou Taïsi.

Le 9ᵉ mois, *Mitsi naga* (Tao tchhang) se rendit au temple *Iwa si midzou*, accompagné de plusieurs des serviteurs du Daïri; ils trouvèrent en chemin beaucoup de filles vagabondes. De là il alla au passage du *Yoto gawa* (Tian tchhouan), se promena sur ce fleuve avec sa suite, sur une cinquantaine de barques. Une de ces barques coula bas, et plus de trente personnes furent noyées.

Le 12ᵉ mois, Mitsi naga fut nommé Taï zio daïsin; le Daïri dépêcha vers lui le régent Yore mitsi pour le lui annoncer.

Le 3 du 1ᵉʳ mois de la 2ᵉ année (1018), le Daïri prit la robe virile; Mitsi naga lui posa la couronne sur la tête. Ses cheveux furent rasés par Yori mitsi.

Le 3ᵉ mois, *Isi* (Wei tsu), fille de Mitsi naga, vint à la cour, et le Daïri l'épousa. Plus tard, elle devint *Tsiou gou* (Tchoung koung) ou impératrice.

Le 10ᵉ mois, l'empereur se rendit au palais de Mitsi naga.

Le 3ᵉ mois de la 3ᵉ année, Mitsi naga se rasa la tête et se fit moine; il avait alors 54 ans; il prit le nom de *Nou do* (Jy tao)

Le 4 du 4ᵉ mois, plus de cinquante vaisseaux de pirates étrangers firent une invasion dans l'île d'Iki, et attaquèrent le commandant *Fousiwara-no Masa tada* (Theng yuan Li tchoung). Aussitôt qu'on en eut reçu la nouvelle à Taï-saïfou, la garnison de cette place fut envoyée pour détruire ces pirates.

Le 9ᵉ mois, Mitsi naga se rendit au temple *Tôdaïsi*, pour y vivre dans la retraite.

Le 12ᵉ mois, Yori mitsi quitta le poste de régent, et devint Kwanbak.

Le 2ᵉ mois de la 4ᵉ année (1020), Mitsi naga fonda le temple *Fots sio si* (Fă tchhing szu), et à côté une salle nouvelle nommée *Mou rio su in* (Won liang cheou yuan) ou le palais d'Amidâbha. Il avait fait faire neuf images du dieu *Amida*, hautes de six *dziô* (tchang) ou toises; il les y plaça avec plusieurs autres images divines.

Le 7ᵉ mois, les portes du palais impérial furent fortement endommagées par un ouragan.

Le 5ᵉ mois de la 1ʳᵉ année du nengo *Zi an* (1021), le Sadaïsin *Fousiwara-no Aki mitsi* mourut âgé de 78 ans.

Le 7ᵉ mois, l'Oudaïsin *Kin souye* fut avancé à l'emploi de Taïzio daïsin, le Kwanbak et Nadaïsin *Yori mitsi* fut fait Sadaïsin, *Fousiwara-no Sane souke* Oudaïsin, et *Fousiwara-no Nori mitsi* Nadaïsin.

Le 10ᵉ mois, le Daïri se rendit au temple de Kasouga.

Le 7ᵉ mois de la 2ᵉ année (1022), Mitsi naga donna une fête dans la salle dorée du temple *Fo zio si*; le Daïri alla y faire sa dévotion, accompagné du Taïzio daïsin *Kin Souyé* et de beaucoup d'officiers de rangs inférieurs. Les épouses de trois Daïris, savoir, la Taï o Taï gou *Siósi*, l'O taï o gou *Kensi* et la Tsiou gou *Isi*, y vinrent avec lui ; toutes étaient filles de Mitsi naga, qui, pour avoir fondé cette salle, reçut le titre de *Go dô-no Kwanbak*.

Le 3ᵉ mois de la 1ʳᵉ année du nengo *Man zio* (1024), plusieurs voleurs furent arrêtés et jugés à Miyako.

Le 9ᵉ mois, le Daïri se rendit à la maison de Yori mitsi.

Le 12ᵉ mois, le Daïnagon *Fousiwara-no Kin tada* (Theng yuan Koung jin) se dévoua entièrement au service du Daïri ; il était fils de Yori tada, et excellait dans la poésie et dans la musique. Il est l'auteur de l'ouvrage *Wa kan rô yeï* (Wo ban lang young) ou recueil des meilleures chansons chinoises et japonaises.

Le 8ᵉ mois de la 2ᵉ année (1025), la princesse *Fousiwara-no Ki si* (Theng yuan Hi tsu), fille de Mitsi naga et femme du Taïsi *Atsou yosi*, accoucha d'un fils, et mourut le 3ᵉ jour après, âgée de 19 ans. Depuis le temps de Itsi sio-no in, Mitsi naga avait toujours eu du bonheur ; cette mort fut la première calamité qui lui arriva. La princesse défunte fut honorée du premier rang de la première classe.

Le 1ᵉʳ mois de la 4ᵉ année (1027), le Daïri fit une visite à sa mère *Zio tô mon in*.

Le 9ᵉ mois, la Kwo o kisaki *Ken si*, fille de *Mitsi naga* et veuve de *Sansio-no in*, mourut âgée de 54 ans.

Le 11ᵉ mois, Mitsi naga tomba malade ; les impératrices Zio tô mon in et la Tsiou gou firent réciter des prières pour son rétablissement.

Le 26, le Daïri se rendit dans le même but au temple *Fots sio si*.

Le 1ᵉʳ du 12ᵉ mois, Mitsi naga mourut âgé de 62 ans. Pendant 30 ans, et sous trois Daïris, il avait occupé les postes éminens de régent et de Kwanbak. *Itsi sio-no in*, *San sio-no in* et le Daïri régnant étaient ses gendres ; ses fils avaient les emplois de Sets zio et de Kwanbak. *Aka some i mon* (Tchhy̆ jen weï men) a décrit sa vie dans un ouvrage japonais en 40 volumes, et intitulé *O ban Mitsi naga-no yeï kwa-no sirou*.

Le 4 de ce mois, le Daïnagon *Fousiwara-no Aki nari* (Theng yuan Hing tchhing) mourut âgé de 56 ans. Il était renommé pour la beauté de son écriture.

Le 4ᵉ mois de la 1ʳᵉ année du nengo *Tso ghin* (1028), le prince de Figo *Taka sina-no Nari akira* (Kao kiaï Tchhing tchang), *Fousiwara-no Toki to* (Theng yuan Chi yuan) et *Taïra-no Tame uki* (Phing weï hing) se firent la guerre entre eux. Le Daïri fit prendre des informations pour savoir qui d'eux avait tort.

Le 6ᵉ mois, le Sake-no kasousa-no souke *Taïra-no Tada tsoune* (Phing tchoung tchhang) se révolta dans la province Simotské; le Daïri ordonna à l'Oudaïsin *Sane Souke* d'envoyer *Taïra-no Nao kata* (Phing Tchỹ fang) et *Naka wara-no Nari mitsi* (Tchoung yuan Tchhing tao) à la tête des troupes des pays de Tokaï et de Tosan, pour punir ce rebelle.

Le 6ᵉ mois de la 2ᵉ année (1029), le Kwanbak *Yori mitsi* se rendit à Sirokawa avec ceux des officiers du Daïri, d'un rang inférieur à celui de Daïsin, pour s'y amuser par la musique et la course des chevaux. Depuis la mort de Mitsi naga, ce ministre dirigeait toutes les affaires à son gré.

Le 10ᵉ mois, le Taïzio daïsin *Fousiwara-no Kin souye* mourut âgé de 72 ans. Il fut nommé *Kaï kô* ou prince de Kaï, et eut le titre posthume de *Nin ghi kô* (Jin i koung).

Le 12ᵉ mois, *Nakawara-no Nari mitsi* fut rappelé, ayant été défait dans la province de Simotské par le rebelle *Tada tsoune*.

Le 3ᵉ mois de la 3ᵉ année (1030), le prince d'Awa *Fousiwara-no Mitsi nari* (Theng yuan Kouang nië), redoutant Tada tsoune, s'enfuit à Miyako; le Daïri nomma Taïra-no Masa souke à sa place.

Le 9ᵉ mois, *Taïra-no Nao kata* fut rappelé, pour ne pas avoir mis à la raison Tada tsoune, et *Minamotto-no Yori nobou* (Yuan Lai sin), prince de Kaï, fut chargé de rassembler les troupes dans le *Ban dó* ou *Saka tó* (voyez page 54, note 1), et de le soumettre.

Le 4ᵉ mois de la 4ᵉ année (1031), il assiégea le château de *Tada tsoune*. Il ne pouvait l'investir complètement, parce qu'il était situé sur le bord de la mer, et que Tada tsoune en avait éloigné toutes les barques, pour ne pas être attaqué de ce côté. *Yori nobou*, en homme de talent, chercha un endroit guéable; l'ayant trouvé, il y passa à la tête de toute sa cavalerie. Tada tsoune, voyant qu'il n'y avait pas moyen d'échapper, se rendit à discrétion. Yori nobou le conduisit à Miyako; mais il tomba malade en route, et mourut dans la province Mino. On lui coupa la tête; elle fut exposée à la porte de la prison publique.

Le 10ᵉ mois, l'impératrice *Zió tó mon in* alla faire ses prières aux temples du dieu *Fatsman*, à *Soumi yosi* (Tchu kỹ).

Le 11ᵉ mois de la 6ᵉ année (1033), on célébra le 70ᵉ anniversaire de *Minamotto-no Rin si*, décorée du second rang de la première classe, et veuve de Mitsi naga. C'était la mère de *Zió tó mon in* et la grand'mère du Daïri.

Le 9ᵉ mois de la 7ᵉ année (1034), le Daïri envoya un de ses parens, le *Daï tsiou sin-no souke tsika*, à Ize, pour y faire des prières en son nom. Revenu à Miyako, celui-ci offrit à ce prince une pierre précieuse bleue, qu'on avait trouvée parmi des fruits de pin.

Le 6ᵉ mois de la 8ᵉ année (1035), *Sensi naï sin o*, fille de *Mourakami ten o* et prêtresse du dieu Kamo, à Ize, mourut âgée de 92 ans; *Ziô tó mon in* en fut fort affligée.

Le 17 du 4ᵉ mois de la 9ᵉ année (1036), le Daïri mourut à l'âge de 29 ans. Le Tsiounagon *Minamotto-no Aki moto* (Yuan Kian khi), qui l'avait servi constamment, se retira dans son affliction au temple d'*Ofara* (Ta yuan) et se fit prêtre. La veuve de ce Daïri la Tsiou gou *Isi* mourut dans le 7ᵉ mois. Ce prince avait régné 20 ans; 4 avec le nengo *Kwan nin*, 3 avec celui de *Zi an*, 4 avec celui de *Man zio*, et 9 avec celui de *Ziô ghin*.

LXIX. DAÏRI 院雀朱後 GO ZIU ZIAK-NO IN.

(De 1037 à 1045 de J. C.)

Nengo
- 曆長 *Tsiô riak* (Tchhang lỹ), de 1037 à 1039,
- 久長 *Tsiô kiou* (Tchhang kieou), de 1040 à 1043,
- 德寬 *Kwan tok* (Kouan tĕ), de 1044 à 1045.

Go ziu ziak-no in (Heou tchu tsiö yuan) était fils de *Yets sio-no in*, et nommé auparavant *Atsou yosi*; sa mère était l'impératrice *Ziô tó mon in*. Il avait été créé Taïsi le 8ᵉ mois de la 1ʳᵉ année du nengo *Kwan nin*, et fut proclamé Daïri, le 7ᵉ mois de la 9ᵉ année du nengo *Tsiô ghin*, à l'âge de 28 ans. Le Sadaïsin *Yori mitsi* devint Kwanbak, et chargé du gouvernement.

Le 1ᵉʳ mois de la 1ʳᵉ année du nengo *Tsiô riak* (1037), le Daïri épousa *Ghen si* (Yuan tsu), fille de Yori mitsi; n'étant que Taïsi, il avait été marié avec *Ki si* (Hi tsu), fille de Mitsi naga, laquelle, étant accouchée d'un fils, mourut trois jours après. Depuis, il avait pris pour femme *Teï si naï sin o* (Tching tsu neï wang), fille du Daïri *San zio-no in*, de qui il avait eu un fils nommé *Mori fito* (Tsun jin). D'autres prétendent que *Ghen si* était fille d'*Atsou yasou sin o* (Tun khang sin wang), frère aîné du Daïri; que Yori Mitsi l'avait adoptée et conduite à la cour, et qu'elle fut mariée au Daïri, qui l'épousa le 3ᵉ mois, et lui donna le titre de Tsiou gou.

Le 1ᵉʳ mois de la 2ᵉ année (1038), l'empereur fit une visite à *Ziô tó mon in*.

Dans l'hiver de la même année, il nomma le Sôzio *Mio son* (Ming tsun) grand-prêtre du temple *Mi dera* (San tsing szu), *Ten daï sasou*, ou chef de l'observance de *Tendaï*.

Le 2ᵉ mois de la 3ᵉ année (1039), tous les prêtres de l'observance du mont Yeï san représentèrent à Yori mitsi par écrit que le Sôziô *Mio son* n'était pas propre à être chef de l'observance de Tendaï, puisqu'il n'était que disciple de *Tsi dô*, et qu'il fallait plutôt investir de cette haute dignité ecclésiastique un disciple de *Zi gak*. Yori mitsi répliqua qu'il était indifférent de qui il fût disciple, et que son grand savoir le rendait digne d'être chef de l'observance de Tendaï. Les prêtres du Yeï san, mécontens de cette décision, s'attroupèrent devant la maison de Yori mitsi, et commencèrent à démolir les colonnes de l'entrée. Aussitôt celui-ci ordonna à *Taïra-no Nao kata* de les chasser de là; plusieurs d'entre eux furent tués et blessés; on saisit le grand-prêtre du Yeï san, et on l'envoya en prison.

Le 5ᵉ mois, l'impératrice Ziô tô mon in se rasa la tête, et prit *Mio son* (Ming tsun) pour guide spirituel.

Le 22 du 8ᵉ mois, le Daïri envoya des ambassadeurs aux vingt-deux *yasiro* (che) ou autels principaux de l'empire, qui sont ceux d'*Ize* (I chi), d'*Iwa si midzou* (Chÿ thsing choui), le supérieur et l'inférieur de *Kamo* (Ho meou), de *Mats-no o* (Soung wei), de *Fira no* (Phing yu), d'*Inari* (Tao ho), de *Kasouga* (Tchhun jy), de *O faro no* (Ta yuan ye), de *Daï sin* (Ta chin), d'*Iso-no wouye* (Chÿ chang), de *Yamato* (Ta ho), de *Firo se* (Kouang laï), de *Tats ta* (Loung tian), de *Soumi yosi* (Tchu kÿ), d'*Oume-no miya* (Meï koung), de *Yosida* (Kÿ thian), de *Firo da* (Kouan thian), de *Ghi won* (Khi yuan), de *Kita-no* (Pě ye), de *Nibou* (Tan seng), et de *Ki foune* (Kuei tchhouan).

On fait dans ces temples, chaque année, le service divin par ordre du Daïri, qui alors y envoie des présens.

Le 9ᵉ mois de la 1ʳᵉ année du nengo *Ziô kiou* (1040), le palais impérial fut réduit en cendres; l'un des trois joyaux de la couronne, le miroir divin (voyez page 32), se brisa par la chaleur. On rassembla pourtant les pièces qu'on reconnut par leur éclat, et on les déposa dans un temple. Le Daïri se retira au palais *To fok in* (Toung pě yuan), bâti par l'impératrice Ziô tô mon in, à côté du temple *Fo ziô si* (Fă tchhing szu).

Le 4 du 3ᵉ mois de la 2ᵉ année (1041), il alla donner un festin au milieu des fleurs: les poëtes lui offrirent des vers; ceux d'entre eux qui y excellaient, furent gratifiés d'emplois plus considérables. Cette coutume, qui a commencé du temps de *Saga* et de *Ziun wa ten o*, est encore en vogue.

Le 3ᵉ mois de la 3ᵉ année (1042), le Daïri épousa la fille du Daïnagon *Minamoto-no Moro fousa* (Yuan Szu fang), petit-fils de *Moura kami ten o*, fils de *Tomo firo*, et gendre de *Mitsi naga*.

Pendant l'été de la 4ᵉ année (1043), il y eut une grande sécheresse; le Daïri ordonna au prêtre *Ni kaï* (Eul haï) d'offrir des sacrifices pour obtenir de la pluie. Ses prières ayant été exaucées, il eut la permission d'aller en voiture.

Le 10ᵉ mois de la 1ʳᵉ année du nengo *Kwan tok* (1044), l'impératrice *Zió-tó mon in* tomba malade ; elle fit réunir dix mille prêtres pour implorer sa guérison.

Le 18 du 1ᵉʳ mois de la 2ᵉ année (1045), le Daïri mourut âgé de 37 ans. Quoique très-instruit, ce prince fut obligé, dans tout ce qui avait rapport au gouvernement, de se plier à la volonté de Yori mitsi. Il régna 9 ans, savoir, 5 avec le nengo *Zió riak*, 4 avec celui de *Zió kiou*, et 2 avec celui de *Kwan tok*.

LXX. DAÏRI 院泉冷後 GO REÏ ZEN IN.

(De 1046 à 1068 de J. C.)

Nengo
{
承永 *Yeï zeó* (Young tchhing), de 1046 à 1052,
喜天 *Ten hi* (Thian hi), de 1053 à 1057,
平康 *Kô feï* (Khang phing), de 1058 à 1064,
曆治 *Dzi riak* (Tchi lỷ), de 1065 à 1068.
}

Go reï zen in (Heou leng thsiuan yuan) était fils de *Go ziu ziak-no in*, et portait, avant de monter au trône, le nom de *Tsika fito* (Thsin jin). Sa mère, *Fousiwara-no Ki si* (Theng yuan hi tsu), était fille de *Mitsi naga* (Tao tchhang). Go reï zen in avait été nommé Taïsi par Go ziu ziak, et fut proclamé Daïri à l'âge de 21 ans, le 4ᵉ mois de la 2ᵉ année du nengo *Kwan tok*. Yori mitsi continua d'être Kwanbak.

Le 1ᵉʳ mois de la 1ʳᵉ année du nengo *Yeï zeo* (1046), l'Oudaïsin *Fousiwara-no Sane souke* mourut âgé de 90 ans. Il était petit-fils de Sane yori, et avait composé le *Ko you ki* (Siao yeou ki), ouvrage historique.

Le 7ᵉ mois, le Daïri épousa *Sió si* (Tchang tsu), fille du Daïri *Go itsi sio*.

Le 8ᵉ mois de la 2ᵉ année (1047), *Nori mitsi* (Kiao thoung), qui était Nadaïsin, devint Oudaïsin, et le Daïnagon *Yori moune* (Lai tsoung) Nadaïsin ; tous les deux étaient frères cadets de Yori mitsi.

Le 11ᵉ mois de la 4ᵉ année (1049), l'empereur réunit au palais des poëtes qui composèrent des pièces de vers. Cette coutume était en usage depuis le temps de Moura kami ten o.

Le 12ᵉ mois, le Daïri alla au temple Kasouga, où il offrit des sacrifices à toutes les divinités protectrices de l'empire. On lui présenta alors un grain de *siari* ou reliques de Bouddha.

Le 10ᵉ mois de la 5ᵉ année (1050), il fit une visite à sa grand'mère *Zió tó mon in*.

Le 12ᵉ mois, il épousa *Kwan si* (Kouan tsu), fille de Yori mitsi, et la nomma impératrice.

La 6ᵉ année (1051), Yori mitsi fonda à *Oudzi* le temple *Biô dô in* (Phing teng yuen).

Dans la même année, *Abe-no Yori toki*, chef des peuples révoltés (*Iboukou*) de la province d'Oziou, excita des troubles et s'empara de ce pays. Le Daïri envoya *Minamoto-no Yori yosi* (Yuan Lai i) pour le punir. Yori yosi était petit-fils de *Tada-no Mantsiou* et fils de *Yori nobou* : dans la guerre entre son père et Tada tsoune, il avait remporté la victoire ; ce qui le fit respecter par toutes les troupes du Kwantô. Aussitôt qu'il arriva dans l'Oziou, il dompta les rebelles, et la tranquillité fut rétablie. *Sada tao* (Tching jin) devait être châtié pour avoir enfreint les lois ; son père *Yori toki* (Laï chi) en fut offensé, partit avec lui pour son château à *Komori gawa* (I ho), où il se fortifia, et refusa d'obéir. Yori yosi assembla alors une armée de dix mille hommes, avec laquelle il attaqua Komori gawa ; mais il ne put réduire cette place.

Le 11ᵉ mois de la 7ᵉ année (1052), le Daïri alla aux temples *Mats-no o* et *Fira no*, qui avaient été visités souvent par ses ancêtres.

Le 6ᵉ mois de la 1ʳᵉ année du nengo *Ten ki* (1053), *Minamoto-no Kin si* (Yuen Lun tsu), mère de Yori mitsi, mourut âgée de 90 ans ; elle était la bisaïeule du Daïri.

Le 9ᵉ mois de la 5ᵉ année (1057), *Yori yosi* en vint aux mains dans la province d'Oziou avec *Yori toki*, qui fut tué par une flèche. *Sada tao* rassembla le reste de ses troupes à *Kawa saki* (Ho khi) ; d'autres prétendent qu'il se rendit maître du château de Kawa saki. Le 11ᵉ mois, Yori yosi, avec plus de onze cents hommes, attaqua ses retranchemens ; mais Sada tao, qui avait quatre mille combattans, fit une défense vigoureuse. Pendant le combat, il s'éleva une forte bourrasque accompagnée de neige ; les soldats de Yori yosi, déjà épuisés par le manque de vivres, en perdirent la vie, à l'exception de sept cavaliers, savoir, *Yori yosi* et son fils *Yosi ye, Fousiwara-no Kaghe mitsi, Ooya-no Mitsi taka, Kiyôwara-no Sada firo, Fousiwara-no Nori souye* et *Fousiwara-no Nori akira*, qui furent enveloppés par le nombre des ennemis. Yosi ye, âgé alors de vingt ans, et tirant supérieurement de l'arc, en tua plusieurs ; tous se défendirent avec un tel courage, que leurs adversaires se retirèrent fatigués, et que Yori yosi, son fils et ses compagnons, purent faire leur retraite. Les ennemis, stupéfaits d'une pareille résistance, déclarèrent hautement que Yosi ye devait être le *Fatsman taïrô* (Pă fan tai lang) ou dieu de la guerre. Il fut postérieurement adoré sous ce titre dans le temple *Fatsman gou*, à *Iwa si midzou*.

Le 12ᵉ mois, Yori yosi ordonna à *Minamoto-no Toki yori*, prince de Dewa, et à plusieurs autres chefs subalternes, de rassembler des troupes dans toutes les provinces ; mais ils ne purent réussir, faute de vivres. Sada tao, dont l'audace augmentait par ses succès, pilla les tributs que les différentes provinces envoyaient au Daïri. Il poursuivit Yori yosi jusque dans l'Oziou.

Le 8ᵉ mois de la 1ʳᵉ année du nengo *Kô feï* (1058), la salle *Daï kok den* fut détruite par les flammes.

Le 7ᵉ mois de la 3ᵉ année (1060), le Kwanbak *Yori mitsi* abandonna cette charge, et fut nommé Sadaïsin. *Nori mitsi* lui succéda ; *Yori moune* devint Oudaïsin, et le Daïnagon *Moro sane*, fils aîné de Yori mitsi, Nadaïsin.

Le 11ᵉ mois de la 4ᵉ année (1061), on célébra le 70ᵉ anniversaire de Yori mitsi.

Le 7ᵉ mois, le Daïri visita les temples d'Iwa si midzou et de Kamo.

Le 12ᵉ mois, Yori mitsi reçut le titre de Taï ziô daï sin.

Yori yosi ne pouvant réussir à faire rentrer dans le devoir Sada tao dans l'Oziou, le Daïri y envoya, la 5ᵉ année (1062), *Tsoune sighe*, que la peur fit revenir sur ses pas.

Le 7ᵉ mois, *Kioó wara-no Take nori* (Thsing yuan Wou tsĕ), de *Sen bok* (Sian pĕ), dans la province de Dewa, rassembla un corps de dix mille hommes, avec lesquels il vint au secours de Yori yosi, qui alors, étant supérieur en forces, quitta au 8ᵉ mois le Dewa, pour prendre le camp *Ko matsou* (Siao soung), appartenant au prêtre *Rô seo* (Lang tchao), oncle de Sada tao ; il y eut un engagement avec *Moune tao* (Tsoung jin), frère cadet de ce dernier, et le battit vigoureusement.

Le 5 du 9ᵉ mois, Sada tao sortit de son camp à la tête de huit mille hommes ; un combat acharné s'engagea et dura depuis midi jusqu'au soir. *Yori yosi*, *Take nori*, *Yosi ye*, et son frère cadet *Yosi tsouna*, se battirent en désespérés. Sada tao fut défait, et se retira à *Iwa i gawa* (Phan thsing ho) ; mais étant poursuivi de près, il se réfugia à *Koromo gawa* (I ho). Le jour suivant, Yori yosi attaqua ce château ; Sada tao alors gagna le camp palissadé (*Sakou*) de *Tori-no oumi* (Niao hai). Le 11, ce camp fut pris avec une grande perte pour les troupes de Sada tao : celui-ci s'enfuit vers le camp de *Kouriya gawa* (Tchhu tchhouan), où il fut investi le 14. Le 16, on se battit jour et nuit ; beaucoup de monde tomba de part et d'autre. Le 17, Sada tao quitta son camp, et engagea le combat ; mais il fut tué à coups de pique par les gens de Yori yosi, qui le mirent sur une planche et le portèrent ainsi à leur chef. Il avait plus de six pieds de hauteur ; la circonférence de son corps était de sept pieds quatre pouces ; il fallait six hommes pour le porter : il était alors âgé de 34 ans. Son fils aîné *Tsi yo dô zi* (Thsian chi tung tsu), âgé seulement de 13 ans, sortit du château et continua le combat. Yori yosi admira son courage, et ordonna de l'épargner; mais Take nori le fit tuer. *Sighe tao* et *Ye tao*, frères cadets de Sada tao, et leur compagnon *Fousiwara-no Tsoune kiyo*, perdirent la vie. *Moune tao*, son frère cadet *Nori tao*, et leur oncle *Tame moto*, se soumirent et obtinrent quartier.

Cette guerre avait duré douze ans, depuis la 6ᵉ année du nengo *Yeï sio* jusqu'à la 5ᵉ année du nengo *Kô feï*. Yosi ye y avait été toujours victorieux, ce qui le fit redouter dans toute la partie orientale de l'empire, qui revint à l'obéissance.

Le 2ᵉ mois de la 6ᵉ année (1063), Yori yosi envoya au Daïri les têtes de Sada tao, de Ye tao et de Tsoune kiyo; à leur arrivée à Miyako, tout le monde accourut pour les voir.

Yori yosi fut élevé au premier rang de la quatrième classe, et nommé prince d'Iyo. *Yosi ye* eut le second rang de la cinquième classe, et devint prince de Dewa. *Yosi tsoune* fut nommé *Saye mon-no zeu*. *Taka nori* eut un rang approchant du second rang de la cinquième classe, et l'emploi de *Tsin siou-no seogoun*. *Fousiwara-no Souye tosi* et *Minbou-no Naga nori*, qui avaient apporté les têtes à Miyako, furent aussi récompensés.

Le 10ᵉ mois de la 7ᵉ année (1064), le Daïri alla au palais *Tô fok in* (Toung pë yuen), pour rendre visite à sa grand'mère *Ziô tô mon in*.

Le 2ᵉ mois de la 1ʳᵉ année du nengo *Dzi riak* (1065), le Fori kawa-no Oudaïsin *Fousiwara-no Yori moune* (Theng yuan Laï tsoung) mourut âgé de 73 ans.

Le 6ᵉ mois, *Fousiwara-no Moro sane* (Theng yuan Szu chÿ) lui succéda comme Oudaïsin, et *Minamoto-no Moro fousa* (Yuan Szu fang) comme Nadaïsin.

Le 9ᵉ mois, l'empereur écrivit de sa propre main et en caractères d'or les huit explications du livre *Fots ke* (Fä houa pä kiang).

Le 10ᵉ mois, le temple *Fo ziô si* (Fä tchhing szu) ayant été rebâti, le Daïri y alla donner un repas.

Le 15 du 10ᵉ mois de la 3ᵉ année (1067), le Daïri, sur l'avis de Yori mitsi, alla au palais *Biô dô in* à Ouda, pour s'y divertir par la poésie, par les chansons, par la musique instrumentale, et par la promenade en bateau. Tout le palais était alors orné d'or, d'argent, de perles et de pierres précieuses. Le Daïri en revint le 17.

Yori mitsi s'était fait construire une maison à *Oudzi*, et c'est pour cette raison qu'on l'avait nommé Oudzi-no Kwanbak. A l'âge de 70 ans, il avait demandé d'être déchargé de cet emploi; mais il ne put obtenir sa démission. Depuis, il demeura à Oudzi, où il s'occupa des soins du gouvernement.

Le 1ᵉʳ du 1ᵉʳ mois de la 4ᵉ année (1068), il y eut une éclipse de soleil, le

Daïri fit tirer un rideau devant la salle où il était assis, et toutes les cérémonies de la cour furent suspendues.

Le 19 du 4ᵉ mois, le Daïri mourut à l'âge de 44 ans, après en avoir régné 23, savoir, 7 avec le nengo *Yeï zeô*, 5 avec celui de *Ten ki*, 7 avec celui de *Kô feï*, et 4 avec le nengo *Dzi riak*.

LXXI. DAÏRI 院條三後 GO SAN SIO-NO IN.

(De 1069 à 1072 de J. C.)

Nengo 久延 *Yen ghiou* (Yan kieou), de 1069 à 1072.

Go san sio-no in (Heou san tiao yuan) était le second fils de Go ziu ziak in, et nommé, avant son avénement au trône, *Taka fito*. Il était frère de *Go reï zen-no in*, mais d'une autre mère, qui s'appelait *Yô me mon in Teï si* (Yang ming men yuan Tching tsu), et était fille du Daïri San sio-no in.

Le 15 du 1ᵉʳ mois de la 2ᵉ année du nengo *Kwan tok*, Go ziu ziak, étant très-malade, eut l'intention de céder l'empire à Go reï zen no in, lorsque le Daïnagon *Fousiwara-no Yosi nobou* vint lui demander s'il voulait que son second fils fût obligé de se faire prêtre [1]. L'empereur répliqua qu'il désirait le voir nommer successeur de Go reï zen. *Yosi nobou* voulut que cet arrangement fût effectué tout de suite ; le Daïri crut que rien ne pressait, puisqu'il y avait déjà un Taïsi ; le Kwanbak *Yori mitsi* fut du même avis. Cependant, sur les vives instances de Yosi nobou, la nomination de Taka fito comme second Taïsi eut lieu le même jour. Ce prince était alors âgé de 12 ans. Yosi nobou lui fut adjoint comme premier officier. De cette manière, tout resta tranquille à la mort de Go ziu ziak. *Yosi nobou* était frère cadet du Kwanbak *Yori mitsi*.

Lorsque Go reï zen mourut, au 4ᵉ mois de la 4ᵉ année du nengo *Dzi riak*, Taka fito fut proclamé Daïri, à l'âge de 35 ans. Pendant qu'il était Taïsi, il avait étudié avec ardeur sous la direction d'*Omi-no Masa fousa* (Ta kiang Khouang fang), homme d'un grand savoir et très-instruit dans la doctrine de Siaka, selon l'observance de *Ten daï* et de *Sin gou*.

Fousiwara-no Yori mitsi avait, depuis le règne de Go itsi sio-no in, occupé

---

(1) D'après un ancien usage, le second et le troisième fils du Daïri étaient obligés à se faire prêtres, à moins qu'une prédilection pour l'un d'eux ne portât leur père à le déclarer Taïsi ou successeur, au préjudice de son fils aîné. Cet usage fut introduit pour prévenir les troubles après la mort d'un empereur, puisque ses fils qui avaient embrassé l'état ecclésiastique, ne pouvaient plus prétendre à la succession. — Kl.

les emplois de régent et de Kwanbak pendant cinquante années, sous trois empereurs ; mais le Daïri régnant étant mécontent de ce qu'il avait résisté à sa nomination comme Taïsi, Yori mitsi demanda sa démission et se retira à sa campagne, à *Oudzi* (Yu tchi)[1].

Son frère cadet, le Sadaïsin *Nori mitsi*, lui succéda comme Kwanbak; *Moro sane*, fils de Yori mitsi, devint Oudaïsin, et *Minamoto-no Moro fousa* Nadaïsin ; les deux derniers furent en même temps nommés grands généraux de droite et de gauche.

Avant le règne de ce Daïri, les régens de l'empire étaient réellement chargés du gouvernement, ce qui rendait leurs parens orgueilleux et hautains ; mais *Go san sio*, prince doué de génie et très-instruit, gouverna lui-même, et eut soin de rendre justice à ses sujets. Il fit construire un édifice où chacun avait le droit de lui présenter ses requêtes et ses plaintes. Jusqu'au temps de Go reï zen, l'empire avait toujours été déchiré par des troubles; mais à peine y avait-il un an que le nouveau Daïri était monté au trône, que le pays jouit de la plus parfaite tranquillité.

Le 7e mois de la 1re année du nengo *Yen ghiou* (1069), le Kwanbak *Nori mitsi* fut démis de la charge de Sadaïsin, et remplacé par *Moro sane*. *Moro fousa* devint Oudaïsin, et *Fousiwara-no Nobou naga*, fils de Nori mitsi, Nadaïsin.

Les fêtes des temples *Iwa si midzou*[2], *Kamo* et *Kasouga* arrivant au 8e mois, le Daïri s'y rendit. L'institution de la grande fête *Fô siô ye*[3] fut célébrée, dans les provinces Yamato et Yamasiro, par ses ministres et les grands de la cour qui y avaient été envoyés.

Dans le même mois, l'empereur fit une visite à sa mère *Yô me mon in*.

Le 5e mois de la 2e année (1070), le Kwanbak *Nori mitsi* fut nommé Taï ziô daï sin ; ce qui lui donna un rang supérieur à celui de son père et de son frère, mais moins de revenus[4].

Le 11e mois, le Daïri visita les temples de *Fira no* et *Kita no*.

Le 12e mois, il fonda le temple d'*Yen siô si* (Yuan tsoung szu), et s'y rendit le jour de l'inauguration.

(1) *Oudzi* est un bourg près de *Fousami*, dans la province de Yamasiro. Il produit le meilleur thé du Japon. — Kl.

(2) Ce temple, appelé en chinois *Chў thsing choui szu*, est dédié au dieu Fatsman, et fut bâti en l'honneur du 16e Daïri *O sin ten o*. — Kl.

(3) La fête *Fô siô ye* (Fang seng hoei) est célébrée dans le temple d'Iwa si midzou, en l'honneur d'O sin ten o. Elle tombe au 15 du 8e mois. Le peuple y apporte tous les poissons et oiseaux qu'il a pu prendre ; on jette les poissons dans l'étang du temple, et l'on fait voler les oiseaux. — Kl.

(4) Le *Taï ziô daï sin* est le premier ministre de l'empire ; on le nomme Kwanbak, quand il est chargé du gouvernement. — Kl.

Le 1ᵉʳ mois de la 3ᵉ année (1071), il visita les temples d'*Inari* (Tao ho) [1] et de *Ghi won* (Khi yuan).

Le 8ᵉ mois, le nouveau daïri ou palais fut achevé, et l'empereur y établit sa résidence.

Le 11ᵉ mois, il vint pour la première fois dans le temple *Fi yosi* (Jў kў) [2].

Dans la même année, il y eut une révolte dans la province d'Oziou; le Daïri envoya pour l'apaiser *Minamoto-no Yori fosi* (Yuan Laï tsiun), gouverneur du pays de Mouts.

Le 10ᵉ mois de la 4ᵉ année (1072), il alla au temple *Yen siô si*, pour assister à une dispute sur différens points de la doctrine bouddhique, entre les prêtres du temple *Mi dera* (San thsing szu) et ceux du temple *Kô bok si* (Hing foù szu).

Le 12ᵉ mois, il résigna l'empire à son fils aîné *Sada fito* (Tching jin), après avoir régné 4 ans avec le nengo *Yen ghiou*.

---

(1) *Inari*, en chinois *Tao ho*, signifie proprement *grains de riz* ; mais les temples qui portent ce nom sont consacrés au renard (*kitsne*). Ce quadrupède est très-révéré au Japon. On y en trouve deux espèces, le renard blanc et le renard ordinaire : on considère le premier comme très-intelligent, aussi est-il consulté sur toutes les affaires épineuses ; dans toutes les maisons de gens de qualité, ainsi que dans plusieurs de personnes d'une classe inférieure, on voit un petit temple qui lui est consacré ; tandis que l'on chasse le renard ordinaire, comme un animal pernicieux.

Un Japonais, ayant quelque demande à faire, ou se trouvant dans une situation embarrassante, offre à son renard un sacrifice, composé de riz rouge mêlé de fèves. Trouve-t-il le jour d'après que tant soit peu en a été mangé, c'est un signe favorable; si au contraire il n'a point été touché, il lui reste peu d'espoir. Voici une anecdote sur le pouvoir miraculeux du renard au Japon.

Un ancien trésorier impérial de Nangasaki, *Takaki Saghemon*, grand-père de celui qui y remplissait le même emploi en 1782, dépêcha, dit-on, un courrier à Yedo avec des lettres pour les conseillers d'état. Peu de jours après, il s'aperçut qu'il avait négligé d'enfermer une des lettres dans le paquet, oubli qui l'exposait à la plus grande disgrâce. Dans son désespoir, il eut recours à son renard, et lui offrit un sacrifice : le lendemain matin, il vit à sa grande satisfaction qu'une partie en avait été mangée; et rentrant dans son cabinet, il n'y vit plus la lettre. Il en fut fort inquiet, jusqu'à ce qu'il en reçût une de son commissaire de Yédo, qui lui fit part qu'ouvrant la boîte, la serrure paraissait avoir été forcée en dehors par une lettre pressée entre la boîte et le couvercle ; ce fut la lettre même qui était restée à Nangasaki. Cette histoire fit naturellement beaucoup de bruit, et donna une grande réputation au renard du trésorier. Comme, au Japon, les renards sont honorés de titres suivant le degré de leur intelligence et selon les miracles qu'ils opèrent, il obtint pour le sien, à force d'argent, à la cour du Daïri, le titre de *Ziô itsi i* ou de grand du premier rang de la première classe. Les gens d'esprit se moquent de cette superstition ; mais le peuple, par les inspirations des prêtres de Siaka, a une confiance illimitée dans les renards.

(2) Ce temple est situé sur une montagne assez haute, dans l'enceinte même de Miyako. — Kʟ.

LXXII. DAIRI 院阿白 ZIRO KAWA-NO IN.

(De 1073 à 1086 de J. C.)

Nengo
- 久延 *Yen ghiou* (Yen kieou), 1073,
- 保承 *Ziô fo* (Tchhing pao), de 1074 à 1076,
- 暦承 *Ziô riak* (Tchhing ly), de 1077 à 1080,
- 保永 *Yeï fo* (Young pao), de 1081 à 1083,
- 徳應 *O tok* (Yng tĕ), de 1084 à 1086.

ZIRO KAWA-NO IN (Pĕ ho yuan), fils de Go san sio, était auparavant nommé *Sada fito*. Sa mère fut l'impératrice Sô kougou *Fousiwara-no Sighe si* (Theng yuan Koung tsu), et fille adoptive du Daïnagon *Yosi nobou*. Go san sio l'avait épousée étant Taïsi, et en avait eu ce fils, qui avait été nommé Taïsi au 4ᵉ mois de la 1ʳᵉ année du nengo *Yen ghiou*. Ziro kawa-no in fut proclamé Daïri le 12ᵉ mois de la 4ᵉ année, à l'âge de 20 ans : Go san sio reçut le nom d'*Itsi in* (Y yuan).

Le 4ᵉ mois de la 5ᵉ année (1073), il fit une visite à son père.

Le 7 du 5ᵉ mois, Go san sio mourut âgé de 41 ans. Il avait gouverné l'empire en personne : après son abdication, il dirigea son fils dans les affaires, et l'anima à suivre son exemple; de sorte que *Nori mitsi* n'eut que le titre de Kwanbak.

Le même mois, le Daïri éleva son défunt grand-père *Yosi nobou* au rang de Taï ziô daï sin, du premier rang de la première classe.

Le 1ᵉʳ mois de la 1ʳᵉ année du nengo *Ziô fo* (1074), le Daïnagon *Minamoto-no Taka kouni* demanda sa démission; il était âgé de 71 ans, et alla demeurer à Oudzi. Il y fut visité par beaucoup de ses amis, avec lesquels il fit des recherches sur l'histoire ancienne de l'empire. Il recueillit de cette manière les événemens remarquables dans un livre, qui d'après lui porta le titre d'*Oudzi Daïnagon-no monogatari*.

Le 7 du 2ᵉ mois, le Saki-no Kwanbak, ou ancien Kwanbak, *Yori mitsi*, décéda, âgé de 83 ans. A la même époque, mourut aussi sa sœur aînée *Ziô tó mon in sió si*, veuve du Daïri Itsi sio-no in; elle avait 87 ans.

Le 9ᵉ mois de la 2ᵉ année (1075), le Kwanbak *Fousiwara-no Nori mitsi* mourut, âgé de 80 ans.

Le 10ᵉ mois, le Sadaïsin *Fousiwara-no Moro sane* fut nommé Kwanbak.

Le 12ᵉ mois, le Daïri alla au temple de Kasouga.

Le 10ᵉ mois de la 3ᵉ année (1076), il chassa dans la plaine de *Saga* (Thso ngo): étant sur les bords de la rivière *O i gawa* (Ta tsing tchhouan), il y vit tomber les feuilles des arbres rougies par l'automne (*momidzi*), et composa des vers sur ce sujet.

Le 1ᵉʳ mois de la 1ʳᵉ année du nengo *Ziô riak* (1077), il visita les temples *Iwa si midzou*, *Kamo*, *Fira no* et *O fara no*.

Le 2ᵉ mois, l'Oudaïsin *Minamoto-no Moro fousa* (Yuan szu fang) mourut d'un ulcère, à l'âge de 70 ans. Le jour de son décès, le Daïri le créa Taï zio daï sin. Ainsi que son père, le prince *Tomo fira sin o*, il était très-instruit dans la littérature du Japon et de la Chine ; tous les deux ont écrit des mémoires historiques.

Le même mois; le Daïri alla au temple de *Fi yosi*.

Le 28 du 4ᵉ mois de la 2ᵉ année (1078), il y eut une grande réunion de tous les officiers de la cour, dans laquelle on composa des vers en japonais et en chinois. L'empereur nomma le Daïnagon *Minamoto-no Aki fousa* pour décider de leur mérite. *Fousiwara-no Mitsi tosi*, *Fousiwara-no Aki souye* et *Minamoto-no Tosi yori* excellaient dans la poésie japonaise, tandis que *Fousiwara-no Sane masa* et *Fousiwara-no Atsou mitsi* avaient fait les meilleurs vers chinois. *Omi-no Masa fousa* l'emporta dans les deux genres, ainsi que le Tsiounagon *Minamoto-no Tsoune nobou*, qui de plus était un musicien distingué.

Le 10ᵉ mois de la 3ᵉ année (1079), le Daïri alla aux temples d'*Inari* et de *Ghi won*.

Le 8ᵉ mois de la 4ᵉ année (1080), le Nadaïsin *Fousiwara-no Nobou naga* fut nommé Taï zio daï sin, le Daïnagon *Fousiwara-no Tosi ye*, frère aîné de Nobou naga, devint Oudaïsin, et *Fousiwara-no Yosi naga*, fils de Yosi nobou, Nadaïsin. Le Kwanbak *Moro sane*, qui était également Sadaïsi, dirigea avec le Taï zio daï sin *Nobou naga*, toutes les affaires du gouvernement.

Le 3ᵉ mois, le roi de *Kôraï* (la Corée), *O amafi* (Wang ping), envoya sur un vaisseau marchand un messager nommé *O sok teï* (Ouang tsë tching), à *Taï saï fou* (dans le Tsikouzen). O sok teï était porteur d'une lettre par laquelle ce prince demandait qu'on lui envoyât le fameux médecin *Masa tada* (Ya tchoung), de Tamba, pour le guérir d'une maladie très-grave. Le Daïri refusa, et la réponse à la lettre fut rédigée par Omi-no Masa fousa.

Le 1ᵉʳ mois de la 1ʳᵉ année du nengo *Yeï fo* (1081), un prêtre du temple de *Kobokousi*, ayant une querelle avec un des gens de *Tono mine*, fut battu par cet homme; ce qui irrita tellement les prêtres de son temple, qu'ils se réunirent et mirent le feu à la maison de Tono mine.

Le 6° mois, les prêtres du temple de *Fi yeï san* se battirent avec ceux du temple de *Mi dera*, qui fut brûlé à cette occasion.

Le 10° mois de la 2° année (1082), l'Oudaïsin *Tosi ye* (Tsiun kia) mourut à l'âge de 64 ans.

Le 11° mois, le Nadaïsin *Yosi naga* mourut âgé de 61 ans, et *Minamoto-no Yori yosi* à 88 ans.

Le 12° mois, le Daïnagon *Minamoto-no Tosi fousa* (Tsiun fang), fils de Moro fousa, fut nommé Oudaïsin. Du côté de sa mère, il était petit-fils de Mitsi naga.

Le 1ᵉʳ mois de la 5° année (1083), le Kwanbak *Moro sane* fut démis de cette place, nommé Sadaïsin, et remplacé par *Minamoto-no Tosi fousa*; *Aki fousa* (Hian fang), frère cadet de celui-ci, devint Oudaïsin, et *Moro mitsi* (Szu tao), fils de Moro sane, Nadaïsin.

Le 2° mois, *Siô sin* (Seng sin), l'un des fils du Daïri, fut fait prêtre du temple *Nin wa si* (Jin ho szu). Il fut admis à cette occasion dans le second rang des princes. Ce fut la première fois qu'un fils de Daïri devint prêtre et reçut comme tel un titre honorifique.

Le 10° mois, on fit construire une tour de neuf étages près du temple de *Fo siô si* (Fă ching szu). C'est depuis ce temps qu'on a commencé à bâtir des temples superbes, pour lesquels on dépensa des sommes immenses.

Le 9° mois de la 1ʳᵉ année du nengo *O tok* (1084), mourut l'impératrice *Ken si* (Hian tsu). Le Daïri en fut si affligé, qu'il confia pour quelque temps l'administration du gouvernement à ses ministres.

Le 5° mois de la 2° année, il fit venir le Cha men *Syoo* (Thseng yu) à la cour, pour l'instruire dans la doctrine du *Fots ke ghio* (Fă houa king), qu'il goûta de jour en jour davantage. Il fonda, en l'honneur de son épouse décédée, plusieurs *garan* (kia lan) ou couvens, et copia de sa propre main les livres de la loi bouddhique.

Le 11° mois de la 3° année (1086), il résigna l'empire à son fils le Taïsi *Yosi fito* (Chen jin), et prit le titre de *Taï ziô ten o*. A son avénement au trône, il avait continué le *nengo* de son père pendant un an; c'est pour cette raison que ce nengo *Yen ghiou* dura 5 ans: ensuite vinrent les nengo *Ziô fo* de 3, *Ziô riak* de 4, *Yeï fo* de 3, et *O tok* de 3 ans. Son règne a donc été en tout de 14 ans.

LXXIII. DAÏRI 堀河院 FORI KAWA-NO IN.

(De 1087 à 1107 de J. C.)

Nengo
- 寬治 *Kwan si* (Kouan tchi), de 1087 à 1093,
- 嘉保 *Ka foo* (Kia pao), de 1094 à 1095,
- 永長 *Yeï ziô* (Young tchhang), 1096,
- 承德 *Ziô tok* (Tchhing tě), de 1097 à 1098,
- 康和 *Kô wa* (Khang ho), de 1099 à 1103,
- 長治 *Ziô si* (Tchhang tchi), de 1104 à 1105,
- 嘉承 *Ka ziô* (Kia tchhing), de 1106 à 1107.

FORI KAWA-NO IN (Khŭ ho yuan), second fils de Ziro kawa-no in, porta, avant de régner, le nom de *Yosi fito;* sa mère, la Tsiougou *Ken si*, était fille de l'Oudaïsin *Minamoto-no Aki fousa*, qui était d'un rang inférieur à celui de Kwanbak. Cette princesse avait été adoptée par le Kwanbak *Moro sane*, et ensuite mariée au Daïri. Né la 2ᵉ année du nengo *Ziô riak*, Yosi fito avait 8 ans à son avénement au trône, le 11ᵉ mois de la 3ᵉ année du nengo *O tok*. Moro sane fut régent; mais le gouvernement resta entièrement dans les mains du Fo wô ou de l'ancien Daïri. Celui-ci bâtit alors deux palais, un à Miyako, nommé *Ziro kawa-no go sio*, l'autre à *Toba*, près de Fosoumi, appelé *Zeï nan-no rikou*. Au commencement du nouveau règne, ce prince s'occupa de toutes les affaires du gouvernement, de sorte que le Kwanbak et le jeune Daïri ne régnèrent que de nom. Comme ce dernier aimait la poésie japonaise, il y eut à sa cour plusieurs excellens poëtes des deux sexes. Parmi les hommes, on cite *Minamoto-no Tosi yosi* et *Fousiwara-no Moto tosi* comme les plus fameux; parmi les femmes, excellèrent *Souwa-no naï si* et *Ize-no taï fou*. Les premiers visitaient tous les jours le Daïri, qui avait aussi près de lui plusieurs musiciens célèbres; lui-même jouait supérieurement de la flûte. *Toki moto*, un de ses courtisans, joua en maître sur le *siô* (seng)[1].

Le 5ᵉ mois de la 1ʳᵉ année du nengo *Kwan si* (1087), Ziro kawa-no Taï zio ten o se rendit à Oudzi.

---

(1) Le *seng* ou *ching* est un instrument à vent composé de plusieurs flûtes. On peut en voir la figure dans le *Chou king*, publié par M. Deguignes, planche I, n° 7, et dans le VIIᵉ volume des *Mémoires concernant les Chinois*, planche VI, n° 45. Dans le même volume (page 228), on trouve une description détaillée de cette espèce d'orgue portatif. — KL.

Le 1er mois de la 2e année (1088), le jeune Daïri fit une visite à son père.

Le 2e mois, le Fo wô alla aux temples *Tô daï si* et *Kobokousi;* il monta ensuite sur le mont Ko ya san, et fit ses prières devant l'image de Kobô.

Le 10e mois, il visita le temple Fi yeï san.

Le 11e mois, le Taïzio daïsin *Nobou naga* demanda et obtint sa démission. Il avait alors 67 ans.

Le 12e mois, le Sets zio ou régent *Moro sane* fut nommé Taïzio daïsin.

Le 5e mois de la 3e année (1089), le Fo wô alla une seconde fois au mont Yeï san, où il resta pendant sept jours dans le temple du milieu.

Le 12e mois, le Daïri se transporta sur le mont *Fiko ne san* (Yen ken chan), dans l'Oomi.

Le 1er mois de la 4e année (1090), il visita le temple Kouma no in, dans le Kizio.

Le 10e mois, il alla au temple *Kiyo midzou si* (Thsing choui szu), où il resta sept jours.

Le 12e mois, *Moro sane* obtint sa démission comme Sets zio ou régent, et fut nommé Kwanbak.

Le 1er du 1er mois de la 5e année (1091), le jeune Daïri rendit une visite à son père.

Le 4e mois, il fit venir sa tante (*oba*) *Sake-no saï in fokousi*, et l'épousa comme impératrice, avec le titre de Tsiougou.

Dans l'hiver de la même année, *Minamoto-no Yosi ye* (duquel descendent les Seogouns actuels) marcha vers la province d'Oziou, pour attaquer *Kiyo wara-no Take fira* (Thsing yuan Wou heng), et son frère cadet *Ye fira* (Kia heng); il les vainquit et y rétablit la tranquillité. Sous le règne de Go reï zen, dans la 6e année du nengo *Yen sio*, il était allé avec son père *Yori yosi*, dans l'Oziou, pour faire la guerre à *Sada tao* et à son frère cadet *Moune tao*, qu'il avait vaincus. A son retour à Miyako, Yori ye fut fait prince de Dewa, et *Kiyo wara-no Take nori*, qui s'était fort distingué dans cette guerre par son courage, reçut le titre de Tsi ziou fou Seogoun. Il était fort estimé dans les provinces de Mouts et de Dewa. Il avait deux fils, dont l'aîné était *Take fira* et le cadet *Ye fira;* ils marchèrent sur les traces de leur père. *Fousiwara-no Tsoune kiyo* (Theng yuan King thsing) était un parent de *Sada tao*, et descendant de *Fide sato*. (Il fut tué en 1062, de même que les frères cadets de Sada tao.) Il avait laissé un fils, nommé *Kiyo fira* (Thsing heng), et sa veuve épousa *Ara kawa taï rô Take sada* (Houang tchhouan taï lang Hou tching), de sorte que Kiyo fira devint fils de Take sada et son seul héritier. Quelques auteurs prétendent qu'auparavant elle avait été effectivement mariée avec *Tsoune kiyo*, mais qu'alors *Take nori* l'avait enlevée, et que, dans ce temps, elle accoucha de *Ye fira*, qui par conséquent aurait été frère de Kiyo fira. Après la mort de Take nori, Ye fira se brouilla avec son aîné Take fira et avec Kiyo fira. Ce fut à cause de cette dispute, que Yosi ye, qui, en 1082, avait été nommé prince de Mouts et avait pris possession de cette province, fut parfaitement bien reçu par Take fira et Kiyo fira; mais Ye fira resta dans le Dewa, et refusa de lui obéir. *Yosi ye* entra alors dans cette province; mais il fut forcé, par la vigoureuse résistance de Ye fira, de retourner dans le Mouts. Take fira, qui s'était déjà soumis, voyant que Yosi ye, qu'il tenait pour l'homme le plus brave de l'empire, était contraint de céder à son frère, se rendit aussi dans le Dewa, s'y réconcilia avec lui, et assembla beaucoup de troupes au château de *Kana zawa* (Kin tsĕ), appartenant à Ye fira.

Yosi ye y marcha pour l'attaquer. Son frère cadet, *Sinra san rô Yosi mitsi*, qui servait comme *Fiŏ ye-no zŏ* de la garde impériale, et par conséquent toujours près du Daïri, apprenant la grande guerre qui venait d'éclater dans l'Oziou, commença à craindre pour son frère, et demanda à l'empereur la permission d'y aller. Comme elle lui fut refusée, il s'enfuit pendant la nuit de Miyako. Yosi ye se réjouit beaucoup de son arrivée, disant qu'elle était pour lui un aussi bon augure que si son père lui-même était venu à son secours, et qu'elle avait doublé son courage. Il assembla un grand nombre de troupes et bloqua étroitement le château Kana zawa. *Kamakoura-no gon go rô Kaghe masa* (Liang thsang khiuan ou lang King tching), un des généraux de Yosi ye, jeune homme âgé de 16 ans, qui commandait l'avant-garde, fut blessé à l'œil gauche d'une flèche. Il ne l'arracha point, mais tua de la sienne celui qui l'avait tirée. *Mi oura-no Tame tsougou* (San phou Wei thsu), et *Ban-no Souke kane* (Pan Tsou kian), deux autres personnes d'un grand courage, firent également des prodiges de valeur. Yosi ye, pour humilier les lâches, les sépara des braves. *Fousiwara-no Fide kata* (Theng yuan Sieou fang) se fit distinguer aussi par sa vaillance, quoiqu'on ne lui en eût jamais soupçonné.

Pendant le siége, une grande troupe d'oies sauvages (*kari tsoura*) se montrèrent devant le camp de Yosi ye, et se dispersèrent dans les campagnes voisines: il soupçonna alors que l'ennemi avait placé quelque part une embuscade qui effarouchait ces oiseaux; il fit donc fouiller le voisinage. On trouva en effet trente hommes dans des marécages; ils furent tous mis à mort. *Oomi-no Masa fousa*, qui était un bon observateur, avait appris à Yosi ye cette règle de guerre, qu'il fallait craindre une embuscade, lorsque les oies s'envolaient en se dispersant.

Le château bloqué étant très-fort, Yosi ye y perdit beaucoup de monde. *Kiyo fira*, frère des deux chefs révoltés, lui conseilla donc d'en cesser l'attaque, mais de le tenir cerné. Il suivit ce conseil, dont le résultat fut que les provisions des assiégés diminuant de jour en jour, ils se trouvèrent à la fin dépourvus de tout; alors un grand nombre rendit ses armes et se soumit; un autre mourut de faim.

Le 14 du 11ᵉ mois, *Take fira* et *Ye fira* mirent pendant la nuit le feu au château et s'enfuirent. Aussitôt *Yosi ye* en prit possession; presque tous ceux qu'on y trouva furent tués. *Take fira* étant poursuivi, sauta dans un fossé, et se cacha dans les joncs; mais il fut découvert et fait prisonnier, et on lui coupa la tête. *Ye fira*, qui avait tâché de s'échapper sous l'habit d'un esclave, fut reconnu et tué par *Agata-no ko si rô Souki to* (Hian siao thsu lang Thsu jin); quarante-huit de leurs complices subirent le même sort. C'est ainsi que la tranquillité fut rétablie dans les provinces d'Oziou et de Dewa.

La première guerre y avait duré depuis la 5ᵉ année du nengo *Yeï ziô* (1050), jusqu'à la 5ᵉ année du nengo *Kô feï* (1062), ou pendant 12 ans. Quelques auteurs prétendent que la seconde n'a duré que 9 ans; d'autres disent qu'elle commença la 2ᵉ année du nengo *Yeï fo* (1082), et finit la 5ᵉ année du nengo *Kwan si* (1091), et que par conséquent elle fut de 10 ans. Toutefois, dans la dernière année, il ne s'y livra plus de batailles, et l'on assiégea seulement les châteaux des rebelles.

La paix étant rétablie, *Yosi ye* confia l'administration de ces deux provinces à *Kiyo fira*, et retourna à Miyako. Depuis ce temps, les descendans de Kiyo fira ont gouverné la province d'Oziou. Yosi ye étant très-redouté dans l'Oziou et le Dewa, tous les peuples de Kwantô lui firent leur soumission.

Dans la 6ᵉ année (1092), le Daïri alla au mont *Kin bou san* (Kin fung chan), dans le voisinage de Yosi no [1].

La 7ᵉ année (1093), il visita les temples de *Kasouga* et de *O fara no*.

Le 3ᵉ mois de la 1ʳᵉ année du nengo *Ka fo* (1094), *Moro sane* demanda sa démission de la charge de Kwanbak: son fils le Nadaïsin *Moro mitsi* lui succéda; mais pendant quelque temps, le Sadaïsin *Minamoto-no Tosi fousa* conserva le pas sur lui. Moro sane, qui avait alors 53 ans, fut nommé *Kogou-no kwanbak*, et Moro Mitsi, âgé de 35 ans, *Ni sio-no kwanbak* [2].

Le 6ᵉ mois, le Daïnagon *Minamoto-no tsoune nobou* fut envoyé à *Taï saï fou*,

---

(1) *Yosi no* (Kẙ ye), ou la plaine heureuse, est situé dans la province de Yamato. Cette ville est célèbre pour le beau vernis qu'on y recueille, et qui est le plus estimé du Japon. — Kʟ.

(2) *Kougou* et *Ni sio* sont les noms de résidence de ces deux Kwanbak. On place au Japon ordinairement les noms des lieux de résidence devant les titres. — Kʟ.

et eut le gouvernement du *Tsoukouzi* et de ses dépendances ; il était alors âgé de 79 ans.

Le même mois, le Sanghi *Fousiwara-no Mitsi tosi* et *Oomi-no Masa fousa* furent nommés Tsiounagons.

Le 9⁰ mois, l'Oudaïsin *Aki fousa* mourut âgé de 58 ans; c'était un homme de talent et un grand poëte. Quoique son frère *Tosi fousa* fût plus instruit, il avait été créé Oudaïsin, parce qu'il était l'oncle du Daïri. Il aurait pu monter à un emploi plus éminent; mais il le refusa, disant que son frère le surpassant en savoir, il était juste qu'il devînt Daïsin avant lui, et qu'ensuite on pouvait s'occuper de lui-même.

Le 4⁰ mois de la 2⁰ année (1095), le Daïri visita les temples d'*Iwa si midzou* et de *Kamo*.

Le 8⁰ mois, il fut attaqué par une fièvre intermittente, et ordonna au prêtre *Rió mió* (Loung ming) de prier pour son rétablissement. Ayant recouvré la santé, il lui accorda la permission de se servir d'une voiture semblable à celle du Daïri. Pendant sa maladie, l'empereur fit venir Yori ye au palais, pour tirer de l'arc; le son de la corde de cette arme contribua aussi à chasser les mauvaises influences. Depuis ce temps, on s'est fréquemment servi du même moyen.

Au nengo *Yeï zió* (1096), le Kwanbak *Moro mitsi* fut gratifié du second rang de la première classe; ce qui le plaça un degré au dessus du Sadaïsin *Toki fousa*.

Dans l'été de la même année, on exécuta une danse accompagnée de musique dans les champs de Miyako. Cette fête, nommée *Den gak* (Thian yŏ), était courue par les riches et les pauvres; le vieux Daïri même y fit venir les danseurs à sa cour.

Le 8⁰ mois, le Fo wô se fit raser la tête par le prêtre *Rió mió*, et prit le titre de *Ziro kawa-no Fo wô;* il continua néanmoins à gouverner l'empire.

Le 1ᵉʳ du 1ʳᵉ mois de la 1ʳᵉ année du nengo *Zió tok* (1097), le Daïnagon *Minamoto-no Tsoune nobou* mourut à Taï saï fou, âgé de 82 ans.

Le 4⁰ mois, le Daïri visita le temple *Ghi won*.

Le 10⁰ mois, il alla chez le Kwanbak *Moro mitsi*.

Le 7⁰ mois de la 2⁰ année (1098), il visita le temple *Fó sió si*.

Le 9⁰ mois, *Oomi-no Masa fousa* fut nommé *Gô-no sots* (Kiang soú) ou commandant de Taï saï fou, et se rendit à ce poste.

Le 1ᵉʳ mois de la 1ʳᵉ année du nengo *Kó wa* (1099), un fils du Fo wô devint prêtre au temple *Nin wa si*, sous le nom de *Gak ghio* (Kiŏ hing); il obtint le titre de *Fots tsiou-no sin o* (Fă tchoung thsin wang).

Le 6⁰ mois, le Kwanbak *Moro mitsi* mourut âgé de 38 ans. Après son décès, toutes les affaires relatives à ce poste furent dirigées par son fils le Daïnagon *Tada sane*. Son grand-père *Moro sane*, qui vivait encore et portait le titre de *O otono*, avait adopté Tada sane. A cette époque finit le pouvoir démesuré des régens de l'empire; le Fo wô s'était arrogé entièrement la direction des affaires, ce qui avait fort chagriné Moro mitsi. Ce ne fut que long-temps après sa mort qu'on nomma de nouveau un Kwanbak. Le Fo wô gouverna seul; ses ordres furent exécutés par tout l'empire, sous la surveillance du Daïnagon, du Tsiounagon et des Sanghi; il les décora du titre de *Bets tô* (Piĕ tang) ou inspecteurs, et les fit respecter davantage de jour en jour. Dans l'intérieur de son palais, il avait une garde nombreuse, et l'on y observait le même cérémonial que s'il eût encore été Daïri.

La 2ᵉ année (1100), le Daïnagon *Tada sane* devint Oudaïsin, et *Minamoto-no Masa sane*, fils d'*Aki fousa*, Nadaïsin. Le gouverneur de l'île de Tsou sima, *Yosi tsikou*, fils aîné de Minamoto-no Yosi ye, ayant enfreint les ordres du Daïri, fut exilé dans la province d'*Idzoumo*.

Le 2ᵉ mois de la 3ᵉ année (1101), l'ancien Kwanbak *Moro sane* mourut à l'âge de 60 ans.

Le 1ᵉʳ mois de la 4ᵉ année (1102), le Daïri alla au temple de *Kasouga*.

Le 3ᵉ mois, on célébra la 50ᵉ fête anniversaire de la naissance du Fo wô.

Le 6ᵉ mois, *Oomi-no Masa fousa* revint du Tsoukouzi à Miyako; le Tsiounagon *Fousiwara-na Sighe naka* fut nommé commandant de Taï saï fou. Comme il avait l'air sombre, on le nomma *Kok sots* (He szu) ou le maître noir.

Le 1ᵉʳ mois de la 5ᵉ année (1103), le Daïri fit visite à son père au palais *Toba-no ri kou* (Niao yu li koung).

Le 3ᵉ mois de la 1ʳᵉ année du nengo *Tsió si* (1104), il visita le temple *Soun sió si* (Tsun ching szu).

Le 8ᵉ mois, l'empereur écrivit de sa propre main les mots du *Fots ke*.

Le 6ᵉ mois de la 2ᵉ année (1105), une neige rougeâtre tomba dans la partie septentrionale de l'empire.

Le 11ᵉ mois, le Daïri fut informé par le prêtre du temple Fi yo si, de la mauvaise conduite du Tsiounagon *Fousiwara-no Sighe naka*, commandant de Taï saï fou, lequel fut exilé dans la province Fitats.

Le 12ᵉ mois, l'Oudaïsin *Tada sane* fut créé Kwanbak.

Le 3ᵉ mois de la 1ʳᵉ année du nengo *Ka zió* (1106), Oye-no masa fousa fut rétabli comme commandant du Taï saï fou.

Dans la 2ᵉ année (1107), *Minamoto-no Yosi tsikou* (Yuan I thsin), exilé dans l'Idzoumo, persévérant dans sa mauvaise conduite, et s'étant derechef révolté contre les ordres du Daïri, celui-ci envoya *Taïra-no Masa mori* pour le combattre et le punir.

Le 19 du 7ᵉ mois, le Daïri mourut à l'âge de 29 ans, dont il avait régné 20 ans, savoir, 7 avec le nengo *Kwan si*, 2 avec celui de *Ka fô*, 1 avec le nengo *Yeï ziô*, 2 avec celui de *Ziô tok*, 5 avec celui de *Kô wa*, 2 avec celui de *Ziô si*, et 2 avec le nengo *Ka ziô*.

LXXIV. DAÏRI 院羽鳥 TO BA-NO IN.

(De 1108 à 1125 de J. C.)

Nengo
- 天仁 *Ten nin* (Thian jin), de 1108 à 1109,
- 天永 *Ten yeï* (Thian young), de 1110 à 1112,
- 永久 *Yeï ghiou* (Young kieou), 1113 à 1117,
- 元永 *Ghen yeï* (Yuan young), de 1118 à 1119,
- 保安 *Fo an* (Pao ngan) de 1120 à 1125.

To ba-no in (Niao yu yuan), fils unique de Fori kawa-no in, s'appelait, avant son avénement au trône, *Moune fito* (Tsoung jin). Sa mère *Fousiwara-no Si si* était fille du Kan in-no Daïnagon *Sane sighe*. Il naquit le 1ᵉʳ mois de la 5ᵉ année du nengo *Kô wa*, fut créé Taïsi le 8ᵉ mois, et proclamé Daïri à la mort de son père, le 7ᵉ mois de la 2ᵉ année du nengo *Ka ziô*; il n'avait alors que 5 ans. Quoique l'Oudaïsin *Fousiwara-no Tada sane* eût été nommé régent, toutes les affaires furent pourtant dirigées d'après l'avis du *Ziro kawa-no Fo wô*, grand-père du Daïri.

Le 1ᵉʳ mois de la 1ʳᵉ année du nengo *Ten nin* (1108), *Taïra-no Masa mori* livra bataille à *Yosi tsikou*, dans la province d'Idzoumo, le vainquit, et le punit de mort. Avant que Yosi tsikou eût été envoyé en exil, son fils *Tame yosi* (Weï i) vivait chez son grand-père Yosi ye, qui l'adopta. *Yosi tada* (I tchoung), frère cadet de Yosi tsougou, aurait hérité de son oncle *Sinra san ro Yosi mitsi* (Sin lo san lang I kouang), s'il ne s'était pas brouillé avec lui. Aussi au 2ᵉ mois, Yosi mitsi fit tuer en secret Yosi tada par un de ses gens nommé *Kasima san rô* (Lou tao san lang). Personne ne connaissant l'auteur de cet assassinat, Yosi tsouna, frère aîné de Yosi tada, en fut accusé; irrité de se voir faussement soupçonné, il se révolta, et courut au mont *Kô ya san* (Kia ho chan), dans la province d'Omi, et s'y fortifia. *Tame yosi*, qui alors n'avait que 10 ans, fut chargé de l'y attaquer. Yosi tsouna fut défait, et banni à l'île de *Sado*.

DES EMPEREURS DU JAPON.   179

Dans la même année, *Yosi ye* mourut âgé de 68 ans, et *Tame yosi*, qui devint son petit-fils légitime, fut son héritier.

Le 1ᵉʳ mois de la 2ᵉ année (1109), le Daïri visita les temples d'*Iwa si midzou* et de *Kamo*.

Le 5ᵉ mois de la 1ʳᵉ année du nengo *Ten yeï* (1110), il fit présent au temple *Fo sio si* (Fä ching szu) du Grand trésor de la doctrine bouddhique (Ta thsang king), écrit en caractères d'or, sur du papier bleu. A cette occasion il y alla en personne.

Le 1ᵉʳ mois de la 2ᵉ année (1111), il fit une visite au Fo wô.

Le 7ᵉ mois, *O oye-no Masa fousa* mourut âgé de 71 ans.

Le 12ᵉ mois de la 3ᵉ année (1112), le régent et Oudaïsin *Tada sane* fut nommé Taï zio daï sin.

Le 1ᵉʳ du 1ᵉʳ mois de la 1ʳᵉ année du nengo *Yeï ghiou* (1113), on rasa la tête au Daïri, qui avait alors 11 ans [1].

Le 4ᵉ mois, le régent *Tada sane* fut créé Kwanbak.

Le 8ᵉ mois, le Daïri alla aux temples *Mats-no o* (Soung weï) et *Kita no* (Pe ye) [2].

Le 10ᵉ mois, il visita les temples de *Fi yo si*, et le 11ᵉ mois ceux d'*Inari* et de *Ghiwon*.

Dans la même année, les prêtres du mont *Fi yeï san* (Fi joui chan) [3] eurent une dispute sur la religion avec ceux du temple *Kô bok si* (King foŭ szu) [4]. Le Daïri donna raison aux premiers, ce qui irrita tellement les autres qu'ils se réunirent en masse, enlevèrent le *sim bok* (chin moŭ) ou bois sacré du temple de *Kasouga* [5], s'avancèrent jusqu'au mont *Korou sou san* (Ko si

---

(1) Les personnes qui n'ont pas encore d'emploi, et qu'on appelle 服元 hommes libres, se rasent, à l'âge de 15 ans, les cheveux sur la tête, en forme de fer à cheval. Cette manière de les raser est nommée *ghenbouk* (yuan foŭ). S'ils ont reçu un emploi avant cet âge, ils se rasent de suite la tête de cette façon, et ils sont alors considérés comme parvenus à cet âge. Étant plus jeunes et sans emploi, ils sont mis dans la même catégorie que les femmes, et ne sont pas admis au serment. On rase ainsi les cheveux au Daïri, dès qu'il a atteint l'âge de 11 ans. — Kl.

(2) Lorsque le Daïri va à quelque temple, c'est toujours une partie de plaisir pour lui ; car, sans ce prétexte, l'étiquette ne lui permet pas de sortir. Les Seogoun sortent actuellement de leurs palais pour s'amuser, et l'on appelle cela aller à la chasse. — Kl.

(3) Le temple *Fi yeï san* est dans les environs de Miyako. — Kl.

(4) Le temple *Kô bok si* est dans le district de Nara. — Kl.

(5) Le temple *Kasou dera* est situé au pied du mont *Mikasa yama*, du district *Soo-no kami*, de la province Yamato. Il fut fondé du temps de Kamatari. On y conserve un coffre dans lequel on garde une pièce de bois nommée 木神 *Simbok*, et qui est l'emblème d'un saint. Autrefois on croyait au Japon que celui qui portait cette pièce de bois avec lui, n'avait aucune résistance à craindre, et que tout le monde était obligé de se soumettre à lui et de l'adorer en le voyant. — Kl.

chan) [1], et menacèrent d'entrer à Miyako. Le Daïri envoya un officier pour les apaiser ; comme ils refusèrent de l'entendre, il chargea *Minamoto-no Tame yosi* de les chasser. Celui-ci les attaqua de vive force, les dispersa et les força de retourner à *Nara*. Tame yosi avait alors 18 ans ; il fut fort loué par le Daïri pour sa conduite valeureuse, et avancé à l'emploi de *Sa ye mon-no zio* [2].

A cette époque, tous les prêtres montrèrent un orgueil et une humeur guerroyante. Quand ils étaient mécontens du Daïri, ceux de Fi yeï san venaient avec le *sin yo* [3] qu'ils prenaient dans le temple de *Fiyo si*, de la même manière que les autres s'étaient emparés du *sim bok* du temple de *Kasouga*, pour obtenir par la force, à Miyako, ce qu'ils voulaient.

Le 11ᵉ mois de la 2ᵉ année (1114), le Daïri fonda à *Ziro kawa* (Pĕ ho) la salle *Amida dó* (O mi to thang). Lorsqu'elle fut achevée, il y alla faire ses prières. *Fousiwara-no Tame fousa* (Theng yuan Wei fang), qui avait surveillé la bâtisse, fut récompensé par le premier rang de la 3ᵉ classe.

Le 4ᵉ mois de la 3ᵉ année (1115), le Nadaïsin *Minamoto-no Masa sane* fut avancé à l'emploi d'Oudaïsin ; il était fils du Kwanbak *Tada sane*. Le Daïnagon *Tada Mitsi*, âgé de 19 ans, fut nommé Nadaïsin.

Le 5ᵉ mois de la 5ᵉ année (1117), on apprit que *Minamoto-no Yosi tsikou* (Yuan I thsin), qui sous le nom *Fo si* était devenu prêtre dans la province Oziou, y pervertissait le peuple. Le Daïri envoya l'ordre de le mettre à mort; il fut pris dans le moment où il tâchait de s'évader.

Le 9ᵉ mois de la 1ʳᵉ année du nengo *Ghen yeï* (1118), le Fo wŏ alla à *Kouma no*.

Le 12ᵉ mois, on célébra une fête au temple *Saï sió si* (Siu ching szu); le Daïri vint y assister.

Le 8ᵉ mois de la 2ᵉ année (1119), le prince du sang *Ari fito* (Yeou jin) fut

---

(1) La montagne *Korou sou* est dans le voisinage de *Fousoumi*. — KL.

(2) *Sa ye mon-no zio* est un grade militaire, équivalant à celui de général. En cas de guerre ou d'insurrection, il recevait du Daïri plusieurs feuilles de papier blanc, en bas desquelles était imprimé le sceau de l'empereur. Le général envoyait une de ces feuilles dans telle ou telle province, selon qu'il le jugeait convenable, après y avoir marqué le nombre d'hommes que la province devait fournir sans délai.

Actuellement c'est le *Seogoun* qui envoie de pareilles feuilles imprimées de son cachet en noir au grand-juge de Miyako, aux gouverneurs de Nagasaki, de Fousoumi, de Sakaï, de Nara, d'Izé et de Sado, et au commandant en chef du château d'Osaka. Le cachet rouge y est employé dans des affaires de moindre importance, par exemple à la nomination d'un chef de province; on l'appose aussi sur les licences accordées à la compagnie hollandaise des Indes orientales, pour trafiquer au Japon. — KL.

(3) Le 輿神 *sin yo* (chin yu) est une espèce de caisse, posée sur des bâtons et portée sur les épaules, renfermant un objet sacré et universellement révéré. — KL.

honoré du nom de famille *Minamoto* (Yuan), et du second rang de la troisième classe. *Souke fito sin o* (Fou jin thsin wang), père d'*Ari fito*, était le troisième fils du Daïri *Go san sio*, et frère cadet du *Ziro kawa-no Fo wó*. Il excellait dans l'art de faire des vers.

Le 2ᵉ mois de la 2ᵉ année du nengo *Fo an* (1121), *Tada sane* perdit la place de Kwanbak : il avait alors 44 ans. *Tada mitsi*, âgé de 25, lui succéda et obtint du Daïri la permission de venir à la cour dans une voiture traînée par des bœufs, et d'être accompagné d'une suite militaire. Son père Tada sane se retira à *Oudzi* (Yu tchi) et à *Kan kiyo* (Hian kiu); comme il habita le palais de *Tomika* (Fou kia), il fut appelé *Tomika dono*.

Le 5ᵉ mois, les prêtres du mont *Yeï san* mirent le feu au temple *Mi dera*.

Le 11ᵉ mois, le Sadaïsin *Minamoto-no Tosi fousa* mourut âgé de 87 ans.

Le 12ᵉ mois de la 5ᵉ année (1122), l'Oudaïsin *Minamoto-no Masa sane* fut créé Taï zio daï sin : le Kwanbak *Tada mitsi* devint Sadaïsin; il était par conséquent d'un degré au dessous de Masa sane. Le Daïnagon *Fousiwara-no Ye tada* (Theng yuan Kia tchoung) obtint l'emploi d'Oudaïsin, et le Daïnagon *Minamoto-no Ari fito* celui de Sadaïsin. Tous ces officiers obtinrent le titre de grand général ou de gauche ou de droite.

Le 28 du 1ᵉʳ mois de la 4ᵉ année (1123), le Daïri abdiqua l'empire en faveur de son fils *Aki fito* (Hian jin), et prit le titre de *Taï zio ten o*. Il n'avait alors que 21 ans, et en avait régné 16, savoir, 2 avec le nengo *Ten nin*, 3 avec de *Ten yeï*, 5 avec le nengo *Yeï ghiou*, 2 avec celui de *Ghen yeï*, et 4 avec le nengo *Fo an*.

LXXV. DAÏRI 院德崇 SIU TOK-NO IN.

(De 1124 à 1141 de J. C.)

Nengo
- 治天 *Ten si* (Thian tchi), de 1124 à 1125,
- 治大 *Taï si* (Ta tchi), de 1126 à 1130,
- 承天 *Ten zió* (Thian tchhing), 1131,
- 承長 *Tsió zió* (Tchhang tchhing), de 1152 à 1134,
- 延保 *Fo yn* (Pao yen), de 1135 à 1140,
- 治永 *Yeï si* (Young tchi), 1141.

Siu tok-no in (Thsoung tĕ yuang), fils de To ba-no in, nommé auparavant *Aki fito*, avait pour mère l'impératrice *Fousiwara-no Sió si* (Then yuan Tchang tsu), qui portait le titre de *Taï ken mon in* (Taï hian men yuan). Elle était fille du Daïnagon *Fousiwara-no Kin sane* (Theng yuan Koung chў). Aki fito naquit le 5ᵉ mois de la 2ᵉ année du nengo *Ghen zeï* (1119). Après l'abdication de son père, qui eut lieu le 1ᵉʳ mois de la 4ᵉ année du nengo *Fo an* (1123), il fut proclamé Daïri, le 2ᵉ mois, à l'âge de 5 ans. Le Kwanbak *Tada mitsi* fut choisi pour régent. Comme *Ziro kawa-no Fo wô*, bisaïeul du nouvel empereur, jouissait encore d'une bonne santé, il vint à la cour pour y avoir la surveillance des affaires. Il prit alors le titre de *Fon in* (Pen yuan), et l'ancien Daïri *To ba-no in* reçut celui de *Taï zio wo* (Taï chang houang) ou *Sin in* (Sin yuan).

Le 9ᵉ mois mourut le Soui ri no-no daï fou *Fousiwara-no Aki sighe* (Theng yuan Hian ki), âgé de 69 ans. Il était célèbre pour ses vers japonais.

Le 2ᵉ mois de la 1ʳᵉ année du nengo *Ten si* (1124), le *Ziro kawa-no Fo wô* et l'ancien Daïri *To ba-no sin in* allèrent en voiture à *Ziro kawa* pour y contempler les fleurs. *Taï ken mon in* et plusieurs autres dames de la cour les accompagnèrent en voiture; leur cortége était très-brillant. Le Kouga-no taï zio daï sin *Masa sane* suivait à cheval; après lui venaient un grand nombre de leurs gens en habits de chasse. *Tada mitsi* fermait la marche en voiture, accompagné de bandes de musiciens et de beaucoup de femmes destinées à chanter devant les deux empereurs.

Le 7ᵉ mois, *Masa sane* donna sa démission de la place de Taï zio daï sin, se rasa la tête, et devint prêtre.

Le 10ᵉ mois, le Fo wô alla au mont *Ko ya san*.

Le 5ᵉ mois de la 2ᵉ année (1125), le grand-prêtre du temple de *Mi dera* fut gratifié du titre de Daï sô ziô, et obtint la permission de se servir d'une voiture traînée par des bœufs.

Le 10ᵉ mois, le Daïri visita les temples d'*Iwa si midzou* et de *Kamo*; ensuite ceux de *Fira no*, *O fara no*, *Mats-no o*, *Kita no*, *Ghiwon*, et plusieurs autres.

Le 2ᵉ mois de la 2ᵉ année du nengo *Taï si* (1127), le Kouga saki-no taï zio daï sin *Masa sane* mourut, âgé de 69 ans.

Le 10ᵉ mois, les deux anciens Daïris *Ziro kawa-no Fo wô* et *To ba-no in* allèrent au mont *Ko ya san*.

Dans la même année, le Sinra Sanro *Minamoto-no Yosi mitsi* mourut à l'âge de 72 ans; il avait appris à monter à cheval de son frère aîné Yosi ye. Comme celui-ci lui était inférieur en rang, il s'était tenu constamment dans les provinces de Kaï, de Sina no et de Fitats. *Minamoto-no Tame yosi* fut nommé grand juge, et reçut le second rang de la 5ᵉ classe. Il ambitionna d'être prince de Mouts, dignité à laquelle son grand-père Yori yosi était monté, après avoir défait Sada tao et Moune tao. Son père Yosi ye avait aussi été créé prince de

Mouts, après sa victoire sur Take fira et Ye fira. Tame yosi y aspira de même; mais *Fousiwara-no Moto fira* (Theng yuan Khi heng), fils de Kiyo fira, l'avait déjà obtenue.

Le 3ᵉ mois de la 3ᵉ année (1128), l'impératrice *Taï ken mon in*, pour s'acquitter d'un vœu, bâtit le temple *Yen siô si* (Yuan ching szu).

Le 10ᵉ mois, on célébra une fête au temple d'*Iwa si midzou*, et l'on y récita le livre bouddhique *Its saï kiô* (Y thsiĕ king). Le Fo wô assista à cette cérémonie.

Le 12ᵉ mois, le régent *Tada mitsi* devint Taï zio daï sin.

Un grand nombre de pirates infestant la navigation dans les environs des contrées *Sanyodo* et *Sankaïdo*, le Daïri ordonna, le 3ᵉ mois de la 4ᵉ année (1129), de leur donner la chasse et de les arrêter.

Le 6ᵉ mois, *Tada mitsi* reçut sa démission comme régent, et fut nommé Kwanbak; à cette occasion, on rasa au Daïri les cheveux du front.

Le 7 du 7ᵉ mois, le *Ziro kawa-no Fo wô* mourut âgé de 77 ans; il avait constamment tenu les rênes du gouvernement, même après son abdication du trône, jusqu'à l'âge de 50 ans. Depuis, lorsque quelque événement heureux arrivait à la cour, on comparait les Daïris à Ziro kawa-no Fo wô, puisqu'il avait été un prince constamment fortuné.

Après le décès de Ziro kawa, l'ancien Daïri To ba-no in se chargea entièrement du gouvernement. Le Daïri régnant était fils de *Taï ken mon in*, qui avait eu plusieurs autres enfans des deux sexes. Ce dernier épousa deux nouvelles femmes: *Taï si* (Thaï thsu), fille de l'ancien Kwanbak *Tada sane*, et *Tok si* (Tĕ si), fille du Sanghi *Fousiwara-no Naga sane*. La première reçut le titre de *Ko yô in* (Kao yang yuan), l'autre celui de *Bi fouk mon in* (Meï foŭ men yuan). Il fut fort épris de sa troisième femme Bi fouk mon in, et ses soins pour les affaires du gouvernement commencèrent à s'affaiblir.

Le 12ᵉ mois de la 5ᵉ année (1130), le Daïri épousa *Siô si* (Ching tsu), fille du Kwanbak *Tada mitsi*. Elle reçut le titre de O ka mon in (Houang kia men yuan).

La 7ᵉ lune de la 1ʳᵉ année du nengo *Ten ziô* (1131), on célébra l'anniversaire de Ziro kawa-no in au temple *Fo rio si*, et l'on récita le *Fots ke kio*.

Le 12ᵉ mois, l'Oudaïsin *Ye tada* devint Sadaïsin, le Nadaïsin *Ari fito* Oudaïsin, et le Daïnagon *Fousiwara-no Moune tada* Nadaïsin.

Dans le même mois, l'ancien Kwanbak *Tada sane* fut remis en place, sur la recommandation de l'ancien Daïri To ba-no ziô wo. Le Ziro kawa-no Fo wô, mécontent de lui, l'avait fait déposer et nommer Kwanbak; de sorte qu'il avait été pendant douze ans sans emploi. Rentré en fonction, il obtint la permission de revenir avec son cortége à la cour, et fut chargé de l'administration du palais impérial. Il n'était pas content de la conduite de son fils aîné *Tada mitsi;* mais il aimait beaucoup le second, nommé *Yori naga,* âgé alors de 12 ans.

Le 1ᵉʳ mois de la 1ʳᵉ année du nengo *Tsiô ziô* (1132), *Tada sane* obtint un témoignage de faveur du Daïri.

Le 3ᵉ mois, le *To ba-no ziô wo* fonda le palais *Tok siô ziu* (Tĕ tchhang cheou yuan), qui avait trente-trois *kan* (kian)¹ de longueur. Il y fit placer mille et une statues de divinités bouddhiques. *Taïra-no Tada mori* fut chargé d'en surveiller la construction; après l'avoir achevée, il reçut en récompense le gouvernement de l'île de Tsou sima. Il descendait du Daïri Kwan mou.

Dans le même mois, le Daïri alla à *Ko ya.*

Le 1ᵉʳ mois de la 3ᵉ année (1134), il visita les temples de *Kasouga* et de *Fi yo si,* et au 5ᵉ mois, ceux d'*Iwa si midzou* et de *Kamo.*

Le 3ᵉ mois de la 2ᵉ année du nengo *Fo yn* (1136), on donna une fête et un grand repas dans le palais de l'empereur *To ba,* appelé *Ziô kô mio in* (Chin kouang ming yuan); le Daïri vint y assister.

Le 5ᵉ mois, le Sadaïsin *Ye tada* mourut âgé de 75 ans.

Le 12ᵉ mois, l'Oudaïsin *Minamoto-no Ari fito* fut nommé Sadaïsin; le Nadaïsin *Moune tada* Oudaïsin, et le Daïnagon *Fousiwara-no Yosi naga,* âgé de 17 ans, Nadaïsin.

Le 2ᵉ mois de la 4ᵉ année (1138), l'Oudaïsin *Moune tada* se rasa la tête, à l'âge de 77 ans, et devint prêtre avec le titre de *Yu mon-no o fou* (Yu men yeou fou).

Le 9ᵉ mois, l'ancien Daïri alla au mont Yeï san, et y resta sept jours.

Le 11ᵉ mois, le Sa ye mon-no kami *Fousiwara-no Moto tosi* (Theng yuan Khi tsiun) se rasa la tête à l'âge de 84 ans. C'étoit un poëte éminent, qui surpassa tous ceux de son temps.

Le 1ᵉʳ mois de la 5ᵉ année (1139), *Bi fouk mon in,* l'épouse chérie de l'ancien Daïri, accoucha d'un fils qui reçut le nom de *Fosi fito* (Pen tsu). Elle avait déjà mis au monde deux filles; le Daïri craignait qu'il n'en fût encore de même; mais quand il apprit qu'elle lui avait donné un fils, il fut extrêmement joyeux. Tous les grands de la cour, ainsi que le Kwanbak et tous les officiers

---

(1) Le caractère chinois 間 *kian,* ou selon la prononciation japonaise *kan,* désigne le *ma,* ou l'espace de l'une à l'autre des colonnes qui portent le toit d'un édifice. Cet espace forme la toise japonaise, et contient à présent six 尺 *siak* (tchhy̆) ou pieds. Autrefois elle était de six *siak* et cinq 寸 *sun* (tsun) ou pouces. Kæmpfer s'est trompé pour le mot *ma :* il l'a pris pour le terme hollandais *mat* (natte); de sorte qu'il parle de *nattes* par-tout où il est question de toises ou d'*entrecolonnemens* japonais. — Kl.

subalternes, vinrent le complimenter. Tosi fito fut allaité par l'impératrice *Wo ka men in* (Houang kia men yuan), et déclaré Taïsi le 8ᵉ mois.

Le 12ᵉ mois, le Sadaïsin *Minamoto-no Ari fito* reçut sa démission avec le titre de grand général de la gauche; son successeur dans cet emploi fut le Nadaïsin *Yori naga* (Laï tchhang). Le Daïnagon *Fousiwara-no Sane yosi* (Theng yuan Chў neng) devint grand général de la droite. *Kin sane* (Koung chў), grand beau-père du Daïri, avait trois fils : l'aîné, le Daïnagon *Sane yuki* (Chў hing), eut le titre de *San sio* (San tiao); le second, le Tsiounagon *Mitsi sighe* (Thoung kï), reçut celui de *Si kok si* (Si yuan szu); *Sane yosi* (Chў neng), le troisième, celui de *Tok daï si* (Tĕ ta szu). Les descendans de ces trois seigneurs remplirent tous des postes élevés. Leur famille fut nommée *Kan in ke* (Hian yuan kia).

Le 2ᵉ mois de la 6ᵉ année (1140), l'ancien Kwanbak *Tada sane* obtint la permission de venir en voiture à la cour.

Le 5ᵉ mois, les prêtres du mont *Yeï san* se réunirent et mirent le feu au temple *Mi dera*.

Le 10ᵉ mois, *Tada sane*, s'étant retiré à Oudzi, se rasa la tête à l'âge de 62 ans.

Le 12ᵉ mois, le Nadaïsin *Yosi naga* fut démis de la charge de grand général de la gauche. Le Daïri aurait voulu donner cet emploi au Daïnagon *Sane yuki*, frère aîné de *Sane yosi*, grand général de la droite; mais l'ancien Daïri favorisa le Daïnagon *Masa sada*, fils de Masa sane. *Sane yuki*, comme beau-frère du Daïri, y avait certainement plus de droit, d'autant plus que son frère cadet *Sane yosi* était grand général de la droite. Aussi le Daïri refusa d'abord de se prêter aux vues de son prédécesseur; mais celui-ci étant venu pendant la nuit à la cour, ses vives instances firent obtenir à *Maso sada* l'emploi qu'il lui destinait.

Le 3ᵉ mois de la 1ʳᵉ année du nengo *Yeï zi* (1141), l'ancien Daïri *To ba-no ziô wo* se rasa la tête, et prit le titre de *To ba-no Fo wô*; il était âgé alors de 39 ans.

Le 12ᵉ mois, le Daïri, cédant aux intrigues du Fo wô, résigna l'empire à son frère cadet *Tosi fito* (Pen jin). Depuis ce moment, il vécut toujours en désunion avec le Fo wô. Il avait régné 18 ans, 2 avec le nengo *Ten zi*, 5 avec celui de *Taï zi*, 1 avec le nengo *Ten ziô*, 3 avec celui de *Tsiô ziô*, 6 avec celui de *Fo yen*, et 1 avec le nengo *Yeï zi*.

LXXVI. DAÏRI 院衛近 KON YE-NO IN.

(De 1142 à 1155 de J. C.).

Nengo
{
治康 *Kô zi* (Khang tchi), 1142 et 1143,
養天 *Ten yô* (Thian yang), 1144,
安久 *Kiou an* (Kieou ngan), de 1145 à 1150,
平仁 *Nin feï* (Jin ping), de 1151 à 1155,
壽久 *Kiou ziou* (Kieou cheou), 1154 et 1155.
}

KON YE-NO IN (Kin wei yuan), 8ᵉ fils du Toba-no Fo wô, porta avant son avénement le nom de *Tosi fito*. Sa mère, la Bi fouk mon in *Fousiwara-no Tok si*, était fille du Tsiounagon *Fousiwara-no Naga sane*. Tosi fito naquit dans la 5ᵉ année du nengo *Fo yen* (1139); bientôt après il fut déclaré Taïsi, et proclamé Daïri, le 12ᵉ mois du nengo *Yeï zi* (1141), à l'âge de 3 ans. Le Kwan-bak *Tada mitsi* fut Sets zio ou régent. Le To ba-no Fo wô fut nommé *Itsi in* (Y yuan); et Sin tok in eut le titre de *Sin in* (Sin yuan). Le premier dirigea toutes les affaires du gouvernement; l'autre n'y eut aucune part, et, par sa brouillerie avec l'Itsi in, il traîna une vie remplie de contrariétés.

Le 1ᵉʳ mois de la 2ᵉ année du nengo *Kô zi* (1143), le Fo wô fit une visite à sa mère.

Le 5ᵉ mois, il passa les jours de jeûne au temple *Tô daï si*, et ensuite visita celui du mont *Yeï san*.

Le 7ᵉ mois de la 1ʳᵉ année du nengo *Ten yô* (1145), une grande comète parut. C'est pour cette raison qu'on changea le nom du nengo en *Kiou an*.

Le 8ᵉ mois, l'impératrice *Taï ken mon in*, mère du Sin in, mourut.

Le Daïri alla, dans le courant de l'année, aux temples d'*Iwa si midzou* et de *Kamo*.

Le 2ᵉ mois de la 2ᵉ année (1146), il fit une visite au To ba-no Fo wô.

Le 12ᵉ mois, il célébra par une fête le 58ᵉ anniversaire du régent *Tada mitsi*.

Le 2ᵉ mois de la 3ᵉ année (1147), le Sadaïsin *Minamoto-no Ari fito* mourut âgé de 45 ans, et reçut le titre posthume de *Kwa ghen daï sin* (Houa yuan ta tchhin).

Le 6ᵉ mois, le Fo wô alla avec le Sin in au mont *Yeï san*.

Le 8ᵉ mois, on célébra une fête devant l'image d'*Amida*, à laquelle le Fo wô *To ba-no yn* assista.

Le 6ᵉ mois de la 4ᵉ année (1148), le daïri ou palais impérial fut consumé par les flammes.

Le 7ᵉ mois, le régent *Tada mitsi* fonda le temple *Fô siô si* (Fa seng szu), et y donna un grand repas auquel fut présent le Fo wô.

Le 8ᵉ mois, le Daïri visita les temples de *Fira no* et d'*Ofara no*.

Le 3ᵉ mois de la 5ᵉ année (1149), une grande fête fut célébrée au temple *Yen siô si*; le Daïri y assista.

Le 7ᵉ mois, le Nadaïsin *Yori naga* devint Sadaïsin, le Daïnagon *Sane yuki* Oudaïsin, et *Minamoto-no Masa sane* Nadaïsin.

Le 10ᵉ mois, le Daïri alla aux temples de *Mats-no o*, *Kita no* et *Ghi won*.

Le même mois, le régent *Tada mitsi* reçut l'emploi de Taï zio daï sin.

Le 1ᵉʳ mois de la 6ᵉ année (1150), le Daïri prit la robe virile.

Le 3ᵉ mois, *Tada mitsi* fut démis de la place de Taï zio daï sin.

Dans le même mois, le Daïri épousa *Ta si* (To tsu), fille du *Tok daï si* (Tĕ ta szu) Tsiounagon *Fousiwara-no Kin yosi*. Elle avait été élevée par le Sadaïsin *Yori naga*, et reçut le titre de première impératrice.

Le 6ᵉ mois, le Daïri épousa encore *Feï si* (Tching tsu), fille du Daïnagon *Fousiwara-no Kore mitsi*, élevée par le régent Tada mitsi. Elle devint *Tsiougou* ou seconde impératrice. Comme le Daïri aimait beaucoup cette seconde épouse et négligeait la première, il y eut depuis ce temps désunion entre *Tada mitsi* et *Yori naga*, son frère cadet.

Le 8ᵉ mois, l'Oudaïsin *Sane yuki* fut nommé Taïziô daïsin; le Nadaïsin *Masa sada* Oudaïsin, et le Daïnagon *Sane yosi* Nadaïsin. *Ofo si* (To tsu), la première impératrice, était petite-fille de Sane yosi, père de Kin yosi.

Le 9ᵉ mois, Tada mitsi fut déclaré chef de la famille des *Fousiwara*.

Le 12ᵉ mois, il résigna son emploi de régent, et devint Kwanbak.

Dans la même année, *Minamoto-no Yosi kouni* (Yuan I kouĕ) se rendit à *Asikaga* (Tsŭ piĕ), dans la province Simotske; il était troisième fils de Yosi ye; et c'est de lui que descendent les familles de *Nitsouta* (Sin thian) et d'*Asikaga* (Tsŭ li).

Le 1ᵉʳ mois de la 1ʳᵉ année du nengo *Nin feï* (1151), le Sadaïsin *Yori naga* (Laï tchhang) obtint la permission d'avoir une garde, et fut avancé au rang de *Taï siô kouan* (Ta tching kouan). Ensuite il fut créé *Naï ken* (Nui kian), emploi qui oblige de lire les requêtes du peuple, avant qu'elles soient présentées au Daïri, et qui auparavant était dans les attributions du Kwanbak. Son père *Nudo Tada sane* (Jў tao Tchoung chў) jouissait encore d'une parfaite santé; et comme il aimait beaucoup *Yori naga* et haïssait *Tada mitsi*, il employait tous les moyens possibles pour faire monter le premier à un emploi plus élevé. Yori naga était généralement haï, à cause de son caractère capricieux; il s'efforçait de supplanter Tada mitsi, pour s'élever à un plus haut degré de pouvoir et de considération.

Le 7 du 5ᵉ mois de la 2ᵉ année (1152), le Daïri alla à la salle *Toba dono*, pour y célébrer le 50ᵉ anniversaire du Fo wô; il y resta jusqu'au lendemain, s'amusant à voir les danses et à entendre la musique.

Le 2 du 1ᵉʳ mois de la 3ᵉ année (1153), il fit une visite à son père.

Le même mois, le *Taïra-no Tada mori* (Phing Toung ching), président du tribunal criminel, mourut, âgé de 38 ans; son fils *Kiyo mori* (Thsing ching) lui succéda.

Un oiseau effrayant, nommé *Nouye* [1], vola au dessus du palais impérial en poussant des cris horribles. Le Daïri ordonna à *Minamoto-no Yori masa* de l'abattre à coups de flèche. Celui-ci l'ayant tué, le Daïri lui donna en récompense son sabre, et lui fit de plus présent d'une des dames du palais, nommée *Ayame-no maye*. Yori masa était petit-fils de *Raï kwô*, gouverneur de Sets, qui l'avait bien instruit à monter à cheval et à tirer de l'arc. Il excellait aussi comme poëte.

Le 5ᵉ mois de la 1ʳᵉ année du nengo *Kiou ziu* (1154), l'Oudaïsin *Minamoto-no Masa sada* se rasa la tête, et devint prêtre. Il avait alors 61 ans, et mourut quelques années après.

Le 8ᵉ mois, *Fousiwara-no Sane yosi*, grand général de la droite, devint grand général de la gauche; le Tsiounagon *Fousiwara-no Kane naga*, âgé de 17 ans, lui succéda dans le premier emploi.

Le 23 du 8ᵉ mois de la 2ᵉ année (1155), le Daïri mourut à l'âge de 17 ans, sans laisser d'enfans, après avoir régné 14 ans, savoir, 2 avec le nengo de *Kô si*, 1 avec celui de *Ten yô*, 6 avec celui de *Kiou an*, 3 avec celui de *Nin feï*, et 2 avec celui de *Kiou ziu*.

LXXVII. DAÏRI 院河白後 GO ZIRO KAWA-NO IN.

(De 1156 à 1158 de J. C.)

Nengo 元寶 *Fo ghen* (Pao yuan), de 1156 à 1158.

GO ZIRO KAWA-NO IN (Heou pĕ ho yuan) était quatrième fils de l'empereur Toba-no in. Avant son avènement au trône, il était nommé *Masa fito*. Il avait

---

(1) Le nom de cet oiseau est écrit avec le caractère 夜鳥, qui manque dans les dictionnaires chinois. Il se compose du signe d'*oiseau* et de celui de *nuit* (ye), et doit se prononcer aussi ye en chinois et ya au Japon. Quelques auteurs japonais décrivent cet oiseau comme un monstre ayant la tête d'un singe, le corps et les griffes du tigre, et la queue d'un serpent. — KL.

pour mère *Taï ken mon in* (Tai hian men yuan). Son prédécesseur, au lit de mort, l'adopta, quoique To ba-no in eût promis à son épouse chérie *Bi fouk mon in* de faire succéder sa fille *Siou si naï sin o;* mais comme, depuis le temps de *Seo tok ten o* (765), il n'y avait pas d'exemple qu'une femme eût été Daïri, Masa fito fut proclamé empereur à l'âge de 29 ans. On avait généralement cru que le prince *Sighe fito* (Tchoung jin), fils de *Siu tok* ou *Sin in*, remplacerait l'empereur défunt, mais *Bi fouk mon in*, qui soupçonnait Sin in d'avoir causé la mort du Daïri *Konye-no in*, communiqua cette idée à son époux; par-là elle fit avorter ce projet. Ceci causa un si grand éloignement entre le Sin in et Bi fouk mon in, que le premier vivait toujours dans la crainte.

Le Daïri épousa, après son avènement au trône, *Taka mats dono* (Kao soung tian). Le prince *Itsi-no miya Mori fito sin o* (Y koung Cheou jin thsin wang) fut déclaré Taïsi.

En hiver, le Fo wô alla faire ses dévotions à *Kouma-no*.

Le 2 du 7ᵉ mois de la 1ʳᵉ année du nengo *Fo ghen* (1156), le *Toba-no Fo wô* mourut à l'âge de 54 ans. Après avoir cédé l'empire, il s'était encore pendant trente-quatre ans mêlé du gouvernement. *Tada mitsi* conserva la charge de Kwanbak; mais *Yori naga* fut déposé et fait Naïran, parce qu'il n'avait pas pris le parti du Daïri régnant, et avait tenté de faire nommer à sa place *Siu tok in* pour la seconde fois. Il conspira alors avec celui-ci, assembla les troupes des provinces voisines, et effectua un soulèvement qui occasionna des troubles graves à Miyako et dans les provinces limitrophes. Sept jours après la mort du Fo wô, le Sin in quitta son palais *Toba-no ta tsiou den*, et se rendit avec le Sadaïsin *Yori naga* à *Ziro kawa-no go sio* (Pĕ ho yu so).

Le Kwanbak *Tada mitsi* et plusieurs autres grands de l'empire restèrent dans le daïri; parmi eux étaient le prince de Simotske *Minamoto-no Yosi tomo* (Yuan I tchao), et celui d'Aki *Taïra-no Kiyo mori* (Phing Thsing ching), qui firent bonne garde. *Tame yosi* (Weï i), père de Yosi tomo, et *Tada masa* (Tchoung tchin), oncle de Kiyo mori, étaient du parti de *Siu tok in*; ils le suivirent à Ziro kawa-no go sio. De tous les fils de Tame yosi, *Yosi tomo* fut le seul qui resta fidèle au Daïri; ses autres frères étaient attachés à Siu tok in. Parmi eux se trouvait *Tsen seï-no fatsi rô Tame tomo* (Tchin si Tă lang Weï tchao), qui était d'une force peu commune et tirait supérieurement de l'arc.

Le 11ᵉ jour après la mort du Fo wô, il y eut un combat nocturne à Ziro kawa-no go sio : beaucoup de soldats du Daïri furent tués par la bravoure de Tame tomo; mais Yosi tomo mit le feu à la place, ce qui causa une grande consternation parmi les troupes de Siu tok in, de sorte qu'elles furent défaites. Yori naga fut tué d'un coup de flèche, à l'âge de 56 ans. *Siu tok in* se fit prêtre et fut exilé dans le *Sanouki;* il avait alors 38 ans. Le prince *Sighe fito sin o* embrassa aussi l'état ecclésiastique. *Kane naga, Moro naga* et *Souke naga,* fils de Yori naga, furent bannis; *Tame yosi* et *Tada masa* furent mis à mort avec leur fils. *Tame tomo* seul fut épargné, à cause de sa bravoure, mais envoyé en exil à l'île *d'O sima*, appartenant à la province d'Idzou. Beaucoup des partisans de Siu tok in furent exécutés ou bannis; ce qui devait aussi être le sort de *Nudo Tada sane;* mais *Tada mitsi* obtint, par l'entremise de *Zusi*, officier de la cour du Daïri, le pardon de son père. Celui-ci, apprenant qu'il en était redevable à son fils, en fut si réjoui, que dans la suite il vécut de nouveau avec lui dans la plus grande intimité. Dans cette guerre, ce fut une chose très-curieuse de voir que le père se battait contre son fils, un parent contre l'autre, et beaucoup de seigneurs contre leurs sujets.

Yosi tomo, en récompense de la victoire qu'il venait de remporter, fut élevé au poste de grand général de la gauche; *Kiyo mori,* en récompense de sa bravoure, fut nommé prince de Farima; *Tada mitsi* resta Kwanbak.

Le 9ᵉ mois, le Nadaïsin *Sane yosi* fut nommé Sadaïsin, le Daïnagon *Fousiwara-no Moune souke* Oudaïsin, et le Daïnagon *Fousiwara-no Kore mitsi* Nadaïsin. Après cette guerre, la tranquillité fut complétement rétablie dans l'empire, et le Daïri se chargea lui-même du gouvernement. Il fit construire un édifice particulier, où, comme dans le temps de l'empereur Go san sio-no in, les requêtes et les plaintes étaient reçues et examinées.

A la 8ᵉ lune de la 2ᵉ année (1157), *Fousiwara-no Sane yuki* fut congédié avec le titre de Taïzio daïsin : le Sadaïsin du temple Tok daï si *Sane yosi* mourut dans le même mois. L'Oudaïsin *Moune souke* fut créé Taïziô daïsin, le Nadaïsin *Kore mitsi* Sadaïsin; *Mori sane,* fils du Kwanbak Tada mitsi, n'ayant alors que 15 ans, fut fait Oudaïsin, et le Daïnagon *Fousiwara-no Kin nori,* fils de Sane yuki, obtint la place de Nadaïsin.

Le 10ᵉ mois, on posa les fondemens d'un grand daïri; depuis le temps de Ziro kawa-no in, il n'y en avait plus.

Le 1ᵉʳ mois de la 3ᵉ année, le Daïri fit une visite à l'impératrice à *Bi fouk mon in.*

Le 22 du même mois, il donna un grand festin à la cour, accompagné de danses et de musique; Tada mitsi composa à cette occasion des vers, et les présenta à l'empereur.

Le 8ᵉ mois, le Daïri céda l'empire au Taïsi *Mori fito,* et prit le titre de *Taïzio ten o.* Il n'avait régné que 3 ans avec le nengo *Fo ghen.*

LXXVIII. DAÏRI 院條二 NI SIO-NO IN.

(De 1159 à 1165 de J. C.)

Nengo
- 治平 *Feï zi* (Phing tchi), 1159,
- 曆永 *Yeï riak* (Young lỹ), 1160,
- 保應 *O fo* (Yng pao), 1161 et 1162,
- 寬長 *Tsiô kwan* (Tchhang kouan), 1163 et 1164,
- 萬永 *Yeï man* (Young wan), 1165.

NI SIO-NO IN (Eul tiao yuan) était le fils aîné de *Go ziro kawa-no in*, et nommé *Mori fito* avant de parvenir au trône. Sa mère était *Fousiwara-no I si*, fille du Taïzio daïsin *Tsoune sane*. Il avait été déclaré Taïsi pendant la vie de son père; et à son abdication, qui eut lieu le 8ᵉ mois de la 5ᵉ année du nengo Fo ghen, il fut proclamé Daïri. *Tada mitsi* se retira avec le titre de Kwanbak, et fut remplacé par son fils l'Oudaïsin *Moto sane* (Ki chỹ), âgé seulement de 16 ans; mais le maniement des affaires resta entièrement entre les mains de l'ancien empereur *Go ziro kawa-no ziô wo*.

Le 3 du 1ᵉʳ mois du nengo *Feï zi* (1159), le Daïri rendit visite à son père. Le 21 du même mois, il y eut un festin à la cour.

Parmi les officiers du Daïri se trouvait un certain *Fousiwara-no Nobou yori* (Theng yuan Sin laï), Tsiounagon et commandant de la garde de droite (*Oughi-mon-no kami*), alors âgé de 27 ans. Quoique doué de peu de talens, il était monté par degrés au poste éminent qu'il occupait. Néanmoins il n'était pas satisfait et ambitionna le rang de Daïsio ou grand général. Go ziro kawa-no ziô wo prit sur ce sujet l'avis de *Zu si* (Sin si), qui lui représenta que la place de Daïsio ayant été réservée depuis les temps les plus reculés aux personnes d'un mérite supérieur et d'un courage à l'épreuve, *Nobou yori* n'y pouvait point prétendre. Celui-ci, instruit et irrité de cet entretien, résolut de se défaire de Zu si, qui était le confident de Kiyo mori. Nobou yori était ami de Yosi tomo, qui de son côté desirait la mort de Kiyo mori; tous deux s'engagèrent à s'assister mutuellement dans leurs projets.

Dans la 12ᵉ lune, *Kiyo mori* étant allé à *Kouma no* pour y faire ses dévotions, ils crurent cette occasion favorable pour la réussite de leur entreprise, et se portèrent aussitôt à la tête de quelques troupes à Kouma. Ils mirent le feu au palais *San sio dono*, résidence du Ziô wo : beaucoup de monde périt dans cet incendie. Ils cherchèrent ensuite Zu si, qui s'enfuit à *Nara*, et s'y cacha dans un trou sous terre; mais il fut découvert et mis à mort. Tous ses enfans furent bannis, à l'instigation de *Nobou yori* et de *Yosi tomo*, qui forcèrent le Ziô wo de venir demeurer dans les environs de la cour, et le Daïri de rester dans le palais *Kouro do-no go sio* (Hĕ hou yu so).

Nobou yori résida dans un des pavillons du palais impérial, prit lui-même le titre de Daïsin daïsio, et dirigea toutes les affaires à sa fantaisie. A cette nouvelle, *Kiyo mori* revint en toute hâte à Miyako, et s'établit dans l'hôtel (*tatsi*) appelé *Rok fa ra* (Loü pho lo).

Le 26 du même mois, *Go zira kawa*, assisté par le Daïnagon *Fousiwara-no Tsoune moune* et par *Fousiwara-no Oure kata*, s'y rendit pendant la nuit; le Dairi régnant se retira secrètement au temple de *Nin wa si*, et tous les grands de la cour gagnèrent également *Rok fa ra*.

Le 27, *Sighe mori* (Tchoung ching), fils aîné de Kiyo mori, fut nommé Daïsio ou grand général, et reçut l'ordre de mettre Nobou yori et Yosi tomo à mort. Le premier, qui était un lâche, évita le combat; mais Yosi tomo et son fils *Akou ghentaï Yosi fira* (O yuan taï I phing) se battirent plusieurs fois avec les troupes de Sighe mori, jusqu'à ce qu'enfin Yosi fira fut défait et obligé de s'enfuir dans la partie orientale de l'empire. Nori yobou fut pris et décapité; tous ses adhérens et parens furent également suppliciés ou bannis.

Le 5 du 1er mois du nengo *Yeï riak* (1160), *Yosi tomo*, étant à *No-no ma* dans la province d'Owari, y fut tué par son parent *Osa da-no Tada moune*, qui mit aussi à mort son propre gendre, le fils de Yosi tomo.

Yosi fira, fils aîné de Yosi tomo, homme entreprenant et d'une force sans pareille, vint le 10 de ce mois en secret à Miyako, dans l'intention de tuer Kiyo mori; mais ayant échoué, il fut arrêté et mis à mort à l'âge de 20 ans. Son frère cadet *Tomo naga* (Tchao tchhang), second fils de Yosi tomo, et qui avait été blessé grièvement dans le combat à Miyako, mourut à *Aka faka*, dans la province de Mino. Le troisième fils, le célèbre *Yori tomo*, s'enfuit dans la province d'Owari; il y fut fait prisonnier par *Moune kiyo*, et conduit à Miyako. Kiyo mori lui accorda la vie; mais il fut banni dans l'Idzou, n'ayant alors que 14 ans. Kiyo mori épousa *Tókiwa* (Tchhang phan), veuve de Yosi tomo, femme d'une beauté extraordinaire, et eut soin que ses trois fils ne fussent point bannis. L'un d'eux, nommé *Ousi waka*, avait alors deux ans; ce fut lui qui dans la suite fut si connu sous le nom de *Minamoto-no kou ró Yosi tsoune* (Yuan kieou lang I king).

Le 7e mois, *Fousiwara-no Moune souke* fut congédié avec le titre de Taïzio daïsin. Le même mois, le Nadaïsin *Fousiwara-no Kin mori* mourut, ainsi que son père le Saki, ou ancien Taïzio daïsin *Sane youki*, âgé de 84 ans.

Le 8ᵉ mois, le Sadaïsin *Kore mitsi* fut nommé Taïzio daïsin, le Kwanbak Oudaïsin *Moto sane* Sadaïsin, le Daïnagon *Kin yosi* Oudaïsin, le Daïnagon *Moto fousa* Nadaïsin, et *Taïra-no Kiyo mori* Sanghi, avec le premier rang de la troisième classe. Il était fort respecté, pour avoir fait échouer les tentatives de *Yosi tomo*.

Dans le courant de l'année, le Daïri épousa *Fousiwara-no Ta go*, veuve du Daïri Kon ye-no in. Il avait été tellement épris de sa grande beauté, qu'il la força à ce mariage, qu'elle avait toujours rejeté; ce fut malgré les efforts de tous les grands qui cherchaient à l'en détourner. Il avait alors 18 ans, et la nouvelle épouse 25. Depuis ce temps, il fut brouillé avec l'ancien Daïri Go ziro kawa-no in.

Le 2ᵉ mois de la 1ʳᵉ année du nengo *O fo* (1161), il alla au temple Ka-souga, et à tous les autres situés hors des murs de la capitale.

Le 8ᵉ mois, l'Oudaïsin du temple Tokdaïsi *Kin yosi* mourut, âgé de 47 ans; Moto fousa devint Oudaïsin, le Daïnagon *Fousiwara-no Moune yosi* Nadaïsin, et *Taïra-no Kiyo mori* Tsiounagon.

L'impératrice *Bi fouk mon in* mourut au 11ᵉ mois.

A la 1ʳᵉ lune de la 2ᵉ année (1162), le Daïri fit une visite à son père. Dans le même mois, l'ancien Taïzio daïsin *Moune souke* mourut, et *Taïra-no Kiyo mori* fut nommé grand juge.

Le 6ᵉ mois, le Tomi ka-no Nudo Siô kokf *Tada sane* mourut âgé de 84 ans. Il reçut le titre posthume de *Tsisoukou in-no Kwanbak*.

Le 1ᵉʳ mois de la 1ʳᵉ année du nengo *Tsiô kwan* (1163), *Taïra-no Sighe mori* obtint le second rang de la troisième classe.

Le 2ᵉ mois de la 2ᵉ année (1164), le Daïri fit rebâtir le temple *Rin ghe o-in* (Lian houa wang yuan) ou le palais du Roi du nénuphar.

Dans le même mois, on réunit un grand nombre de prêtres bouddhistes dans les temples *Tô daï si* et *Kô fouk si*, afin qu'ils récitassent des prières pour la prospérité de la famille impériale.

Tada mitsi, ancien régent de l'empire, mourut aussi dans ce mois, à l'âge de 68 ans, et reçut le titre posthume de *Fo siô si dono*. Depuis le temps de Toba-no in, il avait gouverné l'empire, tant comme régent que comme Kwanbak, pendant quarante ans.

Le 8ᵉ mois, *Siu tok in* mourut dans le Sanouki, âgé de 16 ans; il fut enterré à *Siro mine* (Pĕ fung).

Le 10ᵉ mois, le Kwanbak *Moto sane* fut destitué de la charge de Sadaïsin, et *Moune yosi* de celle de Nadaïsin: *Moto fousa* fut nommé Sadaïsin, *Fousiwara-no Tsoune moune* Oudaïsin, et *Kane sane*, frère cadet de Moto fousa,

Nadaïsin. *Moto fousa* et *Kane sane* devinrent de plus grands généraux de gauche et de droite.

Le 2ᵉ mois du nengo *Yeï man* (1165), le Daïgou-no Taïzio daïsin *Kore mitsi* mourut, âgé de 73 ans.

Le 3ᵉ mois, *Minamoto-no Tame tomo,* qui, sous le règne de Go zira kawa-no in, avait été banni (en 1156) à l'île d'*O sima* dans l'Idzou, partit avec quelques vaisseaux pour *Oni-ga sima* (Kouei tao), et s'empara de cette île ¹.

Le 5ᵉ mois, *Taïra-no Sighe mori* devint Sanghi.

Le 6ᵉ mois, le Daïri tomba malade, et céda l'empire à son fils *Yosi fito*. Il prit alors le titre de Taïzio ten o, et mourut le 28 du 7ᵉ mois, à l'âge de 25 ans, en ayant régné 7, savoir, 1 an avec le nengo *Feï zi*, 1 avec celui de *Yeï riak*, 2 avec le nengo *O fo*, 2 avec celui de *Tsió kwan*, et 1 avec celui de *Yeï man*.

LXXIX. DAÏRI 院條六 ROKOU SIO-NO IN.

(De 1166 à 1168 de J. C.)

Nengo 安仁 *Nin an* (Jin ngan), de 1166 à 1168.

Rokou sio-no in (Loü tiao yuan), fils de *Ni sio-no in*, était nommé auparavant *Tosi fito*. Sa mère était fille d'*Okoura-no o souke ki-no Kane mori* (Ta thsang ta fou ki Kian ching). Il n'avait que 2 ans lorsqu'il fut proclamé Daïri : le Kwanbak *Moto sane* fut régent de l'empire ; mais le grand-père de l'empereur, *Go ziro kawa-no in*, se mêla toujours de l'administration des affaires.

Le 8ᵉ mois, *Taïra-no Kiyo mori* fut créé Daïnagon.

Le 7ᵉ mois de la 1ʳᵉ année du nengo *Nin an* (1166), *Taïra-no Sighe mori* devint Tsiounagon. Dans le même mois, le régent *Moto sane* mourut âgé de 24 ans, et fut honoré du titre de Taïzio daïsin ; son frère cadet le Sadaïsin *Moto fousa* lui succéda dans son emploi.

Le 10ᵉ mois, le prince *Nori fito sin o* (Hian jin thsin wang) fut nommé successeur au trône par le crédit de Go ziro kawa-no in, son père. Il était oncle du Daïri, et avait six ans, tandis que ce dernier n'en avait que trois.

Le 11ᵉ mois, *Moto fousa* fut dépossédé de la place de Sadaïsin ; l'Oudaïsin

---

(1) 島鬼 *Oni ga sima*, en chinois *Kouei tao*, signifie *l'île des Démons*. Je ne connais pas la situation de cette île ; mais il est probable que l'archipel de Lieou khieou est désigné sous cette dénomination, car on lit dans la grande Encyclopédie japonaise (liv. LXVII, fol. 3), que *Tome tomo* s'enfuit de l'île *Oo sima*, et qu'il arriva à *Lieou khieou*, dont il devint le prince. — Voyez aussi ma traduction du *San kokf tsou ran to sets*, page 173. — KL.

DES EMPEREURS DU JAPON. 195

Tsoune moune le remplaça comme régent de l'empire, le Nadaïsin *Kane sane* devint Oudaïsin, et *Taïra-no Kiyo mori* Nadaïsin.

Le 11 du 2ᵉ mois de la 2ᵉ année (1167), *Kiyo mori* fut tout d'un coup porté du poste de Nadaïsin à celui de Taïziô daïsin, et au second rang de la première classe; il obtint la permission de venir à la cour et d'en sortir en voiture. Il était âgé alors de 50 ans. Le Daïnagon *Fousiwara-no Tada masa* devint Nadaïsin, et *Taïra-no Sighe mori* Gon daïnagon.

Le 5ᵉ mois, *Kiyo mori* obtint sa démission avec le titre de Taïziô daïsin, et le Daïri le gratifia, le 8ᵉ mois, du gouvernement des provinces de Farima, de Fizen et de Figo. Son troisième fils *Moune mori* fut créé Sanghi.

Le 2ᵉ mois de la 3ᵉ année (1168), le Daïri fut déposé par son grand-père Go ziro kawa-no in, et reçut le titre de *Taïzio ten o* et le nom de *Sin in*. Il avait alors à peine 5 ans, et ses cheveux du front n'avaient pas encore été rasés. Jamais pareille chose n'était arrivée auparavant.

LXXX. DAÏRI 高倉院 TAKA KOURA-NO IN.

(De 1169 à 1180 de J. C.)

Nengo
{
嘉應 *Ka o* (Kia yng), de 1169 à 1170,
承安 *Tsiô an* (Tchhing ngan), de 1171 à 1174,
安元 *An ghen* (Ngan yuan), de 1175 à 1176,
治承 *Zi ziô* (Tchhi tchhing), de 1177 à 1179.
}

TAKA KOURA-NO IN (Kao thsang yuan), troisième fils de *Go ziro kawa-no in*, portait, avant son avénement au trône, le nom de *Nori fito*. Sa mère *Ken siun mon in Taïra-no Sigh si* (Kian tchhun men yuan Phing Thsu tsu) était fille du Sadaïsin *Toki nobou*. *Nori firo*, étant l'enfant chéri de son père, avait été déclaré successeur de Rokou sio-no in; il fut proclamé Daïri le 3ᵉ mois de la 3ᵉ année du nengo *Nin an*, à l'âge de 8 ans. *Moto fousa* fut régent, et le Daïri Go ziro kawa-no in dirigea les affaires.

Le 8ᵉ mois, le Kwan-no in Nadaïsin *Fousiwara-no Tada masa* fut créé Taïziô daïsin; le Daïnagon *Minamoto-no Masa mitsi* le remplaça dans l'emploi qu'il venait de quitter.

Le 11 du 11ᵉ mois, *Kiyo mori*, étant tombé malade, se fit raser la tête à l'âge de 51 ans; il reçut le titre de *Nudo siô kokf* (Jў tao siang kouë), et demeura tantôt à *Rok fa ra*, tantôt à *Si fats sio* ou à *Foukwan*, dans le Sanouki.

25*

Son épouse eut le titre honorifique de *Fats sio-no niye dono*, son second fils *Yori mori* celui d'*Ike dono*, et tous ses autres enfans furent également gratifiés de dénominations honorifiques.

Le 3ᵉ mois de la 1ʳᵉ année du nengo *Ka o* (1169), le Go zira kawa-no in alla au mont *Ko ya san*.

Le 6ᵉ mois, il se rasa la tête, et prit le titre de Fo wô.

Le 12ᵉ mois, le Tsiounagon *Fousiwara-no Nari tsika*, sur les plaintes des prêtres de Yeïsan, fut banni dans la province de Bingo; mais peu après il fut rappelé chez le Fo wô, à cause de ses longs services.

Dans le courant de l'année, le Daïri alla aux temples d'*Iwasi midzou* et de *Kamo*.

Au printemps de la 2ᵉ année (1170), *Kano-no souke Motsi mitsou*, natif de la province d'Idzou, apporta à la cour la nouvelle que le proscrit *Tame tomo*, après avoir conquis plusieurs îles, avait l'intention de se rendre maître d'Idzou. Des ordres de repousser cette agression furent expédiés sans délai. Les troupes de Kwantô, ayant été rassemblées au 4ᵉ mois, tâchèrent de surprendre son camp; mais il s'y défendit vaillamment avec ses archers. Enfin, après que ses vaisseaux eurent été détruits et presque tous ses soldats tués, il se fendit le ventre, à l'âge de 33 ans [1].

Le 6ᵉ mois, *Tada masa* fut destitué de la place de Sadaïsin.

Souke mori, frère cadet de *Sighe mori*, allant chasser au faucon, rencontra, le 10ᵉ mois, le régent *Moto fousa* en route, et ne descendit pas de cheval pour lui présenter son respect; les gens de Moto fousa forcèrent Souke mori de mettre pied à terre. Kiyo mori, père de ce dernier, ayant appris cet événement, en fut indigné; et un jour, Moto fousa étant venu à la cour en voiture, il ordonna à des soldats de le mettre en pièces et de couper les cheveux à tous ses gens. Quand Sighe mori, homme habile, vertueux et juste, en fut informé, il s'en affligea extrêmement; il fit exiler son frère dans la province d'Ize.

Le 12ᵉ mois, *Moto fousa* fut nommé Taïziô daïsin, et *Taïra-no Moune mori* Tsiounagon.

Le 3 du 1ᵉʳ mois de la 1ʳᵉ année du nengo *Ziô an* (1171), le Daïri ayant atteint l'âge de 11 ans, on lui rasa les cheveux autour de la tête.

Le 13 de ce mois, ce prince fit une visite au Fo wô, et épousa *Taïra-no Tok si* (Yuan Tĕ tsu), fille de Kiyo mori, âgée de 15 ans.

---

(1) On voit encore aujourd'hui, sur une petite île située au sud-ouest et près de celle de *Fats siô*, un temple dédié à l'ame de ce héros. Il y est honoré sous le nom de *Tame tomo daï mio sin*. Cependant son temple principal est dans l'île *Oo sima*. — Kʟ.

Le 2ᵉ mois de la 2ᵉ année (1172), elle obtint le titre de Tsiougou.

Le 3ᵉ mois, le Daïri alla au temple *Fi yosi*.

Le 7ᵉ mois, le Fo wô s'établit dans le palais de *San sio karasou marou*. Le Tsiounagon *Nari tsika*, qui était dans la troisième classe, fut avancé au second rang de la seconde.

Le 10ᵉ mois, le Daïri alla aux temples d'*Inari* et de *Ghi won* [1].

Le 12ᵉ mois, Moto fousa cessa d'être régent et Taïziô daïsin, et obtint la place de Kwanbak.

Le 4ᵉ mois de la 3ᵉ année (1173), le Daïri visita les temples d'*Iwasi midzou* et de *Kamo*.

Le 10ᵉ mois, sa mère *Ken siun mon in* fonda le temple *Zaï siô kô in*, qui fut consacré par une fête à laquelle il assista. *Moune mori* fut avancé au second rang de la deuxième classe.

Le 1ᵉʳ mois de la 4ᵉ année (1174), le Daïri fit une visite à son père et à sa mère.

Le 3ᵉ mois, *Ghiou waka* (Nieou jŏ), le plus jeune fils du prince d'Oudzi, *Minamoto-no Yosi tomo*, quitta secrètement la capitale, et passa dans la province d'Oziou; il y demeura chez *Fousiwara-no Fide fira*, se rasa les cheveux autour de la tête, et prit le nom de *Kourô-no Yosi tsoune* (Kieou lang I king). Il avait alors 16 ans.

Le 7ᵉ mois, le Daïnagon *Taïra-no Sighe mori* fut nommé grand général de droite; le Daïnagon *Fousiwara-no Moro naga*, fils de *Yori naga*, devint Sadaïsio.

Le 2ᵉ mois de la 1ʳᵉ année du nengo *An ghen* (1175), le Nadaïsin *Minamoto-no Masa mitsi* mourut âgé de 58 ans.

Le 11ᵉ mois, *Fousiwara-no Moro naga* fut nommé Nadaïsi. Sighe mori envoya, dans le courant de cette année, un présent de 3,000 onces d'or au temple *I wo san* (Yǔ wan chan), en Chine.

Le 3ᵉ mois de la 2ᵉ année (1176), le Daïri alla faire visite à son père, à l'occasion du 50ᵉ anniversaire de celui-ci.

Le 7ᵉ mois, *Roku siô-no in* mourut à l'âge de 13 ans, ainsi que *Ken siun mon in*, mère du Daïri.

A cette époque, *Fousiwara-no Moro taka*, prince de Kaga, étant en dispute avec les prêtres du mont *Yeïsan*, son frère cadet *Moro tsoune* mit le feu à

---

(1) 園祇 Ghiwon (Khi yuan) est un dieu japonais qui porte aussi le nom de 皇天頭牛 Ghio dzou ten o, ou l'Auguste du ciel à tête de bœuf. On voit par-tout son image imprimée et collée sur les portes des maisons du peuple, et l'on croit que ce dieu préserve de toute sorte de maladies, et principalement les enfans de la petite vérole. — Kʟ.

leurs habitations. Ils se plaignirent au Daïri, et demandèrent que Moro taka fût exilé et Moro tsoune mis en prison ; mais comme *Seïkó*, père de ces derniers, était grand ami du Fo wô, l'affaire fut assoupie.

Le 1er mois de la 1re année du nengo *Zi zió* (1177), le Nadaïsin *Moro naga* perdit son emploi de grand général de la gauche, qui fut donné au Daïnagon *Sighe mori*. Le Tsiounagon *Taïra-no Moune mori* devint grand général de la droite. Le Daïnagon du temple Tokdaïsi *Fousiwara-no Sane sada* et le Kwasan-no in Tsiounagon *Fousiwara-no Kane masa* s'efforcèrent alors de parvenir au rang de Daïsio ou grand général : le Daïnagon *Fousiwara-no Nari tsika* y aspirait de même; mais par le crédit de Kiyo mori, son premier et son second fils *Sighe mori* et *Moune mori* obtinrent les places pour lesquelles toutes ces personnes s'étaient mises sur les rangs. Nari tsika en fut tellement irrité, qu'il résolut de les faire périr, et se rendit dans le *Sisiga tani* (Loǔ koǔ), vallée du mont *Figasi* (Toung chan), pour en délibérer avec *Seï kó* (Si kouang); le Fo wô y arriva dans le même dessein.

Le 3e mois, *Moro naga* fut avancé directement de l'emploi de Nadaïsin au poste éminent de Taïzio daïsin; *Sighe mori* le remplaça comme Nadaïsin.

Le 4e mois, les prêtres du Yeï san renouvelèrent leurs plaintes contre *Moro taka* et *Moro tsoune*; cependant le Fo wô n'y fit aucune attention. Le 13 du même mois, ils se réunirent en grand nombre, se portèrent sur Miyako, et tâchèrent de pénétrer dans le daïri; mais les portes en étaient fortement gardées par *Sighe mori* et autres membres de la famille de *Taïra* (Yuan), ainsi que par *Yori masa*, de sorte qu'ils furent repoussés, et forcés de retourner au Yeï san. Le Daïri, informé de cette tentative, fut fort offensé de la conduite de ces deux frères qui avaient causé l'animadversion de ces prêtres, et dépêcha le Daïnagon *Foki tada* pour les punir. *Moro tada* fut exilé, et *Moro tsoune* mis en prison.

Le 28 de ce mois, il éclata un grand incendie à Miyako, et par la force du vent tout le palais impérial fut réduit en cendre.

Le Fo wô fut indigné de l'attentat des prêtres du Yeï san[1]; et sur la représentation de *Seï kó*, leur *Za sou* (Tso tchu) ou supérieur *Meï woun* (Ming yun) fut exilé, au 5e mois, dans l'Idzou; mais ses adhérens le délivrèrent sur la route, et le ramenèrent au Yeï san. *Nari tsika* (Tchhing thsin) reçut alors l'ordre de s'y rendre, et de les attaquer dans leurs habitations.

Ta da-no kourando Yuki tsouna (To thian thsang jin Hing kang) s'était réuni

---

(1) La communauté de ces prêtres est ordinairement appelée 門山 *San mon* (Chan men), ou la Porte de la montagne. — Kl.

avec *Nari tsika* pour détruire la famille de *Feï ke* (Phing kia)[1]; mais il changea d'opinion, se rendit le 29 du même mois au palais de *Rok fa ra*, et découvrit le complot à Kiyo mori, qui fit arrêter, le 1er du 6e mois, *Nari tsika, Seï kŏ* et leurs complices. *Seï kŏ* et ses deux fils *Moro tada* et *Moro tsoune* furent mis à mort; quant à *Nari tsika*, on lui fit grâce de la vie, sur l'intercession de Sighe mori; mais il fut exilé à l'île *Ko sima* (Eul tao), qui appartient à la province Bizen. Ses fils *Nari tsoune* et *Taïra-no Yasou yori*, ainsi que le prêtre *Sioun kwan*, furent bannis à l'île de *Ki kaï ga sima* (Kouei kiaï tao)[2], ainsi que tous leurs complices. Dans la suite, Nari tsika fut mis à mort au lieu de son exil.

Dans le même mois, *Sighe mori* perdit l'emploi de Sadaïsio, et fut remplacé le 12e mois par le Tokdaïsi daïnagon *Sane sada*, appuyé par Kiyo mori.

Le 4e mois de la 2e année (1178), le Daïri alla au temple de *Kasouga*. Dans le même mois, *Taïra-no Moune mori* fut nommé Daïnagon.

Le 12 du 11e mois, l'impératrice *Taïra-no Tok si*, épouse du Daïri, accoucha d'un fils. Kiyo mori, père de cette princesse, en fut très-réjoui; le Fo wô, le Kwanbak, et tous les officiers de la cour, allèrent à Rok fa ra, pour l'en complimenter.

Le 12e mois, le nouveau-né fut déclaré Taïsi.

Dans le même mois, *Minamoto-no Yori masa* obtint le second rang de la troisième classe; il y avait long-temps aspiré, et à cette occasion y parvint, soutenu par Kiyo mori. On permit aussi à *Fousiwara-no Nari tsoune* et à *Yasou yori* de revenir de leur exil; mais *Sioun kwan*, à cause de l'énormité de son crime, y resta et y mourut.

Le 2e mois de la 3e année (1179), *Moune mori* reçut sa démission de la charge de grand général de la droite, et au troisième mois, *Sighe mori* cessa d'être Nadaïsin. *Mon gok* (Wen kiŏ), prêtre de *Taka wo*, fut exilé dans le même mois pour ses crimes, et envoyé dans la province d'Idzou.

(1) 氏平 la famille des *Taira* ou *Feï ke* (家平 Phing kia) descend du prince *Simo taka mi-no o* (Hia kao toung wang), fils de *Kadzoura wara sin o* (Kŏ tchhing thsin wang), et petit-fils du Daïri Kwan mou ten o. Ce fut en 825 qu'il obtint de l'empereur Zioun wa ten o ce nom honorifique pour ses descendans. La famille de Feï ke fut, comme nous le verrons dans la suite, détruite par celle des *Minamoto* ou 氏源 Ghen si (Yuan chi), laquelle date de 814, époque à laquelle le Daïri Saga ten o conféra ce nom de famille à quatre de ses filles, comme il a été dit plus haut, p. 100. L'histoire des guerres entre les Feï ke et les Ghen si est amplement décrite dans le célèbre ouvrage intitulé 語物家平 *Feï ke-no mono gotari* (Phing kia wě yu). — Kl.

(2) Cette île appartient à la province de Satsouma. C'est la possession la plus méridionale des Japonais vers l'archipel Lieou khieou. Selon le *San kokf tsou ran to sets*, elle fait partie de ce dernier. — Kl.

200

Le 5ᵉ mois, beaucoup de maisons furent détruites à Miyako par un violent ouragan.

Dans l'été de cette année, *Sighe mori* alla à Kouma-no, puis revint à Miyako.

Le 7ᵉ mois, il gagna une fièvre maligne, de laquelle il mourut le 1ᵉʳ du 8ᵉ mois. Il n'avait que 43 ans, et fut fort regretté du Fo wô et de tout le monde.

Le 11ᵉ mois, il y eut un tremblement de terre affreux.

Le même mois, *Kiyo mori* vint de *Foukou wara* (Foü yuan) à Miyako, et fit entendre au Fo wô qu'il était fort mécontent de plusieurs affaires. Sur ses plaintes, le Matsou dono Kwanbak *Moto fousa* fut banni dans le Bizen, et le Mou on in-no Taïziô daïsin *Moro naga* dans l'Owari; l'Azetsi daïnagon *Minamoto-no Souke kata* et quarante-trois officiers du Daïri furent privés de leur rang et de leurs emplois. A la même occasion, Kiyo mori fit avancer son gendre *Moto misi*, fils du Kwanbak *Moto sane* : il avait le rang de général du milieu de la seconde classe; il passa tout d'un coup aux emplois de Nadaïsin et de Kwanbak, quoiqu'il ne fût âgé que de 20 ans. *Tsoune moune* fut alors nommé Sadaïsin, et *Kane sane* Oudaïsin. Kiyo mori fit conduire le Fo wô de la maison *Fo sio si* au palais *To ba-no ri koû*, confia la garde de Miyako à *Moune mori*, et retourna à Foukou wara. Tous ces mauvais desseins de Kiyo mori auraient déjà été exécutés depuis long-temps; mais Sighe mori s'y était constamment opposé. Après sa mort, Kiyo mori, voyant que personne ne lui résistait, ne respecta rien et n'agit plus que d'après son bon plaisir.

Le 2ᵉ mois de la 4ᵉ année (1180), le Daïri résigna l'empire à son fils, et prit le titre de *Taïzio ten o*; il avait régné 12 ans, 2 avec le nengo *Ka o*, 4 avec celui de *Tsió ghen*, 2 avec le nengo *An ghen*, et 4 avec celui de *Zi zió*.

LXXXI. DAÏRI 皇天德安 AN TOK TEN O.

(De 1181 à 1183 de J. C.)

Nengo { 和養 *Yô wa* (Yang ho), 1181,
       { 永壽 *Ziou yeï* (Cheou young), 1182 et 1183.

AN TOK TEN O (Ngan të thian houang), fils de *Taka koura-no in*, était nommé auparavant *Koto fito* (Yan jin). Sa mère, *Ken reï mon in Taïra-no Tok si*, était fille du Taïzio nudo Kiyo mori. Koto fito était né le 11ᵉ mois de la 2ᵉ année du nengo *Zi zió*; son père lui ayant cédé l'empire le 2ᵉ mois de la 4ᵉ année, il fut proclamé Daïri à l'âge de 3 ans. Kiyo mori garda l'entière direction des affaires; le Kwanbak *Moto mitsi* fut régent de l'empire. *Go ziro kawa-no Fo wô*, ancien Daïri, vivait dans le palais Toba den ; *Taka koura-no in* avait reçu le nom de *Sin in*.

Le 3ᵉ mois, ce dernier se rendit à l'île *Itsoukou sima* (Yan tao)[1], dans la province de Aki. Comme les membres de la famille de *Feï ke* suivaient la croyance de Sin to, *Kiyo mori* était toujours content lorsqu'on y allait faire ses dévotions. Le Sin in qui le savait, fit ce voyage pour se concilier les bonnes grâces de Kiyo mori, et le disposer de cette manière à rendre la liberté au Fo wô, qu'il tenait confiné dans le palais Toba den.

Le 4ᵉ mois, *Minamoto-no Yori masa* (Yuan Laï tching) proposa en secret au prince *Motsi fito sin o*, second fils du Fo wô, de détruire la famille de *Feïke*. Motsi fito sin o était le frère aîné de Sin in, et portait aussi le nom de *Taka koura-no miya*, parce qu'il demeurait à *Taka koura*.

Yori masa et son fils, le prince de Idzou *Naka tsouna*, expédièrent des lettres à tous les chefs de la famille *Ghen si* (Yuan chi), pour assembler des troupes dans les provinces qui étaient sous leur dépendance. *Zouró Yuki ye*, le plus jeune des fils de *Tame yosi*, fut dépêché avec ces lettres par Taka koura-no miya, dans la province de Idzou. Il y rejoignit Saki-no oufio ye-no souke *Minamoto-no Yori tomo*, qui y était banni, lui communiqua ses ordres, et se rendit de là dans les autres provinces.

Le complot de *Yori masa* ayant transpiré dans le 5ᵉ mois, Tame yosi se retira avec *Taka koura-no miya* au temple de Midera. Ils y réunirent les prêtres de Midera et de Nanto, et marchèrent avec eux par Nara au palais de *Beo dô in* à *Oudzi*, où ils se reposèrent. *Tomo mori*, l'un des chefs de la famille Feïke, les y attaqua. Alors Yori masa fit détruire le pont, mais *Asikaga-no Tada tsouna* tenta avec l'avant-garde le passage de la rivière. Un combat acharné commença; *Naka tsouna* et *Kane tsouna*, fils de Yori masa, y furent tués, et lui-même, voyant que tout était perdu, se coupa le ventre à l'âge de 75 ans. Le prince *Taka koura-no miya* s'enfuit à Nara ; mais il fut tué d'un coup de flèche sur le mont *Koú mio san* (Kouang ming chan), à l'âge de 30 ans. *Tomo mori* brûla le temple Midera par ordre de Kiyo mori.

Celui-ci résolut dans le 6ᵉ mois de transporter la cour à *Foukou wara* (Foù yuan), dans le Sets. Il y fit conduire le Fo wô, le Daïri, et tous leurs officiers.

Le Daïri Kwan mou ten o avait fondé *Feï an sió* (Phing ngan tchhing), et depuis ce temps, cette ville (qui est le Miyako de nos jours) avait été la résidence des Daïris. Le méchant *Kiyo mori* fut le premier qui essaya un changement. Il tint le Fo wô étroitement confiné à *Foukou wara*, et ne lui permit

(1) C'est sur cette île que se trouvait un des principaux temples de la religion de Sin to. — Kl.

pas de sortir du palais, parce qu'il le croyait instruit du dessein du Takakoura-no miya, qui avait avorté. On lui conseilla de détruire toute la famille des *Ghen si*, à cause de l'attentat de Yori masa.

Dès que *Minamoto-no Yori tomo*, qui était encore dans le Idzou, apprit ce qui était arrivé, il envoya *Tôkou rô-no Mori naga* dans le Kwantô, pour y assembler une armée, et s'opposer aux entreprises de la famille des Feïke. *Tsoune tane* de *Tsifa*, *Yosi akira* de *Mioura*, et d'autres chefs moins distingués, coopérèrent au même dessein.

Le prêtre *Mon gok* de *Taka o*, qui avait été exilé la 3ᵉ année de ce nengo dans le Idzou, allait voir souvent *Yori tomo*, et l'excitait de plus en plus à détruire la famille de Feïke. Il partit en secret pour Foukou wara; aidé par *Fousiwara-no Mitsi yori*, il trouva le moyen d'obtenir du Fo wô un ordre par écrit pour *Yori tomo*, qui lui enjoignit de venir à son secours. Mon gok s'empressa alors de retourner dans le Idzou.

Le 8ᵉ mois, *Yori tomo* dépêcha *Fo sio Toki masa* avec les frères de la famille *Sasaki*, pour tuer le gouverneur de Idzou, le Yama ki fan kwan *Taïra-no Kane taka*; lui-même se mit à la tête de trois cents hommes, et s'établit sur le mont *Isi basi yama* (Chy̆ khiao chan), dans la province de Sagami. Il y fut attaqué par *Oba-no Kaghe tsika* à la tête de trois mille hommes; après un combat très-opiniâtre il fut défait. *Sanada-no Yo itsi* et *Yosi tada* y perdirent la vie, et *Yori tomo*, poursuivi par Kaghe tsika, s'enfuit au mont *Soughi yama*. Un des gens de Yori tomo, nommé *Sasaki-no Taka tsouna*, arrêta ce dernier, et donna le temps à son maître de se cacher dans un arbre creux. *Kadzi wara-no Kaghe toki* et plusieurs autres le cherchèrent en vain. On prétend cependant que Kaghe toki le découvrit, mais qu'il dit à ses gens qu'il n'avait rencontré ni lui ni ame qui vive dans le bois, et même pas de trace d'homme sur la montagne. Ce rapport les fit retourner sur leurs pas, et Kaghe tsika lui-même se dirigea d'un autre côté.

Yori tomo, échappé à ce danger, se retira sur le mont *Fako ne yama* (Siang ken chan) où il rencontra Toki masa; Moune toki, fils de ce dernier, avait perdu la vie en se battant en chemin.

Yosi akira de Mioura, son fils *Yosi soumi*, et son petit-fils *Wada-no Yosi mori*, partisans de Yori tomo, étaient venus à son secours à Isi basi yama, avec trois cents hommes; mais ayant appris sa défaite et ne sachant où il s'était enfui, ils retournèrent à Mioura. En route ils rencontrèrent *Sighe tada* de *Takake yama*, l'un des chefs de l'ennemi; ils l'attaquèrent et le forcèrent à la retraite, après lui avoir tué beaucoup de monde; mais Sighe tada reçut du secours, marcha au château de *Mioura*, et le prit d'assaut. *Yosi akira* fut tué dans le combat, à l'âge de 89 ans. *Yosi soumi* et *Yosi mori* allèrent à la recherche de Yori tomo, qui de *Fako ne* avait gagné *Toï* ou *Tofi* (Thou feï), où il s'était embarqué sur un navire pour le Awa; ils le rejoignirent dans la traversée. Ayant rassemblé dans le Awa des forces considérables, il se rendit avec eux dans le 9ᵉ mois à la province de Simotske, où *Tsoune tane* de *Tsifa* vint le trouver avec ses gens. Il dépêcha aussitôt *Fo sio Toki masa* dans le Kaï, pour y réunir toutes les troupes de la famille Ghensi. *Firo tsoune*, chef de Kadzousa, le rencontra avec 20,000 hommes sur les rives du *Soumi da gawa* (Yu thian ho). Irrité de son long retard, Yori tomo le plaça à l'arrière-garde.

Le 10ᵉ mois, il entra dans la province de Mousadzi, où tous les militaires se joignirent à lui. *Sighe tada* de *Fatake yama*¹ lui offrit aussi de l'assister, et lui fit ses excuses d'avoir auparavant pris le parti de ses ennemis.

Du Mousadzi, Yori tomo marcha vers la province de Sagami, et établit sa résidence à *Kama koura*², qui avait autrefois été celle de *Yori yosi*, l'un de ses ancêtres. Les peuples des huit provinces du Kwantô lui donnèrent le titre honorifique de *Kamakoura dono* (Kian thsang tian).

Minamoto-no Yosi naka, chef de Kiso, qui était petit-fils de *Tame yosi*, et fils de *Yosi taka*, alla du Sinano au Kootsouke et de là au Yetsingo, pour s'emparer des provinces du nord. A l'âge de deux ans, il avait perdu son père, et avait demeuré long-temps dans la province de Sinano; à présent il venait au secours de Yori tomo, son parent.

Yosi sighe, chef de *Nitsta oye*, petit-fils de *Yosi si ye* et fils de *Yosi kouni*, résidait au château *Tero o*, dans la province de Kootsouke. Depuis long-temps il était brouillé avec Yori tomo; enfin il demanda à se réconcilier avec lui.

Yori tomo fit rebâtir le temple du dieu Fatsman, fondé à *Tsourouga oka* par Yori yosi, duquel il descendait. Toute la famille Ghen si était fort dévouée au culte de ce dieu. Yori tomo ayant été banni à 14 ans dans le Idzou, y était resté pendant 20 ans, et avait par conséquent 34 ans à cette époque.

Kiyo mori, courroucé de l'accroissement des forces de son adversaire,

---

(1) Ce nom s'écrit 山畠. Le premier des caractères qui le composent n'est pas usité en Chine; c'est un synonyme japonais de 圃 *pou*, potager. Le mot *fatake*, représenté par ce caractère, signifie selon le dictionnaire japonais et portugais, imprimé à Nangasaki en 1603: « Quintal, orta, campo, onde se semeo qualquer cousa tirando arroz. » — Kʟ.

(2) 倉鎌 *Kama koura*, en chinois *Lian thsang*, ou le magasin de faulx, est le nom d'un district de la presqu'île que la province de Sagami forme à l'orient. C'est une large vallée, entourée de rochers. On y révère encore aujourd'hui Yori tomo sous le nom de *Siro fats mio sin* (le génie illustre du drapeau blanc). — Kʟ.

nomma le Siosiô *Kore mori* général en chef, et *Tada nori* prince de Satsouma son second; ils étaient accompagnés de *Tada kiyo*, prince de Kadzousa, et de *Sane mori*, à la tête de 30,000 hommes; il les chargea de s'avancer vers la rivière *Fousi gawa*, dans la province de Sourouga, pour combattre *Yori tomo*.

Toki masa vint appuyer celui-ci avec les troupes de la province de Kaï, ce qui augmenta tellement ses forces, que les partisans de Kiyo mori furent frappés d'épouvante. *Kore mori* et *Tada mori* firent reculer leur armée à Foukou wara. Yori tomo tira parti de ce mouvement rétrograde, marcha aussitôt sur les provinces de Sourouga et de Omi, s'en empara, et revint à Kama koura. Son frère cadet *Kou rô Yosi tsoune* qui venait de la province de Oziou le rencontra lorsqu'il faisait halte sur les bords du *Kise gawa* (Houang laï ho).

Ofan-no Kaghe tsika était venu implorer son pardon, mais à cause de sa conduite hostile, il fut décapité.

Ito-no Souke tsika fut pris et donné en garde à son beau-père *Yosi soumi*, chef de Mioura. Il ne fut relâché que long-temps après avec beaucoup d'autres qui avaient été faits prisonniers au mont *Isi basi yama*.

Le 11ᵉ mois, *Yori tomo* entra dans la province de Fitats. Après y avoir mis à mort *Satake Fide yosi*, il revint à Kama koura, et confia le commandement de son armée à *Wada-no Yosi mori*.

Le 12ᵉ mois, *Kiyo mori* fit de nouveau transporter le Fo wô et le Daïri de *Foukou wara* (Foü yuan) à *Feï an siô* (Phing ngan tchhing) [1].

Le même mois, il chargea son cinquième fils, le grand général *Sighe fira* (Tchoung tchhoung), de brûler les temples *Tô daï si* et *Ko bok si* dans le pays de *Nan to* (Nan tou), parce que les prêtres avaient favorisé *Yori masa*.

Le 1ᵉʳ mois du nengo *Yô wa* (1181), le Taka koura-no ziô wo mourut à l'âge de 21 ans.

Le 2ᵉ mois, Kiyo mori ordonna à *Siro-no souke naga*, prince de Yetsingo, de faire mourir *Kisou-no Yosi naka*.

Les provinces de l'est et du nord, celles qui sont situées sur la mer de l'occident et sur celle du midi furent à cette époque déchirées par la guerre. *Okata-no Kore yosi* (Siu fang Weï i) s'était révolté dans le Tsoukouzi. *Misi kiyo* (Thoung thsing), fils de Mitsi nobou, de la famille *Ghen si* (Yuan chi), livra bataille dans le Si kokf aux troupes des *Feïke* (Phing kia). *Yuki ye*, oncle de *Yori tomo*, conquit la province de Owari. *Tomo mori* (Tchi ching) et *Kore mori* (Weï ching), chefs des Feïke, s'étaient portés dans les provinces de l'est et

(1) C'est-à-dire *Miyako*. Voyez p. 90, n. 1. — Kʟ.

du nord pour combattre *Yori tomo*; mais voyant qu'ils n'étaient pas en état de lui résister, ils feignirent d'être malades, et se retirèrent.

Le 4ᵉ jour du 2ᵉ mois intercalaire [1], *Kiyo mori* mourut à l'âge de 64 ans. Dans la même nuit, l'édifice *Nisi fats sio* (Si pă tiao) fut réduit en cendres. Son fils *Moune mori* (Tsoung ching) s'empara du gouvernement, et le Fo wô retourna à son ancienne demeure dans le temple Fo sio si.

Dans le même mois, *Yosi firo*, oncle de *Yori tomo*, assembla les troupes des provinces de Fitats et de Simotske, et attaqua par derrière Yori tomo. Dans cette affaire, *O yama-no Tomo masa* (Siao chan Tchao tching), périt sur le champ de bataille.

Le 3ᵉ mois, *Sighe fira*, cinquième fils de Kiyo mori, fut élu grand général par la famille Feïke. Il accourut dans la province de Owari, combattit *Yuki ye* près de la rivière *Sou-no mata gawa* (Mĕ yü tchhouan), et le vainquit. *Minamoto-no Ki yen* (Yuan Y yuan), frère aîné et utérin de Yosi tsoune, y perdit la vie.

Le 5ᵉ mois, Yori tomo bâtit à *Tsourouga oka* (Ho yŏ) le temple *Waka miya* (Jŏ koung).

Le 6ᵉ mois, *Siro-no Souke naga* (Tchhing Tsou tchhang) marcha contre *Ki sou-no Yosi naka* (Moŭ thseng I tchoung), mais avant de l'atteindre, il mourut d'une attaque d'apoplexie.

Le 7ᵉ mois, *Sada yosi*, officier de service auprès de Moune mori, fut envoyé dans le Tsoukouzi pour y étouffer la révolte.

Le 8ᵉ mois, la famille *Feïke* chargea *Fousiwara-no Fide fira* (Theng yuan Ki heng), prince de Mouts, de tuer Yori tomo; mais il ne remplit pas cet ordre.

Le 2ᵉ mois de la 1ʳᵉ année du nengo *Ziou yeï* (1182), *Yori tomo* envoya des présens à la déesse adorée dans le temple de *Daïsingou* à Izé.

Le 6ᵉ mois, le régent *Moto mitsi* perdit la charge de Nadaïsin.

Le 8ᵉ mois, *Taïra-no Masa go* (Phing Tching tsu), épouse de *Yori tomo*, et fille de *Fok sio-no Toki masa* (Pĕ tsiao Chi tchhing), accoucha d'un fils, qui fut nommé *Yori ye* (Laï kia) : Toki masa fut le dernier rejeton de la famille du général Sada mori, descendant du Daïri Kwan mou.

Le 9ᵉ mois, *Naga motsi*, frère cadet de Siro-no Souke naga, étant devenu à la mort de celui-ci prince de Yetsingo, réunit une armée, et fondit sur *Kisou-no Yosi naka*; mais il fut battu et contraint à prendre la fuite. Ce succès rendit Yosi naka très-célèbre dans les provinces du nord. Il avait parmi ses troupes quatre personnes d'un courage à toute épreuve, *Yemaï-no Kane fira*, *Fi goutsi-no Kane mitsi*, *Fate-no Tsika tada*, et *Ne-no i-no Yuki ko*. On les nomma *Si ten o*

---

[1] Les mois intercalaires s'appellent en chinois 閏 *jun*, et en japonais *ouro*. — Kl.

(Szu thian wang) ou les quatre rois célestes; cependant Kane fira était le plus brave de tous.

Le 10ᵉ mois, *Moune mori* fut nommé Nadaïsin; et *Yori mori* Daïnagon, *Nori mori* et *Tomo mori* devinrent Tsiounagons, et *Tsoune mori* Sanghi. Nori mori et Tsoune mori étaient frères cadets de Kiyo mori, Moune mori était son fils aîné; Kiyo moune avait le premier rang de la troisième classe, Sighe fira et Kiyo mori étaient au second rang de cette même classe, et généraux du milieu.

Le 1ᵉʳ mois de la 2ᵉ année (1185), le Daïri se rendit à *Fo sio si*, pour faire visite au Fo wô ou ancien Daïri.

Moune mori dépêcha des assassins dans la province de Tosa, pour tuer *Mare yosi*, frère cadet de *Yori tomo*, qui y était exilé.

Le 2ᵉ mois, *Moune mori* fut avancé au second rang de la première classe, et remplacé dans l'emploi de Nadaïsin par *Sane sada* du temple Tokdaïsi.

Le 3ᵉ mois, la désunion éclata entre *Yori tomo* et *Yosi naka*; elle aurait pu causer une guerre, mais le dernier envoya son fils légitime *Si midzou-no kwan sia Yosi taka* (Thsing choui kouon tche I kao) en otage à Yori tomo, qui le reçut à Kama koura, et le maria à sa fille.

Le 4ᵉ mois, *Taïra-no Kore mori* et *Mitsi mori* furent nommés grands généraux : *Tada nori*, *Tsoune masa*, *Kiyo fousi* et *Tomo nori* commandèrent sous leurs ordres; ils marchèrent avec une armée de 100,000 cavaliers vers les provinces du nord, pour détruire *Yosi naka*. L'armée des Feïke y arriva dans la 5ᵉ lune, et livra plusieurs batailles à *Yosi naka*. Les Feïke remportèrent la victoire près du fort *Fi outsi-ga seki* (Ho soui tchhing), dans le Yetsizen; mais au mont *To nami yama* (Ti lang chan), dans la vallée *Kouri kara gani* (Kiu li kia lo kŭ), au mont *Sifo-no yama* (Tchi pao chan) dans la province de Yetsiou, ainsi qu'à *Sino wara* (Tiao yuan), dans celle de Kaga, Yosi naka eut partout l'avantage, et les Feïke essuyèrent dans ces différens combats une perte de plus de 20,000 hommes. *Kore mori* se retira alors à Miyako; *Mata no-no go rô Kaghe feïsa* et *Sato betô Sane mori* perdirent la vie. Après ces défaites, la famille Feïke commença à craindre celle de *Ghen si*.

Le 7ᵉ mois, *Yosi naka* quitta les provinces du nord pour se rendre maître du temple du mont Yeïsan; de là il se porta sur Miyako, ce qui consterna beaucoup les Feïke. Moune mori s'enfuit à Foukou wara avec le Daïri *An tok ten o*, l'impératrice *Ken reï mon in*, et *Niye-no ama* (Eul weï ni), veuve de *Kiyo mori*. Tout ce qui était attaché à la famille des Feïke les suivit. Le Daïnagon *Yori mori* fut le seul qui avec la permission de Yori tomo resta à Miyako. On dit que sa mère avait rendu de grands services à ce dernier, dans le temps qu'il était banni. Le Fo wô, qui avait refusé de suivre la famille *Feïke* dans sa fuite, se retira le 21 en secret au mont *Yeïsan*, accompagné du régent *Moto mitsi*, du Sadaïsin *Tsoune moune*, de l'Oudaïsin *Kane sane*, et de plusieurs autres de ses officiers. Le 26 il revint à Miyako, escorté par *Yosi naka*, et une armée de 30,000 hommes.

Les *Feïke* ne se croyant point en sûreté à *Foukou wara*, se réfugièrent dans le Tsoukouzi.

Le 8ᵉ mois, le Fo wô accorda les possessions territoriales de la famille Feïke à celle de Ghen si : *Yosi naka* obtint la province d'Iyo, les titres de *Sa ma-no kami* (Tso ma theou), ou chef de la cavalerie de la gauche, et de *Asa fino seo-goun* (Tchhao jў tsiang kiun), ou général du soleil du matin. *Yuki ye* eut la province de Bizen, et le titre de prince de Bizen.

Le 20 de ce mois, *Taka nori*, fils de *Taka koura-no in*, fut proclamé Daïri. Il résida à Miyako; par conséquent il y eut deux Daïris, car on emmenait ailleurs l'ex-empereur *An tok*.

LXXXII. DAÏRI 後鳥羽院 GO TO BA-NO IN.

(De 1184 à 1198 de J. C.)

Nengo { 元曆 *Ghen riak* (Yuan lў), 1184,
文治 *Boun zi* (Wen tchi), de 1185 à 1189,
建久 *Ken kiou* (Kian kieou), de 1190 à 1198.

Go to ba-no in (Heou niao yu yuan) était le quatrième fils de *Taka koura-no in*; il portait, avant de parvenir au trône, le nom de *Taka nari*. Sa mère *Fousiwara-no Nari ko* (Theng yuan Tchў tsu) était fille du Sitz sio souri-no ta yu *Nobou taka*. Elle eut deux fils de Taka koura-no in : le Fo wô se les fit amener le 7ᵉ mois de la 2ᵉ année du nengo *Ziô yeï*, quand l'ex-empereur *An tok* se fut retiré dans le *Saï kaïdo*. *Toki-no Kami sada*, âgé de 5 ans, commença à pleurer, tandis que *Taka nari*, qui n'avait que 4 ans, sourit et s'assit sur ses genoux; ce qui plut tant au Fo wô, qu'il le choisit pour Daïri.

Fousiwara-no Moto mitsi, fils de Kiyo mori, conserva le poste de régent, mais l'administration des affaires resta entièrement entre les mains du Fo wô. *Kisou-no Yosi naka* était chargé de la garde de Miyako.

Le 9ᵉ mois, le Daïri An tok ten o alla au temple d'*Ousa fatsman*, dans le Bouzen.

La famille *Feïke* resta a *Taï saï fou* pour réparer ses pertes; mais y ayant été attaquée par *Okato-no sabró Kore yosi*, natif de la province de Boungo, elle abandonna l'île de *Kiou ziou*, et passa dans celle de *Si kokf*. *Kiyo tsoune*, le général moyen de la gauche de leur armée, se noya au gué de *Yanaghi ga oura*, dans le Bouzen; il était le troisième fils de Sighe mori.

Le Awa-no min bou *Sighe yosi* (Tchoung neng) avait fait bâtir à *Ya sima* (Woŭ tao), dans la province de Sanouki, un daïri ou palais destiné à être la résidence de la famille *Feïke*, qui en effet y resta en repos tant que les troupes du Nankaï do et du Sanyô ne furent pas assemblées.

Le 10ᵉ mois, *Yosi naka* envoya une armée commandée par *Minamoto-no Yosi kiyo*, pour attaquer les Feïke. Celui-ci combattit *Tomo mori* et *Nori tsoune*, prince de Noto, à *Misou sima* (Choui sima), dans la province de Bitsiou; mais les troupes des Ghen si furent défaites, et Yosi kiyo resta sur le champ de bataille. Nori tsoune était le second fils de Nori mori. Yosi kiyo fut le premier ancêtre de la maison de *Nitsou ki foso kawa* (Jin moŭ si tchhouan).

Sur la nouvelle de cette défaite, *Yosi naka* quitta à la hâte Miyako, mit à mort *Seno o-no Kane yatsou*, l'un des Feïke, et résolut d'exterminer toute cette famille. Yuki ye qui resta à Miyako, tâcha d'exciter le Fo wô contre Yosi naka. Celui-ci, informé de ces manœuvres, revint en toute hâte pour le punir. Yuki ye s'enfuit alors dans le *Bansiou* (ou *Farima*). Il y attaqua les Feïke près du mont *Kouto yama* (Chỹ chan); mais il fut battu, et forcé de se retirer dans la province de Kawatsi.

Pendant la 11ᵉ lune, *Yosi naka* resta à Miyako, où il fit beaucoup de mal aux Feïke, et se conduisit avec une grande insolence. Le Fo wô, irrité de sa conduite, ordonna aux prêtres du Yeïsan et de Midera de se défaire de lui. Aussitôt que ce projet fut connu, *Imaï-no siró Kane fira* conseilla à son maître *Yosi naka* de demander pardon au Fo wô; mais il repoussa cette proposition, marcha à la tête de ses troupes sur Fosiosi, palais du Fo wô, y mit le feu, et le tint prisonnier dans la maison *Go sio-no on so*. *Meïwoun* (Ming yun), chef suprême de l'observance de Ten daï, *Naga ri Yen keï fo sin o* (Tchhang li Yuan khing fă tsin wang), grand-prêtre du temple Midera, et plusieurs centaines de ses gens, furent mis à mort. Tous les officiers de la cour s'enfuirent pieds nuds.

Ensuite *Yosi naka* marcha contre la province de Tamba, la conquit, et épousa la fille de l'ancien Kwanbak *Matsou do-no Moto fousa*. Depuis ce temps il agit en tout à sa fantaisie; il déposa le régent *Moto mitsi*, Sane sada Nadaïsin du temple Tok daï si, ainsi que quarante-neuf autres officiers; il nomma régent et Nadaïsin le Tsiounagon *Moro ye*, fils de Moto fousa. C'était un enfant de 12 ans.

Le 12ᵉ mois, *Yori tomo* fit punir de mort *Kasousa-no souke Firo tsoune*. Dans la suite l'innocence de celui-ci fut reconnue, et Yori tomo s'affligea beaucoup de l'avoir condamné injustement.

Le 1ᵉʳ mois du nengo *Ghen riak* (1184), *Yosi naka* fut nommé *Zeï daï ï seogoun* (Tching i ta tsiang kiun), ou grand général qui combat les barbares. Il fit tout ce qu'il put pour contrarier le Fo wô. Dès que *Yori tomo* qui se trouvait dans le Kwantô, en fut instruit, il envoya ses frères cadets *Kaba-no kwa sia Nori yori* et *Kouro-no Yosi tsoune* avec 60,000 hommes à Miyako, pour tuer Yosi naka. Celui-ci les combattit à Oudzi et à Seta. Yosi tsoune dépêcha *Sasaki Taka tsouna* et *Kasiwara Kaghe souye*, qui traversèrent la rivière d'Oudzi, tandis que *Fatake yama Sighe tada* attaqua de front Yosi naka. Sur ces entrefaites, Yosi tsoune marcha en toute hâte sur Miyako, et prit par surprise la maison où le Fo wô était confiné.

Yosi naka essuya plusieurs combats dans les environs de Seta, mais il fut entièrement défait et tué d'un coup de flèche à *Afatsou-no wara* (Soŭ tsin yŭan), à l'âge de 31 ans. *Ima i-no sirô Kane fira*, un de ses principaux officiers, y mourut aussi.

Fi gousi-no Kane mitsi, qui avait été envoyé par Yosi naka dans la province de Kawatsi pour y faire mourir *Yuki ye*, revint à Miyako, et rentra dans son devoir, mais il fut exécuté.

Dans le même mois, *Moro ye* fut dépouillé de l'emploi de régent, et Moro mitsi rétabli dans ce poste.

Pendant le temps que Yosi naka commettait toute sorte de maux à Miyako, la famille des Feïke avait fait la conquête des provinces occidentales [1]. Elle avait aussi construit une forteresse dans la vallée d'*Itsi-no tani* (Y koŭ), dans le Sets, et rassembla dans les environs une armée de 100,000 hommes : l'ex-empereur s'était retiré de *Ya sima* à *Foukou wara*. Les militaires des cantons voisins étaient attachés à la famille des Ghen si; c'est pour cette raison que le prince de Noto *Nori tsoune* se défit d'un grand nombre d'entre eux.

Le 2ᵉ mois, *Nori yori* et *Yosi tsoune* s'avancèrent à la tête de deux armées contre les Feïke. Un retranchement, élevé sur le mont *Mi kousa yama* (San thsao chan) par *Taïra-no Souke mori*, fut détruit par Yosi tsoune, qui ensuite attaqua la forteresse d'*Itsi-no tani* par derrière, pendant que Nori yori la prit de front. Dans le combat, les deux frères *Kawa bara* (Ho yuan) périrent les

---

(1) 國西 *Si kouĕ* en chinois. Sous ce nom on comprend les neuf provinces de la grande île de 州九 *Kiou ziou* (Kieou tcheou). — Kl.

premiers. *Kasiwara-no Kaghe toki* et son fils *Kaghe souke* ayant tenté vainement avec *Kouma gafe-no Nao sane* et *Fira yama-no Souke sighe* de donner assaut à la forteresse par derrière, Yosi tsoune fit avec un corps considérable le tour de la montagne, et commença, sous un feu terrible [1], une attaque furieuse au village nommé *Fiyotori ycye* (Pi yuë). Les Feïke, ne pouvant résister à cet effort extraordinaire, furent vaincus. Le Yetsizen-no mino *Mitsi mori*, le prince de Satsouma *Tada nori*, le prince de Bitsiou *Moro mori*, le prince de Mousadzi *Tome akira*, le prince d'Owari *Kiyo sada*, le prince d'Awa *Kiyo fousa*, le Kwan go gou souke *Tsoune masa*, le prince de Wakasa *Tsoune tosi*, le Kourando-no ta yu *Nari mori*, et le Ta yu *Atsou mori*, tous de la famille de Feïke, périrent avec beaucoup de leurs soldats, dont on ne peut fixer le nombre. *Sighe fira*, général du milieu de la troisième classe, fut pris. On disait que le prince de Noto *Nori tsoune* avait aussi été tué, mais il était parvenu à se sauver par la fuite.

Moune mori, *Tomo mori*, *Nori mori* et *Tsoune mori* n'échappèrent que difficilement, et s'enfuirent à *Ya sima* avec l'ex-empereur, l'impératrice *Ken reï mon in*, et la princesse de la seconde classe *Sen ye*.

Nori yori et *Yosi tsoune* retournèrent à Miyako. D'après leur avis, le Fo wô fit conduire *Sighe fira* dans le Kwantô.

Le 3ᵉ mois, *Taïra-no Kore mori* sorti de Ya sima, voulut aller par mer à *Kouma no*; il fit naufrage, et périt dans la mer de Natsi, sur les côtes de la province de Koya. Il n'avait que 27 ans. Cependant le bruit se répandit qu'il était encore en vie, et se cachait dans les montagnes. Il fut donc ordonné de vérifier si cette rumeur était fondée.

Dans le courant du même mois, *Yori tomo* fut élevé au premier rang de la quatrième classe.

Le 4ᵉ mois, *Yori tomo* fit mourir son gendre *Si midzou-no kwan sia Yori taka*, fils de Yosi naka; sa femme, voulant rester veuve, se rasa la tête et se fit religieuse.

Le 5ᵉ mois, *Taïra-no Mori yori* vint à Kama koura, pour rendre ses devoirs à Yori tomo; à son départ, il fut comblé de présens.

Le 6ᵉ mois, *Minamoto-no Yori nori* fut nommé prince de Mikawa.

Le 8ᵉ mois, *Yosi tsoune* devint Sayemon-no kami.

Le 9ᵉ mois, il fut gratifié du second rang de la troisième classe, et la garde de Miyako lui fut confiée.

Nori yori marcha contre le pays de Saïkaï pour y détruire la famille Feïke.

(1) Il y a dans l'original le caractère 火 qui signifie feu; ainsi il ne paraît pas douteux que les armes à feu ne fussent, à cette époque, connues des Japonais. — Kl.

A *Fousi to* (Theng hou) dans la province de Bizen, il eut un engagement avec *Yuki mori*, et remporta la victoire par une attaque vigoureuse et les bonnes dispositions de *Sasaki-no Mori tsouna*, qui commandait son avant-garde. Les Feïke se dispersèrent vers le nord.

Le 10ᵉ mois, *Yori tomo* fit construire un *Mon tsi sou* (Wen tchu so) ou tribunal d'audience, et chargea *Oo ye-no Firo moto* et *Miosi-no Yosi nobou* de maintenir l'observation des lois, de recevoir les requêtes du peuple, et de surveiller exactement tout ce qui se passait.

Le 11ᵉ mois, il bâtit le palais *Tsió ziou yn* (Tchhang cheou yuan). Il y avait une chapelle appelée *Bo daï sou* (Phou ti so), qu'il réserva à son usage, et qui pour cette raison fut nommée *Minami-no mi dó* (Nan yu thang).

Le 1ᵉʳ mois de la 1ʳᵉ année du nengo *Boun zi* (1185), les Feïke bâtirent le château d'*Aka maga seki* (Tchhy kian kouan), dans la province de Nagata, et envoyèrent *Tomo mori* pour conquérir l'île de *Kiou ziou*. *Moune mori* resta à Ya sima. *Nori yori* fut alors dépêché par *Yori tomo* dans le Kiou ziou, et *Yosi tsoune* à Ya sima. Le dernier partit de Miyako dans le 2ᵉ mois, et arriva à *Watana be* (Tou pou), dans le Sets, pour y assembler des vaisseaux de guerre. Il y eut une dispute avec *Kaghe toki*, relativement à son embarquement. Un gros temps ne lui permit pas de transporter toutes les troupes, il ne mit à la voile qu'avec cinq vaisseaux. Sans apparence de succès, il aborda à Ya sima, y mit le feu au palais du Daïri *An tok ten o*, et força *Moune mori* de s'échapper sur un navire avec ce prince.

Nori tsoune, prince de Noto, resta à Ya sima pour s'opposer à *Yosi tsoune*; *Souke nobou*, *Mitsi masa* et plusieurs autres chefs de la famille Ghen si furent tués, ainsi qu'un grand nombre de leurs troupes, par les flèches de Nori tsoune; mais après un combat opiniâtre, les Feïke furent défaits, et s'enfuirent dans la province de Nagata. Le Den naï Sayemon *Nori yosi*, qui avait été envoyé par les Feïke pour s'emparer de Kawatsi, dans la province de Iyo, se soumit à Yosi tsoune, qui, après s'être rendu maître de l'île de Si kokf, attaqua la province de Nagata. Les Feïke voulurent alors se retirer dans le Kiou ziou, mais *Nori yori* les guettait dans la province de Boungo, pour fondre sur eux dans leur fuite.

Le 24 du 3ᵉ mois, *Yosi tsoune* arriva devant le fort Aka maga seki, et attaqua les Feïke. L'Awa-no minbou *Sighe yosi* qui depuis plusieurs années avait été attaché à ceux-ci, les abandonna et reconnut l'autorité du Daïri. Enfin tous ceux qui restaient de cette famille furent anéantis dans cette bataille. *Niye-no ama*, qui avait les deux insignes impériaux appelés *Sin si* ou le cachet divin, et le *Foo ken* ou épée précieuse, se sauva avec le ci-devant empereur sur un vaisseau; mais ne voyant plus d'apparence d'échapper à leurs persécuteurs, les deux fugitifs se jetèrent dans la mer, et y périrent [1]. *Moune mori*, son fils l'*Ouyemon-no kami Kiyo moune* et le *Feï daïnagon Toki tada* furent faits prisonniers. Les autres chefs des Feïke, savoir *Tomo mori, Nori mori, Tsoune mori, Souke mori, Yuki mori, Ari mori*, et dit-on aussi le prince de Noto *Nori tsoune*, se noyèrent dans leur fuite; il n'y eut que l'impératrice *Ken reï mon in* qui fut prise, tous les autres membres de la famille Feïke trouvèrent leur fin dans les flots. Le *Foo ken* ou l'épée précieuse y fut englouti et perdu, mais le *Sin si* ou cachet divin surnagea et fut sauvé.

L'ex-empereur avait été proclamé Daïri à l'âge de 3 ans, et avait régné avec les nengo *Yô wa* et *Ziou yeï*. Son règne n'avait été effectivement que de 3 ans. A l'âge de six ans il s'enfuit de Miyako. Après avoir erré pendant deux ans dans les campagnes, il fut noyé dans la mer à l'âge de 8 ans.

Le 4ᵉ mois, *Yosi tsoune* retourna à Miyako. En récompense de sa victoire, le Daïri lui accorda le second rang de la seconde classe.

Le 5ᵉ mois, il partit pour Kama koura pour y mener *Moune mori* et son fils *Kiyo mori*, qui y étaient prisonniers. Yori tomo envoya *Fosio-no Toki masa*

(1) Dans le célèbre *Amida dera*, ou temple d'Amida, à *Simo-no seki*, dans la province de Nangata, on conserve encore aujourd'hui l'image du Daïri *An tok ten o*, et tous les étendards, sabres et autres débris de l'armée des Feïke. On y voit également de très-anciens paravens, à fond doré, sur lequel sont représentés avec des couleurs très-vives tous les détails de la guerre entre les Ghensi et les Feïke.

On trouve dans la mer de Simo-no seki de petits crabes, nommés *Feïko gani*, sur le dos desquels les Japonais croient voir une figure humaine en colère. On les vend la pièce quelques *seni* de cuivre, avec un imprimé dont voici le contenu :

« Sous le Daïri *Taka koura-no in*, dans la 1ʳᵉ « année du nengo *Zi ziô* (1177), la désunion « entre les familles de *Feïke* et de *Ghen si* fut la « cause d'une guerre sanglante qui dura jusqu'à « la 1ʳᵉ année du nengo *Boun zi* (1185). Enfin « la famille de Ghen si extermina par une force « supérieure les Feïke. Plusieurs chefs de ceux-« ci qui avaient échappé à la dernière bataille, « tâchèrent de se sauver par la fuite; mais étant « poursuivis de près par les Ghen si, ils n'en « virent pas la possibilité. Poussés par le déses- « poir, et voulant se soustraire à la honte d'être « pris et mis à mort publiquement, ils se « noyèrent dans le passage de *Kokoura* à *Simo-« no seki*. Le Daïri *An tok ten o* fuyait également « sous la garde de sa nourrice; celle-ci désespé-« rant à la fin de lui trouver un asile, et ne « voyant point d'apparence d'échapper à ses « persécuteurs, le prit dans ses bras, et sauta à « la mer, où tous les deux furent noyés. On dit « que depuis cet événement l'on trouve dans cet « endroit des crabes montrant sur leur dos une « figure humaine, qui exprime la rage. »

On ajoute que depuis ce temps, ce passage fut tellement infesté par des esprits, que personne ne pouvait le fréquenter, jusqu'à ce qu'on eut bâti à Simo-no seki un temple dédié au dieu Amida, afin d'apaiser les esprits de la famille royale. Depuis lors, les obsessions ont cessé, et n'inquiètent plus les voyageurs dans ces parages.

De l'autre côté du village *Daïri*, on voit la colonne *Yoribe*, érigée par ordre de *Taïko*, au même endroit où l'on dit qu'*An tok ten o* avait péri. Elle est placée sur une pointe de rocher qui sort de l'eau. — Kl.

à *Kasi goye* (Yao yuë), pour les y tenir confinés tous deux, et fit défendre à *Yosi tsoune* de venir à Kama koura. Il était jaloux de ses hauts faits d'armes et se défiait de lui, à ce qu'on disait par les instigations de *Kaghe toki*.

Le 6ᵉ mois, *Yori tomo* fit conduire Moune mori et son fils de Kasi goye à Miyako, pour les livrer à Yosi tsoune. Il ordonna à *Minamoto-no Yori kane* de mener *Sighe fira* à Nara.

A *Sino wara* (Siao yuan), dans la province Omi, Yosi tsoune fit mettre à mort Moune mori et son fils Kiyo moune; le premier avait 39, l'autre 17 ans. Sighe fira fut supplicié à Nara, pour avoir brûlé Nanto.

Le 8ᵉ mois, *Yosi tsoune* fut créé prince de Iyo, et nommé gouverneur de Miyako.

Le 10ᵉ mois, *Yori tomo* envoya le Tosa bo *Siyousi yen* à Miyako, pour se défaire de *Yosi tsoune*, mais il fut battu et tué; alors Yori tomo y marcha en personne.

Yosi tsoune ayant obtenu le 11ᵉ mois une permission par écrit du Daïri, résolut avec son oncle *Yuki ye* de détruire Yori tomo; en conséquence ils partirent de Miyako pour les provinces occidentales. Dans la traversée, ils essuyèrent près de la côte de *Daï mots* (Ta wë) une forte tempête, qui dispersa toute leur flotte; de sorte qu'elle aborda en différentes provinces. On dit qu'alors *Yosi tsoune* s'arrêta dans les montagnes de *Yosi no* et de *Ta bou-no miki*.

Yori tomo, sur ses instances, obtint également une permission par écrit du Daïri pour aller à la recherche de Yosi tsoune, mais on ne le trouva nulle part. Arrivé le même mois à *Kise gawa* (Houang lai ho) dans la province de Sourouga, avec le dessein de faire mourir Yosi tsoune, il y apprit que celui-ci avait quitté Miyako avec son oncle Yuki ye. Il retourna alors à Kama koura, et y expédia *Fosio-no Toki masa* comme gouverneur, avec ordre de faire chercher tous les membres de la famille des Feïke qui s'étaient échappés. Le sixième fils de *Kore mori* fut épargné à la requête du prêtre *Mongok* (Wen kiö). La cause de l'animosité de *Yori tomo* contre son frère *Yosi tsoune* venait de ce que celui-ci avait épousé une fille de *Kiyo mori*.

Yori tomo dépêcha *Daïno-no Sane fira* pour garder la contrée de Saïkaï do, et fit demander au Daïri par *Toki masa* d'être créé *Tsoú tsoui fou si* (Thsoung tchoui phou szu) ou commandant suprême de tout l'empire. Cette requête ayant été agréée, il établit des gouverneurs dans les différentes provinces, et nomma un commandant dans chaque endroit.

Le 1ᵉʳ mois de la 2ᵉ année (1186), le Fo wô célébra son 60ᵉ anniversaire.

Le 3ᵉ mois, *Moto mitsi*, qui était Sets zio ou régent, fut destitué et remplacé par l'Oudaïsin *Kane sane*. D'après le désir de Yori tomo, approuvé par le Daïri, Moto mitsi habita alors le pavillon *Kin ghi den*, et Kane sane, celui de *Ghiou sio den*.

Toki masa retourna à Kama koura dans le courant de ce mois.

Le 4ᵉ mois le Fo wô alla à *O fara* (Siao yuan) prier pour l'âme de l'impératrice *Ken reï mon in*.

Le 5ᵉ mois, le Sama-no kami *Fousiwara-no Yosi yasou*, beau-frère de Yori tomo, envoya des troupes dans la province d'Idzoumo, pour faire mourir *Yuki ye*. Yori tomo l'en récompensa par la place de gouverneur de Miyako.

Le 8ᵉ mois, le prêtre *Si ghio fosi* (Si hing fă szu), parent de *Fide fira*, arriva à Kama koura pour rendre hommage à Yori tomo, qui s'entretint avec lui sur la poésie japonaise, sur l'art de tirer les flèches, et sur l'équitation.

Le 10ᵉ mois, *Kane sane* perdit sa place de Oudaïsin, et fut remplacé par le Nadaïsin *Sane sada*; le Daïnagon *Yori mitsi*, fils de Kane sada, fut nommé Nadaïsin.

Le 12ᵉ mois, le Daïri commença la lecture du livre intitulé *Keo kiô* (Hiao king).

Le 2ᵉ mois de la 3ᵉ année (1187), *Yosi tsoune* partit en secret de Ize, traversa la province de Meïno, et se dirigeant au nord, arriva dans celle de Oziou, où il demeura dans la maison de *Fide fira*.

Le 4ᵉ mois, le prêtre *Yeï saï* (Young si) partit pour la Chine.

Le même mois, le Daïri ordonna au prêtre *Sôghen* (Tchoung yuan) de faire réunir du bois de charpente pour rebâtir le temple Tô daï si du dieu *Daïbouts* (Ta foĕ). Le Fo wô et Yori tomo y consentirent.

Le 5ᵉ mois, Yori tomo fit construire à Miyako un palais impérial, qu'on nomma *Kan in-no daïri* (Hian yuan neï li). *Oo ye-no Firo moto* vint à la capitale pour en surveiller la construction.

Le 8ᵉ mois, plusieurs vols furent commis à Miyako. *Tsi fa-no Tsoune tane* et *Simo kawa be-no Yuki fira* arrivèrent de Kama koura, firent saisir tous les voleurs, et les punirent de la peine capitale.

Le 10ᵉ mois, le Tsiziou fou seogoun *Fousiwara-no Fide fira*, prince de Mouts, mourut; il avait ordonné à son fils *Yasou fira* de remettre le gouvernement de cette province à *Yosi tsoune*.

Le 11ᵉ mois, le Daïri alla aux temples d'*Iwasi midzou* et de *Kamo*.

Le 1ᵉʳ mois de la 4ᵉ année (1188), le temple *Kô bouk si* étant achevé, le régent Kane sane y alla, accompagné d'un grand nombre d'officiers subalternes.

Le 2ᵉ mois, le Nadaïsin *Yosi mitsi* mourut âgé de 20 ans.

Le 3ᵉ mois, des émissaires furent expédiés dans la province de Mouts pour porter à *Yasou fira* l'ordre de tuer *Yosi tsoune*.

Le 7ᵉ mois, *Yori ye,* fils de Yori tomo, mit pour la première fois une cuirasse.

Le 1ᵉʳ mois de la 5ᵉ année (1189), Yori tomo fut avancé au premier rang de la seconde classe.

Le 2ᵉ mois, le O oye-no go mon Sadaïsin *Fousiwara-no Tsoune moune* mourut âgé de 91 ans.

Le 3ᵉ mois, Yori tomo pressa le Daïri d'ordonner la mort de Yasou fira, mais l'empereur refusa d'y consentir.

A la 4ᵉ lune, le Daïnagon *Fousiwara-no Tomo kata, Fousiwara-no Yori tsoune,* de la troisième classe, le Kourando-no kiyo *Taka sina,* et *Yasou tsoune* furent exilés comme favorisant le parti de Yosi tsoune. Le Yosida Tsiounagon *Fousiwara-no Tsoune fousa* vivait en bonne intelligence avec Yori tomo, et proposait au Daïri tout ce que celui-ci désirait.

Dans la 4ᵉ lune intercalaire, le Daïri ayant envoyé à *Yasou fira* l'ordre de faire mourir Yosi tsoune, Yasou fira marcha contre la demeure de celui-ci à *Koromo gawa-no tatsi* (I ho kouan) et l'y attaqua. Yosi tsoune n'étant pas en état de résister à une force si supérieure, et ne voyant aucune apparence de salut, tua d'abord sa femme et ses enfans, et ensuite se coupa le ventre. Il n'avait alors que 31 ans [1]. *Yasou fira* envoya sa tête à Kama koura, et égorgea également son propre frère cadet *Tada fira,* qui avait été l'ami de Yosi tsoune. Cette action barbare irrita tellement Yori tomo, qu'il assembla une armée pour punir Yasou fira de ce forfait, et quoique le Daïri le défendît, il refusa d'obéir à ses ordres.

Le 7ᵉ mois, *Sane sada* l'Oudaïsin du temple Tok daï si fut nommé Sadaïsin, le Nadaïsin *Sane fousa* Oudaïsin, et le Daïnagon *Kwa san-no in Kane masa* Nadaïsin.

Le même mois, *Yori tomo* marcha avec trois armées composées des troupes de toutes les provinces de l'empire contre le Oziou; il prit son chemin par la contrée de Tôsando; *Fatake yama-no Sighe tada* commandait l'avant-garde; *Tsi fa-no souke Tsoune tane* et *Fatsouda-no Tomo ye* allèrent par le Tôkaïdo; *Fiki-no Yosi kasou* marcha par le Fokrokoudo, tandis que *Miosi-no Yosi nobou,* Sa-

---

(1) D'après la tradition populaire *Yosi tsoune* ne fut pas tué dans cette occasion. On répandit seulement la nouvelle de sa mort pour tromper ses ennemis; mais il trouva moyen de s'embarquer, et passa dans le pays de Yeso. Les habitans de ce pays lui donnent le nom de *Oki gourou.* — Voyez de plus amples détails sur ce sujet dans ma traduction du *San kokf tsou ran tô sets,* ou *Aperçu général des trois royaumes,* page 221. Cependant la *Grande Encyclopédie japonaise,* vol. LXVII, fol. 6 *recto,* dit que ce récit n'est qu'une fable, et que *Yosi tsoune* se donna effectivement la mort dans le Oziou. — KL.

saki-no T'soune taka et *Oo ye-no Kaghe yosi* restèrent à Kama koura, pour garder cette place.

Yasou fira quitta *Fira-no Idzoumi-no tatsi* (Phing thsiuan kouan), et vint camper à *Kokf boun fara* (Kouë fen yuan). Il avait bâti un château au mont *A tsou ka si yama* (O tsin ho tchi chan), où commandait son frère aîné *Kouni fira*.

Le 8ᵉ mois, *Yori tomo* arriva de *Siro gawa-no seki* (Pë ho kouan) dans le district de *Date* (I tă), et mit en ruines le château d'A tsou ka si. *Wada-no Yosi mori* fit tirer une volée de flèches, par une desquelles Kouni fira fut tué. Un officier de Sighe tada lui coupa la tête, et la porta à son maître. Ensuite Yori tomo livra plusieurs combats, dans lesquels il remporta toujours la victoire. Quand *Tsoune tane* et *Tomo ye* furent arrivés du Tôkaïdo dans le Dewa, et que *Fiki-no Yosi kasou* fut venu du Fokrokoudo, la plus grande partie de l'armée de Yasou fira fut tuée, et lui-même contraint de se retirer à *Fira-no idzoumi*.

Yori tomo l'y investit; alors Yasou fira mit le feu à ses retranchemens, et s'enfuit dans les montagnes. Yori tomo envoya des troupes à sa poursuite pour le saisir.

Le 9ᵉ mois, *Yasou fira* voulant se sauver dans l'île *Yezo ga sima*, fut assassiné par un des siens nommé *Kawada-no ziro*, qui vint ensuite implorer son pardon de Yori tomo : *Tosi fira, Souye fira*, et *Taka fira*, frères cadets de Yasou fira, se soumirent à Yori tomo, qui se rendit maître des provinces de Mouts et de Dewa. Son armée se composait alors, tant en soldats qu'en officiers, de 284,000 hommes.

Depuis le temps de *Kiyo fira*, ou depuis une centaine d'années, pendant quatre générations, *Moto fira*, *Fide fira* et *Yasou fira* avaient amassé dans le Oziou des trésors immenses ; ils tombèrent dans les mains de Yori tomo, qui les distribua parmi ses troupes. Il nomma *Kasi-no kiyo sighe* gouverneur de Oziou, et retourna le 10ᵉ mois à Kama koura.

Le 11ᵉ mois, le Daïri alla au temple de *Kasouga*.

Le 12ᵉ mois, le régent *Kane sane* fut nommé Taïziô daïsin.

Le 1ᵉʳ mois de la 1ʳᵉ année du nengo *Ken kiou* (1190), le Daïri prit la robe virile, et épousa la fille de Kane sane.

Dans le courant du même mois, *Okawa-no Kane tô* (Kian jin), l'un des officiers de Yasou fira, rassembla un nombre considérable de troupes dans le Oziou, se fit passer pour *Yosi tsoune*, ou, suivant d'autres récits, pour *Si midzou-no kwan*, et s'empara de plusieurs districts et villages. Yori tomo donna le commandement en chef à *Asikaga Katsousa-no souke Yosi kane*, et lui adjoignit *Tsi fa-no souke Tsoune tane* et *Fiki-no Yosi kasou*, pour punir ce rebelle.

Le 2ᵉ mois, ils livrèrent bataille à *Kane tô*.

Le 3ᵉ mois, celui-ci fut battu et s'enfuit; mais il fut pris au temple *Kou-ri fara si* (Lў yuan szu), et égorgé.

Le 4ᵉ mois, *Kane sane*, Taïziô daïsin, fut destitué.

Le 7ᵉ mois, *Its pon bô Siô kwan* (Y phin fang Tchhang kouon) fut envoyé par Yori tomo pour bâtir un autre palais à *Rokfara*.

Sane sada perdit la place de Sadaïsin; *Sane fousa* le remplaça. *Kane masa* devint Oudaïsin, et le Daïnagon *Fousiwara-no Kane fousa*, frère cadet de *Kane sane*, Nadaïsin.

A la 10ᵉ lune, Yori tomo alla à Miyako. Le cortége était ouvert par Sighe tada, et fermé par Tsoune tane. Pendant son absence, Toki masa eut la garde de Kama koura.

Yori tomo ordonna de faire mourir *Naga da-no Tada moune* (Chang thian Tchoung tsoung), à *No ma* (Ye kian), dans la province Owari.

Le 11ᵉ mois, Yori tomo arriva à Miyako, et occupa son nouveau palais à Rokfara. Sa marche fut magnifique; le Fo wô était allé secrètement voir son entrée. Yori tomo, revenu à la cour du Daïri, fut nommé Daïnagon. Il offrit des dons précieux au Fo wô et au jeune Daïri. Ensuite il se rendit au temple de Iwasi midzou, et présenta en offrande un grand sabre et un cheval.

A cette occasion, *Kane masa*, Oudaïsin du palais Kwa san-no in, grand général de gauche, fut congédié et remplacé par Yori tomo.

Le 12ᵉ mois, Yori tomo alla au palais de l'empereur, demanda sa démission de l'emploi de grand général de gauche, et retourna à Kama koura.

Le 1ᵉʳ mois de la 2ᵉ année (1191), l'empereur récompensa par des charges ses officiers *Oo ye-no Firo moto*, *Fousiwara-no Yuki masa*, *Kamada-no Toki naga*, *Naka bara-no Mitsi ye*, *Miosi-no Yosi nobou*, *Wada-no Yosi nori*, *Kasiwara-no Kaghe toki*, *Fousiwara-no Tsika yosi*, *Fousiwara-no Tosi kane*, *Miosi-no Yasou kiyo*, *Miosi-no Nobou fira*, *Taïra-no Mori toki*, *Naka bara-no Naka nari*, et *Kiyo wara-no Sane tosi*. Il nomma le Tsiounagon *Fousiwara-no Yosi yasou* gouverneur de Miyako, et *Ama-no Tok kaghe* surintendant militaire des provinces occidentales.

Le 2ᵉ mois, *Yosi yasou* fut créé grand-juge par la protection de Yori tomo; ce qui lui donna une grande considération.

Le 3ᵉ mois, la demeure de Yori tomo à Kama koura et le palais de *Tsourouga oka* furent rebâtis sur un nouveau plan. Le Nadaïsin *Kane fousa* fut nommé Taïziô daïsin, et le Daïnagon *Fousiwara-no Tada tsika* Nadaïsin.

218   ANNALES

Le 4ᵉ mois, le prêtre *Yeï sai* (Young si) revint de la Chine, et introduisit au Japon l'observance bouddhique appelée *Zen siô* [1].

Le 10ᵉ mois, le Fo wô fit rebâtir le temple *Fo si si*. Yori tomo y envoya ses officiers *Firo mitsi* et *Tsika yosi* pour surveiller les travaux.

Dans la 12ᵉ lune, *Kane sane* reçut sa démission de la place de Sets zio ou régent, et devint Kwanbak.

Dans le 12ᵉ mois intercalaire, *Sane sada*, ancien Sadaïsin, du temple Tok daï si, mourut âgé de 53 ans.

Le 1ᵉʳ mois de la 3ᵉ année (1192), le Katsouga-no go rô beï ghi *Tada mitsi*, de la famille des Feïke, renommé pour sa bravoure, vint en secret à Kama koura pour tuer Yori tomo. On y était alors occupé de rebâtir le temple *Yeï fouk si* (Young foŭ szu), et Yori tomo s'y rendit. Tada mitsi s'étant cou-

---

(1) En chinois 宗禪 *Chen tsoung*, c'est-à-dire l'observance de la haute méditation bouddhique. Elle a trois subdivisions : la première et primitive est celle qui fut fondée par le célèbre prêtre chinois, appelé d'après le lieu de sa demeure, 師大濟臨 *Rin zi daï si* (Lin tsi szu), tandis que son véritable nom était 玄義 *Ghi ghen* (I hiuan). Il fut le 可印 *Ghen ka* (In kho), ou prédécesseur spirituel de 蘗黃 *Wô bak* (Houang pë). L'observance qu'il a fondée portait le nom de 宗濟 *Zi siô* (Tsi tsoung). Le titre honorifique donné après sa mort à *Ghi ghen* est 師禪照惠 *Ye siô zen si* (Hoeï tchao chen szu).

La seconde modification de l'observance *Zen siô* est celle qui est appelée 宗洞曹 *Sô tô siô* (Thsao thoung tsoung), d'après les noms des deux prêtres chinois Thsao et Thoung. Le premier dont le nom propre était 价良 *Rô kaï* (Liang kiaï), portait le titre honorifique de 師大山洞 *Tôsan daï si* (Thoung chan ta szu). Il fut le prédécesseur spirituel de 岩雲 *Woun ghen* (Yun yuan), et son titre posthume est 師禪本悟 *Go fon zen si* (Ou pen chen szu). Je ne trouve pas de détails sur l'autre prêtre dont le nom propre était *Thsao*.

Enfin la troisième modification est celle du prêtre chinois *Wô bak*. Quant à 西榮 *Yeï saï* ou *Yô saï* (Young yuan), il était de la famille de *Kaya*, et né dans la province de Bitsiou. Il n'avait que 19 ans quand il s'embarqua en 1168 pour la Chine, et y visita le fameux mont *Ten daï san* (Thian thaï chan). Il revint bientôt au Japon. Mais poussé par un désir irrésistible d'aller dans le *Ten tsik* (Thian tchŭ) ou l'Inde, pour y faire ses adorations aux *huit pyramides du Mouni* (dans l'original 塔八尼牟), il se rendit de nouveau en Chine, en 1187. Il s'y embarqua à *Lin ngan fou* (à présent *Hang tcheou fou*, dans le Tchekiang), pour gagner par mer le *Ten tsik* ; mais des vents contraires forcèrent le vaisseau de relâcher à *Wen tcheou*, dans la même province, où il prit terre, et alla voir le chef du temple *Wan nian szu*, situé au pied du mont Thian thaï chan. Après avoir reçu les instructions de ce grand maître, il retourna au Japon, où il arriva, comme nous venons de le voir, en 1191. L'année suivante, il bâtit le temple *Fo oun si* (Pao ngan szu), dans le district de *Kasouga* du Tsikouzen, et en 1195, celui de *Siô fonk si* (Ching foŭ szu) à *Wakata*, dans la même province. Il mourut en 1215, à l'âge de 75 ans, et reçut le titre posthume de 師國光千 *Zen kwô kokf si* (Thsian kouang kouě szu), c'est-à-dire maître mille fois resplendissant de l'empire. — Kʟ.

vert la prunelle de l'œil gauche d'une écaille de poisson, pour paraître louche, cacha un sabre sous ses vêtemens, et se mêla dans la foule : Yori tomo jeta les yeux sur lui, et ayant conçu quelque soupçon, ordonna à Kaghe toki de l'arrêter. Il fut reconnu, interrogé, et supplicié avec ses complices.

Le 3ᵉ mois, le Go Zira kawa-no Fo wô mourut à l'âge de 67 ans. Il n'avait été Daïri que 3 ans, cependant il avait réellement tenu le timon des affaires sous les règnes de *Ni sio-no in*, *Kok sio-no in*, *Taka koura-no in*, et *An tok ten o*, c'est-à-dire pendant 40 ans. Il avait souffert beaucoup durant la guerre entre les familles *Feïke* et *Ghen si*, et avait été humilié par *Nobou yori*, *Kiyo mori*, et *Yosi naka*. Par l'appui de *Yori tomo*, il était enfin parvenu à jouir de nouveau d'une heureuse tranquillité; mais aussi, depuis ce temps, le gouvernement de l'empire se trouvait entièrement entre les mains de ce généralissime de l'armée.

Le 7ᵉ mois, le Daïri se chargea de toute la direction des affaires ayant immédiatement rapport à la cour, et envoya *Naka hara-no Kaghe yosi* et *Tada sane* à Kama koura, pour apporter à Yori tomo la nouvelle qu'il était nommé *Siô i daï seogoun* (Tching i ta tsiang kiun), ou grand général qui combat les barbares.

Le 8ᵉ mois naquit le second fils de Yori tomo, qui reçut le nom de *Sane tomo* (Chỹ tchao).

Le 4ᵉ mois de la 4ᵉ année (1193), Yori tomo alla chasser à *Na sou no* (No sieu ye).

Le 5ᵉ mois, il prit cet exercice à *Aï sawa* (Lun tsë) dans la province de Sourouga, et ensuite à *Fousi no*. A cette occasion, le Souga-no su rô *Souke nari*, et son frère cadet le Go rô-no *Toki moune*, entrèrent furtivement pendant la nuit dans l'endroit où dormait *Souke tsoune*, et le poignardèrent parce qu'il était l'ennemi de leur père. Ensuite ils pénétrèrent dans l'appartement de Yori tomo, et tuèrent plusieurs de ses gens. Yori tomo fut fort effrayé de cet attentat nocturne. *Nitsouka-no Tada tsoune* égorgea Souke nari, mais Toki moune se défendit vaillamment. Yori tomo voulut se battre avec lui, mais il fut retenu par *Otomo-no Yosi nao*. Un de ses gens, nommé *Go rô marou*, homme très-fort, saisit Toki moune, et le mena garrotté devant Yori tomo, qui le fit mettre à mort. Il était âgé de 20 ans; son frère Souke nari en avait 22.

Le 7ᵉ mois, *Yoko yama Toki firo* fit présent à Yori tomo d'un cheval haut de neuf pieds, qui était né dans la province d'Awatsi. Yori tomo l'envoya aux pâturages de *Sofi-no bama*, dans l'Oziou.

Le 8ᵉ mois, le prince de Mikawa *Nori yori*, soupçonné de vouloir se révolter, se justifia par serment. Cependant comme Yori tomo avait des raisons assez fortes pour se méfier de lui, il l'envoya en exil dans la province de Idzou, où quelque temps après il fut massacré avec tous ceux qui y étaient avec lui.

Le 12ᵉ mois, *Yori tomo* envoya *Minamoto-no Kore yosi*, prince de Sagami, en députation au temple d'*Atsou ta* (Jé thian), dans l'Owari, pour y offrir un cheval de race en présent. La mère de ce prince était fille du Daïgouzi *Souye nori*.

Le 3ᵉ mois de la 5ᵉ année (1194), une bande de malfaiteurs tâcha de mettre le feu au daïri. *Minamoto-no Yori kane*, gouverneur du palais, les fit saisir et punir de mort.

On découvrit, le 8ᵉ mois, que le Yasda Totomi-no kami *Yosi sada* voulait exciter une révolte; elle fut prévenue par son exécution.

Le 9ᵉ mois, on célébra dans le temple *Kô bouk si* une grande fête, à laquelle assistèrent le Kwanbak *Kane sane*, et un grand nombre d'officiers subalternes. Yori tomo fit présent d'un cheval et d'un sabre à la déesse du temple *Daï sin gou*, dans le Ize.

Le 2ᵉ mois de la 6ᵉ année (1195), Yori tomo se rendit à Miyako, pour assister à la fête du temple Tôdaïsi. Son épouse *Taïra-no Masa go* et son fils aîné *Yori ye* l'accompagnaient. La fête eut lieu au 3ᵉ mois. Le Daïri y vint accompagné d'une grande suite. Yori tomo y parut aussi, et présenta au temple en offrande dix chevaux, cent mille *kokf* (chў) de riz, mille onces d'or, et mille pièces de soieries. Le temple était gardé par ses soldats; les prêtres eurent une dispute avec eux; elle fut cependant apaisée par *Yuki-no Tomo mitsi*. Après la fête, le Daïri retourna à sa cour accompagné de Yori tomo.

Le même mois, le Nadaïsin de Naka yama *Tada tsika* mourut. Il avait composé plusieurs ouvrages, tels que le *San kwai ki* (Chan houaï ki), et le *Midzou kagami* (Choui kian), ou le Miroir des eaux.

Le 4ᵉ mois, *Yori tomo* traversa en cérémonie la ville de Miyako, et visita plusieurs temples. Le Daïri lui envoya le Tsiounagon *Fousiwara-no Tsoune fousa* pour le complimenter.

Le 6ᵉ mois, *Yori ye* vint au daïri. Dans le même mois, Yori tomo retourna avec son épouse et son fils à Kama koura.

Le 11ᵉ mois, le Daïnagon *Fousiwara-no Yosi tsoune*, second fils de Kane sane, fut nommé Nadaïsin. Son épouse était fille de Yosi yasou, et nièce de Yori tomo.

Le 4ᵉ mois de la 7ᵉ année (1196), le Sansio-no Sadaïsin *Sane fousa* quitta cette place, et se rasa la tête.

Le 11ᵉ mois, *Kane sane* cessa d'être Kwanbak, et fut remplacé par l'ancien régent *Moto mitsi*.

Le même mois, *Fousiwara-no Kane fousa* reçut sa démission de l'emploi de Taïziô daïsin.

Le 4ᵉ mois de la 8ᵉ année (1197), le Daïri fit une visite à sa mère, à *Sits sio-no in*.

Le 12ᵉ mois, *Minamoto-no Yori ye* obtint le second rang de la cinquième classe, et fut nommé grand général de la droite.

Le 1ᵉʳ mois de la 9ᵉ année (1198), le Daïri résigna l'empire à son fils *Tame fito*, et prit le titre de *Taï ziô ten o*, après un règne de 15 ans; savoir 1 avec le nengo *Ghen riak*, 5 avec celui de *Boun zi*, et 9 avec celui de *Ken kiou*.

LXXXIII. DAÏRI 院門御土 TSOUTSI MIKADO-NO IN.

(De 1199 à 1210 de J. C.)

Nengo
- 洽正 *Ziô zi* (Tching tchi), de 1197 à 1200,
- 仁建 *Ken nin* (Kian jin), de 1201 à 1203,
- 久元 *Ghen kiou* (Yuan kicou), de 1204 à 1205,
- 永建 *Ken yeï* (Kian young), 1206,
- 元承 *Ziô ghen* (Tching yuan), de 1207 à 1210.

TSOUTSI MIKADO-NO IN (Thou yu men yuan) était le fils aîné de Go toba-no in, et nommé avant son avènement au trône *Tame fito* (Wcï jin). Sa mère *Minamoto-no Ari ko* (Yuan Tsaï tsu) portait comme impératrice le titre de *Seô meï mon in* (Tchhing ming men yuan); elle était fille de *Fo in-no yen*, mais adoptée par le Nadaïsin *Minamoto-no Mitsi tsika*. Tame fito naquit le 12ᵉ mois de la 6ᵉ année du nengo *Ken kiou* (1196), fut nommé Taïsi le 1ᵉʳ mois de la 9ᵉ année (1198), et proclamé Daïri le 3ᵉ mois, à l'âge de 4 ans. Le Ko-no ye-no Kwanbak *Fousiwara-no Moto mitsi* fut Sets ziô ou régent. Le Daïri Go to ba-no in prit le titre de *Taï ziô ten o*, et surveilla dans le palais impérial l'exécution des lois de l'empire; mais ce fut *Minamoto-no Yori tomo*, établi dans le Kwantô, qui gouverna réellement. Il assista le Daïri en tout, et exécuta ses ordres.

Le 10ᵉ mois, le Tsiounagon *Fousiwara-no Yosi yasou*, gouverneur de Miyako, mourut âgé de 52 ans.

Le 11ᵉ mois, *Fousiwara-no Kane masa* Oudaïsin du palais Kwa san-no in, fut nommé Sadaïsin, et l'Oo i-no go mon-no Daïnagon *Fousiwara-no Yori sane* Oudaïsin.

Le 12ᵉ mois, *Ina ghe-no sanbró Sighe nari*, noble [1] de la province de Sagami, fit construire un pont sur la rivière Sagami, en l'honneur de son épouse défunte, fille de *Fósio toki masa*, et sœur aînée de la femme de Yori tomo. L'ouvrage étant achevé, Yori tomo alla visiter ce pont. A son retour, il tomba de cheval; cette chute lui occasionna une maladie. Selon l'opinion vulgaire, les ames courroucées de *Yosi tsoune* et de *Yuki ye* lui avaient suscité ce malheur. On disait aussi que celle d'*An tok ten o* lui avait apparu au cap *Ina moura ga saki* (Tao tsun khi); mais ce récit est considéré comme une fable.

Le 11 du 1ᵉʳ mois de la 1ʳᵉ année du nengo *Ziô zi* (1199), le Seï ye daï seogoun du premier rang de la seconde classe, Souki-no Dainagon, grand général de la gauche, *Minamoto-no Yori tomo*, se fit raser la tête parce qu'il se sentait fort mal, et mourut le 13, à l'âge de 53 ans. Il avait gouverné l'empire depuis la 4ᵉ année du nengo *Zi ziô*, ou pendant 20 ans. Sa femme *Taïra-no Masa go* se fit religieuse. Son fils *Yori ye*, général en second de la gauche, lui succéda, à l'âge de 18 ans. Son grand-père *Fósio-no Toki masa* fut nommé *Sits ken* (Chў khiuan). Du vivant de Yori tomo, il avait déjà été *Fo sa* (Fou tso), qui est une des charges les plus distinguées, et qui consiste à faire exécuter les ordres donnés par le généralissime. La considération et les égards qu'on avait pour Toki masa, s'accrurent de jour en jour au point que personne dans l'empire ne lui était comparable. Son fils *Yosi toki* avait autant de talens que le père.

Le 20 de ce mois, *Yori ye* fut nommé Satsiouseo, ou général en second de la gauche. Le 26, il obtint tous les emplois de Yori tomo, et le Daïri le chargea d'envoyer ses gens dans les différentes provinces, pour les garder.

Le 2ᵉ mois, les sacrifices *Siyak ten* et ceux de *O fara no* furent suspendus à cause de la mort de Yori tomo. Celui qu'on offrait au dieu Fatsman à *Tsourouga oka* fut également différé d'un mois.

Le 4ᵉ mois, *Yori ye* fit construire un nouveau tribunal d'audience en dehors du mur de son palais. *Miosi-no Yosi nobou* y fut placé comme grand-juge; il devait examiner toutes les requêtes du peuple, et y faire droit conformément aux lois. Depuis ce moment, Yori ye négligea les affaires du gouvernement. Ses officiers *Toki masa*, *Firo moto*, *Yosi nobou*, *Miwoura-no Yosi zoumi*, *Yata-no Tomo ye*, *Wada-no Yosi mori*, *Kasiwara-no Kaghe toki*, *Fiki-no Yosi kasou*

---

(1) Dans le texte 士 *sabouraſi* ou *sabourai*, en chinois *szu*. Les vocabulaires japonais et portugais imprimés au Japon traduisent ce mot par « *Fidalgo, homem honrado.* » — Kʟ.

et *Tôkouró-no Mori naga* composaient le conseil d'état, dans lequel tout était discuté et décidé : le chef de Kamon *Fousiwara-no Tsika yosi* devint gouverneur de Miyako.

Yori ye avait quatre officiers de confiance, *Ogasa wara-no Ya taï ró*, *Fiki-no san ró*, *Fiki-no Yasiró*, et *Naka no-no go ró*: personne autre ne pouvait l'approcher. Quels que fussent les crimes commis à Kama koura, il était impossible par les intrigues de ces favoris de s'en plaindre au Seogoun.

Le prêtre *Taka o-no Mongak* (Kao hioung Wen kiŏ) ourdit un complot pour faire monter au trône le deuxième fils de Go to ba-no in. Ses menées furent découvertes, et il fut exilé dans l'Oki. Son disciple *Rok daï zen si* (Loŭ taï chen szu), fils de *Taïra-no Kore mori*, qui était son complice, fut exécuté.

Le 5ᵉ mois, le prêtre *Sioun zeo* (Tsiun jeng) partit pour la Chine.

Le 6ᵉ mois, *Kane masa*, Sadaïsin du palais Kwa san-no in, eut sa démission, l'Oudaïsin *Fousiwara-no Yori sane* devint Taïziô daïsin, le Nadaïsin *Fousiwara-no Yosi tsoune* Sadaïsin, le Daïnagon *Fousiwara-no Ye sane* Oudaïsin, et le Daïnagon *Minamoto-no Mitsi tsika* Nadaïsin.

Le 8ᵉ mois, Yori ye débaucha une des femmes d'*Atatsi-no Kaghe mori*, qui pour cela devint son ennemi. *Kaghe toki* épia sa conduite, et le condamna à mort ; mais par l'intercession de Taïra-no Masa go, mère de Yori ye, il lui fit grâce de la vie.

Le 10ᵉ mois, le rusé *Kaghe toki* excita la colère de Yori ye contre *Youki-no Tomo mitsi*, qui en ayant été informé, en fut très-surpris ; alors il s'aboucha à *Tsourouga oka* avec *Wada-no Yosi mori*, *Miwoura-no Yosi moura*, *Tokouró-no Mori naga*, *Tsi fa-no souke Tsoune tane*, *O yama-no Tomo masa*, *Fatake yama-no Sighe tada*, et plusieurs autres officiers du Seogoun, au nombre de soixante-six, pour concerter sur ce qu'il y avait à faire contre Kaghe toki. Ils écrivirent une lettre à Yori ye, munie du cachet de chacun d'eux, par laquelle ils lui révélèrent les forfaits et les crimes de ce dernier. Dès que Kaghe toki en eut connaissance, il quitta Kama koura, et s'enfuit dans la province de Sagami, où il se tint caché dans le temple *Itsi-no miya* (Y koung).

Le 11ᵉ mois, Yori ye alla chez *Fiki-no Yosi kasou*, pour s'amuser au jeu de paume qu'il aimait beaucoup ; il était amoureux de la fille de Yosi kasou, qui pour cette raison jouissait d'une haute faveur et d'une grande considération.

Le 12ᵉ mois, *O yama-no Tomo masa* fut créé prince de Farima, et gouverneur de Miyako.

Le 1ᵉʳ mois de la 2ᵉ année (1200), *Kaghe toki* trama une révolte ; il promit des emplois considérables à *Take da-no Ari yosi* de la famille de Minamoto et demeurant dans le Kaï, s'il voulait l'aider à se rendre maître du Tsoukousi.

Mais en traversant la province de Sourouga, il fut attaqué par les troupes impériales, et tué ainsi que ses fils *Kaghe souye*, *Kaghe taka*, *Kaghe mitsi*, et tous leurs gens. Ari yosi, et un grand nombre de ses complices, tous gens du peuple, périrent de même en différens endroits.

Le 2ᵉ mois, *Masa go*, mère du Seogoun, fonda à Kama koura le temple *Ziou fouk si* (Cheou foŭ szu); le prêtre *Yeï saï* (Young si) y fut installé comme supérieur.

Le 3ᵉ mois, *Fosio-no Toki masa* fut nommé prince d'Omi.

Le 7ᵉ mois, le Sadaïsin du palais Kwa san-no in *Kane masa* mourut à l'âge de 53 ans.

Le 10ᵉ mois, Yori ye fut avancé au second rang de la troisième classe, et reçut le titre de *Sayemon-no kami*.

Le 11ᵉ mois, on découvrit que *Kasiwabara-no Yosabró*, commandant de la province d'Omi, avait enfreint les ordres du Daïri : Yori ye le fit mettre à mort par ordre de l'empereur.

Dans le même temps, un nommé *Siba ta*, qui méditait une révolte dans la province Oziou, fut sur les ordres du Daïri tué par les gens de Yori ye.

Le 1ᵉʳ mois de la 1ʳᵉ année du nengo *Ken nin* (1201), le Daïri, accompagné des gouverneurs de Miyako *O yama-no Tomo masa* et *Sasaki-no Tada tsouna*, fit une visite à son père. *Siro-no Naga mit si* profita de cette occasion pour attaquer la demeure de Tomo masa; mais il fut repoussé par les gens de celui-ci et s'enfuit à Kama koura. Tomo masa le fit poursuivre, il fut saisi et massacré avec son complice *Taka fira*, frère cadet de *Yasou fira*. Naga mitsi était né dans la province de Yetsigo; son frère cadet *Soukou mori*, qui y demeurait, se fortifia dans le château *Tori saka-no seki* (Niao pang tching). Les troupes des provinces de Yetsigo et de l'île de Sado l'y attaquèrent pour le faire périr; mais sa tante *Fangakf* (Pan ngĕ) défendit le château si vaillamment, qu'un grand nombre des assiégeans fut percé par les flèches et périt.

Le 4ᵉ mois, Yori ye ordonna à *Sasaki-no Mori tsouna* d'attaquer le château. Mori tsouna le prit et fit Fangakf prisonnière; Soukou mori échappa. Fangakf fut conduite à Kama koura, où, quoique très-laide, *Asari-no Yosi to* l'épousa à cause de son grand courage.

Le 7ᵉ mois, Yori ye s'étant diverti pendant cent jours au jeu de paume, fit venir de Miyako *Yuki kaghe* qui y excellait, et le prit pour maître. Cet amusement devint son occupation journalière, et lui fit négliger les affaires. Malgré les représentations de *Fosio-no Yasou toki*, fils de Yosi toki et petit-fils de Toki masa, il refusa de renoncer à ce divertissement.

Le 12ᵉ mois, le Daïri fonda le *Wa ka sio* (Ho ko so) ou l'habitation de la chanson japonaise. *Minamoto-no Ye naga* y eut sa demeure pour revoir les chansons qu'on faisait à la cour; *Fousiwara-no Kiyo nori, Kama-no Naga akira* et *Fousiwara-no Fide yosi* s'y assemblèrent pour en faire et les présenter au Daïri, qui les aimait beaucoup.

Le Oo fi souke, ou directeur en second de la cuisine du Daïri, *Nitsi da-no Yosi sighe*, qui était du second rang de la cinquième classe, mourut le 1ᵉʳ mois de la 2ᵉ année (1222).

Le 6ᵉ mois, le temple de *Ken nin si* (Kian jin szu) fut fondé; le prêtre *Yeï saï* s'y transporta. Ce fut alors que la doctrine de l'observance *Zen sió* (Chen tsoung) se répandit dans l'empire.

Le 7ᵉ mois, *Yori ye* obtint le second rang de la seconde classe, et fut créé *Seï daï seogoun*.

Le 10ᵉ mois, le Kouga-no Nadaïsin *Minamoto-no Mitsi tsika* mourut, âgé de 54 ans; il fut remplacé par le Daïnagon *Fousiwara-no Taka tada*.

Le 12ᵉ mois, Moto mitsi fut destitué de la place de régent, et remplacé par le Sadaïsin *Yosi tsoune*, homme d'un grand savoir, excellent chansonnier japonais et bon poëte en chinois.

Le 5ᵉ mois de la 3ᵉ année (1203), *Kawano-no fokio zen zeó* (O ye fă khiao thsiuan tchhing), oncle de Yori ye, se révolta dans la province de Sourouga, mais il fut exécuté aussitôt qu'on eut la nouvelle de sa révolte.

Le 6ᵉ mois, Yori ye alla chasser dans la province de Idzou. Il y ordonna à *Wada-no Tane naga* d'entrer dans la caverne à *I tó-no saki* (I toung khi), où un grand serpent avait établi sa demeure, et de le tuer. Du Idzou il se rendit dans le Sourouga, pour chasser, et fit visiter par *Nitsouda-no Tada tsoune* la *Caverne des hommes*[1] de la montagne de *Fousi*.

Le 8ᵉ mois, Yori ye tomba gravement malade. Il donna alors à son fils *Itsi man* (Y fan) les vingt-huit provinces situées à l'est du défilé fortifié d'*Asi kaga-no seki* (Siang pan kouan), et à son fils cadet *Sane tomo* les trente-huit provinces qui sont à l'ouest. *Fósio-no Yosi kasou*, grand-père de Itsi man, fut indigné de ce partage inégal, et de la préférence marquée pour Sane tomo; il

---

(1) Cette grotte appelée 穴人 *Fito ana* (Jin hiuĕ) ou la caverne des hommes, est au pied du mont *Fousi-no yama*. Elle est très-profonde et escarpée. *Tada tsoune* y entra avec cinq personnes, et y resta pendant un jour et une nuit. En sortant, il raconta qu'il y faisait très-obscur, et qu'ils avaient eu de la peine à retrouver le chemin par lequel ils étaient entrés. Il y avait parcouru dix *ri* avant d'arriver à l'extrémité, où il avait trouvé un courant d'eau très-profond. La caverne était remplie de chauves-souris qui se jetaient à la tête et à la figure des hommes. Le courant d'eau formait une forte rivière qu'il fut impossible de passer sans bateau et sans pont; ce qui fit retourner Tada tsoune sur ses pas. — Voyez *Grande Encyclopédie japonaise*, vol. LXIX, fol. 6 recto.—Kl.

résolut donc de mettre son petit-fils en possession de toutes les provinces, en se défaisant en secret de Sane tomo et de tous ses parens.

Le 9ᵉ mois, il conseilla secrètement à Yosi ye de les égorger tous, et de donner la totalité des provinces à *Itsi man*, pour que le repos de l'empire ne fût pas troublé; mais Masa go, mère de Sane tomo, étant aux écoutes derrière un paravent, en informa directement *Toki masa*, qui fit venir Yosi kasou, sous prétexte de lui parler d'affaires ecclésiastiques, et le fit tuer par *Ama no-no To kaghe* et *Nitsou da-no Tada tsoune*. A la nouvelle de ce meurtre, *Moune tomo*, fils de Yosi kasou, assembla tous ses parens, et se porta avec eux au palais d'Itsi man. Toki masa manda en toute hâte *Yosi toki, Yasou toki, Fatake yama-no Sighe tada* et *Wada-no Yosi mori* avec leurs gens, et les chargea de tuer Moune tomo et ses parens. Celui-ci voyant le palais investi, y mit le feu, et périt dans les flammes avec Itsi man et une partie de ses adhérens; le reste fut tué.

Yosi ye, furieux de cet événement, ordonna à *Wada-no Yosi mori* et à *Nitsou da-no Tada tsoune* d'ôter la vie à Toki masa; le premier, qui était ami de ce dernier, n'obéit point; l'autre fut tué. Alors Yosi ye, d'après le conseil de Masa go, se fit raser la tête et devint prêtre, après avoir gouverné l'empire pendant 5 ans.

Toki masa conféra aussitôt le commandement, avec le consentement de tous les autres officiers de Yori tomo, à *Sane tomo*, qui reçut du Daïri le second rang de la cinquième classe, et le titre de Ziô daï seogoun. Toki masa devint Sets zio ou régent.

Le 10ᵉ mois, *Sane tomo*, âgé de 12 ans, se fit revêtir de la robe virile par le prince de Mousadzi *Minamoto-no Yosi nobou*, et raser les cheveux autour de la tête par Toki masa; il commença aussi alors à monter à cheval, et à porter un casque. *Yosi ye* fut relégué au temple *Ziou zen si* (Sieou chen szu), dans la province de Idzou.

Le 11ᵉ mois, *Wada-no Tsoune mori* fut envoyé par Sane tomo au temple *Iwasi midzou*, pour y présenter une offrande de chevaux.

Le 12ᵉ mois, le Daïri alla à l'édifice *Wa ka sio*, pour y célébrer le 90ᵉ anniversaire de la naissance du poëte *Fousiwara-no Tosi nari nudo siyak a*; celui-ci mourut l'année suivante.

Le 1ᵉʳ mois de la 1ʳᵉ année du nengo Ken kiou (1204), *Sane tomo* commença l'étude du livre *Ko kio* (Hiao king), sous la direction de *Naka wara-no Naka kane*, à qui il fit présent d'un sabre et de poudre d'or.

Le 2ᵉ mois, le Daïri se rendit au temple *Ten o si* (Thian wang szu).

Le 5ᵉ mois, il créa Sane tomo général en second de la droite.

Le 4ᵉ mois, *Tomi da-no Moto mori* et *Mioura-no Mori toki*, de la famille Fcïke, effectuèrent une révolte dans la province de Idzou, et s'en rendirent maîtres ainsi que de la province de Iga. Le prince de Mousadzi *Minamoto-no Tomo masa*, gouverneur de Miyako, y expédia tout de suite des troupes qui les tuèrent et dispersèrent tous leurs adhérens. Tomo masa était gendre de Toki masa; il s'acquit une grande réputation dans cette occasion.

Le 7ᵉ mois, Sane tomo et Toki masa dépêchèrent à Idzou des hommes qui égorgèrent Yori ye, dans le temple *Ziou zen si*. Il avait alors 23 ans. Ses gens tâchèrent d'exciter une émeute; mais ils furent taillés en pièces par les soldats que *Fósio Yosi toki*, prince de Sagami, y avait envoyés.

Le 10ᵉ mois, Sane tomo chargea *Fósio-no Masa nori*, *Tomo mitsi* et *Fatake yama-no Sighe yasou* d'aller à Miyako recevoir la fille du Bô mon-no daïnagon *Fousiwara-no Nobou kiyo*, qu'il devait épouser.

Le 12ᵉ mois, les deux premiers retournèrent avec elle dans le Kwan tô; Sighe yasou resta à Miyako, où il mourut.

Le même mois, *Yori sane* perdit la charge de Taïziô daïsin, et fut remplacé par le régent *Yosi tsoune*. Le Kono ye-no Oudaïsin *Ye sane* devint Sadaïsin, et le Nadaïsin *Taka tada* Oudaïsin.

Dans le courant du même mois, le Daïri fit quelques chansons japonaises, qu'on conserva dans les temples de *Iwasi midzou*, de *Kamo*, et de *Soumi yosi*.

Le 1ᵉʳ mois de la 2ᵉ année (1205), le Daïri prit la robe virile à l'âge de 11 ans. Le même mois, *Sane tomo* fut nommé général du milieu de la droite, et reçut le premier rang de la cinquième classe.

Le 3ᵉ mois, Miyako et toute la province de la cour (Ki naï) furent dévastés par un ouragan terrible; ce désastre fut attribué au prêtre *Yeï saï*, pour avoir introduit la doctrine *Zen siô* dans le Japon. Le Daïri en ayant été instruit, le fit chasser de la capitale; mais il obtint dans la suite la permission de revenir à Miyako.

Le 6ᵉ mois, Toki masa, à l'instigation de *Maki-no On kata*, son épouse, fit assassiner *Fatake yama-no Sighe yasou*, fils de Sighe tada. Sighe yasou étant allé l'année précédente à Miyako pour emmener la fiancée de Sane tomo, eut une dispute avec *Minamoto-no Tomo masa*, l'un des gouverneurs de la capitale. Ce dernier ne s'en tira pas avec honneur. Mani-no On kata, qui aimait beaucoup son gendre Tomo masa, en ayant été informée, fut fort irritée contre Sighe yasou et anima constamment son mari contre lui. *Inaghe-no Sighe nari* vivait en mauvaise intelligence avec Sighe tada, et quoique son parent, il se réunit contre lui avec l'épouse de Toki masa. Ils formèrent plusieurs projets pour se défaire de Sighe tada et de son fils; ils réussirent enfin en répandant des calomnies et de faux rapports sur le compte de Sighe yasou. Sighe masa vivait dans la province de Mousadzi; Toki masa l'appela à Kama koura, mais il n'y vint point; alors des troupes, sous le commandement de Yosi toki, furent dépêchées à *Foutamada gawa* pour l'arrêter. On combattit; Sighe tada fut tué dans l'action, mais Sighe nari y perdit également la vie, sans que personne se doutât qu'il avait conspiré avec Maki-no on kata, épouse de Toki masa, contre les jours de son parent.

Sane tomo se trouvant au 7ᵉ mois dans la maison de Toki masa, Maki-no on kata excita son mari à le tuer, et à élever son gendre Tomo masa à la dignité de Seogoun. *Masa go,* mère de Sane tomo, en eut quelque soupçon, vint en hâte le prendre, et le conduisit à la demeure de *Yosi toki,* qu'elle fit garder par toutes les troupes de Kama koura : Toki masa voyant ses desseins découverts, se rasa la tête, se rendit à *Fô sio,* dans la province de Idzou, et y vivait dans la retraite. Sane tomo chargea Yosi toki de le mettre à mort; mais à sa prière, Toki masa resta exilé avec sa femme dans le Idzou. L'influence de Yosi toki augmenta depuis de jour en jour. Sur ses ordres, Tomo masa fut tué à Miyako par les troupes.

Le 8ᵉ mois, *Outo-no miya-no Yori tsoune* ourdit une révolte; ses desseins ayant été découverts, Yosi toki chargea *O yama-no Tomo masa*[1] de l'en punir; mais Yori tsoune demanda grâce de la vie, se rasa la tête, et obtint son pardon.

Comme *Sane tomo* aimait la poésie japonaise, *Fousiwara-no Sada ye* lui fit présent le 9ᵉ mois d'une nouvelle collection de vers anciens et modernes, intitulée : *Zin ko kon si* (Sin kou kin tsi).

Le 11ᵉ mois, le Daïnagon *Fousiwara-no Sane moune* fut nommé Nadaïsin.

Le 12ᵉ mois, *Zenzaï* fils de Yori ye, cédant aux conseils de Masa go, sa grand'mère, se rangea sous la discipline du prêtre *Son keou* (Tsun hiao), dans le temple de *Tsourouga oka* (Ho yo). *Sane tomo* l'adopta depuis; mais ensuite il embrassa de nouveau l'état ecclésiastique, et prit le nom de *Kô keou* (Koung hiao).

Le 2ᵉ mois du nengo *Kin yeï* (1206), Sane tomo reçut le second rang de la quatrième classe.

Le 3ᵉ mois, le Daïri voulut aller chez le régent *Yosi tsoune,* mais dans la nuit précédant le jour destiné à cette visite, une personne inconnue s'y était introduite secrètement, et, passant une lance par le plafond, avait percé Yosi tsoune. On ne put découvrir l'auteur de ce forfait. Yori tsoune était alors

---

(1) Le nom de ce *Tomo masa* s'écrit avec les caractères chinois 政朝 (Tchao tching), tandis que celui du *Tomo masa* duquel il a été question jusqu'ici s'écrit 雅朝 (Tchao ya). — Kʟ.

âgé de 38 ans. Le Kon ye-no sadaïsin *Ye sane* lui succéda comme régent. *Fousiwara-no Sane moune* fut destitué de la place de Nadaïsin, et remplacé par le Daïnagon *Fousiwara-no Tada tsoune*.

Le 12ᵉ mois, *Ye sane* cessa d'être régent, et fut nommé Kwanbak.

Le 1ᵉʳ mois de la 1ʳᵉ année du nengo *Zioghen* (1207), *Sane tomo* obtint le premier rang de la 4ᵉ classe: *Fósio-no Toki fousa* fut créé prince de Mousadzi.

Le 2ᵉ mois, l'Oudaïsin *Taka tada* devint Sadaïsin, le Nadaïsin *Tada tsoune* Oudaïsin, et le Daïnagon *Fousiwara-no Mitsi tsoune* Nadaïsin.

Dans le même mois, le prêtre *Ghen kô* (Yuan khoung) fut exilé dans le Sanouki. Il avait pris le nom de *Fo nen* (Fă jen), il établit sa demeure à *Kouro dani* (Hĕ kŭ), où il répandit la doctrine *Zioô do siô* (Thsing thou tsoung)¹, et eut beaucoup de sectateurs; dans le nombre se trouvait une femme de la cour du Daïri, laquelle se fit religieuse. Ce fut ce qui causa la grande colère de l'empereur contre Ghen kô. Son disciple *Anrak Dziou ren* (Ngan lỏ tchu lian) fut mis à mort.

Le 4ᵉ mois, le Kousio saki-no Kwanbak et Taïziô daïsin *Fousiwara-no Kane sane* mourut, âgé de 61 ans.

Le 2ᵉ mois de la 2ᵉ année (1208), *Sane tomo* eut des pustules au visage.

Le 6ᵉ mois, le Daïri visita le temple de *Kouma no*.

Le 7ᵉ mois, le Nadaïsin *Mitsi tsoune* fut nommé Oudaïsin, et remplacé par le Daïnagon *Fousiwara-no Yosi souke*.

Le 9ᵉ mois, *Kouma ye-no Nao zane* mourut à Kouro dani.

Le 10ᵉ mois, la princesse Masa go vint à Miyako, et pria dans le temple de *Kouma no*.

Le 12ᵉ mois, elle retourna à Kama koura.

Dans le courant du même mois, *Sane tomo* obtint le premier rang de la quatrième classe.

Le 3ᵉ mois de la 5ᵉ année (1209), *Mitsi tsoune* perdit la place d'Oudaïsin.

Le 4ᵉ mois, le Nadaïsin *Yosi souke* devint Oudaïsin, et le Daïnagon *Fousi-*

---

(1) 宗土淨 *Zioô do siô*, en chinois *Thsing thou tsoung*, ou l'observance du pays de la pureté (c'est-à-dire de la patrie de Bouddha) fut alors introduite au Japon. Cette observance y fut postérieurement modifiée, et divisée en deux branches, dont la première reçut le nom de 義流西鎭 *Zin zeï riou ghi* (Tchin si lieou i) ou secte de Tchin si, et l'autre, celui de 義流山西 *Seï zan riou ghi* (Si chan lieou i) ou secte de la montagne occidentale, d'après un temple de ce nom, dans le palais même du Daïri. 空源 *Ghen kô* était natif de 州作 *So tsiou*; il mourut en 1212, âgé de 80 ans. En l'année 1697, il obtint le titre posthume de 師大光圓 *Ghen kwô dai si* (Yuan kouang ta szu). — Kl.

wara-no Kin tsougou Nadaïsin : *Sane tomo* obtint le second rang de la troisième classe, et fut nommé général du milieu de la droite, le 5ᵉ mois.

Le 7ᵉ mois, Sane tomo fit une chanson japonaise, qu'il envoya à Fousiwara-no Sada ye. Celui-ci lui présenta en échange l'histoire secrète de la famille des *Sada ye*, rédigée d'après les traditions orales.

Le 5ᵉ mois de la 4ᵉ année (1210), le Daïri alla au temple de *Kouma no*. Le 7ᵉ mois, le Daïri attacha Fide yasou, prince de Kadzousa, à la cour. Le 8ᵉ mois, il se rendit au temple *Kasou ga*.

Le 9ᵉ mois, il parut une comète dont la queue avait trois pieds de long.

Le 11ᵉ mois, ayant atteint l'âge de 16 ans, le Daïri, sur les représentations de son père, et sans aucune raison particulière, céda l'empire à son frère cadet *Mori nari*. Son règne a duré 12 ans; savoir 2 avec le nengo *Zio si*, 3 avec celui de *Ken nin*, 2 avec celui de *Ghen kio*, 1 avec le nengo *Ken yeï*, et 4 avec celui de *Zio ghen*.

LXXXIV. DAÏRI 院德順 ZIOUN TOK IN.

(De 1211 à 1221 de J. C.)

Nengo
- 曆建 *Ken riak* (Kiun lỹ), 1211 et 1212,
- 保建 *Ken fo* (Kian pao), de 1213 à 1218,
- 久承 *Zió kiou* (Tchhing kieou), de 1217 à 1221.

ZIOUN TOK IN (Chun tĕ yuan) était troisième fils de Go To ba-no in; il portait le nom de *Mori nari*. Sa mère, l'impératrice Zou meï mon in *Fousiwara-no Sighe ko*, était fille du Sadaïsin Nori souye. Mori nari avait été nommé Taïsi le 4ᵉ mois de la 2ᵉ année du nengo *Zio zi*. Le 2ᵉ mois de la 2ᵉ année du nengo *Zio ghen*, il avait pris la robe virile. Le 11ᵉ mois de la 4ᵉ année, *Tsoutsi mikado-no in* résigna, et Mori nari fut proclamé Daïri à l'âge de 14 ans. Le Kono ye-no Sadaïsin *Ye sane* conserva l'emploi de Kwanbak. Go To ba-no in, l'ancien Daïri, reçut alors les titres de *Itsi in* et de *Fo in*; il eut la direction des affaires. Tsoutsi mikado-no in obtint le titre de *Sin in*, et fut éloigné de l'administration.

Le 1ᵉʳ mois de la 1ʳᵉ année du nengo *Ken riak* (1211), Sane tomo obtint le premier rang de la troisième classe.

Le 2ᵉ mois, le prêtre *Ziun zeó* (Tsiun tchhing) revint de la Chine. Il fonda le temple *Sen you si* (Thsiuan young szu), et fut le premier qui répandit la doctrine *Rits sió* (Lin tsoung) dans l'empire (voyez page 95).

Le 7ᵉ mois, *Sane tomo* étudia l'ouvrage chinois intitulé *Zió kwan seï yô* (Tching khouon tching yao) [1].

Le 9ᵉ mois, *Fousiwara-no Sada ye* fut élevé au second rang de la troisième classe.

Le 10ᵉ mois, *Kamo-no Naga akira* (Kiä Tchhang ming) arriva à Kama koura pour rendre ses hommages à Sane tomo, et pour prier sur la tombe de Yori tomo.

Le même mois, *Fousiwara-no Taka tada* fut renvoyé de la place de Sadaïsin, l'Oudaïsin *Fousiwara-no Yosi souke* lui succéda, le Nadaïsin *Fousiwara-no Kin tsougou* fut nommé Oudaïsin, et le Bô mon-no Daïnagon *Fousiwara-no Nobou kiyo*, beau-père de Sane tomo, Nadaïsin.

Le 12ᵉ mois, *Sougawara-no Tame naga* fut élevé au second rang de la troisième classe. Il était arrière-petit-fils de Kan seo sio, et très-instruit.

Le 1ᵉʳ mois de la 2ᵉ année (1212), le prêtre *Ghen kô* ou *Fo nen* mourut à Kouro dani. L'année précédente, il avait obtenu la permission de revenir à Miyako.

Le 4ᵉ mois, Sane tomo fonda le temple *Daï zi si* (Ta thsu szu).

Le 6ᵉ mois, *Fousiwara-no Nobou kiyo* reçut sa démission de la charge de Nadaïsin, et fut remplacé par le Daïnagon *Fousiwara-no Mitsi ye*, petit-fils de Kane sane, et fils du Notsi-no Kiô gok Sets zio *Yosi tsoune*. Le même mois, il fut envoyé par le Daïri vers Sane tomo, pour presser la construction du nouveau palais *Kan in-no o kio* (Hian yuan yu khiu).

Le 12ᵉ mois, *Sane tomo* fut élevé au second rang de la seconde classe.

Le 1ᵉʳ du 1ᵉʳ mois de la 1ʳᵉ année du nengo *Ken fo* (1213), il y eut un tremblement de terre à Kama koura.

Dans le courant du mois Sane tomo alla faire ses prières aux temples de *Fako ne* et de *Mi sima*. Depuis le temps de Yori tomo, les Seogoun s'y étaient déjà rendus plusieurs fois dans ce but.

Le 2ᵉ mois, le prince de Idzoumi *Tsika fira* forma en secret le dessein d'élever *Tsi zio*, fils de Yori ye, à la dignité de Seogoun, et de détruire la famille des Fôsio. Il était soutenu par plus de cent trente militaires, qui y avaient été excités par des lettres que le prêtre *An nen* avait écrites. Le Tsi fa-no souke *Nari tane* fit arrêter ce prêtre, et l'envoya à Yosi toki; il fut torturé, et nomma tous ses complices. Un mandat d'amener fut lancé contre Tsika fira et ses complices; mais il tua les hommes dépêchés pour se saisir de lui, et parvint à se sauver; cependant ses compagnons furent arrêtés et exilés.

---

(1) 要政觀貞 *Tching khouon tching yao* est un ouvrage chinois qui traite du gouvernement de l'empire pendant les années *Tching khouon* (de 627 à 649), ou sous le règne de l'empereur *Taï tsoung* des Thang. — Kl.

Sane tomo fut gratifié le même mois du premier rang de la seconde classe, en récompense des soins qu'il avait donnés à la construction du Kan in-no daïri. Yosi toki obtint le premier de la cinquième.

Le 3ᵉ mois, *Wada-no Yosi mori* demanda grâce pour ses fils *Yosi sane* et *Yosi sighe*, qui avaient été complices de l'attentat de *Tsika fira;* Sane tomo la lui accorda en considération des services qu'il avait rendus autrefois. Pour marquer sa reconnaissance, Yosi mori s'empara de quatre-vingt-dix-huit des conjurés, et les fit mener au Seogoun. Plus tard, il sollicita également la grâce de son cousin *Tane naga;* mais elle lui fut refusée, et Sane tomo chargea Yosi toki de garrotter Tane naga et de l'exiler dans l'Oziou. Yosi mori en fut irrité; peu de temps après, il pria qu'on lui donnât la maison de Tane naga; le Scogoun consentit d'abord, mais il changea d'avis, et en gratifia Yosi toki. Alors Yosi mori résolut de se révolter.

Le 2 du 5ᵉ mois, ayant assemblé tous ses parens et ses adhérens, il investit les palais de Sane tomo et de Yosi toki. Quoique *Mioura-no Yosi moura* fût parent de Yosi mori, il était pourtant contre lui. *Asa ï na-no Yosi souye*, troisième fils de Yosi mori, âgé de 58 ans, et d'une force peu commune, enfonça la porte, et entra dans l'habitation de Sane tomo; un grand nombre des gens de ce dernier furent tués; on mit le feu au palais, et il s'enfuit au temple *Fots ke dó*. Yosi toki se défendit vaillamment, *Fósio Yasou toki*, son frère cadet *Tomo toki, Asikaga-no Yosi ousi, Mioura-no Yosi moura, Fa ta-no Tada tsouna* et *Take da-no Nobou mitsi* combattirent en braves. Le lendemain, les troupes des cantons voisins accoururent au secours de Yosi toki, et quoique Yosi mori se battît avec grand courage, il succomba enfin; il était âgé de 67 ans. Avec lui périrent ses fils *Tsoune mori*, âgé de 52, *Yosi sane*, âgé de 37, *Yosi sighe*, âgé de 34, *Yosi nobou*, âgé de 28, et *Souye mori*, âgé de 15 ans; de même que le *Tomo mori*, petit-fils de Yosi mori, lequel avait été dans l'intimité de Sane tomo. *Tsoutsita-no Yosi kiyo, Okasaki-no Sane tada, Yoko yama-no Toki kane, Fouroukofori-no Yasou tada*, et *Daïno-no Kore fira*, venus avec Yori mori, s'étaient enfuis; mais on les arrêta, et tous furent punis de mort avec ce qui restait de la famille *Kasiwara*. *Asa ï na-no Yosi souye* fut le seul qui s'échappa avec environ cinq cents hommes et s'embarqua pour la province de Awa. Personne ne sut ce qu'il était devenu; quelques-uns veulent qu'il fut assassiné à l'endroit où il débarqua, d'autres disent qu'il prit terre à l'île *Tsou sima*, et passa de là en Corée. Ses compagnons furent tués dans différens endroits. *Tane naga* fut de même égorgé chez lui dans le Oziou.

Le 6ᵉ mois, Sane tomo se fit construire un nouveau palais ou *Ba fou* (Mŏ fou).

Le 8ᵉ mois, les prêtres du temple *Zeï souï si* (Thsing choui szu) eurent une dispute avec ceux du temple *Zeï kan si* (Thsing hian szu). Tous ceux du district de *Nanto* prirent le parti des premiers, tandis que ceux du *Yeïsan* se rangèrent du côté des autres. Le Daïri envoya des juges pour examiner l'affaire, et pour les réconcilier; les prêtres de *Nanto* se soumirent, mais ceux du *Yeïsan* s'y refusèrent. Les juges en firent supplicier dix, et arrêter et garrotter vingt autres; le reste, outré de colère, regagna le couvent.

Le 11ᵉ mois, *Fousiwara-no Sada ye* offrit à Sane tomo la célèbre collection de poésies intitulée *Man yo zio* (Wan ye tsy̆).

Le 2ᵉ mois de la 2ᵉ année (1214), *Sane tomo*, ayant bu trop de vin, en fut fort incommodé. *Yeïsaï*, grand-prêtre du temple *Ziou fouk si* (Cheou foŭ szu), lui fit présent d'un excellent thé, qui le rétablit.

Le 3ᵉ mois, le Daïri alla à Kasouga.

Le 4ᵉ mois, les prêtres du Yeïsan mirent le feu au temple *Yen zió si* (Yuan tchhing szu), qui avait été rebâti par Sane tomo.

Le 1ᵉʳ mois de la 3ᵉ année (1215), *Fosio Toki masa* mourut dans les montagnes de la province de Idzou, âgé de 78 ans.

Le 6ᵉ mois, le grand-prêtre *Yeï saï* décéda; selon les uns à Miyako, dans le temple *Ken nin si* (Kian jin szu), mais suivant d'autres, à Kama koura, dans le temple *Ziou fouk si*.

Le 8ᵉ et le 9ᵉ mois, il y eut plusieurs tremblemens de terre à Kama koura.

Le 10ᵉ mois, *Fousiwara-no Kin tsougou* fut congédié de la place d'Oudaïsin.

Le 12ᵉ mois, le Nadaïsin *Mitsi ye* devint Oudaïsin, et le Daïnagon *Fousiwara-no Kin fousa* Sadaïsin.

Le 3ᵉ mois de la 4ᵉ année (1216), le Bo mon saki-no nadaïsin *Fousiwara-no Nobou kiyo*, père de la femme de Sane tomo, mourut.

Le 6ᵉ mois, *Tsin kwa keï* (Tchhin ho khing) arriva de la Chine, et rendit visite à Sane tomo à Kama koura.

Le même mois, Sane tomo fut nommé Tsiounagon.

A la 9ᵉ lune, *Yosi toki* tâcha de persuader Sane tomo par le canal de *Firo moto* de l'élever, malgré sa jeunesse, à un rang plus distingué, mais le Seogoun refusa cette demande.

Le 11ᵉ mois, Sane tomo conçut l'idée de faire un voyage en Chine, et chargea le Chinois *Tsin kwa keï* de construire un grand vaisseau. L'année suivante, quand ce navire fut achevé, Kane tomo se rendit à *Yufi-no foura*, pour l'essayer; mais le bâtiment était trop lourd et faisait eau. Cette circonstance fit abandonner le voyage; le vaisseau resta dans le port, et y pourrit.

Le 1ᵉʳ mois de la 5ᵉ année (1217), le Daïri alla aux temples de *Fira no* et d'*Ofara no*.

Le 6ᵉ mois, l'Asiyari *Gou ko* (Koung hiao)[1] fut nommé grand-prêtre du temple de *Tsourouga oka*.

Le 11ᵉ mois, le Daïri visita les temples de *Kita no* et de *Mats no o*.

Le 12ᵉ mois, il créa Yosi toki prince de Mouts, et Toki fousa prince de Sagami. Le même mois, un ordre écrit de l'empereur renvoya *Fousiwara-no Kin tsoune* qui était Daïnagon. Cette destitution avait pour cause le mécontentement de l'ancien Daïri Go To ba-no in contre cet officier; il fut pourtant rétabli peu de temps après.

Le 1ᵉʳ mois de la 6ᵉ année (1218), Sane tomo fut nommé Daïnagon.

Le 2ᵉ mois, la veuve de Yori tomo *Taïra-no Masa go* partit pour Miyako, afin de prier dans le temple de Kouma no ; elle fut accompagnée par *Toki fousa*.

Le 3ᵉ mois, Sane tomo sur sa demande fut nommé grand général de la gauche, et *Asida-no Kaghe mori*, un de ses officiers, prince de Dewa.

Le même mois, *Sane tomo* obtint le titre de *Sa ma rio-no Gokan*, ou chef de la gauche de la garde à cheval du palais. Le Daïri lui en dépêcha la nouvelle à Kama koura par une lettre dont *Naka wara-no Sighe tsougou* fut le porteur. *Sane tomo*, dans sa joie, donna à cet émissaire trois chevaux, et cent onces de poudre d'or. *Yasou toki*, un de ses officiers, fut créé en même temps prince de Sanouki ; il déclina pourtant cette faveur.

Le 4ᵉ mois, *Taïra-no Masa go* retourna de Miyako à Kama koura. Pendant son séjour dans la capitale, elle y avait été honorée du second rang de la troisième classe. L'ancien Daïri Go To ba-no in avait désiré de la voir, et l'avait invitée à venir à son palais; mais elle n'y était pas allée.

Le 6ᵉ mois, Sane tomo ayant l'intention de prier au temple de *Tsourouga oka*, le Daïri ordonna à son trésorier en second *Tada tsouna* de lui préparer ses voitures et d'autres équipages. Plusieurs officiers attachés au Daïri actuel et à Go To ba-no in furent envoyés à Kama koura pour l'accompagner.

Le 7ᵉ mois, *Sane tomo* y nomma cinq commandans, dont *Yasou toki* était le chef.

Le 8ᵉ mois, on s'amusa à la cour du Daïri à composer des chansons japonaises.

Le 10ᵉ mois, le San sio-no daïsin *Fousiwara-no Kin fousa* fut nommé Taïzio daïsin, et *Sane tomo* Nadaïsin. Sa mère Masa go reçut le second rang de la première classe, et le titre ecclésiastique de *Zen ni* de la seconde classe.

---

(1) Voyez l'explication d'*Asiyari*, dans la note de la page 104. — Kʟ.

Le 11ᵉ mois, le Sadaïsin *Fousiwara-no Yosi souke*, frère cadet du Kio gok *Yosi tsoune*, mourut.

Le 12ᵉ mois, l'Oudaïsin *Fousiwara-no Mitsi ye* devint Sadaïsin, le Nadaïsin *Sane tomo* Oudaïsin, et le Daïnagon *Fousiwara-no Ye mitsi* Nadaïsin.

Le 26 du 1ᵉʳ mois de la 1ʳᵉ année du nengo *Zio kiou* (1219), Sane tomo visita pendant la nuit le temple de Tsourouga oka. *Fira moto Nudo kwaka* lui avait conseillé de s'emmaillotter le corps sous ses habits; mais il s'y refusa, et y alla en grande pompe. Après avoir fini ses prières, il fut attaqué en descendant de l'escalier du temple, par *Ko kio*, un des fils de *Yori ye*, déguisé en femme, qui tira son sabre en s'écriant : « Ennemi de mon père, reçois ton châ-
« timent. » Ko kio fendit d'abord la tête à *Sane tomo*, puis il tua son serviteur *Naka akira*. Les gens de Sane tomo poussèrent des cris lamentables. Comme il avait été attaqué à l'improviste, personne n'avait pu le secourir. Ko kio s'enfuit, se cacha chez *Yuki-no Sito*, et tâcha de persuader *Mioura-no Yosi moura* de le nommer Seogoun. Mais celui-ci en informa Yosi toki, qui envoya aussitôt *Naga o Sada kaghe* pour punir de mort l'assassin de Sane tomo. Celui-ci était devenu Seogoun dans la 3ᵉ année du nengo *Ken nin*. Il avait exercé pendant 17 ans le pouvoir suprême, et fut assassiné à l'âge de 28 ans.

Le règne de Yori tomo, de Yori ye et de Sane tomo est nommé la *Période des trois Seogouns*, qui dura quarante ans. *Ko kio* perdit son père Yori ye à l'âge de 4 ans, de sorte qu'il en avait 19 quand il fut mis à mort.

Le 2ᵉ mois, *Masa go* délibéra avec Yosi toki sur le choix d'un successeur de Sane tomo. Elle dépêcha le prince de Sinano *Yuki mitsi* à Miyako pour solliciter l'ancien Daïri Go To ba-no in de nommer Seogoun de Kama koura un de ses deux fils Rokousio-no miya *Masa nori*, ou Reïzen-no miya *Fori fito*; mais cette demande fut refusée.

Le 3ᵉ mois, le Nadaïsin *Fousiwara-no Ye mitsi* fut nommé Oudaïsin, et le Kouga-no Daïnagon *Minamoto-no Mitsi mitsi* Nadaïsin.

Le 6ᵉ mois, *Yori tsoune*, troisième fils du Sadaïsin *Fousiwara-no Mitsi ye*, fut rappelé par Masa go et Yosi toki à Kama koura ; ils dépêchèrent à Miyako *Fósio-no Toki fousa*, prince de Sagami, pour l'accompagner. Sur tout le chemin, les gens de guerre lui rendirent leurs hommages, quoiqu'il n'eût que deux ans. Masa go eut soin de lui, mais toute la direction des affaires fut confiée à Yosi toki.

La sœur aînée de Yori tomo avait été mariée au Tsiounagon *Yosi yasou*; elle avait eu de lui une fille qui épousa le Kiogok *Yosi tsoune*. Leur fils *Mitsi ye* épousa la fille de *Saï yen si-no Kin tsoune*. De ce mariage naquit *Yori tsoune*, qui par conséquent était successeur légitime de Yori tomo. Le Kawa-no kwansio

Toki moto, fils de Zenziô, et neveu de Yori tomo, vivant dans la province de Sourouga, prétendait à lui succéder; mais Yosi y toki envoya des troupes, et se défit de lui.

Le 7ᵉ mois, l'ancien Daïri Go To ba-no in envoya des soldats pour chasser *Minamoto-no Yori sighe*, gouverneur du palais impérial, parce qu'il était mécontent de lui. Celui-ci se retira dans la salle Nin ziou den, faisant partie du palais, y mit le feu, et se fendit le ventre. Tous les trésors qui y étaient conservés devinrent la proie des flammes. Yori sighe était petit-fils de Yori masa.

Le 9ᵉ mois, Taïra-no Masa go nomma *Yega-no Mitsi moune*, frère aîné de la femme de Yosi toki, grand-juge à Kama koura. Son frère aîné *Yega-no fankwan Mitsi souye* devint gouverneur de Miyako, tous les deux étaient fort respectés.

Le 1ᵉʳ mois de la 2ᵉ année (1220), le Daïri alla aux temples d'Iwasi midzou et de Kamo.

Dans le courant de la même année, il y eut plusieurs tremblemens de terre à Kama koura, ainsi que des incendies et des ouragans qui détruisirent beaucoup d'habitations de militaires.

Le 3ᵉ mois de la 3ᵉ année (1221), le Sanghi *Fousiwara-no Masa tsoune* mourut.

Le 4ᵉ mois, le *Go to ba-no ziô o* résolut de détruire la puissance des chefs militaires de Kama koura. Il était indigné de la conduite de Yosi toki, qui depuis la mort de Sane tomo agissait en tout suivant son bon plaisir, en dépit de la volonté du Daïri. Il manda donc *Mori tô*, commandant de Sinano, à la cour. Yori toki en ayant été informé, prit possession de cette province. Le Daïri voulut donner le district de *Koura-fasi* dans le Sets au prince Sira be-no sin o *Kame kikou*, mais le commandant de la province refusa de le reconnaître. Le Daïri chargea alors Yosi toki de l'en punir; celui-ci lui adressa des représentations : Go To ba-no zio o en fut très-offensé, et envoya *Fousiwara-no Fide yasou* vers *Mioura-no Tane yosi* pour se consulter avec lui sur la perte de Yosi toki. Tane yosi se montra disposé à le seconder, et commença aussitôt à lever des troupes. *Tsoutsi mikado-no in*, qui n'était pas mécontent de Yosi toki, tâcha en vain d'arranger les affaires.

Au même mois, le Daïri résigna en faveur de son fils *Kane nari*, qui n'avait alors que 4 ans : *Fousiwara-no Ye sane* perdit l'emploi de Kwanbak. *Mitsi ye* devint Setszio ou régent. Le Go To ba-no in reçut le titre de *Itsi-no fo in*, le Tsoutsi mikado-no in, celui de *Tsiou in*, et *Zioun tok in* celui de *Sin in*.

Le Fo in consulta le Sin in sur le moyen de détruire Yosi toki.

Le 5ᵉ mois, le Go To ba-no in vint au palais *Koyo in*; il y manda le Saï yen si-no sadaïsio *Fousiwara-no Kin tsoune* avec son fils le Tsiounagon *Sane ousi*, et les fit emprisonner dans la salle Kou you den, parce qu'ils étaient d'intelligence avec Yosi toki. Il fit appeler de même le Yega-no fankwan *Mitsi souye*; celui-ci n'étant pas venu, il envoya *Tane yosi, Fide yasou, Firo tsouna* et *Tsika firo* avec les troupes de Miyako, pour le punir. Mitsi souye se défendit long-temps, mais ne voyant point de moyen de résister, il se coupa le ventre.

Fousiwara-no Mitsi tsika reçut de Go To ba-no in un ordre adressé à tous les militaires des contrées de Gokinaï et de Sits do [1] de tuer Yosi toki.

Osi matsou fut dépêché par Tane yosi dans le Kwanto, avec une lettre pour son frère aîné *Mioura-no Yosi moura*, par laquelle il l'invitait à tuer Yosi toki. Au lieu d'y obéir, Yosi moura montra la lettre à celui-ci. Yosi toki fit arrêter et garrotter Osi matsou, courut chez Masa go, et y tint conseil avec Firo moto et Yosi nobou. Ils résolurent de marcher sur Miyako. *Yosou toki*, prince de Mousadzi, celui de Sagami *Toki fousa, Asikaga-no Yosi ousi*, et *Mioura-no Yosi moura*, arrivèrent du Tokaïdo avec cent mille hommes, *Takeda-no Ogasa wara* et *O yama-no Kokio* avec cinquante mille hommes du Tôsando, et *Tomo toki*, second fils de Yosi toki, avec quarante mille hommes du Fokrokoudo.

Le 6e mois, *Yasou toki* et *Toki fousa* étaient entrés de vive force dans les provinces de Mino et de Owari; l'ancien Daïri Go To ba-no in envoya des troupes pour prendre possession des défilés de *Oudzi* et de *Seta*, mais elles furent mises en fuite par l'attaque furieuse et la force supérieure de l'ennemi. *Yasou toki* marcha de Oudzi et *Toki fousa* du Seta sur Miyako. Ils livrèrent bataille à l'armée de Go To ba-no in, qui fut totalement défaite. *Tane yosi* et *Sasaki-no Firo tsouna* se coupèrent le ventre; les autres chefs furent faits prisonniers ou tués. Parmi les premiers se trouvèrent *Fousiwara-no Mitsi tomo*, le Daïnagon *Fousiwara-no Tada nobou*, le Tsiounagon *Fousiwara-no Ari masa*, *Fousiwara-no Moune yuki*, et beaucoup d'officiers d'un moindre rang au service de Go To ba-no in. On les garrotta pour les mener au Kwantô; mais ils furent massacrés en route, à l'exception de Sada nobou, à qui l'on fit grâce de la vie, parce qu'il était parent de Sane tomo.

Yasou toki et *Toki fousa* s'établirent à Miyako, dans le Rokfara, qui est la demeure du gouverneur, et examinèrent la conduite de Go To ba-no in.

Le 7e mois, le Daïri *Kane nari* fut déposé; il alla demeurer au palais de Kou sio in.

Dans le courant du même mois, *Toki ousi* et *Yasou yuki*, fils de Yasou toki,

(1) 道七 *Sits do* ou les *sept chemins ou contrées*, sont celles dont se compose l'empire japonais, à l'exception du *Gokinaï* qui est la province de la cour, et la huitième contrée. — Kl.

exilèrent *Go To ba-no in* dans la province de Sanouki, le *Zioun tok in* à l'île de Sado, le prince *Masa nari sin o*, fils de Go o Tba-no in, dans le Ta sima, le prince *Yori fito sin o* dans la province de Bizen, et *Tsoutsi mikado-no in* dans le Tosa, d'où il fut envoyé dans le Awa, plusieurs années après.

Lorsque Zioun tok in résigna l'empire en faveur de son fils *Kane nari*[1], il avait régné 11 ans. Son fils n'ayant point été proclamé, n'est pas compté parmi les Daïri.

LXXXV. DAÏRI 院河堀後 GO FORI KAWA-NO IN.

(De 1222 à 1232 de J. C.)

Nengo
- 應貞 *Teï wo* (Tching yng), 1222 et 1223,
- 仁元 *Ghen nin* (Yuan jin), 1224,
- 祿嘉 *Ga rok* (Kia loŭ), 1225 et 1226,
- 貞安 *An teï* (Ngan tching), 1227 et 1228,
- 臺寬 *Kwan ki* (Khouon hi), de 1229 à 1231,
- 永貞 *Teï yeï* (Tching young), 1232.

Go FORI KAWA-NO IN (Heou khŭ ho yuan), nommé auparavant *Motsi fito* (Meou jin), était petit-fils du Daïri *Taka koura-no in*, et fils du prince *Mori sada sin o*, frère aîné de *Go To ba-no in*, avec qui il vivait en mauvaise intelligence, parce qu'il n'avait pas succédé au Daïri, et qu'il fut obligé de vivre en simple particulier. Il porta le titre de *Zi mio in-no miya*.

La guerre étant terminée, *Yosi toki* proclama *Motsi fito* Daïri, le 7ᵉ mois de la 3ᵉ année du nengo *Zio kiou*. Ce prince n'avait alors que 10 ans. Sa mère *Fousiwara-no Yosi ko* était fille du Tsiounagon *Moto ye*: Mori sada, père du Daïri, reçut le titre de *Taïzió ten o*, et fut chargé de l'administration des affaires. *Mitsi ye*, père de *Yori tsoune* de Kama koura, ne fut plus régent, *Konoye-no Ye sane* le remplaça. Au surplus Yosi toki agissait, dans tout ce qui concernait le gouvernement de l'empire, selon son bon plaisir. Le prince de Mousadzi *Yasou toki* et celui de Sagami *Toki fousa* furent nommés gouverneurs de Miyako.

Dans l'hiver de la même année, l'Oudaïsin *Fousiwara-no Ye mitsi* devint

---

(1) Ce prince n'est pas compté comme Daïri. — KL.

Sadaïsin, *Tokdaïsi-no Kin tsougou* Oudaïsin, et *Saï yen si-no Kin tsoune* Nadaïsin : le régent *Ye sane* fut nommé Taïziô daïsin.

Le 1er mois de la 1re année du nengo *Teï wo* (1222), le Daïri prit la robe virile.

Le 4e mois, la charge de Taïziô daïsin fut ôtée à *Ye sane*.

Le 8e mois, le Nadaïsin *Saï yen si-no Kin tsoune* devint Taïziô daïsin, et son fils le Tsiounagon *Sane ousi* Oudaïsin.

Le même mois, le Daïnagon *Fousiwara-no Moro tsoune* obtint l'emploi de Nadaïsin.

Le 2e mois de la 2e année (1223), le Daïri épousa la fille du Sansio-no taïziô daïsin *Kin fousa*.

Le 5e mois, le Taïziô ten o *Mori sada* mourut, et fut honoré du titre de Go *Taka koura-no in*.

Le 10e mois, *Ye sane* cessa d'être régent, et fut nommé Kwanbak.

Le 2e mois du nengo *Ghen nion* (1224), un vaisseau coréen fut jeté sur la côte de la province de Yetsingo. Toute la cargaison qui était avariée fut transportée à Kama koura.

Le 13 du 3e mois, *Fôsio-no Yosi toki* mourut âgé de 62 ans, selon les uns, d'une attaque d'apoplexie, selon d'autres, il fut tué par un de ses gens. Pendant vingt ans, il avait été premier ministre du Seogoun [1]; c'est-à-dire depuis la 2e année du nengo *Ghen kiou* (1205). Dès que *Yasou toki* et *Toki fousa* apprirent sa mort, ils partirent de Miyako pour Kama koura.

Kaga-no Mitsi moune, frère cadet de l'épouse de Yori toki, s'engagea secrètement avec *Mioura-no Yosi moura* à se défaire de Yori tsoune et de Yasou toki, d'élever *Fousiwara-no Sane masa*, gendre de Yosi moura, à la dignité de Seogoun de Kama koura, et de nommer *Masa moura*, fils de Yosi toki, son premier ministre; mais la *Zen ni* (ou *Masa go*) fit donner cette place à *Yasou toki* et à *Toki fousa*. Elle alla secrètement pendant la nuit chez Yosi moura, lui adressa des reproches sur ses projets, lui conseilla de se tenir tranquille, ne voulut pas permettre qu'il restât chez lui, et lui enjoignit d'aller chez Yasou toki. En attendant, *Sane masa* fut envoyé à Miyako, d'où il fut exilé dans la province de Yetsizen, l'épouse de Yosi toki dans le Idzou, Mitsi moune dans le Sinano, et ses deux frères cadets furent bannis à *Tsin zaï fou*. *Yosi moura* conserva son emploi; *Masa moura* était l'ami intime de Yasou toki.

Fousiwara-no Zuki mori remplaça Mitsi moune comme grand-juge, et fut chargé de veiller au maintien des lois de l'empire.

---

(1) 權執 *Sits ken* (Tchỹ khiuan) est l'expression reçue pour indiquer cette charge. — KL.

Yasou toki accorda quelques revenus à ses frères : son fils *Toki ousi*, et *Toki moura*, fils de Toki fousa, envoyés à Miyako, y demeurèrent au palais de Rokfara.

Le 8ᵉ mois, le Konoye-no Sadaïsin *Ye mitsi*, fils de Ye sane, mourut.

Le 12ᵉ mois, l'Oudaïsin *Kin tsougou* devint Sadaïsin, le Nadaïsin *Moro tsoune* Oudaïsin, et le Daïnagon *Fousiwara-no Yosi fira* Nadaïsin ; le deuxième était fils de Yori sane, le dernier, frère cadet de Yosi tsoune.

Le 6ᵉ mois de la 1ʳᵉ année du nengo *Ga rok* (1225), *Oo ye-no Firo moto Nudo kwaka* mourut à l'âge de 83 ans. Depuis le temps de Yori tomo, on l'avait constamment consulté dans toutes les affaires législatives et administratives de quelque importance.

Le 7ᵉ mois, *Taïra-no Masa go*, veuve de Yori tomo, qui, comme religieuse, portait le titre de *Zen ni*, et le nom de *Zio zits* (Ju chў), décéda à l'âge de 69 ans. Depuis la mort de son fils Sane tomo, elle avait eu le soin du gouvernement; c'est pourquoi elle fut nommée *Ama seogoun* (Ni tsiang kiun) ou la nonne Seogoun.

Le 9ᵉ mois, le Saki-no Daïsou ziô *Zi woun* (Thsu yuan), fils du Kwanbak Tada mitsi, et grand-prêtre de l'observance bouddhique Ten daï, mourut. Il avait été excellent poëte pour les chansons japonaises.

Le 11ᵉ mois, Yori tsoune prit à Kama koura la robe virile, à l'âge de 8 ans. Yasou toki y fut chargé de la direction des affaires.

Le 12ᵉ mois, le Daïri alla aux temples d'*Iwasi midzou* et de *Kamo*.

Le 1ᵉʳ mois de la 2ᵉ année (1226), le Seï i daï seogoun *Yori tsoune* reçut du Daïri le premier rang de la cinquième classe.

Un homme qui se donnait pour le Zen zi *Kô kio*, fils de Yori ye, se révolta au 5ᵉ mois dans le Mouts. Tomo fira le fit arrêter et mettre à mort.

Le 1ᵉʳ mois de la 1ʳᵉ année du nengo *An teï* (1227), le Tokdaïsi-no Sadaïsin *Fousiwara-no Kin tsougou* mourut à l'âge de 53 ans.

Le 2ᵉ mois, le Daïri épousa *Naga ko*, fille du Kwanbak Ye sane. Cette princesse était plus âgée que lui ; mais il l'aimait éperdument.

Le 4ᵉ mois, *Fousiwara-no Moro tsoune* perdit la place d'Oudaïsin, le Nadaïsin *Yosi fira* devint Sadaïsin, le Daïnagon *Fousiwara-no Nori sane* Oudaïsin ; le Daïnagon *Fousiwara-no Kane tsoune* était fils de Ye sane.

Le 6ᵉ mois, *Toki sane*, second fils de Yasou toki, fut tué à l'âge de 16 ans par *Taka fasi*. On arrêta l'assassin, et on le punit de mort.

Le 12ᵉ mois de la 2ᵉ année (1228), la place de Kwanbak fut ôtée à *Konoye-no Ye sane*, qui fut remplacé par l'ancien régent Mitsi ye.

Le 4ᵉ mois de la 1ʳᵉ année du nengo *Kwan ki* (1229), la Tsiougou ou impératrice *Minamoto-no Naga ko* mourut, et reçut le titre posthume de *Osi-no in*. Le Daïri épousa alors *Son si* (Tsun tsu), fille du Kwanbak Mitsi ye.

La 2ᵉ année (1150), *Sighe toki*, de la famille de Fôsio, et prince de Sourouga, arriva à Miyako, et se logea au Rokfara.

Le 4ᵉ mois, *Souri-no Toki ousi*, de la famille de Fôsio, partit pour Kama koura, où il mourut le 6ᵉ mois, à l'âge de 28 ans.

Le 12ᵉ mois, le Seogoun *Yori tsoune* épousa la fille de Yori ye, elle avait quinze ans plus que lui.

Dans le même mois, le Matsu do-no saki-no Kwanbak *Moto fousa* mourut, âgé de 86 ans.

Le 2ᵉ mois de la 3ᵉ année (1251), *Yori tsoune* obtint le second rang de la quatrième classe. Le mois suivant, il fut créé général du milieu de la gauche, et à la quatrième lune, il monta au premier rang de la quatrième classe. L'Oudaïsin *Fousiwara-no Nori sane* devint alors Sadaïsin, le Nadaïsin *Kane tsoune* Oudaïsin, et le Damagon *Sane ousi* Nadaïsin.

Le 7ᵉ mois, *Mitsi ye* céda la place de Kwanbak à son fils le Sadaïsin *Nori sane*, et reçut le titre de *Oo dono*.

Le 10ᵉ mois, le *Tsoutsi mikado-no in* mourut dans la province d'Awa, à l'âge de 37 ans.

Le 12ᵉ mois, le Saï yen si-no taïzio daïsin *Kin tsoune* se rasa la tête, et se fit prêtre.

Le 1ᵉʳ mois du nengo *Feï ye* (1232), *Fousiwara-no Sada ye* fut avancé du poste de Sanghi à celui de Tsiounagon.

Taka ben (Kao pian), prêtre de Taka o, mourut dans le même mois. C'est le même qui est connu sous le titre de *Mio ye zió nin* (Ming hoei chang jin).

Le 2ᵉ mois, Yori tsoune reçut le second rang de la troisième classe.

Le 6ᵉ mois, le Daïri chargea le Tsiounagon *Fousiwara-no Sada ye* de faire un rapport sur la rédaction d'une nouvelle collection de chansons japonaises.

Le 7ᵉ mois, tout ce qui est renfermé entre les quatre mers, c'est-à-dire l'empire, jouissait de la paix et de la tranquillité, car *Yasou toki* et *Toki fousa* se conduisirent avec la plus grande droiture dans le gouvernement, et ne se permirent aucun acte arbitraire.

Le 11ᵉ mois, il y eut une grande famine dans l'empire, la récolte ayant été mauvaise, *Yasou toki* fit distribuer beaucoup de blé aux pauvres.

Le même mois, le Daïri résigna l'empire à son fils *Tosi fito*, après un règne de 11 ans; savoir 1 avec le nengo *Ghen nin*, 2 avec celui de *Ga rok*, 2 avec celui de *An teï*, 3 avec le nengo *Kwan ki*, et 1 avec celui de *Teï yeï*. Il prit le titre de *Taï zió ten o*.

LXXXVI. DAÏRI 院條四 SI SIO-NO IN.

(De 1233 à 1242 de J. C.)

Nengo
- 天福 *Ten bouk* (Thian fou), 1233,
- 文曆 *Boun riak* (Wen lў), 1234,
- 嘉禎 *Ka teï* (Kia tching), de 1235 à 1237,
- 曆仁 *Riak nin* (Lў jin), 1238,
- 延應 *Yen ô* (Yan yng), 1239,
- 仁治 *Nin si* (Jin tchi), de 1240 à 1242.

Si sio-no in (Szu tiao yuan), nommé auparavant *Tosi fito*, était le fils aîné de Go Fori kawa-no in. Sa mère la *Sou fek mon in* (Thsao pў men yuan) *Fousiwara-no Son si* était fille du Setszio et Sadaïsin *Mitsi ye*. Tosi fito naquit le 2ᵉ mois de la 3ᵉ année du nengo *Kwan ki*, et lorsqu'à la résignation de son père au 11ᵉ mois du nengo *Teï ye* il parvint au trône, il n'était âgé que de 2 ans. Le Kwanbak *Nori sane*, fils de Mitsi ye, fut régent, et *Go Fori kawa-no in* surveilla les affaires. *Mitsi ye* était très-respecté; le Setszio *Nori sane* et le Seogoun de Kama koura *Yori tsoune* étaient ses fils. *Yosi sane* et *Sane tsoune*, frères cadets de Nori sane, obtinrent les rangs les plus élevés. Le Konoye-no Oudaïsin *Kane tsoune* était gendre de Mitsi ye. Les grands-prêtres des temples de *Nin wa si*, de *Yeïsan* et de *Midera* étaient fils de Mitsi ye; le Saï yen si-no saki-no sokok *Kin tsoune* était son beau-père. Tous deux étaient très-considérés, et consultés par *Fósio Yasou toki* dans toutes les affaires importantes.

Le 1ᵉʳ mois du nengo *Ten bouk* (1233), *Yori tsoune* obtint le poste de Gon Tsiounagon.

Le 5ᵉ mois, le Konoye-no saki-no setszio *Moto mitsi* mourut à l'âge de 74 ans. Il reçut le titre posthume de *Fou ghen si* (Phou hian szu).

Le 9ᵉ mois, *Sou fek mon in*, mère du Daïri, mourut n'étant âgée que de 25 ans.

Le 3ᵉ mois du nengo *Boun rok* (1234), *Tsoune toki* (King chi), petit-fils de Yasou toki, prit la robe virile, et *Yori tsoune* lui plaça le bonnet sur la tête.

Le 5ᵉ mois, le *Kiou sio-no faï teï* (empereur non compté) mourut à l'âge de 17 ans.

Le 8ᵉ mois, l'ancien Daïri *Go Fori kawa-no in* décéda à l'âge de 23 ans; par sa mort, le pouvoir absolu resta entre les mains de *Mitsi ye* et de *Kin tsoune*.

Le 12ᵉ mois, *Yori tsoune* obtint le premier rang de la troisième classe.

Le 3ᵉ mois de la 1ʳᵉ année du nengo *Ka teï* (1235), le régent *Nori sane* mourut à l'âge de 26 ans ; *Mitsi ye* fut alors chargé de nouveau de cet emploi.

Le 4ᵉ mois, le prêtre *Yen ni* se rendit en Chine, au mont *Kin zan* (Kin chan), où *Bou sioun* (Wou tsun) l'instruisit dans la loi bouddhique.

Le 10ᵉ mois, le Konoye-no oudaïsin *Kane tsoune* fut nommé Sadaïsin, le Saï yen si-no Nadaïsin *Sane ousi* Oudaïsin, et le Daïnagon *Fousiwara-no Yosi sane* Nadaïsin.

Le 11ᵉ mois, *Yori tsoune* obtint le second rang de la deuxième classe.

Le 12ᵉ mois, les prêtres du temple Iwasi midzou vinrent attaquer ceux du temple de Kasouga. Le Nara-no daïsi assembla des troupes pour les combattre. Ils commencèrent à transporter le *Sin go* (voyez page 180) à Miyako. *Fosio-no Sighe toki* envoya des troupes à leur rencontre pour rétablir la paix, et le *Sin go* fut ramené à *Kitsou gawa*.

La 2ᵉ année (1236), *Fosio-no Yasou toki* fut honoré du second rang de la cinquième classe.

Le 6ᵉ mois, *Sane ousi* perdit l'emploi de Oudaïsin, et fut remplacé par *Yosi sane*; le Kasouga-no daïnagon *Minamoto-no Sada mitsi* devint Nadaïsin.

Yori tsoune fut élevé le 7ᵉ mois au premier rang de la seconde classe.

Le 10ᵉ mois, les prêtres de Nara avaient construit des fortifications, ils s'y enfermèrent dans le dessein de se révolter ; car ils étaient mécontens du Daïri. *Yasou toki*, indigné de leur conduite, supprima leurs revenus. Cette mesure les força à demander pardon, ainsi que le rétablissement de leurs appointemens, qu'ils obtinrent.

Le 2ᵉ mois de la 3ᵉ année (1237), *Mitsi ye* résigna l'emploi de régent entre les mains de son gendre le Sadaïsin *Kane tsoune*.

Le 4ᵉ mois, *Fousiwara-no Ye taka*, qui était du second rang de la deuxième classe, mourut âgé de 80 ans.

Le 5ᵉ mois, le Daïri alla au temple de *Iwasi midzou*.

Le 8ᵉ mois, *Yori tsoune* fit bâtir une nouvelle maison sur le terrain Rokfara.

Le 11ᵉ mois, le Daïri fit une visite à *Saï yen si-no Kin tsoune*, beau-père de Mitsi ye.

Le 12ᵉ mois, *Minamoto-no Sada mitsi* eut sa démission comme Nadaïsin; il fut remplacé par le Daïnagon *Fousiwara-no Moto ye*, frère cadet de Mitsi ye.

Le 1ᵉʳ mois du nengo *Riak nin* (1238), *Yori tsoune* partit pour Miyako, accompagné de *Yasou toki*, et des troupes de plusieurs provinces. *Fousiwara-no Yuki mitsi* resta à Kama koura pour garder ce pays. Yori tsoune arriva le

2ᵉ mois à Miyako, et alla demeurer dans le nouveau palais à *Rokfara;* ses parens *Mitsi ye*, *Kin tsoune* et *Sane ouki* vinrent lui rendre visite. Il fut honoré du titre de *On ye mon-no kami* ou chef de la garde de droite.

Le 5ᵉ mois, il fut nommé Daïnagon. Dans le courant du même mois, le Daïri alla au temple de *Kasouga*.

Le 4ᵉ mois, *Yori tsoune* quitta la charge de Daïnagon.

Le même mois, *Mitsi ye* se rasa la tête et devint prêtre.

Le 6ᵉ mois, *Yori tsoune* alla faire ses prières au temple de *Kasouga*.

Le 7ᵉ mois, le Saki-no sadaïsin *Fousiwara-no Yosi fira* fut nommé Taïzio daïsin, l'Oudaïsin *Yosi sane* Sadaïsin, le Daïnagon *Fousiwara-no Sane tsika* Oudaïsin, le Daïnagon *Fousiwara-no Ye tsougou* Nadaïsin, et le Tsiounagon *Fousiwara-no Tame ye*, fils de Sada ye, Zousio.

Dans le même mois, *Yori tsoune* alla faire ses prières au temple de *Iwasi midzou*, et au 8ᵉ mois, à ceux de *Kamo*, *Ghiwon*, *Kita no* et *Yosi da*.

Le 10ᵉ mois, l'ancien régent *Fousiwara-no Moro ye* mourut.

Le même mois, Yori tsoune retourna à Kama koura.

Le 1ᵉʳ mois du nengo *Ye no* (1259), le Taïzio daïsin *Yosi fira* se rasa la tête et se fit prêtre, à l'âge de 36 ans.

Le 2ᵉ mois, *Go To ba-no in* mourut dans le Oki, âgé de 60 ans.

Le 2ᵉ mois de la 1ʳᵉ année du nengo *Nio si* (1240), le Daïnagon *Fousiwara-no Kin zo*, petit-fils de Kin tsoune et fils de Sane ousi, fut envoyé par le Daïri pour prier au temple de *Ize*.

Le 9ᵉ mois, *Sansio-no Sane tsika* perdit la place de Oudaïsin.

Le 10ᵉ mois, le poste de Nadaïsin fut ôté à Oo ye-no go mon *Ye tsougou*, le Daïnagon *Sane tsoune* devint Oudaïsin, et le Daïnagon *Ye yosi* Nadaïsin.

Le 12ᵉ mois, le régent *Kane tsoune* fut nommé Taïzio daïsin. *Fósio Toki fousa* mourut cette année, à l'âge de 66 ans.

Le 1ᵉʳ mois de la 2ᵉ année (1241), le Daïri ayant atteint l'âge de 11 ans, prit la robe virile; le régent *Kane tsoune* lui posa le bonnet sur la tête, et le Sadaïsin *Yori sane* lui coupa les cheveux.

Le 8ᵉ mois, *Fousiwara-no Sada ye* mourut âgé de 81 ans.

Le 12ᵉ mois, le Daïri épousa *In si* (Yan tsu), petite-fille de Mitsi ye, fille du régent Nori sane; elle n'avait alors que 9 ans.

Le prêtre *Yen nin* (Yuan eul) revint dans le courant de l'année de la Chine.

Le 1ᵉʳ mois de la 3ᵉ année (1242), le Daïri mourut à l'âge de 12 ans. Il avait régné un an avec le nengo *Ten bouk*, un avec celui de *Boun riak*, 3 avec celui de *Ka teï*, un avec le nengo *Riak nin*, un avec celui de *Yen o*, et 3 avec celui de *Nin si;* en tout 10 ans. Il fut enterré au temple *Zen yeï si* [1], où sont également les tombeaux de plusieurs Daïri postérieurs.

LXXXVII. DAÏRI 院峨嵯後 GO SAGA-NO IN.

(De 1243 à 1246 de J. C.)

Nengo 元寛 *Kwan ghen* (Khouan yuan), de 1243 à 1246.

Go SAGA-NO IN (Heou Thso ngo yuan) portait avant son avénement au trône le nom de *Koune fito* (Pang jin). Il était le second fils de *Tsoutsi mikado-no in.* Sa mère *Minamoto-no Mitsi ko* était fille du Saïsio tsiouseo *Mitsi moune*. Pendant la guerre qui eut lieu dans les années *Ziŏ kiou*, Koune fito, âgé de 2 ans, fut élevé par son oncle le Daïnagon *Mitsi kata*, qui mourut lorsqu'il eut atteint sa 18ᵉ année. Depuis ce temps, Koune fito vivait chez sa tante, comme un simple particulier. Si sio-no in n'ayant ni enfans ni frères, ses officiers délibérèrent entre eux sur le choix de son successeur : *Ziun tok in* qui demeurait dans la province de Sado, avait à Miyako un fils nommé *Tada nari*, petit-fils de Fousiwara-no Mitsi ye. Ce dernier désira de le voir nommer Daïri, afin de pouvoir en son nom diriger les affaires à sa fantaisie, et il tâcha de faire goûter ce projet au Seogoun; mais *Yasou toki* s'y opposa, et dépêcha l'Akida-no sio-no souke *Yosi kaghe* à Miyako, pour proclamer Daïri le fils de Tsoutsi mikado-no in, qui n'avait pas pris part à la guerre.

Yosi kaghe, avant de partir, voulait savoir de *Yasou toki* quelle conduite il tiendrait dans le cas où le fils de Ziun tok in aurait été proclamé Daïri avant son arrivée. Il reçut pour toute réponse qu'il devait le déposer sans la moindre hésitation. Alors il se hâta d'arriver à la capitale, et aussitôt alla chez l'impératrice *Zio meï mon in*, mère de Ziun tok in; l'un et l'autre furent très-affligés de cet arrangement, mais contraints de s'y soumettre.

Le 20 de ce mois, *Kouni fito* prit la robe virile à l'âge de 25 ans. Le Sadaïsin *Fousiwara-no Yosi sane* lui mit le bonnet de cérémonie sur la tête, et *Sada tsougou* lui rasa les cheveux.

Il fut proclamé le 5ᵉ mois, et *Yosi sane* fut nommé Kwanbak.

(1) 寺涌泉 *Zen yeï si* (Thsiuan young szu), ou le temple de la source dont les eaux débordent, est petit et n'a point de tour; une simple colonne en pierre, de deux pieds de haut et d'un pied de large, s'élève au sommet. Auparavant les Daïri déterminaient d'avance l'endroit de leur sépulture, soit dans un champ en plein air, soit ailleurs. Leurs tombeaux ne sont couverts que d'un toit de paille, pour rappeler la simplicité des premiers âges. — KL.

Le 6ᵉ mois, le Daïri épousa *Ki si* (Ki tsu), fille de l'ancien Oudaïsin *Saï yen si-no Sane ousi*. Elle avait alors 18 ans.

Le 15 de ce mois, *Fósio Yasou toki* mourut âgé de 60 ans. Depuis la 1ʳᵉ année du nengo *Ghen nin*, ou pendant 19 ans, il avait été *Sitsken* ou premier ministre du Seogoun de Kama koura. Respecté pour sa droiture, la cour du Daïri et tout l'empire jouirent sous son administration de la plus grande tranquillité. Son petit-fils *Tsoune toki* lui succéda, mais *Yori tsoune* se chargea du gouvernement.

Le 8ᵉ mois, la *Kisi*, épouse du Daïri, fut nommée *Tsiougou* ou impératrice.

Le 9ᵉ mois, *Ziun tok in* mourut dans l'île de Sado, à l'âge de 64 ans.

Le 10ᵉ mois, *Mitsi ko*, mère du Daïri, fut honorée d'un rang d'impératrice supérieur, et son grand-père Mitsi moune gratifié du poste de Sadaïsin, et du second rang de la première classe.

Le 12ᵉ mois, l'ancien régent *Ye sane* mourut âgé de 64 ans.

Le 6ᵉ mois de la 1ʳᵉ année du nengo *Kwan ghen* (1243), l'épouse du Daïri accoucha d'un fils, qui fut aussitôt déclaré Taïsi. Son grand-père *Saï yen si-no Sane ousi* en fut d'autant plus respecté.

Mitsi ye et *Yosi sane* exercèrent une influence également grande dans le gouvernement. Les personnes qui aspiraient aux emplois les plus considérables, y étaient nommées par le consentement de ces deux ministres.

Kin tsoune, père de Sane ousi, demeurait alors à *Kita yama* (Pĕ chan), où pour son amusement il avait fait élever une petite montagne, ornée de divers arbrisseaux et de rochers; il y avait fait aussi creuser un petit étang, formé un jardin et bâti des pavillons. Dans la suite, il fonda le temple *Saï yen si* (Si yuan szu), et fit construire dans son enceinte plusieurs chapelles. Ces embellissemens étaient son occupation favorite; et en effet la vue dont on jouissait de ce lieu était aussi belle que celle du temple de *Fots sio si* (Fă tching szu), fondé par *Mitsi naga*.

Le prêtre *Yen man in nin meï fo sin o* (Yuan man yuan nin miao fă thsin wang), frère aîné du Daïri, était un homme d'un grand savoir, et étroitement lié avec lui. Outre les affaires domestiques, celles du gouvernement l'occupaient aussi.

Le 7ᵉ mois, *Fósio-no Tsoune toki* fut nommé prince de Mousadzi.

Le 10ᵉ mois, le Saï yen si-no nudo sokokf *Kin tsoune* alla au temple *Kou-ma no* pour y faire ses prières. Il était accompagné de tous ses fils et petits-fils, et d'un grand nombre d'officiers de la cour du Daïri; de sorte que son cortége égalait en pompe celui du Daïri.

Le 11ᵉ mois, le Daïri fit réciter des prières pour le repos de l'ame de sa mère *Tsoutsi mikado-no in*.

Le 1ᵉʳ du 12ᵉ mois, il alla au temple de Iwasi midzou ; le Kwanbak *Yosi sane*, le Sadaïsio *Fousiwara-no Tada ye* et l'Oudaïsio *Fousiwara-no Sane moto* l'accompagnèrent à cheval. Sa suite était extrêmement brillante.

Le 3ᵉ jour, il alla au temple de *Kamo*.

Dans le courant de l'année, *Mitsi ye* fonda le temple *Tô fok si* (Toung foŭ szu), *Yen nin* en fut nommé grand-prêtre; il en surveilla la construction, et reçut le titre honorifique de *Ziô itsi kokf si* (Ching ў kouĕ chi).

Au printemps de l'année suivante (1244), on observa au ciel, à Kama koura, plusieurs phénomènes extraordinaires, qui effrayèrent le Seogoun *Yori tsoune*.

Le 4ᵉ mois, *Yori tsougou*, fils de Yori tsoune, prit à l'âge de 6 ans la robe virile; *Tsoune toki* lui mit le bonnet, et lui rasa les cheveux autour de la tête.

Dans le même mois, *Yori tsoune* demanda au Daïri la permission de céder son emploi à son fils. Yori tsoune, à l'âge de deux ans, avait été conduit à Kama koura; à 9 ans, il avait été proclamé Seogoun, et avait rempli ce poste éminent pendant 18 ans. La prudence lui fit regarder les phénomènes célestes qui avaient eu lieu comme de mauvais augures ; il insista par conséquent pour avoir sa démission, et *Fôsio dono* appuya fortement sa demande, car dans tout il n'avait d'autre loi que sa volonté. Il crut trop dangereux de le voir plus long-temps dans son poste, et préféra un jeune à un vieux Seogoun.

Le 6ᵉ mois, le Kwanbak *Yosi sane* Sadaïsin fut congédié, et remplacé par son frère cadet l'Oudaïsin *Sane tsoune*; le Nadaïsin *Fousiwara-no Kane fira* devint Oudaïsin, et le Daïnagon *Tada ye* Nadaïsin.

Le 8ᵉ mois, le Saï yen si-no nudo sokokf *Kin tsoune* mourut à l'âge de 71 ans.

Le 1ᵉʳ mois de la 3ᵉ année (1245), une étoile inconnue fut observée à Kama koura : et *Tomo toki*, prince de Omi, second fils de *Yosi toki*, mourut le même mois, âgé de 53 ans.

Le 7ᵉ mois, *Yori tsoune* se rasa la tête, et se fit religieux.

Le même mois, le Seogoun *Yori tsougou*, qui n'avait que 7 ans, épousa *Fifa da fime*, fille de Fôsio-no Tsoune toki, laquelle avait 16 ans.

Le 1ᵉʳ mois de la 4ᵉ année (1246), le Daïri résigna l'empire en faveur de son fils *Fisa fito* (Kieou jin). Il avait régné 4 ans avec le nengo *Kwan ghen*, et prit le titre de *Taïziô ten o*.

LXXXVIII. DAÏRI 後深草院 GO FOUKA KOUSA-NO IN.

(De 1247 à 1259 de J. C.)

Nengo
- 寶治 *Fo si* (Pao tchi), 1247 et 1248,
- 建長 *Ken tsiô* (Kian tchhang), de 1249 à 1255,
- 建元 *Kô ghen* (Khang yuan), 1256,
- 正嘉 *Zio ka* (Tching kia), de 1257 à 1258,
- 正元 *Zio ghen* (Tching yuan), 1259.

GO FOUKA KOUSA-NO IN (Heou Chin thsao yuan), nommé auparavant *Fisa fito*, était le second fils de Go Sa ga-no in. Sa mère était la Tsiougou *Fousiwara-no Ki si*, fille de Saï yen si-no Sane ousi. Fisa fito naquit dans la 1re année du nengo *Kwan ghen*, et devint Daïri à l'âge de 4 ans : Go Sa ga-no in eut la direction des affaires à la cour; *Sane ousi*, étant en bonne intelligence avec les Fôsio, jouissait par cette raison d'une grande considération. *Mitsi ye*, qui était encore en parfaite santé, assista Sane ousi dans l'administration; le Kwanbak *Yosi sane*, qui était brouillé avec son père Mitsi ye, fut congédié, tandis que son frère cadet, le Sadaïsin *Sane tsoune*, fut nommé régent.

Le 3e mois, *Sane ousi* fut créé Taïzio daïsin.

Le même mois, le Saki-no sanghi *Souga wara-no Tame yosi* mourut, âgé de 89 ans : le régent *Fôsio-no Tsoune toki* étant tombé malade à Kama koura, résigna son emploi à son frère cadet *Toki yori*. Le 3e mois, il se rasa la tête, et mourut le 1er jour du 4e mois intercalaire, âgé de 55 ans. Il avait occupé le poste de Sitsken ou de premier ministre du Seogoun, depuis la 3e année du nengo *Nin si*.

Le 5e mois, une révolte éclata dans le pays de Kama koura. *Mitsi toki*, de la famille de Fôsio, prince de Yetsigo, fils de Tomo toki, et petit-fils de Yosi toki, voulut d'après les instructions de Yori tsoune assassiner *Toki yori*, pour devenir premier ministre. Ce projet ayant été découvert, ses terres furent confisquées, et lui-même fut exilé dans le Idzou. Ses complices partagèrent son châtiment; son frère cadet *Toki akira* qui n'avait pris aucune part à son complot, devint *Siô zok*, de la famille des *Na guats*. Depuis ce temps, *Toki yori* conserva tranquillement son poste de premier ministre du Seogoun *Yori tsougou*.

Le 6ᵉ mois, l'ancien Seogoun Yori tsoune quitta sa demeure ordinaire, et s'établit dans le jardin de *Fósio Toki mori*.

Le 11 du 7ᵉ mois, *Yori tsoune* partit de Kama koura, arriva le 28 à Miyako, et alla demeurer au Rokfara. Les troupes qui l'avaient accompagné retournèrent à Kama koura; *Mioura-no Mitsi moura* fut le seul qui versa des larmes en prenant congé de lui, et le pria de revenir un jour à Kama koura. Il était le deuxième fils de *Yosi moura*, et frère cadet de *Yasou moura*; il avait été depuis son enfance au service de *Yori tsoune*. Pendant la vie de *Tsoune toki*, le bruit avait déjà couru que Yori tsoune avait l'intention d'aller à Miyako; maintenant Yori toki fit en sorte qu'il y fût envoyé plus tôt, à cause de l'attentat de *Mitsi toki*.

Mioura-no Yasou moura, gendre de Yasou toki, était prince depuis plusieurs années; *Toki yori* prenait son avis sur l'administration. L'Akida-no zio-no souke *Yosi kaghe* était l'ami de Yori toki, il désirait d'être consulté et considéré autant que Yasou moura. *Fósio Sighe toki*, homme très-versé dans les lois et dans les formes du gouvernement, vivait depuis long-temps à Miyako; Toki yori le pria de venir à Kama koura, afin d'avoir recours à ses conseils; mais Yasou moura s'y opposa, et ce fut pour cette raison que Sighe toki n'y arriva que long-temps après.

Le 12ᵉ mois, *Sane ousi*, qui était Taïziô daïsin, eut son congé; il fut remplacé par l'ancien Nadaïsin *Minamoto-no Mitsi tosi*, le Kwanbak *Sane tsoune* perdit la place de Sadaïsin, l'Oudaïsin *Fousiwara-no Kane fira* devint Sadaïsin, le Nadaïsin *Tada ye* Oudaïsin, et le Daïnagon *Sane moto* Nadaïsin. Le Scogoun Yori tsougou obtint alors le second rang de la quatrième classe.

Le 1ᵉʳ mois de la 1ʳᵉ année du nengo *Fo si* (1247), *Tsi sio-no Sane tsoune* cessa d'être régent, et fut remplacé par *Konoye-no Kane tsoune*.

Le 2ᵉ mois, Yori tsougou fit un voyage avec *Toki yori*.

Le 4ᵉ mois, *Kaghe mori*, père de l'Akida-no zio-no souke *Yosi kaghe*, qui avait demeuré long-temps à *Ko ya* (Kao ye), arriva secrètement à Kama koura pour délibérer avec *Toki yori* sur la manière de se défaire de *Mioura-no Yasou moura*. L'exécution de ce projet aurait bouleversé tout Kama koura, car les accusations contre ce dernier et ses crimes y étaient encore ignorés.

Le 5ᵉ mois, la sœur de Toki yori mourut. Celui-ci alla demeurer chez *Yasou moura*. Dans la nuit, ayant entendu un bruit semblable à celui que font ceux qui mettent leurs cuirasses, il se hâta de revenir chez lui. On sut que ce bruit avait été causé par Mitsi moura, qui avait eu l'intention de se révolter. *Yasou moura* obtint son pardon de Toki yori.

Le 6ᵉ mois, *Kaghe mori* fit venir *Yasou mori*, fils de Yosi kaghe, tous ses parens et ses amis ; il les chargea de se défaire de *Yasou moura ;* celui-ci , quoique épouvanté d'une pareille attaque, se défendit vaillamment. Dès que Toki yori en fut instruit, il ordonna à *Fôsio Sane toki* de garder le palais du Seogoun, et envoya aussitôt *Fôsio Toki sada* avec des troupes pour tuer *Yasou moura.* Pendant le combat, Toki sada mit le feu à la demeure de Yasou moura, qui se retira alors avec ses parens et ses amis dans la maison Fokedo. *Mitsi moura* y combattit avec beaucoup de bravoure, mais à la fin, épuisé de fatigue, il se coupa le ventre; Yasou moura et tous ceux qui étaient avec lui, au nombre de plus de deux cent soixante et dix personnes, suivirent cet exemple. Ceux qui s'échappèrent furent tués en différens endroits : Toki yori envoya les détails de cette révolte à Miyako.

Le 7ᵉ mois, *Sighe toki,* de la famille de Fôsio et prince de Sagami, étant mandé par Toki yori, vint du Rokfara à Kama koura. Toki yori le consultait dans toutes les affaires, de sorte qu'il avait part au gouvernement. Sighe toki reçut alors le titre de prince de Mouts, et Toki yori celui de prince de Sagami.

Naga toki, fils de Sighe toki, fut envoyé comme gouverneur à Miyako, et chargé de l'administration des contrées de Kinaï et de Sikokf.

Le 17 du 1ᵉʳ mois de la 2ᵉ année (1248), le Taïzio daïsin *Minamoto-no Mitsi mitsi* fut congédié, et mourut le lendemain, âgé de 62 ans.

Le 10ᵉ mois, l'ancien Daïri *Go Sa ga-no in* visita Oudzi, pour contempler les feuilles rouges des arbres. Le Seogoun eut alors le gouvernement entre les mains, et l'ancien empereur en était exclu; aussi passa-t-il son temps à se divertir. Le Daïri, qui était encore enfant, s'occupa des jeux de cet âge.

Le 2ᵉ mois de la 1ʳᵉ année du nengo *Ken tsió* (1249), le palais *Kan in-no daïri* fut détruit par un incendie; il fut rebâti dans la suite par Toki yori.

Le 3ᵉ mois, à peu près la moitié de la ville de Miyako fut réduite en cendres.

Le 5ᵉ mois de la 2ᵉ année (1250), le Daïri alla au temple de *Kouma no.*

Le 4ᵉ mois, le Nadaïsin *Fousiwara-no Sane moto* fut renvoyé; le Daïnagon *Minamoto-no Sada sane* lui succéda.

Le 5ᵉ mois, le Seogoun *Yori tsougou* s'occupa de la lecture du livre intitulé *Teï wan* (Ti fan), ou la Règle des empereurs, qui lui fut expliqué par Kiyowara-no Nori taka. Toki yori copia l'ouvrage intitulé *Teï kwan seï yo* (Tching khouan tching yao).

Le 12ᵉ mois, le Nadaïsin *Minamoto-no Sada sane* eut son congé; le Daïnagon *Fousiwara-no Mitsi naga* le remplaça.

Le 7ᵉ mois de la 3ᵉ année (1251), *Yori tsougou* obtint le second rang de la troisième classe, et fut nommé grand général du milieu de la gauche. *Toki yori* pour avoir rebâti le Daïri, reçut le premier rang de la cinquième classe.

Le 12ᵉ mois, *Sasaki-no Ousi nobou* et *Take fousi-no Kaghe yori* arrêtèrent un homme nommé *Reo gio fo si* (Liao hing fă szu), et l'envoyèrent à Toki yori, qui le fit mettre à la torture; on découvrit alors que le ci-devant Seogoun de Kama koura *Yori tsoune*, qui demeurait à Miyako, avait le dessein d'exciter une révolte. Tous ses partisans dans le Kwantô furent punis.

Toki yori et *Sighe toki*, après avoir mûrement réfléchi, envoyèrent, le 2ᵉ mois de la 4ᵉ année (1252), un ambassadeur à Miyako, pour conduire *Moune taka sin o*, fils de Go Sa ga-no in, à Kama koura, et le proclamer Seogoun.

Le même mois, le ci-devant régent *Mitsi ye* mourut à l'âge de 61 ans. Dans le temps de Yosi toki et de Yasou toki, il était autant respecté que le Daïri, parce qu'il était le père du Seogoun *Yosi tsoune*. Après sa mort, on découvrit qu'il avait eu le dessein de faire assassiner le vieux Daïri; c'est pour cela que tous ceux qui étaient attachés à sa personne, ainsi que son fils *Tada ye*, furent envoyés en exil. *Nisio-no Yosi sane*, un autre de ses fils, conserva son emploi, parce qu'il avait toujours tâché de détourner son père de son dessein criminel, et par là s'était attiré sa colère. Toki yori en avait été informé, et par ce motif, on ne l'interrogea pas même sur cette affaire.

Le 3ᵉ mois, *Moune taka sin o* partit de Miyako, et arriva au 4ᵉ mois à Kama koura; il y fut proclamé *Ziï i daï seogoun*. Selon quelques-uns, il n'avait alors que 13, selon d'autres, 11 ans. *Toki yori*, prince de Sagami, et *Sighe toki*, prince de Mouts, furent ses premiers ministres.

Le même mois, l'ancien Seogoun *Yori tsougou* fut déporté, et envoyé à Miyako; il avait régné depuis la 2ᵉ année du nengo *Kwan ghen* jusqu'à la 3ᵉ année du nengo *Ken tsi* ou pendant 8 ans.

Moune taka sin o étant fils d'un Daïri était très-respecté de tous ses officiers; le palais de l'ancien Seogoun fut démoli, on lui en bâtit un autre à la même place.

Le 10ᵉ mois, *Konoye-no Kane tsoune*, régent, fut congédié à Miyako, et remplacé par son frère cadet le Sadaïsin *Kane fira*.

Le 1ᵉʳ mois de la 5ᵉ année (1253), le Daïri, ayant atteint l'âge de 11 ans, prit la robe virile. Tous les membres de la famille *Saï yen si* (Si yuan chi) furent avancés en grade, par la protection du vieux Daïri. Le Daïnagon *Kin souke* et son frère cadet le Daïnagon *Kin moto*, qui étaient fils de *Sokokf Sane ousi*, furent créés Sadaïsio et Oudaïsio.

Le 8ᵉ mois, *Do ghen* (Tao yuan), le fondateur du temple *Yeï feï si* (Young phing szu) dans le Yetsizen, mourut. C'était lui qui avait introduit dans l'empire la doctrine *Sô tô siô* (voyez page 208).

Le 10ᵉ mois, le Daïri fit une visite à son père *Go Sa ga-no in* qui demeurait au palais *To ba-no ri gou* (Niao yu li koung).

Le 11ᵉ mois, *Toki yori* ayant fondé le temple *Ken tsió si* (Kian tchhang szu), y fit célébrer une fête par le prêtre chinois *Do rió* (Tao loung), nommé aussi *Ran keï* (Lan khi); c'est le même que *Daï gak zen si* (Ta kiŏ chen szu), il vint de la Chine au Japon, et était de l'observance de *Zen sió*.

Le 11ᵉ mois de la 6ᵉ année (1254), *Yosi ousi*, troisième fils de *Yosi ye*, mourut; il était l'arrière-petit-fils de *Yosi kouni*. Celui-ci avait eu deux fils, le premier nommé *Kitsou ta-no Yosi sighe*, l'autre *Asikaga-no Yosi yasou*, dont le fils *Kasoudza-no Souke Yosi kane* fut beau-frère de Yori tomo, et grand ami des Fôsio. Yosi ousi du côté de sa mère était petit-fils de Toki masa; c'est pour cette raison que Yosi kane et Yosi ousi furent très-respectés, et considérés par les Fôsio.

Le 12ᵉ mois, *Moune taka* fit venir *Minamoto-no Tsika yuki*, prince de Kawatsi, pour se faire expliquer l'ouvrage intitulé *Ghen si-no monogatari* (Yuan chi wĕ yu) ou l'Histoire de la famille Ghen si. Comme Toki yori administrait l'empire, et agissait en tout selon son bon plaisir, Moune taka avait assez de temps pour s'amuser à jouer à la paume et à faire des vers.

Le 3ᵉ mois de la 7ᵉ année (1255), le Daïri alla au temple de *Kouma no*, et fut précédé par le prince *Gakf nin fo sin o*; cet usage fut pratiqué alors pour la première fois.

Le 3ᵉ mois de la 1ʳᵉ année du nengo *Kó ghen* (1256), le prince de Mouts *Sighe toki*, de la famille des Fôsio, reçut sa démission; son frère cadet *Masa moura* lui succéda, et fut chargé du gouvernement avec Toki yori.

Le 4ᵉ mois, *Fôsio-no Naga toki*, gouverneur de Miyako, fut renvoyé, et se rendit à Kama koura; son frère cadet Toki sighe, âgé de 27 ans, le remplaça; ils étaient fils de Sighe toki.

Le 8ᵉ mois, l'ancien Scogoun *Fousiwara-no Yori tsoune* mourut à l'âge de 59 ans.

Le 10ᵉ mois, son fils, le dernier Scogoun *Fousiwara-no Yori tsougou*, mourut aussi âgé de 18 ans.

Le 11ᵉ mois, *Toki yori* résigna son emploi de premier ministre au prince de Mousadzi *Naga toki*, se rasa la tête, prit le nom de *Saï mió si*, et alla à l'âge de 30 ans vivre dans les montagnes. Son fils était encore un enfant, ce qui l'avait déterminé de nommer provisoirement *Naga toki* pour être avec *Masa moura* à la tête du gouvernement; toutes les affaires furent pourtant dirigées d'après le bon plaisir de Toki yori.

Le 2ᵉ mois de la 1ʳᵉ année du nengo *Zió ka* (1257), le Daïri épousa la fille du Sayensi-no saki-no sokokf *Sane ousi*.

Le même mois, *Toki moune*, successeur désigné de Toki yori, prit la robe virile à l'âge de 7 ans. Moune taka plaça le bonnet sur sa tête, et Naga toki lui rasa les cheveux.

Le 3ᵉ mois, le *Go Sa ga-no ten o* alla au temple *Kouma no*.

Le 7ᵉ mois, *Sió meï mon in*, mère de *Tsoutsi mikado-no in* et bisaïeule du Daïri, mourut âgée de 87 ans.

Le 3ᵉ mois de la 2ᵉ année (1258), le Seogoun annonça aux troupes de différentes provinces son intention de se rendre dans le courant de l'an prochain à Miyako; ce voyage fut pourtant suspendu.

Au printemps du nengo *Zio ghen* (1259), une maladie contagieuse ravagea l'empire et enleva beaucoup de monde. Une jeune religieuse, âgée de 14 à 15 ans, dévorait les cadavres des gens morts dans la capitale. Cela dura pendant un mois; personne ne sut ensuite ce qu'elle était devenue.

Le 3ᵉ mois, *Daï gou in*, mère du Daïri, fit placer des fleurs devant le temple de *Saï yen si*, et y fit lire les livres de la loi de Bouddha. Le Daïri y alla le lendemain pour jouer sur l'espèce de violon appelé *Biwa*.

Le 5ᵉ mois, le Konoye-no saki-no Kwanbak *Kane tsoune* mourut à l'âge de 50 ans.

Le 11ᵉ mois, le Daïri, d'après les conseils de son père, céda l'empire à son frère cadet *Tsoune fito*; il avait alors 17 ans, et en avait régné 13, savoir 2 avec le nengo *Fo si*, 7 avec celui de *Ken zió*, un avec celui de *Kó ghen*, 2 avec le nengo *Zió ka*, et un avec celui de *Zió ghen*.

LXXXIX. DAÏRI 龜山院 KI ZAN-NO IN.

(De 1260 à 1274 de J. C.)

Nengo
{
應文 *Boun wo* (Wen yng), 1260,
長弘 *Ko tsió* (Hung tchhang), 1261 à 1263,
永文 *Boun yeï* (Wen young), 1264 à 1274.
}

KI ZAN-NO IN ou KAME YAMA-NO IN (Koui chan yuan) portait avant son avénement le nom de *Tsoune fito*; il était le sixième fils de Go Sa ga-no in, et frère cadet de Go Fouka kousa-no in : il avait été Taïsi le 8ᵉ mois de la 2ᵉ année du nengo *Zió ko*, il fut proclamé Daïri le 11ᵉ mois du nengo *Zió ghen*, à l'âge de 11 ans : le Taïsió daïsin *Kane fira* fut Kwanbak; *Go san-no in* avait la direction de la cour, il reçut le nom d'*Itsi in*, et *Go Fouka kousa-no in*, qui résida dans le palais de *Tomi-no kouzi*, celui de *Sin in*.

Le 2ᵉ mois du nengo *Boun wo* (1260), une fille de *Konoye-no Kane tsoune* arriva à Kama koura : elle fut adoptée par *Saï mio si Toki yori*, et *Moune taka sin o* l'épousa.

Le 7ᵉ mois, le prêtre *Nitsi ren* (Jў lian) vint à Kama koura, et fit une visite à Toki yori; il introduisit l'observance *Nitsi ren*, qui eut beaucoup d'adhérens.

Le 11ᵉ mois, le Saï yen si saki-no sokokf *Sane ousi* se rasa la tête, et reçut le titre religieux de *To kifa i-no nudo* (Tchhang phan tsing jў tao).

Le 12ᵉ mois, le Daïri épousa la fille de l'Oudaïsin *Sane o*, frère cadet de Sane ousi; elle avait alors l'âge de 16 ans.

Le 2ᵉ mois de la 1ʳᵉ année du nengo *Ko tsió* (1261), il épousa la fille du Sadaïsin Saï yen si-no *Kin souke*.

Le 3ᵉ mois, le Sadaïsin *Kin souke* eut sa démission, et fut remplacé par l'Oudaïsin *Sane o*; *Konoye-no Moto fira*, fils de Kane tsoune, devint Oudaïsin, et *Sansio-no Kin tsika* Nadaïsin.

Le 4ᵉ mois, le Kwanbak *Kane fira* fut renvoyé, et remplacé par le Nisio-no saki-no sadaïsin *Yosi sane*.

Le 6ᵉ mois, *Ritsou moto Yosi ghen*, fils de Mioura-no Yosi moura, se révolta; on l'arrêta à Kama koura, et on fit la recherche de ses complices.

Le 11ᵉ mois, l'ancien prince de Mouts *Nudo Fosio Sighe toki* mourut âgé de 64 ans, et reçut le titre posthume de *Kok Fouk si*; il était le troisième fils de Yosi toki.

Le 12ᵉ mois, le Sayensi saki-no sadaïsin *Kin souke*, beau-père du Daïri, fut créé Taïzió daïsin. Depuis long-temps, il avait été étroitement lié avec le *Sin in*; tous ses parens étaient fort respectés.

Le 1ᵉʳ mois de la 2ᵉ année (1262), le Nadaïsin *San sio-no Kin tsika* fut congédié; *Fakats kasa-no Moto tada*, fils de Kane fira, le remplaça.

Le 7ᵉ mois, le Taïzió daïsin *Kin souke* fut destitué.

Le 28 du 11ᵉ mois, le fondateur de la secte *Its kó sió* (Y hiang tsoung)[1] mou-

---

(1) 宗何 — *Its kó sió* (Y hiang tsoung) est à présent l'observance bouddhique la plus suivie au Japon; elle prit son principal essor à la 9ᵉ année du nengo *Boun yeï* (1272). Quoique les prêtres de cette observance suivent la doctrine de *Siaka* (Chakia mouni), il y a une différence essentielle entre eux et ceux des autres ordres. On les regarde comme étant de la parenté du Daïri, et on les nomme pour cette raison *Its kó sió mon zek* (Y hiang tsoung Men tsў). Leur tête n'est pas rasée; en voyage ils ne portent point l'habit religieux, mais l'habit ordinaire japonais et deux sabres. Leurs *norimons* ou chaises à porteur sont comme ceux des autres prêtres, mais leurs chevaux sont enharnachés comme ceux des princes du sang. Ils sont tous exercés dans l'art militaire; ils mangent du poisson et de la viande, et se marient ordinairement dans les premières familles, ou avec des parentes des Daïris.

Cet ordre étant très-riche et puissant et répandu par tout l'empire, les Seogouns le traitent

rut à l'âge de 91 ans; il portait aussi le nom de *Sin ran* (Thsin liuan), et était de la famille de *Fi no* (Jў ye).

Le 2ᵉ mois de la 3ᵉ année (1263), le *Go Sa ga-no in* résida à *Kita yama* (Pĕ chan) dans le palais appelé *Ki zan den*, ou *Kame yama den*, ou du Mont de la tortue; le Daïri et Sin in s'y rendirent pour mettre en ordre la collection des pièces de vers qu'ils avaient composées.

Le même mois, *Fósio Masa moura* réunit à Kama koura une société de poëtes dans laquelle on composa mille chansons japonaises par jour. Il passait toutes ses heures de loisir à cette occupation; le Seogoun *Moune taka* aimait beaucoup la poésie.

Le 3ᵉ mois, *Fousiwara-no Sane o* perdit la place de Sadaïsin.

Le 8ᵉ mois, l'ancien régent *Itsi sio-no Sane tsoune* fut renommé Sadaïsin.

Le 10ᵉ mois, le Seogoun *Moune taka* se proposa de faire un tour à Miyako; cependant ce voyage n'eut pas lieu.

Le 22 du 11ᵉ mois, le prince de Sagami *Fósio Toki yori nudo saï mi o si*, qui était du premier rang de la cinquième classe, mourut âgé de 37 ans. Depuis la 4ᵉ année du nengo *Kwan ghen* jusqu'au nengo *Ko ghen*, il avait été *Sits ken*, ou premier ministre du Seogoun. Quoiqu'il eût déjà quitté ce poste, et se fût rasé la tête pour entrer dans l'état ecclésiastique, il se mêla encore du gouvernement pendant sept ans; ainsi on peut dire qu'il l'exerça pendant dix-huit ans. C'était un homme d'une grande droiture, très-versé dans la connaissance des lois de l'empire et dans l'administration des affaires. Aussi le Japon jouissait d'une tranquillité parfaite pendant sa gestion. On dit qu'après sa résignation, déguisé sous des vêtemens vulgaires, il parcourut tout l'empire, pour observer et connaître la conduite des princes, et s'informer de la situation de la classe inférieure du peuple. La famille de *Fósio Yasou toki* était dans la plus grande considération. Son fils aîné *Toki souke* était gouverneur de Miyako, et eut part à la direction des affaires avec Toki sighe. Ils habitaient les deux palais de *Rokfara*. Son second fils le Sama-no kami *Toki moune* lui succéda, et fut premier ministre chez le Seogoun à l'âge de 3 ans et sous la conduite de *Masa moura* et de *Naga toki*. L'Akida-no souke *Yasou mori*, beau-père de Toki moune, était aussi près de lui chez le Seogoun, pour aider au maniement des intérêts de l'empire.

avec beaucoup d'égards. A l'avénement d'un Seogoun, les prêtres de tous les autres ordres reçoivent de lui une patente, scellée d'un sceau en vermillon. Les prêtres de l'observance de Its kô siô, au contraire, lui offrent un écrit, dont le sceau est aspergé de leur sang, et s'engagent par là de l'assister dans toutes les occasions en cas de troubles ou de révolutions. C'est pour cette raison qu'ils jouissent d'une grande considération à la cour de Yedo. — KL.

Le 3ᵉ mois de la 1ʳᵉ année du nengo *Boun yeï* (1264), le temple *Yen riak si* fut détruit par les flammes. Le grand-prêtre du temple *Ten o si* (Thian wang szu) ayant été placé dans un rang inférieur à celui du grand-prêtre du temple *Midera*, les prêtres de ce dernier, mécontens de cette mesure, mirent le feu au Yen riak si.

Le 5ᵉ mois, les prêtres du Yen riak si brûlèrent à leur tour le *Midera* jusqu'aux fondemens; dans le courant de cette année, ceux du temple de *Nanto* se réunirent et entrèrent de force à Miyako, pour combattre *Tomo ye*, dont ils étaient mécontens; ils portèrent avec eux le *Sin bouk*.

Le 8ᵉ mois, *Fósio Naga toki* mourut à l'âge de 35 ans.

Le 4ᵉ mois de la 2ᵉ année (1265), le Kwanbak *Nisio-no Yosi sane* fut renvoyé, et remplacé par le Its sio-no Sadaïsin *Sane tsoune*.

Le 10ᵉ mois, le Nadaïsin *Sane tsoune* eut sa démission; le Konoye-no Oudaïsin *Moto fira* lui succéda; le Takats kasa-no nadaïsin *Moto tada* devint Oudaïsin; l'Oo ye-no gomon *Fouyou tada* Nadaïsin.

Le temple *Ren ghe o in* (Lian houa wang yuan) ayant été rebâti, on y célébra, le 4ᵉ mois de la 3ᵉ année (1266), une fête; le Daïri s'y rendit en grande pompe, accompagné du *Itsi in* et de *Sin in*.

Le 6ᵉ mois, le Seogoun *Mounc taka*, indigné des actes arbitraires de *Fósio Toki moune*, résolut de le faire périr, afin de régner lui-même. A cet effet, il assembla ses principaux officiers, et consulta sur ce projet le prêtre *Yosi ki*, qui était constamment avec lui. Cependant le plan ayant été découvert, le prêtre s'enfuit au mont Ko ya san, où il se fit mourir de faim.

Le 7ᵉ mois, *Fósio Toki moune* et *Masa moura* délibérèrent avec *Fósio Sane toki* et l'Akida-no souke *Yasou mori* pour déposer le Seogoun Moune taka; ils exécutèrent ce projet, et le forcèrent à partir de Kama koura.

Cependant l'ancien Daïri *Go Sa ga-no in* envoya *Tsoune tao* dans le Kwantô, pour intercéder en faveur de Mounc taka, de sorte que cette affaire se passa sans causer le moindre trouble. Ce Seogoun avait régné depuis la 4ᵉ année du nengo *Ken tsio*, ou pendant quinze ans. Toki moune et Masa moura le firent remplacer par son fils *Kore yasou*, qui avait alors 3 ans : ce Seogoun fut proclamé Zioô i daï seogoun, dans le même mois.

Le 1ᵉʳ mois de la 4ᵉ année (1267), le Nadaïsin *Fouyo tada* reçut sa démission; *Ye tsoune*, fils du Kwanbak Sane tsoune, lui succéda.

Le 10ᵉ mois, le *Go Sa ga-no in* se rendit au temple *Kasouga*, où l'on célébra une fête. Au même mois, le Saï yen si saki-no sokokf *Kin souke* mourut âgé de 45 ans. Son père le Nudo sokokf *Sane ousi* était encore en parfaite santé.

DES EMPEREURS DU JAPON.   257

Le 12ᵉ mois, le Kwanbak *Itsi sio-no Sane tsoune* fut remplacé par le Konoye-no Sadaïsin *Moto fira*.

Dans le courant de la même année, le prêtre *Zeó miô* (Tchao ming) revint de la Chine. Il était aussi nommé *Nanfo* (Nan phou); ses disciples lui donnèrent le nom de *Só fó* (Tsoung phang). Il fut le fondateur du temple *Daï tok si* (Ta tĕ szu) à Moura saki no.

A cette époque, la Chine fut envahie par les *Móko* (Mong kou), qui tiraient leur origine des *Fok tek* (Pe tў)¹, et avaient donné à leur royaume le titre

(1) M. Titsingh avait traduit ce passage de la manière la plus singulière : « Dans ce temps-ci, dit-il, la Chine fut ravagée par une guerre. *Mou ko kokf* (Mong kou kouĕ), empereur de la partie septentrionale, envahit le pays du milieu *Daï ghen kokf* (Taï Yuen kouĕ), et s'en rendit maître. » Il a donc pris le nom des Mongols pour celui de leur empereur, et le titre de *Taï yuan* que leur prince avait donné, en 1271, à sa dynastie (Taï Yuan kouĕ) pour celui de la dynastie chinoise qu'il venait de renverser.

Le nom des Mongols est écrit dans l'original 古蒙, il se prononce en chinois *Moung kou*, et au Japon *Mô ko* ou *Mo kou ri*. Cette dernière prononciation est celle du mot *Mongol*, dans lequel les Japonais remplacent le *l*, qui leur manque, par *r* ou *ri*. Le mot 狄北 *Fok tek* (Pĕ tў) est le nom général que les Chinois donnent aux barbares qui habitaient au nord de leur empire et du désert de sable. Il est cependant principalement appliqué aux tribus mongoles et toungouses. Le mot *Pĕ tў* est composé de *Pĕ*, nord, et de *tў*, barbare, étranger. Ce dernier caractère se compose de celui de *chien* et de *feu*. Il désigne les pays situés au nord de la Chine et leurs habitans; il était déjà en usage du temps de Confucius, ou dans le vɪᵉ siècle avant J. C., car on le trouve dans le *Chou king* et dans le *Li ki*. *Pĕ tў*, ou Barbares du Nord, est une dénomination qui ne date que du temps de la dynastie des *Thang* (de 618 à 906 après J. C.); elle s'appliquait alors aux *Khitans*, aux *Hi*, aux *Chў weï*, aux *Mo kho* du fleuve Noir, et à ceux de la rivière *Sou mo*. Ces derniers furent appelés plus tard *Phoŭ haï*. Les auteurs mongols et tubétains, qui ont écrit sur l'ancienne histoire des Mongols, appellent ce peuple avant Tchinggiz khan,

ᠪᠢᠳᠡ *Bidè* ou ᠪᠡᠳᠡ *Bèdè*.

Il est probable que ce n'est qu'une corruption de la dénomination chinoise de *Pĕ tў*, et nullement l'ancien nom de la nation mongole. Cette conjecture est d'autant plus probable que ces mêmes auteurs avouent avoir puisé ce qu'ils disent sur ce peuple, dans des livres chinois.

Quant au nom *Mongol*, il n'y a aucun doute qu'il n'existât avant Tchhingghiz khan. On a lieu de croire que les Mongols soumis autrefois à la nation toungouse des 鞨鞴 *Mo kho*, et au nord-ouest de laquelle ils habitaient, en avaient adopté le nom, duquel les Chinois ont vraisemblablement rejeté le *l* final; comme ils ont supprimé le *r* final dans le nom Tatar, qu'ils écrivent *Thă tă*. Selon les annales chinoises, les 古蒙 *Moung kou* ou *Mongols* habitaient autrefois au nord des *Ju tchў*, qui furent les ancêtres des Mandchous de nos jours. Sous la dynastie des Thang, leur horde portait le nom de 兀蒙 *Moung gou* ou 斯骨蒙 *Moung kou szu* (prononcez Mounggous). Enfin le mot 古蒙 *Moung kou*, qui répond à *Mongol*, se trouve dans les mêmes annales, sous la 5ᵉ des années *tchao hing*, qui est l'an 1135 de J. C., ainsi vingt-six ans avant la naissance de Tchingghiz khan. Il n'est donc pas vrai que ce conquérant ait imposé à son peuple le nom de *Mongol*, comme un passage de l'histoire mongole de *Sanang setsen*, publié par M. J. J. Schmidt à Saint-Pétersbourg, pourrait le faire croire. L'autorité

33

de *Daï ghen kokf* (Ta yuen kouë). Ils envoyèrent un ambassadeur en Corée (*Kôraï*), et ordonnèrent au roi de ce pays de faire parvenir au Japon une lettre, par laquelle ils exigeaient un tribut de cet empire. Le roi de Corée répondit que cela ne pouvait pas s'effectuer promptement, puisque le Japon était très-éloigné; par conséquent l'ambassadeur s'en retourna sans avoir réussi dans sa mission.

Le 10ᵉ mois de la 5ᵉ année (1268), le Konoye-no kwanbak *Moto fira* mourut à l'âge de 25 ans.

Le 12ᵉ mois, le Fakats kasa-no sadaïsin *Moto tada* fut nommé Kwanbak.

Le même mois, le *Sin in* célébra au palais de *Tomi-no kosi* (Fou siao lou) le 50ᵉ anniversaire de la naissance du *Itsi in*; à cette occasion celui-ci se rasa la tête, et prit le titre de Fowô. Il fit, pour s'amuser, une promenade avec Sin in dans la ville et dans les environs de Miyako; les environs de cette capitale jouissaient alors de la plus grande tranquillité.

Pendant qu'on faisait les préparations pour cette fête, un ambassadeur des *Môko* (Moung kou) arriva par mer à Taï saï fou. Il était porteur d'une lettre qui fut envoyée d'abord dans le Kwantô, et de là à Miyako. Comme cette lettre était conçue en termes grossiers, on n'y fit point de réponse [1].

Le 3ᵉ mois de la 6ᵉ année (1269), le Kwanbak *Moto tada* perdit la place

---

de cet auteur moderne est trop suspecte, pour qu'on puisse ajouter foi à toutes ses assertions; et en effet, il dit seulement que Tchinghiz khan a donné à son peuple le nom de کوک مغل *Kuke Mongol* ou *Mongols bleus*. — Kʟ.

(1) Le contenu d'une de ces lettres est rapporté aussi bien dans les Annales chinoises que dans les livres japonais. Voici ce qu'on lit dans la *Grande Encyclopédie japonaise* (Vol. xɪɪɪ, fol. 6 et suiv.) sur l'expédition entreprise par les Mongols et les Coréens contre le Japon. « Les « *Môkou ri* (Mongols) ayant attaqué et vaincu la « dynastie des Soung, en fondèrent une nou- « velle à laquelle ils donnèrent le nom de *Daï* « *Ghen kokf* (Ta Yuan kouĕ). Leur roi qui s'était « emparé du trône de la *Fleur du milieu* (la « Chine), reçut le titre de *Chi tsou houang ti*. « S'étant allié avec les *Ko kou ri* (Coréens) et « ayant tout disposé pour conduire une armée « contre le Japon, il y envoya d'abord une lettre. « Ceci eut lieu au milieu des années *Boun yeï* « (de 1264 à 1274), sous le règne de l'empe- « reur *Kame yama-no in*. »

« *Lettre de l'auguste empereur des Mongols au roi*
« *du Japon.* »

« Moi, je suis le prince d'un royaume qui au- « trefois n'était que petit; mais il contracta des « alliances avec ses voisins, qui se réunirent « tout-à-fait à lui, parce qu'il leur inspira une « confiance entière, et ils vécurent avec lui dans « la plus belle harmonie. De plus, mes ancêtres « en suivant les ordres précis du Ciel, étendirent « leurs limites sur les possessions des Hia, les « cantons éloignés et d'autres pays étrangers, « qui craignant leur pouvoir et admirant leur « vertu, se soumirent, et leur nombre est in- « nombrable. A notre avénement au trône, le « peuple innocent de la Corée avait depuis long- « temps été attristé par la guerre; j'ordonnai de « la faire cesser et je fis revenir mes troupes de « ses frontières. Le vieux et le jeune roi de ce « pays vinrent alors à ma cour, pour nous prou- « ver leur gratitude pour les bienfaits dont nous « les avions comblés; et en effet, le souverain « et son vassal se réjouirent à cette occasion,

de Sadaïsin ; *Itsi sio-no Ye tsoune* devint Sadaïsin, le Kwa san-no in et Nadaïsin *Mitsi masa* fut fait Oudaïsin, et le Daïnagon *Minamoto-no Mitsi nari* Nadaïsin.

« comme s'ils avaient été père et fils. La Corée « est, comme vous savez, notre possession la « plus orientale ; le Japon est voisin de la Corée, « et de génération en génération, il a envoyé, « comme il convenait, le tribut en Chine. Ce « n'est que sous notre règne qu'aucun ambassa- « deur n'est venu pour constater la bonne har- « monie et la parfaite intelligence qui devait « régner entre nous. Je doute que le roi du pays « en soit instruit, et je ne veux pas entrer dans « des détails sur cette affaire; mais s'il m'envoie « une ambassade, il connaîtra mes intentions. « Le sage voudrait que tout ce qui est compris « entre les quatre mers ne forme qu'une famille; « mais s'il n'y avait pas union parfaite comme « dans une même famille, on se verrait forcé « d'avoir recours aux armes pour la rétablir. — « Un bon roi doit réfléchir à cela. »

Le même ouvrage ajoute : Cette lettre était accompagnée d'une autre du roi de la Corée, qui était également insolente. C'est pourquoi on n'y fit aucune réponse. Les Mongols envoyèrent encore trois ambassades semblables au Japon ; toutes furent renvoyées, ce qui mit les Mongols en fureur. Ils vinrent donc avec 900 vaisseaux de guerre attaquer le Japon en 1274. Les chefs des Mongols étaient *Woë tun* ; il avait le titre de Tou yuan saï, ou général en chef; *Houng tchha khieou* était Ycou fou yuan saï, ou général en second de droite, et *Licou foŭ thing*, Tso fou yuan saï, général en second de gauche. Les trois corps de troupes coréennes étaient commandés par neuf généraux. L'armée comptait 25,000 Mongols et 8,000 Coréens ; sur la flotte il y avait 6,700 matelots. Cette expédition partit de *Ima tsou* (lisez *Kane tsoa*, en Corée), et arriva onze jours après à l'île de Iki, où un combat naval eut lieu. Licou foŭ thing ayant été tué d'un coup de flèche, son armée pensa à la retraite; mais pendant la nuit, un typhon accompagné d'une forte pluie attaqua les vaisseaux de guerre et les brisa contre les rochers du rivage, de sorte qu'une grande partie en fut détruite. Le général coréen *Kin sin* périt dans l'eau; enfin toute l'expédition fut détruite, et il n'en retourna que 15,500 hommes environ.

L'année suivante (ou la 1re du nengo *Ken zi* 1275), les Mongols envoyèrent *Thou chi toung*, comme ambassadeur ; il vint avec celui de la Corée à Kama koura, il y fut mis à mort, et sa tête publiquement exposée.

Dans la 4e année du même nengo (lisez du nengo *Kŏ an* 1281), les généraux mongols *A thsu han* et *Fan wen hou* partirent du Kiang nan, avec une expédition de 180,000 hommes de la Chine méridionale. *Houng tchha khieou* et *Hin tou* conduisirent 40,000 Mongols, Coréens et Chinois de *Afou tsou* 津合, et les généraux coréens *Kin fang khhing*, *Phŏ khieou* et *Kin tchoon ting* arrivèrent en 94 jours au Japon, au village de *Se kaï moura*, dans la baie de *Daï mio oura*.

On envoya alors des ambassadeurs au temple de Ize, on offrit sur tous les autels de l'empire des sacrifices, et on adressa des prières aux divinités. *Fósio Toki moune*, qui résidait à Kama koura, ordonna aux troupes rassemblées dans le Tsi kouzen d'attaquer l'armée des Mongols, qui étaient arrivés à l'île de Iki. Un capitaine de vaisseau, qui avait 113 marins à bord, fut poussé par le vent contre l'ennemi, et eut un combat avec lui dans lequel il perdit 36 hommes de son équipage. Les troupes japonaises, s'étant mutuellement animées, attaquèrent la ligne des Mongols, y pénétrèrent, et y répandirent une grande confusion. Houng tchha khieou monta à cheval et s'efforça de porter partout du secours ; le combat dura pendant toute la journée, et l'armée ennemie fut sévèrement maltraitée. Elle comptait plus de 3,000 morts. Hin tou et Houng tchha khieou renouvelèrent souvent le combat, mais toujours à leur détriment. *A thsu han* était tombé malade en route, et n'était pas venu avec eux. *Fan wen hou* arriva trop tard, et tout se trouvait dans une situation déplorable. Il avait sous ses ordres 3,500 bâtimens à bord desquels il se trouvait plus de 100,000 Chinois des provinces méridionales.

Le 1er jour de la 8e lune, il s'éleva un vent

Le 7 du 6ᵉ mois, le Sayensi-no nudo sokokf *Sane ousi*, grand-père du Daïri et du Sin in, mourut âgé de 76 ans.

Le 11ᵉ mois, le Nadaïsin *Mitsi nari* fut destitué, et remplacé par *Moro tada*, fils de Ni sio-no Yosi sane.

Dans le courant de cette année, des ambassadeurs des *Môko* abordèrent sur un vaisseau coréen à *Tsou sima* (Toui ma tao), d'où ils emmenèrent deux habitans, nommés *Tôsirô* et *Yasiro*. Les Môko les interrogèrent sur le Japon, leur firent quelques présens, et les renvoyèrent.

Le 1ᵉʳ mois de la 7ᵉ année (1270), *Fosio Toki sighe* mourut au Rokfara, à l'âge de 30 ans.

Le 11ᵉ mois, le Ni sio-no saki-no Kwanbak *Yosi sane* mourut âgé de 55 ans.

Dans le courant du mois, le Seogoun *Kore yasou* obtint le second rang de la troisième classe, et le titre de général du milieu de la gauche; c'est alors qu'il prit le nom de famille *Minamoto*.

Dans la même année, l'ambassadeur des Môko *Teô riô fits* (Tchao liang pÿ) arriva à la Corée, et demanda d'être transporté au Japon.

Le 3ᵉ mois de la 8ᵉ année (1271), le Kwasan-no in *Mitsi masa* eut sa démission comme Oudaïsin, *Ni sio-no moro tada* lui succéda, et le Kwasan-no in *Moro tsougou* fut nommé Nadaïsin.

Le 9ᵉ mois, l'ambassade des Môko, conduite par *Teô riô fits*, mouilla à *Ima tsou* (Kin tsin)[1], dans la province de Tsikouzen. Ce dernier remit une lettre à laquelle on ne fit point de réponse, de sorte que l'ambassade fut

---

furieux qui détruisit toute son expédition et la submergea; la haute marée en jeta les débris sur le rivage. Houng tchha khieou, Fan wen hou et autres se sauvèrent par la fuite, mais personne ne sut de quel côté ils étaient allés. On prit vivans 3,000 hommes qu'on mit à mort dans l'île *Fa ka ta* (Pă kiŏ tao). Cependant on en épargna trois nommés *Kan tchhang*, *Mô thsing* et *Ou wan ou*; on les renvoya dans leur pays, pour qu'ils pussent y donner des nouvelles du succès de l'expédition. Il y eut encore trois tempêtes furieuses; elles furent excitées par le dieu des vents qui est vénéré à Ize. C'est pour cette raison que son temple reçut le titre honorifique de *Kaso-no miya* (Foung koung), ou palais du vent. Ce titre lui fut accordé le 20ᵉ jour de la 6ᵉ année du nengo *Zio o*, ou 1293.

Les Japonais disent que le *dieu du vent* est une incarnation du souffle de *Isanaghi-no mi-* *koto* (Voyez Histoire mythologique, page xiij). Son temple s'appelle aussi *Kasa fi no miya* (Fung jÿ khi koung). — KL.

(1) Dans l'Histoire chinoise de la dynastie des Yuan ou Mongols, ce nom est écrit 津金 *Kin tsin*, mais dans notre original on lit 津今 *Kin tsin*, ce qui est plus exact et conforme à la dénomination japonaise *Ima tsou*. Ce n'est pas, comme le disent les livres chinois, une île, mais bien une presqu'île du district de *Sima kori*, de la province de Tsikouzen. Elle contient un bourg du même nom, et est située au nord de *Ima sik*, et à l'ouest-nord-ouest de *Foukou oko*, capitale de la province. La presqu'île de Ima tsou forme avec celle de *Kara domari* un golfe profond, que je ne trouve bien indiqué que sur la grande carte de l'île de Kiou ziou, qui a paru à Nangazaki, en 1783. — KL.

obligée de s'en retourner sans avoir rien fait. Cependant *Yasiro* l'accompagna comme ambassadeur. L'empereur des Môko l'admit en sa présence, le régala splendidement, et le renvoya.

Le 10ᵉ mois, *Fosio-no Yosi moune* alla de Kama koura à Miyako pour y remplir la place de gouverneur; il s'y logea au côté nord, et *Toki souki* au sud du Rokfara. Yosi moune était fils de Naga toki.

Le 1ᵉʳ mois de la 9ᵉ année (1272), *Kore yasou* fut avancé au second rang de la deuxième classe.

Le 15 du 2ᵉ mois, un ambassadeur arriva de Kama koura à la demeure de Fôsio Yosi moune, qui aussitôt investit la demeure de Toki souke au sud de Rokfara, et le tua. On avait découvert le dessein secret que celui-ci nourrissait de se révolter; car il était irrité de ce que son frère cadet avait succédé à son père. Ses complices *Fôsio Kin toki* et *Fôsio Nori toki*, qui demeurèrent à Kama koura, furent également punis de mort.

Le 17 de ce mois, le *Go Saga-no Fowô* mourut âgé de 55 ans. Pendant 20 ans, ou depuis sa résignation, il avait eu la direction des affaires à la cour. Pendant tout ce temps l'empire fut en paix, et le peuple vécut tranquille et content. On dit qu'à son lit de mort il insista pour que les descendans des *Go Fouka kousa-no in* et de *Ki zan-no in* succédassent alternativement comme Daïris, cependant cet usage résulta principalement des mesures salutaires que prit *Fosio Toki moune*.

Le 5ᵉ mois de la 10ᵉ année (1273), le Kwanbak *Fakats kasa-no Moto tada* fut renvoyé, et remplacé par *Kousio-no Tada ye*.

Le même mois, *Fôsio-no Masa moura*, quatrième fils de Yosi toki, mourut à l'âge de 69 ans.

Le 6ᵉ mois, *Fôsio-no Yosi moura*, quatrième fils de Sighe toki, fut nommé premier ministre du Seogoun par Toki moune, en place de Masa moura.

Le 8ᵉ mois, le San Sina-no saki-no sadaïsin *Fousiwara-no Sane o* mourut âgé de 57 ans; il était fort respecté comme beau-père du Daïri et du Sin in.

La même année, *Teô riô fits* (Tchao liang pÿ) arriva une seconde fois comme ambassadeur des Môko; il ne put obtenir la permission d'aller ni à Miyako, ni à Kama koura, et fut renvoyé de Taï saï fou.

Le 1ᵉʳ mois de la 11ᵉ année (1274), le Daïri résigna l'empire à son fils *Yo fito*; il était alors âgé de 20 ans; il en avait régné 15, savoir 1 avec le nengo *Boun o*, 5 ans avec celui de *Ko tsiô*, et 11 avec celui de *Boun yeï*.

XC. DAÏRI 後宇多院 GA OU DA-NO IN.

(De 1275 à 1289 de J. C.)

Nengo
{ 建治 *Ken zi* (Kian tchi), de 1275 à 1277,
  弘安 *Kô an* (Houng ngan), de 1278 à 1287.

Go ou da-no in (Heou Yu to yuan), nommé auparavant *Yo fito*, était le fils aîné de Ki zan-no in; sa mère était fille du Sadaïsin *Fousiwara-no Sane o*. Il naquit au 12ᵉ mois de la 4ᵉ année du nengo *Boun yeï*; au 1ᵉʳ mois de la 11ᵉ année, il succéda à son père, et fut proclamé Daïri le 3ᵉ mois, à l'âge de 8 ans. Le Kiousio-no kwanbak *Tada ye* remplit la place de régent; Go Fouka kousa-no in reçut alors le titre de *Fo in*, et Ki zan-no in celui de *Sin in*.

Le 2ᵉ mois, le Sayensi saki-no oudaïsin *Kin moto* mourut âgé de 55 ans, ainsi que le Tok daï si saki-no sokokf *Sane moto*, qui avait atteint l'âge de 72 ans.

Les Môko, offensés de ne pas recevoir de réponse aux lettres qu'ils avaient envoyées à différentes reprises, dépêchèrent au 3ᵉ mois de cette année deux généraux avec trois cents grands vaisseaux, trois cents autres de moindre grandeur, trois cents petits montés par une forte armée destinée à attaquer le Japon. A la cour du Daïri, on adressa des prières ferventes à plusieurs dieux; du Kwantô on envoya des ordres dans le Tsoukouzi de se préparer à la résistance.

Le 6ᵉ mois, *Tada ye* régent fut renvoyé, et eut l'Itsi sio-no Sadaïsin *Ye tsoune* pour successeur.

Le 7ᵉ mois, l'ancien Seogoun *Moune taka sin o* mourut à l'âge de 55 ans.

Le 10ᵉ mois, la flotte des Môko mouilla à l'île de *Tsiou sima*. Ils y combattirent les Japonais. Les Môko furent défaits parce qu'ils manquaient de flèches; ils s'enfuirent avec leurs vaisseaux de différens côtés, et retournèrent chez eux après une perte très-considérable.

Le même mois, *Firo fito*, fils de Go Fouka kousa-no in, fut déclaré Taïsi; il aurait été Daïri avant Ki zan-no in, mais Go Saga-no in ayant désiré que Ki zan-no in lui succédât, sa mère la Daïgou-no *Nio in* l'avait annoncé dans le Kwantô: ainsi *Yo fito* fut de nouveau déclaré successeur au trône. Ki zan-no in après son abdication continuait à gouverner selon son bon plaisir, et tenait Go Fouka kousa-no in éloigné de toutes les affaires. Celui-ci en fut indigné et résolut de se faire prêtre; cependant quand son fils devint Taïsi par les démarches de Fôsio Toki moune, il en fut fort réjoui, abandonna ce dessein, et se réconcilia avec Ki zan-no in. L'impératrice Daïgou-no Nio in fut également contente de cet arrangement.

Depuis ce temps, la succession des Daïris fut toujours réglée dans le Kwantô (c'est-à-dire par le Seogoun).

Le 2ᵉ mois de la 1ʳᵉ année du nengo *Ken zi* (1275), *To sei tsiou* (Thou chi tchoung) arriva en qualité d'ambassadeur de Môko, accompagné de quelques Coréens. Cette légation fut obligée de s'arrêter à Taï saï fou; seulement trois de ses membres purent aller à Kama koura; ils n'obtinrent pas la permission de venir à Miyako. L'ambassadeur avait apporté une lettre; on n'y répondit pas.

Le 6ᵉ mois, l'ancien régent *Kousio-no Tada ye* mourut à l'âge de 47 ans.

Le 8ᵉ mois, le Kwasan-no in et Saki-no Oudaïsin *Mitsi masa* fut nommé Taïziô daïsin.

Le 10ᵉ mois, *Itsi sio-no Ye tsoune* régent et Sadaïsin fut congédié; le Tokdaïsi saki-no Kwanbak *Kane fira* le remplaça comme régent.

Le 12ᵉ mois, le Nisio-no Oudaïsin *Moro tada* devint Sadaïsin, et le Kiousiono daïnagon *Tada nori* Oudaïsin. Le Kwasan-no in *Moro tsougou* perdit la place de Nadaïsin, et eut *Konoye-no Ye moto* pour successeur; *Tada nori* était fils de Tada ye, et Ye moto fils de Moto fira.

Le même mois, *Fôsio-no Toki kouni* arriva à Miyako pour en être gouverneur, et prit sa demeure dans la partie méridionale du Rokfara.

Dans le courant de l'année, le prêtre *Itsi pen* (Y pian) fonda l'observance bouddhique appelée *Zi siô* (Chi tsoung).

Le 5ᵉ mois de la 2ᵉ année (1276), le Kwasan-no in sokokf *Mitsi masa* mourut à l'âge de 44 ans.

Le 12ᵉ mois, le régent *Kane fira* fut de nouveau fait Taïziô daïsin.

Dans la même année, un ambassadeur des Môko débarqua dans la province Naga to; on le fit venir à Kama koura, où il fut décapité.

Le 1ᵉʳ mois de la 3ᵉ année (1277), le Daïri prit la robe virile; il avait alors 11 ans. *Kane fira* lui imposa le bonnet, et *Sana akira* lui rasa les cheveux.

Le même mois, il rendit une visite à l'ancien Daïri *Kame yama-no in*.

Le 3ᵉ mois, il alla au temple *Iwasi midzou*, et le 4ᵉ mois au temple *Kamo*.

Dans le courant de ce mois, *Kane fira* Taïziô daïsin perdit cet emploi.

Le 5ᵉ mois, *Fôsio-no Toki masa*, premier ministre du Seogoun, obtint sa démission; il se rasa la tête, et alla demeurer dans la province de Sina no; *Toki moune* conserva seul l'emploi de premier ministre.

Le 12ᵉ mois, le Tôgou, ou successeur au trône, *Firo fito*, prit la robe virile; le Nisio-no Sadaïsin *Moro tada* lui mit le bonnet, et *Minamoto-no Tomo mori* lui rasa les cheveux du front.

Le 1ᵉʳ mois de la 1ʳᵉ année du nengo *Kô an* (1278), *Fósio-no Toki moura* vint à Miyako pour être gouverneur de cette capitale, et logea dans la partie septentrionale du Rokfara ; il était fils de Masa moura.

Le 12ᵉ mois, *Kane fira* régent eut sa démission, et redevint Kwanbak.

Le 1ᵉʳ mois de la 2ᵉ année (1279), le Seogoun *Minamoto-no Kore yasou* fut gratifié du premier rang de la seconde classe.

Le 2ᵉ mois de la 3ᵉ année (1280), *To seï tsiou* (Thou chï tchoung) (voyez page 263), ambassadeur des *Môko*, fut mis à mort. Aussitôt que les Môko en eurent reçu la nouvelle, ils assemblèrent une armée considérable pour conquérir le Japon. Lorsqu'on fut informé de leurs préparatifs, le Daïri envoya des ambassadeurs à Izé et à plusieurs autres temples pour invoquer les dieux. *Fósio-no Toki moune*, qui résidait à Kama koura, ordonna que l'on assemblât les troupes dans le Tsoukouzi, et expédia du Kwantô à Miyako de nombreux détachemens de soldats, pour garder le Daïri et le Tôgou, et les protéger contre tout danger. *Go Fouka kousa-no in* et *Kame yama-no in* furent conduits dans le Kwantô. Les deux gouverneurs de Miyako eurent ordre de se rendre dans le Tsoukouzi.

A la 1ʳᵉ lune de la 4ᵉ année (1281), les Môko nommèrent *A si kan* (Ngo tsu han), *Fan boun ko* (Fan wen hou), *Kin to* (Hin tou) et *Kô sa kio* (Houng tchha khicou) généraux de leur armée, qui était forte de plus de cent mille hommes. Elle fut embarquée sur un nombre considérable de vaisseaux de guerre. *A si kan* tomba malade pendant la traversée, ce qui rendit le général en second *Fan boun ko* indécis sur le parti à prendre.

Le 7ᵉ mois, toute la flotte arriva au Japon à l'île de *Firando* (Phing hou), et passa de là à *Go rió san* (Ou loung chan) ; les troupes du Tsoukouzi étaient sous les armes.

Le 1ᵉʳ du 8ᵉ mois, il s'éleva une tempête affreuse, les vaisseaux de la flotte des Môko furent engloutis dans la mer, ou fort endommagés. Le général Fan boun ko prit la fuite avec les autres généraux sur les vaisseaux qui avaient le moins souffert ; personne n'a su ce qu'ils sont devenus. L'armée de cent mille hommes qui avait débarqué au-dessous de Go rió san, y resta errante sans vivres pendant trois jours ; ces soldats avaient le projet de construire d'autres vaisseaux pour retourner en Chine.

Le 7ᵉ jour, l'armée japonaise les investit et les attaqua ; on se battit avec acharnement, les Môko furent totalement défaits, trente mille hommes furent faits prisonniers, conduits à *Fa ka ta* (Pă kiŏ tao), et mis à mort. On ne fit grâce qu'à *Kan sió* (Kan tchhang), *Bak saï* (Mŏ thsing) et *Go wan go* (Ou wan ou), qui furent envoyés en Chine pour y porter la nouvelle du sort de l'armée.

La destruction d'une flotte si nombreuse par la tempête fut considérée comme la preuve la plus évidente de la protection des dieux. On attribua principalement cet événement au dieu des vents, qui a son temple à Ize, et on lui manifesta la plus profonde vénération pour avoir sauvé l'empire par l'anéantissement de la flotte mongole. *Kan sió* et ses compagnons retournèrent dans leur pays, et annoncèrent ce désastre au prince des *Môko*, qui était l'empereur *Zi zou kwô te* (Chi tsou houang ti), de la dynastie des *Ghen* (Yuan)[1].

(1) *Rachid-eddin*, le célèbre historien persan des Mongols, qui composa son *Djema' ettawa-rikh* en 1294, connaît le Japon, et lui donne le nom de *Djemen kou*, qui n'est qu'une corruption des mots chinois 日本國 *Jy̆ pen kouĕ*, car les Mongols n'aiment pas prononcer la lettre *p*, et la remplacent fréquemment par un *m*. Voici ce qu'il rapporte de ce pays :

قان را در جانب شرق جنوب هیچ یاغی نیست
هه تمامت ولایتی که بر آن صوب افتاده
و اجل مملکت اوست تا دریا محیط الا انک
نزدیک ساحل جورجه و کولی در میان دریا
محیط جزیره عظیم است نام آن جمنکو دور
ان قرب چهار صد فرسنک باشد و شهرها
و دیهای بسیار در آنجا و پادشاه علی حده
دارد و بر قرار ما تقدم باغیست و مردم آنجا
کوتاه بالا و کوتاه کردن و بزرک شکم باشد
و در آنجا معادن بسیارند

« Du côté du sud-est, le Kaân n'a aucune
« guerre à soutenir, car tous les pays situés de
« ce côté font partie de son empire jusqu'à
« l'Océan. Il faut cependant en excepter un qui
« est une grande île près des côtes de *Djourdjeh*
« (du pays des Mandchous actuels) et du *Ko li*
« (Kao li, ou la Corée). Elle est située au milieu
« de l'Océan, et porte le nom de *Djemen kou*. Elle
« a presque 400 parasanges de circuit ; il y a
« beaucoup de villes et villages. Elle a un roi
« indépendant, et qui depuis long-temps est
« constamment en guerre (avec le Kaân). Les
« gens de ce pays sont de basse stature, ont le
« cou court et de gros ventres. Il y a beaucoup
« de mines dans ce pays. »

Aboulféda parle aussi dans sa Géographie du Japon, dont il corrompt encore plus le nom que Rachid-eddin, car il l'appelle جَمكوت *Djemkout*, et dit que les Persans écrivent ce nom جَماكوت *Djemâkout*. Il parle de ce pays dans sa quinzième table qui comprend la Chine, et le place à l'extrémité orientale du monde : « De même, dit-il, que les *îles Fortunées* (الجزاير الخالدات) qui sont à l'extrémité occidentale. Au delà de *Djemkout* à l'est n'est aucun pays habité. Il est situé sous l'équateur même, c'est pourquoi il n'a pas de latitude géographique. »

L'illustre voyageur *Marco Polo* donne une description du Japon, qu'il appelle *Zipangou*, et non pas *Zipangri*, comme on le lit dans les mauvaises éditions de cet auteur. *Zi pan gou* est encore la dénomination chinoise de *Jy̆ pen kouĕ*. Je fais suivre ici, d'après l'édition de Ramusio, les deux chapitres de Marco Polo, lesquels contiennent des détails curieux sur l'expédition envoyée par *Khoubilaï khan* contre ce pays.

Lib. III, cap. 2. *Dell' Isola di Zipangu.*

Zipangu è un' Isola in Oriente, la qual è discosto dalla terra, et lidi di Mangi in alto mare mille cinque cento miglia. Et è Isola molto grande, le cui genti sono bianche, et belle, et di gentil maniera. Adorano gl' Idoli, et mantengonsi per se medesimi, cioè che si reggono dal proprio Re. Hanno oro in grandissima abbondanza, perchè iui si troua fuor di modo, et il Re non lo lascia portar fuori, però pochi mercanti vi vanno, et rare volte le naui d'altre regioni. Et per questa causa diremoui la grand' eccellenza delle ricchezze del palagio del Signore di detta Isola, secondo che dicono quelli c'hanno

Le 10ᵉ mois de la 5ᵉ année (1282), les prêtres du temple *Kobokousi*, mécontens de *Tomo ye*, se portèrent en masse sur Miyako; ils étaient précédés du *Sin bok* (voyez page 179) du temple de Kasouga.

pratica di quella contrada, v'ha vn gran palagio tutto coperto di piastre d'oro, secondo che noi copriamo le case, òvero chiese di piombo, et tutti i sopra cieli delle sale et di molte camere sono di tauolette di puro oro molto grosse, et così le finestre sono ornate d'oro. Questo palagio è così ricco, che niuno potrebbe giamai esplicare la valuta di quello. Sono ancora in questa Isola perle infinite, le quali sono rosse, ritonde, et molto grosse, et vagliono quanto le bianche, et più. Et in questa Isola alcuni si sepeliscono quando son morti, alcuni s'abbruciano. Ma a quelli che si sepeliscono, vi si pone in bocca una di queste perle, per esser questa la loro consuetudine. Sonui etiandio molte pietre pretiose.

Questa Isola è tanto ricca, che per la fama sua il gran Can ch'al presente regna, che è Cublai, deliberò di farla prendere, et sottoporla al suo dominio. Mandò adunque duoi suoi Baroni con gran numero di naui piene di gente per prenderla, de quali vno era nominato *Abbaccatan*, et l'altro *Vonsancin*, quali partendosi dal porto di *Zaitum* et *Quinsai*, tanto nauigorno per mare, che peruennero a questa Isola. Dove smontati nacque inuidia fra loro, che l'vno dispregiaua d'obedire alla volontà, et consiglio dell'altro, per la qual cosa non poteron pigliar alcuna città ò castello saluo che vno, che presono per battaglia, però che quelli ch'erano dentro non si volsero mai rendere. Onde per comandamento di detti Baroni a tutti furono tagliate le teste, saluo che a otto huomini, li quali si trovò c'haueuano una pietra pretiosa incantata per arte diabolica, cucita nel braccio destro fra la pelle e carne, chè non poteuano esser morti con ferro nè feriti. Il che intendendo quei Baroni fecero percotere li detti con un legno grosso, et subito morirono. Auuenne un giorno che'l vento di Tramontana cominciò a soffiar con grande impeto, et le naui de Tartari, ch'erano alla riua dell'Isola, sbatteuano insieme. Li marinari adunque consigliatisi deliberarono slontanarsi da terra. Onde entrato l'esercito nelle naui, si allargarono in mare. Et la fortuna cominciò a crescere con maggior forza, di sorte che se ne ruppero molte, et quelli che v'erano dentro notando con pezzi di tauole, si saluorono ad una Isola vicina a *Zipangu* quattro miglia. Le altre naui, che non erano vicine, scapolate dal naufragio con li duoi Baroni, havendo leuati gli huomini da conto, cioè li capi de centenari di mille, et dicemila, drizzorono le vele verso la patria, et al gran Can. Ma i Tartari rimasti sopra l'Isola vicina erano da circa trentamila, vedendosi senza naui, et abbandonati dalli Capitani, non hauendo nè arme da combattere, nè vettovaglie, credeuano di douere essere presi et morti, massimamente non vi essendo in dette Isola habitatione, dove potessero ripararsi. Cessata la fortuna, et essendo il mare tranquillo, et in bonaccia, gli huomini della grande Isola di *Zipangu* con molte naui, et grande essercito andorno all' Isola vicina per pigliar li Tartari, che quiui s'erano saluati, et smontati dalle naui, si missero ad andarli a trouare con poco ordine. Ma li Tartari prudentemente si governarono, per cioche l'isola era molto eleuata nel mezzo, et mentre che li nemici per una strada s'affrettauano di seguitarli, essi andando per un' altra circondarono a torno l'Isola, et peruennero a' nauilij de' nemici, quali trouorno con le bandiere, et abbandonati et sopra quelli immediate montati, andarono alla città maestra del Signor di *Zipangu*, dove vedendosi le loro bandiere, furono lasciati entrare, et quiui non trouorno altro che donne, le qual tennero per lor uso, scacciando fuori tutto il resto del popolo. Il Re di *Zipangu* intesa la cosa come era passata fu molto dolente, et subito se ne venne a mettere l'assedio, non vi lasciando entrare nè uscire persona alcuna, qual durò per mesi sei. Dove vedendo i Tartari che non poteuano haver' aiuto alcuno, al fine si resero salue le persone, et questo fu correndo gli anni del Signore 1264. Il gran Can dopo alcuni anni, hauendo inteso il disordine sopradetto, successo per causa della discordia di due Capitani, fece tagliar la testa

Le 12ᵉ mois, le Tsiounagon *Minamoto-no Yosi fousa* fut exilé dans la province de Aki; les prêtres de *Kobokousi* se retirèrent alors, et remportèrent le *Sin bok*.

Dans la même année, *Fôsio-no Toki moune* fonda le temple *Yen kak si* (Yuan

ad un di loro, l'altro mandò ad un' Isola salvatica detta *Zorza*, doue suol far morire gli huomini, che hanno fatto qualche mancamento, in questo modo. Gli fa rauolgere tutte due le mani in un cuoio di buffalo allora scorticato, et strettamente cucire, qual come si secca, si strigne talmente intorno, che per niun modo si può mouere, et così miseramente finiscono la loro vita non potendosi aiutare.

Cap. 3. *Della maniera de gl' Idoli di Zipangu, et come gli habitanti mangiano carne humana.*

In quest' Isola di *Zipangu*, et nell' altre vicine tutti i loro Idoli sono fatti diuersamente, perche alcuni hanno teste di buoi, altri di porci, altri di cani, et di becchi, et di diuerse altre maniere. Ve ne sono poi alcuni, c'hanno un capo et due volti. Altri tre capi, cioè uno nel luogo debito, et gli altri due sopra ciascuna delle spalle. Altri c'hanno quattro mani, alcuni dieci, et altri cento, et quelli che n'hanno più si tiene c'habbiano più virtù, et a quelli fanno maggior riverentia. Et quando i Christiani li domandano, perche fanno li loro idoli così diuersi, rispondono, così i nostri padri et predecessori gli hanno lasciati, et parimente così noi li lasciamo a nostri figliuoli, et successori. Le operationi di questi Idoli sono di tante diuersità, et così scelerate et diaboliche, che saria cosa empia et abominabile a raccontare nel libro nostro. Ma vogliamo che sappiate almeno questo che tutti gli habitatori di queste Isole, che adorano gl'Idoli, quando prendono qualch'uno, che non sia loro amico, et che non si possa riscuotere con denari, conuitano tutti i loro parenti, et amici a casa sua, et fanno vccidere quell' huomo suo prigione, et lo fanno cuocere, et mangianselo insieme allegramente, et dicono, che la carne humana è la più saporita, et migliore che si possa truouar al mondo.

Le nom du général mongol, imprimé dans Ramusio *Abbacatan*, est écrit *Abatur* dans le Codex Riccardianus du texte de Marco Polo, et c'est la seule leçon exacte. Sous ce nom est désigné ici le même personnage qui dans les relations chinoises est appelé *A thsu han*. Selon la manière chinoise, la première syllabe *A* est son nom de famille, et on l'appelait, avec le terme mongol qu'on donnait à tous les hauts chefs militaires, *baatour* ou *batour*, ce qui signifie *héros*: par conséquent *A batour*. Thsu han n'est que le surnom du même individu.

Tonsancin, ou dans d'autres manuscrits *Vonsanchin*, est le *Fan wen hon* des historiens chinois. *Wen hou* n'est que son surnom posthume, tandis que *San chin* ou *San kin* était vraisemblablement celui qu'il portait pendant sa vie. *Fan* est son nom de famille, que Marco Polo écrit *Von*.

Les ports de *Zaitum* et de *Quinsai* sont ceux de *Thsiuan tcheou fou*, dans le *Foü kian*, et de *Hang tcheou fou*, dans le *Tche kiang*; comme je l'ai démontré dans le second volume de mes *Mémoires relatifs à l'Asie*, pag. 200 et suiv.

Le récit de Marco Polo relativement à l'expédition des Mongols contre le Japon diffère sous beaucoup de rapports de celui qu'on trouve dans les livres chinois et japonais. Il met aussi cette entreprise vingt ans trop tôt; mais 1264 n'est vraisemblablement qu'une faute d'impression pour 1284. On conçoit que Khoubilaï khan ne devait pas aimer qu'on parlât trop de cette entreprise malheureuse, et la version rapportée par Marco Polo était peut-être celle qu'on avait répandue en Chine, pour ne pas avouer une défaite totale.

Quant à l'île de *Zorza*, son nom ne se trouve que dans l'édition de Ramusio. C'est vraisemblablement l'île de *Taraïkaï*, nommée mal à propos *Sakhalien* dans nos cartes, de laquelle il est question ici, puisqu'elle est située devant le pays actuel des Mandchous, nommés جورجه *Djourdjèh* ou *Djordjah* à l'époque des Mongols en Chine.

kiŏ szu), et y établit comme grand-prêtre *Zo ghen* (Tsou yuan), qu'il avait fait venir exprès de la Chine. *Zo ghen* est le même que *Bouts kô zen si* (Fou houang chen szu).

Le 2ᵉ mois de la 6ᵉ année (1283), *Toki moune* nomma premier ministre du Seogoun *Fosio-no Nari toki*, cinquième fils de Sighe toki.

Le 1ᵉʳ mois de la 7ᵉ année (1284), le Ghiou o Daïnagon *Minamoto-no Moto tomo* fut promu au second rang de la première classe, mais il le perdit au mois suivant et fut nommé Daïsin. *Tomo mitsou* reçut le titre de *Ghi tô san si* (I thoung san szu), qui lui donna le rang au-dessous du Daïsin et au-dessus du Daïnagon.

Le 4 du 4ᵉ mois, *Fôsio-no Toki moune*, prince de Sagami, tomba malade, se fit raser la tête, et mourut le même jour à l'âge de 34 ans. Il avait été *Sits ken* du Seogoun depuis la 1ʳᵉ année du nengo *Boun ye*, ou pendant 21 ans. Son fils adoptif, le Sama-no kami *Sada toki*, âgé de 14 ans, lui succéda dans la place de Sits ken du Seogoun *Kore yasou*; et *Fosio-no Nari toki* lui fut donné pour adjoint. Le Akida-no sio-no souke *Yasou mori*, grand-père de Sada toki, devint prince de Mouts, il jouissait de la plus haute estime.

Dans cette année, *Fôsio-no Toki kouni*, gouverneur de Miyako, trama une révolte; il fut mandé dans le Kwantô, et exilé dans le Fitats, où on le fit périr plus tard.

Le 7ᵉ mois, l'Itsi sio-no saki-no Kwanbak *Sane tsoune* mourut, âgé de 62 ans. Il reçut le titre posthume de *Yen mio si* (Yuan ming szu).

Dans le courant de la même année, *O seki oú* (Wang tsẏ oung), de l'empire des *Ghen* (Yuan ou Mongols en Chine), accompagné du prêtre de Bouddha, nommé *Ni nio tsi* (Eul yu tchi), vint au Japon pour épier les mœurs et usages du pays. Mais d'après les lois de l'empire, on fit mourir *O seki oú*, avec tout l'équipage du vaisseau qui l'avait amené. On avait été informé en Chine que *Ki zan-no sin in* et les *Fôsio* de Kama koura étaient très-attachés à la doctrine Zen siô, et on avait pris ce prétexte pour envoyer un prêtre de cette observance, pour prendre des informations sur les lois et les coutumes de l'empire.

Le 2ᵉ mois de la 8ᵉ année (1285), on célébra le 90ᵉ anniversaire de la princesse *Sada ko*, qui avait le titre de *Kita yama-no Siun kisaki*, et le second rang de la première classe. Elle était fille du Wasi-no o-no Daïnagon *Taka fira*, veuve du Saï yen si-no sokokf *Sane ousi*, mère de l'impératrice *Daïgou-no Nio in*, aïeule du *Fo in* ou *Go Fouka kousa-no in*, du *Sin in* ou *Ki zan-no in*, et bisaïeule du Daïri *Go Ouda-no in*, et de son successeur *Fousi mi*. Tous ceux de ces personnages qui vivaient encore allèrent chez elle pour célébrer son jour de naissance et pour lui rendre leurs devoirs.

Le 4ᵉ mois, le Takats kasa saki-no Kwanbak *Moto tada* fut nommé Taïziô daïsin ; son père le Saki-no sokok *Kane fira* devint de nouveau Kwanbak. A cette époque leur prospérité fut au comble.

Dans le courant du même mois, *Fôsio-no Sada toki* fut créé prince de Sagami; son grand-père le Akida-no zio-no souke *Yasou mori* jouissait d'une très-grande considération. *Yori tsougou*, l'un des compagnons de Sada toki, envieux de la haute estime que tout le monde montrait à Yasou mori, était mal avec lui. *Moune kaghe*, fils de Yasou mori, changea son nom de famille de *Fousiwara* en *Minamoto*, parce que son trisaïeul *Kaghe mori* avait été parent de Yori tomo. Dès que Yori tsougou en fut instruit, il fit dire à Sada toki qu'en changeant ainsi son nom de famille, il laissait percer le dessein de devenir Seogoun. Sada toki soupçonna de même Yasou mori et Moune kaghe d'avoir l'intention de se révolter. Les recherches que l'on fit ayant prouvé la réalité de ces présomptions, ces personnages ainsi que tous leurs parens et leurs amis furent mis à mort. Dans le 11ᵉ mois, Yori tsougou acquit par cette découverte beaucoup de réputation; il se rasa la tête, et devint prêtre sous le nom de *Koua yen* (Ko yuan).

Dans la même année, *Fôsio-no Kane toki* vint en qualité de gouverneur à Miyako, et habita dans la partie méridionale du Rokfara. Il fut petit-fils de Toki yori.

Le 6ᵉ mois de la 10ᵉ année (1287), le Seogoun *Kore yasou* fut nommé Tsiounagon et Oudaïsio. *Fôsio-no Nari toki* se rasa la tête. *Fôsio-no Nobou fousa*, petit-fils de Toki fousa, succéda à Sada toki dans l'emploi de Sits ken. *Fôsio-no Toki moura* retourna de Miyako à Kama koura.

Le 8ᵉ mois, *Takats kasa-no Kane fira* fut renvoyé comme Kwanbak, et remplacé par le Sadaïsin *Nisio-no Moro tada*.

Le 10ᵉ mois, le Seogoun *Kore yasou* obtint le titre *Ni pon* (Eul phin).

Le même mois, le Daïri résigna l'empire à son successeur *Firo fito* (Hi jin), après un règne de 13 ans, savoir 5 ans avec le nengo *Ken si*, et 10 avec celui de *Kô an*.

XCI. DAÏRI 伏見院 FOUSI MI-NO IN.

(De 1288 à 1298 de J. C.)

Nengo { 正應 *Ziô o* (Tching yng), de 1288 à 1292.
{ 永仁 *Yeï nin* (Young jin), de 1293 à 1298.

FOUSI MI-NO IN (Fou kian yuan), nommé auparavant *Firo fito*, fut fils de Go Fouka kousa-no in; sa mère la Ghen ki mon in *Fousiwara-no In si* était la fille du

San sina-no Sadaïsin *Sane o*. Firo fito avait été nommé Tô gou ou successeur, le 10ᵉ mois de la 11ᵉ année du nengo *Boun ye*, sur la recommandation de Toki moune; il fut proclamé Daïri le 10ᵉ mois de la 10ᵉ année du nengo *Kô an*, à l'âge de 23 ans. *Nisio-no Moro tada* fut Kwanbak. Il y avait alors encore trois Daïris en vie, savoir, *Go Fouka kousa-no in*, qui fut aussi nommé Itsi in et Fo nin, *Ki zan-no in*, surnommé Tsiou-no in, enfin *Go Ouda-no in*, nommé aussi Sin in; ce dernier ne se mêlait plus des affaires.

Le 4ᵉ mois de la 1ʳᵉ année du nengo *Ziô o* (1288), le Kwanbak *Moro tada* eut sa démission de la place de Sadaïsin.

Le 6ᵉ mois, le Daïri épousa la fille du Saï yen si-no Daïnagon *Fousiwara-no Sane kane*, fils de Kin souke.

Le 7ᵉ mois, le Kiousio-no Oudaïsin *Tada mori* devint Sadaïsin, le Konoye-no Nadaïsin *Ye moto* Oudaïsin, et le Daïnagon *Minamoto-no Mitsi moto* Nadaïsin.

Le 10ᵉ mois, Mitsi moto eut sa démission comme Nadaïsin; il fut remplacé par *Takaïs kasa-no Fouyou tada*, frère cadet de Moto tada.

Dans cette année, les gouverneurs de Miyako changèrent de résidence; *Fôsio-no Kane toki* alla du sud demeurer au nord du Rokfara, et *Fôsio-no Mori fousa* du nord au sud.

Le 4ᵉ mois de la 2ᵉ année (1289), *Nisio-no Moro tada* eut sa démission de la charge de Kwanbak; l'Oudaïsin *Konoye-no Ye moto* le remplaça.

Dans le même mois, le Daïri adopta *Tane fito*, fils de son frère cadet, et le déclara Tô gou, ou successeur.

Le 8ᵉ mois, le Zioun daïsin *Minamoto-no Moto tomo* fut nommé Taïziô daïsin.

Le 9ᵉ mois, il y eut une révolte à Kama koura. Le Seogoun *Kore yasou sin o* arriva en toute hâte à Miyako. Le 15 du mois précédent, on avait célébré la fête du dieu *Fatsman*, nommée *Ka gakf-no Fô ziô ye* (Ho yŏ Fang seng hoei); à cette occasion, le Seogoun s'était rendu déguisé au temple. *Sada toki*, prince de Sagami, et celui de Mouts, *Nobou toki*, ainsi que les troupes, paraissaient lui être fort attachés, mais les derniers se soulevèrent à l'improviste, le jetèrent dans une chaise à porteurs, et le renvoyèrent de Kama koura. Il y avait administré depuis la 3ᵉ année du nengo *Boun yeï*, ou pendant 24 ans. A son arrivée à Miyako, il se rasa la tête, et alla vivre à *Saga*. Il avait alors 26 ans.

Dans le même mois, *Fôsio-no Sada toki* envoya le Ifi souma fan kwan et quelques autres des principaux officiers pour conduire à Kama koura le prince impérial *Kou meï sin o*, fils de Go Fouka kousa-no in, et frère cadet du Daïri.

Le 10ᵉ mois, *Kou meï sin o* fut revêtu d'habits de cérémonie, et proclamé

Seï i daï seogoun. On lui bâtit une nouvelle cour à Kama koura ; il avait alors l'âge de 16 ans. Par l'entremise de Sada toki, il épousa la fille de Kore yasou.

Le Kwanbak *Ye tomo* eut dans le courant de ce mois sa démission comme Oudaïsin ; le Takats kasa-no Nadaïsin *Kane tada* lui succéda ; le Saï yen si-no Daïnagon *Sane kane* devint Nadaïsin. La fille de ce dernier fut une des épouses du Daïri, mais elle n'avait point d'enfans. Le Tô gou ou prince héréditaire *Sane fito* était le fils de la fille adoptive du Sanghi *Fousiwara-no Sane ousi*.

Le 4ᵉ jour du 3ᵉ mois de la 3ᵉ année (1290), un des lions en pierre [1] devant la salle *Si sin den* (Thsu chin tian) se fendit. Tout le monde regarda cet événement comme d'un mauvais présage.

Pendant la nuit du 9, *Asa wara-no fats rô Tame yori*, un descendant de la famille des Kaï ghen si, entra avec ses deux fils à cheval dans le daïri; ils étaient couverts de casques, et demandèrent à une des servantes où se trouvait l'empereur. Pendant qu'ils étaient à sa recherche, celui-ci, déguisé en femme, s'échappa secrètement avec son épouse et le Tô gou : Tame yori et ses fils ne le trouvant pas, entrèrent dans la chambre de l'impératrice. Sur ces entrefaites, les soldats qui étaient de garde à la cour, et auxquels s'était réunie une cinquantaine d'autres personnes des environs, accoururent. Tame yori voyant qu'il n'y avait pas moyen de résister, se coucha sur le lit du Daïri, et se coupa le ventre. Son fils aîné en fit de même dans la salle Si sin den ; le cadet se défendit long-temps à coups de flèches, mais à la fin il se coupa aussi le ventre. Les trois corps furent portés au Rokfara pour y être examinés. Le Taïziô daïsin *Tame yori*, de la famille de Minamoto, fut d'une force surprenante, et de plus, un des meilleurs archers. Comme il avait autrefois trempé dans une conspiration, des ordres avaient été expédiés dans les différentes provinces de l'empire de le chercher, et ses possessions territoriales avaient été confisquées. Voyant qu'il ne lui restait plus de refuge, il résolut de pénétrer dans le daïri. Le sabre dont il se coupa le ventre lui avait été donné en présent par Sane mori. Quand ce fait fut connu, on arrêta ce dernier, on le conduisit au Rokfara, et on le mit à la torture. On découvrit alors que l'attentat avait été commis sur l'instigation de l'ancien Daïri *Tsiou in* ou *Ki zan-no in*, qui, irrité de ce que le Daïri régnant avait épousé la fille du Saï yen si-no Sane kane, avait, ainsi que le *Sin in*, excité secrètement Tame yori à tuer l'empereur. Le Tsiou in fut confiné au Rokfara pendant qu'on examina

---

(1) Ces lions, d'une forme monstrueuse, sont nommés en japonais 犬狛 *Koma inou* (Pĕ khiuan), et 犬麗高 *Koraï inou*, c'est-à-dire *chiens de Corée*. On voit ordinairement deux de ces animaux fantastiques devant les temples des *kami*, ou divinités japonaises. — KL.

l'affaire; il aurait ensuite été banni, si le Fo in ou Go Fouka kousa-no in n'avait pas refusé d'y consentir. Le Tsiou in et Sin in furent obligés de s'engager par serment de se tenir dorénavant tranquilles; ils demandèrent pardon aux chefs de Kama koura, et l'affaire fut étouffée, sans que l'administration militaire s'en mêlât.

Le même mois, *Minamoto-no Moto tomo* fut destitué comme Taïziô daïsin, et *Saï yen si-no Sane kane*, au 4ᵉ mois, comme Nadaïsin : il fut remplacé, au 6ᵉ, par le Daïnagon *Nobou tsouki*.

Le 9ᵉ mois, le Ki zan-no in se rasa la tête à l'âge de 41 ans; il prit le nom de *Kon kô kakf* (Kin kang kiŏ), et se retira dans le temple *Zen rin si* (Chen lin szu) de l'observance Zen siô. Ce temple porte actuellement le nom de *Nan zen si* (Nan chen szu).

Le 12ᵉ mois, *Nobou tsouki* eut sa démission comme Nadaïsin; le Tô in-no Daïnagon *Kin mori*, fils de Sane o, le remplaça.

Le 2ᵉ mois de la 4ᵉ année (1291), le *Fo in* ou *Go Fouka kousa-no in* se rasa la tête à l'âge de 48 ans, et reçut le titre de Fôwo.

Le 5ᵉ mois, *Konoye-no Ye moto* fut remplacé comme Kwanbak par le Kiousio-no Sadaïsin *Tada nori*.

Le Fô in-no *Kin mori* fut de même remplacé au 7ᵉ mois comme Nadaïsin par *Nisio-no Kane moto*.

Le 12ᵉ mois, *Tada nori* perdit la place de Sadaïsin.

Le même mois, le Saï yen si-no saki-no Nadaïsin *Sane kane* devint Taïziô daïsin; le Takats kasa-no Oudaïsin *Kane tada*, Sadaïsin; le Nisio-no Nadaïsin *Kane moto*, Oudaïsin; et Tok daï si-no *Kin taka*, Nadaïsin.

Le 5ᵉ mois de la 5ᵉ année (1292), ce dernier eut sa démission de cette place.

Le 8ᵉ mois, le Daïnagon *Minamoto-no Sada sane*, qui était de la seconde classe du premier rang, fut nommé Zioun daïsin.

Sansio-no Sane sighe devint Nadaïsin à la 11ᵉ lune.

Le 12ᵉ mois, *Sane kane* eut sa démission comme Taïziô daïsin.

Le 1ᵉʳ mois de la 1ʳᵉ année du nengo *Yen nin* (1293), *Sansio-no Sane sighe* perdit la place de Nadaïsin; il eut pour successeur *Kiousio-no Moro nori*.

Le 2ᵉ mois, ce dernier fut également déchargé de l'emploi de Kwanbak, que *Konoye-no Ye moto* obtint de nouveau.

Le 3ᵉ mois, *Fósio-no Sada toki* envoya *Fósio-no Kane toki* du Rokfara au pays de Tsoukouzi, pour résider à *Tsin saï fou* comme gouverneur du *Saï kokf* (ou de l'île de Kiou ziou). Il nomma un de ses parents gouverneur de la province Nagata, déposa *Kane toki*, le gouverneur de Miyako, et le remplaça par

Fôsio Fisa toki, qui alla demeurer au Rokfara. C'était un petit-fils de Naga toki.

Le 4ᵉ mois, il y eut à Kama koura un tremblement de terre si violent, qu'à-peu-près toutes les maisons y furent détruites, et environ dix mille personnes périrent.

A cette époque, *Sada toki* avait parmi ses favoris Yori tsougou et le second fils de celui-ci, *Yenouma fan kwan*, qu'il créa prince d'Awa. Yori tsougou intrigua pour se faire nommer Sits ken. Son fils aîné *Moune tsougou*, en étant informé, découvrit ce projet à Sada toki. L'affaire fut examinée, et Yori tsougou et le prince d'Awa furent mis à mort. Moune tsougou fut banni à Sado, mais dans la suite il obtint la permission de revenir à la cour, où il devint un des compagnons de Sada toki. Cependant à cause de son inconduite il fut exilé plus tard dans le Kadzousa.

Le 12ᵉ mois, l'ancien régent *Itsi sio-no Ye tsoune* mourut âgé de 46 ans.

Le 8ᵉ mois de la 2ᵉ année (1294), le Takats kasa saki-no Kwanbak Siô kokf *Kane firu* mourut à l'âge de 67 ans.

Le 6ᵉ mois de la 3ᵉ année (1295), *Fôsio-no Kane toki* revint de son gouvernement à Kama koura, et y mourut le 9ᵉ mois, à l'âge de 35 ans.

Le 6ᵉ mois de la 4ᵉ année (1296), le Kwanbak *Konoye-no Ye moto* mourut âgé de 36 ans.

Le 7ᵉ mois, le Takats kasa-no Sadaïsin *Kane tada* fut nommé Kwanbak, et quitta l'emploi de Sadaïsin.

Le 11ᵉ mois, le Yosi mi-no mago taïrô *Yosi yo* s'occupait à exciter une révolte; mais on découvrit ses projets, et il fut taillé en pièces à Kama koura. Il descendait de Minamoto-no Nori yori, prince de Mikawa.

Le 12ᵉ mois, *Nisio-no Kane moto* devint Sadaïsin, *Kiousio-no Moro nori* Oudaïsin, et le Zioun daïsin *Minamoto-no Sada sane* Nadaïsin.

Le 5ᵉ mois de la 5ᵉ année (1297), *Fôsio-no Mori fousa* et *Fôsio-no Fisa toki* furent envoyés du Rokfara à Kama koura. Le 6ᵉ mois, ils furent remplacés par *Fôsio-no Moune kata* et *Fôsio-no Moune nobou*; le premier établit sa demeure au nord, l'autre au sud du Rokfara.

Le 10ᵉ mois, le Nadaïsin *Minamoto-no Sada sane* reçut sa démission; il fut remplacé par le Fisagou-no Daïnagon *Minamoto-no Mitsi o*. Le Daïnagon *Minamoto-no Mitsi yori* devint Zioun daïsin.

Dans le cours de cette année, *Fôsio-no Sada toki* envoya des délégués dans différentes provinces pour s'informer de la conduite des princes, et pour entendre les plaintes du peuple. Cet usage s'est maintenu. Un de ces députés s'étant mal conduit dans les pays qu'il avait visités, Sada toki n'en fut pas averti; mais les prêtres de la montagne *Fa gouro-no yama* (Yu hë chan) dans la province de Dewa étant venus se plaindre, l'affaire fut examinée, et le coupable, avec plus de cent personnes, sévèrement puni. Tout l'empire jouissait alors de la plus parfaite tranquillité. Sada toki fut fort respecté à cause de son excellente administration.

Le 2ᵉ mois de la 6ᵉ année (1298), le Tsiounagon *Fousiwara-no Tame kane* fut banni à Sado, pour avoir voulu se révolter.

Le 6ᵉ mois, le Nadaïsin *Mitsi o* reçut sa démission; le Saï yen si-no Daïnagon *Fousiwara-no Kin fira* le remplaça.

Le 7ᵉ mois, le Daïri céda l'empire à *Tane fito* son successeur désigné, et alla vivre au palais de *Fousi mi den* (Fou kian tian); il reçut le nom de *Tsi mio in den* (Tchhi ming yuan tian). Il avait régné pendant 11 ans, savoir 5 avec le nengo de *Zeï o*, et 6 avec celui de *Yeï nin*.

XCII. DAÏRI 院見伏後 GO FOUSI MI-NO IN.

(De 1299 à 1301 de J. C.)

Nengo 安正 *Zeï an* (Tching ngan), de 1399 à 1301.

Go fousi mi-no in (Heou fou kian yuan), nommé avant son avénement *Tane fito*, avait été adopté par Fousi mi-no in. Sa mère adoptive était donc l'impératrice *Yeï fouk mon in*, fille du Saï yen si-no siô kokf Sane kane, mais sa propre mère était fille de Fousiwara-no Sane ousi. Comme le Daïri n'avait point d'enfans de son épouse, il adopta Tane fito, qui devint alors Tôgou ou prince héréditaire. Il fut proclamé Daïri le 7ᵉ mois de la 6ᵉ année du nengo *Yen nin*, à l'âge de 11 ans. Le Kwanbak *Takats kasa-no Kane tada* fut régent. Les anciens Daïris Go Fouka kousa-no in, Ki zan-no in, Go Ouda-no in, et Fousi mi-no in, étaient alors en parfaite santé.

Le 8ᵉ mois, *Kouni farou*, fils de Go Ouda-no in, fut déclaré Tôgou.

Le 12ᵉ mois, *Kane tada* régent fut renvoyé; le Nisio-no Sadaïsin *Kane moto* lui succéda.

Le 4ᵉ mois de la 1ʳᵉ année du nengo *Zeï an* (1299), le régent *Kane moto* quitta l'emploi de Sadaïsin; *Kiousio-no Moro nori* lui succéda; *Saï yen si-no Kin fira* devint Oudaïsin, et le Takats kasa-no Daïnagon *Fouyou fira* Nadaïsin.

Le 6ᵉ mois, le Do in saki-no Nadaïsin *Kin mori* fut nommé Taïziô daïsin.

Le même mois, le Saï yen si saki-no siô kokf *Sane kane* se rasa la tête, à l'âge de 51 ans.

Le 10ᵉ mois, le Taïziô daïsin *Kin mori* fut destitué, et le régent *Nisio-no Kane moto* le remplaça au 11ᵉ mois.

Le 12ᵉ mois, l'Oudaïsin *Kin fira* fut congédié, *Tok daïsi-no Kin taka* lui succéda.

Dans cette année, un prêtre chinois nommé *Itsi san* (Y chan) arriva de la Chine alors soumise aux Yuan ou Mongols. Il était chargé en secret de prendre des notes sur l'état du Japon, et de les faire passer dans son pays. *Fósio-no Sada toki*, qui soupçonna ses desseins, le fit arrêter, et l'envoya en exil dans la province de Idzou. Dans la suite, on le mit en liberté, mais on ne lui permit pas de retourner en Chine. Il devint grand-prêtre du temple Nan sen si, où il enseigna la doctrine Zen siô. A cette époque, tous les prêtres qui venaient de la Chine étaient de cette observance.

Le 1ᵉʳ mois de la 2ᵉ année (1300), le Daïri prit la robe virile; le régent *Kane moto* lui imposa la couronne.

Le 4ᵉ mois, *Kane moto* perdit la place de Taïziô daïsin.

Le 7ᵉ mois, *Fósio-no Sane masa*, gendre d'un descendant au cinquième degré de *Yosi toki*, fut nommé gouverneur à Tsin saï fou.

Le 11ᵉ mois, *Fósio-no Moune kata* retourna du Rokfara à Kama koura.

Le 12ᵉ mois, *Kane moto* cessa d'être régent, et fut nommé Kwanbak.

Le 1ᵉʳ mois de la 3ᵉ année (1301), *Toki kiyo* et *Yuki sada* furent envoyés de Kama koura en qualité d'ambassadeurs à Miyako, pour déposer le Daïri, et pour mettre sur le trône le Tôgou. Le premier avait alors 14 ans; il avait régné 3 ans avec le nengo de *Zeï an*. Il reçut le titre de *Taï ziô ten o*.

XCIII. DAÏRI 院條二後 GO NISIO-NO IN.

(De 1302 à 1307 de J. C.)

Nengo
- 元乾 *Ken ghen* (Khian yuan), 1302,
- 元嘉 *Ka ghen* (Kia yuan), de 1303 à 1305,
- 治德 *Tok si* (Tĕ tchi), 1306 et 1307.

Go nisio-no in (Heou Eul tiao yuan), nommé auparavant *Kouni farou*, était le fils aîné de Go Ouda-no in; sa mère *Minamoto-no Moto kio* était fille du Daïnagon *Tomo mori*. Ce prince avait été déclaré Tôgou à l'âge de 13 ans. Les chefs militaires qui résidaient dans le Kwanto le firent proclamer Daïri, le 1ᵉʳ mois de la 3ᵉ année du nengo *Zeï an*; il avait alors 17 ans. *Nisiô-no kane moto* fut Kwanbak : le Ki zan-no in et Go Ouda-no in dirigèrent les affaires de la cour.

Le 6ᵉ mois, le Saki Nadaïsin *Sada sane* fut nommé Taïziô daïsin; il était fort protégé par Go Ouda-no in, et c'est pour cette raison que ses deux fils le Daïnagon *Masa fousa* et le Tsiounagon *Tsika sada* montèrent à des postes supérieurs.

Dans le courant du même mois, *Fôsio Moto toki*, gouverneur de Miyako, vint y demeurer au nord du Rokfara.

Le 8ᵉ mois, *Tomo fito*, second fils du Daïri Fousi mi-no in, fut déclaré Tôgou ou successeur au trône.

Le même mois, *Fôsio-no Sada toki* se rasa la tête, et résigna sa charge de premier ministre du Seogoun à son gendre *Fôsio-no Moro toki*, petit-fils de Toki yori.

Le 9ᵉ mois, *Fôsio-no Nobou toki* se rasa aussi la tête : *Fôsio-no Toki moura*, fils de Masa moura, devint, par l'appui de Sada toki, premier ministre conjointement avec *Moro toki*, qui était plus âgé. Tous les deux furent également respectés : Toki moura était petit-fils de Firo toki et gendre de Sada toki, c'est pourquoi ils montèrent si rapidement à des emplois aussi considérables; cependant ils consultaient Sada toki sur toutes les affaires.

Le 1ᵉʳ mois du nengo *Ken ghen* (1302), *Fôsio-no Moune nobou* retourna du Rokfara à Kama koura, et *Fôsio-no Sada akira* fut nommé gouverneur de Miyako.

Le 6ᵉ mois, le Ki zan-no in fit une visite au Fôwo, ou l'ancien Daïri.

Le 7ᵉ mois, le Taïzio daïsin *Minamoto-no Sada sane* reçut sa démission.

Le 9ᵉ mois, *Sada toki* fonda le temple de *Saï zeo woun si* (Tsoui ching yuan szu); le Seogoun *Kou meï sin o* assista à la fête qui y fut donnée.

Le 11ᵉ mois, le Tok daïsi-no Oudaïsin *Kin taka* fut créé Taïziô daïsin; le Tok daïsi-no Nadaïsin *Fouyou fira* le remplaça; le Itsi-no Daïnagon *Woutsi sane* devint Nadaïsin.

Le 10ᵉ mois de la 1ʳᵉ année du nengo *Ka ghen* (1303), *Fôsio-no Moto toki* arriva de Miyako à Kama koura.

Le 11ᵉ mois, *Fôsio-no Toki nori* en partit pour Miyako, dont il était gouverneur.

Dans la même année, *Sada toki* eut un fils qui reçut le nom de *Taka toki*.

Le 3ᵉ mois de la 2ᵉ année (1304), *Tok daï si-no Kin taka* Taïzio daïsin fut congédié.

Le 7ᵉ mois, le *Go Fouka kousa-no Fôwo* mourut au palais de *Tomi-no kosi* (Fou siao lou), à l'âge de 62 ans. *Sada akira* et *Toki nori* y accoururent avec des troupes du Rokfara, et se placèrent à l'entrée pour la garder. Le Fôwo fut enterré à *Fousi mi den*.

Le 12ᵉ mois, le Nadaïsin *Itsi sio-no Woutsi sane* mourut à l'âge de 20 ans.

Le 1ᵉʳ mois de la 3ᵉ année (1305), le Daïnagon *Konoye-no Ye fira* fut fait Nadaïsin.

A cette époque, *Fósio-no Moro toki* et *Fósio-no Toki moura* remplacèrent Sada toki comme premiers ministres du Seogoun : *Fósio-no Moune kata*, petit-fils de Toki yori, voulant obtenir cet emploi, avait assemblé en secret des troupes; résolu de tuer d'abord Toki moura, et puis Moro toki, il vint à bout du premier, qui expira à l'âge de 64 ans. Sada toki, justement irrité, ordonna à *Fósio-no Moune nobou* et à *Wouto-no miya Sada tsougou* de mettre Moune kata à mort; il fut exécuté avec tous ses complices. Moune nobou fut nommé premier ministre avec Moro toki.

Le 4ᵉ mois, *Nisio-no Kane moto* résigna l'emploi de Kwanbak; le Sadaïsin *Kiousio-no Moto nori* quitta alors le sien, et devint Kwanbak.

Le 5ᵉ mois, le *Ki zan-no Fówo* mourut âgé de 57 ans : Go Ouda-no in et tous les officiers du Daïri assistèrent à ses funérailles. A l'âge de 14 ans, il avait déjà eu un enfant; après sa résignation, il eut des enfans chaque année, même après s'être rasé la tête.

Le 7ᵉ mois, le Tokdaïsi saki-no siô kokf *Kin mori* mourut âgé de 53 ans.

Le 12ᵉ mois, le Takats kasa-no Oudaïsin *Fouyou fira* devint Sadaïsin, le Konoye-no Nadaïsin *Ye fira* Oudaïsin, et le Daïnagon *Itsi sio-no Sane ye* Zioun daïsin Nadaïsin.

Dans le même mois, les provinces de Idzou et de Iyo, qui appartenaient à l'ancien Oudaïsin *Saï yen si-no Kin fira*, furent confisquées par le Daïri. Lui-même fut privé de son rang.

Le 2ᵉ mois de la 1ʳᵉ année du nengo *Tok zi* (1306), il rentra en grâce, et fut rétabli dans la possession de ces provinces et de sa dignité.

Le 6ᵉ mois, *Itsi sio-no Sane ye* Nadaïsin reçut sa démission.

Le 12ᵉ mois, *Ye sane* fut fait Taïziô daïsin, et le Nisio-no daïnagon *Mitsi fira* Nadaïsin.

Le 2ᵉ mois de la 2ᵉ année (1307), le Tsiounagon *Taira-no Tsoune tsika* arriva en qualité d'ambassadeur du Daïri à Kama koura. Le 3ᵉ mois, il revint à Miyako.

Le 7ᵉ mois, l'impératrice *Yosi mon in* mourut âgée de 38 ans; elle était la plus chérie des épouses de Go Ouda ten o. Profondément affligé de cette perte, il se rasa la tête, et s'abstint de tout commerce avec les femmes; il avait alors 40 ans. Il étudia la doctrine secrète de l'observance Zingon, et fonda à Saga le temple *Daï kakf si* (Ta kiŏ szu), pour y mener une vie religieuse.

Le 8ᵉ mois, *Fósio-no Toki mori* mourut au Rokfara; *Fósio-no Sada fousa* fut nommé pour le remplacer dans le gouvernement de Miyako.

Le 7ᵉ mois de la 3ᵉ année (1308), Fôsio-no Sada toki déposa le Séogoun *Kou mei sin o*, et le renvoya à Miyako. Ce dernier avait rempli cette dignité depuis la 2ᵉ année du nengo *Zeï o*, ou pendant 20 ans, mais seulement de nom, car Sada toki dirigeait toutes les affaires comme il l'entendait. Il fut remplacé par son fils *Mori kouni sin o*, âgé de 7 ans. Sada toki remit alors l'administration entièrement à *Fôsio Mori toki* et à *Fôsio Moune nobou*. La mère de Mori kouni sin o était fille de l'ancien Seogoun *Kore yasou*.

Le 8ᵉ mois, le Daïri mourut à l'âge de 24 ans, après un règne de 8 ans : 1 avec le nengo *Ken ghen*, 3 avec celui de *Ka ghen*, et 2 avec celui de *Tok zi*.

XCIV. DAÏRI 花園院 FANA ZO-NO IN.

(De 1308 à 1318 de J. C.)

Nengo
- 延慶 *In keï* (Yen khing), de 1308 à 1310,
- 應長 *O tsiô* (Yng tchhang), 1311,
- 正和 *Ziô wa* (Tching ho), de 1312 à 1316,
- 文保 *Boun po* (Wen pao), de 1317 à 1318.

Fana zo-no in (Houa yuan yuan), nommé auparavant *Tomi fito*, était fils de Fousi mi-no in ; sa mère l'impératrice Ken sin mon in *Fousiwara-no Atsou ko*, était fille du Sadaïsin *Sane o*. Sous le règne de Go Nisio-no in, il avait été déclaré Tôgou par l'influence des chefs militaires dans le Kwantô. Go Nisio-no in étant mort le 8ᵉ mois de la 3ᵉ année du nengo *Tok zi*, il fut proclamé Daïri à l'âge de 12 ans. Le Kiou sio-no Kwanbak *Moro nori* fut nommé régent, et Fousi mi-no in eut la direction des affaires.

Le 9ᵉ mois, *Kouka farou*, fils de Go Ouda ten o, fut déclaré Tôgou sur la proposition du chef militaire du Kwantô.

Le 10ᵉ mois, le nom du nengo fut changé en *Yen kei*.

Le 11ᵉ mois, *Moro nori* résigna la régence ; il fut remplacé par le Takats kasa-no Sadaïsin *Fouyou fira*.

Le 3ᵉ mois de la 2ᵉ année (1309), Fouyou fira Sadaïsin reçut sa démission, et fut remplacé par l'ancien Oudaïsin *Kin fira*, qui fut aussi renvoyé le 6ᵉ mois.

Le 10ᵉ mois, *Itsisio-no Sane ye* Taïziô daïsin fut destitué, l'ancien Nadaïsin *Nobou tsougou* le remplaça ; le Konoye-no Oudaïsin *Ye fira* devint Sadaïsin, le

Nisio-no Nadaïsin *Mitsi fira* Oudaïsin, et le Daïnagon *Tsoune fira*, frère cadet de Ye fira, Nadaïsin.

Le 4ᵉ mois de la 3ᵉ année (1310), le Daïnagon *Minamoto-no Tomo mori* fut gratifié du second rang de la première classe, et du titre de Zioun daïsin.

Le 11ᵉ mois, *Fósio-no Soda fousa* mourut au Rokfara, et *Fósio-no Toki atsou* fut nommé gouverneur de Miyako.

Le 12ᵉ mois, *Nobou tsougou* perdit la place de Taïzió daïsin, le régent *Fouyou fira* lui succéda, car c'était l'usage que celui qui mettait la couronne au Daïri eût cet emploi.

Le 1ᵉʳ mois du nengo *O tsió* (1311), le Daïri ayant 17 ans prit la robe virile; *Fouyou fira* plaça la couronne sur sa tête, et le Konoye-no Nadaïsin *Ye fira* lui rasa les cheveux.

Le 3ᵉ mois, *Fouyou fira* fut nommé Kwanbak. Le même mois, le Saki-no daï sió kokf *Nobou tsougou* mourut, âgé de 76 ans.

Le 8ᵉ mois, le ci-devant Sadaïsin *Saï yen si-no Kin fira* se rasa la tête.

Le 9ᵉ mois, *Fósio-no Mori toki* mourut à l'âge de 37 ans.

Le 26 du 10ᵉ mois, *Fósio Sada toki*, prince de Sagami, mourut âgé de 41 ans. Il reçut le titre de *Saï seo wou si* (Tsoui ching yuan szu). Depuis la 7ᵉ année du nengo *Kó an*, ou pendant 18 ans, il avait exercé la charge de premier ministre. Après s'être rasé la tête, il dirigea encore les affaires pendant 10 ans; ainsi il avait administré l'empire durant 28 ans : son fils *Taka toki* n'avait que 9 ans. *Fósio-no Moune nobou* et *Fósio-no Firo toki* devinrent premiers ministres; le dernier était petit-fils de Toki moura, et gendre de Sada toki. Le beau-père de Taka toki, le Akida-no zio-no souke *Toki akira* et *Nudo yenki* avaient promis à Sada toki de donner à son fils l'emploi de *Fosa* (Fou tso), qui est plus distingué. *Yen ki*, nommé auparavant *Yori tsougou*, était fils de Mitsi tsougou; l'autre était frère cadet de *Yasou mori*, prince de Mouts, et petit-fils d'Aki mori.

Le 6ᵉ mois de la 1ʳᵉ année du nengo *Zió ï wa* (1312), *Fósio-no Moune nobou* mourut, et *Firo toki* gouverna seul. Le respect qu'on portait à Yen ki et à Toki akira augmentait de jour en jour.

Le 7ᵉ mois de la 2ᵉ année (1313), le Takats kasa saki-no Kwanbak *Moto tada* mourut âgé de 67 ans. *Fouyou fira* fut déchargé de l'emploi de Kwanbak, à cause du deuil de son père, et remplacé par *Konoye-no Ye fira*.

Le 10ᵉ mois, Fousi mi-no ten o se rasa la tête; Go Fousi mi-no ten o eut alors la direction de la cour : le dernier était fils adoptif du premier.

Le 12ᵉ mois, le Sadaïsin *Konoye-no Ye fira* reçut sa démission, et fut remplacé par l'Oudaïsin *Nisio-no Mitsi fira*; le Nadaïsin *Konoye-no Tsoune fira* devint Oudaïsin, et le Daïnagon *Minamoto-no Tomo mori* Nadaïsin.

Le 11ᵉ mois de la 3ᵉ année (1314), *Fôsio-no Sada akira* retourna du Rokfara à Kama koura.

Le 3ᵉ mois de la 4ᵉ année (1315), le Nadaïsin *Minamoto-no Tomo mori* fut destitué, et remplacé par le Do in-no Daïnagon *Sane yasou*.

Le 7ᵉ mois, *Fôsio-no Firo toki* mourut; alors *Fôsio-no Moto toki* et *Fôsio-no Sada akira* devinrent premiers ministres. Le premier était petit-fils de Nori toki, le second descendait au cinquième degré de Yosi toki. Son bisaïeul était Sane yasou, qui eut pour fils le prince de Yetsingo, *Sane toki*, demeurant à *Kana sawa* (Kin tsĕ). Le fils de celui-ci Aki toki, prince de Yetsingo, fut le père de Sada akira. Ils résidaient tous à Kana sawa, où ils avaient fondé une bibliothèque d'ouvrages japonais et chinois. Les livres de la doctrine des lettrés y étaient imprimés en caractères noirs, et ceux de la religion de Bouddha en rouges. Cette bibliothèque n'existe plus.

Le 9ᵉ mois, le Takats kasa-no Sadaïsin *Fouyou fira* fut de nouveau nommé Kwanbak.

Le même mois, *Fôsio-no Kore sada* devint gouverneur de Miyako, et prit sa demeure au côté du sud du Rokfara.

Le 1ᵉʳ mois de la 5ᵉ année (1316), le Saki-no Nadaïsin *Minamoto-no Tomo mori* mourut.

Le 7ᵉ mois, *Fôsio-no Taka toki*, fils de Sada toki, entra en office comme premier ministre du Seogoun *Mori kouni sin o*; il n'avait alors que 14 ans. *Fôsio-no Moto toki* cessa d'être premier ministre, et se rasa la tête.

Le 9ᵉ mois, *Fouyou fira* perdit la charge de Kwanbak; le Nisio-no Sadaïsin *Mitsi fira* se démit et lui succéda.

Le 10ᵉ mois, le Konoye-no Oudaïsin *Tsoune fira* devint Sadaïsin, le Do in-no Nadaïsin *Sane yasou* Oudaïsin, et le Imade gawa-no Daïnagon *Kin akira* Nadaïsin.

Le 3ᵉ mois de la 1ʳᵉ année du nengo *Boun po* (1317), *Taka toki*, alors âgé de 15 ans, fut créé prince de Sagami. Il n'avait pas encore assez d'expérience pour être premier ministre, emploi qui lui était destiné par un arrangement fait du temps de Sada toki. Il fut chaudement appuyé par le Akida-no siô-no souke *Toki akira* et par *Yen ki*; leurs efforts lui obtinrent cette place éminente.

Le 6ᵉ mois, *Do in-no Sane yasou* fut renvoyé de l'emploi de Oudaïsin, et remplacé par le Imade gawa-no Nadaïsin *Kin akira*; le Sansio-no Daïnagon *Kin sighe* devint Nadaïsin.

DES EMPEREURS DU JAPON.   281

Le 9ᵉ mois, *Fousi mi-no ten o* mourut âgé de 53 ans.

Le 2ᵉ mois de la 2ᵉ année (1318), le Daïri abdiqua en faveur de *Taka farou,* son successeur désigné, qui avait alors 30 ans, tandis que le Daïri n'en comptait que 22. Il avait régné en tout 11 ans, savoir 3 avec le nengo *Yen keï,* 1 avec celui de *O tsió,* 5 avec celui de *Zió wa,* et 2 avec celui de *Boun po.*

XCV. DAÏRI 皇天醐醍後 GO DAÏ GO TEN O.

(De 1319 à 1331 de J. C.)

Nengo
- 應元 *Ghen o* (Yuan yng) de 1319 à 1320,
- 亨元 *Ghen kô* (Yuan heng), de 1321 à 1323,
- 中正 *Zió tsiou* (Tching tchoung), de 1324 à 1325,
- 曆嘉 *Ka rek* (Kia lў), de 1326 à 1328,
- 德元 *Ghen tok* (Yuan tĕ), de 1329 à 1330,
- 弘元 *Ghen kô* (Yuan hung), 1331.

Go daï go ten o (Heou Thi hou thian houang), nommé avant son avénement *Taka farou* (Tsun tchi), était le second fils de Go Ouda-no in; sa mère la Dats ten mon in *Fousiwara-no Tada ko,* fille du Sanghi *Tada tsougou,* avait été adoptée par le Nadaïsin *Kwasan-no in Moro tsougou,* ensuite le Daïri l'épousa. Taka farou avait été déclaré Tôgou ou successeur, sur l'invitation des chefs militaires du Kwantô.

Lorsque Fana zo no-no in abdiqua, le 2ᵉ mois de la 2ᵉ année du nengo *Boun po,* le Tôgou fut proclamé Daïri à l'âge de 31 ans. *Nisio-no Mitsi fira* fut Kwanbak; le *Go Ouda-no Fowô* eut la direction de la cour; le prince *Mori kouni sin o* fut Seogoun à Kama koura, et le prince de Sagami *Taka toki,* de la famille de Fôsio, son premier ministre.

Le 3ᵉ mois, *Kouni yosi* (Pang liang), fils de Go Nisio-no in, fut déclaré Tôgou.

Le Konoye-no Sadaïsin *Tsoune fira* (King phing) mourut le 6ᵉ mois.

Le 8ᵉ mois, le Nadaïsin *Sansio-no Kin sighe* (San tiao Koung meou) fut renvoyé. Son père, l'ancien Nadaïsin *Sane sighe,* perdit la charge de Nadaïsin. Le Do in-no saki-no Oudaïsin *Sane yasou* devint Sadaïsin, le Daïnagon *Kwasan-no in Ye sada* Oudaïsin, et le Daïnagon *Itsi sio-no Woutsi tsoune* Nadaïsin.

36

Le 12ᵉ mois, *Nisio-no Mitsi fira* fut obligé de résigner l'emploi de Kwanbak sur les instances des chefs militaires de Kwantô; *Itsio-no Woutsi tsoune* le remplaça.

Le 1ᵉʳ mois de la 1ʳᵉ année du nengo *Ghen wo* (1319), *Fôsio-no Taka toki* fut élevé à la dignité de Zouri-no ken ta you.

Le 4ᵉ mois, *Ye sada* perdit la place d'Oudaïsin.

Le 6ᵉ mois, le Kwanbak *Woutsi tsoune* cessa d'être Nadaïsin, et fut remplacé par le Daïnagon *Minamoto-no Ari fousa*.

Le 7ᵉ mois, *Ari fousa* mourut; le Kiou sio-no Daïnagon *Fousa sane* devint Oudaïsin, et le Daïnagon *Minamoto-no Mitsi sighe* Nadaïsin.

Le 8ᵉ mois, le Daïri épousa *Ki si* (Hi tsu), fille du Saï yen si saki-no siô kokf *Sane kane;* il épousa aussi *Ken si* (Kian tsu), fille du An no tsiousio *Fousiwara-no Kin kado;* la dernière fut sa favorite. Outre ces deux femmes, il avait un grand nombre de concubines, dont il eut beaucoup de fils et de filles.

Le 10ᵉ mois, *Sansio-no Sane sighe* fut remplacé dans le poste de Taïziô daïsin par le Saki Nadaïsin *Minamoto-no Mitsi o* : *Minamoto-no Mitsi sighe* perdit la place de Nadaïsin, et eut *Kwasan-no in Moro nobou* pour successeur.

Le 5ᵉ mois de la 2ᵉ année (1320), *Fôsio-no Toki asou* mourut au Rokfara.

Le 7ᵉ mois, le ci-devant régent *Kiousio-no Moro nori* mourut à l'âge de 48 ans.

Le 2ᵉ mois de la 1ʳᵉ année du nengo *Ghen ko* (1321), le Imade gawa saki-no Oudaïsin *Fousiwara-no Kin akira* mourut.

Le 4ᵉ mois, le *Go ouda-no Fowô* fit placer une petite chapelle d'or dans le temple *Daï gakf si* (Ta kiŏ szu).

Le 5ᵉ mois, le Daïri alla visiter ce temple.

Le 6ᵉ mois, *Fôsio-no Kane toki*, qui était Tsin saï-no ten daï ou administrateur militaire du Kiouziou, mourut.

Pendant l'été, il y eut une grande sécheresse. Le Daïri chargea *Fousiwara-no Tsoune nobou* de distribuer du blé aux pauvres, et mit un prix modique au ris emmagasiné par les riches, afin de nourrir le peuple qui mourait de faim. Il se rendit en personne à la salle du conseil, et y examina les requêtes de ses sujets.

Le 11ᵉ mois, le Kwasan-no in Nadaïsin *Moro nobou* mourut.

Le 12ᵉ mois, le prince de Sourouga *Nori sada*, parent de Fôsio-no Taka toki, fut nommé gouverneur de Miyako au Rokfara, et *Fôsio-no Fide toki* gouverneur militaire du Kiou ziou.

A cette époque, *Yen ki* (Yuan hi) de Nangasaki et parent de Taka toki étant tombé en enfance, on donna son emploi à son fils *Taka souke*, qui depuis devint d'une arrogance sans bornes.

Le 1er mois de la 2e année (1322), le Daïri fit une visite au Fowô, qui lui donna un concert instrumental.

Le 5e mois, *An do go ro* et *Mata faro*, de la province de Mouts, eurent entre eux une altercation. Taka souke de Nangasaki, chargé d'examiner cette affaire, reçut des présens de chacun, et donna une décision si arbitraire que An do go ro se révolta. Alors trois chefs s'opposèrent aux ordres du Seogoun; ce furent *Wada nabe*, du Sets, *An da*, originaire de la province de Kii, et *Ghetsi*, de celle de Yamato. Depuis cent ans, c'est-à-dire depuis le nengo *Zeô kiou* (1219), il n'y avait pas eu d'exemple que l'autorité de la famille Fôsio eût été méconnue, An do goro fut le premier qui le donna.

Le Daïri, indigné de la conduite de Taka souke, officier du Seogoun, délibéra avec son conseil sur le moyen de s'emparer de Kama koura, afin de détruire le despotisme qu'exerçaient les chefs militaires.

Le 6e mois, le Daïnagon *Fousiwara-no Fouyou ousi* fut créé Nadaïsin. Dans le même mois, le Daïri fit venir plusieurs de ses serviteurs pour lui lire et expliquer les cinq King, ou livres classiques, et les trois livres historiques.

A cette époque, le Go Ouda-no Fowô chargea le Daïnagon *Fousiwara-no Sada fousa* d'aller dans le Kwantô, pour faire remettre le gouvernement de ce pays au Daïri Go Daï go-no ten o. Les chefs militaires furent instruits de son séjour au temple Daï gakf si.

Le 8e mois, le Sadaïsin *Sane yasou* et le Nadaïsin *Fouyou ousi* furent congédiés; l'Oudaïsin *Kiou sio-no Fousa sane* devint Sadaïsin; le Imade gawa-no Daïnagon *Fousiwara-no Kane souye*, qui était le plus jeune fils de Saï yen si-no Sane kane, eut la place d'Oudaïsin, et le Takats kasa-no Daïnagon *Fouyou nori* celle de Nadaïsin.

Le même mois, *Si ren* (Szu lian) et *Ghen kô* (Yuan heng), prêtres du temple Tô fouk si, offrirent au Daïri les livres de la religion bouddhique. Si ren obtint alors le titre honorifique de *Ko kwan* (Hou kouan).

Le 9e mois, le Saï yen si saki-no siôkokf *Sane kane* mourut âgé de 74 ans.

Le 3e mois de la 3e année (1323), *Itsi sio-no Woutsi tsoune* perdit la place de Kwanbak, et eut *Kiousio-no Fousa sane* pour successeur.

Le 5e mois, *Minamoto-no Mitsi o* perdit la place de Taïziô daïsin, et le Takats kasa-no saki-no Kwanbak *Fouyou fira* rentra dans ce poste.

Le 1er mois de la 1re année du nengo *Ziô tsiu* (1324), le Sansio saki-no Nadaïsin *Kin sighe* mourut à l'âge de 41 ans.

Le 3e mois, le Daïri alla au temple de Iwasi midzou, et le 4e mois à celui de Kamo.

Le même mois, le Nadaïsin *Takats kasa-no Fouyou nori* fut nommé Sadaïsin, le Konoye-no Daïnagon *Tsoune tada* Oudaïsin, et le Saï yen si-no Daïnagon *Sane fira* Nadaïsin.

Le 5ᵉ mois, le Konoye-no saki-no Kwanbak *Ye fira* mourut, et au 6ᵉ mois le Go Ouda-no Fowô à l'âge de 58 ans.

Le 8ᵉ mois, *Fôsio-no Kore sada* revint du Rokfara à Kama koura.

Dans la 9ᵉ lune, on apprit que *Yori kasou* et *Koumi naga* se préparaient d'après les ordres secrets du Daïri à s'emparer de Kama koura; mais le gouverneur de Miyako *Nori sada* envoya contre eux des troupes, qui les tuèrent.

Le 5ᵉ mois de la 2ᵉ année (1325), le Tsiounagon *Souki tomo* et *Tosi moto* avec lesquels le Daïri avait tenu conseil furent arrêtés et conduits à Kama koura.

Le 7ᵉ mois, le Daïri chargea le Tsiounagon *Nobou fousa* d'une lettre adressée à Taka toki pour demander leur pardon. Celui-ci leur laissa la vie; Souke tomo fut exilé à l'île de Sado, et Tosi moto eut la permission de retourner à Miyako. Cette affaire n'eut pas de suites fâcheuses pour le Daïri.

Le 8ᵉ mois, le prêtre *So sik* devint grand-prêtre du temple Nan zen si.

Le 10ᵉ mois, l'ancien Seogoun *Kore yasou sin o* mourut à l'âge de 62 ans, et le 12ᵉ mois, le Itsi sio-no saki-no Kwanbak *Woutsi tsoune* âgé de 36 ans.

Le 3ᵉ mois de la 1ʳᵉ année du nengo *Ka rek* (1326), *Kouni yosi*, fils du Daïri Go Nisio-no in, mourut à l'âge de 24 ans; il avait été déclaré Tôgou le 3ᵉ mois de la 2ᵉ année du nengo *Boun po*.

Le même mois, *Fôsio-no Taka toki* étant malade, se rasa la tête à l'âge de 24 ans, et prit le nom ecclésiastique de *Sô kan* (Thsoung kian); son frère cadet *Yasou ye* le remplaça comme premier ministre du Seogoun. *Yasou ye* et *Kane sawa-no Sada akira* ne furent premiers ministres que de nom, car Taka souke de Nangasaki se garda de les consulter. Ils en furent offensés, demandèrent leur démission, et se rasèrent la tête. Alors *Fôsio-no Toki mori* et *Fôsio-no Kore sada* les remplacèrent, sur les instances de Taka toki.

Le 7ᵉ mois *Kazou fito*, fils du Daïri Go Fousi mi-no in, fut déclaré Tôgou; le Daïri avait plusieurs fils, mais le choix d'un successeur dépendait à cette époque de la cour de Kama koura, et l'empereur n'avait pas le pouvoir d'agir suivant ses désirs.

Le 9ᵉ mois, *Kana sawa-no Teï siô* (Kin thse Tching siang) arriva à Miyako, et demeura au Rokfara; peu de temps après il retourna à Kama koura.

Le 11ᵉ mois, le Saï yen si-no Nadaïsin *Sane fira* mourut, et eut pour successeur le Daïnagon *Fousiwara-no Moto tsougou*.

Le 1ᵉʳ mois de la 2ᵉ année (1327), le Takats kasa-no Kwanbak *Fouyou fira* mourut âgé de 55 ans.

Dans le même mois, un prêtre chinois bouddhiste, nommé *Ziô teou* (Tching tchhing), arriva de la Chine gouvernée alors par les Yuan ou Mongols; il alla demeurer dans le temple *Ken tsiô si* (Kian tchhang szu) dans le canton de Kama koura.

Le 2ᵉ mois, *Nisio-no Mitsi fira* fut nommé Kwanbak.

Le 3ᵉ mois, *Kiousio-no Fousa sane* mourut à l'âge de 58 ans.

Le 10ᵉ mois, *Fôsio-no Kore sada* mourut.

Le 10ᵉ mois de la 3ᵉ année (1328), l'ancien Seogoun *Kou mei sin o* mourut âgé de 55 ans.

Le 12ᵉ mois, *Son oun fo sin o* (Thsoung yun fa thsin wang), l'un des fils du Daïri, devint grand-prêtre de l'observance Tendaï. Ce prince, aimant beaucoup la guerre, conçut le projet de se rendre maître de Kama koura. Il est aussi nommé *Oo tô-no miya* (Thaï tha koung).

Le 6ᵉ mois de la 1ʳᵉ année du nengo *Ghen tok* (1329), le Sansio saki-no siô kokf *Sane sighe* mourut âgé de 71 ans.

Le 12ᵉ mois, *Minamoto-no Mitsi o* mourut à 75 ans.

Le 1ᵉʳ mois de la 2ᵉ année (1330), *Nisio-no Mitsi fira* perdit la place de Kwanbak, qui fut donnée à l'Oudaïsin *Konoye-no Tsoune tada*.

Le 2ᵉ mois, le Nadaïsin *Moto tsougou* devint Oudaïsin, et le Kouga-no Daïnagon *Kin kata* Nadaïsin.

Le 3ᵉ mois, le Daïri alla aux temples de Tô daï si, Kô fouk si et Yen riak si, pour consulter en secret les prêtres sur le meilleur moyen de détruire le pouvoir des chefs militaires du Kwantô. Son fils Son oun fo sin o lui avait conseillé cette démarche.

Le 5ᵉ mois, les prêtres *Yen kwan*, *Mon kwan* et *Tsiou yen* furent arrêtés, et envoyés à Kama koura; mais comme c'était par les ordres du Daïri qu'ils avaient comploté contre les chefs militaires, ils furent seulement bannis.

Taka toki envoya un de ses officiers nommé *Fon ma* (Pen kian), pour mettre à mort *Fôsio-no Souke tomo*, qui avait été banni en 1325 à Sado. Après avoir exécuté cette commission, cet envoyé fut lui-même tué par *A neï*, fils de Souke tomo, alors encore fort jeune.

Le 6ᵉ mois, *Fôsio-no Sighe toki*, fils de Firo toki, fut nommé Sits ken, ou premier ministre du Seogoun.

Le 7ᵉ mois, *Fi no-no Tosi moto* fut rappelé à Kama koura, et égorgé pour avoir trempé dans le complot de *Souke tomo* qui avait pour objet la destruction des chefs militaires du Kwantô.

Le 8ᵉ mois, le Kwanbak *Konoye-no Tsoune tada* fut renvoyé, et remplacé par *Takats kasa-no Fouyou nori*.

Le 9ᵉ mois, comme *Taka souke* de Nangasaki, par sa conduite arbitraire et son insolence démesurée, causait un mécontentement extrême, *Taka toki* donna ordre à *Taka yori* de le faire mourir. Taka souke, qui en fut instruit, exila Taka yori dans le Oziou, devint encore plus arrogant, et ne consulta plus que sa seule volonté. Le Daïri, irrité de sa conduite, résolut de s'emparer de Kama koura.

Le 2ᵉ mois du nengo *Ghen ko* (1331), l'Oudaïsin *Fousiwara-no Noto tsougou* fut nommé Sadaïsin, *Kouga-no Naga mitsi* Oudaïsin, et *Saï yen si-no Souye fira* Nadaïsin.

Le 3ᵉ mois, le Daïri se rendit à *Kita yama*, ou à la montagne du nord, pour jouir de la beauté des fleurs.

Le 8ᵉ mois, deux députés arrivèrent du Kwantô à Miyako, dans l'intention d'envoyer en exil le Daïri et le prince Son oun fo sin o. Le Daïri courut se cacher au mont *Kasa ghi yama* (Lў tchi chan); le Tsiounagon *Fousi fousa* et son frère cadet *Souye fousa* l'y accompagnèrent. Le Kwa san-no in Daïnagon *Moro kata* prit les habits du Daïri, et alla chercher du secours au temple de Yeïsan. Les troupes du Rokfara attaquèrent le temple et s'y battirent. Le Daïri fit venir de la province de Kawatsi *Kousounoki Masa sighe*, guerrier intrépide, pour le consulter; ce dernier retourna aussitôt à *Aka saka yama* (Tchhў pan chan) pour y assembler des troupes.

Le 9ᵉ mois, le gros de l'armée du Kwantô fit une attaque sur Kasa ghi yama, et s'en rendit maître; le Daïri s'enfuit, mais il fut pris et confiné au Rokfara. Ensuite, après une longue et vigoureuse résistance, l'ennemi prit le château d'Aka saka. Masa sighe s'échappa et se réfugia au mont *Kon gó san* (Kin kang chan); le prince *Son oun fo* se tint caché dans les environs de *Fotsou kawa* (Chў thsin ho). Tous les partisans du Daïri furent pris; le Tsiounagon *Fousi fousa*, *Souye fousa*, *Itsi-no Miya taka*, *Y yosi*, et tous les fils du Daïri, se trouvaient parmi eux. Ce prince avait régné 13 ans, dont 2 avec le nengo *Ghen o*, 3 avec celui de *Ghen kô*, 2 avec celui de *Ziô tsiou*, 3 avec le nengo *Ka rek*, 2 avec celui de *Ghen tok*, et 1 avec celui de *Ghen kô*.

XCVI. DAÏRI 院嚴光 KWO GON-NO IN.

(De 1332 à 1334 de J. C.)

Nengo 慶正 *Ziô kei* (Tching khing), de 1332 à 1334.

Kwô GON-NO IN (Kouang yan yuan), nommé auparavant *Kazou fito* (Liang jin), était le fils aîné du Daïri Go Fousi mi-no, et de l'impératrice Kô ghi mon in, fille du Saï yen si-no Nadaïsin *Kin fira;* il avait été déclaré Tôgou le 7⁰ mois de la 1ʳᵉ année du nengo *Ka rek,* sur la demande de Taka toki. Go Daï go-no ten o ayant été, le 10⁰ mois du nengo *Ghen ko,* transporté de Kasa ghi yama au Rokfara, il fut proclamé Daïri à sa place. *Yasou fito,* fils du ci-devant successeur au trône *Kouni yosi,* et petit-fils de Go Nisio-no in, fut déclaré Tôgou.

Le 5ᵉ mois de la 1ʳᵉ année du nengo *Ziô keï* (1332), *Toki fa* et *Nori sada* cessèrent d'être gouverneurs de Miyako, et furent remplacés au Rokfara par *Fôsio-no Naka toki* et *Fôsio-no Toki masou.* Le premier demeura au nord, l'autre au sud du Rokfara.

Dans le même mois, *Taka Toki* envoya *Nagaï Taka fouyou* à Miyako pour délibérer avec les gouverneurs, et exiler Go Daï go no ten o à l'île de Oki. Le prince Itsi-no miya *Taka yosi sin o* fut relégué dans la province de Tosa, et Miyo fou in *Son oun fo sin o* dans le Sanouki; mais ce dernier, fuyant d'un lieu à l'autre, prit le nom de *Mori yosi,* et laissa de nouveau croître ses cheveux.

Le 5ᵉ mois, plusieurs des officiers du Daïri déposé furent mis à mort, et un plus grand nombre envoyés en exil. *Kousounoki Dasa sighe* arriva dans le même mois à la tête de quelques troupes dans les environs du temple Ten o si; *Souda-no Taka fasi* marcha contre lui avec la garnison du Rokfara, l'attaqua et le força à la retraite.

Le 7ᵉ mois, *Ouso-no miya Kin tsougou* fut chargé par les gouverneurs de Miyako d'agir contre *Masa sighe.*

Akamats Yen sin (Tchhў soung Yuan sin), qui avait pris le parti du Daïri déposé, se fortifia le 8ᵉ mois dans le château de *Koke nafa* (Thaï ching), situé dans la province de Farima. Masa sighe construisit un fort à *Tsi fa ya* (Thsian kian pho), et y rassembla une armée.

Le 9ᵉ mois, *Taka toki* ordonna à ses généraux *Toki farou* et *Do oun* de s'avancer à la tête d'une armée sur Miyako.

Le 10ᵉ mois, le Daïnagon *Minamoto-no Mitsi akira* fut nommé Taïziô daïsin.

Le 1ᵉʳ mois de la 2ᵉ année (1333), les troupes du Kwantô mirent le siége devant le château de *Mori yosi* à Yosi-no, devant le fort de *Masa sighe* à Tsi fa ya, et devant le château d'Aka saka, où un des compagnons de Masa sighe s'était de nouveau fortifié.

Le 2ᵉ mois, ces troupes prirent le château d'Aka saka, et ensuite celui de Yosi-no: *Mori yosi* échappa avec peine; *Yosi firou* et *Yosi taka* ayant été tués dans le combat, il s'enfuit, et se cacha dans la partie la plus escarpée des montagnes. Après ces succès, l'armée du Kwantô et de plusieurs autres provinces, forte en tout de cent mille hommes, alla investir la forteresse de Tsi fa ya : Masa sighe, par ses manœuvres bien combinées, repoussa avec grande perte les assiégeans. *Nitsda-no Yosi sada* qui était venu secrètement consulter Mori yosi, retourna dans le Kotske, pour assembler des troupes et renouveler la guerre avec vigueur.

Akamats Yen sin arriva dans le courant de ce mois au château de *Mato*, dans la province de Sets; *To i-no Tok nô* (Thou kiu Tĕ neng) se révolta dans le Igo.

Le 3ᵉ mois, *Akamats Yen sin* entra par surprise dans Miyako; le Daïri s'enfuit au Rokfara; les assaillans se battirent long-temps avec les deux gouverneurs.

Kik tsi Sia ka se concerta avec *Miouye* et *Goukan*, dans le pays de Tsoukouzi, pour se défaire du régent *Fôsio-no Fide toki*; mais ce dernier en ayant été instruit, Kik tsi fut mis à mort.

Dans le même mois, Go Daïgo-no ten o s'échappa de l'île de Oki, et arriva dans la province de Foki; il demanda à *Nawa-no Naga tosi* la permission de rester à *Foune-no wouya yama*. Un grand nombre de soldats des contrées de San yô do et de San in do accourut à son secours.

Mori yosi chargea, dans le même mois, les prêtres de Yeïsan de surprendre Miyako. Ils y vinrent en effet en assez grand nombre, et se battirent contre les troupes du Rokfara; mais ils furent défaits.

Go Daïgo-no ten o envoya de même *Taka akira* pour se rendre maître de Miyako; après avoir long-temps lutté avec les gouverneurs, il échoua dans cette entreprise.

Taka toki avait envoyé ses parens *Taka ye*, prince d'Owari, et *Taka ousi*, le premier comme commandant en chef, l'autre comme commandant en second, pour garder Miyako. Taka ye y fut tué dans un combat contre Akamats, l'autre prit le parti du Daïri Go Daïgo-no ten o. Il fit un long séjour à Miyako, et vécut dans la meilleure intelligence avec Akamats. Ensuite il alla dans le Tamba, où beaucoup de troupes de cette province et d'autres se joignirent à lui; de sorte qu'il parvint bientôt à assembler une armée.

Le 7 du 5ᵉ mois, *Taka ousi*, *Akamats Yen sin*, *Tada akira* et *Yosi tada*, officiers de Mori yosi, attaquèrent le Rokfara : les gouverneurs *Naka toki* et *Toki masou*, ne pouvant plus résister, s'enfuirent le 8 dans le Kwantô avec les Daïris Go Fousi mi et Fana zono-no in. *Toki masou* fut tué en route par une flèche à *Banba* (Fan ma) dans le Oomi. *Naka toki*, ayant été assailli dans sa fuite par l'ennemi, mit lui-même fin à son existence, ainsi que tous ceux qui étaient avec lui. Le nouveau Daïri fut reconduit à Miyako avec Go

Fousi mi-no in et Fana zono-no in. L'armée qui avait investi la forteresse à *Tsi fa ya* se retira dans le pays de *Nan to*.

Le 8 du mois, *Nitsda-no Yosi sada* marcha avec la grande armée qu'il avait assemblée dans le Kotske, pour prendre Kama koura : *Taka toki* envoya contre lui son frère cadet *Yesi you*; ils en vinrent plusieurs fois aux mains dans la province de Mousadzi, mais toutes les troupes de Kwantô abandonnèrent le parti de Taka toki, de sorte que Yesi you fut forcé de se retirer à Kama koura. Nitsda-no Yosi sada le poursuivit de si près, qu'il entra à Kama koura avec lui et s'empara de cette place.

A cette occasion, des officiers du Seogoun *Fôsio-no Mori toki* et *Fôsio-no Moto toki* se tuèrent eux-mêmes. Le premier était petit-fils de Naga taki. *Sada na o* et *Teïsio* furent tués dans le combat. *Toka sighe*, homme du plus grand courage, qui souvent avait remporté la victoire, se donna aussi la mort. *Taka toki* se retira dans le temple Fo sio si, où il prit le même parti : son premier ministre *Sighe toki* fit de même dans la grande salle de la cour de Kama koura, les parens de Sada akira et de Nori sada, et tous les officiers de Yen meï et de Yen ghi, suivirent son exemple. Le Seogoun *Mori kouni sin o* se rasa la tête le même jour, à l'âge de 33 ans; il mourut le 7ᵉ mois.

Kouni toki, fils aîné de Taka toki, fut pris et égorgé; le second fils du premier, *Toki yuki*, s'enfuit dans le Sinano, et Yesi you dans le Oziou.

Dans le même mois, la guerre éclata dans le Tsikouzi : *Otomo* y fit mourir le régent gouverneur militaire *Fide toki*. *Fôsio-no Toki nao*, gouverneur militaire du Nagato, demanda la vie sauve; à l'exception de ce personnage, tous les membres de la famille Fôsio, qui demeuraient dans les provinces, furent massacrés par le peuple.

Taka toki avait succédé à son père à l'âge de 9 ans; il devint premier ministre à 14 ans; il remplit cet emploi pendant 11 ans, et après s'être rasé la tête, il l'occupa encore pendant 7 ans. A sa mort il avait 31 ans.

Minamoto-no Yori tomo arriva à Kama koura la 4ᵉ année du nengo *Zi ziô* (1180); il reçut le titre de *Kama koura do-no*, et fut nommé Seogoun. Jusqu'à l'époque de cette guerre il y avait eu neuf Seogouns. La famille Fôsio avait rempli l'emploi de Sits ken ou premier ministre sous huit d'entre eux, ou pendant une période de 154 ans.

Le Daïri *Kwô go-no in* n'avait régné que 2 ans, avec le nengo *Ziô keï*.

Le Daïri GO DAÏ GO TEN O rétabli sur le trône.

(De 1334 à 1336 de J. C.)

Nengo { 武建 *Ken mou* (Kian wou), de 1334 à 1335,
元延 *Yen ghen* (Yan yuan), 1336.

Go daï go-no ten o devint de nouveau Daïri. Aussitôt qu'il fut informé par Taka ousi, Tada akira et Akamats Yen sin de la prise du Rokfara, qui avait eu lieu dans le 5ᵉ mois de la 2ᵉ année du nengo *Zió keï*, il s'embarqua pour Miyako. *Kousou noki Masa sighe* alla le recevoir à Fiogo ; il arriva le 6ᵉ mois dans la capitale. Quand il était au mont *Sio sia zan*, dans le Farima, *Yosi sada* lui apprit la nouvelle de la mort de Taka toki : *Taka ousi* obtint le second rang de la quatrième classe, et fut créé Tsin siou fou Seogoun, et *Nao yosi* fut nommé Sama-no kami.

Le Daïri étant remonté sur le trône, *Fouyou nori* perdit la place de Kwanbak, et *Imade gawa Kane souye* celle de Taïzio daïsin ; mais ce dernier conserva le titre de Saki-no Oudaïsin. Plusieurs des officiers du Daïri déposé perdirent leur rang ; l'Oudaïsin *Souye fira* et le Nadaïsin *Minamoto-no Mitsi akira* se rasèrent la tête ; *Nisio-no Mitsi fira* fut de nouveau nommé Sadaïsin. Comme l'empereur voulut régner par lui-même, il n'y eut point de Kwanbak. *Kouga-no Naga mitsi* devint une seconde fois Oudaïsin, et *Do in-no Kin taka* Nadaïsin. Tous ceux qui avaient été bannis à cause de la révolte qui avait éclaté durant le nengo *Ghen kô* furent rappelés.

Le même mois, *Mori yosi*, fils du Daïri et nommé auparavant *San oun fo sin o*, fut créé par le Daïri *Zeï daï seogoun*. Il arriva à Miyako, ayant appris que Taka ousi avait l'intention de se révolter, il voulut le faire mettre à mort; mais Taka ousi en fut informé, et échappa à ce danger par la protection de la belle-mère de Mori yosi, la Tsiougou *Fousiwara-no Gato ko*.

Le 7ᵉ mois, tous les chefs militaires qui avaient investi le fort de Tsi fa ya firent leur soumission ; néanmoins ils perdirent la vie.

Le 8ᵉ mois, le Daïri honora Taka ousi du second rang de la troisième classe, et le nomma prince de Mousadzi : il agissait en cela d'après les conseils de son épouse *Gato ko* qu'il aimait extrêmement ; ce fut au détriment de l'empire. Souvent le Tsiounagon *Fousi fousa* avait tâché de le détourner d'une pareille faiblesse, mais ce fut vainement.

Le 10ᵉ mois, le Fatakou-no Sanghi *Minamoto-no Taka ye* fut créé prince de

Oziou; il s'y rendit et eut aussi l'administration de la province de Dewa.

Le 1ᵉʳ mois de la 1ʳᵉ année du nengo *Ken mou* (1334), le Daïri gratifia Taka ousi du premier rang de la troisième classe.

Le même mois, on posa les fondemens d'un grand daïri ou palais.

Le 2ᵉ mois, *Minamoto-no Naga mitsi* Oudaïsin fut congédié; *Konoye-no Tsoune tada* obtint de nouveau cet emploi.

Au printemps, le Daïri donna à *Taka ousi* les provinces de Mousadzi, de Fitats et de Simosa, à *Yosi sada* celles de Kotske et de Farima, à *Nao yosi* la province de Totomi, à *Wakiya Yosi souke*, frère cadet de Yosi sada, la province de Sourouga, à *Yosi aki*, fils de Yosi sada, celle de Yetsingo, à *Masa sighe* les provinces de Sets et de Kawatsi, et à *Naga tosi* les provinces d'Inaba et de Foki; il fit aussi des présens considérables à beaucoup d'autres officiers qui l'avaient assisté. *Akamats Yen sin* n'ayant point obtenu de province, en fut fort offensé.

Le 5ᵉ mois, *Mori yosi sin o* fut exilé dans le Kwantô, et confié à la garde de Nao yosi, qui le confina à Kama koura, dans la maison de Nikaïdo. Son bannissement avait été provoqué par sa belle-mère, qui suivait dans cette occasion les conseils de *Taka ousi* et de son frère. *Fo in Yosi tada*, officier de Mori yosi, fut assassiné. *Nari yosi sin o*, huitième fils du Daïri, fut proclamé Zeï daï seogoun, et Nao yosi fut nommé son premier ministre et prince de Sagami; il alla résider à Kama koura.

Le 7ᵉ mois, un oiseau monstrueux se percha sur le toit du pavillon *Zi sin den*, situé en dedans du daïri, et y poussa des cris affreux; *Oki-no Firo ari* le tua d'un coup de flèche.

Le 9ᵉ mois, *Dó in-no Kin Taka* fut remplacé dans la charge de Nadaïsin par le Yosida-no Daïnagon *Sada fousa*. Taka ousi fut nommé Sanghi.

Le 10ᵉ mois, le Takats kasa saki-no Sadaïsin *Fouyou nori* devint Oudaïsin.

Le 2ᵉ mois de la 2ᵉ année (1335), le Nisio-no Sadaïsin *Mitsi fira* mourut, âgé de 49 ans; l'Oudaïsin *Fouyou nori* eut l'emploi de Sadaïsin, et le Do-in saki-no Nadaïsin *Kin taka* celui d'Oudaïsin; *Yosida-no Sada fousa* perdit la place de Nadaïsin, et eut pour successeur le Itsi sio-no Daïnagon *Tsoune mitsi*.

Le 3ᵉ mois, le Tsiounagon *Fousi fousa* renonça au monde et se fit prêtre. Le Saï yen si-no Daïnagon *Kin moune* trama un complot avec *Yesi you*, frère cadet de Taka toki, pour fomenter une révolte. *Toki yuki*, fils de Taka toki, excita des troubles dans le Kwantô; *Toki kane*, son parent, en fit de même dans les provinces orientales. Dès que le projet de Kin moune transpira, il fut mis à mort.

Le 7ᵉ mois, *Toki youki* marcha par la province de Sinano et attaqua Kama koura. *Nao yosi* s'enfuit avec le Seogoun *Nari yosi sin o*, après avoir fait tuer l'ancien Seogoun *Mori yosi sin o*.

Le Daïri envoya *Taka ousi* dans le Kwantô pour punir *Toki youki*. Taka ousi ayant rencontré Nao yosi dans la province Totomi, marcha avec lui sur Kama koura.

Le 8ᵉ mois, ils livrèrent plus de dix combats à *Toki youki* dans les provinces de Totomi, de Sourouga, de Idzou et de Sagami; à la fin Toki youki fut défait, mais personne ne sut où il s'était enfui; *Toki kane* fut tué dans les provinces orientales.

Toutes les troupes de Kwantô se rendirent à Taka ousi, qui alors se proclama Zeï i daï Seogoun. Comme depuis long-temps il avait vécu en mauvaise intelligence avec *Yosi sada*, il résolut de s'en défaire. Yosi sada informa le Daïri des mauvaises intentions de Taka ousi, et lui apprit que Nao yosi avait arbitrairement mis à mort Mori yosi. Le Daïri très-irrité chargea Yosi sada de faire mourir Taka ousi.

Le 11ᵉ mois, *Takats kasa-no Fouyou nori* perdit la place de Sadaïsin; il fut remplacé par le Konoye-no Oudaïsin *Tsoune tada*.

Yosi sada partit de Miyako dans le courant du même mois, et marcha avec le prince impérial Itsi-no miya *Taka yosi sin o* vers le Kwantô. A *Yafaghi saki sakate gosi*, dans la province de Sanziou ou Mikawa, ils se battirent plusieurs fois avec Nao yosi, et furent toujours défaits.

Le 12ᵉ mois, *Taka ousi* et *Nao yosi* arrivèrent à *Fakone ko take-no sita*, où ils obtinrent du succès contre *Taka yosi* et *Yosi sada*, et les forcèrent à retourner à Miyako. Toutes les troupes du Kwantô, des provinces septentrionales, du Saïkokf ou Kiou ziou, et de la contrée de Nankaï, se joignirent à Taka ousi.

Le 1ᵉʳ mois de la 3ᵉ année (1336), ce dernier et Nao yosi marchèrent avec une grande armée sur Miyako. *Yosi sada*, *Yosi souke*, *Masa sighe* et *Naga tosi* gardèrent les passages de *O watari*, de *Yama saki*, de *Oudzi* et de *Seta* pour les empêcher d'y pénétrer; mais n'étant point en état de résister à des forces supérieures, Yosi sada fut défait, et se replia sur Miyako; le Daïri s'enfuit au mont Yeïsan; Taka ousi s'avança vers Miyako pour réduire la cour du Daïri et toute la ville en cendres, et dépêcha *Teou zen* à Midera pour s'emparer du Yeïsan.

Dans le même mois, le Fatakou-no Sanghi *Minamoto-no Taka ye*, prince de Oziou, arriva avec une armée au Yeïsan pour secourir le Daïri; Yosi sada, Taka ye et Masa sighe prirent Midera, et forcèrent *Teou zen* à se replier sur Miyako. Les troupes de Yosi sada livrèrent quelques assauts à cette capitale qu'ils emportèrent finalement; Taka ousi fut mis en fuite.

Le 2ᵉ mois, le Daïri quitta Yeïsan et rentra dans son palais. C'était Masa sighe qui avait principalement contribué à la victoire par son grand courage dans le dernier combat.

Dans le même mois, Yosi sada, Taka ye et Masa sighe attaquèrent Taka ousi à *Foyo sima* dans le Sets; il fut défait, et s'enfuit dans le Tsoukouzi. Yosi sada retourna à Miyako et fut créé général moyen de la gauche. *Kikousi-no Take tosi* poursuivit Taka ousi avec les troupes de Kiouziou, ils eurent un engagement à *Tatara-no fama* dans le Tsoukouzi; Taka ousi fut vainqueur, et toutes les troupes du Kiouziou se rangèrent sous ses ordres. Yosi sada, épris de *Koto-no naïsi*, femme d'une grande beauté, négligea d'entrer dans le Saï-kokf; par conséquent *Akamats Yen sin*, et toutes les troupes de cette contrée, firent leur soumission à Taka ousi.

Le 3ᵉ mois, le Tsiounagon *Taka ye* obtint le titre de *Tsin siou fou seogoun*, et retourna dans le Oziou. Yosi sada fut récompensé par le gouvernement des seize provinces des contrées de San yô et de San on. Il marcha alors contre le Saïkokf pour s'emparer du château d'*Akamats*, dans la province de Banziou ou Farima.

Le 4ᵉ mois, l'ancien Daïri *Go Fousi mi-no in* décéda âgé de 49 ans; avant sa mort, il avait adressé une lettre à Taka ousi. Dans le même mois, *Taka ousi* et *Nao yori* partirent du Tsoukouzi à la tête d'une grande armée.

Le 5ᵉ mois, *Yosi sada* revint à *Fio go* (Ping khou) et l'assiégea. Le Daïri chargea Masa sighe de l'aider. Celui-ci voulut donner des conseils salutaires à l'empereur, mais n'étant point écouté, il marcha sur Fio go. Conjointement avec Yosi sada il livra bataille à Taka ousi, mais il se noya dans le *Minato gawa*. Yosi sada fut défait et se retira à Miyako; le Daïri s'enfuit de nouveau au temple de Yeïsan.

Taka ousi, arrivé à Miyako, manda *Fana zono-no ten o* (Houa yuan chang houang) au temple Tô si, pour placer sur le trône la famille de *Si miô in* (Chi ming yuan).

Le 6ᵉ mois, Taka ousi chargea *Moro sighe* d'enlever le Yeïsan; mais les troupes de celui-ci furent battues, et lui-même fut fait prisonnier.

Le 7ᵉ mois, *Yosi sada* essaya sans succès plusieurs tentatives sur Miyako; *Naga tosi* y périt; alors Yosi sada alla au temple Tô si pour se battre en duel avec Taka ousi, qui le refusa. Il retourna, plein de rage, au Yeïsan.

Le 8ᵉ mois, *Toyo fito*, le frère cadet de Kwo gon in, fut par l'influence de Taka ousi proclamé Daïri; le Konoye-no Sadaïsin *Tsoune tada* parvint au poste de Kwanbak.

Le 10ᵉ mois, le *Go Daïgo-no ten o* envoya son fils *Tsoune fito* avec Yosi sada dans les provinces septentrionales, et quitta également Miyako; mais il fut arrêté par Taka ousi, et confiné dans le palais Kwa san-no in. Taka ousi dépêcha alors *Taka tsoune* et *Moro yasou* dans les provinces du nord pour s'emparer du château de *Kana saki*, dans la province de Yetsizen, où *Yosi sada* s'était fortifié.

Le 11ᵉ mois, Taka ousi fut créé Daïnagon.

Le 12ᵉ mois, le *Go Daïgo-no ten o* s'échappa secrètement de Miyako et gagna *Yosi no* (Ký ye), où il se mit sous la garde de *Masa tsoura*, fils de Masa sighe. Depuis ce temps, Yosi no reçut le nom de 朝南 *Nan tsio* (Nan tchao), qui signifie l'empire du Sud. Il y eut alors deux Daïris.

XCVII. DAÏRI 光明院 KWAN MIO IN.

(De 1337 à 1348 de J. C.)

Nengo { 應曆 *Rek o* (Lý yng), de 1338 à 1341,
永康 *Kô yeï* (Khang young), de 1342 à 1344,
貞和 *Teï wa* (Tching ho), de 1345 à 1348.

KWAN MIO IN (Kouang ming yuan) était auparavant nommé *Toyo fito* (Fung jin). Il était le quatrième fils de Go Fousi mi-no in. Le 8ᵉ mois de la 3ᵉ année nengo *Ken mou*, il fut proclamé Daïri par le crédit de Taka ousi. Quelques-uns veulent que ce fut à la 1ʳᵉ année du nengo *Yen ghen*, prétendant que ce nengo fut institué après le retour du Daïri. Le *Fanna zono-no in* reçut le nom de *Fo in* (Pen yuan), et le *Kwo gon in* le nom de *Sin in* (Sin yuan).

Le 5ᵉ mois de la 4ᵉ année du nengo *Ken mou* (1337), qui est le second du nengo 延元 *Yen ghen* du Daïri du Sud Go Daï go ten o, les généraux de Taka ousi prirent le château de *Kana saki* (Kin khi). Yosi sada et Yosi souke se sauvèrent au fort de *Soma yama*[1]; *Yosi aki*, fils de Yosi sada, et *Taka yosi sin o* se coupèrent le ventre; *Faro-no miya Tsoune yosi* revint à Miyako, où il fut massacré par ordre de Nao yosi.

Le 4ᵉ mois, le Kwanbak *Tsoune tada* se retira dans l'empire du Sud; son beau-frère *Moto tsougou* fut nommé Kwanbak à sa place.

Le 7ᵉ mois, *Do in-no Kin taka* perdit la place d'Oudaïsin; le Itsisio-no

---

(1) 山杣 Le premier de ces deux caractères n'est pas chinois, mais seulement usité au Japon, où il signifie *soma*, c'est-à-dire, abattre des arbres dans les montagnes. — KL.

Nadaïsin *Tsoune mitsi* devint Sadaïsin, le Kiousio-no Daïnagon *Mitsi nori* Oudaïsin, et le Takats kasa-no Daïnagon *Moro fira* Nadaïsin.

Le 8ᵉ mois, *Taka ye*, prince de Oziou, fit des préparatifs de guerre. Il se mit en marche le 12ᵉ mois pour se rendre maître de Kama koura. Yosi oki, second fils de Yosi sada, et *Fósio-no Toki yuki* se joignirent à lui; ils livrèrent bataille à Yosi nori, fils aîné de Taka ousi, qui fut défait et s'enfuit de Kama koura.

Le 1ᵉʳ mois de la 1ʳᵉ année du nengo *Riak o* (1338), *Taka ye* et *Yosi oki* s'avancèrent sur Miyako. A *Awa-no wara*, dans la province de Nôziou ou Minô, ils se battirent contre *Momo-no i Nao tsoune*, grand général de Taka ousi.

Le même mois, *Yosi sada* et *Yosi souke* partirent de Soma yama pour enlever le château *Fou-no seki*, dans la province de Yetsizen; *Asikaga-no Taka tsoune* se réfugia dans le château de *Kouro marou* (Hĕ houan); Yosi sada résolut de prendre Miyako.

Le 2ᵉ mois, *Taka ye* se mit en route pour Yosi no; sur la route, il fut attaqué plusieurs fois à *Yawa ta* (Pä fan) et à *Nan to* (Nan tou) par Moro nao et Nao tsoune.

Le 5ᵉ mois, *Taka ye* fut battu à *Abe-no*, dans la province de Sen ziou ou Idzoumi; il mourut dans la mêlée à l'âge de 21 ans. Son frère cadet *Taka nobou* et *Nitsta-no Yosi oki* rassemblèrent leurs troupes dans le district de Yawa ta, qui fut conquis le 6ᵉ mois par Moro nao.

Le même mois, le *Konoye-no Moto tsougou* Kwanbak fut destitué; il eut l'Itsisio-no Sadaïsin *Tsoune mitsi* pour successeur.

Le 7ᵉ mois, Yosi sada envoya l'ordre par écrit aux prêtres de Yeïsan de faire de leur côté une attaque sur Miyako.

Le 2ᵉ jour du 7ᵉ mois intercalaire, il attaqua le château de Kouro marou; mais il fut tué d'un coup de flèche, à l'âge de 37 ans. Yosi souke se retira avec l'armée au château de Fou-no seki, dans la province de Yetsizen. *Yosi oki* retourna dans le Kwantô, et *Taka nobou* dans le Oziou.

Le 8ᵉ mois, *Taka ousi* fut créé Zeï i daï Seogoun avec le second rang de la seconde classe; *Nao yosi* obtint le second de la quatrième, et le titre de général en chef en second; *Moro naga* reçut le commandement de l'armée. *Taka ousi* ne s'occupa pas des affaires du ressort de l'emploi de Seogoun, et en chargea son frère cadet *Nao yosi*.

Le même mois, le *Go Daï go-no ten o*, Daïri de l'empire du Sud, mourut à Yosi no à l'âge de 51 ans; six ans par conséquent après être monté sur le trône pour la seconde fois. Il fut remplacé par son septième fils *Yosi yosi*

(I liang), qui prit le nom de 皇天上村後 *Go Moura kami ten o* (Hcou Tsun chang ten o)[1]. La mère de celui-ci, *Gato ko*, avait été la favorite de Go Daïgo-no ten o. *Minamoto-no Tsika fousa* était premier ministre dans l'empire du Sud. *Do in-no Tsoune yo* et *Sisio-no Taka souye* informèrent le Daïri (du Nord) de tout ce qui s'y passait. Tsika fousa fut père de Taka ye, homme de grand talent; il a composé plusieurs ouvrages. Son second fils *Taka nobou* devint prince de Oziou, et son troisième fils *Taka yosi* prince de Ize.

Le 7ᵉ mois de la 2ᵉ année (1339), *Yosi souke* assembla des troupes dans les provinces du nord pour prendre le château de Kouro marou dans le Yetsizen : *Taka tsoune* qui y commandait, ayant demandé du secours à Miyako, reçut un renfort considérable. Yosi souke fut défait, et s'enfuit dans le Sinano, d'où il vint à Yosi no. Toutes les forteresses de ses alliés furent prises; il n'y eut que *Fatake-no Toki yosi* qui se défendit long-temps avec vingt-sept hommes dans le château *Taka sou-no siro*; enfin il succomba.

Le 12ᵉ mois, *Itsi sio-no Tsoune mitsi* cessa d'être Sadaïsin; le Kiousio-no Oudaïsin *Mitsi nori* lui succéda; le Takats kasa-no Nadaïsin *Moro fira* devint Oudaïsin, et le Daïnagon *Minamoto-no Tomo tsika* Nadaïsin.

Le 3ᵉ mois de la 3ᵉ année (1340), le Yenya fan kwan *Taka sada*, prince de Idzoumo, fut mis à mort, sur un faux rapport fait au Seogoun par Moro nao.

Le 4ᵉ mois, *Yosi souke* fut envoyé par le Daïri du Sud dans la contrée de Nankaïdo pour se rendre maître de l'île de Sikokf.

Le 5ᵉ mois, *Yosi souke* mourut de maladie dans la province de Iyo; *Foso kawa-no Yori farou*, général de l'armée de Taka ousi, fit exécuter tous les partisans de Yosi souke; ainsi la tranquillité ne fut pas troublée dans l'île de Sikokf.

Le 7ᵉ mois, *Minamoto-no Tomo tsika* perdit l'emploi de Daïsin, et fut remplacé par le Nisio-no Daïnagon *Yosi moto*.

Le 12ᵉ mois, le Kouga saki-no Oudaïsin *Minamoto-no Naga mitsi* fut nommé Taïziô daïsin.

Dans cette année, le prêtre *So sek* (Sou chў) conseilla à Taka ousi et à Nao yosi de bâtir le temple *Ten rio si* (Thian lung szu); il en fut nommé grand-prêtre. So sek est le même personnage que *Mou sô ko si* (Mou thsoung koue szu).

Le 1ᵉʳ mois de la 4ᵉ année (1341), le Kwanbak *Moro tada*, bisaïeul de Yosi moto, mourut âgé de 89 ans.

(1) Les sept premières années de son règne (de 1338 à 1345) portèrent le nengo de 國興 *Kô kokf* (Hing kouĕ). — Kl.

Le 1ᵉʳ mois de la 1ʳᵉ année du nengo *Kô yeï* (1342), *Itsisio-no Tsoune mitsi* perdit la charge de Kwanbak; *Kiousio-no Mitsi nori* le remplaça.

Le 2ᵉ mois, *Kouga-no Naga mitsi* reçut sa démission de Taïziô daïsin.

Le 9ᵉ mois, *Yori to* rencontra le Daïri, et lui manqua d'égards; Nao yosi en fut si indigné qu'il le fit mettre à mort.

Le 11ᵉ mois, *Kiousio-no Mitsi nori* fut destitué du poste de Kwanbak, et remplacé par le Takats kasa-no Oudaïsin *Moro fira*.

Le 12ᵉ mois, *Fousiwara-no Kiyo ko*, mère de Taka ousi, mourut; elle était fille d'Ouye souki Yosi sighe.

Le 4ᵉ mois de la 2ᵉ année (1343), le Do in saki-no Oudaïsin *Fousiwara-no Kin taka* fut nommé Sadaïsin; le Nisio-no Nadaïsin *Yosi moto* devint Oudaïsin, et le Sansio-no Daïnagon *Tsoune tada* Nadaïsin.

Le 1ᵉʳ mois de la 3ᵉ année (1344), Taka ousi fit ses prières au temple de Iwasi midzou.

Le 9ᵉ mois, *Nao yosi* obtint le second rang de la 3ᵉ classe.

Le 29 du 8ᵉ mois de la 1ʳᵉ année du nengo *Teï wa* (1345), on célébra une grande fête au temple *Ten rio si*; Taka ousi et Nao yosi y vinrent faire leurs dévotions; Fana zono-no in et Kwô gon-no in eurent également l'intention de s'y rendre, mais les prêtres de San mon et de Nanto étant entrés de force dans le daïri pour présenter une requête, ces deux princes en furent empêchés, et y allèrent le lendemain.

Dans le même mois, *Sansio-no Tsoune tada* fut remplacé dans l'emploi de Nadaïsin par *O oye-no Fouyou nobou*.

La même année, *Miyakou Taka nori*, de l'île de *Kosima*, dans le Fizen, complota avec *Yosi farou*, fils de Yosi souke, d'aller secrètement à Miyako pour tuer pendant la nuit *Taka ousi* et *Nao yosi*; mais cette trame ayant été découverte, il s'enfuit dans la province de Sinano.

Le 2ᵉ mois de la 2ᵉ année (1346), *Takats kasa-no Moro fira* reçut sa démission de l'emploi de Kwanbak; le Nisio-no Oudaïsin *Yosi moto* le remplaça; *Fouyou nobou* Nadaïsin fut congédié, et *Tokdaïsi-no Kin kiyo* lui succéda.

Le 6ᵉ mois, le Sadaïsin *Do in-no kin taka* fut destitué. Cette année fut la 1ʳᵉ du nengo 平元 *Ghen feï* (Yuan phing) de l'empire du Sud.

Le 8ᵉ mois de la 3ᵉ année (1347), *Kin kiyo* perdit l'emploi de Nadaïsin.

Le 9ᵉ mois, le Kwanbak *Yosi moto* devint Sadaïsin, *Kiousio-no Tsoune nori* Oudaïsin, et *Konoye-no Mitsi tsougou* Nadaïsin.

Le 8ᵉ mois de la 4ᵉ année (1348), *Kousounoki Masa tsoura* marcha, à la tête d'une armée, de la province de Kawatsi vers celle de Sets: Taka ousi envoya *Foso kawa Aki ousi* contre lui; ils se livrèrent bataille à *Fousi dera*, et Aki ousi fut défait. Masa tsoura se porta avec rapidité sur Miyako, et surprit les demeures de Taka ousi et de Nao ousi. Le premier s'enfuit dans le Ye ziou (ou Oomi), le second parvint également à mettre sa personne en sûreté. On dit que l'épouse de Taka ousi périt dans cette attaque si imprévue. Masa tsoura retourna alors dans le Kawatsi, et Taka ousi et Nao yosi revinrent à Miyako.

Le 10ᵉ mois, *Do in-no Kin taka* devint Taïziô daïsin.

Dans le même mois, le Daïri résigna en faveur de son neveu *Oki fito*, après avoir régné 12 ans; savoir, 1 avec le nengo *Ken mou*, 4 avec celui de *Rek o*, 3 avec celui de *Kô yeï*, et 4 avec le nengo *Teï wa*.

XCVIII. DAÏRI 院光崇 ZO KWO IN.

(De 1349 à 1351 de J. C.)

Nengo 應觀 *Kwan o* (Khouon yng), de 1349 à 1351.

Zô kwô in (Thsoung kouang yuan), nommé auparavant *Oki fito*, était fils aîné de Kou gon-no in; sa mère l'impératrice la Yo rok mon in *Fousiwara-na Fide ko* était fille du Sansio-no Daïnagon *Kin fide*. Oki fito fut proclamé Daïri, le 10ᵉ mois de la 4ᵉ année du nengo *Teï wa*, étant âgé de 15 ans.

Nao fito, fils de Fana zono-no in, fut déclaré Tôgou. L'ancien Daïri Fana zono-no in mourut le 11ᵉ mois.

Dans le même mois, Taka ousi envoya *Toki ousi* et *Aki ousi* pour se défaire de *Masa tsoura*; ils l'attaquèrent à *Soumi yosi* (Tchu kў) et à *Abe no* (Ngan pou ye); mais dans ce combat plus de la moitié des troupes de Miyako périt: Toki ousi et Aki ousi furent forcés de se retirer avec le reste.

Le 12ᵉ mois, les généraux en chef *Ko-no Moro nao* et *Moro yasou* marchèrent avec une grande armée contre Masa tsoura pour le détruire.

Le 1ᵉʳ mois de la 5ᵉ année (1349), *Moro nao* et *Sizio Nawa te* lui livrèrent bataille. Ils y perdirent beaucoup de monde et furent défaits; ils couraient le plus grand danger, quand Masa tsoura fut atteint d'une flèche, et expira à l'âge de 26 ans. Alors la fortune changea; son frère cadet *Masa toki* et tous les chefs de son parti furent tués. Ensuite Moro nao attaqua Yosi no; le Daïri de l'empire du Sud et tous les siens s'enfuirent en *Ka na wou* (Ho ming seng). Moro nao regagna Miyako. Moro yasou campa à *Isi gawa* et à *Kawa bara* dans la province de Kawatsi, pour continuer la guerre contre Masa nori, le plus jeune frère de Masa tsoura.

Les victoires de Moro nao le rendirent insolent et hautain, ce qui déplut beaucoup à *Ouye souki Sighe yosi* et à *Fatake yama Nao moune*. Ils informèrent Nao yosi, par un prêtre du temple Ten riô si, des mauvaises intentions de Moro nao, et offrirent de le tuer. Il y consentit, et manda le 8ᵉ mois Moro nao. Celui-ci soupçonnant quelque mauvais dessein, se retira chez lui, et fit venir Moro yasou avec les troupes de la province de Kawatsi, pour attaquer Nao yosi. A l'arrivée de Moro yasou, Nao yosi s'enfuit auprès de Taka ousi; et Moro nao ayant fait investir par un grand nombre de troupes la maison de ce dernier, Nao yosi demanda pardon et fut déposé; Sighe yosi et Nao moune furent exilés dans le Yetsizen, et plus tard mis à mort. Le prêtre du temple Ten rio si s'absenta; d'autres disent qu'il fut aussi puni de la peine capitale.

Le 9ᵉ mois, le Kwanbak *Yosi moto* cessa d'être Sadaïsin : *Kousio-no Tsoune nori* le remplaça. *Konoye-no Mitsi tsougou* devint Oudaïsin, et *Tsik rin in Kin sighe* Nadaïsin.

Le 10ᵉ mois, *Yosi nori*, fils aîné de Taka ousi, étant venu de Kama koura à Miyako, fut chargé du gouvernement de cette capitale au lieu de Nao yosi. L'administration de Kama koura fut remise à *Moto ousi* son frère cadet, auquel *Ko-no Moro to* et *Ouye souki Nori oki* furent donnés pour premiers ministres.

Le 12ᵉ mois, *Nao yosi* se rasa la tête, et reçut le nom ecclésiastique de *Ye ghen* (Hoei yuan) : il avait alors 42 ans.

Le 3ᵉ mois de la 1ʳᵉ année du nengo *Kwan o* (1350), *Do in-no Kin taka* quitta la place de Taïziô daïsin.

Dans l'été de cette année, *Nao to* assembla une armée dans le Tsoukouzi. *Misoumi-no Nudo mitsi*, un noble de l'Iwami, ayant pacifié cette province, vint au secours de Nao to.

Le 6ᵉ mois, *Moro yasou* entra dans l'Iwami pour le punir.

Le 8ᵉ mois, *Yosi nori* fut gratifié du rang de Sanghi, et créé général moyen de la gauche.

Le 10ᵉ mois, *Taka ousi* et *Moro nao* marchèrent contre le *Saï kokf* (l'île de Kiouziou) pour détruire Nao to. Yosi nori eut la garde de Miyako. *Nao yosi* ou *Ye ghen* s'échappa secrètement de cette ville, et arriva le 12ᵉ mois à Yosi no, où il fit sa soumission au Daïri du Midi, qui le nomma par un diplôme son général en chef.

Le 1ᵉʳ mois de la 2ᵉ année (1351), *Ye ghen* assembla les troupes de l'empire du Sud pour attaquer Miyako. *Momo-no i Nao tsoune* accourut à son secours, et conquit les provinces du nord. A son approche, Yosi nori s'enfuit de Miyako, et cette ville fut prise par Nao tsoune.

Taka ousi et Moro nao, instruits de cet événement, y retournèrent. Nao tsoune fut défait; mais toutes ses troupes rejoignirent l'armée de Ye ghen, ce qui força Tako ousi et Moro nao de se retirer dans le Saï kokf. Yosi nori s'enfuit dans la province de Tamba, et Nao tsoune revint à Miyako.

Le 2ᵉ mois, *Moro yasou* partit de l'Iwami et s'avança vers Miyako. Dans la province de *Banziou* (ou Farima), il rencontra l'armée de Taka ousi et de Moro nao, et se joignit à eux. Au temple de *Kwó mio si* (Kouang ming szu) et à *Ko si midzou* (Siao thsing choui), dans le Sets, ils se battirent contre l'armée de Ye ghen, qui remporta la victoire. Taka ousi se retira avec ses troupes au château de *Mats oka* (Soung kang), pour s'y couper le ventre; cependant il se réconcilia avec Ye ghen, et retourna avec lui et avec Yosi nori à Miyako. Moro nao et Moro yasou demandèrent grâce et se rasèrent la tête; mais ils furent mis à mort en chemin, ce qui fut également le sort de tous les chefs de leur parti, qu'on exécuta en différens endroits. *Ko-no Moro to* fut tué dans le Kwantô.

Le 4ᵉ mois, *Tsik rin in Kin sighe* perdit l'emploi de Nadaïsin, et fut remplacé, le 6ᵉ mois, par le Daïnagon Kwasan-no in *Fousiwara-no Naga sada*.

Le 7ᵉ mois, Taka ousi et Ye ghen se brouillèrent de nouveau : le dernier fut forcé de se retirer dans les provinces du nord.

Le 9ᵉ mois, Taka ousi avait l'intention d'attaquer Ye ghen dans ces contrées; mais celui-ci marcha contre le Kwantô, et entra dans Kama koura.

Le 10ᵉ mois, Taka ousi fit une invasion dans le Kwantô, pendant que Yosi nori gardait Miyako.

Le 11ᵉ mois, Taka ousi campa à *Sata yama*, dans la province de Sourouga; Ye ghen vint avec une grande armée du Kwantô pour l'investir.

Le 12ᵉ mois, *Kin tsouna* et *Kin yosi* prirent le parti de Taka ousi; comme ils faisaient partie de l'arrière-garde de l'armée qui entourait Sata yama, Ye ghen fut complètement battu, et forcé de se rendre à Taka ousi, qui le conduisit prisonnier à Kama koura. Il y mourut de chagrin; d'autres disent qu'il fut empoisonné.

Pendant cette guerre, peu de troupes étaient restées à Miyako, de sorte que cette ville fut souvent très-exposée. Yosi nori conclut un traité avec le Daïri du Sud, qui cependant n'agissait pas franchement. La 2ᵉ année du nengo *Kwan o* fut la 6ᵉ du nengo 平正 *Zió feï* (Tching phing) de l'empire du Sud. Le Nisio-no Kwanbak *Yosi moto* et tous les officiers supérieurs vinrent à Yosi no, et furent gratifiés d'emplois plus élevés.

Le 2ᵉ mois de l'année suivante (1352), le Daïri du Sud se rendit de Yosi no aux temples *Soumi yosi* et *Ten o si*. *Minamoto-no Aki yosi*, prince de Ize, y vint avec une armée pour faire sa soumission. Le Daïri marcha alors vers *Yawata*, et chargea *Aki yosi* et *Kousonoki Masa yosi* de surprendre Miyako. *Yosi nori* s'enfuit dans le Ye ziou ou Oomi; *Foso kawa Yori farou* périt dans le combat. Dès que Aki yosi fut arrivé à Miyako, il s'empara de la cour du Daïri, et fit prisonnier le Fôwo Kwô gon-no in, le Kwô mio in ou Sin in, le Daïri Zô kwô in et son successeur désigné Nao fito, qui tous habitaient dans le palais *Si mio in den* (Tchhi ming yuan tian). Ils furent transportés en voiture à Yosi no, et enfermés dans la maison Ka na wou. Zô kwô in n'avait régné que 3 ans lorsqu'il fut conduit à Yosi no. Comme alors il n'y avait plus de Daïri à Miyako ou Feï an siô, cette ville eut bientôt l'apparence d'un désert. Depuis longtemps on n'y avait plus célébré les fêtes solennelles, à cause des guerres continuelles.

Yosi moune et *Yosi oki*, fils de Yosi sada, ainsi que *Yosi farou*, fils de Yosi souke, assemblèrent à cette époque une armée dans le Kwantô, et livrèrent bataille à Taka ousi dans les plaines de la province Mousadzi. *Isido nudo* avait concerté en secret avec *Nitsta-no Yosi oki* le projet de se défaire de Taka ousi. Cependant *Ouma-no souke*, fils de Isido nudo, n'étant pas d'accord avec son père sur ce point, celui-ci, craignant son fils, prit le parti de Yosi oki. Ce dernier ayant réuni ses forces à celles de Yosi farou, attaqua Kama koura, et s'en rendit maître. Moto ousi s'enfuit.

Peu de temps après, les armées de Taka ousi et de Yosi moune se livrèrent bataille; le dernier fut défait et se retira dans la province de Yetsigo. Taka ousi reprit alors Kama koura; Yosi oki et Yosi farou se sauvèrent et réunirent leurs troupes au château de *Kawa moura* (Ho tsun).

Le 3ᵉ mois, Yosi nori, ayant formé une armée, marcha sur Miyako pour prendre *Yawata*. Plusieurs combats y furent livrés.

Le 5ᵉ mois, l'armée du Daïri du Sud fut défaite; ce prince se sauva de Yawata et retourna à Yosi no.

XCIX. DAÏRI 後光嚴院 GO KWO GON IN.

(De 1352 à 1371 de J. C.)

Nengo
- 文和 *Boun wa* (Wen ho), de 1352 à 1355,
- 延文 *Yen boun* (Yan wen), de 1356 à 1360,
- 康安 *Kô an* (Khang ngan), 1361,
- 貞治 *Teï zi* (Tching tchi), de 1362 à 1367,
- 應安 *O an* (Yng ngan), de 1368 à 1371.

Go kwô gon in (Heou Kouang yan yuan), nommé auparavant *Iyo fito* (Mi jin), le plus jeune frère de Zô kwô in, qui était prisonnier à Yosi no chez le Daïri du Sud, fut, par le crédit de Yosi nori, proclamé Daïri le 8ᵉ mois de la 3ᵉ année du nengo *Kwan o*. Sa nomination fut sujette à contestation, parce que les trois insignes de la royauté, qui doivent être entre les mains de celui qui est élevé à cette dignité, étaient en possession du Daïri du Sud. Cependant comme il avait tous les militaires pour lui, il devint Daïri à l'âge de 15 ans.

Le 9ᵉ mois, le nom du nengo fut changé en *Boun wa*.

Le 11ᵉ mois, le Daïnagon *Kin fide*, grand-père du Daïri, fut créé Nadaïsin.

La 2ᵉ année du nengo *Boun wa* (1353), *Moro ousi*, fils de Yama na Toki ousi, se révolta, et prit le parti du Daïri du Sud. Grâces à sa bravoure on avait remporté la victoire à Yawata; en récompense il avait demandé de l'avancement, et s'était adressé à Yosi nori par l'entremise de *Sasaki-no Mitsi yo*; mais celui-ci négligea de s'acquitter de sa commission. Moro ousi, irrité de ce procédé, se retira dans la province de Foki, sa patrie, et excita son père Toki ousi à la révolte.

Le 5ᵉ mois, il quitta à la tête de son armée les provinces septentrionales, et dans le 6ᵉ mois, aidé par les troupes de Yosi no, il attaqua Miyako: Yosi nori fut battu, et s'enfuit avec le Daïri, d'abord à *Saka moto* (Pan pen), et de là dans les provinces orientales. L'ennemi le poursuivit; *Fide tsougou* fut tué en route en se battant.

Foso kawa Kiyo ousi prit le Daïri sur son dos, et le porta sain et sauf à *Farou i*, dans la province de Mino, où il vécut assez tranquillement. Yosi nori veilla sur lui, et assembla les troupes de plusieurs provinces pour combattre Yama na Toki ousi. Celui-ci, dégoûté de la guerre, retourna avec son fils dans les provinces du nord; alors Yosi nori revint avec le Daïri à Miyako.

Au printemps de la 3ᵉ année (1354), *Nitsta-no Yosi oki* et *Wakiya-no Yosi farou* se sauvèrent du château à Kawa moura. Les provinces orientales étaient alors en paix. *Fatake yama-no Kouni kiyo* fut placé par Taka ousi comme premier ministre auprès du Seogoun Moto ousi pour surveiller le Kwantô. Taka ousi retourna ensuite à Miyako. Le Niki sa kiô-no dayu *Yori akira* fut nommé commandant en chef.

Taka ousi envoya son fils *Yosi nori* dans la province de Farima pour y assembler une armée, et attaquer *Yama na-no Toki ousi*. Dès que celui-ci fut informé de ce dessein, il fit venir *Nao to*, et lui donna le commandement de ses troupes. De cette manière, Nao to prit le parti du Daïri du Sud, et fit la guerre à son père Taka ousi. *Asikaga-no Taka tsoune*, prince de Yetsizen, et *Momo-no i-no Nao tsoune*, prince de Yetsiou, irrités contre Taka ousi, assistèrent Nao to, s'engagèrent à attaquer Miyako, et s'y rendirent, en effet, par les provinces du nord.

Le 12ᵉ mois, *Yama na-no Toki ousi* se mit en marche et quitta la province de Fooki.

Le 1ᵉʳ mois de la 4ᵉ année (1355), Taka ousi s'enfuit avec le Daïri de Miyako dans le Ye ziou (ou Oomi). *Nao to*, *Toki ousi*, *Taka tsoune* et *Nao tsoune* arrivèrent à Miyako.

Le 2ᵉ mois, Taka ousi assembla les troupes des provinces de l'est, et campa à *Tô saka moto* (Toung pan pen); son fils Yosi nori réunit les troupes du Saï kokf, et vint camper à *Kounaï*. Toki ousi et Moro ousi attaquèrent son camp. *Foso kawa-no Yori aki*, *Aka mats So kiou* et *Sasaki-no mitsi yo* combattirent en braves. Moro ousi ayant été gravement blessé, fut vaincu : Nao to et beaucoup de commandans en second se retirèrent au château de *Tô si* (Toung szu); Taka ousi livra plusieurs combats à Nao to dans les environs, et fut toujours vainqueur par la valeur de ses alliés Yori uki, Mitsi yo, Akamats So kiou et Niki.

Le 3ᵉ mois, *Nao to*, *Toki ousi*, *Taka tsoune* et *Nao tsoune* retournèrent dans leur pays, parce que le Daïri du Midi ne pouvait leur fournir une quantité suffisante de vivres. *Taka ousi* et *Yosi nori* revinrent à Miyako, où *Taka tsoune*, sur les instances de Yosi nori, arriva aussi.

Le 7ᵉ mois de la 1ʳᵉ année du nengo *Yen boun* (1356), le Daïnagon *Minamoto-no Mitsi souke* fut nommé Nadaïsin.

Le 8ᵉ mois, Yosi nori obtint le second rang de la troisième classe.

Le 2ᵉ mois de la 2ᵉ année (1357), le Daïri du Sud permit au *Kwô gon in* ou *Fôwo*, au *Kwô mio in* ou *Sin in*, et au *Zô kwô in*, de retourner des montagnes de Yosi no à Miyako.

Le 2ᵉ mois de la 3ᵉ année (1358), le défunt *Nao yosi* fut honoré du second rang de la 2ᵉ classe.

Le 29 du 4ᵉ mois, le Zeï daï seogoun et Daïnagon du premier rang de la seconde classe, *Minamoto-no Taka ousi*, mourut âgé de 54 ans. Il avait administré l'empire depuis la 3ᵉ année du nengo *Ken mou*, jusqu'à la 3ᵉ année du nengo *Yen boun*, ou pendant 23 ans. Son fils, le Saïsiô tsiouseo *Yosi mori*, lui succéda comme Seogoun.

Le 10ᵉ mois, Moto ousi fit venir le premier ministre de Kama koura, *Fatake yama-no Koune kiyo*, ainsi que *Nudo dozeï*, prince de Yedo et Totomi, et le prince de Simotske *Take sawa Woukio-no souke*, et leur ordonna de mettre à mort *Nitsta-no Yosi oki*, qui demeurait à *Ya goutsi-no watari* (Chi kheou tou), dans la province Mousadzi. Il fit de même rechercher et exécuter tous ses compagnons. Moto ousi ne résidait point à Kama koura, mais il était campé à *Numa gawa* (Jý wen tchhouan), dans la province Mousadzi; il s'y tint sur ses gardes, de sorte que les provinces orientales restèrent tranquilles.

Le 11ᵉ mois, *Kie koutsi-no Take mitsi*, l'un des partisans du Daïri du Sud, s'étant battu tous les ans avec *Odomo*, gouverneur établi dans le Figo par Taka ousi, parvint, à cette époque, à le chasser. Informé du décès de Taka ousi, il attaqua plusieurs fois ses ennemis dans le pays de Kiouziou. Il y fit venir le fils du Daïri du Sud, le nomma Seogoun des contrées de l'ouest, et lui fit hommage. Après ses victoires dans le Kiouziou, les parens et compagnons de Yosi oki se joignirent à lui dans le pays de Tsoukouzi, et lui amenèrent les troupes de plusieurs provinces.

Le 12ᵉ mois, le Daïri créa *Yosi nori* Zeï i daï seogoun. Le brevet lui fut porté par le Satsiouben *Toki mitsi*, et reçu par *Fide nori*.

Le même mois, *Nisio-no Yosi moto* perdit l'emploi de Kwanbak; *Kiousio-no Tsoune mori* le remplaça.

Le 2ᵉ mois de la 4ᵉ année (1359), Yosi nori fut nommé prince de Mousadzi.

Le 10ᵉ mois, *Niki Yori akira*, intendant militaire en chef, mourut; *Foso kawa Kiyo ousi*, prince de Sagami, fut nommé à sa place.

Le 11ᵉ mois, *Fatake yama Do zeï* marcha au nom de Moto ousi, avec une grande armée, du Kwantô à Miyako, dans l'intention de disposer Yosi nori à se rendre maître de l'empire du Sud et à combattre le Daïri.

Le 12ᵉ mois, *Yosi nori* et *Do zeï*, à la tête de plusieurs milliers d'hommes, attaquèrent l'empire du Sud, qui fut défendu par *Kiousi noki Masa nori* et *Wada-no Masa sighe*.

Depuis le 2ᵉ mois de la 5ᵉ année (1360), les troupes de Miyako et de Kwantô combattirent fréquemment et dans divers lieux celles du Daïri du Midi, principalement à *Riô mon san* (Loung men chan), à *Ka dake rio zen* (Yn soung loung thsiuan), et à *Fira yewa* (Phing yan).

Le 5ᵉ mois, les armées de Miyako et de Kwantô prirent le château d'*Aka saka* (Tchhy pan); mais elles n'étaient point en état de pénétrer jusqu'à la cour du Daïri du Sud, qui était trop éloignée, et située dans les hautes montagnes. Les généraux Wada et Kousounoki s'étant retirés dans les vallées étroites du mont *Kon gô san* (Kin kang chan), Yosi nori et Do zeï retournèrent donc à Miyako.

Le 9ᵉ mois, le Kwanbak *Tsoune nori* cessa d'être Sadaïsin; il fut remplacé par le Konoye-no Oudaïsin *Mitsi tsougou*; le Takats kasa-no Daïnagon *Fouyou mitsi* devint Oudaïsin, et *Minamoto-no Mitsi souke* eut pour successeur Nadaïsin le Daïnagon *Sansio-no Kin tada*.

Le 6ᵉ mois du nengo *Kô an* (1361), il tomba beaucoup de neige; il y eut de grands incendies et un violent tremblement de terre.

Le 7ᵉ mois, *Yama na-no Toki ousi* partit de la province de Foki et attaqua celle de Mimasaka. Un combat fut livré à Akamats.

Le 9ᵉ mois, *Kousounoki-no Masa nori* entra dans le Sets. A cette occasion *Sasaki Fide nori* fut tué. *Kikoutsi* se révolta dans le Tsoukouzi, et en chassa *Odomo*.

Dans le même mois, il s'éleva une dispute entre *Foso kawa Kiyo ousi* et *Sasaki Mitsi yo*. Ce dernier porta ses plaintes devant Yosi nori, qui voulut alors mettre à mort Kiyo ousi; celui-ci s'enfuit de Miyako dans le Wakasa.

Le 10ᵉ mois, *Asikaga-no Ousi yori* fut chargé d'y attaquer Kiyo ousi; celui-ci se retira dans l'empire du Sud. Il y embrassa le parti du Daïri du Midi, et fut nommé général en chef.

Le 11ᵉ mois, plus de mille officiers de l'armée du Kwantô s'étant consultés ensemble, informèrent *Moto ousi* de la mauvaise conduite de *Do zeï*. Ce dernier se sauva alors dans la province de Idzou, où il se cacha dans le temple *Sio zen si* (Tiao chen szu).

Dans ce mois, *Kiousio-no Tsoune nori* Kwanbak fut remplacé par *Konoye-no Mitsi tsougou*.

Le 12ᵉ mois, *Foso kawa Kiyo ousi* et *Kousounoki Masa nori* attaquèrent Miyako et s'en rendirent maîtres. Yosi nori s'enfuit avec le Daïri dans le Ye ziou (Oomi); le prêtre *Ran ziou* cacha *Yosi mitsou*, fils de Yosi nori, âgé de 4 ans, et le confia ensuite à *Akamats Sokiou*, gouverneur du Banziou (Farima). Yosi nori, ayant assemblé les troupes de plusieurs provinces, marcha contre Kiyo ousi, qui se retira vers le sud; Yosi nori revint à Miyako.

Le 1ᵉʳ mois de la 1ʳᵉ année du nengo *Teï zi* (1362), *Kiyo ousi* leva une armée dans l'Awa pour faire la conquête de l'île de Sikokf; *Yosi mitsou* retourna du Banziou à Miyako; *Yosi nori* voulut donner le commandement de l'armée à *Asikaga Ousi yori*; mais Dotseo, père de celui-ci, n'y consentant point, *Yosi masa*, le plus jeune des fils de Dotseo, fut nommé à sa place. Comme il était jeune, son père se chargea de l'aider. Asikaga Ousi yori se fit prêtre, et reçut le titre de *Si ba* (Szu pho).

Le 4ᵉ mois, le Daïri revint du Ye ziou (Oomi) à Miyako.

Le 6ᵉ mois, *Nao to* et *Yama na Toki ousi* entrèrent de force dans les provinces du milieu.

Le 7ᵉ mois, le Ouma-no kami *Foso kawa Yori ouki* combattit *Kiyo ousi* dans le Sanouki. Ce dernier fut tué; alors tout le peuple de l'île de Sikokf se soumit à Yori ouki.

Le 9ᵉ mois, *Ousi tsoune*, deuxième fils de Dotseo, fut nommé gouverneur général de la grande île de Kiouziou; mais il en fut chassé à son arrivée par *Ki koutsi Take mitsi*. Ousi tsoune se rasa alors la tête, et revint à Miyako.

Le 10ᵉ mois, le Kwanbak *Mitsi tsougou* quitta l'emploi de Sadaïsin, et fut remplacé par *Takats kasa-no Fouyou mitsi*; le Kouga-no saki-no Nadaïsin *Minamoto-no Mitsi souke* devint Oudaïsin.

Le 12ᵉ mois, *Sansio-no Kin tada* perdit la place de Nadaïsin.

Le 1ᵉʳ mois de la 2ᵉ année (1363), *Yosi nori* fut nommé Daïnagon.

Le 3ᵉ mois, le Do in-no Daïnagon *Fousiwara-no Sane to* parvint au poste de Nadaïsin.

Le 6ᵉ mois, Mitsi tsougou cessa d'être Kwanbak; il eut pour successeur *Nisio-no Yosi moto*.

Le 7ᵉ mois, *Yosi nori* obtint le second rang de la deuxième classe.

Le 2ᵉ mois de la 3ᵉ année (1364), *Sane to* Nadaïsin reçut sa démission, et le Saï yen si-no Daïnagon *Sane tosi* fut nommé à sa place.

Au printemps de cette année, *O woutsi-no souke*, de la province de Souwo, revint, avec le consentement des chefs militaires, à Miyako. *Yama na Toki ousi* et son fils firent également leur soumission. Les chefs militaires envoyèrent alors des gouverneurs dans les cinq provinces de Inaba, Foki, Tamba, Tango et Mimasaka. *Niki-no Yosi naga*, dont les forces étaient fort affaiblies, obtint de même son pardon.

Fatake yama Do zeï ne se croyant pas en sûreté dans le Kwantô, se rendit dans le Kawatsi, et tâcha de se mettre sous la protection du Daïri du Sud, par l'entremise de Kousounoki; mais n'ayant pu réussir, il erra d'un lieu à l'autre, et mourut.

Le 6ᵉ mois, le Wouye souki Minbou-no fayou *Nori aki* fut, sur la proposition de Moto ousi, nommé surintendant militaire à Kama koura. *Faka zeka*, ennemi de Nori aki et envieux de son avancement, se révolta. Moto ousi monta à cheval et le défit; alors tous les militaires de Kwantô se soumirent à Moto ousi, qui fut extrêmement respecté.

Le 7ᵉ mois, le Kwô gon in ou Fôwo mourut âgé de 52 ans.

Le 5ᵉ mois de la 4ᵉ année (1365), le Itsisio-no saki-no Kwanbak *Tsoune nori* mourut âgé de 49 ans.

Sasaki Mitsi yo et tous les grands ayant informé Yosi nori de la mauvaise conduite de *Dotseo*, celui-ci s'enfuit le 8ᵉ mois de Miyako dans la province de Yetsizen. On le fit poursuivre pour le tuer.

Le 7ᵉ mois de la 5ᵉ année (1366), *Dotseo* mourut dans le Yetsizen; son fils Yosi masa demanda pardon, et l'obtint.

Le 8ᵉ mois, le Kouga-no Oudaïsin *Minamoto-no Mitsi souke* fut fait Taïziô daïsin; *Saï yen si-no Sane sosi* devint Oudaïsin, et le Nisio-no Daïnagon *Moro naga* Nadaïsin.

Le 9ᵉ mois, Yosi masa fut nommé prince de Yetsiou et gouverneur de cette province. Il reçut l'ordre de mettre à mort *Momono i Nao moune*.

Dans le même mois, des Coréens arrivèrent à la cour.

Le 12ᵉ mois, *Yosi mitsou*, fils de Yosi nori, fut élevé au second rang de la cinquième classe.

Le 1ᵉʳ mois de la 6ᵉ année (1367), Yosi nori obtint le premier rang de la seconde classe.

Le 3ᵉ mois, le Daïri alla au palais *Tsiou den* (Tchoung tian) pour y composer des vers en japonais. Il était accompagné de Yosi nori.

Le 4ᵉ mois, *Minamoto-no Moto ousi*, surintendant de Kama koura et de Sama-no kami, mourut à l'âge de 28 ans; il fut remplacé par son fils *Ousi mitsou*. *Wouye souke Nori aki* devint le Fosa ou l'adjoint de celui-ci dans l'administration.

Le 8ᵉ mois, *Yosi moto* Kwanbak fut remplacé par *Takats kasa-no Fouyou mitsi*.

Le 9ᵉ mois, *Saï yen si-no Sane tosi* Oudaïsin reçut sa démission; *Nisio-no Moro yosi* lui succéda; *Sansio-no Sane tsougou*, fils de Kin fide et beau-père du Daïri, devint Nadaïsin

Dans le même mois, le Seogoun Yosi mori tomba malade, et céda son poste à son fils *Yosi mitsou* : le Foso kawa ouma-no kami *Yori uki* fut appelé du Sikokf pour être son Sitsken ou premier ministre.

Le 12ᵉ mois, *Minamoto-no Yosi mitsou*, âgé seulement de 10 ans, fut nommé Sama-no kami, et reçut le premier rang de la cinquième classe.

Le 7 de ce mois, *Minamoto-no Yosi nori*, Zeï i daï Seogoun du premier rang de la seconde classe et Saki-no Daïnagon, mourut à l'âge de 38 ans. Il reçut le titre posthume de *Fou kef in* (Pao khў yuan), et fut enterré à *Zouï yama* (Soui chan); il avait administré depuis la 3ᵉ année du nengo *Yen boun*, ou pendant 10 ans.

Le 2ᵉ mois de la 1ʳᵉ année du nengo *O an* (1368), les prêtres *Tsiou tsou* (Tchoung tsin) et *Beo sa* (Miao tso) furent envoyés en Chine auprès de Taï tsou, premier empereur de la dynastie Taï ming, lequel venait de monter au trône, et avait donné aux années de son règne le nom honorifique de *Kô bou* (Houng wou). Le prêtre *Tsiou tsou* obtint plus tard le nom honorifique de *Sets kaï* (Tsiuĕ haï), et *Beo sa* celui de *Zio rin* (Ju lin). Tous les deux étaient des hommes distingués par leurs talens.

Le 3ᵉ mois, le Daïri du Sud *Go Moura kami-no in* mourut, et reçut le nom de *Tsiô keï in* (Tchhang khing yuan); il fut remplacé par son fils *Firo nari*.

Le 4ᵉ mois, *Yosi mitsou* prit la robe virile; *Yori uki* lui imposa la couronne, et le Foso kawa Fio bou-no tayu *Nari ousi* lui coupa les cheveux sur le front.

Le 6ᵉ mois, *Yori uki* alla pour Yosi mitzou au temple d'Iwasi midzou, et y offrit en son nom une épée d'argent, un cheval de race et du sable d'or.

Le 9ᵉ mois, *Wouye souke Nori aki*, Sitsken de Kama koura, mourut; son fils Yosi nori et son cousin *Tomo fousa* furent choisis pour premiers ministres.

Le 12ᵉ mois, *Yosi mitsou*, âgé de 11 ans, fut nommé Zeï i daï Seogoun.

Le 1ᵉʳ mois de la 2ᵉ année (1369), Yosi mitsou accorda des lettres de grâce à *Kousounoki Masa nori*, qui les avait sollicitées de l'administration militaire.

Le 3ᵉ mois, le Foso kawa ouma-no souke *Yori mitsi*, *Akamats fan kwan* et d'autres furent envoyés de Miyako dans le Midi, auprès de Kousounoki.

Le 4ᵉ mois, *Kousounoki Masa nori* arriva à Miyako; il alla aussitôt voir Yori uki, et ensuite il se rendit chez Yosi mitsou.

Dans le même mois, les prêtres de Yeï san prirent la résolution de détruire le temple *Nan zen si*; ils exposèrent leurs griefs au Daïri, mais l'on n'y fit pas attention, ce qui les irrita au point qu'ils vinrent un jour heureux avec le Sin yu pour brûler le palais impérial. *Sasa ki Sou yeï* les dispersa, sauva l'édifice, et les renvoya alors au Yeï san.

Le 9ᵉ mois, *Ghi sio-no Yosi masa* combattit dans le Yetsiou *Momo-no i Nao tsoune*. Ce dernier fut vaincu, et se retira au château de *Mats koura* (Soung tsang). Alors tous les habitans de cette province se soumirent à l'administration militaire.

Le 11ᵉ mois, *Takats kasa-no Fouyou mitsi* Kwanbak reçut sa démission; *Nisia-no Moro yosi* le remplaça.

Le 3ᵉ mois de la 3ᵉ année (1370), *Nao kasou*, petit-fils de *Momo no i Nao tsoune*, campa à *Naga sawa*, dans la province de Yetsiou; il y livra bataille à *Yosi masa*; mais il fut tué avec un grand nombre des siens.

Dans ce mois, le Kwanbak *Moro yosi* fut nommé Sadaïsin, et le Kiousio-no Daïnagon *Tada moto* Oudaïsin; le Nadaïsin *Sansio-no Sane tsougou* fut remplacé par le Daïnagon *Fousiwara-no Tsoune aki*. Ce dernier, âgé alors de 75 ans, avait beaucoup travaillé depuis le temps de Kwô gon in.

Le 4ᵉ mois, *Yosi mitsou* alla faire ses prières dans le nouveau temple du dieu Fatsman à Roksio, et dans le temple de Ghiwon, à Kita no.

Le 11ᵉ mois, *Wada* et plusieurs officiers de l'empire du Sud attaquèrent le camp de *Kousounoki Masa nori*: Yori uki mena contre eux une armée nombreuse, et les battit; il laissa *Yama na Ousi kiyo* dans la province de Kawatsi, pour la défendre contre les troupes du Midi, et retourna à Miyako. *Masa nori* se réunit alors aux chefs militaires. Dans cette année, le nengo *Ziô feï* de l'empire du Sud fut changé en 德建 *Ken tok* (Kian të).

Le 2ᵉ mois de la 4ᵉ année (1371), *Yama na Toki ousi* mourut. Dans le même mois, *Ki koutsi Take masa* de Tsin saï et beaucoup de militaires subalternes de l'empire du Sud excitèrent une révolte dans le Kiouziou; *Nudo reo zioun* d'*Ima gawa*, prince de Iyo, y courut pour l'étouffer; il était accompagné du Daïnagon *Yosi firo*.

A cette époque, les troupes de Kiouziou reconnurent pour chef *Take masa*. Un des fils du Daïri du Sud avait pris le nom de *Kouan seï sin Yosi kane*. Take masa, prétendant agir par ses ordres, envoya en Chine un vaisseau avec un ambassadeur, lequel était porteur d'une lettre écrite au nom du *Ten o* ou roi de Nipon (Japon) *Kwan seï sin o Yosi kane* (Kouan si thsin wang Liang houai). Un ambassadeur arriva de la Chine dans le Tsoukouzi; Toke masa l'y retint et l'empêcha de se rendre à Miyako [1].

Le 3ᵉ mois, le Daïri résigna en faveur de son successeur *O fito*. Il avait régné pendant 20 ans: 5 avec le nengo *Boun wa*, 5 avec celui de *Yen boun*, 1 avec le nengo *Kô an*, 6 avec celui de *Teï zi*, et 4 avec les premières années du nengo *O an*.

---

(1) L'histoire de la Chine parle ainsi de cette ambassade: « Dans la 4ᵉ des années *Houng wou* « (1371), le roi du Japon *Liang houai* envoya « un prêtre de Bouddha à la cour, où il apporta « un tribut. Il fut admis, et reçut une réponse à « la lettre dont il était porteur. » — KL.

C. DAÏRI 院融圓後 GO YEN YO-NO IN.

(De 1372 à 1382 de J. C.)

Nengo
- 應安 *O an* (Yng ngan), les trois dernières années de 1372 à 1374,
- 永和 *Yeï wa* (Young ho), de 1375 à 1378,
- 康曆 *Kô rek* (Khang lỷ), de 1379 à 1380,
- 永德 *Yeï tok* (Young tě), de 1381 à 1382.

Go yen yô-no in (Heou Yuan young yuan) ou *O fito* (Siu jin) était fils aîné de Go Kwô gon in. Sa mère *Sô ken mon in* était fille du Daïnagon *Fousiwara-no Kane tsoune*. O fito fut proclamé Daïri le 3ᵉ mois de la 4ᵉ année du nengo *O an*; il avait alors 14 ans; son père eut l'administration des affaires.

Les anciens Daïris *Kwô mio in* et *Zô kwô in* demeuraient alors à Fousi mi; ils étaient en bonne santé: le dernier avait prié Yori uki de faire en sorte que son fils *Yosi fito* parvînt au trône; mais déjà Go kwô gon in avait, par ses instances pressantes, obtenu de Yori uki la succession pour O fito, ce qui causa du mécontentement entre les deux frères.

Le 5ᵉ mois, le Foso kawa ouma-no souke *Yori moto* attaqua l'empire du Sud.

Le même mois, *Foso kawa Yori uki*, prince de Mousadzi, résigna et se retira à *Nisi yama* (Si chan), dans le temple *Saï fô si* (Si fang szu); mais il revint à Miyako sur les vives sollicitations de *Yosi mitsou*, d'*Akamats*, de *Rits si* et de *Sokou you*.

Le 7ᵉ mois, *Fousiwara-no Tsoune aki* Nadaïsin fut congédié.

Le même mois, *Momo no i Nao tsoune* guerroya dans la province de Yetsiou.

Le 8ᵉ mois, l'armée de l'empire du Sud attaqua le camp de Kousounoki; les troupes de Miyako vinrent à son secours.

Le 10ᵉ mois, les temples *Iwasi midzou*, *Fatsman gou* et *Yeïsan* furent rebâtis. Yori uki devint prince de Sagami.

Le 11ᵉ mois, *Akamats So kiou* mourut âgé de 60 ans.

Le 3ᵉ mois de la 5ᵉ année (1372), *Ima gawa Reo zioun* se battit dans le Tsoukouzi contre *Take masa*. Yosi firo vint avec une armée à l'assistance du premier, ce qui lui donna le moyen de remporter la victoire.

Le 11ᵉ mois, *Yosi mitsou* assura au temple d'*Iwasi midzou* un revenu annuel. Il avait alors 15 ans. Cette année était la 1ʳᵉ du nengo 中文 *Boun tsiou* (Yuan tchoung) de l'empire du Sud.

Le 5ᵉ mois de la 6ᵉ année (1373), *Foso kawa-no Ousi farou* rassembla son armée à *Amaga saki* (Ni khi), pour attaquer l'empire du Sud.

Le 6ᵉ mois, deux prêtres nommés *Tsiou yu* (Tchoung yeou) et *Mou its* (Wou y̆) arrivèrent comme ambassadeurs de l'empire de Taï ming, ou de la Chine, à Tsin saï fou, et partirent pour Miyako. Ils y furent logés dans le palais de *Saga*. Ils se plaignirent de ce que déjà trois ambassadeurs chinois, ayant débarqué dans le Tsoukouzi, avaient été empêchés par *Ki koutsi Take masa* de se rendre à la cour, et forcés de repartir sans avoir rempli leur mission. Voilà ce qui avait engagé l'empereur de la Chine à envoyer cette nouvelle légation. Yosi mitsou fut très-surpris de cette affaire.

Le 8ᵉ mois, le Daïri du Sud résigna en faveur de son frère cadet *Firo nari o* (Hi tchhing wang). Yosi no ayant été pris, les débris des troupes du Sud campées à *Ama no*, dans la province de Kawatsi, attaquèrent l'armée de Miyako pendant la nuit. Dans le même mois, *Sasaki Mitsi yo* mourut.

Le 9ᵉ mois, les deux ambassadeurs chinois retournèrent dans leur pays.

Le 11ᵉ mois, *Yosi mitsou* obtint le second rang de la quatrième classe. Il fut aussi nommé Sanghi et général moyen de la gauche; *Ousi mitsou*, de Kama koura, devint Sama-no kami, ou chef de l'aile gauche de la cavalerie.

Le 12ᵉ mois, *Yosi mitsou* résolut d'attaquer avec Yori uki le Kiouziou. On fit venir de Kama koura le Ouye souke dansio *Tomo fousa* pour garder Miyako. *Niki Yosi naga* fut chargé de marcher contre *Kita fatake*, de la province de Ize; *Yama na Ousi kiyo*, contre les parens et les alliés de *Wada* et de *Kousounoki*, qui avaient pris le parti du Daïri du Sud; *Takeda* et *Ogasa wara*, sur *Kana ya* (Kin koŭ), dans le Iyo. On rassembla pour cette entreprise un grand nombre de troupes dans plusieurs provinces, et le recrutement s'effectua depuis la province d'Idzou à l'est jusqu'à celle de Yetsingo au nord.

Le 1ᵉʳ mois de la 7ᵉ année (1374), l'ancien Daïri Go Kwô gon in mourut âgé de 73 ans.

Le 3ᵉ mois, *Yosi mitsou* et *Yori uki* se mirent en marche avec une armée de cent mille hommes pour conquérir le Tsoukouzi, et pour mettre *Ki koutsi* à mort; ils étaient accompagnés de plusieurs grands, parmi lesquels on comptait *Yosi masa*, *Fatake yama Yosi fouka*, *Niki*, *Ima gawa Doki*, et les membres de la famille de *Sasaki*; tous ensemble au nombre de trente-neuf : *Yama na Moro ousi* et *Akamats* commandaient l'avant-garde.

Le 4ᵉ mois, *Yosi mitsou* arriva dans le Aki. Son avant-garde se battit contre *Ki koutsi* dans la province de Nagato; Yama na et Akamats furent défaits; mais *Foso ʼkawa Yosi uki*, prince de Sanouki, arrivant du Sikokf avec ses troupes, Ki koutsi fut vaincu, et s'enfuit avec le Siozeï Seogoun vers le Tsoukouzi, où il campa avec son armée à Zaïfou. Ses alliés *Simatsou* et *Itô* demandèrent grâce, et prirent parti contre Ki koutsi. Dès que *Fara da Aki tsouki* et toute l'armée du Kiouziou se furent disposés à l'attaquer, Ki koutsi se retira sur le mont *Ko rá san* (Kao liang chan), dans le Tsikoungo, où il dressa son camp : Yosi mitsou arriva à Zaïfou; Foso kawa, Yama na et Akamats se battirent plusieurs fois contre Ki koutsi.

Le 9ᵉ mois, celui-ci demanda grâce et promit de se rendre; l'ayant obtenue, il retourna dans la province de Figo.

Yosi mitsou donna à *Itô* la province de Fiouga, à *Odomo* celle de Boungo, et à *O woutsi-no Yosi firo* les provinces de Nagato et de Bouzen, en récompense de l'assistance qu'ils lui avaient prêtée dans cette guerre.

Le 10ᵉ mois, Yosi mitsou revint à Miyako.

Le 11ᵉ mois, *Ouye souke Tomo fousa* retourna à Kama koura. Depuis ce temps, la renommée de Yosi mitsou s'accrut rapidement, et après qu'il eut fait la conquête des pays méridionaux, les troupes de plusieurs provinces se rangèrent sous ses ordres.

Le 12ᵉ mois, on célébra la grande fête du Daïri, qui depuis plusieurs années avait été suspendue à cause des guerres continuelles. On fit venir le Sin bok du temple de Kasouga.

Le 3ᵉ mois de la 1ʳᵉ année du nengo *Yeï wa* (1375), Yosi mitsou alla au temple d'Iwasi midzou et y fit ses prières; il y offrit un sabre, des chevaux de race et de l'or en paillettes.

Le 4ᵉ mois, il entra pour la première fois dans le daïri.

Le 8ᵉ mois, il réunit à sa cour une assemblée de poëtes, qui y composèrent des chansons japonaises.

Le même mois, *Yama na Reo zioun*, gouverneur militaire de Kiouziou, fit tuer *Fouyou souke*, qui avait l'intention de se révolter.

Le 11ᵉ mois, le Daïri célébra la fête *Daï ziou ye*.

Le même mois, Yosi mitsou fut élevé au second rang de la troisième classe.

Le 12ᵉ mois, *Nisio-no Moro naga* Kwanbak et Sadaïsin fut congédié; le Kiousio-no Oudaïsin *Tada moto* le remplaça dans ces deux emplois; le Daïnagon *Moto tsougou* devint Oudaïsin, et le Konoye-no Daïnagon *Kane tsougou* Nadaïsin. Moro tsougou était le frère cadet de Moro naga.

A cette époque, *Nisio-no Yosi moto, Kiousio-no Tsoune nori, Konoye-no Mitsi tsougou, Takats kasa-no Fouyou mitsi* et *Nisio-no Moro naga* furent déposés de leurs emplois. Cette année est la 1ʳᵉ année du nengo 授天 *Ten ziou* (Thian theou) de l'empire du Sud.

Le 1ᵉʳ mois de la 2ᵉ année (1376), les prêtres *Zets kaï* et *Zio rin* revinrent de la Chine; ils y avaient été envoyés pour complimenter l'empereur *Taï so kwô te* (Taï tsou houang ti) de la dynastie de Taï ming. Ce monarque les avait interrogés sur l'histoire de 福徐 *Zio fouk* (voyez page 5). Zets kaï lui présenta à cette occasion une pièce de vers. L'empereur lui donna en récompense un dragon qu'il avait peint lui-même.

Le 7ᵉ mois, *Ara kawa* fut envoyé comme gouverneur dans la province de Iwami. Nao to fit sa soumission à cette époque, et obtint son pardon de Yosi mitsou, qui l'envoya dans l'Iwami.

La 3ᵉ année (1377), un ambassadeur de la Corée 鮮朝, nommé *Teï-no bô siou* (Tchhing moung tcheou), débarqua dans le Tsoukouzi pour complimenter Ima gawa Reo zioun; il retourna ensuite dans son pays.

Le 3ᵉ mois de la 4ᵉ année (1378), Yosi mitsou fit une grande chasse. Dans le même mois, il alla habiter le nouveau palais dans la rue *Mouro matsi* (Chĕ ting), et fut nommé Daïnagon.

Le 4ᵉ mois, *Ouye souke Yosi nori* mourut à Kama koura. Son frère cadet *Nori farou* lui succéda.

Le 8ᵉ mois, le Kwanbak *Tada moto* Sadaïsin reçut sa démission; *Nisio-no Moro tsougou* fut nommé Sadaïsin, *Konoye-no Kane tsougou* Oudaïsin, et l'Imade gawa saki-no Daïnagon *Fousiwara-no Kin nao* Nadaïsin: Yosi mitsou fut créé Ouko-no ye daïsiô.

Le 11ᵉ mois, le *Fasi moto Minbou*, l'un des généraux de l'empire du Sud, assembla ses troupes dans le Kiziou, et attaqua *Foso kawa Ousi farou;* aussitôt *Foso kawa Yori moto*, *Yama na Yosi mari*, le prince de Mouts *Ousi kiyo*, *Isido* et *Akamats* furent envoyés de Miyako au secours d'*Ousi farou;* mais Minbou ayant été défait, on n'eut pas besoin d'eux, et ils vinrent à Miyako.

Le 12ᵉ mois, *Yosi mitsou* fut avancé au second rang de la deuxième classe. Les troupes de l'empire du Sud s'assemblèrent de nouveau pour effectuer une invasion. Yosi mitsou lui-même marcha sur *Tô si* (Toung szu); Yama na Yosi mari et Ousi kiyo y furent envoyés pour défendre cette place, et pour chasser l'ennemi.

Le 1ᵉʳ mois de la 1ʳᵉ année du nengo *Kô rek* (1379), ils firent évacuer à l'ennemi le Kiziou, et prirent les châteaux *Tsoutsi marou* (Thou houan) et *You yasa ka-no siro* (Yang thsian tchhing).

Le 2ᵉ mois, le Sama-no kami *Ousi mitsou*, Scogoun à Kama koura, forma le projet de se rendre maître de Miyako. *Ouye souke Nori farou* tâcha en vain de l'en dissuader.

Dans le même mois, les prêtres de Nanto mandèrent à Miyako que *Toïtsi* tramait de mauvais desseins dans le Yamato; *Yasi masa*, *Tomi kasi* et *Akamats* furent, par conséquent, dépêchés avec les troupes des provinces de Oomi et de Mino pour le punir; mais une révolte générale ayant éclaté dans la ville de Miyako, ils reçurent contre-ordre. Les troupes de Yosi masa et de Doki ayant déserté en route, Yosi masa revint de l'Oomi à Miyako. Le *Doki daï zen-no daïyou* conçut également le projet de se révolter, et Yosi mitsou envoya alors dans les différentes provinces l'ordre de le saisir et de le mettre à mort.

Le 3ᵉ mois, Yosi mitsou, ayant été instruit du projet hostile du Seogoun de Kama koura, expédia à Nori farou une lettre par laquelle il lui enjoignait de détourner son maître de ce dessein, afin que la paix de l'empire ne fût pas troublée. Nori farou n'y ayant pas réussi, malgré ses vives instances, se coupa le ventre. Ousi mitsou, frappé de sa mort, le regretta beaucoup et abandonna son plan. *Nori kata*, prince d'Awa, le plus jeune des frères de Nori farou, lui succéda dans l'administration de Kama koura.

Le même mois, *Yosi mitsou* accorda le pardon à *Daki daï zen-no daïyou*. L'envoyé que celui-ci avait expédié à Miyako fut attaqué et détenu sur la route par le *Sasaki daï zen-no daïyou*; Yosi masa en ayant été informé, voulut faire tuer Sasaki. Cependant il lui pardonna à la 4ᵉ lune, de sorte qu'il vint avec Doki daï zen-no daïyou à Miyako.

Le 14 du 4ᵉ mois intercalaire, il y eut une révolte générale dans la ville de Miyako; tout le monde courut aux armes, et vint garder le palais de Yosi mitsou, qui envoya *Nikaïdô Nakats kasa* et *Matsda*, prince de Tango, déposer *Foso kawa Yori uki*, prince de Mousadzi. Ce dernier fut alors banni dans l'île de Si kokf; son frère cadet *Yori moto* et tous ses parens au service du Daïri furent déportés : on rasa la tête à Yori uki, à son départ de Miyako, et l'on changea son nom en *Tsoune fisa*.

Le lendemain, le prêtre *Mio fa* (Miao pha), qui portait le titre honorifique de *Sioun wok* (Tchhun wo) et était disciple de *Moû zô* (Mung thsoung), vint de la province Tango à Miyako. Il était mécontent de Yori uki, qui, à l'époque où les prêtres de *San mon* (voyez page 198) avaient voulu détruire le temple *Nan zen si*, avait tenu une conduite coupable. C'est à cette occasion que *Mio fa*, irrité de sa manière d'agir, se retira dans le Tango. Sur le rapport de ce dernier, Yori uki fut renvoyé de Miyako; alors Mio fa y retourna.

Dans le même mois, *Sinba-no Yosi masa* fut nommé *Kwanreï*[1].

(1) 領管 *Kwan reï* (Kouan ling) est le même emploi que celui de *Sits ken*, ou premier ministre du Seogoun de Kama koura; il n'en diffère que par le nom, et dans la suite les Sits ken furent également nommés *Kwan reï*. — Kʟ.

Le 6ᵉ mois, Miofa fut choisi pour grand prêtre du temple *Nan zen si*, et y établit sa demeure.

Le 8ᵉ mois, *Kiousio-no Tada moto* Kwanbak reçut sa démission; *Nisio-no Moro tsougou* lui succéda.

Le 9ᵉ mois, *Yosi mitsou* donna un ordre écrit pour qu'on assassinât *Yori uki*. Cependant ayant bientôt reconnu son innocence, il changea de résolution, et le déclara apte à tous les premiers emplois dans le Si kokf, où il faisait son séjour.

Le 1ᵉʳ mois de la 2ᵉ année (1380), le prêtre *Miofa kouni moro* obtint le titre de *Sô rok si* (Thsong loü szu), qui fut alors introduit pour la première fois.

Le même mois, Yosi mitsou fut avancé au second rang de la première classe.

Le 2ᵉ mois, *Mitsou nori*, frère cadet de Yosi mitsou, fut créé Sama-no kami (chef de la cavalerie de gauche), et le Seogoun de Kama koura, *Ousi mitsou*, obtint le titre de Safio ye-no kami (chef de la garde impériale de gauche).

Le 5ᵉ mois, une bataille fut livrée dans le Kwantô entre *O yama Yosi masa*, prince de Simotske, et *Wouto-no miya Moto tsougou* : le dernier fut tué. Le Seogoun de Kama koura, Ousi mitsou, envoya *Ouye souke Nori kata* pour détruire O yama.

Le même mois, *O woutsi-no Zin souke* combattit dans la province de Ize son frère cadet *San bou ró*; environ deux cents hommes furent tués dans cette rencontre.

Le 6ᵉ mois, le Fowô *Kwó mio in* mourut âgé de 60 ans.

Le 7ᵉ mois, *Yama-na Ousi kiyo* défit l'armée du Daïri du Sud. On coupa la tête à *Minbou-no O souke* et à dix autres chefs, et elles furent envoyées à Miyako.

Le 8ᵉ mois, plusieurs des adhérens du Daïri du Sud furent mis à mort.

Le 9ᵉ mois, *O yama Yosi masa* partit pour Kama koura.

Dans le courant de l'année, *Yosi mitsou* fonda les temples *Riori on in* et *Fô dou si*.

A cette époque, *Nio you* (Ju yao), prêtre japonais, partit pour la Chine, et s'y lia d'amitié avec *Ko i yó* (Hou weï young), grand personnage de la cour du fondateur de la dynastie de *Daï mió* (Taï ming). Ko i yô, qui avait le dessein d'assassiner ce prince, proposa à Nio you de faire venir mille Japonais, afin de l'assister dans l'exécution de ce projet. Il se proposait de l'effectuer quand l'empereur sortirait en cérémonie. Le monarque était sur le point de quitter le palais, lorsqu'il fut informé de ce complot. Il fit aussitôt égorger Ko i yô, et Nio you fut exilé. C'est depuis ce temps que les côtes de la Chine ont été garnies de bâtimens de garde, pour empêcher les Japonais d'y aborder.

Le 3ᵉ mois de la 1ʳᵉ année du nengo *Yeï tok* (1381), le Daïri alla voir Yosi mitsou. Cette année est la 1ʳᵉ du nengo 和弘 *Kô wa* (Houng ho) de l'empire du Sud [1].

Le 7ᵉ mois, le Nisio saki-no Kwanbak *Yosi moto* fut fait Taïziô daïsin; *Imade gawa Kin nao* perdit la place de Nadaïsin: *Minamoto-no Yosi mitsou* lui succéda à l'âge de 24 ans. Il était très-lié avec Yosi moto : ces deux ministres se consultaient mutuellement sur toutes les affaires ecclésiastiques et civiles.

Le 1ᵉʳ mois de la 2ᵉ année (1382), *Yama na Ousi kiyo* se rendit maître de la province de Kawatsi, et battit l'armée du Daïri du Sud. En même temps, *Kousounoki Masa katsou* fut aussi défait, et le château d'Aka saka fut pris. *Wada* fut également vaincu; *Ousi kiyo* conquit la province d'Idzoumi. Toutes les troupes de Kiziou se soumirent à *Yama na*, et son père *Toki ousi* s'empara des provinces d'Inaba et de Foki.

Dans le même mois, *Yosi mitsou* fut nommé d'abord Sadaïsin, et quelques jours après Sadaïseo; le Daïnagon *Fousiwara-no Sane toki* devint Nadaïsin.

Au 1ᵉʳ mois intercalaire, Yosi mitsou reçut le titre honorifique de Kourando.

Le 3ᵉ mois, le Daïri lui permit d'entrer à la cour dans une voiture traînée par des bœufs.

Le 4ᵉ mois, le Daïri résigna l'empire à son fils *Moto fito*. Il avait régné les 3 premières années avec le nengo de *O an* son prédécesseur, 4 avec celui de *Yeï wo*, 2 avec le nengo de *Kô rek*, et 2 avec celui de *Yeï tok* : en tout 11 ans.

---

[1] Dans d'autres ouvrages japonais, je trouve le nom de ce nengo écrit 和弘 *Kô tsi* (Houng tchi); mais c'est probablement par erreur.—Kʟ.

CI. DAÏRI 後小松院 GO KO MATS-NO IN.

(De 1383 à 1412 de J. C.)

Nengo
- 永德 *Yeï tok* (Young tĕ), 3ᵉ année 1383,
- 至德 *Zi tok* (Tchi tĕ), de 1384 à 1386,
- 嘉慶 *Ka keï* (Kia khing), 1387 et 1388,
- 康應 *Kô ô* (Khang yng), 1389,
- 明德 *Mei tok* (Ming tĕ), de 1390 à 1393,
- 永應 *O yeï* (Yng young), 1394 à 1412.

Go ko mats-no in (Heou Siao soung yuan), ou *Moto fito* (Kan jin), était fils aîné du Daïri Go Yen yu-no in. Sa mère l'impératrice Tsou yô mon in *Fousiwara-no Tsitsi ko* était fille du Sansio Nadaïsin *Kin tada*. A son avénement au trône, le 4ᵉ mois de la 2ᵉ année du nengo *Yeï tok*, Moto fito n'avait que 6 ans. *Yosi moto* Sansio saki-no kwanbak et Taïziô daïsin fut chargé de l'administration du gouvernement, *Go Yen yu-no in* de celle de la cour; le Sadaïsin *Minamoto-no Yosi mitsou* en fut nommé surintendant général.

Le 10ᵉ mois de la 3ᵉ année (1383), le Daïri se rendit à la demeure de Yosi mitsou.

Le 12ᵉ mois, le Sansio saki-no Nadaïsin *Kin tada*, grand-père du Daïri, mourut.

Dans le courant de cette année, Yosi mitsou rebâtit le temple *Sô kok si*, et y plaça *Mio fa* comme grand prêtre.

Le 3ᵉ mois de la 1ʳᵉ année du nengo *Zi kokf* (1384), Yosi mitsou quitta la place de Daïsiô, ou grand général. Cette année fut la 1ʳᵉ du nengo 中元 *Ghen tsiou* (Yuan tchoung) de l'empire du Midi.

Le 8ᵉ mois de la 2ᵉ année (1385), Yori mitsou alla au temple *Kasouga*. En automne, *Foso kawa Tsoune fisa* fonda le temple *Fo kwan si* (Pao kouan szu) dans la province d'Awa, et *Se kaï* en devint grand prêtre.

En hiver, Yosi mitsou fit venir le prêtre Se kaï, et le choisit pour grand prêtre du temple *Fou ghe si*.

Le 7ᵉ mois de la 3ᵉ année (1386), Yosi mitsou établit les siéges ecclésiastiques des *Go san* ou cinq montagnes, et décida que celui du temple *Nan zen si* serait le principal de l'empire.

Le 1ᵉʳ mois de la 1ʳᵉ année du nengo *Ka keï* (1387), le Daïri, âgé de 11 ans, prit la robe virile. Yosi mitsou lui coupa les cheveux, le Setsziô *Yosi moto* lui imposa la couronne. Ce dernier fut, dans le même mois, privé de l'emploi de Setsziô et de Taïziô daïsin.

Le 2ᵉ mois, le Konoye-no Oudaïsin *Kane tsougou* fut nommé Setsziô.

Le 3ᵉ mois, le Konoye saki-no Kwanbak *Mitsi tsougou*, père de Kane tsougou, mourut âgé de 55 ans.

Le 12ᵉ mois, le Daïnagon *Minamoto-no Yosi nari*, ayant le second rang de la première classe, fut fait Sioun daïsin.

Le 3ᵉ mois de la 2ᵉ année (1388), le Setsziô *Kane tsougou* mourut à l'âge de 29 ans.

Le 4ᵉ mois, Nisio-no Yosi moto fut nommé Setsziô.

Le 5ᵉ mois, Yosi mitsou quitta la place de Sadaïsin; le Tokdaïsi-no Nadaïsin *Sane toki* lui succéda. Le Daïnagon *Minamoto-no Souke mitsi* devint Oudaïsin, et *Itsi sio-no Soune tsougou* Nadaïsin. Ce dernier était fils de Nisio-no Yosi moto; mais l'Itsisio saki-no Kwanbak *Tsoune mitsi* l'avait adopté.

Le 6ᵉ mois, le Saki-no Setsziô *Yosi moto* mourut âgé de 69 ans; son fils *Moro tsougou* devint de nouveau Kwanbak.

Dans le courant de l'année, *Yosi mitsou* fit une partie de plaisir au bord de la mer dans le Kiziou, d'où il contempla le mont Fousi.

Le 7ᵉ mois du nengo *Kô wo* (1389), le Saï yen si-no Oudaïsin *Sane tosi* mourut à l'âge de 56 ans.

Le 4ᵉ mois de la 1ʳᵉ année du nengo *Meï tok* (1390), au 33ᵉ anniversaire de la mort de *Taka ousi*, Yosi mitsou et les princes de sa cour se rendirent en grande cérémonie au quatrième temple principal, celui du mont *Ko ya san*, pour y assister à la lecture de la huitième section du *Fots ke king*. Il y fut reçu par tout le clergé avec les marques du plus profond respect.

Dans cette année, *Yama na Toki firo* et *Ousi Yuki* enfreignirent les ordres du Scogoun, qui chargea le prince de Mouts *Ousi kiyo* et celui d'Inaba *Mitsou yuki* de les punir de mort.

La 2ᵉ année (1391), *Foso kawa Tsoune fisa* ou *Yori uki* fut appelé du Si kokf. A son arrivée à Miyako, Yosi mitsou le fit de nouveau entrer dans l'administration des affaires, et nomma son frère cadet *Yori moto* Kwanreï à la place de *Sinba Yosi masa*.

Le 10ᵉ mois, *Yama na Ousi kiyo* invita Yosi mitsou de venir à *Ouzi* voir les feuilles des arbres rougies par l'automne; celui-ci y consentit, et le jour de ce voyage était déjà fixé, quand *Toki fiso* et *Ousi yuki* arrivèrent secrètement à Miyako pour demander grâce. Yosi mitsou, désirant consulter sur ce point Ousi kiyo, se rendit à Ouzi; mais Ousi kiyo n'y vint point; prétextant une indisposition, il resta dans l'Idzoumi. Yosi mitsou revint alors en grande colère dans la capitale.

Le 11ᵉ mois, Mitsou yuki, ayant offensé l'ancien Daïri, perdit sa dignité de prince d'Idzoumo et fut envoyé dans la province de Tamba, avec défense de venir à Miyako. Irrité de cette décision, il courut dans l'Isoumi et y excita Ousi kiyo à la révolte. Celui-ci, offensé du pardon que Yosi mitsou avait accordé à *Toki firo* et à *Ousi yuki*, y était déjà déterminé; il accepta donc volontiers la proposition de Mitsou youki.

Le 29 du 12ᵉ mois, ayant réuni beaucoup de troupes des provinces de Tamba et d'Isoumi, ils vinrent attaquer Miyako : Yosi mitsou envoya Tsoune fisa et plusieurs autres princes pour les repousser.

Le lendemain, ils se battirent à *Woutsi no* et dans toute la ville : *Yosi nori*, frère cadet d'Ousi kiyo, et son secrétaire particulier *Koba yasi*, perdirent la vie en combattant contre Yosi firo. Mitsou yuki fut défait par *Tsoune fisa* et *Fatake yama Moto kouni*. Ousi kiyo attaqua dans la ville même de Miyako *Yosi firo*, *Akamats* et *Toki firo*, qu'il repoussa; alors Yosi mitsou marcha à sa rencontre : *Aki nori* et *Yosi sighe* commandaient l'avant-garde. *Ousi kiyo* fut vaincu. *Mitsou nori*, fils d'Aki nori, se battit contre Ousi kiyo et le tua. Celui-ci était âgé de 48 ans; ses troupes perdirent alors courage, et furent totalement défaites. Mitsou yuki se sauva par la fuite.

Le 1ᵉʳ mois de la 3ᵉ année (1392), on disposa de leurs possessions; le Daïri donna à *Foso kawa-no Yori moto* la province de Tamba, à *Mitsou nori* celle de Tango, à *Akamats* celle de Mimasaka, à *Yosi firo* les provinces d'Idzoumo et d'Oki, à *Yama na Toki firo* la province de Tasima, à *Yama na Ousi yuki* celle de Foki, à *Aki nori* le canton d'*Ima tomi-no sa* dans le Wakasa, et à *Fatake yama Moto kouni* les cantons intérieurs de la province de Yamasiro.

Yosi mari, frère aîné d'Ousi kiyo, habitait le Kaï; *Yosi firo* entra dans cette province pour le mettre à mort; mais Yosi mari quitta son château et s'échappa avec la vitesse d'un éclair.

A cette époque, Fatake yama s'empara du château de Tsifaya dans le Kawatsi; *Kousounoki Masa katsou* s'enfuit à *Fots kawa*, où il commit toute sorte de déprédations. Son frère cadet *Masa moto* vint en secret à Miyako pour tuer Yosi mitsou, mais il fut reconnu et égorgé.

L'armée du Daïri du Sud s'affaiblit alors beaucoup, car tous les parens de Wada et de Kousounoki, ainsi que les chefs de leur parti et les troupes des provinces d'Isoumi et de Kawatsi, se rendirent à Moto kouni et à Yosi firo.

Le 2ᵉ mois, *Yori uki*, prince de Mousadzi, appelé aussi *Tsoune fisa*, mourut à l'âge de 64 ans.

Le 4ᵉ mois, on fit une révision générale de toutes les affaires relatives à la maison de l'empereur, à l'état militaire et aux temples.

Le 8ᵉ mois, Yosi mitsou donna au temple *Sŏ kokf si* un grand repas auquel assistèrent tous les officiers du Daïri et les chefs militaires. Cette fête égala en pompe celles du Daïri.

A la 10ᵉ lune, *Owoutsi-no Yosi firo*, qui demeurait dans l'Isoumi, fut chargé par Yosi mitsou de conclure la paix avec le Daïri du Sud.

Le 2ᵉ jour du 10ᵉ mois intercalaire, *Firo nori o* (Hi tchhing wang), Daïri du Sud, arriva en grande pompe à Miyako; il établit sa résidence dans le temple *Daï gakf si* (Ta kiŏ szu) à Saga.

Le 5 du mois, il remit au Daïri les trois insignes impériaux du Japon, fut promu à la dignité la plus élevée, celle de *Taï ziŏ ten o* (Taï chang thian houang), et reçut le nom de *Go Kame yama-no in* (Heou Kouëi chan yuan): il y avait alors 56 ans que *Go Daï go-no ten o*, dans la 3ᵉ année du nengo *Ken mou*, s'était retiré à Yosi no. Après la réconciliation des Daïris, les chefs qui restaient du parti de celui du Sud furent envoyés à une grande distance de Yosi no.

Tokdaïsi Sane toki ayant au 12ᵉ mois cessé d'être Sadaïsin, Yosi mitsou fut nommé de nouveau à cet emploi.

Dans la même année, des ambassadeurs arrivèrent de la Corée pour solliciter le rétablissement des anciennes relations amicales entre les deux pays. Cette circonstance fit beaucoup de plaisir à Yosi mitsou.

Le 4ᵉ mois de la 4ᵉ année (1393), l'ancien Daïri *Go Yen zu ten o* mourut à l'âge de 36 ans. Il fut enterré au temple Zen yu si: Yosi mitsou assista à ses funérailles.

Le 8ᵉ mois, on célébra au temple d'Iwasi midzou la fête *Fŏ ziŏ ye* (Fang seng hoei); Yosi mitsou y vint faire ses prières.

Le 9ᵉ mois, il obtint sa démission de la charge de Sadaïsin, et alla au temple d'Ize offrir ses prières à Daïsingou, qui en est la divinité.

Sinba-no Yosi masa fut pendant l'année nommé de nouveau Kwanreï.

Le 3ᵉ mois de la 1ʳᵉ année du nengo *O ye* (1394), *Minamoto-no Souke mitsi* Oudaïsin reçut sa démission; l'Imade gawa saki-no Nadaïsin *Kin nao* le remplaça.

Le 9ᵉ mois, Yosi mitsou alla faire ses dévotions au temple Fiyosi.

Le 11ᵉ mois, *Nisio-no Moro tsougou* perdit la place de Kwanbak; *Itsisio-no Tsoune tsougou* lui succéda.

Le 17 du 12ᵉ mois, *Yosi motsi*, fils de Yosi mitsou, prit la robe virile, obtint le premier rang de la cinquième classe, et la charge de général du milieu de la gauche. Yosi mitsou résigna en sa faveur la dignité de Zeï daï seogoun.

Dans le même mois, *Tokdaïsi-no Sane toki* eut sa démission de Taïziô daïsin; le 25, Yosi mitsou fut élevé à cette dignité à l'âge de 37 ans. Le même jour, *Imade gawa Kin nao* fut remplacé dans le poste d'Oudaïsin par son fils le Daïnagon *Sane nao*; Minamoto-no Yosi nari eut sa démission comme Nadaïsin, et fut remplacé par le Kwasan-no in Daïnagon *Mitsi sada*.

Le 3ᵉ mois de la 2ᵉ année (1395), *Imade gawa Sane nao* perdit la place d'Oudaïsin; *Kwasan-no in mitsi sada* lui succéda; *Do in-no Kin sada* devint Nadaïsin.

Le 4ᵉ mois, le Daïri se rendit à la demeure de Yosi mitsou.

Le même mois, le Kwanbak *Tsoune tsougou* eut sa démission comme Sadaïsin; l'Imade gawa saki-no Oudaïsin *Kin nao* lui succéda.

Le 6ᵉ mois, Yosi mitsou quitta la place de Taïziô daïsin, et le Kiousio saki-no Oudaïsin Minamoto-no Souke mitsi fut élevé à cet emploi. *Imade gawa-no Kin nao* fut démis comme Sadaïsin, et le Kwasan-no in *Miye sada* comme Oudaïsin.

Le même mois, *Yosi mitsou* se rasa la tête à l'âge de 38 ans, son nom fut alors changé en *Mitsi yosi*.

Le 7ᵉ mois, le Saki-no Nadaïsin *Minamoto-no Yosi nari* fut nommé Sadaïsin, et *Kin sada* eut sa démission comme Nadaïsin.

Le 8ᵉ mois, Yosi nari perdit la place de Sadaïsin, et se rasa la tête.

Le 9ᵉ mois, *Kin sada* devint Oudaïsin, et le Sansio-no Daïnagon *Fousiwara-no Kin toyo* Nadaïsin.

Le 12ᵉ mois, le Sansio-no Daïnagon *Sane to* fut aussi nommé Nadaïsin.

Dans cette année, *Yama na Mitsou yuki* fut assassiné.

Le 2ᵉ mois de la 3ᵉ année (1396), *Minamoto-no Souke mitsi* eut sa démission de Taïziô daïsin.

Le 4ᵉ mois, *Minamoto-no Yosi motsi* obtint le premier rang de la quatrième classe.

Le 7ᵉ mois, le Dô in-no Oudaïsin *Kin sada* devint Sadaïsin; *Sansio-no Sane to* perdit la place de Nadaïsin, et fut remplacé par le Daïnagon *Fousiwara-no Tsougou fousa*.

Le 9ᵉ mois, *Yosi motsi* fut nommé Sanghi. Dans le même mois, son père *Minamoto-no Mitsi yosi* se rendit au temple Yeï san avec une pompe égale à celle du Daïri, et occupa depuis tous les hauts fonctionnaires militaires et civils.

Cette année, *Ima gawa Kio zun* revint du Kiouziou dans son pays. Son père

Kouni nori possédait depuis le temps de Taka ousi les provinces de Sourouga et de Tootomi; il donna la première à son fils aîné Nori ousi, l'autre à Rio zun. *Yasou nori*, fils de Nori ousi, vécut après la mort de son père en mauvaise intelligence avec Rio zun.

Le 1ᵉʳ mois de la 4ᵉ année (1397), Yosi motsi obtint le second rang de la troisième classe. Le 3ᵉ mois, il fut fait Tsiounagon.

Le 4ᵉ mois, Mitsi yosi bâtit un nouveau palais à *Kita yama*; il l'occupa et céda celui de *Mouro matsi* à Yosi motsi. Il eut alors le titre de *Kita yama do-no*: quoiqu'il eût résigné son poste à Yosi motsi, il eut toujours la main dans les affaires du gouvernement. Dans le même mois, il se rendit au temple de Kasouga.

A la 8ᵉ lune, on envoya un ambassadeur à la Chine.

Le 12ᵉ mois, le Kiousio-no saki-no Kwanbak *Tada moto* mourut âgé de 55 ans.

Dans le courant de cette année, *Kikou tsi* fit dans le Tsoukouzi la guerre contre *O woutsi-no Yosi firo*, mais il fut défait.

Le 1ᵉʳ mois de la 5ᵉ année (1598), *Yosi motsi* obtint le premier rang de la troisième classe.

L'ancien Daïri *Zôkô in* mourut le même mois, âgé de 65 ans.

Le 3ᵉ mois, le nom de *Mitsi tada*, fils du Nisio saki-no Kwanbak *Moro tsougou*, fut changé en *Mitsou moto*.

Le 4ᵉ mois, *Itsi sio-no T'soune tsougou* perdit la place de Kwanbak, dans laquelle *Nisio-no Moro tsougou* fut réintégré.

Le 8ᵉ mois, un ambassadeur du nom de *Fak ton si* (Phoŭ tun tchi) arriva de la Corée (Tchao sian); O Woutsi-no Yosi firo lui fit une visite, et Mitsi yosi lui envoya une lettre accompagnée de présens.

Le 11ᵉ mois, *Minamoto-no Ousi mitsou*, Scogoun de Kama koura, mourut à l'âge de 42 ans, et reçut le titre posthume de *Yeï an si* (Young ngan szu). Son fils *Mitsou kane* lui succéda; il eut pour premier ministre *Ouye souki Tomo moune. Mitsou nao*, frère cadet de Mitsou kane, fut nommé prince d'Oziou.

Le même mois, *Fatake yama Moto kouni* fut fait Kwanreï par Mitsi yosi. Depuis ce temps, cet emploi fut occupé tour à tour par les familles *Sinba, Foso kawa* et *Fatake yama*, qui pour cette raison furent appelées les trois Kwanreï. *Yama na, Akamats, Fitots tsoumi* et *Kiogokf*, petit-fils de Sasaki et le plus jeune des fils de Mitsi yo, furent tour à tour commandans en chef de l'armée du Kwantô. *Tsifa, Oyama, Naga nouma, Yufouki satake, Oda, Wouto-no miya* et *Nasou* furent les huit familles les plus distinguées, dans lesquelles on choisissait les Kwanreï de Kama koura; elles étaient déjà célèbres du temps de Yori tomo.

Le 2ᵉ mois de la 6ᵉ année (1399), le Sansio-no Oudaïsin *Sane to* fut fait Sadaïsin, le Kiousio-no Nadaïsin *Nori tsougou* Oudaïsin, et le Konoye-no Daïnagon *Yosi tsougou* Nadaïsin.

Le 4ᵉ mois, le Nisio-no Kwanbak *Moro tsougou* se rasa la tête à l'âge de 47 ans; *Itsisio-no Tsoune tsougou* le remplaça.

Le 9ᵉ mois, on donna un repas dans la tour de sept étages du temple *Sô kokf si.*

Le 10ᵉ mois, *O woutsi-no Yosi firo* entra avec les troupes du Tsoukouzi dans la province d'Isoumi, dans l'intention de marcher sur Miyako. Il avait envoyé dans le Kwantô des émissaires pour y semer la révolte. Mitsi yosi, instruit de ses démarches, lui dépêcha le prêtre *Sekaï*, pour le détourner de ses desseins; mais tous les efforts de ce dernier pour parvenir à ce but furent infructueux.

Le 11ᵉ mois, *Mitsi yosi* se mit en marche de Yawa ta, et envoya le Kwanreï *Fatake yama Moto kouni*, le Saki-no Kwanbak *Sinba-no Yosi masa* et *Foso kawa-no Yori moto* dans l'Isoumi, où Yosi firo était campé.

Le 12ᵉ mois, les troupes de Miyako attaquèrent les châteaux de l'Isoumi et y mirent le feu. Yosi firo tomba alors sur le camp de Moto kouni, où il se battit contre le fils de celui-ci *Mitsou ye*, qui le tua. *Sinsouke*, fils de Yosi firo, demanda grâce. Dans cette guerre, plus de dix mille maisons de la province d'Isoumi furent réduites en cendres.

Le 1ᵉʳ mois de la 7ᵉ année (1400), *Yosi motsi* obtint le second rang de la deuxième classe.

Le 3ᵉ mois, *Asikaga Nao to* mourut dans la province d'Iwami.

Le 5ᵉ mois, le Kiousio saki-no Kwanbak *Tsoune nori* mourut à l'âge de 69 ans.

Le 2ᵉ mois de la 8ᵉ année (1401), le daïri fut consumé par les flammes, et Mitsi yosi se retira chez lui à Kita yama.

Le 3ᵉ mois, Yosi motsi fut nommé Daïnagon; il n'avait alors que 16 ans.

Le 5ᵉ mois, on récita la huitième section du Fots ke kiô au temple Fiyosi; Mitsi yosi, Yosi motsi, les prêtres Monzek et les officiers du Daïri assistèrent à cette cérémonie.

Cette année, Mitsi yosi écrivit une lettre à l'empereur des Taï ming en Chine, accompagnée d'un présent de mille onces d'or et de divers meubles.

Le 1ᵉʳ mois de la 9ᵉ année (1402), Yosi motsi fut honoré du premier rang de la seconde classe.

Le 2ᵉ mois, le *Daï miô-no Ken mon te* (c'est-à-dire l'empereur Kian wen ti de la dynastie de Taï ming) envoya une lettre à Mitsi yosi, dans laquelle il lui donna le titre de roi de Nipon (Jŷ pen kouč wang).

Le 8ᵉ mois, Mitsi yosi fit un voyage à *Fiô go* (Ping khou).

Dans le même mois, le Sansio-no Sadaïsin *Sane to* fut fait Taïziô daïsin, le Konoye-no Nadaïsin *Yosi tsougou* devint Sadaïsin, et l'Imade gawa-no Daïnagon *Kin yuki* Nadaïsin.

Le 9ᵉ mois, Mitsi yosi donna audience au prêtre *Doo i itsi zio* (Tao i ŷ ju), envoyé de l'empereur de la Chine, dans son palais à Kita yama. Cet ambassadeur lui offrit là les présens de la part de son maître, consistant en étoffes brodées et un calendrier [1].

Le 11ᵉ mois, le Daïri gratifia *Yosi motsi* du second rang de la première classe, en récompense du soin qu'il avait mis à faire rebâtir le palais impérial.

Le 5ᵉ mois de la 10ᵉ année (1403), Yosi motsi se rendit au temple d'Iwasi midzou.

Le 8ᵉ mois, *Kiousio-no Nori tsougou* fut renvoyé de la place d'Oudaïsin, le Nadaïsin *Kin yuki* lui succéda, et le Nisio-no Daïnagon *Mitsou moto* devint Nadaïsin.

Le 11ᵉ mois, l'empereur de la Chine de la dynastie Taï ming *Seï sô kwô te* (Tchhing tsou houang ti) envoya une lettre à Mitsi yosi, pour l'informer de son avénement au trône.

Le 3 du 12ᵉ mois, le Tsiounagon *Minamoto-no Mitsou nori* fut nommé Daïnagon, reçut le second rang de la deuxième classe, et on lui rasa la tête; c'était le plus jeune des frères de Mitsi yosi.

Le 5ᵉ mois de la 11ᵉ année (1404), il arriva un ambassadeur de la Chine; *Mitsi yosi* le reçut à sa cour à Kita yama.

Le 8ᵉ mois, le Kiousio saki-no Oudaïsin *Nori tsougou* mourut dans les montagnes du Yamato.

La 12ᵉ année (1405), *Sinba-no Yosi sighe* devint Kwanreï, et *Ouye souke Nori sada* Sitsken à Kama koura.

Le 8ᵉ mois de la 5ᵉ année (1406), Yosi motsi fut nommé Oudaïsiô.

Dans cette année, des corsaires des îles d'*Iki* et de *Tsiousima* firent des descentes sur les côtes de la Chine et y commirent de grandes déprédations. L'empereur des Taï ming *Seï sô kwô te* s'en plaignit à Mitsi yosi, et demanda qu'on punît ces brigands. Mitsi yosi fit en effet saisir et exécuter leur chef.

---

(1) En acceptant de l'empereur des Ming le titre de *roi de Nipon*, et en recevant le calendrier chinois, *Mitsi yosi* s'était déclaré par le fait vassal de la Chine. — Kl.

L'empereur Seï so lui envoya une lettre de remercîment accompagnée de présens.

Le 2ᵉ mois de la 14ᵉ année (1407), le Sansio-no Taïziô daïsin *Sane to* se rasa la tête.

Le 4 du 3ᵉ mois de la 15ᵉ année (1408), *Yosi tsougou*, le plus jeune des fils de Mitsi yosi, fut nommé *Ziosiô* (Siu tsio).

Le 8 de ce mois, le Daïri se rendit à Kita yama, accompagné du Kwanbak Tsoune tsougou, de Mitsi yosi, des principaux officiers de sa cour, et d'un grand nombre d'un moindre rang, mais tous en habit de cérémonie. Il y resta plus de dix jours, et s'amusa avec de la musique et à faire des vers.

Le 4ᵉ mois, *Tsoune tsougou* reçut sa démission comme Kwanbak; le Konoye-no Sadaïsin *Yosi tsougou* lui ayant succédé, on changea le nom de celui-ci en *Tada tsougou*.

Dans le même mois, le prince impérial *Yosi tsougou* [1] prit la robe virile dans le daïri; il fut alors fait Sanghi, et obtint le second rang de la troisième classe. Il avait alors 15 ans.

Le 6 du 5ᵉ mois, l'ancien Zeï daï Seogoun et Taïziô daïsin, du second rang de la première classe, *Minamoto-no Yosi mitsou*, nommé plus tard Mitsi yosi, mourut dans son palais à Kita yama, âgé de 51 ans. Il reçut le nom de *Rok won in* (Loŭ yuan yuan), et fut enterré à *Den yama*, et honoré du titre de *Taïziô ten o*. Il avait gouverné pendant 27 ans, ou depuis la 1ʳᵉ année du nengo O an jusqu'à la 1ʳᵉ année de celui de O yeï. Ayant déjà cédé son emploi à son fils, il fut pourtant encore consulté pendant 14 années; ainsi il peut être considéré comme ayant tenu les rênes du gouvernement pendant 41 ans.

Le 11ᵉ mois, *Minamoto-no Yosi motsi* examina les affaires relatives aux douanes des différentes provinces, et on nomma le Kwanreï *Sinba Yosi sighe* et *Ino-no Tsoune kado* surveillans de ces établissemens. Yosi sighe était fils de Yosi masa.

Le 12ᵉ mois, *Seï sô kwô te*, empereur de la Chine, envoya à Yosi motsi une lettre de condoléance sur la mort de son père Yosi mitsou.

Le 2ᵉ mois de la 16ᵉ année (1409), *Konoye-no Tada tsougou* eut sa démission comme Kwanbak.

Le 3ᵉ mois, *Nisio-no Mitsou moto* fut nommé Kwanbak et Sadaïsin.

Dans le même mois, il arriva une ambassade de la Corée.

(1) Il ne faut pas confondre 嗣義 Yosi tsougou (I szu) avec l'autre 嗣良 Yosi tsou-gou (Liang szu), mentionné ci-dessus. On voit que ces deux noms s'écrivent différemment en caractères chinois. — Kʟ.

Le 6ᵉ mois, *Yosi motsi* alla au temple d'Iwasi midzou, et à celui de *Daï-singou* à Ize.

L'ancien Kwanreï *Sinba-no Yosi masa* fut chargé par Yosi moto d'écrire la réponse à la lettre apportée par l'ambassadeur de Corée. Celui-ci offrit à Yosi motsi une édition du livre bouddhique intitulé *Itsi saï kiô* (Y thsië king), imprimé dans son pays.

Le 7ᵉ mois, Yosi motsi fut créé Nadaïsin; il avait alors 24 ans.

Dans le même mois, *Minamoto-no Mitsou kane*, Seogoun de Kama koura, mourut à l'âge de 54 ans. Il reçut le titre posthume de *San siô kwô in* (San ching kouang yuan). Son fils *Motsi ousi* lui succéda. *Ouye souki Nori sada* fut son Fosa ou adjoint. Après l'enterrement de Mitsou kane, *Ouye souki Tomo moune* reçut sa démission à l'âge de 70 ans.

Le 10ᵉ mois, Yosi motsi établit sa résidence dans le palais situé à la porte *San sio ba mon* (San tiao pho men).

Le 11ᵉ mois, il se rendit au temple du dieu Fatsman. *Sinba-no Yosi asou* remplit pendant sept jours les fonctions de Kwanreï pour son père Yosi sighe.

Le 1ᵉʳ mois de la 17ᵉ année (1410), *Minamoto-no Yosi tsougou* fut nommé Tsiounagon.

Le 4ᵉ mois, Yosi motsi alla au temple *Koya*.

Dans le même mois, le nom de *Moto nori*, fils du Nisio-no Kwanbak *Mitsou moto*, fut changé en *Motsi moto*.

Le 6ᵉ mois, *Fatake yama Mitsou ye* fut fait Kwanreï.

Le 12ᵉ mois, le Kwanbak *Mitsou moto* mourut; *Itsisio-no Tsoune tsougou* lui succéda.

Le 4ᵉ mois de la 18ᵉ année (1411), l'Oudaïsin *Kin yuki* devint Sadaïsin, et le Daïnagon *Takats kasa-no Fouyo ye* Oudaïsin.

Le 9ᵉ mois, *Minamoto-no Taka kazou* fut chargé de tuer *Fousiwara-no Ita soke*, prince de Fitats.

Le 12ᵉ mois, *Yosi tsougou* fut nommé Daïnagon.

Le même mois, mourut à Kama koura *Ouye souki Nori sada*, prince d'Awa: *Ousi nori*, fils de Tomo fousa, lui succéda, et fut premier ministre de Motsi ousi. *Ousi nori* se rasa la tête, et prit le titre ecclésiastique de *Zen seou* (Chen sieou).

Le 5ᵉ mois de la 19ᵉ année (1412), Yosi motsi donna sa démission de la charge de *Daïsiô* ou grand général.

Le 8ᵉ mois, le Daïri résigna l'empire à son fils *Mi fito sin o*. Il avait régné 15 ans, dont le 1ᵉʳ avec l'ancien nengo *Yeï tok*, 5 avec celui de *Si tok*, 2 avec celui de *Ka keï*, 1 avec le nengo *Kô o*, 4 avec celui de *Meï tok*, et 19 avec celui de *O yeï*.

CII. DAÏRI 院光稱 SEO KWO-NO IN.

(De 1413 à 1428 de J. C.)

Nengo { 永應 *O yeï* (Yng young), 20ᵉ à 34ᵉ année, ou de 1413 à 1427,
長正 *Ziô tsiô* (Tching tchhang), 1428.

Seo kwô-no in (Ching kouang yuan), nommé auparavant *Mi fito* (Koung jin) et *Sane fito* (Chў jin), était fils de Go Ko mats-no in. Sa mère l'impératrice *Kwô fon mon in* était fille du Fi-no Sadaïsin *Fousiwara-no Souke kouni*. Il n'avait que 12 ans lorsqu'il fut proclamé Daïri : *Itsi sio-no Tsoune tsougou* fut Kwanbak; l'ancien Daïri Go Ko mats-no in avait la direction de la cour. Le Seogoun *Minamoto-no Yosi motsi* fut chargé de la surintendance générale des affaires.

Le 10ᵉ mois, le Foso kawa oukio-no daïyu *Mitsou moto* fut fait Kwanreï.

Le 6ᵉ mois de la 20ᵉ année (1413), Yosi motsi, accompagné de tous les officiers de la cour du Daïri, alla au temple de Fatsman, dieu de la guerre.

Le 12ᵉ mois de la 21ᵉ année (1414), le Daïri reçut les félicitations sur son avènement au trône.

Le même mois, le Kiousio-no Daïnagon *Mitsou nori* devint Oudaïsin.

Le 7ᵉ mois de la 22ᵉ année (1415), Yosi motsi se rendit au temple Fiyosi.

Le 8ᵉ mois, accompagné du Daïnagon *Kane nobou*, et de quelques autres grands officiers du Daïri, il alla au temple de Kasouga.

Le 9ᵉ mois, il visita le temple du dieu Fatsman.

Le 10ᵉ mois de la 23ᵉ année (1416), le Daïnagon *Minamoto-no Yosi tsougou* avait l'intention de se révolter; mais ce projet ayant été dévoilé, il prit la fuite.

Dans la même année, *Ouye souke Zen seou*, premier ministre à Kama koura, fut renvoyé. Motsi ousi nomma à cet emploi *Nori moto*, prince d'Awa.

Le 10ᵉ mois, *Zen seou*, aidé de *Mitsou taka* l'oncle, et de *Motsi naga*, le plus jeune des frères de Motsi ousi, se révolta. Les rebelles attaquèrent *Motsi ousi* et *Nori moto*, et les battirent complètement. Motsi ousi se retira dans la province de Sourouga, et envoya *Ima gawa Yasou nori* à Miyako pour y annoncer ce soulèvement. Nori moto alla en Yetsingo pour y assembler une armée.

Le 1ᵉʳ mois de la 24ᵉ année (1417), Motsi ousi avec les renforts qu'il avait reçus de Miyako, et Nori moto avec ses troupes, attaquèrent Kama koura. Ils eurent un engagement avec Zen seou, qui ayant été défait se tua; Mitsou taka suivit cet exemple; Motsi naga et les autres rebelles furent exécutés; alors Motsi ousi s'établit de nouveau à Kama koura, et Nori moto reprit l'emploi de Sitsken.

Le 12ᵉ mois, *Yosi kazou*, fils de Yosi motsi, prit la robe virile; son père plaça le bonnet sur sa tête; il reçut le second rang de la cinquième classe, et fut fait général moyen de la droite. Il avait alors 11 ans.

Le 1ᵉʳ mois de la 25ᵉ année (1418), le Saki-no Daïnagon *Minamoto-no Yosi tsougou*, âgé de 25 ans, fut assassiné dans la salle du temple *Sió kokf si*, appelée *Kin kwó in*; il reçut le titre honorifique de *Yen siou in* (Yuan sieou yuan).

Le 5ᵉ mois, le Saki-no Daïnagon *Minamoto-no Mitsou akira*, oncle de Yosi motsi, mourut; après son décès, il reçut le titre de Sadaïsin.

Le 11ᵉ mois, le Itsi sio-no Kwanbak *Tsoune tsougou* mourut âgé de 61 ans.

Le 12ᵉ mois, *Imade gawa Kin yuki* perdit la place de Sadaïsin; elle fut donnée au Kiousio-no Oudaïsin *Mitsou nori*, qui devint en même temps Kwanbak; le Tokdaïsi-no Daïnagon *Kin toso* obtint l'emploi d'Oudaïsin.

Le 2ᵉ mois de la 26ᵉ année (1419), on offrit le sacrifice solennel à Confucius, cérémonie qui avait été instituée dans les années *Taï foó* (701 à 703) du règne du Daïri Mon mou ten o (voyez page 60).

Le 7ᵉ mois, un ambassadeur nommé *Rio yun* (Liu yuan) arriva de la Chine.

Le 9ᵉ mois, le Kwanbak *Mitsou nori* quitta la place de Sadaïsin, et le Seogoun *Yosi motsi* celle de Nadaïsin.

Le 12ᵉ mois, l'Oudaïsin *Kin tosi* devint Sadaïsin, le Nisio-no Daïnagon *Motsi moto* Oudaïsin, et le Saï yen si-no Daïnagon *Sane naga* Nadaïsin.

Le 1ᵉʳ mois de la 27ᵉ année (1420), le Tokdaïsi-no Sadaïsin *Kin tosi* fut fait Taïziô daïsin; le Nisio-no Oudaïsin *Motsi moto* devint Sadaïsin, le Saï yen si-no Nadaïsin *Sane naga* Oudaïsin, et le Sansio-no Daïnagon *Kin mitsi* Nadaïsin. Kin mitsi fut de même fait grand général de la gauche, et l'Itsi sio-no Daïnagon *Kane yosi*, fils de Tsoune tsougou, grand général de la gauche, à l'âge de 19 ans.

Le 3ᵉ mois, *Kin fosi* perdit la place de Taïziô daïsin.

Le 9ᵉ mois, *Yosi motsi* tomba malade; il envoya au temple de la déesse du Daïsingou, à Izé, un ambassadeur implorer le rétablissement de sa santé. *Tosi tsoune* et le médecin *Taka ma* furent exilés dans la province de Sanouki, et *Souke sada* fut emprisonné. Ils étaient accusés d'avoir voulu tuer Yosi motsi par l'influence maligne d'un renard (voyez page 168, note).

Le 10ᵉ mois, Yosi motsi recouvra la santé.

Le même mois, le Firo basi-no Daïnagon *Kane nobou*, le Sanghi *Yosi souke* et *Tsoune oki* furent déportés et envoyés à *Moura matsi*; leur innocence ne fut reconnue que long-temps après, alors ils eurent la permission de revenir.

Le 12ᵉ mois, *Sansio-no Sane naga* perdit la place d'Oudaïsin; le Sansio-no Nadaïsin *Kin mitsi* lui succéda; le Daïnagon *Moune ousi* devint Nadaïsin.

Le 1ᵉʳ du 1ᵉʳ mois de la 28ᵉ année (1421), *Yosi motsi* vint au palais du Daïri.

Le même mois, le Sa fio ye-no kami *Motsi ousi* envoya le prince de Sourouga comme ambassadeur, de Kama koura à Miyako, pour féliciter Yosi motsi de son rétablissement.

Le 4ᵉ mois, le Nadaïsin *Moune ousi* mourut.

Le 7ᵉ mois, le Itsi sio-no Daïnagon *Kane yosi* devint Nadaïsin.

Le même mois, le Foso kawa Iwami-no daïyu *Mitsou moto* quitta l'emploi de Kwanreï.

Le 8ᵉ mois, le *Fatake yama Mitsou ye* fut de nouveau nommé Kwanreï.

Le 1ᵉʳ mois de la 29ᵉ année (1422), *Yosi Motsi* se rendit à la demeure du Mon zek *Ghi yen* (I yuan), prêtre du temple *Siô ren in* (Thsing lian yuan). Ghi yen était son plus jeune frère, et avait été élevé au rang de grand prêtre de l'observance de Ten daï. Comme depuis le temps de Yosi mitsou il n'y avait plus de troubles, et que la capitale de l'empire jouissait d'une parfaite tranquillité, Yosi motsi entreprit quelques petits voyages et alla visiter plusieurs seigneurs, comme *Sinba-no Yosi atsou*, *Fatake yama Mitsou ye*, le Foso kawa Iwami-no daïyu *Mitsou moto*, et quelques autres princes.

Le 4ᵉ mois, il fit exécuter dans son palais la musique de singes (*Sarou gakf*)[1].

Le 8ᵉ mois, son épouse alla à Ize pour faire sa dévotion au temple Daïsingou, et rendre grâces aux divinités de la guérison de son mari.

Le 9ᵉ mois, le Daïri Go Ko mats-no in, accompagné de Yosi motsi, se rendit au temple du dieu Fatsman.

Le même mois, Yosi motsi alla à Ize au temple de la déesse du Daïsingou.

Le 11ᵉ mois, *Yosi kazou* entra pour la première fois dans le temple de Fatsman. Les officiers de la cour et les chefs militaires vinrent le féliciter.

Le 2ᵉ mois de la 30ᵉ année (1423), Yosi motsi résigna le poste de Zeï i daï seogoun à son fils *Yosi kazou*, âgé alors de 17 ans.

Le 3ᵉ mois, Yosi motsi alla avec son épouse à Ize, pour faire leurs prières dans le temple Daïsingou.

---

(1) Ce sont des représentations théâtrales accompagnées de musique; vraisemblablement de petites pièces de théâtre ou pantomimes. — Kʟ.

Le 4ᵉ mois, il se rasa la tête, à l'âge de 38 ans, dans le temple *Tô tsi si*.

Le 7ᵉ mois, il arriva un ambassadeur de la Corée; il apporta un exemplaire du livre bouddhique intitulé *Itsi saï kiô* (Y thsiĕ king).

Le 8ᵉ mois, *Sansio-no Kin mitsi* fut nommé Oudaïsin.

Le 1ᵉʳ mois de la 31ᵉ année (1424), *Yosi kazou* obtint le second rang de la quatrième classe.

Le 2ᵉ mois, Yosi motsi se réconcilia avec *Motsi ousi*, Seogoun de Kama koura, avec lequel il était brouillé depuis quelque temps.

Le 4ᵉ mois, le Daïri de l'empire du Sud *Go Kame yama-no in* mourut à Saga.

Le 10ᵉ mois, *Yosi kazou* fut fait Sanghi.

Le même mois, le Daïri *Go Ko mats-no in*, accompagné de Yosi kazou, se rendit au temple Sô kokf si. A cette époque, Yosi motsi remit toute l'administration à Yosi kazou, et lui donna *Fatake yama Mitsou ye* pour Kwanreï. Puis il alla se divertir dans les environs de Miyako.

Dans cette année, *Kousio-no Mitsou nori* cessa d'être Kwanbak; le Nisio-no Sadaïsin *Motsi moto* lui succéda; l'Itsi sio-no Nadaïsin *Kane yosi* devint Oudaïsin, et le Do in-no Daïnagon *Mitsou souke* Nadaïsin.

Le 1ᵉʳ mois de la 32ᵉ année (1425), Yosi kazou obtint le premier rang de la quatrième classe.

Le 16 du 2ᵉ mois, le deuxième fils du Daïri décéda.

Le 27, le Zeï i daï seogoun *Minamoto-no Yosi kazou* mourut à l'âge de 19 ans; il avait administré l'empire pendant trois ans; il reçut le titre posthume de *Naga tok in* (Tchhang tĕ yuan).

Le 8ᵉ mois de la 33ᵉ année (1426), *Do in-no Mitsou souke* fut remplacé dans l'emploi de Nadaïsin par le Konoye-no Daïnagon *Zio tsougou*.

Le 10ᵉ mois de la 34ᵉ année (1427), *Akamats Mitsou souke*, prince de Sagami, et *Motsi sada*, prince de Yetsingo, eurent dispute sur la possession de quelques territoires. Taka ousi avait gratifié la famille d'Akamats des cinq provinces de Sets, Farima, Bizen, Mimasaka et Inaba; Yosi motsi, très-porté pour *Motsi sada* qui était à son service, lui en donna trois, ce qui aigrit tellement *Mitsou souke*, qu'il mit le feu à sa maison à Miyako, et se retira dans le Farima. Yosi motsi en fut offensé, et chargea *Foso kawa Motsi moto* et *Yama na Mitsou firo* de le tuer. Mais comme Motsi sada était très-hautain et méchant, tous les princes se consultèrent avec Akamats Mitsou souke, et se plaignirent à Yosi motsi de la mauvaise conduite de Motsi sada.

Le 12ᵉ mois, celui-ci s'ôta la vie, et Mitsou souke obtint la permission de revenir à Miyako.

Le 18 du 1ᵉʳ mois du nengo *Zio tsiô* (1428), *Minamoto-no Yosi motsi*, Saki-no Zeï i daï seogoun, du second rang de la première classe, et Nadaïsin, mourut âgé de 43 ans. Il fut nommé Taïziô daïsin. Il était devenu Seogoun dans la 1ʳᵉ année du nengo *O yeï*, et avait par conséquent gouverné pendant 35 ans : son fils Yosi kazou étant mort jeune, et Yosi motsi n'ayant point d'autre enfant, on nomma pour lui succéder son plus jeune frère, le Siouren in mon zek *Ghi yen*, qui alla demeurer au palais de Mouro matsi, et prit le nom de *Yosi nobou* (I siuan). Il avait alors 35 ans, et fut honoré le même jour, par le Daïri, du second rang de la sixième classe, et du titre de Sama-no kami, ou chef de la cavalerie de gauche.

Le même mois, *Souke kouni*, Zioun daïsin, grand-père du Daïri, mourut.

Le 4ᵉ mois, *Yosi nobou* obtint le second rang de la quatrième classe.

Le même mois, le Ghido sansi *Souke nori*, frère de Souke kouni, mourut à l'âge de 73 ans.

Le 5ᵉ mois, le Takats kasa-no Oudaïsin *Fouyou ye* décéda; et le 6ᵉ mois, le Tok daï si saki-no sôkokf *Kin tosi* mourut âgé de 58 ans.

Le 20 du 7ᵉ mois, le Daïri mourut à l'âge de 27 ans, sans enfans. Il avait régné pendant les 15 dernières années du nengo *O yeï*, c'est-à-dire depuis la 20ᵉ jusqu'à la 34ᵉ, et pendant un an avec le nengo *Ziô tsiô*, en tout 16 ans.

Ce prince, s'occupant de magie et du culte des démons, mena une vie pure, et observa rigoureusement l'abstinence et le jeûne (page 366, note 3).

CIII. DAÏRI 院園花後 GO FANA ZO NO-NO IN.

(De 1429 à 1464 de J. C.)

Nengo
- 永享 *Yeï kiô* (Young hiang), de 1429 à 1440,
- 嘉吉 *Ka kits* (Kia kў), de 1441 à 1443,
- 文安 *Boun an* (Wen ngan), de 1444 à 1448,
- 寶德 *Foo tok* (Pao tĕ), de 1449 à 1451,
- 德亨 *Kô tok* (Heng tĕ), de 1452 à 1454,
- 康正 *Kô ziô* (Khang tching), de 1455 à 1456,
- 長錄 *Tsiô rok* (Tchhang loŭ), de 1457 à 1459,
- 寛正 *Kwan ziô* (Khouon tching), de 1460 à 1464.

Go Fana zo no-no in (Héou Houa yuan yuan) ou *Fiko fito* (Yan jin) était arrière-petit-fils de Zô kwô in, petit-fils de Yosi fito sin o, et fils de Mou fon sin o Sada nari. Sa mère *Fouseï mon in* était fille du Sadaïsin *Tsoune ari*. Zô kwo in ayant passé la 3ᵉ année du nengo *Kwan o* (1352) dans l'empire du Midi, *Go Kwô gon in,* le plus jeune de ses frères, lui succéda dans celui du Nord. Zô kwô in étant revenu de Yosi no, la 2ᵉ année du nengo *Yen boun* (1357), son frère voulut lui rendre le trône, mais ses conseillers s'y opposèrent, de sorte que Zô kwô in et Yosi fito sin o rentrèrent dans la vie privée. Go Kwô gon in fut remplacé par Go Yen yeï-no in, celui-ci par Go Ko mats no in, ce dernier par Sô kwô in, qui mourut sans enfans; toutes ses possessions furent alors séquestrées. Yosi fito sin o, fils de Zô kwo in, mourut la 23ᵉ année du nengo *O yeï* (1416). Sada nari, qui était son héritier, obtint ainsi tous les biens laissés par ses ancêtres; mais il dépensa sa fortune, et tomba à la fin dans un dénûment complet. Go Ko mats-no in l'avait honoré du titre de *Mou fon sin o.* Sô kwô in étant mécontent de Sada nari, le força de se raser la tête, et de devenir prêtre sous le nom de *Do kin* (Tao kin).

Sô kwô in étant tombé malade dans la 1ʳᵉ année du nengo *Ziô tsiô* (1428), et n'ayant point de successeur, le Zeïsonsi-no kounaï kio *Yuki toyo* se rendit, le 12 du 7ᵉ mois, à Fousi mi, salua Do kin de la part de *Minamoto-no Ghi yen,* ou *Yosi nobou,* qui résidait à Mouro matsi, et lui annonça que celui-ci désirait qu'il envoyât son fils Fiko fito à Miyako, lui promettant une escorte convenable.

Le lendemain, *Yosi nobou* fit partir *Fatake yama-no Mitsou ye* et *Nudo do tan* avec quatre à cinq cents hommes, pour escorter Fiko fito, qui arriva chez le prince *Figasi yama-no Yasou o si,* où il fut gardé par l'Akamats Siôkio-no daïyu *Mitsou souke.* Le Seogoun envoya le Nisio-no Kwanbak *Motsi moto* chez l'ancien Daïri Go Ko mats-no ten o, pour le prier d'adopter Fiko fito.

Le 17, Fiko fito fut amené de chez Yasou o si à la demeure du Fowô. Il était accompagné d'un grand nombre d'officiers du Daïri; le commandant en chef *Fatake yama Mitsou ye* et son fils *Motsi kouni,* prince d'Owari, le gardèrent. Sô kwô in mourut le 20; alors Fiko fito fut proclamé Daïri le 29, à l'âge de 10 ans. Le Kwanbak Motsi moto continua, en qualité de Setsziô, d'administrer les affaires de l'empire.

Le 12ᵉ mois, *O koura dono,* parent du Daïri, et demeurant à *Saga,* à trois lieues de Miyako, alla secrètement à Ize, et persuada au prince de cette province de lui fournir une armée, et de le proclamer Daïri. Ce dernier y ayant consenti, en vint aux mains avec *Toki-no Oki yasou;* il fut défait et périt. O koura dono demanda grâce; on lui permit de rester dans son ancienne habitation. Plus tard, son fils se fit prêtre, et disciple du Kwansiô si-no Mon zek.

DES EMPEREURS DU JAPON.

Le 9 du 3ᵉ mois de la 1ʳᵉ année du nengo *Yeï kiô* (1429), *Minamoto-no Yosi nobou*, Seogoun et Sama-no kami, fut couronné à l'âge de 36 ans par le prince d'Owari *Fatake yama Motsi kouni*.

Le 15, il fut nommé Sanghi, général du milieu de la gauche, et Zeï i daï seogoun; son nom fut alors changé en celui de *Yosi nori* [1].

Le 23, il fit une visite au Fôwo et au Daïri.

Le 29, le Daïri le nomma *Gon daïnagon*; c'est un emploi qui est d'un degré au-dessous de celui de Daïnagon; il obtint aussi le second rang de la troisième classe.

Le 4ᵉ mois, il commença à se servir du sceau attaché à sa dignité.

Le 8ᵉ mois, il alla au temple d'Iwasi midzou. Il rédigea un réglement général pour ses officiers, et un autre pour les douanes de l'empire. *Yosi atsou*, Siwa-no ou Fioye-no kami, fut de nouveau nommé Kwanreï ou premier conseiller d'état.

Le même mois, le Setsziô *Motsi moto* cessa d'être Sadaïsin et fut remplacé par l'Itsi sio-no Oudaïsin *Kane yosi*. Le Konoye-no Nadaïsin *Fousa tsoughi* devint Oudaïsin, et le Kouga-no Daïnagon *Minamoto-no Kiyo mitsi* Nadaïsin. Le Seogoun *Yosi nori* fut nommé Oudaïsiô.

Le 9ᵉ mois, Yosi nori se rendit aux temples Fi yosi et Kasouga.

Le 12ᵉ mois, il obtint le second rang de la deuxième classe.

Le même mois, Go Fana zono-no in fut solennellement installé comme Daïri.

Le 1ᵉʳ mois de la 2ᵉ année (1430), Yosi nori fut nommé grand écuyer du Daïri (*Ouma sayakou-no kami*).

Le 10ᵉ mois, il fut élevé au second rang de la première classe.

Dans le même mois, le Daïri, accompagné de l'Oudaïsiô Yosi nori, fit une partie de plaisir.

Do kin vint, ce mois-ci, de Fousi mi, rendre une visite à Yosi nori, qui bientôt après alla le trouver à Fousi mi, accompagné de tous les officiers du Daïri pour le complimenter sur l'avénement de son fils au trône.

Le 11ᵉ mois, le Daïri fit le pèlerinage *Daï siô ye* (Ta tchhang hoeï). (Voyez page 59.)

Le 2ᵉ mois de la 3ᵉ année (1431), le Seogoun se rendit à Izé.

Le 3ᵉ mois, Go Ko mats-no in se fit raser la tête.

Le 4ᵉ mois, Yosi nori alla au temple Koya.

---

(1) 教義 *Yosi nori* (I kiao). Le mot *nori* est ici écrit avec un caractère différent de celui qui est employé dans le nom du Seogoun 詮義 *Yosi nori* (I thsiuan), fils de Taka ousi. — Kl.

Le 12ᵉ mois, il rebâtit le palais de *Mouro matsi*.

Le 3ᵉ mois de la 4ᵉ année (1432), il choisit *Ogasa wara Masa yasou*, prince de Sinano, pour lui apprendre à tirer de l'arc.

Le 7ᵉ mois, le Setsziô *Motsi moto* fut nommé Taïzio daïsin. Ce fut en cette qualité que, quand l'année suivante, le Daïri prit la robe virile, il lui plaça la couronne sur la tête [1]. *Minamoto-no Kiyo mitsi* fut remplacé dans l'emploi de Nadaïsin par le Seogoun *Yosi nori*.

Le 8ᵉ mois, Motsi moto quitta la place de Setsziô ou régent; *Itsi sio-no Kane yosi* résigna celle de Sadaïsin et lui succéda. Le Seogoun Yosi nori devint Sadaïsin en conservant son emploi d'Oudaïsiô [2]. Le O i-no mikado-no Daïnagon *Nobou moune* fut fait Nadaïsin.

Le 9ᵉ mois, Yosi nori se rendit dans le Sourouga pour visiter la montagne de *Fousi*; *Ima gawa Nori masa*, prince de cette province, lui donna une fête. Yosi nori était accompagné de l'Atsouka i-no Tsiounagon *Masa yo*, et du prêtre *Fo in yoko*. A cette occasion, plusieurs pièces de vers japonais furent composées pour célébrer la beauté de la montagne. Quelques auteurs prétendent que Yosi nori changea alors d'intention; qu'effectivement il avait déclaré qu'il entreprenait ce voyage pour voir le mont Fousi, mais que son véritable dessein avait été de prendre des mesures pour se défaire de ses parens à Kama koura, afin de régner seul.

Le 10ᵉ mois, *Kane yosi* cessa d'être Setsziô, et *Nisio-no Motsi moto* fut nommé de nouveau à cette place.

Le 12ᵉ mois, *Yosi nori* alla remercier le Daïri de sa nomination à l'emploi de Daïsin. Il fut présenté au monarque par le Takats kasa-no Daïnagon *Fousa fira*.

Le même mois, il fut nommé *Ten ziô-no beto* et *In-no daï beto* [3], et reçut la permission de se servir d'une voiture traînée par des bœufs.

(1) Le Daïri en montant sur le trône porte déjà une couronne, mais elle est placée sur les cheveux qui sortent par-dessous. Ici il s'agit de la cérémonie dans laquelle on lui rase les cheveux jusqu'à la couronne. Les gens du peuple ne se rasent les cheveux qu'à l'âge de 13 ans; alors cela se fait selon la coutume généralement adoptée et nommée le demi 服元 *Ghen bouk* (Yuan foŭ). A l'âge de 15 ans, ou lorsque quelqu'un entre au service de l'état, les cheveux sont définitivement rasés de la façon nsitée par tous les Japonais; ce qui est le vrai *Ghen bouk*. A l'égard des Seogoun et des grands de l'empire, il n'y a pas de règle fixe pour l'âge où cette cérémonie doit avoir lieu. — Kʟ.

(2) Tout ce qui a rapport au militaire dépend entièrement de l'Oudaïsiô, ou grand général de la droite. — Kʟ.

(3) Le 當別上殿 *Ten ziô-no be tô* (Tian chang pie tang) et le 當別大院 *In-no daï be tô* (Yuan ta pie tang) sont les premiers inspecteurs du Daïri. Ces emplois sont encore occupés par le Seogoun, qui paye toutes les dépenses de la cour du Daïri. — Kʟ.

Dans le courant de l'année, le Foso kawa oukio-no daïyu *Motsi uki* fut nommé Kwanreï. Un ambassadeur fut envoyé en Chine, et il en vint un de Corée.

Le 1er mois de la 5e année (1433), le Daïri étant âgé de 15 ans, prit la robe virile. La couronne fut placée sur sa tête par le Nisio-no Setszió Siôkokf *Motsi moto;* le Sadaïsin Minamoto-no Yosi nori lui rasa les cheveux tout autour, comme cela s'était pratiqué pour Go Ko mats-no in, dans la même occasion où *Nisio-no Yosi nobou* lui mit la couronne sur la tête, et *Rok won in den* lui coupa les cheveux.

Le 2e mois, *Motsi moto,* qui était Siôkokf ou Taïzió daïsin, demanda son congé.

Le 3e mois, il fut de nouveau nommé Kwanbak.

Le 4e mois, Yosi nori écrivit l'histoire d'O sin ten o (270 à 312 de J. C.) et de sa mère Singou kwo gou (201 à 209). On conserve cet ouvrage dans le temple de Fatsman à *Fonda,* dans la province de Kawatsi.

Le 6e mois, l'empereur de la Chine *Son zó kwó te* (Siuan tsoung houang ti) adressa une lettre à Yosi nori, dans laquelle il lui donne le titre de *Nipon kokf o Minamoto-no Yosi nori,* c'est-à-dire, Minamoto-no Yosi nori, Roi du Japon.

Le 8e mois, *Yosi nori* donna sa démission de la place d'Oudaïsió.

Le 10e mois, le Fowô *Go Ko mats-no in* mourut âgé de 57 ans.

Le 5e mois de la 6e année (1434), un vaisseau arriva de la Chine.

Le 4e mois de la 7e année (1435), le Daïnagon *Takats kasa-no Fousa fira* devint Nadaïsin.

Le 8e mois, les prêtres de *San mon* (Voyez page 198) firent une réclamation énergique [1], et conduisirent le *Singó* (Voyez page 180) devant le trône du Daïri; Yosi nori envoya alors des troupes dans le Yeï san pour les punir de leur insolence.

La 8e année (1436), *Ogasa wara Masa yasou,* prince de Sinano, fit la guerre à *Moura kami-no Sore gasi,* noble de la même province. Ce dernier fit demander du secours à *Motsi ousi,* Seogoun de Kama koura, lequel chargea le grand général *Momo-no i* de s'y porter à la tête d'un corps d'armée. Cependant l'Ouye souki *Fori sane,* prince d'Awa, en ayant été informé, représenta au Seogoun qu'il n'avait pas besoin de se mêler de ces différends, parce que le Sinano dépendait du Seogoun de Miyako. Alors la marche des troupes fut contremandée.

Yosi motsi, Seogoun de Miyako, étant décédé sans enfans, *Motsi ousi* s'était flatté de lui succéder; mais *Yosi nori,* quoiqu'il eût embrassé l'état sacerdotal,

---

[1] Une réclamation énergique ou pressante veut dire une pétition faite pour la troisième fois et appuyée de vive force. — KL.

revint à Miyako, et se fit nommer Seogoun. Depuis ce temps il fut constamment brouillé avec Motsi ousi. Yosi nori soupçonna celui-ci d'avoir eu l'intention d'envoyer des troupes à Miyako pour se défaire de lui. Les représentations réitérées de Nori sane ne purent le faire revenir de cette idée.

Le 4ᵉ mois de la 9ᵉ année (1437), Motsi ousi eut une conférence secrète avec *Ouye souke Nori nao* et *I sik Nao kane*, qui lui proposèrent de le défaire de Nori sane; mais ce projet transpira bientôt et mit tout Kama koura en rumeur. Motsi ousi se vit alors forcé d'accourir à *Yama-no outsi*, résidence de Nori sane, pour le tranquilliser, et de chasser de Kama koura Nori nao et Nao kane. C'est ainsi que le calme y fut rétabli.

Le 22 du 10ᵉ mois, le Daïri fit une visite à Yosi nori; il était accompagné du Kwanbak et d'une suite nombreuse; il s'y amusa à écouter de la musique et à faire des vers. Le 26, il retourna à son palais.

Le 8ᵉ mois de la 10ᵉ année (1438), l'Atsouka i-no Tsiounagon *Fousiwara-no Masa yo* présenta au Daïri le *Sin zokf ko kin Wa ka ziou* (Sin sŭ kou kin Wo ko tsy̆), ou la nouvelle collection de poëmes japonais anciens et modernes, ainsi qu'une autre nommée *Fats daï ziou* (Pă taï tsy̆), contenant les huit ouvrages [1] *Ko kin* (905), *Go sen* (950), *Sif i* (986), *Go sif i* (1086), *Kin yo* (1128), *Zi kwa* (1144), *Zin zaï* (1187), et *Sin ko kin* (1205), qui étaient tous en vers et avaient été composés anciennement. Dans la suite parurent les recueils de poésies suivans : sous Go Fori kawa-no in, le *Sin tsokf sen* (1223), par *Fousiwara-no Sada ye*; sous Go Saga-no in, le *Zokf go sen* (1250), par *Fousiwara-no Tame ye*. Le même Daïri chargea aussi *Tame ye* et *Fousiwara-no Mitsi tosi* de composer un autre recueil du même genre. Ils s'adjoignirent cinq autres auteurs, et lui présentèrent le *Zokf ko kin* (1267); sous Kame yama ou Kizan-no in parut le *Zokf sif i* (1280), par *Fousiwara-no Tame ousi*; par ordre de Go Ouda-no in, *Fousiwara-no Tame yo* composa le *Sin go sen* (1304); Fousi mi-no in chargea *Fousiwara-no Tame kani* d'écrire le *Giokf ye ziou* (1313); Go Ouda-no in avait aussi fait composer le *Zokf zen zaï* (1318) par *Fousiwara-no Tame yo*; Go Daïgo-no ten o donna ordre à *Fousiwara-no Tame fousi* et à son fils *Tame sada* de recueillir le *Zokf go sif i* (1327); Fana zono-no in mit lui-même en ordre la collection appelée *Fô ga ziou* (1346); Go Kwô gon-no in fit faire le *Sin zen zaï* (1360) par *Tame sada*. A la même époque, *Fousiwara-no Tame akira* s'occupa du *Sin sif i* (1364); par ordre de Go Yen yo-no in, *Fousiwara-no Tame sighe* et *Fousiwara-no Tame ko* recueillirent le *Sin go sif i* (1382). Le *Sin zokf ko kin* (1438) fut celui que le Tsiounagon *Fousiwara-no*

---

(1) J'ajoute entre parenthèses les années de la rédaction de ces divers ouvrages. — Kl.

Masa yo présenta au Daïri. Ces 21 collections, qui forment un vaste recueil de poésies, sont connues sous le nom de *Nisio itsi daï ziou*.

Dans le même mois, Yosi nori donna sa démission de Sadaïsin.

Le 9ᵉ mois, le Konoye-no Oudaïsin *Fousa tsougou* fut nommé Sadaïsin, *Takats kasa-no Fousa fira* devint Oudaïsin, et le Saï yen si-no Daïnagon *Kin na* Nadaïsin.

Le bruit s'était répandu que *Ken o marou*, fils aîné de Motsi ousi, Seogoun de Kama koura, avait pris, dans le 6ᵉ mois, la robe virile. D'après un ancien usage, le Seogoun devait demander un nom et un surnom au Daïri. Quoique le père de Ken o marou lui eût représenté cela plusieurs fois, il refusa de se conformer à cette coutume, disant qu'il voulait suivre l'exemple de Yosi ye. Alors Motsi ousi le conduisit au temple de Fatsman de *Sourouga oka*, et lui fit prendre la robe virile, en lui imposant le nom de *Yosi fisa*. Il avait en même temps ordonné que l'on tuât *Nori sane*, lorsqu'il viendrait complimenter son fils; mais Nori sane, informé de ce dessein, prétexta une indisposition, et envoya son frère cadet *Sighe kata*. Depuis ce temps, une grande méfiance exista entre le Seogoun et Nori sane.

Le 8ᵉ mois, *Motsi ousi* rassembla un nombre considérable de troupes pour investir la demeure de *Nori sane*. Celui-ci offrit de se couper le ventre, disant qu'il n'avait pas l'intention de se battre contre son maître, et qu'il préférait prévenir par sa mort celle de tant de monde. Mais ses gens s'y opposèrent, et il se retira dans la province de Kootsouke. Il instruisit alors le Seogoun de Miyako de ce qui venait d'arriver. *I sik Nao kane* et *I sik Toki ye* investirent sa retraite. Motsi ousi quitta aussi Kama koura, et alla habiter le temple *Ko an si*, dans la province de Mousadzi. *Mioura-no aki Toki taka* resta pour la garde du château de Kama koura.

Le 10ᵉ mois, Nori sane reçut deux lettres de Miyako, l'une du Seogoun Yosi nori, l'autre du Daïri, qui lui ordonnaient de faire mourir Motsi ousi. Les mêmes ordres furent expédiés à tous les chefs militaires du Kwantô ou de la partie orientale de l'empire. L'Ouye souki *Nakats kasa-no zioyu Motsi fousa* reçut le drapeau du Daïri (c'est-à-dire qu'il fut nommé commandant en chef), et partout on rassembla des troupes pour assiéger Kama koura.

Le Kasousa-no ski *Ima gawa Nori tada*, *Ogasa wara Masa yasou* et *Take da Nobou sighe* marchèrent avec leurs forces, ainsi que l'Ouye souki zibou-no dayu *Nori tomo* avec toutes celles du Foukrokoudo. *Motsi fousa* et *Nori tomo* étaient fils de Zensiou. Presque tous les militaires du Kwantô prirent parti contre Motsi ousi. *Mioura-no Toki taka*, qui avait la garde du château de Kama koura, l'abandonna et y mit le feu.

Pendant ce temps, Motsi ousi était à *Yebi na* (Hai lao ming) dans le Mousadzi, où il était gardé par l'Ouye souki *Nori nao*, qui attaqua l'armée du Daïri et du Seogoun. Après un combat acharné, il fut défait, et les troupes de Miyako passèrent sans opposition le mont *Fakoni* (Siang yan). Motsi ousi envoya une autre armée à leur rencontre, commandée par *Mito-no Motsi souye*.

Nori sane battit en même temps Nao kane et Toki ye, et les força de se replier sur Yebi na; puis il marcha du Kootsouke vers le Mousadzi, et campa à *Boun baï* (Fen poeï).

Le 11ᵉ mois, *Mioura-no Toki taka* fut assiégé dans Kama koura. *Yosi fisa* avait déjà été fait prisonnier, et était confiné à *Osi ga yats*; son père, désespéré d'un tel enchaînement de revers, implora la paix de Nori sane, qui lui envoya son secrétaire *Nagao toden*, avec lequel il retourna à Kama koura. Il s'y rasa la tête dans le temple I kwan si, et embrassa l'état sacerdotal. Le Ouye souki *Motsi tomo*, le Tsiba-no ski *Tane nao* et l'O itsi *Nori yosi* furent chargés de le surveiller pour qu'il ne pût s'échapper. *Toden* fit mettre à mort l'Ouye souki *Nori nao* et *I sik Nao kane* pour avoir faussement accusé Nori sane. Tous ceux qui lui avaient montré des sentimens hostiles eurent le même sort. On dépêcha un courrier à Miyako, pour demander qu'on fît grâce de la vie à Motsi ousi; mais le Seogoun Yosi nori représenta à Nori sane que le crime de Motsi ousi était impardonnable.

Le 2ᵉ mois de la 11ᵉ année (1439), celui-ci reçut l'ordre de se donner la mort, ce qui eut lieu dans le temple Yeï an si, sous les yeux de *Motsi tomo* et de *Tane nao*. Il avait alors 42 ans; il reçut le titre posthume de *Tsiô ziun in* (Tchhang tchhun yuan); son oncle *Mitsou zada* se tua aussi avec tous ses adhérens. *Yosi fisa* en fit autant dans le temple *Fo kokf si*. Depuis le temps de Moto ousi jusqu'à Motsi ousi, ou pendant plus de 90 ans, le Kwantô avait été constamment gouverné par leur famille durant quatre générations.

Après la mort de Motsi ousi, l'administration se trouva entièrement dans les mains de *Nori sane*. Celui-ci se reprochant toujours d'avoir été cause de la mort de son maître, se rasa la tête, et prit le nom de *Tsiô dô* (Tchhang toung). Son frère cadet le Fiogo-no kami *Kiyo kata* fut mandé de la province Yetsingo à Kama koura, et nommé Kwanreï.

Le 6ᵉ mois, *Nori sane* alla au palais *Tsiô siou si* (Tchhang cheou szu), s'y prosterna devant l'image de Motsi ousi, et se coupa le ventre; mais ses gens accoururent, lui arrachèrent le sabre, et l'empêchèrent d'achever. Il fut aussitôt pansé, et sa blessure guérit bientôt.

Le 11ᵉ mois, il quitta sa demeure de Yama-no outsi, se rendit à *Fousiwara*, et de là dans la province d'Idzou, où il s'établit dans le temple *Kokf zeï si*.

Pendant le printemps de la 12ᵉ année (1440), *Siun o* et *Yasou o*, second et troisième fils de Motsi ousi, étaient cachés dans le temple du mont *Ni kwô san*, dans la province de Sanouki, où ils s'étaient réfugiés après la mort de leur père, lorsque *Ogasa wara Masa yasou* y arriva pour les chercher, ce qui les obligea de s'enfuir et de demander asile au Naka san-no dayu *Ousi tomo* de *Yu ki*. Celui-ci consentit à leur demande, les envoya prendre et les fit conduire au château par son fils *Sitsro Mitsi fisa*. Il y manda les anciens officiers de Motsi ousi; plusieurs de leurs gens y accoururent, et un grand nombre de leurs soldats fut également rassemblé au château de *Koga-no siro*. Dès qu'on en fut instruit à Miyako, le Seogoun Yosi nori écrivit à Nori sane, et lui ordonna d'assiéger Yu ki, mais celui-ci s'en excusa. Alors son frère *Kiyo kata* quitta Yama-no outsi, se réunit à l'Ouye souki zuro-no dayu *Motsi tomo*, qui venait de Kama koura, et se porta avec lui sur Yu ki. L'Ouye souki *Nakats kasa-no zioyu Motsi fousa* y arriva avec le drapeau du Seogoun. Cependant Nori sane obéit bientôt aux ordres du Seogoun, quitta la province d'Idzou, gagna celle de Simotske, et arriva à *O yama*, où il s'établit. L'armée du Kwantô était commandée par son frère Kiyo kata et par Motsi tomo; celle de Miyako par Motsi fousa.

Le 7ᵉ mois, ils commencèrent à investir et à assiéger le château de Yu ki. Le peuple donna à cette guerre le nom de *Yu ki-no zeï sio*.

Le 10ᵉ mois, le Konoye-no Sadaïsin *Fousa tsougou* fit prendre à son fils la robe virile. Yosi nori lui mit le bonnet, et lui permit à cette occasion d'ajouter une lettre de son nom au sien; en conséquence le fils de Fousa tsougou fut appelé *Nori moto*.

Le 2ᵉ mois de la 1ʳᵉ année du nengo *Ka kits* (1441), le prince d'Owari *Fatake yama Motsi kouni* fut promu au second rang de la deuxième classe.

Le 3ᵉ mois, *Yosi nori* alla au temple de Fatsman.

Le 16 du 4ᵉ mois, l'armée de *Kiyo kata* donna un assaut à Yu ki, et y mit le feu, qui consuma en peu de temps ce fort. Le château de *Koga-no siro* fut détruit également.

Yu ki Ousi tomo et son fils *Mitsi fisa* furent tués en combattant; près de dix mille hommes de leurs troupes perdirent la vie. *Siun o* et *Yasou o* se sauvèrent du château dans des litières et déguisés en femmes; mais ils furent arrêtés par les princes d'Inaba et d'Owari, et transportés à Miyako avec les têtes d'Ousi tomo et de vingt-neuf des principaux rebelles.

Le 5ᵉ mois, *Siun o* et *Yasou o* étaient arrivés jusqu'à *Farou i*, dans la province de Mino, lorsque *Sasaki zore* y arriva de Miyako, et ordonna au prince d'Inaba de leur ôter la vie. Le premier avait 13, l'autre 11 ans : leur frère cadet *Yeï ziou o* était parvenu à se sauver dans le Sinano, où il implora la protection de *O i-no Motsi mitsi*. *Nari tomo*, le plus jeune des fils de *Yu ki Ousi tomo*, s'était enfui dans le Fitats.

Nori sane, après être parti de Kama koura, erra d'abord par tout l'empire; mais plus tard, du moins suivant l'opinion généralement adoptée, il alla de la province de Nagato à celle de Souwa; et de celle-ci il revint dans la première.

Le 6ᵉ mois, le Seogoun Yosi nori résolut de partager les provinces de Bizen, Farima et Mimasaka, qui étaient la propriété d'*Akamats Mitsou souke nudo ziobou*, entre lui et *Akamats Sada moura*, Ouye souki et prince d'Idzou. *Fiko siro Nori yasou*, fils de Mitsou souke, apprenant ce projet, en informa son père, qui en fut courroucé.

Le 24 de ce mois, *Yosi nori* vint visiter *Mitsou souke*, qui le divertit avec de la musique, et lui fit boire du sake. Tout à coup *Ouye souki sama-no ski*, parent de Mitsou souke, alla avec son fils Nori yasou dans les écuries, détacha tous les chevaux et les fit sortir. Ces animaux se mordirent et se donnèrent des ruades, ce qui causa une grande confusion parmi les domestiques. Toutes les portes furent à l'instant fermées; Sama-no ski et Nori yasou revinrent dans la salle, s'approchèrent de Yosi nori, et saisirent ses mains, ce qui l'effraya beaucoup : *Asoumi*, serviteur d'Akamats, lui trancha aussitôt la tête par derrière. Toute la maison fut bientôt en rumeur; l'O woutsi-no ski *Motsi yo* sauta par-dessus le mur du palais et se sauva; Mitsou souke et Nori yasou se retirèrent avec leurs familles à Farima, et emportèrent avec eux la tête de Yosi nori. Ce dernier était âgé de 48 ans; il reçut après sa mort le titre de Taïziô daïsin, et son nom fut changé en *Fou kwô in* (Phou kouang yuan); on l'appelle aussi *Zen sen* (Cheng chan). Il administrait depuis la 1ʳᵉ année du nengo *Zio tsio*, ou depuis 14 ans.

Les Kwanreï, l'Oukio-no dayu *Foso kawa Motsi uki*, le Sayemon-no kami *Fatake yama Motsi kouni* et l'O woutsi-no ski *Motsi yo* proclamèrent Seogoun *Yosi katsou*, fils de Yosi nori, âgé de 8 ans.

Le prince de Sanouki *Foso kawa Motsi tsoune*, celui d'Idzou *Akamats Sada moura*, le Takeda daïsi-no dayu *Nobou kata*, commandant de l'armée, Yama na sayemon-no kami *Motsi toyo*, Yama na zuri-no dayu *Nori kiyo*, et le commandant de Sagami *Yama na Nori uki*, marchèrent avec une armée nombreuse sur Farima pour punir Mitsou souke et ses parens; mais Motsi tsoune étant son ami, le siège fut traîné en longueur.

Le Daïri envoya, le 8ᵉ mois, à l'armée de Farima l'ordre de faire mourir Mitsou souke.

Le même mois, *Yosi katsou* fut honoré du second rang de la cinquième classe.

Le 9ᵉ mois, *Yama na Motsi toyo*, *Nori kiyo* et *Nori uki* livrèrent plusieurs combats dans la province de Farima. Mitsou souke se coupa le ventre à l'âge de 61 ans; *Asoumi* et plusieurs autres de ses officiers se tuèrent également.

Nori yasou s'enfuit dans la province d'Ize et y demanda un asile au prince. Celui-ci craignant de le lui accorder, Nori yasou se priva de la vie à l'âge de 19 ans. Le Sama-no ski se sauva dans le Tsikouzen, et passa de là en Corée. La tête de Mitsou souke fut exposée à la porte de la prison publique. *Yama na Motsi toyo* obtint la province de Farima, *Nori kiyo* celle de Mimasaka, et *Nori uki* la province de Bizen. Motsi toyo se rasa plus tard la tête, et prit le nom de *Zô sen* (Tsoung thsiuan).

Le prince de Tsikouzen, le Dazaï-no zio ni *Yosi yori*, n'ayant point obéi à l'ordre de combattre Mitsou souke, fut attaqué et défait par l'O woutsi-no ski *Motsi yo*. Il s'enfuit dans l'île de Tsousima; tous ses châteaux forts furent pris par Motsi yo.

Le 30 du 12ᵉ mois de la 2ᵉ année du nengo *Meï tok* (1391), *Yama na Ousi kiyo* avait perdu la vie dans un combat contre Mitsou nori; *O woutsi-no Yosi firo* pendant la guerre dans la province d'Itsoumi, au 12ᵉ mois de la 6ᵉ année du nengo *O yeï* (1399), avait été tué près de la ville de Sakaï par *Mitsou ye*. Après la mort de ces deux hommes célèbres, la considération de cette famille fut de plus en plus sur son déclin, car *Yama na Ousi kiyo* et *O woutsi-no Yosi firo* lui avaient rendu son ancienne splendeur.

Le 11ᵉ mois, *Saï yen si-no Kin na* fut remplacé comme Nadaïsin par le Kwa-san-no in-no Daïnagon *Motsi sada*.

Le 8ᵉ mois de la 2ᵉ année (1442), le Kwanreï et Foso kawa O woutsi-no dayu *Motsi uki nudo zio ki* étant mort à l'âge de 43 ans, le Fatake yama saye-mon-no kami *Motsi kouni nudo Tok fon* fut nommé Kwanreï.

Le 10ᵉ mois, *Kita fatake*, prince d'Ize, eut une dispute avec les prêtres de Sinto; le Kwanreï *Tok fon* envoya *I-no o Sada moto*, *Fou se Sada moto* et *Matsda Ousi fide* pour les réconcilier. *Sika fousa*, père du prince, et son fils *Aki yori* avaient toujours été attachés au Daïri du Sud; mais ils s'étaient soumis dans la suite au Seogoun de Miyako.

Il arriva dans le courant de ce mois que l'image du *Daï zio kwan* (Kamatari, Voy. p. 55), placée dans le temple du mont *Ta bou-no mine* [1], se fendit. Pour apaiser son esprit, le Nisio-no kwanbak *Motsi moto* y envoya une déclaration justificative; car selon une tradition ancienne, si quelque changement menace

---

(1) 峯武多 *Ta bou-no mine* (To wou fung) est une montagne située dans le district de *Toï tsi* de la province de Yamato. Le temple qu'on y voit fut construit par *Zio ye*, fils adoptif de Kamatari. — Kl.

l'empire, ce temple donne des sons et se meut, et les vénérables images s'y fendent.

Dans le même mois, le Daïri tomba malade; on envoya des ambassadeurs à tous les temples et à toutes les fondations religieuses, pour implorer son rétablissement.

Le 7 du 11° mois, *Minamoto-no Yosi katsou* prit dans son palais de *Mouro matsi* la robe virile. Le Kwanbak *Motsi moto* lui imposa le bonnet de cérémonie; le Sansio-no tsiousio *Kin tsouna*, aidé de neuf des officiers du Daïri, lui coupa les cheveux autour de la tête. L'Outsiouben *Tosi fide* y assista, envoyé par le Daïri, de la part duquel il avait apporté le bonnet, et les vêtemens requis pour cette cérémonie. Yosi katsou fut ensuite proclamé *Zeï i daï seogoun*, ayant le premier rang de la cinquième classe, et le titre de général moyen de la gauche. Le lendemain, tous les officiers du Daïri vinrent le complimenter.

Le 1er mois de la 3° année (1443), il fut honoré du second rang de la quatrième classe.

Le 5° mois, une ambassade arriva de la Corée; le Kwanreï *Fatake yamano Tok fon* présumant que le but de cette légation était moins d'apporter le tribut que de faire le commerce, déclara que, comme le Seogoun n'était encore qu'un enfant, et que cette ambassade pouvait occasionner l'exportation des richesses de l'empire, il avait l'intention de la renvoyer. Cependant les ambassadeurs ayant fait savoir qu'ils ne venaient point pour trafiquer, mais pour offrir des complimens de condoléance sur la mort du Seogoun, ils furent admis à Miyako, et défrayés de toute leur dépense par *Siba Siyo tok*.

Le 6° mois, ces ambassadeurs se rendirent à la cour du Seogoun dans son palais de Mouro matsi, où il les reçut en personne.

Le 21 du 7° mois, le Zeï i daï Seogoun *Minamoto-no Yosi katsou* mourut âgé de 10 ans. Il aimait beaucoup à monter à cheval. On dit qu'ayant fait une chute, il s'était grièvement blessé, ce qui fut cause de sa mort. Il avait gouverné pendant 3 ans, et il reçut le titre honorifique de *Keï woun in* (Khing yun yuan), avec le second rang de la première classe. Tok fon lui fit succéder son frère *Yosi nari*, qui n'était âgé que de 8 ans.

Le 23 du 9° mois, des malfaiteurs pénétrèrent pendant la nuit chez le daïri. L'un d'eux monta du côté de la salle *Zeï rió den*, y entra par la ruelle *Tsoubone matsi*, et y mit le feu; un autre, armé d'un long sabre, s'approcha de la personne sacrée du Daïri[1], dans l'intention de le tuer, mais ses yeux se troublèrent, et il tomba à terre frappé d'un coup d'apoplexie. Le Daïri se retira

---

(1) Dans l'original 体玉 *Giokf taï* (Yŭ thi), ou le corps de jaspe. — Kl.

chez *Konoye do-no* ou *Fousa tsougou*. Les voleurs s'enfuirent avec les trois insignes de l'empire (l'épée, le miroir et la boule). *Sasaki Kouro da*, qui était de garde à la porte de l'est, leur arracha le miroir; le prêtre *Zin guats bô* trouva l'épée près du temple *Zeï mi tsou si*, mais la boule fut perdue.

Un descendant du Daïri du Sud, qui était prêtre du temple Yeïsan, avait l'intention de se révolter. Il devait être aidé par le Fino itsi i *Ari mitsi nudo*, et par son fils l'Oudaïben zaïsiou *Souke tsika*. Quand on fut informé de ce dessein, les troupes escaladèrent le Yeïsan, investirent les rebelles, et les mirent à mort avec le prêtre. *Akamats sabro* se révolta aussi à cette époque, dans la province de Farima, mais il fut bientôt tué.

Le 1ᵉʳ mois de la 1ʳᵉ année du nengo *Boun an* (1444), *Yosi nari* fit sa première visite au Kwanreï *Fatake yama-no Tok fon*; à cette occasion, toutes les avenues furent gardées par des princes.

Le 3ᵉ mois, il tomba de la voûte azurée des fèves appelées *miso*[1], et des fèves rouges.

Le 4ᵉ mois, les habitans de la partie orientale et de la partie occidentale de Miyako demandèrent les uns et les autres exclusivement le privilége de vendre de la lie de *sake* (ou vin japonais). On ne l'accorda qu'aux premiers; alors les autres s'attroupèrent autour du temple Kita no. Tok fon donna ordre au général *Sasaki kiogok Motsi kiyo* de marcher et d'arrêter les rebelles, mais ceux-ci se sauvèrent après avoir réduit en cendres le temple et toute la partie occidentale de Miyako.

Le 8ᵉ mois, un des officiers du Daïri du Sud, demeurant dans les montagnes de Yosi no, excita une révolte à la frontière du Kiïzio. C'est entre ses mains que se trouva la boule volée au 9ᵉ mois de l'année précédente.

Le 11ᵉ mois de la 2ᵉ année (1445), le Nisio-no kwanbak *Motsi moto* mourut âgé de 58 ans; il reçut le titre posthume de *Go fouk seo in*. Le Konoye-no Sadaïsin *Fousa tsougou* et l'Itsisio saki-no setszio *Kane yosi* sollicitèrent cet emploi. Le Daïri ayant consulté Tok fon, choisit Fousa tsougou. Le Daïnagon *Fousiwara-no Toki fousa* devint Nadaïsin.

Foso kawa Katsou moto fut nommé Kwanreï à l'âge de 16 ans.

A cette époque, les chefs militaires du Kwantô demandèrent à Miyako que *Yeïziou o*, le plus jeune des fils de Motsi ousi, qui s'était enfui dans le Sinano, fût envoyé comme Seogoun à Kama koura; on leur accorda cette demande. Il prit alors la robe virile, et reçut le nom de *Nari ousi*. *Tatsou waka*, fils d'Ouye souki Nori sane, devint Kwanreï à Kama koura. Ayant aussi pris la robe virile, on changea son nom en celui de *Nori tada*. Il alla résider à *Yama-no*

(1) 豆大 en chinois *Ta teou*, Dolichos soya. — Kl.

wou ye; il avait épousé la fille d'*Ouye souki Motsi tomo;* par cet arrangement, la partie orientale de l'empire resta long-temps en repos.

Le 1ᵉʳ mois de la 3ᵉ année (1446), *Itsi sio-no Kane yosi* fut nommé Taïziô daïsin; il eut le rang au-dessus du Kwanbak Sadaïsin *Fousa tsougou.* Le Nadaïsin Toki fousa fut remplacé par le Do in-no Daïnagon *Sane firo. Kane yosi,* qui avait alors 46 ans, était un homme très-instruit; il composa beaucoup d'ouvrages, entre autres le *Sinto,* le *Kodo* et le *Boudz gakf* [1]; *Sane firo* avait aussi de grands talens.

Le 4ᵉ mois, le Kwanbak *Fousa tsougou* demanda sa démission de la place de Sadaïsin; le Takats kasa-no Oudaïsin *Fousa fira* lui succéda, et le Nisio-no Daïnagon *Motsi mitsi* devint Oudaïsin.

Dans le même mois, le Seogoun *Yosi nari* commença à s'appliquer à la lecture, et à monter à cheval.

Le 12ᵉ mois, le Seogoun reçut une patente du Daïri, par laquelle son nom de *Yosi nari* était approuvé; elle lui fut portée par l'Oudaïsin *Nisio-no Motsi mitsi.* Il obtint aussi le second rang de la cinquième classe.

Zioufô, connu aussi sous le titre honorifique de *Soui keï* (Soui khi), prêtre du temple *Siókokfsi,* fut, dans le cours de cette année, nommé grand prêtre du temple *Rok won in,* et chef de tous les prêtres; emploi que les grands prêtres de ce temple conservent encore de nos jours. Toutes les affaires relatives aux temples doivent leur être adressées; ils consultent à ce sujet le Seogoun.

Le 2ᵉ mois de la 4ᵉ année (1447), *Yosi nari* fut élevé au premier rang de la cinquième classe et fait *Zi ziou.*

Le 4ᵉ mois, *Yosi nari* commença l'exercice de la chasse des chiens [2].

Le 5ᵉ mois, *Togas-no Si rô* et son oncle *Yasou taka* sollicitèrent la régence de la province de Kaga; le Kwanreï *Katsou moto* favorisa le dernier, et *Fatake yama Tok fon* le premier. La province fut donc partagée entre eux.

Le 6ᵉ mois, l'*Itsisio-no Kane yosi* désira obtenir la place de Kwanbak; *O kata,* mère de *Yosi nari,* était très-portée pour lui; en conséquence, le Seogoun l'appuya. Il en résulta que *Konoye-no Fousa tsougou* reçut sa démission, et que Kane yosi le remplaça.

(1) Le 道神 *Sin to* (Chin tao) traite de l'ancienne religion primitive du Japon. Le 道歌 *Ko do* (Kho tao) est une exposition de l'art de faire des vers japonais; et le 道佛 *Boudz gakf* (Foë hiö), un traité de la doctrine bouddhique. — Kʟ.

(2) Cette chasse se fait dans une grande plaine; on y lâche quelques chiens, qu'on poursuit à cheval, et sur lesquels on tire au grand galop des flèches émoussées. Cela se pratique comme exercice, et pour apprendre à tirer de l'arc étant à cheval. — Kʟ.

Le 11ᵉ mois, *Yosi nari,* qui s'exerçait à tirer de l'arc, commença à frapper le but.

Ce mois-ci, un des gens de *Fatake yama,* dans la province de Kii-no kouni, trancha la tête de *Yen man in,* général de l'ancien Daïri du Sud, et l'apporta à Miyako.

Le même mois, le Fousimi do-no nudo sin o *Do kin,* père du Daïri, fut honoré du titre de Taï ziô ten o. Il céda sa maison et toutes ses propriétés à Sada tsoune sin o, le plus jeune des frères de sa femme, et les descendans de celui-ci y demeurent encore aujourd'hui [1].

Le 2ᵉ mois de la 5ᵉ année (1448), le Daïri alla faire une visite à son père le Taï ziô ten o; la route était partout gardée par les troupes de *Foso kawa Katsou moto.*

Le 8ᵉ mois, *Akamats sama-no ski* revint de la Corée, et trama une révolte; mais il fut reconnu et puni de mort; sa tête fut envoyée à Miyako.

Le 12ᵉ mois, Yosi nari fut nommé Sama-no kami.

Le 16 du 4ᵉ mois de la 1ʳᵉ année du nengo *Foo tok* (1449), Yosi nari fut couronné par le Kwanreï prince de Mousadzi *Foso kawa Katsou moto;* les cheveux du tour de la tête lui furent rasés par le Foso kawa Minbou-no zio *Nori farou.* A cette époque, la direction des affaires était entièrement entre les mains de la famille Foso kawa. Le Naka yama-no Seizio *Tsika mitsi* vint en qualité d'ambassadeur complimenter Yosi nari de la part du Daïri, et lui apporta un sabre en présent. Le Seogoun lui remit en retour pour le Daïri un présent de poudre d'or, un sabre et un cheval; l'envoyé reçut aussi un sabre et un cheval. Katsou moto donna à cette occasion une fête; et le lendemain, Yosi nari fut régalé par Fatake yama.

Le 19, tous les officiers du Daïri et les princes vinrent complimenter le Seogoun, à l'exception du Kwanbak *Kane yosi,* qui étant le premier de la cour du Daïri, ne s'y rendit pas.

Le 29, *Yosi nari* reçut le titre de Zeï i daï Seogoun. La patente lui en fut portée par un Gheki ou premier secrétaire; elle fut reçue par *Sada tsika,* prince d'Izé, qui lui offrit un présent de la part du Seogoun. Katsou moto commença ce jour-là d'apposer le sceau de Yosi nari à tous les écrits et lettres officielles.

Le 8ᵉ mois, *Yosi nari* fut fait Sanghi et général du milieu de la gauche; il obtint aussi le second rang de la quatrième classe. Le même jour, il se rendit en voiture à la cour du Daïri, afin de le remercier de son avancement; il portait les habits de cérémonie qu'il avait reçus de ce monarque, et avait une couronne sur la tête. Katsou moto l'accompagnait.

---

(1) C'est-à-dire, à l'époque de la composition de cet ouvrage (en 1652). — Kʟ.

Le 11e mois, *Fatake yama Tok fon*, qui depuis quelque temps avait quitté l'emploi de Kwanreï, l'obtint de nouveau.

Le 1er mois de la 2e année (1450), Yosi nari monta au cinquième rang de la troisième classe.

Le 3e mois, il devint Gon Daïnagon.

Le 4e mois, le Kwanbak *Kane yosi* perdit la place de Taïziô daïsin.

Le 5e mois, *Do in-no Sane firo* fut remplacé comme Nadaïsin par le Nisi Sansio saki-no Daïnagon *Kin yasou*.

Le 6e mois, *Kin yasou* reçut sa démission, et le Sansio-no Daïnagon *Sane kazou* le remplaça. Le même mois, Yosi nari fut promu au second rang de la deuxième classe.

Le 7e mois, il se rendit à la cour du Daïri, ayant tous les officiers de ce prince à sa suite.

Le 8e mois, le Seogoun ordonna par écrit à *Naka bara-no Moro masou* d'adresser des instructions au peuple. Depuis ce temps, la même chose se pratique tous les ans, au printemps et à l'automne.

Le 7e mois de la 3e année (1451), des gens des îles *Riou kiou* (Lieou khieou) arrivèrent pour la première fois au Japon [1].

Le 8e mois, Yosi nari adressa une lettre à l'empereur de la Chine.

Le 9e mois, un officier du Kwanreï *Tok fon* ayant tué un serviteur de *Motsi kiyo*, celui-ci en fut offensé, et appela Tok fon à un combat singulier. Cependant le Foso kawa Ouma-do kami *Nari kata* arrangea cette affaire, et l'assassin fut remis à Motsi kiyo, qui lui-même le tailla en pièces.

Le 10e mois de la 1re année du nengo *Kô tok* (1452), le Kouga-no saki-no Nadaïsin *Minamoto-no Kiyo mitsi* fut nommé Taïziô daïsin. Sansio-no Sane kazou fut remplacé comme Nadaïsin par l'Itsisio-no Daïnagon *Nori fousa*. Foso kawa *Katsou moto*, prince de Mousadzi, devint de nouveau Kwanreï.

Le 3e mois de la 2e année (1453), Yosi nari obtint le second rang de la première classe.

Le 4e mois, *Itsi sio-no Kane yosi* quitta la place de Kwanbak; l'Oudaïsin *Nisio-no Motsi mitsi* le remplaça.

Le 6e mois, le nom du Seogoun *Yosi nari* fut changé en celui de *Yosi masa*.

Le même mois, *Kane yosi* obtint le rang de *Tsioun san goû*, ce qui le mit de pair avec les parens du Daïri; il reçut aussi la permission d'avoir une suite militaire dans son train, telle qu'elle avait été accordée à *Tada Fito kin*.

---

(1) Voyez ma traduction du *San kokf tsou ran to sets*, ou Aperçu des trois Royaumes. Paris, 1832, p. 176. — Kl.

Le 9ᵉ mois, le Kouga-no Ziôkokf *Minamoto-no Kiyo mitsi* mourut âgé de 61 ans.

Le 12ᵉ mois, *Yosi masa* fut honoré des titres de *Ghensi-no tsiô ziou* (Yuan chi tchhang tche) et de *Siou gakf zioun wa rio in-no béto* (Tsiang hiŏ chun ho liang yuan piĕ tang).

Le 4ᵉ mois de la 3ᵉ année (1454), il s'éleva une dispute entre le prince d'Iyo *Fatake yama Yosi nari*[1] et celui d'Owari *Fatake yama Masa naga*, sur leurs droits héréditaires. Tok fon, n'ayant point d'enfans, avait adopté autrefois Masa naga, frère cadet de Motsi tomi; dans la suite il eut un fils, qui fut nommé Yosi nari : alors il renvoya Masa naga, et obtint une permission écrite du Seogoun de le faire tuer. Mais *Foso kawa Katsou moto* et *Yama na Zo sen* (nommé auparavant *Motsi toyo*), qui protégeaient Masa naga, l'empêchèrent d'exécuter ce projet. Masa naga se tint caché dans la maison du premier, tandis que ses gens l'étaient dans celle de Zo sen.

Le 7ᵉ mois, *Nisio-no Motsi mitsi* obtint sa démission des places de Kwanbak et d'Oudaïsin; le Takats kasa-no Sadaïsin *Fousa fira* devint Kwanbak, et le Do in saki-no Nadaïsin *Sane firo* Oudaïsin.

Le 8ᵉ mois, *Yama na Zo sen*, et les membres de la famille de Fatake yama, réunirent auprès d'eux tous les hommes sans aveu. Cette démarche causa une grande consternation dans toute la ville de Miyako. Le prince de Sagami *Yama na Nori uki*, le Foso kawa Fiobou-no ziô *Fatsou fisa* et *Take da Zuregasi* vinrent pour garder la cour du Seogoun.

Le 21 de ce mois, Zo sen fit investir par les siens, pendant la nuit, la demeure de Tok fon, et y fit mettre le feu : Tok fon se sauva avec Yosi nari; ce dernier se retira dans la province de Kawatsi, et son père se cacha dans le temple *Ken in si*, où il resta tout seul dans la salle *Saïrai in*. Masa naga se mit alors en possession de toutes les propriétés de Tok fon, et alla ensuite rendre ses devoirs au Seogoun Yosi masa, qui révoqua la permission écrite de le tuer. Cependant considérant Zo sen comme la cause première de cette commotion, il dépêcha des gens pour le mettre à mort. Katsou moto sut pourtant l'apaiser, et Zo sen fut exilé dans la province de Tasima. Nori toya, fils de Zo sen, resta au service du Seogoun; Katsou moto rejeta tout le blâme sur Isogafe Zuregasi, officier de Zo sen, lequel fut exécuté en présence de Yosi masa, ce qui rétablit le repos dans la capitale.

Asou kaga Nari ousi, fils de l'ancien Seogoun du Kwantô, Motsi ousi, s'enga-

---

(1) Le nom de ce *Yosi nari* diffère de celui du Seogoun. Celui du premier s'écrit 就義 (I tsiou), celui de l'autre 成義 (I tchhing). — Kl.

gea le 12° mois avec *Nari tomo*, fils d'Ousi tomo, à se défaire de l'Ouye souki oukio-no souke *Nori tada*, ennemi de Motsi ousi et d'Ousi tomo. *Naga o*, officier d'Ouye souki, alla demander du secours à *Ouye souki Fousa aki*, qui demeurait dans la province de Ietsingo. De là il marcha vers la province de Kootsouke, assiégea Kama koura, attaqua Nari ousi, le vainquit, et l'obligea de se sauver dans le Simotske, où il s'établit à *Koga*, place où ses descendans portent encore le nom de *Koga-no gozio*. Fousa aki établit sa demeure à Kama koura, et gouverna toute la partie orientale de l'empire. Depuis ce temps, l'empire fut constamment ravagé par des guerres civiles.

Le 5° mois de la 1re année du nengo *Kó zió* (1455), *Foso kawa Nari uki*, prince de Sanouki, regrettant que la famille d'Akamats ne fût plus dans les emplois, supplia le Seogoun de l'assister et de la rétablir. Comme Yama na Zo zen vivait dans la retraite, il crut le temps favorable pour cette demande. Le Seogoun fit en effet venir *Fiko goro Nori nao*, cousin d'*Akamats Mitsou souke*, lui fit grâce, et lui accorda de nouveau la régence de la province de Farima, qui était le pays de Zo sen. Celui-ci, irrité de cet arrangement, quitta sa retraite, et réunit des forces considérables, avec lesquelles il marcha contre Nori nao qu'il tua. Il poursuivit alors sa route vers Miyako, où sa réputation était si bien établie, que tout le monde le craignait.

Le 6° mois, *Takats kasa-no Fousa fira* reçut sa démission des places de Kwanbak et de Sadaïsin; Nisio-no Motsi mitsi devint de nouveau Kwanbak, et le Saï yen si saki-no Nadaïsin *Kin na*, Taïzió daïsin.

Le 7° mois, *Fatake yama Yosi nari*, fils de Tok fon, excita une révolte dans le Kawatsi et le Yamato; il se rendit maître de tout le pays voisin de *Kata oka*. Le Seogoun le fit revenir à Miyako, et le réconcilia avec Masa naga.

Le 8° mois, le Do in-no Oudaïsin *Sane firo* fut fait Sadaïsin, l'Itsisio-no Nadaïsin *Nori fousa* Oudaïsin, et le Konoye-no Daïnagon *Nori moto* Nadaïsin. Le Seogoun *Yosi masa* devint Oudaïsió, ou grand général de la droite.

Le 1er mois de la 2° année (1456), le Seogoun fut nommé *Ba rio-no ghio kan* ou surintendant des écuries du Daïri.

Le 3° mois, Yosi masa se rendit au temple d'Iwasi midzou; tous les officiers du Daïri étaient à sa suite.

Le 8° mois, Taïzió ten o *Do kin*, père du Daïri, mourut âgé de 85 ans; on lui donna le titre posthume de *Go zó kwó in*.

Dans le courant de cette année, le Seogoun Yosi masa expédia une lettre au roi de la Corée.

Le 2° mois de la 1re année du nengo *Tsió rok* (1457), *Tsió tok Yosi toyo* obtint la place de Sadaïsin, et le second rang de la première classe.

Le 4ᵉ mois, *Do in-no Sane firo* reçut sa démission de Sadaïsin. Il se rasa la tête, et prit le nom de Figasi yama-no Sadaïsin.

Le 6ᵉ mois, l'Itsisio-no Oudaïsin *Nori fousa* devint Sadaïsin, et le Sansio saki-no Nadaïsin *Sane kazou* Oudaïsin.

Le 8ᵉ mois, *Saïyen si-no Kin na* perdit la place de Taïziô daïsin.

Le 9ᵉ mois, *Sane kazou* fut remplacé comme Oudaïsin par le Nadaïsin *Konoye-no Nori moto*. L'Owoki matsi sansio do *Sane masa* succéda à ce dernier.

Le 7ᵉ mois de la 2ᵉ année (1458), le Nisio-no kwanbak *Mori mitsi* fut fait Taïziô Daïsin ; Sane masa fut renvoyé de l'emploi de Nadaïsin, et remplacé par le Seogoun *Minamoto-no Yosi masa,* alors âgé de 24 ans.

Le 8ᵉ mois, la boule sacrée, enlevée le 23 du 9ᵉ mois de la 3ᵉ année du nengo *Ka kits* (1443) de la cour du Daïri, fut rapportée du pays du Sud au Daïri. *Iwami Faro sayemon*, ancien officier d'Akamats, étant au service du Sansio-no Oudaïsin *Sane kazou,* lui avait souvent représenté que les descendans de son ancien maître restaient sans emploi et vivaient dans la détresse ; que quoique cette famille se fût rendue coupable d'un grand crime pendant les années du nengo *Ka kits,* il le suppliait pourtant d'être favorable à ses membres. Sane kazou répondit que s'il désirait obtenir leur grâce, il fallait qu'il retrouvât la boule en question. Iwami Faro sayemon, espérant voir, par ce moyen, ses désirs s'accomplir, résolut de se rendre dans le pays méridional, d'y tuer le roi, et de rapporter la boule. Il fit part de cette affaire, par l'entremise de *Sane kazou,* au Daïri et au Seogoun. Le dernier y consentit aussitôt ; Faro sayemon, content de cette résolution, dépêcha *Masima,* parent d'Akamats, et un de ses gens nommé *Naka moura,* comme espions, dans le pays méridional, et leur ordonna de tâcher d'entrer au service du prince qui y gouvernait. Ils y réussirent, et surent se rendre si agréables à lui, qu'il les employa en toute occasion. Ayant trouvé un moment favorable, ils le tuèrent, se mirent en possession de la boule, et s'enfuirent avec elle à Miyako. Toutes les troupes de *Yosi no* se mirent à leur poursuite ; Naka moura fut pris et mis en pièces, mais Masima fut assez heureux pour échapper au danger, apporter la boule à bon port, et l'offrir au Daïri. C'est ainsi que finit le règne des descendans des Daïri du Sud.

Le Daïri fit alors venir *Magou seró Masa nori,* petit-fils de Yosi masa et frère d'Akamats Mitsou souke, lequel n'était âgé que de cinq ans, et il le gratifia de la moitié de la province de Kaga. Yama na Zo sen, mécontent de tout ce qui venait de se passer, fit assassiner Iwami en secret.

Le 12ᵉ mois, *Nisio-no Motsi mitsi* fut remplacé comme Kwanbak par *Itsisio-no Nori fousa,* fils de Kane yosi.

Le 2ᵉ mois de la 3ᵉ année (1459), le Seogoun *Yosi masa* fit construire un nouveau palais, qui fut nommé Kwa teï.

Le 12ᵉ mois, le Kwanbak *Nori fousa* quitta la place de Sadaïsin, qui fut donnée au Sansio saki-no Oudaïsin.

Le 6ᵉ mois de la 1ʳᵉ année du nengo *Kwan ziô* (1460), le Saki-no Kwanbak *Motsi mitsi* perdit l'emploi de Ziôkokf ou Taïziô daïsin, et *Sane kazou*, au 7ᵉ mois, celui de Sadaïsin.

Le 8ᵉ mois, le Seogoun *Yosi masa* monta de l'emploi de Nadaïsin à celui de Sadaïsin, en conservant sa place de grand général de la droite. Le Tokdaïsi-no Daïnagon *Kin ari* devint Nadaïsin.

Le 9ᵉ mois, le Fatake yama ouyemon-no ski *Yosi nari*, fils de Tok fon, méconnut les ordres de Yosi masa; il se rendit dans la province de Kawatsi, et séjourna au château de *Waka ye*. Le Seogoun chargea *Fatake yama Masa naga*, prince d'Owari, de le punir; il détruisit le château. Yosi nari se retrancha dans le temple de la montagne *Kon taï si dake yama*, comme dans un château fort, et s'y défendit contre Masa naga.

Dans le courant de l'année, des Coréens arrivèrent à la cour.

Le 7ᵉ mois de la 2ᵉ année (1461), *Tokdaïsi-no Kin ari* fut remplacé comme Nadaïsin par le Kouga-no Daïnagon *Minamoto-no Mitsi fisa*.

Le 8ᵉ mois, le Seogoun cessa de remplir les fonctions de grand général de la droite.

Le 10ᵉ mois, le Sa fio ye-no kami *Masa tomo*, frère cadet de Yosi masa, entra dans le Kwantô ou dans la partie orientale de l'empire, qui était déchirée par des guerres continuelles entre *Ouye souki Fousa aki* et *Koga-no Nari ousi*. Cet état de choses avait porté les habitants de ces contrées à demander un des frères du Seogoun pour les gouverner. *Masa tomo* ne parvint pourtant pas à résider à Kama koura; il s'établit à Fo sio (Pě tiao) dans la province d'Idzou. Ouye souki demeura à *Yamo-no woutsi* et à *Ogoga yatsou* (Chen koŭ); il respecta Masa tomo comme son maître. Celui-ci prit le titre honorifique de *Fori gosi-no gozio*. Le peuple n'obéit cependant qu'aux ordres de Ouye souki, et Masa tomo ne fut gouverneur que de nom.

Le 12ᵉ mois, le ci-devant Kwanbak *Fousa tsougou* fut nommé Taïziô daïsin; il avait alors 39 ans.

Le 4ᵉ mois de la 3ᵉ année (1462), *Fatake yama-no Yosi nari* remporta, après un combat très-vif, une victoire sur Masa naga. *Foso kawa Nari uki*, prince de Sanouki, le Yama na dansio *Kore toyo*, *Takeda*, *Sasaki*, et *Batake-no Nori tomo*, prince de Izé, furent envoyés aussitôt à son secours. Yosi nari fut alors défait, et le temple fortifié de Kon taï si détruit.

Le 8ᵉ mois, le Konoye-no Oudaïsin *Fori moto* mourut âgé de 40 ans. Le Tokdaïsi-no saki-no Nadaïsin *Kin ari* lui succéda.

Le 4ᵉ mois de la 4ᵉ année (1463), *Itsisio-no Nori fousa* fut remplacé comme Kwanbak par *Nisio-no Motsi moto,* qui avait déjà rempli le même poste. Nori fousa n'ayant pas encore reçu la patente de Kwanbak, sa place était au-dessous de celle de Sansio saki-no Sadaïsin *Sane kazou;* mais son père *Kane yosi,* âgé alors de 62 ans, et qui, à l'occasion de l'élévation de son fils à l'emploi de Kwanbak, reçut le titre d'*Itsisio-no taï ko* [1], pria le Daïri d'accorder à son fils le rang au-dessus du Sadaïsin.

Le même mois, *Fatake yama Yosi nari* s'enfuit du château de la montagne de *Dake yama,* pour se rendre au mont *Ko ye san;* il fut poursuivi par Masa naga, et forcé de se retirer dans les montagnes de *Yosi no.*

Le 12ᵉ mois, *Masa naga* revint à Miyako. Il avait d'abord été assisté par *Yama na Zo sen* et par *Foso kawa Katsou moto,* et protégé par eux contre Yosi nari; dans la suite, Katsou moto prit le parti de celui-ci, ce qui déplut fort à Zo sen; mais comme Yosi nari était d'un courage à toute épreuve, Masa naga se réconcilia en secret avec lui. Katsou moto était gendre de Zo sen, et n'ayant point d'enfans, il adopta un de ses fils; dans la suite il eut un fils, et obligea son fils adoptif de se faire prêtre; c'est pour cette raison qu'il fut toujours brouillé avec son beau-père.

Le 1ᵉʳ mois de la 5ᵉ année (1464), *Minamoto-no Mitsi fisa* reçut sa démission de la place de Nadaïsin.

Le 4ᵉ mois, *Kwan se on A mi* (Kouan chi yn A mi) et son fils *Sok mata sabró* jouèrent la comédie à *Tadasou kawa wara*; le Seogoun y avait fait construire un théâtre, et il s'y rendit à chaque représentation. Il y fut régalé tour à tour par *Foso kawa Katsou moto,* par *Fatake yama Masa naga,* et par *Siba-no Yosi kane*; à son retour, il fit une visite à chacun de ces trois Kwanreï, chez lesquels on fit venir les comédiens pour danser.

Le 7ᵉ mois, le Kousio-no Daïnagon *Masa tada* fut nommé Nadaïsin.

Le même mois, le Daïri résigna le trône à son fils, le Tôgou *Nari fito,* après un règne de 36 ans, dont 12 avec le nengo *Yeï kió,* 3 avec celui de *Ka kits,* 5 avec celui de *Boun an,* 3 avec le nengo *Foo tok,* 3 avec celui de *Kô tok,* 2 avec celui de *Kô zió,* 3 avec celui de *Tsió rok,* et 5 avec celui de *Kwan zió.*

---

(1) 閣大 *Taï ko* est le titre qu'on donne au père du Kwanbak, pendant sa vie, et s'il ne s'est pas fait prêtre. — Kʟ.

CIV. DAÏRI 後土御門院 GO TSOUTSI MIKADO-NO IN.

(De 1465 à 1500 de J. C.)

Nengo
- 寬正 *Kwan ziô* (Khouon tching), 6ᵉ année 1465,
- 文正 *Boun ziô* (Wen tching), 1466,
- 應仁 *O nin* (Yng jin), de 1467 à 1468,
- 文明 *Boun meï* (Wen ming), de 1469 à 1486,
- 長亨 *Tsiô kô* (Tchhang heng), 1487 et 1488,
- 延德 *In tok* (Yan tĕ), de 1489 à 1491,
- 明應 *Meï o* (Ming yng), de 1492 à 1500.

Go Tsoutsi mikado-no in (Heou Tou yu men yuan), nommé auparavant *Nari fito*, était fils de Go Fana zono-no in. Sa mère *Ka rak mon in* était fille du O oye-no mikado-no Nadaïsin *Fousiwara-no Nobou moune*. Le Daïri avait 33 ans quand il monta sur le trône. Le Nisio-no taïziô Daïsin *Motsi mitsi* fut nommé Kwanbak; *Go Fana zono-no in* reçut le titre de *In-no go zio*: le Seogoun *Minamoto-no Yosi masa* eut la direction des affaires.

Le 8ᵉ mois, *Fatake yama Masa naga* reçut sa patente de Kwanreï.

Le 9ᵉ mois, *Tok daï si-no Kin ari* fut remplacé comme Oudaïsin par l'ancien Nadaïsin *Minamoto-no Mitsi fisa*.

Dans le même mois, le Seogoun fut créé *Ziun san go* (Tchun san koung); il gouvernait déjà depuis long-temps, et était âgé alors de 30 ans; n'ayant pas encore de fils, il adopta son frère cadet *Ghi zin* (I tsun), grand prêtre du temple *Ziô do si* (Tseng tou szu), et changea son nom en celui de *Yosi mi*. Ce prince fut alors élevé par le Daïri au second rang de la cinquième classe, avec le titre de *Sama-no kami*. Comme il avait sa demeure à Imade gawa, il fut nommé *Imade gawa dono*. Le Seogoun promit de lui céder entièrement le gouvernement. *Foso kawa Katsou moto* lui fut adjoint pour Sitsken.

Le 1ᵉʳ mois de la 6ᵉ année (1465), *Yosi mi* obtint le second rang de la quatrième classe.

Le 2ᵉ mois, il se servit pour la première fois de son sceau pour l'apposer aux ordres qui émanaient de lui, et commença aussi à s'exercer à monter à cheval et à tirer de l'arc.

Le 3ᵉ mois, Yosi masa alla voir les fleurs au mont *Figasi yama*; Katsou moto eut, pendant son absence, l'administration des affaires.

Le 8ᵉ mois, Yosi masa s'amusa au château de celui-ci à chasser aux chiens. (Voyez page 544, note 2.)

Le 9ᵉ mois, *Kiousio dono Masa tada* reçut sa démission de Nadaïsin; l'Imade gawa Daïnagon *Fousiwara-no Nori souye* lui succéda.

Le 11ᵉ mois, Yosi mi se fit couper les cheveux autour de la tête, et fut nommé général moyen de la gauche.

Le même mois, *Fousiwara-no Tomi ko*, femme du Seogoun Yosi masa, étant accouchée d'un fils, fit prier en secret *Yama na Zo sen* de faire en sorte que ce fils succédât à son père, parce que dans le cas où Yosi mi resterait Seogoun, il serait obligé de se faire prêtre. Zo sen qui était toujours brouillé avec *Katsou moto*, prévoyant que si Yosi mi succédait au Seogoun, tout le pouvoir serait entre les mains de son ennemi, et que tout le monde obéirait à ses ordres, promit son appui à Tomi ko.

Le 12ᵉ mois, Yosi mi fut fait Daïnagon, et obtint le second rang de la troisième classe. Le Daïri fut installé dans le même mois.

Le 1ᵉʳ mois du nengo *Boun ziô* (1466), Yosi mi fut promu au second rang de la deuxième classe.

Le même mois, *Minamoto-no Mitsi fisa* fut remplacé comme Oudaïsin par le Nisio-no Daïnagon *Masa tsougou*.

Le 2ᵉ mois, *Fousiwara-no Nori souye* perdit la place de Nadaïsin, qui fut donnée au Saï yen si-no Daïnagon *Sane to*.

Le 4ᵉ mois, il s'éleva une dispute entre *Siba-no Yosi kado* et *Siba-no Yosi tosi*. *Siba-no Tsiô tokou* étant mort sans enfans, avait institué Yosi tosi son héritier; mais *Kaï*, *Asakoura* et *Gouda*, qui appartenaient à sa maison, n'y consentirent pas, et firent demander par le prince d'Izé *Sada tsika*, qu'on délivrât la succession à Yosi kado. On accorda cette demande; Yosi tosi fut exclu, et se retira dans la province de Souwa. Cependant sa sœur cadette, qui était seconde femme de *Sada tsika*, et son fils, alors disciple d'*In riô ken zoui yeï*, engagèrent Sada tsika à s'entendre avec ce dernier pour prier le Seogoun de faire revenir Yosi tosi à Miyako, et de le rétablir dans la possession de l'héritage de Tsiô tokou. Le Seogoun agréa leur demande, mais Yosi kado refusa de se soumettre à sa décision. Il était gendre de Yama na Zo sen, qui, offensé du décret, assembla aussitôt quelques troupes pour prêter main forte à Yosi kado. Le Seogoun, en ayant été informé, fut fort en colère, et se brouilla en cette occasion avec son fils adoptif Yosi mi, qui favorisait Zo sen. Yosi mi, qui avait peur, se rendit à la demeure de Katsou moto; Sada tsika et Zoui yeï s'enfuirent de Miyako. Le mécontentement du Seogoun contre Yosi mi fut cependant bientôt apaisé par le Fi-no Daïnagon *Katsou mitsi* et par *Isiki-no Nori nao*.

Zo sen supplia la femme du Seogoun de faire venir *Fatake yama Yosi nari* à son secours. *Fatake yama Masa naga* en fut effrayé, et se réconcilia avec Katsou moto.

Le 1ᵉʳ mois de la 1ʳᵉ année du nengo *O nin* (1467), *Zo sen* et *Yosi nari* investirent *Mouro matsi*, où était la cour du Seogoun; ils mandèrent Yosi mi, et prièrent Go Fana zono-no in et le Daïri régnant de venir en personne, afin de faire mettre à mort Foso kawa Katsou moto et Masa naga. De son côté Yosi mi fit défendre à Katsou moto de se réconcilier avec Masa naga; il obéit à cet ordre, et chargea Yosi nari de tuer Masa naga. Celui-ci se battit avec *Gorio-no mori* contre Yosi nari, mais il fut vaincu et prit la fuite. Ces événemens firent beaucoup craindre Zo sen et Yosi nari à Miyako.

Dans le même mois, le Nadaïsin *Saï yen si-no Sane to* fut remplacé par *Fino-no Katsou mitsi*.

Le 2ᵉ mois, *Siba-no Yosi kado* devint Kwanreï; depuis ce moment le pouvoir de Katsou moto cessa entièrement. Il ne sortit plus, et commença à regretter de ne pas avoir secondé Masa naga. La gloire et la puissance de Zo sen et de Yosi nari le mirent au désespoir, et il s'occupa en secret à faire de grands préparatifs de guerre. Il informa tous ses parens de ce dessein, qu'avec leur aide il se trouvait capable d'exécuter; car ceux-ci étaient en possession des provinces Awasi, Sanouki, Awa, Tosa, Itsoumi, Sets, Tamba, Mikawa et Bitsiou.

Masa naga assembla des troupes dans les provinces de Kü-no kouni, Kawatsi et Yetsiou. *Yosi tosi* avait cinq cents hommes sous ses ordres, et *Tsiogok Motsi kiyo* arriva avec les troupes des provinces Oomi, Fida, Idzoumo et Oki. *Akamats masa* était à la tête de cinq cents de ses gens. *Takeda Kouni nobou* vint avec les forces des provinces Aki et Wakasa; *Togasi-no ski* arriva avec cinq cents hommes. *Kira-no Yosi sane* et *Niki-no Nari naga*, ainsi que plusieurs princes de la province et de moindre classe, marchèrent également au secours de Katsou moto, dont l'armée devint bientôt forte de cent soixante mille hommes.

Yama na Zo sen était soutenu par les troupes des provinces Tazima, Farima, Bingo, Inaba, Foki, Mimasaka et Iwami. *Siba-no Yosi kado* lui amena les forces de Totomi, d'Owari et de Yetsizen. *Fatake yama Yosi nari* vint avec celles des provinces Yamato, Kawatsi et Kouma no. *Yosi tsouna* commandait les troupes de Noto. *Isiki Yosi nao* arriva avec les forces des provinces de Tamba et d'Izé. *Toki-no Nari yori* était à la tête des troupes de Mino, et *Ro kakſ Taka yori* commandait celles d'Oomi. O *Woutsi-no Masa firo* conduisit des troupes des provinces Souwa, Nagato, Bouzen, Tsikouzen, Aki et Iwami. Les parens de *Kawa no*, de *Kira Yosi fousi* et de *Niki Nori masa* arrivèrent aussi au secours de Zo sen, qui réunit de cette manière une armée de cent dix mille hommes.

Katsou moto campa à l'est de Zo sen, au sud de Miyako. Les habitans de cette ville furent également divisés en deux factions, qui se combattirent constamment. Yosi mi se rendit lui-même auprès de Katsou moto et de Zo sen pour les réconcilier, mais tous ses efforts furent vains.

Le 5ᵉ mois, *Nisio-no Motsi mitsi* reçut sa démission de la place de Kwanbak, et l'Itsisio-no taïko *Kane yosi* lui succéda.

Dans le même mois, Katsou moto envoya *Akamats Masa nori* dans les provinces Farima et Bizen qui lui appartenaient, pour les disposer à se soumettre à lui, et à envoyer des troupes à son armée.

Zo sen fit garder le palais du Seogoun *Yosi masa* par *Isiki-no Yosi nao* : Katsou moto y arriva en grande force, chassa Yosi nao, et prit le Seogoun sous sa protection. Celui-ci lui donna son étendard de guerre, et le chargea de faire mourir Zo sen.

Le 6ᵉ mois, les armées combattirent chaque jour avec un grand acharnement. Tous les temples et toutes les maisons au dedans et au dehors de la ville de Miyako, ainsi que les villages des environs, furent réduits en cendres. Pendant ces dévastations, presque toutes les antiquités et beaucoup de documens anciens furent détruits.

Le 8ᵉ mois, l'O Woutsi-no ski *Masa firo* marcha sur Miyako à la tête de beaucoup de troupes pour venir au secours de Zo sen. *Akamats*, afin d'empêcher leur réunion, l'attendit dans la province de Sets, mais il fut battu.

Le même mois, Katsou moto fit venir le dernier Daïri et le Daïri régnant au pavillon Fana-no go zio, situé en dedans de la cour de Mouro matsi, et il leur y fit établir leur demeure, afin de s'assurer de leur personne, dans le cas où Yosi masa et Yosi mi prendraient le parti de Zo sen.

Le 9ᵉ mois, Yosi mi quitta secrètement Miyako, et se rendit dans la province d'Ize, où le Kita fatake-no Tsiounagon *Minamoto-no Nori tomo* lui avait offert un asile.

Le même mois, Yosi masa se démit de la place de Sadaïsin.

Le 1ᵉʳ mois de la 2ᵉ année (1468), *Nisio-no Masa tsougou* devint Sadaïsin, et le Kiousio-no Daïnagon *Masa moto* Oudaïsin.

Depuis le 1ᵉʳ jusqu'au 3ᵉ mois, il y eut constamment des combats entre les armées de Katsou moto et de Zo sen; dans les provinces, leurs troupes se harcelèrent pareillement chaque jour.

Le 4e mois, Katsou moto fit venir Yosi mi, qui arriva le 10e mois à Miyako. Le bruit courut qu'il avait l'intention de le faire Scogoun, ce qui rendit Katsou moto suspect à Yosi masa. Katsou moto, pour se disculper, envoya Yosi mi au temple Yeïsan. Dès que Zo sen en fut informé, il fit partir un de ses gens pour prier Yosi mi de se rendre chez lui. Aussitôt qu'il y fut arrivé, il reconnut Zo sen pour son maître; de cette manière, Yosi mi étant du parti de Zo sen, et Yosi masa de celui de Katsou moto, les deux frères se faisaient la guerre.

Le 4e mois, *Fino-no Kaïsou mitsi* fut remplacé comme Nadaïsin par le Takats kasa-no Daïnagon *Masa fira*.

Le 1er mois de la 1re année du nengo *Boun meï* (1469), *Yosi nao*, fils de Yosi masa, âgé seulement de 5 ans, reçut à l'instigation de *Sada moune*, prince d'Ize, les complimens de tous les princes du parti de Katsou moto, tandis que les princes adhérens de Zo sen firent hommage à Yosi mi.

Le 5e mois, *Taga-no Taka tada*, prince de Boungo, vint de la province d'Oomi au secours de Katsou moto. Mais à peine eut-il quitté ce pays, que *Rokakf kame zio* s'y révolta, ce qui le força de retourner sur ses pas. Taka tada était parent de *Tsio gok*, et parvint de même que lui à être grand juge de Miyako, ce qui le rendit fameux par tout l'empire. *Ni o*, prince de Kaga, se révolta aussi dans la province de Tsikouzen pendant l'absence d'O Woutsi, qui était allé au secours de Katsou moto. *Nori yori*, fils de *Zio ni Yosi yori*, se rendit alors de Tsiousima dans le Tsikouzen, et reprit toutes les places dont Nio o s'était emparé. De cette manière, la grande île de Kiou ziou fut bientôt déchirée par une guerre violente.

Le 7e mois de la 2e année (1470), *Itsisio-no Kane yosi* reçut sa démission de la place de Kwanbak; il avait alors 69 ans.

Le 8e mois, le Sadaïsin *Nisio-no Masa tsougou* fut nommé Kwanbak. A cette époque, beaucoup de livres et d'écrits anciens furent la proie des flammes. Les militaires de tous côtés commirent de grands excès. *Kane yosi* se retira à Nara; son fils, le ci-devant Kwanbak *Fori foura*, alla à Fiogo, et son petit-fils *Fousa ye* à Tosa. C'est pourquoi on lui donna le nom de *Tosa-no Itsisio*, nom que ses descendans portent encore. Tous les officiers du Daïri s'absentèrent de même.

Le 12e mois, l'ancien Daïri *Go Fana zo-no zió ko* mourut à la cour de Mouro matsi, âgé de 52 ans.

Le 1er mois de la 3e année (1471), son corps fut enterré au temple *Fi den si*; le Scogoun Yosi masa le suivit à pied. Comme tout était alors dans la plus grande confusion, le Kwanreï *Katsou moto*, le commandant en chef *Akamats*

Masa nori et le grand juge *Woura kami Nori moune* gardèrent soigneusement la ville de tous côtés.

Le 3ᵉ mois, le Seogoun accorda la province de Yetsizen à *Asakoura Taka kaghe*. Ce pays avait été gouverné auparavant comme fief héréditaire par *Siba-no Bouyeï*. *Kaï-no souregasi*, le secrétaire de celui-ci, s'était révolté, avait tué son maître, et s'était emparé de toute cette province. Asakoura punit ce rebelle de mort. Les descendans de Bouyeï se trouvant par ces événemens sans emploi, se retirèrent dans le Kwantô, ou dans la partie orientale de l'empire : la province Owari avait aussi appartenu à Bouyeï; mais son secrétaire Oda en avait pris possession.

Dans la même année, *Ouye souki Aki sada* fit aussi la guerre dans le Kwantô à *Koga Nari ousi*. Le château Koga fut démoli, Nari ousi s'enfuit à Tsiba, et de cette manière tout l'empire se trouva en guerre.

La 4ᵉ année (1472), elle continua entre Katsou moto et Zo sen. *Fatake yama Yosi tsouna*, prince de Noto, qui avait assisté Zo sen, se soumit à Yosi masa et à Katsou moto, ce qui fit que la tranquillité fut rétablie dans les contrées du nord, d'où l'armée de Katsou moto pouvait tirer des provisions en abondance. La conséquence de cette heureuse tournure de ses affaires fut que la plus grande partie des auxiliaires de Zo sen passèrent de son côté.

Le 19 du 3ᵉ mois de la 5ᵉ année (1473), l'Ouyemon-no kami *Yama-na Motsi toyo nudo Zo sen* mourut âgé de 70 ans.

Le 11 du 5ᵉ mois, le Foso kawa oukio-no dayu *Katsou moto* mourut à l'âge de 44 ans, et reçut le nom de *Riô an si*. Ces illustres morts avaient été tous les deux commandans en chef; pendant sept ans ils s'étaient fait la guerre sans qu'aucun d'eux eût été vainqueur. Leurs armées continuèrent de rester dans les environs de Miyako; le pouvoir du Daïri diminua de jour en jour; aussi toutes les cérémonies annuellement en usage furent suspendues; le respect pour le Seogoun diminua de même, ses ordres furent peu respectés.

Le 6ᵉ mois, l'Itsisio-no taïko *Kane yosi* se rasa la tête à l'âge de 72 ans, et reçut le titre de *Go ziô onsi*, et le nom ecclésiastique de *Gakf ye*.

Le 12ᵉ mois, Yosi nao reçut le bonnet de cérémonie des mains de son père le Seogoun Yosi masa. L'Inaghi wara-no Saïzio *Firo mitsi* lui rasa les cheveux autour de la tête; le Daïri lui donna le second rang de la cinquième classe, et le nomma général moyen de la gauche.

Le même jour, Yosi masa lui céda le gouvernement; il devint ainsi Zeï i daï Seogoun à l'âge de 9 ans, et alla remercier le Daïri de son avancement.

Fatake yama Masa naga devint son Kwanreï; mais il fut renvoyé après sept jours, et remplacé par *Fatake yama Yosi tsouna*.

La 6ᵉ année (1474), *Yosi nao* obtint le second rang de la quatrième classe.

Le 9ᵉ mois, il envoya un ambassadeur par la Corée, pour demander à l'empereur de la Chine un sceau.

Le 1ᵉʳ mois de la 7ᵉ année (1475), le Daïri chargea *Yosi nao* de la régence de la province de Mimasaka.

Le 2ᵉ mois, le Kwanbak *Nisio-no Masa tsougou* perdit la place de Sadaïsin.

Le 3ᵉ mois, *Kiousio-no Masa moto* devint Sadaïsin, *Takats kaso-no Masa fira* Oudaïsin, et le Konoye-no Daïnagon *Masa ye* Nadaïsin.

Le 4ᵉ mois, le Seogoun *Yosi nao* reçut le premier rang de la quatrième classe.

Le 8ᵉ mois, *Yosi masa* envoya un vaisseau avec des ambassadeurs à la Chine, qui étaient tous prêtres de Siaka.

Le 9ᵉ mois, *Yosi nao* fut fait Sanghi, en conservant toutefois l'emploi de général moyen.

Le 10ᵉ mois, il commença à s'appliquer à lire des livres chinois; il aimait à étudier, ainsi qu'à tirer de l'arc, à monter à cheval, et à faire des vers japonais.

Le 1ᵉʳ mois de la 8ᵉ année (1476), il obtint le second rang de la troisième classe.

Le 5ᵉ mois, *Nisio-no Masa tsougou* fut remplacé comme Kwanbak par *Kiousio-no Masa moto*. La place de Sadaïsin, que celui-ci avait occupée, fut donnée à l'ancien Nadaïsin *Fi-no Katsou mitsi*. Il obtint un avancement aussi distingué, parce qu'il était le frère aîné de *Tomi ko*, mère de *Yosi nao*.

Le 6ᵉ mois, il reçut sa démission de cette charge.

Le 8ᵉ mois, *Foso kawa-no Masa fira* fut nommé Sadaïsin, *Konoye-no Masa ye* Oudaïsin, et le Sansio-no Daïnagon *Fousiwara-no Kin atsou* Nadaïsin.

Le 1ᵉʳ mois de la 9ᵉ année (1477), *Yosi nao* fut élevé au premier rang de la troisième classe.

Le 11ᵉ mois, tous les princes qui étaient venus au secours de Zo sen partirent de Miyako, et retournèrent dans leur pays. *Yosi mi* se rendit dans le Mino; ainsi la tranquillité fut rétablie : *Fatake yama masa naga* devint Kwanreï. La guerre avait duré depuis la 1ʳᵉ année du nengo *O nin*, ou pendant onze ans. Depuis ce temps, les princes commencèrent à envahir à leur gré les provinces les uns des autres, et le pouvoir du Seogoun diminua de jour en jour.

La 10ᵉ année (1478), *Asikaga-no Nari ousi* fit la paix avec *Ouye Souke aki sada*, et retourna à Koga. Aki sada demeura à Yama-no woutsi, et bâtit le château Firaï, dans la province de Kootsouke; il gouverna huit provinces dans la partie orientale de l'empire.

Le 1ᵉʳ mois de la 11ᵉ année (1479), Yosi nao obtint le second rang de la deuxième classe.

Le 2ᵉ mois, le Konoye-no Oudaïsin *Masa ye* succéda à *Kousio-no Masa moto* dans la dignité de Kwanbak.

Le 3ᵉ mois, *Takats kasa-no Masa fira* fut renvoyé de la place de Sadaïsin, qu'on donna à *Masa ye*. Le Sansio-no Nadaïsin *Kin atsou* devint Oudaïsin, et le Daïnagon *O i-no mikado Nobou kazou* Nadaïsin.

Le 11ᵉ mois, Yosi nao, ayant atteint l'âge de 15 ans, commença à faire usage du sceau de sa dignité, et à assister au conseil d'état. Il reçut alors lui-même tous les rapports, et expédia les ordres nécessaires. Son père Yosi masa vivait tranquillement dans son palais de *Tô kiou do* (Toung khieou tang), placé sur la montagne *Figasi yama* (Toung chan), dans l'intérieur de Miyako. Il s'y amusa à faire une collection d'antiquités et de tableaux, dans laquelle il y avait aussi tous les ustensiles nécessaires pour faire le thé, sur lesquels on avait marqué l'année et le mois où ils avaient été confectionnés. On le nomma, d'après sa demeure, *Figasi yama dono*. Il y fit construire un pavillon d'argent, en imitation de celui qu'on nommait *Gin kak* (Kin kŏ) ou pavillon d'or de la montagne *Kita yama* [1].

Le 3ᵉ mois de la 12ᵉ année (1480), *Sansio-no Kin atsou* fut remplacé comme Oudaïsin par l'Imade gawa saki-no Nadaïsin *Nori souye* : Yosi nao fut nommé Daïnagon.

Le 7ᵉ mois, Yosi nao chargea l'Itsisio-no taïko *Kane yosi* de composer l'ouvrage *Zio dan tsi yo* (Thsiao than tchi yao).

Le 1ᵉʳ mois de la 13ᵉ année (1481), *Imade gawa-no Nori souye* perdit la place d'Oudaïsin, et eut pour successeur *Saï yen si-no Sane to*.

Le 4ᵉ mois, l'Itsisio-no taïko *Kane yosi* mourut âgé de 80 ans; il était très-instruit, et avait composé plusieurs ouvrages, qui jusqu'à ce jour sont encore très-estimés.

Le 5ᵉ mois, l'O i-no mikado *Nobou kazou* perdit la place de Nadaïsin.

Le 6ᵉ mois, le Tokdaï si-no Daïnagon *Sane atsou* lui succéda.

Le 7ᵉ mois, le nom de l'ancien Oudaïsin de Kouga *Minamoto-no Mitsi nao* fut changé en celui de *Mitsi firo*; il fut en même temps nommé Taïziô Daïsin.

Le 12ᵉ mois, Nori Souye devint Sadaïsin.

Le 10ᵉ mois de la 14 année (1482), le Kouga-no Taïziô Daïsin *Mitsi firo* mourut âgé de 57 ans.

Le 12ᵉ mois, Nori souye reçut sa démission de la place de Sadaïsin.

---

(1) Le 90ᵉ Daïri *Go ouda-no in* avait fait faire en 1331 un pavillon d'or à *Kita yama*, dans l'enceinte du temple *Daï gakf si*, qu'il avait fondé en 1302. — Kʟ.

Le 1er mois de la 15e année (1483), Saï yensi-no Sane to devint Sadaïsin, et l'O i-no Mikado *Nobou kazou* Oudaïsin. Dans le même mois, il y eut au palais de Yosi nao une assemblée de gens de lettres, qui y firent des pièces de vers.

Le 2e mois, *Konoye-no Masa ye* eut *Takats kasa-no Masa fira* pour successeur dans la dignité de Kwanbak.

Le 3e mois, Yosi nao obtint le second rang de la première classe.

Le 12e mois de la 16e année (1484), il fut honoré du titre de *Ghen si-no tsio siu* (Yuan chi tchhang tche) ou chef de la famille de Minamoto, *Zio gakf siun wa* (Tsiang hie chun ho), et *Rio in-no bé tô* (Liang yuan piĕ tang).

Le 3e mois de la 17e année (1485), le Takatskasa-no Kwanbak *Masa fira* fut fait Taïziô daïsin; *Tok daï si-no Sane atsou* reçut sa démission de Nadaïsin; le Naka-no in-no Daïnagon *Minamoto-no Mitsi souye* le remplaça; mais après trois jours de service, il demanda à quitter, et fut remplacé par le Kwasan-no in-no Daïnagon *Masa naga*.

Le 4e mois, *Masa fira* eut sa démission de la place de Taïziô daïsin.

Le 6e mois, l'ancien Seogoun *Yosi masa* se rasa la tête, et prit le titre de *Ki san* (Hi chan), et le nom ecclésiastique de *Do teï* (Tao tching).

Le 8e mois, Yosi nao fut nommé Oudaïsiô, ou général en chef de la droite.

Dans le courant de cette année, *Koga-no Nari ousi* demanda la paix, qui lui fut accordée par Yosi masa et Yosi nao.

Le 1er mois de la 18e année (1486), Yosi nao fut fait *Ba riô-no ghio kan* (Ma liao yu kian), ou grand écuyer du Daïri.

Le 7e mois, le Foso kawa Oukio-no dayu *Masa moto* devint Kwanreï; il était fils de Katsou moto. Le même mois, Yosi nao, à l'exemple des Seogoun précédens, alla remercier le Daïri de son avancement à l'emploi d'Oudaïsin. Figasi yama dono ou Yosi masa avait fait élever une estrade, d'où il regarda cette cérémonie.

Le 12e mois, le Kwasan-no in *Masa naga* fut remplacé comme Nadaïsin par l'Itsisio-no Daïnagon *Fouou yosi.*

Dans cette même année, Yama-no woutsi-no ouye souki *Aki sada* fit tuer par stratagème *Oda dokwan*, fils du secrétaire *Oghi gaya tsou*. Cet événement le rendit fameux dans le Kwanto, et on commença à mépriser Oghi gaya tsou.

Le 2e mois de la 1re année du nengo *Tsiô kô* (1487), Takatskasa-no *Masa fira* fut remplacé comme Kwanbak par l'ancien Nadaïsin *Kiousio-no Masa tada.*

Le 8e mois, l'O i-no mikado Oudaïsin *Nobou kazou* mourut âgé de 46 ans. *Saï yen si-no Sane to* perdit la place de Sadaïsin, et fut remplacé par le Tokdaïsi saki-no Nadaïsin *Sane atsou*. Le Kwasan-no in saki-no Nadaïsin *Masa naga* devint Oudaïsin.

Le 9ᵉ mois, *Sasaki ro kakf Taka yori*, prince d'Oomi, ayant négligé de venir à Miyako, Yosi nao marcha avec une armée considérable contre l'Oomi.

Le 10ᵉ mois, *Taka yori* s'enfuit et se cacha dans la montagne *Kó ka san* (Kia ho chan). Yosi nao l'investit à *Magari-no sato*, et pendant tout le temps de ce siége, il se fit expliquer le *Ko kió* (Hiao king) et le *Sa ten* (Thso tchuan).

Ize-no sinkouro Naga ousi se rendit, dans le courant de cette année, de Miyako à Sourouga, et s'établit à *Ima gawa*, où était le château du prince.

Le 8ᵉ mois de la 2ᵉ année (1488), l'Itsisio-no Nadaïsin *Fou u yosi* fut nommé Kwanbak.

Le 9ᵉ mois, l'ancien Kwanbak *Kousio-no Masa tada* mourut à l'âge de 50 ans. Dans le même mois, l'ancien Kwanbak *Konoye-no Masa ye* fut fait Taïziô daïsin, et le Seogoun Yosi nao, dont le nom fut changé en celui de *Yosi firo*, Nadaïsin.

Le 26 du 3ᵉ mois de la 1ʳᵉ année du nengo *In tok* (1489), le Zeï daï Seogoun, du second rang de la première classe, et Nadaïsin *Minamoto-no Yosi firo* mourut à l'armée campée devant Magari-no sato, dans l'Oomi. Il n'avait que 25 ans. Il fut honoré du titre de *Zio tok in* (Tchhang tě yuan), et du rang de Taïziô daïsin. Il avait administré l'empire depuis la 5ᵉ année du nengo *Boun meï* ou pendant 17 ans. Son père Yosi masa fut fort affligé de sa mort, d'autant plus qu'il n'avait point d'autre fils. A cause de cet événement, il se réconcilia avec son frère *Yosi mi*.

Le 4ᵉ mois, *Yosi mi* arriva de la province de Mino à Miyako; mais comme il s'était rasé la tête, Yosi masa adopta son fils *Yosi moura*, qui avait déjà le second rang de la cinquième classe, et l'emploi de Sama-no kami, ou chef de la cavalerie de gauche.

Le 7ᵉ mois, l'Imade gawa-no Daïnagon *Fousiwara-no Kin oki* devint Nadaïsin.

Le 7 du 1ᵉʳ mois de la 2ᵉ année (1490), l'ancien Zeï daï Seogoun, du second rang de la première classe, Sadaïsin et Ziun sangou *Minamoto-no Yosi masa* mourut âgé de 56 ans. Après sa mort, il reçut le titre de Taïziô daïsin, et de *Zi zeo in* (Thsu tchao yuan). Il avait commencé à administrer l'empire dans la 3ᵉ année du nengo *Ka kits*, 49 ans avant sa mort.

Le 3ᵉ mois, le Kwa san-no in *Masa naga* fut remplacé comme Oudaïsin par le Daïnagon *Konoye-no Nao mitsi*.

Le 4ᵉ mois, *Konoye-no Masa ye* reçut sa démission de Taïziô daïsin.

Le 7ᵉ mois, Yosi moura obtint le second rang de la quatrième classe, et fut fait *Saïziô tsiousiô* et Zaï i daï Seogoun. Il avait alors 25 ans.

Le 7 du 1ᵉʳ mois de la 3ᵉ année (1491), le Nudo Daïnagon *Minamoto-no*

Yosi mi mourut âgé de 53 ans; il reçut le titre de *Dai tsi in* (Ta tchi yuan). Le Daïri lui donna celui de Taïziô daïsin, et le second rang de la première classe.

Le 3ᵉ mois, *Kin oki* fut remplacé comme Nadaïsin par le Daïnagon *Nisio-no Nao moto*.

Le 4ᵉ mois, le frère aîné de Yosi masa Zi zio in *Minamoto-no Masa tomo*, qui avait le second rang de la troisième classe et était chef de la garde de la gauche, mourut dans la province d'Idzou, à l'âge de 57 ans. Il reçut le titre posthume de *Ziô dô-in* (Ching tchang yuan). Yosi mi avait promis d'adopter son fils Yosi mitsi.

Le 8ᵉ mois de la 1ʳᵉ année du nengo *Mei wo* (1492), le Seogoun Yosi moura marcha avec une armée contre la province d'Oomi, pour punir *Taka yori*. Il l'assiégea dans le temple Midera; Taka yori se sauva dans la montagne *Ko ka san*; alors Yosi moura retourna à Miyako.

Le 1ᵉʳ mois de la 2ᵉ année (1493), le Kwanbak *Fou u yosi* fut nommé Taïzio daïsin.

Le 2ᵉ mois [1], *Yosi moura*, accompagné de *Fatake yama masa naga*, marcha contre la province de Kawatsi, pour mettre à mort *Fatake yama yosi toyo*, fils de Yosi nari.

Le 3ᵉ mois, Fou u yosi reçut sa démission de Kwanbak, et fut remplacé par l'Oudaïsin *Konoye-no Nao mitsi*.

Le 4ᵉ mois, *Yosi moura* fut assiégé dans le temple *Zio gakf si* (Tching kiŏ szu), où Yosi toyo était venu le combattre. Ce dernier avait demandé l'assistance de *Foso kawa Masa moto*, qui arriva à son secours, et l'aida à détruire le temple. *Fatake yama Masa naga* fut tué; son fils *Nao yosi* s'enfuit dans le Kiïzio, et Yosi moura fut fait prisonnier par Masa moto, qui le confina dans la demeure d'un de ses officiers, *Mono no be Kiï-no kami*. Masa moto fit venir de la province d'Idzou à Miyako *Yosi mitsi*, fils de Masa tomo, pour le faire Seogoun. Ce dernier avait déjà le second rang de la cinquième classe.

Dans le même mois, *Tok daïsi-no Sane atsou* fut remplacé comme Sadaïsin par le Kwasan-no in saki-no Oudaïsin *Masa naga*.

Le 11ᵉ mois de la 3ᵉ année (1494), Yosi mitsi reçut le premier rang de la cinquième classe, et fut fait Sama-no kami. Son nom fut changé en celui de *Yosi taka*.

Le 12ᵉ mois, il fut créé Zeï daï Scogoun, à l'âge de 16 ans.

Dans le même mois, *Ize-no Zin kiou ro* obtint le commandement des troupes du prince de Sourouga, et marchant de l'Idzou vers la province de Sagami, il

---

(1) Dans le texte il y a, par erreur, le 3ᵉ mois. — Kl.

se rendit maître du château Odawara. Il se rasa alors la tête, et prit le nom de *Fosio só oun* (Pĕ tiao tsao yun), sous lequel il devint fameux par tout l'empire. Son fils *Ousi tsouna* fut de même très-brave, et se battit souvent dans le Kwantô contre *Ouye souki*.

Le 2ᵉ mois de la 5ᵉ année (1496), *Akamats Masa nori* obtint le second rang de la troisième classe, et mourut le 25 du 4ᵉ mois, âgé de 42 ans. On lui avait accordé cet avancement, parce qu'il avait tué le dernier descendant du Daïri du Sud, et recouvré la boule précieuse, qui est un des insignes de l'empire.

Le 11ᵉ mois, le Kwasan-no in *Masa naga* reçut sa démission de Sadaïsin.

Le 12ᵉ mois, le Konoye-no Kwanbak *Nao mitsi* devint Sadaïsin, et Imade gawa saki-no Nadaïsin *Kin oki* Oudaïsin.

Le 4ᵉ mois de la 6ᵉ année (1497), Nao mitsi fut remplacé comme Sadaïsin par *Kin oki*. Le Nisio-no Nadaïsin *Nao moto* succéda, le 5ᵉ mois, à celui-ci.

Le 6ᵉ mois, *Nao mitsi* reçut aussi sa démission comme Kwanbak; *Nao moto* fut son successeur; le Kouga-no Daïnagon *Minamoto-no Toyo mitsi* devint Nadaïsin.

Le 7ᵉ mois, *Itsisio-no Fou u yosi* perdit la place de Taïziô daïsin.

Le 9ᵉ mois, *Kouga-no Minamoto-no Nari ousi* mourut âgé de 64 ans. Il reçut le titre posthume de *Ken kó in* (Khian heng yuan). Son fils *Masa ousi* fut proclamé Gozio par tous les chefs militaires du Kwantô; il n'en avait cependant que le nom, sans aucun pouvoir.

Le 10ᵉ mois, le Kwanbak *Nisio-no Nao moto* mourut à l'âge de 27 ans; *Itsisio-no Fou u yosi* obtint de nouveau cette charge.

Le 6ᵉ mois de la 7ᵉ année (1498), il y eut un tremblement de terre terrible par tout l'empire. L'image de *Daï zio kwan* (*Kwanbakou dono*), placée dans le temple du mont *Ta bou no mine*, se fendit (voyez l'an 1442, 10ᵉ mois).

Le 5ᵉ mois de la 8ᵉ année (1499), le Kouga-no Nadaïsin *Minamoto-no Toyo mitsi* fut fait Oudaïsin.

Le 8ᵉ mois, le Kousio-no Daïnagon *Fisa tsoune* devint Nadaïsin.

Dans la même année, le Scogoun *Minamoto-no Yosi taka* envoya un ambassadeur en Corée, pour demander les planches d'impression du livre bouddhique *Itsi saï kio* (Y thsiĕ king), qu'on refusa, mais dont on lui accorda des copies imprimées.

Le 3ᵉ mois de la 9ᵉ année (1500), *Kouga-no Toyo mitsi* fut renvoyé de la place d'Oudaïsin.

Le 28 du 9ᵉ mois, le Daïri mourut âgé de 59 ans. Il laissa si peu de fortune, qu'on ne put l'enterrer; son corps resta plus de quarante jours à la porte du palais nommée *Kouro mo*, et ne fut inhumé que le 11ᵉ mois, dans le temple *Sen yu si*. Il avait régné pendant 36 ans; savoir, 6 ans avec le nengo *Kwan ziô*, 1 an avec celui de *Boun ziô*, 2 ans avec celui de *Wo nin*, 18 avec celui de *Boun meï*, 2 avec le nengo *Tsiô kô*, 3 avec celui de *In tok*, et 9 avec celui de *Meï wo*.

CV. DAÏRI 後栢原院 GO KASSIWA BARA-NO IN.

(De 1501 à 1526 de J. C.)

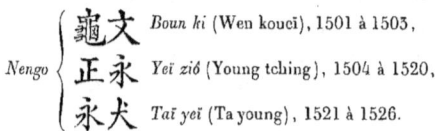

Nengo
- *Boun ki* (Wen koucï), 1501 à 1503,
- *Yeï ziô* (Young tching), 1504 à 1520,
- *Taï yeï* (Ta young), 1521 à 1526.

Go Kassiwa bara-no in (Heou Pĕ yuan yuan), nommé avant son avénement au trône *Katsou fito*, était le fils aîné de Go Tsoutsi mikado-no in. Sa mère, la Ziungô *Minamoto-no Asa ko*, était fille du Gon Daïnagon *Minamoto-no Naga kata*. Il avait été déclaré Tôgou la 12ᵉ année du nengo *Boun meï*, et avait pris la robe virile à l'âge de 17 ans, au palais du Seogoun *Minamoto-no Yosi masa*, qui lui mit le bonnet. La 9ᵉ année du nengo *Meï wo*, il monta sur le trône à l'âge de 37 ans. L'Itsisio saki-no Taïziô daïsin *Fou u yosi* était Kwanbak, *Minamoto-no Yosi taka* Seogoun, et le Foso kawa oukio-no dayu *Masa moto* Kwanreï.

Le 2ᵉ mois de la 1ʳᵉ année du nengo *Boun ki* (1501), le Nadaïsin *Kousio-no Fisa tsoune* devint Oudaïsin, et le Daïnagon Saï yen si-no *Kin fousi* Nadaïsin.

Le 6ᵉ mois, Itsisio-no *Fou u yosi* fut remplacé comme Kwanbak par *Kousio-no Fisa tsoune*.

Dans cette année, l'ancien Seogoun *Yosi moura* fut exilé; il se retira alors dans la province de Souwa, et demeura chez le prince de ce pays. On changea son nom en celui de *Yosi tada*. Il avait beaucoup de monde avec lui, et somma tous les militaires de la partie occidentale de l'empire de venir à son secours. *Foso kawa Masa moto* se rendit maître de toutes les provinces qui entourent le Kinaï, qui dépend directement de la cour du Daïri, de sorte que l'empire resta longtemps en repos.

Le 7ᵉ mois de la 2ᵉ année (1502), le Seogoun *Minamoto-no Yosi taka* fut élevé au second rang de la quatrième classe, créé Sanghi et général moyen de la gauche. Il se rendit auprès du Daïri pour l'en remercier.

Le même mois, son nom de *Yosi taka* fut changé en celui de *Yosi soumi*.

Le 1ᵉʳ mois de la 3ᵉ année (1503), il obtint le second rang de la troisième classe. Il y eut une grande sécheresse pendant l'été de cette année.

Le 1ᵉʳ mois du nengo *Yeï zió* (1504), il survint une famine affreuse.

Le 10ᵉ mois, *Ouye souki Aki sada*, demeurant à *Yama-no woutsi*, dans le Kwantô, et *Ouye souki Tomo yosi* de *Oghi Ga yatsou*, se battirent à *Kawa yets*, dans la province de Mousadzi.

Le 2ᵉ mois de la 2ᵉ année (1505), *Imade gawa-no Kin oki* fut renvoyé de la place de Sadaïsin.

Le 6ᵉ mois, l'ancien Kwanbak et Taïziô daïsin *Konoye-no Masa ye* mourut, âgé de 62 ans.

Dans le courant de cette année, *Yama-no woutsi* et *Oghi Ga yatsou* se réconcilièrent. Alors *Fosio Sô oun* et son fils *Ousi tsouna* partirent du château d'Odawara, et se rendirent dans le Mousadzi. Comme ils étaient célèbres dans tout le Kwantô par leur valeur, les deux Ouye souki s'unirent pour s'opposer à eux.

Le 2ᵉ mois de la 3ᵉ année (1506), le Kousio-no Kwanbak *Fisa tsoune* fut nommé Sadaïsin; *Saï yen si-no Kin fousi* devint Oudaïsin, et le Nisi sansio-no Daïnagon *Ken zi ziou Sane taka* Nadaïsin. Celui-ci était très-versé dans l'histoire de la Chine et du Japon, ainsi que dans la poésie japonaise. Ces qualités furent la cause de son avancement à une place aussi élevée.

Le 4ᵉ mois, il quitta l'emploi de Nadaïsin, et le Takats kasa-no Daïnagon *Kane souke* lui succéda.

Le 9ᵉ mois, plus de sept mille arbres se desséchèrent dans le voisinage du temple de *Kasouga yama* (Tchhun jy chan).

Le 3ᵉ mois de la 4ᵉ année (1507), le Seogoun *Yosi soumi* se rendit à Kasouga, et fit exécuter pendant sept jours une musique religieuse.

Le même mois, *Saï yen si-no Kin fousi* fut congédié comme Oudaïsin.

Le 4ᵉ mois, *Takats kasa-no Kane souke* devint Oudaïsin, et le Sansio-no Daïnagon *Sane ka*, surnommé *Ten bo rin* (Tchhuan fă lun), Nadaïsin.

Le 6ᵉ mois, *Kô saï* et *Mat rok*, officiers du Fosokawa oukio-no dayu *Masa moto*, conjurèrent contre lui : ayant engagé dans leur parti tous les officiers subalternes, ils assassinèrent Masa moto, dans la nuit du 23. Il avait jeûné dans la journée, et était allé prendre un bain, pour se purifier avant d'adresser ses prières au dieu *Atago* (Ngai thang). *Tokoura* le suivit doucement, et le blessa mortellement dans le bain. Son garde *Fafakabe*, entendant du bruit, accourut : Tokoura lui porta un coup, qui ne fut pas mortel, et s'enfuit. Depuis le temps de *Taka ousi*, la famille Foso kawa gouvernait le Si kokf; et depuis celui de *Yori uki*, le fils aîné de cette famille était Kwanreï, et faisait son séjour à Miyako. C'est pour cela qu'il porta le nom de *Kami-no yakata* [1]. *Nori fari* et *Mitsou uki*, frères cadets de Yori uki, qui demeuraient dans les provinces Awa et Sanouki, furent par cette raison nommés *Simo-no yakata* [2].

Masa moto était adonné à la magie, par conséquent il se purifiait constamment, et menait une vie chaste [3]. Il avait adopté *Rok ro Soumi moto*, fils de Moto kaisou, qui était Simo-no yakata et prince de Sanouki. Soumi moto n'était pas encore arrivé à Miyako, quand son père adoptif fut assassiné.

Kô saï fit en sorte que *Foso kawa kiouro Tsoune uki*, le plus jeune des fils du Kwanbak Kousio-no Fisa tsoune, succédât à *Masa moto*, ce qui causa une grande commotion à Miyako; Kô saï bâtit alors un château sur la montagne Arasi, et s'y établit.

Le 7ᵉ mois, *Soumi moto* et *Mi osi Naga terou*, prince de Tsikouzen, vinrent avec trois mille hommes, de la province d'Awa dans le Sets, marchèrent de là sur Miyako, et campèrent à *Kami ghio*.

Le 8ᵉ mois, il y eut un combat au pont *Todo-no basi*, entre eux et Kô saï. *Fafakabe* commandait l'avant-garde, et tua *Tokoura*; Kô saï et *Tsoune uki* périrent percés de flèches, et leurs troupes furent défaites, ce qui rétablit la tranquillité à Miyako.

Soumi moto devint Kwanreï à l'âge de 16 ans. *Masa moto* mourut âgé de 42 ans, et reçut le nom de Daïsin in.

Naga terou descendait du prince de Sinano. La souche de sa famille était *Oga sawara*: il se rendit dans l'Awa, et reçut à cause de cela le nom d'*Awa-no Oga sawara*: ses descendans demeurèrent à *Mi osi*, dans l'Awa, et prirent le nom de Mi osi. Depuis le temps de Yori uki, tout le Si kokf était soumis à la famille Fosokawa, par conséquent la famille Mi osi en descendait aussi, c'est pour cela qu'elle l'assista. Après la mort de Kô saï, Mi osi commença à faire du bruit à Miyako; on prétend que dès lors il forma le plan de s'en rendre le maître.

Le 1ᵉʳ mois de la 5ᵉ année (1508), la nouvelle de la révolte de Miyako et de l'assassinat de Masa moto parvint aux oreilles de l'O woutsi-no ski *Tatara-no Yosi oki*; il s'en réjouit beaucoup, croyant que c'était une occasion favorable

---

(1) *Kami-no yakata*, c'est-à-dire, la forme de la demeure supérieure.

(2) *Simo-no yakatu*, ou la forme de la demeure inférieure. — Kl.

(3) 法魔 *Ma fô* (Mô fă), ou la science des démons, est le nom que les Chinois et les Japonais donnent à la magie. Ceux qui s'y adonnent s'abstiennent de tout commerce avec des femmes, car ils sont dans la persuasion que s'ils se gardent purs sous ce rapport, ils peuvent exercer leur art avec plus de précision et de succès. — Kl.

pour le ci-devant Seogoun Minamoto-no Yosi tada de reprendre Miyako. Il assembla donc toutes les troupes du pays de Tsikouzen et des provinces du milieu de l'empire, et marcha à leur tête sur la capitale.

Le 4ᵉ mois, le Foso kawa oukio-no dayu *Soumi moto* s'enfuit de Miyako dans l'Awa : le Seogoun Yosi soumi se retira dans l'Oomi, et demanda l'assistance du prince Sasaki. *Yosi tada* campa à *Sakaï*.

Le 5ᵉ mois, le Miosi Naga terou nudo *Ki woun* passa de l'Awa dans le Sets, et marcha de là sur Miyako, détruisant tout sur sa route. Les armées de *Foso kawa* et de *Sasaki* s'unirent pour combattre l'O woutsi-no ski; mais ces deux chefs furent vaincus. *Mio si Ki woun* et ses fils *Naga mitsi* et *Naga nori* se privèrent de la vie dans le temple de *Fiak mon ben* (Pĕ wan pian) à Miyako.

Le 6ᵉ mois, *Yosi tada* arriva à Miyako.

Le 7ᵉ mois, il obtint de nouveau le second rang de la troisième classe, et fut créé Daïnagon et Zeï daï Seogoun; l'Owoutsi-no ski *Yosi oki* fut chargé du commandement du Ki naï, de celui de la partie du centre et des contrées bordées par la mer occidentale; il fut en outre nommé Kwanreï. Auparavant personne autre que des membres des familles *Siba*, *Foso kawa* et *Fatake yama* ne pouvait obtenir cet emploi; ceci fut le premier exemple du contraire.

Le 12ᵉ mois, Yosi tada obtint le second rang de la deuxième classe. *Yosi soumi* gouvernait depuis la 2ᵉ année du nengo *Meï wo*, ou depuis 14 ans; pendant ce temps, *Yosi tada* était resté dans le Si kaï do. Quand Yosi soumi eut pris la fuite, Yosi tada gouverna de nouveau comme Seogoun.

Le 6ᵉ mois de la 6ᵉ année (1509), Yosi tada alla rendre hommage au Daïri.

Le 27 du 10ᵉ mois, quelques voleurs étant entrés pendant la nuit dans la demeure du Seogoun, il se porta lui-même à leur rencontre, et reçut neuf légères blessures. Les auteurs de cet attentat étaient des partisans de Yosi soumi et de Foso kawa.

Dans le même mois, Yosi tada entra à la tête d'une armée dans l'Oomi.

Le temple Kasouga ayant été rebâti, le Daïri y envoya, le 12ᵉ mois, *Kourodo-no Kore naga*.

Dans le même mois, le Tok daï si saki-no nadaïsin *Sane atsou* fut nommé Taïziô daïsin.

Le 14 du 2ᵉ mois de la 7ᵉ année (1510), toutes les troupes de Miyako marchèrent sur l'Oomi; mais elles furent battues le 26, et mises en fuite.

Dans le même mois, *Naga o Tame kaghe*, officier d'*Ouye souki Aki sada*, se révolta dans la province de Yetsingo. Aki sada s'y rendit pour le punir; mais comme la révolte s'était aussi étendue dans les provinces voisines, il fut défait et se donna la mort à l'âge de 57 ans. A 14 ans, il s'était établi à Kama koura, d'où il gouverna pendant 40 ans tout le Kwantô. N'ayant point d'enfans, il avait adopté *Aki sane*, le plus jeune des frères de *Koga-no Masa ousi*, et *Nori fousa*, petit-fils de *Fori sane*.

Le 2ᵉ mois de la 8ᵉ année (1511), *Tok daï si-no Sane atsou* reçut sa démission de la place de Taïziô daïsin, et se rasa la tête à l'âge de 67 ans.

Le même mois, *Ourabe-no Kane tomo* mourut à l'âge de 77 ans; tous ses ancêtres avaient été grands prêtres du temple de la religion du Sinto à *Yosi da* ¹. Jusqu'au temps de *Kane tomo* cette ancienne croyance du Japon avait été mêlée avec la doctrine de Bouddha.

Le 8ᵉ mois, l'ancien Seogoun du second rang de la troisième classe et Sanghi *Minamoto-no Yosi soumi* mourut à *Oka yama*, dans la province d'Oomi, à l'âge de 62 ans. Il reçut les titres honorifiques de *Kiok san zeï kwo* et de *Fo sio in*. Plus tard on le nomma Taïziô daïsin, et on lui donna le second rang de la première classe.

Le même mois, le Foso kawa ouma-no ski *Masa kata* ayant ordonné aux troupes des provinces occidentales et orientales de l'empire d'assiéger Miyako, le Seogoun Yosi tada se sauva avec l'Owoutsi-no ski *Yosi oki* dans la province de Tamba, et Masa kata arriva à Miyako.

Yosi tada ayant rassemblé en toute hâte une armée, revint, et attaqua celui-ci à *Tsouna oki yama*. Yosi oki se signala en cette occasion par un grand courage, Masa kata fut défait et périt: Yosi tada s'arrêta quelque temps à *Taka-no yama*, jusqu'à ce que la tranquillité fût rétablie à Miyako.

Il y arriva le 9ᵉ mois, s'établit d'abord au temple *Mio fon si* (Miao pen szu), puis retourna dans son palais.

Le 3ᵉ mois de la 9ᵉ année (1512), l'Owoutsi-no ski *Yosi oki* obtint en récompense de sa bravoure le second rang de la troisième classe.

Le 3ᵉ mois de la 10ᵉ année (1513), Yosi tada marcha de nouveau avec une armée contre l'Oomi; mais il fut défait, et obligé de se cacher dans la montagne *Koû ka san* (Kia ho chan).

Il revint le 5ᵉ mois à Miyako, et son nom fut changé en celui de *Yosi tane*.

Le 10ᵉ mois, *Kousio-no Fisa tsoune* reçut sa démission des places de Kwanbak et de Sadaïsin; la première fut donnée de nouveau à l'ancien Sadaïsin *Konoye-no Nao mitsi*.

Le 3ᵉ mois de la 11ᵉ année (1514), l'Itsisio saki-no Kwanbak *Fou u yosi* mourut âgé de 51 ans, de même que son père *Kane yosi*. C'était un homme très-instruit, et il avait composé plusieurs ouvrages.

(1) Le temple *Yosi da* appartient à la secte du *Sinto*. — KL.

Le 8ᵉ mois, *Konoye-no Nao mitsi* fut nommé Taïziô daïsin ; le Takats kasa-no Oudaïsin *Kane souke* lui succéda comme Kwanbak.

Le 4ᵉ mois de la 12ᵉ année (1515), *Kane souke* devint Sadaïsin, le Sansio-no Nadaïsin *Sane ka* Oudaïsin, et l'Ofokimats Sansio-no Daïnagon *Sane motsi* Nadaïsin.

Le 12ᵉ mois, Sane motsi fut remplacé par le Nisio-no Oudaïsin *Tada fousa* comme Nadaïsin.

Le 4ᵉ mois de la 13ᵉ année (1516), l'ancien Kwanbak *Fousio-no Masa moto* mourut âgé de 72 ans.

Le même mois, le Nisi sansio saki-no Nadaïsin *Sane taka* se rasa la tête à l'âge de 63 ans, et prit le titre de Gôkô et le surnom de *Sô yo in*.

Le 7ᵉ mois, *Fosio-no Sô oun* détruisit le château de Miwoura. Le prince *Masa torou* fut tué dans le combat qui y eut lieu. Le nom de Sô oun devint alors fameux par tout le Kwantô, et le respect qu'on avait pour Ouye souki fut sur son déclin.

Le 12ᵉ mois, *Konoye-no Nao mitsi* reçut sa démission de Taïziô daïsin.

Le 1ᵉʳ du 1ᵉʳ mois de la 14ᵉ année (1517), les cérémonies d'usage pour le jour de l'an eurent lieu dans le palais impérial. Le Takats kasa-no Kwanbak *Kane souke* étant surchargé d'occupations, tout ce qui y avait rapport fut dirigé par l'Oudaïsin *Sansio-no Sane ka*.

Le 10ᵉ mois, l'ancien Kwanbak et Taïziô daïsin *Takats kasa-no Masa fira*, père de Kane souke, mourut âgé de 73 ans.

Le 3ᵉ mois de la 15ᵉ année (1518), Kane souke fut remplacé comme Kwanbak par le Nadaïsin *Nisio-no Tada fousa*.

Le 4ᵉ mois, Kane souke reçut également sa démission de la place de Sadaïsin.

Le même mois, on célébra une grande fête dans le temple du Yeï san ; le Seogoun *Minamoto-no Yosi tane* monta à cette occasion sur cette montagne.

Le 5ᵉ mois, l'ancien Sadaïsin *Kwasan-no in-no Masa naga* fut nommé Taïziô daïsin, l'Oudaïsin *Sansio-no Sane ka* devint Sadaïsin, le Nisio-no Kwanbak *Tada fousa* Oudaïsin avec le rang au-dessus du Taïziô daïsin, et O i-no mikado *Tsoune na* fut fait Nadaïsin.

Le 8ᵉ mois, le Seogoun sollicita le Daïri de nommer Zioundaïsin le Naka-no mikado-no Daïnagon *Fousiwara-no Moune tsouna*, et de lui accorder le second rang de la première classe.

Le même mois, l'O woutsi-no sakio-no dayu *Yosi oki*, qui était du second rang de la troisième classe, obtint sa démission comme Kwanreï, et retourna dans la province de Souwa. Il avait demeuré pendant plus de dix ans à Miyako, et s'y était acquis une grande réputation; mais il s'était appauvri d'une année à l'autre, en faisant toutes les affaires du Daïri et du Seogoun, ce qui l'obligeait à de fortes dépenses. C'est pour cette raison qu'il demanda la faculté de retourner chez lui. Depuis ce moment, la prospérité de Miyako déclina, la considération du Seogoun diminua de même. Les amis intimes de *Yosi oki* le suivirent l'un après l'autre à Souwa : quelques-uns, qui avaient d'autres princes pour protecteurs, se rendirent chez ces derniers.

Le 8ᵉ mois de la 16ᵉ année (1519), *Fosio-no Só oun* mourut.

Le 9ᵉ mois, le Seogoun *Yosi tane* fut honoré du titre de *Ghen si-no tsio zia zinwa sio gakſ saï in-no betó*.

Le 2ᵉ mois de la 17ᵉ année (1520), *Foso kawa Soumi moto* et *Foso kawa Taka kouni*, fils du Foso kawa minbou-no oki *Masa farou*, se firent la guerre. Le second fut battu et s'enfuit dans l'Oomi : Masa moto lui avait promis de l'adopter.

Le 5ᵉ mois, Taka kouni revint à Miyako.

Le 6ᵉ mois, Soumi moto mourut. Cet événement fut profitable à Taka kouni, qui bâtit un château à *Amaga saki*, dans le Sets, et s'y établit.

Le 3ᵉ mois de la 1ʳᵉ année du nengo *Taï yeï* (1521), le Kwasan-no in-no *Masa naga* perdit la place de Taïziô daïsin.

Le 23 de ce mois, le Daïri donna pour la première fois une audience publique en grande pompe. Depuis le nengo *O yeï* les guerres continuelles avaient considérablement appauvri tous les officiers tant militaires que civils, c'est pourquoi on avait ajourné depuis plus de vingt ans les anciennes cérémonies. Quelques auteurs prétendent que le Sansio siôyô in nudo avait obtenu que les dépenses pour les cérémonies du palais impérial seraient faites par les prêtres d'*Its ko sio* (voyez p. 254), et qu'en récompense il leur avait accordé, par privilège, que leur temple *Fon guan si* serait pour toujours celui des *Mon zek* ou prêtres du sang impérial (voyez page 103, n. 2).

Le 25 du même mois, le Seogoun *Minamoto-no Yosi tane* s'enfuit de Miyako dans la province d'Awatsi, où il reçut le titre de *Sima-no koûbô*[1] : il avait gouverné pendant 14 ans, depuis la 5ᵉ année *Yeï zió*, lorsque pour la seconde fois il devint Seogoun. *Fosokawa Taka kouni* fit alors venir de la province de Farima *Yosi farou*, fils de Yosi soumi, lequel arriva à Miyako le 6ᵉ mois.

Le 7ᵉ mois, *Sansio-no Sane ka* fut remplacé comme Sadaïsin par le Nisio-no Kwanbak *Tada fousa*. L'O i-no mikado *Tsoune na* devint Oudaïsin, et le Daïnagon *Tokdaïsi-no Kin tane* Nadaïsin.

(1) 方公島 *Sima-no koûbô*, en chinois *Tao koung fang*, signifie Seigneur de l'île. Le terme de *Koûbô* est synonyme de celui de Seogoun. — Kl.

Le même mois, *Minamoto-no Yosi farou* fut élevé au second rang de la cinquième classe.

Le 11e mois, il obtint le premier rang de la même classe, et le titre de Sama-no kami, ou chef de la cavalerie de la gauche.

Le 12e mois, il prit la robe virile à l'âge de onze ans, et le prince de Mousadzi *Fosokawa Taka kouni* lui plaça le bonnet de cérémonie sur la tête.

Le même mois, Yosi tane fut dépouillé du titre de Zeï daï seogoun, et remplacé par *Yosi farou*. *Taka kouni* fut fait Kwanreï; mais il se rasa la tête, et changea son nom en celui de *Doyeï* ou *Ziókwan*.

Le 2e mois de la 2e année (1522), Yosi farou obtint le second rang de la quatrième classe, et fut fait Sanghi et général moyen de la gauche.

Le 3e mois de la 3e année (1523), le Kwanbak *Nisio-no Tada fousa* fut remplacé comme Sadaïsin par le Nadaïsin Tokdaïsi *Kin tane*. L'O i-no mikado *Tsoune na* reçut de même sa démission d'Oudaïsin; le Daïnagon *Konoye-no Tane ye* le remplaça. Le Daïnagon de Kouga, *Minamoto-no Mitsi koto*, devint Nadaïsin

Le 4e mois, l'ancien Seogoun et Daïnagon *Minamoto-no Yosi tane* mourut à Mouya, dans la province d'Awa, à l'âge de 58 ans. Il reçut le titre honorifique de *Ye rin in gon san* (Hoei lin yuan yan chan); sa mort fut tenue cachée longtemps, car les provinces d'Awa et d'Awasi appartenaient aux *Foso kawa* et aux *Mi osi* qui étaient ses anciens ennemis. Cependant on se douta de son décès. Ses descendans demeurent encore dans ces provinces, sans être dépendans des princes.

Dans le courant de cette année, *Foso kawa Taka kouni* envoya quelques vaisseaux marchands en Chine. *Soû sô keï* (Song sou khing), Chinois de naissance, y passa comme ambassadeur. Pendant son séjour au Japon, il s'était acquis la faveur de Foso kawa Masa moto, qui l'avait fait connaître à Fo zio in. Revenu de la Chine, il resta au Japon, et s'engagea au service de Taka kouni.

Dans le même temps, l'Owoutsi-no ski *Yosi oki*, prince de Souwo, fit également partir quelques vaisseaux marchands pour la Chine, sous le commandement de *Sô sets* (Tsoung chỹ), qui débarqua à *Min bo fou* (Ning pho fou). Il y eut dispute entre lui et Sou sô keï au sujet de leur départ. Sou so keï sut par des présens obtenir du gouverneur d'être dépêché le premier, ce qui était injuste, puisque Sô sets était arrivé avant lui à Min bo. Offensé de la conduite de ce magistrat, il assembla ses gens, mit le feu à la ville, tua le gouverneur, et dévasta tout à la ronde. Sou so keï mit à la voile pour la cour impériale, mais il fut pris et retenu en prison; alors Sô sets partit sans obstacle pour le Japon : depuis ce temps, des corsaires japonais allèrent tous les ans piller les côtes de Min bo.

Le 1ᵉʳ du 1ᵉʳ mois de la 5ᵉ année (1525), toutes les cérémonies de la cour furent suspendues faute d'argent.

Le 4ᵉ mois, *Nisio-no Tada fousa* fut remplacé comme Kwanbak par l'Oudaïsin *Konoye-no Tane ye*.

Le 6ᵉ mois, le Konoye-no taïziô daïsin *Nao mitsi* se rendit, avec son fils le Kwanbak *Tane ye*, au temple de Kasouga, où ils restèrent pendant sept jours pour célébrer par des musiques religieuses le retour du printemps, et pour offrir des sacrifices à la divinité qui préside à cette saison.

Le 16 du 2ᵉ mois de la 6ᵉ année (1526), lorsqu'il eut achevé de bâtir le temple de Fatsman à *Iwasi midzou*, le Seogoun *Minamoto-no Yosi farou* s'y rendit; *Foso kawa-no Taka kouni* eut la garde de la montagne *Fatake yama*; *Tane naga* en garda le pied; les gouverneurs des provinces Yamasiro et Sets firent border les routes de militaires et d'officiers du Daïri. Le Seogoun avait avec lui le Daïnagon *Firo fasi-no Moro mitsi* et le Tsiounagon *Fino-no Woutsi mitsi*. Il établit sa demeure au temple Sen fo si, ce qui avait toujours été pratiqué depuis le temps de Rok won in. Le Seogoun offrit à cette occasion au temple un casque, une cuirasse, un arc, un sabre, un cheval, et d'autres objets.

Le 7 du 4ᵉ mois, le Daïri mourut dans la salle des archives, âgé de 63 ans. Il en avait régné en tout 26; savoir, 3 avec le nengo *Boun ki*, 17 avec celui de *Yeï ziô*, et 6 avec le nengo *Taï yeï*.

CVI. DAÏRI 院良奈後 GO NARA-NO IN.

(De 1527 à 1557 de J. C.)

Nengo
- 永大 *Taï yeï* (Ta young), 7ᵉ année, 1527,
- 祿亨 *Kô rok* (Heng loŭ), de 1528 à 1531,
- 文天 *Ten boun* (Thian wen), de 1532 à 1554,
- 治弘 *Kô zi* (Houng tchi), de 1555 à 1557.

Go Nara-no in (Heou Naï liang yuan), ou *Tomo fito* (Tchi jin), était fils de *Go Kassiwa bara-no in*; sa mère *Ziougo fousi ko* était fille du So Sadaïsin *Fousiwara-no Nori fide*. Il avait pris la robe virile le 4ᵉ mois de la 9ᵉ année du nengo *Yeï ziô* (1512), à l'âge de 17 ans; alors il eut le titre de Sin o. Il fut proclamé Daïri le 4ᵉ mois de la 6ᵉ année du nengo *Taï yeï*, ayant 31 ans. Le Konoye-no Oudaïsin *Tane ye* était Kwanbak, Saïzio tsiouscô *Minamoto-no Yosi farou* Seogoun, et *Foso kawa Taka kouni* Nudo ziokwan Kwanreï.

Le 9ᵉ mois, *Tokdaïsi-no Kin tane* reçut sa démission de Sadaïsin.

Le 12ᵉ mois, Yosi farou fit venir tous les archers des provinces voisines de la capitale pour tirer au but.

La 7ᵉ année (1527), le Miosi naga moto nudo *Kaï woun* vint avec une armée de la province d'Awa jusqu'à la frontière d'*Itsoumi*, pour assiéger Miyako. Fosokawa Taka kouni l'attaqua à la rivière *Katsoura gawa*, mais il fut défait. *Asakoura Taka kaghe*, prince de Yetsizen, vint au secours de Taka kouni, eut un engagement avec Miosi, et remporta la victoire.

Le 8ᵉ mois de la 1ʳᵉ année du nengo *Kô rok* (1528), le Konoye-no Kwanbak *Tane ye* devint Sadaïsin, le Kouga-no Nadaïsin *Minamoto-no Mitsi koto* Oudaïsin, et le Kiousio-no Daïnagon *Tane mitsi* Nadaïsin.

Dans le courant de cette année, Miosi troubla de nouveau le repos de Miyako. Le Seogoun se retira chez le Minbou-no zio fou de Koutsouki *Tane tsouna*, prince d'Oomi, qui descendait de Sasaki, souche des princes de Tamba actuels. Tane tsouna se dévoua entièrement au service du Seogoun, et celui-ci resta pendant toute la 2ᵉ année (1529) à Koutsouki.

Le 1ᵉʳ mois de la 3ᵉ année (1530), le Daïri envoya le Daïghekou *Kiyowarano yosi o* dans l'Oomi, pour annoncer au Seogoun la nouvelle de son avancement à l'emploi de Daïnagon et au second rang de la troisième classe. Le Seogoun avait alors 20 ans.

Le 7ᵉ mois, l'ancien Kwanbak *Kiousio-no Fisa tsoune* mourut âgé de 63 ans.

Le 6ᵉ mois de la 4ᵉ année (1531), *Miosi Kaï woun* reconnut pour maître *Farou moto*, fils de Fosokawa soumi moto, âgé de 15 ans. Il combattit *Taka kouni* à *Amaga saki* et à *Ten osi*, le défit totalement, et le mit en fuite. Taka kouni, poursuivi par les gens de Miosi, se réfugia dans la demeure d'un paysan, et se cacha dans un grand pot à l'eau [1], mais il fut découvert et mis à mort. Il y avait dans ses troupes un natif de *Sima moura*, qui était d'un courage et d'une force extraordinaires; il prit un homme sous chaque bras, et sauta avec eux dans l'eau où ils périrent. Le peuple prétend que son esprit passa dans un crabe, et à cause de cela on le nomme encore *Sima moura kani*. La tranquillité fut de nouveau rétablie à Miyako.

La 1ʳᵉ année du nengo *Ten boun* (1532), le Seogoun *Yosi farou* revint de

---

(1) On fabrique au Japon des pots si énormes que deux ou trois personnes peuvent s'y tenir sans le moindre inconvénient. On se sert généralement de ces pots dans tous les établissemens hollandais de l'Inde, et particulièrement à Batavia, pour conserver l'eau qui sert pour la table et pour d'autres usages. — Kl.

Koutsouki à Miyako. Le Foso kawa Oukio-no dayu *Farou moto* fut nommé Kwanreï. *Mio si Kaï woun*, fameux par son courage, se brouilla avec Farou moto, et fut mis à mort par ses ordres.

Le 2ᵉ mois de la 2ᵉ année (1533), *Konoye-no Tane ye* fut remplacé dans l'emploi de Kwanbak par le Nadaïsin *Kiousio-no Tane mitsi*.

Le 12ᵉ mois, *Kato fito sin o*, fils du Daïri, prit la robe virile; l'ancien Kwanbak *Nisio-no Tada fousa* lui mit le bonnet de cérémonie, et le To-no tsiou sio *Kin tomo* lui rasa les cheveux autour de la tête.

Le 11ᵉ mois de la 3ᵉ année (1534), *Kiousio-no Tane mitsi* reçut sa démission comme Kwanbak et Nadaïsin; il s'enfuit dans la province de Sets.

Le 12ᵉ mois, *Nisio-no Tada fousa* fut de nouveau nommé Kwanbak.

Le 4ᵉ mois de la 4ᵉ année (1535), *Yori farou* pria le Daïri d'accorder à *Asakoura Taka kaghe*, prince de Yetsizen, une chaise à porteurs vernissée, en récompense de ses services.

Dans le même mois, *Ye rin in gon san*, ou l'ancien Seogoun *Yosi tane*, qui était mort dans la province d'Awa, fut honoré du titre de Taïziô daïsin, et élevé au second rang de la première classe.

Le 8ᵉ mois, l'ancien Sadaïsin *Sansio-no Sane ka* devint Taïziô daïsin.

Le 12ᵉ mois, le Daïnagon *Saï yen si-no Sane nobou* fut fait Nadaïsin.

Le 2ᵉ mois de la 5ᵉ année (1536), *Go Nara-no in* fut installé Daïri et reçut les complimens d'usage; il avait différé cette cérémonie, parce que toute sa cour, ainsi que le Seogoun, avait été fort appauvrie par la guerre. L'O woutsi-no ski *Yosi taka*, fils de Yosi oki, fit les frais de cette installation.

Le 3ᵉ mois, *Take da Farou nobou*, prince de Kaï, prit la robe virile à l'âge de 16 ans. Le Seogoun lui avait permis de prendre une lettre de son nom, d'où était venu celui de *Farou nobou*. Après qu'on lui eut coupé les cheveux, il reçut le titre de *Sin ghen* (Jin hiuan). Il fut constamment en guerre avec *Ogasa wara*, prince de Sinano, avec le prince de Souwa, et avec *Mouro kami*, prince de Yetsingo.

Le 6ᵉ mois, le Daïri dépêcha le Tsiounagon *Fousiwara-no Kane fide* et l'O woutsi sakio-no dayu *Yosi taka* vers le prince de Souwa, pour lui porter le titre de Taïsaï-no daïni.

Le 7ᵉ mois, les prêtres du mont Yeïsan s'ameutèrent et effectuèrent un soulèvement à Miyako; ils y mirent le feu de tous côtés, et détruisirent aussi le temple *Nitsi ren dó* (Jy̆ lian tang) : plus de la moitié de la ville fut réduite en cendres.

Le 10ᵉ mois, *Nisio-no Tada fousa* reçut sa démission de Kwanbak; *Mitsi koto* perdit la place d'Oudaïsin, et *Sansio-no Sane ka* celle de Taïziô daïsin.

Le 11e mois, *Konoye-no Tane ye* fut de nouveau fait Kwanbak.

Le 12e mois de la 6e année (1537), *Tane ye* devint Taïziô daïsin, *Saï yen si-no Sane nobou* Sadaïsin, et le Takats kasa-no Daïnagon *Tada fou u* Oudaïsin.

La 7e année (1538), *Fosio Ousi tsouna*, prince d'Odawara, et son fils *Ousi yasou* vinrent avec huit mille hommes assiéger le château de *Kawa yets,* dans la province de Mousadzi, qui appartenait à Yama-no woutsi ouye souki *Nori masa* et à Oghi Ga yatsou ouye souki *Tomo sada*. Avec peu de forces, ils attaquèrent pendant la nuit l'armée de ces derniers, qui était d'environ quatre vingt mille hommes, et en firent un grand carnage. Tomo sada fut tué, et Nori masa s'enfuit à *Ouye no-no fira i*. Depuis ce temps, la considération qu'on avait pour la famille Ouye souki s'affaiblit. Le Kwantô se soumit à Ousi yasou, dont la sœur cadette épousa le Koga-no go zio *Farou ousi*. Fosio paya tous les frais, et *Yori soumi,* parent de Farou ousi, fit présent à Ousi yasou du château de *Ki tsoure gawa,* pour lieu de sa résidence.

Le 6e mois de la 8e année (1539), les gens de Miosi se révoltèrent, ce qui causa une grande commotion à Miyako. Le Seogoun Yosi farou se retira à *Yase-no sato,* accompagné de *Koutsouki Tane fousa.*

Le 8e mois, le Daïnagon *Itsisio-no Fousa mitsi* fut fait Nadaïsin. Il était fils du prince de Tosa, Itsisio-no Fousa ye, qui était petit-fils de Kane yosi et fils de Nori fousa. Fousa mitsi était cousin de Fou u yosi; il resta à Tosa, ennuyé des combats continuels qu'on se livrait à Miyako : Fou u yosi n'ayant point de fils, l'avait fait venir, et lui avait donné sa fille en mariage.

Le 11e mois de la 9e année (1540), *Saï yen si-no Sane nobou* reçut sa démission de la place de Sadaïsin.

Cette année, *Amago Farou fisa,* prince d'*Idzoumo,* fit la guerre à *Mori-no Moto nari*, prince d'Aki : *Amago* descendait de Sasaki, et était depuis nombre d'années prince d'Idzoumo. Il était d'un caractère violent et d'un courage à toute épreuve; il avait conquis tous les pays voisins : Moto nari était aussi son tributaire, mais il commença à se méfier de lui, ce qui occasionna une querelle, dont le résultat fut que Moto nari se soumit à l'O woutsi-no ski *Yosi taka*. Amago en fut si irrité, qu'il vint assiéger avec dix mille hommes le château de Yosida. Souye farou kata, prince et secrétaire d'O woutsi-no ski, ayant été envoyé au secours de Moto nari, attaqua l'armée d'Amago, essuya une grande perte et retourna dans son pays.

Le 1er mois de la 10e année (1541), *Takats kasa-no Tada fou u* devint Sadaïsin, *Itsisio-no Fousa mitsi* Oudaïsin, et le Nisi sansio-no daïnagon *Kin yeda* Nadaïsin. Ce dernier était fils de Sane taka et aussi grand savant que lui, fort instruit dans tout ce qui avait rapport aux affaires du Japon et de la Chine.

Le 3ᵉ mois, *Kin yeda* reçut sa démission comme Nadaïsin, et fut remplacé par le Tenborin sansio-no Daïnagon *Kin yori*.

Le 12ᵉ mois, l'O woutsi-no ski *Yosi taka* fut élevé au second rang de la troisième classe, avec le titre de Taïsaï-no daïni.

Dans le courant de l'année, le Seogoun Yosi farou alla assiéger Saka moto. Il fut accompagné dans cette expédition par *Sasaki Sada yori*.

Le 2ᵉ mois de la 11ᵉ année (1542), le Konoye-no Kwanbak *Tane ye* présenta un mémoire au Daïri.

Le 3ᵉ mois, le Takats kasa-no Sadaïsin *Tada fou u* fut nommé Kwanbak.

Le 3ᵉ mois intercalaire, il reçut sa démission de Sadaïsin; l'Itsisio-no Oudaïsin *Fousa mitsi* le remplaça; le Nisi sansio saki-no Nadaïsin *Kin yeda* fut fait Oudaïsin.

Au printemps de cette année, l'Owoutsi-no ski *Yosi taka*, accompagné de *Souye Farou kata*, prince d'Owari, et de *Mori-no Moto nari*, entra avec une armée dans la province d'Idzoumo, pour assiéger le château de *Tomida*, appartenant à *Amago Farou fisa*. Comme ce château était très-fort, les alliés ne parvinrent pas à s'en rendre maîtres.

Le 5ᵉ mois, l'armée d'O woutsi fut mise en fuite; *Moto*, qui commandait l'arrière-garde, empêcha que Yosi taka ne fût fait prisonnier par Amago; mais *Sintski*, fils d'Itsisio dono, prince de *Tosa*, que Yosi taka, qui n'avait point de fils, avait adopté, fut pris et mourut. Ensuite Moto nari se rendit à Souwa pour se consulter avec Yosi taka. Le secrétaire de celui-ci, Souye-no Farou kata, croyant que ces entreprises cachaient quelque mauvais dessein, se brouilla avec son maître; Moto nari en étant informé, retourna à son château d'Yosida, dans le Aki, pour y attendre qu'il se fît quelque changement de concert avec Farou kata.

Le 8ᵉ mois, *Ima gawa Yosi moto*, prince de Sourouga, conquit la province de Totomi; de là il entra dans celle de Mikawa, livra bataille à l'Oda-no dansio-no tsiou *Nobou fide*, prince d'Owari, et fut défait.

Le 26ᵉ jour du 12ᵉ mois naquit *Minamoto-no Ye yasou* [1] à *Oka saki*, dans la province de Mikawa. Il descendait en vingt-sixième ligne du 56ᵉ Daïri Seï wa ten o. Le petit-fils de *Fatsman taïro Yosi ye* fut le Zô tsin seou fou Seogoun nida oye-no ski *Yosi sighe*; le fils de celui-ci fut *Yosi souye*. Ce ne fut que seize générations après lui que la famille de Seï wa ten o reprit de la considération. Le père de Ye yasou était le Sô-no Daïnagon *Firo tada*, et sa mère Dentsou in den était fille du Mitsou-no ouyemon-no dayu *Tada masa*.

(1) Ce fut lui qui accorda à la compagnie hollandaise des Indes la première permission de trafiquer au Japon. — Kʟ.

Le 7ᵉ mois de la 12ᵉ année (1543), *Nisi sansio-no Kin yeda* fut remplacé comme Oudaïsin par le Nadaïsin *Kin yori;* le Daïnagon *Imade gawa-no Kin fiko* devint Nadaïsin.

Le 2ᵉ mois de la 13ᵉ année (1544), *Nisi sansio saki-no oudaïsin Kin yeda* se rasa la tête à l'âge de 58 ans, et prit le nom ecclésiastique de *Só gokf so mio in;* son père Zio yo in nudo était mort la 6ᵉ année du nengo *Ten boun* (1537).

Le 7ᵉ mois, il y eut une grande inondation à Miyako et dans les environs.

Le 6ᵉ mois de la 14ᵉ année (1545), *Takats kasa-no Tada fou u* reçut sa démission de Kwanbak; le Sadaïsin *Itsisio-no Fousa mitsi* lui succéda, et vint à cet effet de la province de Tosa à Miyako. L'Oudaïsin *Sansio-no Kin yori* fut remplacé par le Nadaïsin *Imade gawa-no Kin fiko,* et le Nisio-no Sadaïsio *Farou yosi* devint Nadaïsin.

Fousa mitsi se rendait habituellement de Miyako dans le Tosa, où le plus jeune de ses frères, Fousa fouou, demeurait. Il lui fit accorder le titre de Tosa-no Itsisio. Un grand nombre des officiers du Daïri, dégoûtés du séjour de Miyako, à cause des guerres continuelles, se rendirent dans d'autres provinces. C'est ainsi que l'ancien Kwanbak *Nisio-no Tada fousa* alla d'abord dans le Bingo, et puis dans le Souwa, où il demanda une demeure à l'Owoutsi-no ski. L'ancien Kwanbak Tane mitsi se rendit dans le Sets, ensuite dans le Farima; l'Oudaïsin *Sansio-no Kin yori* et le Daïnagon *Asakaï-no masa tsouna* allèrent demeurer dans le Yetsizen. Tous ces grands venaient de temps en temps à Miyako. Le Rese daïnagon *Tame kazou* resta dans le Sourouga, et plusieurs autres dans le Kwantô, l'Ize et le Mino, où ils avaient demandé un asile aux princes; ceux qui continuèrent de vivre à Miyako furent obligés de chercher matin et soir de quoi manger chez des particuliers.

Le 1ᵉʳ mois de la 15ᵉ année (1546), le Kwanbak *Itsisio-no Fousa mitsi* fut remplacé comme Sadaïsin par *Sansio-no Kin yori;* mais celui-ci reçut aussi sa démission le 3ᵉ mois, et fut remplacé par *Imade gawa-no Kin fiko; Nisio-no Farou yosi* devint Oudaïsin, et le Made-no koudzi-no Daïnagon *Fousiwara-no Fide fousa* Nadaïsin.

Le 7ᵉ mois, Fide fousa fut destitué, et le Daïnagon *Itsisio-no Kane fouou* devint Nadaïsin.

Le même mois, *Yosi fousi,* fils du Seogoun Yosi farou, obtint, à l'âge de 11 ans, le second rang de la cinquième classe.

Le 18 du 12ᵉ mois, son père le conduisit au temple *Saka moto;* ils logèrent chez *Ki-no sita,* grand prêtre du temple *Fiyosi.* Yosi fousi y prit la robe virile. Le Sasaki Dansio-no siofitsou *Sada yori* lui mit le bonnet de cérémonie, et le lendemain le Foso kawa Takats kasa-no daïgo *Farou tsoune* lui rasa les cheveux autour de la tête.

Le 20, *Yosi fousi* fut proclamé Zeï daï Seogoun, et eut le premier rang de la cinquième classe, avec le titre de Sama-no kami. Son père fut nommé Oudaïsin; il en reçut la nouvelle par le Daïnagon *Firo fasi-no Kane fio*, qu'il récompensa par un présent.

A cette époque, on était en grande crainte à Miyako; car *Foso kawa Farou moto* et les parens de Miosi menaçaient cette ville, de la province de Sets. Les affaires ne se firent pas dans la capitale, mais à *Saka moto*.

Le 2ᵉ mois de la 16ᵉ année (1547), l'O woutsi-no ski *Yosi taka* envoya un vaisseau avec un tribut à l'empereur des Taï ming de la Chine. Il avait été chargé par Rok won in de fournir des présens pour l'étranger; dans ce but il avait reçu un sceau du Seogoun, et avait construit ce vaisseau dans la province de Souwa; il l'envoya avec un prêtre en qualité d'ambassadeur.

Dans le même mois, *Imade gawa-no Kin fiko* fut remplacé comme Sadaïsin par *Nisio-no Farou yosi*. *Itsisio-no Kane fouou* devint Oudaïsin, le Daïnagon Konoye-no *Farou tsougou* Nadaïsin, et le Seogoun *Minamoto-no Yosi fousi* fut nommé Sanghi et général moyen de la gauche.

Le 3ᵉ mois, *Foso kawa Farou moto* vint avec un parent de Miosi assiéger Miyako; le Seogoun et son père se retirèrent au château de Sirokawa.

Le 4ᵉ mois, *Farou moto* marcha avec toutes les troupes du Sikokf sur *Figasi yama*, mit tout en feu dans les environs du château de *Kita Siro kawa*, et se rendit de là dans la province de Sets.

Le 7ᵉ mois, il entra dans Miyako, et s'établit dans le temple *Zió kokf si*: son beau-père, le Sasaki dansio *Sada yori*, vint à son secours avec une armée considérable de la province d'Oomi; alors il investit le château de *Kita Siro kawa*; les deux Seogoun y mirent le feu et se sauvèrent de nouveau à Saka moto. Dans la suite, Farou moto et Sada yori se rendirent à Saka moto et demandèrent pardon.

Le 6ᵉ mois de la 17ᵉ année (1548), Yosi farou et Yosi fousi retournèrent à Miyako. Farou moto fut fait Kwanreï.

Le 12ᵉ mois, Itsisio-no Fousa mitsi fut remplacé comme Kwanbak par le Sadaïsin *Nisio-no Farou yosi*.

Dans la même année, l'Owoutsi-no ski *Yosi taka* obtint le second rang de la deuxième classe.

Le 3ᵉ mois de la 18ᵉ année (1549), le prince de Tsikouzen *Miosi-no Naga yosi* et *Miosi Zosan* se querellèrent de nouveau dans la province de Sets. Farou moto porta du secours au dernier; Naga yosi, irrité, détruisit le château de

Naka sima appartenant à Zosan, qui se retira dans celui de *Yeba;* Farou moto resta dans le château de Miyake, où son beau-père Sada yori promit de venir à son secours.

Ziro Ousi tsouna, fils de Fosokawa Taka kouni, vint avec les troupes des provinces Yamato et Kawatsi à l'aide de Naga yosi, et campa dans les environs du château de Naka sima. Naga yosi était petit-fils de Siwoun et fils de Kaïwoun.

Le 6ᵉ mois, Zosan partit du château de *Yeba* pour investir *Ye ousi.* Naga yosi et son frère cadet le Sogou minbou *Katsou masa* entourèrent le château de Miyake, et vinrent pour dégager Ye ousi. Zosan tomba en combattant : Farou moto se sauva en secret à Miyako. Le Sakio-no dayu *Yosi kata,* fils de Sasaki Sada yori, était en marche avec trente mille hommes pour venir à son secours; mais ayant appris sa défaite, il retourna dans son pays. Les Seogoun père et fils se retirèrent avec Farou moto à *Saka moto.*

Le 7ᵉ mois, *Miosi Naga yosi* arriva à Miyako, et examina avec soin la situation de la ville et de ses environs; puis il retourna avec ses troupes dans le Sets, laissant Miyako sous la garde de l'Akamats dansio *Fisa fide.*

Le 12ᵉ mois, l'ancien Seogoun *Yosi farou* tomba malade. Cette année, le prince de *Bingo oda-no Nobou fide,* dans l'Owari, mourut, laissant pour héritier son fils le Kasousa-no ski *Nobou naga.* Il avait vaincu tous ses ennemis dans les provinces voisines, et avait rendu par là son nom fameux et redoutable.

Le 2ᵉ mois de la 19ᵉ année (1550), Farou moto et Sada yori finirent la construction d'un château sur le mont *Niyo iga dake.*

Le 3ᵉ mois, Yosi farou quitta Saka moto pour s'établir dans ce nouveau château; mais étant tombé fort malade en route, il resta long-temps dans la montagne *Anawo-no yama,* de la province d'Oomi.

Le 4 du 5ᵉ mois, l'ancien Zeï daï Seogoun et Daïnagon Kin oudaïsio *Minamoto-no Yosi farou* mourut dans les montagnes Anawo-no yama, âgé de 40 ans. Il reçut le titre honorifique de *Man sio in;* le Daïri lui conféra celui de Sadaïsin et le second rang de la première classe. Il avait gouverné depuis la 1ʳᵉ année du nengo *Taï yeï,* ou pendant 30 ans. Son fils *Yori fousi* resta long-temps dans le temple *Fiye tsouzi-no Foú sen si,* où *Farou moto, Sada yori* et *Yosi kata* étaient de garde auprès de lui.

Le 11ᵉ mois, *Miosi-no Naga yosi* marcha du Sets sur Miyako, mit le feu à Figasi yama, et se rendit de là à *Oots* et à *Matsou moto,* où il défit les troupes de Farou moto.

Le 3ᵉ mois de la 20ᵉ année (1551), *Miosi-no Naga yosi* leva une contribution foncière sur les habitans de Miyako.

Le 7ᵉ mois, un officier de *Farou moto* s'étant établi au temple Ziô kokf si, *Naga yosi* s'y rendit et y mit le feu.

Le 8ᵉ mois, le prince d'Owari *Souye-no Farou kata*, secrétaire d'Owoutsi-no ski *Yosi taka*, se révolta. *Yosi taka* s'enfuit dans la province d'Iwami, pour obtenir du secours de *Masa yori*; il fut poursuivi par tous les gens de *Farou kata*.

Le 1ᵉʳ du 9ᵉ mois, il se donna la mort à l'âge de 43 ans, dans le temple *Fouka gawa daï neï si*, dans le Nago to. Le Reï sen-no fankwan *Kasa toyo*, un de ses officiers, et dix de ses compagnons suivirent son exemple. L'ancien Kwanbak *Tada fousa*, l'ancien Sadaïsin *Sansio-no Kin yori*, et le Satsiousio *Fousi wara-no Yosi toyo*, qui pour se soustraire aux troubles de Miyako s'étaient retirés au château de Yosi taka, furent tous mis à mort; il n'y eut que le Tsiounagon *Fousi wara-no Moto yori* et Oufio ye-no kami *Fousi wara-no Tsika yo*, qui s'étant rasé la tête, se sauvèrent par la fuite.

Depuis long-temps *Souye Farou kata* avait promis à *Odomo Zo rin*, prince de Boungo, de faire revenir son frère cadet, le Zanbro-no *Yosi naga*, à *Yama outsi*, dans le Souwa; à cette époque, il envoya *Souye Awa-no kami* pour l'y conduire, et chargea Yosi naga du commandement de tous les peuples dans le Souwa et les provinces voisines. Dans toute cette affaire, il n'avait agi que de son chef; c'est pourquoi, en craignant les suites, il se rasa la tête et prit le nom de *Zen kiô*.

A la mort de Yosi taka, le sceau qu'on apposait aux passe-ports des vaisseaux qui allaient du Japon en Chine se perdit, ce qui fut cause que les communications par mer entre les deux pays se trouvèrent suspendues.

A cette époque, les vaisseaux des 蠻南 *Nanban*, ou Barbares du Sud (les Portugais), commencèrent à venir au Japon, et la secte de *Yeso* (le Christianisme) s'y répandit. Odomo Zo rin suivit les préceptes de cette secte.

Dans la même année, *Fosio Ousi yazou*, prince de Sagami, détruisit le château de Fira o, dans la province de Kootsouke. *Ouye souki Nori masa* s'enfuit dans le Yetsingo; mais son fils *Tatsou waka* fut pris et mis à mort. Nori masa demanda l'assistance du Naga o kaghe tora nudo *Ken zin*, prince du Yetsingo, pour se défaire de Fosio. Il lui offrit de lui céder ses titres et toutes ses possessions, afin de réparer par là sa disgrace, mais il ne put y réussir, car Fosio était soutenu à peu près par tous les chefs du Kwantô, malgré ses guerres continuelles avec *Ima gawa Yosi moto*, prince de Sourouga, avec *Takeda Sin ghen*, prince de Kaï, *Naga o Kaghe tora*, prince du Yetsingo, *Sa tomi*, prince de l'Awa, *Sadaki Yosi sighe*, prince de Fitats, et *Asina-no Mori taka*, prince d'Aï zou.

A cette époque, outre la guerre du Kwantô, il y en eut une autre entre *Asa koura*, prince de Yetsizen, *Fatake yama*, prince de Noto, *Toki Saïtou*, prince de

Mino, *Oda-no Nobou naga*, prince d'Owari, *Kita fatake*, prince d'Izé, *Sasaki Sada yori*, prince d'Oomi, et *Yosi kata*. Elle ravagea les cinq provinces de la cour, les provinces méridionales sur le bord de la mer, où Miosi et Matsou naga résidaient; le Farima, le Bizen et le Mimasaka, gouvernés par Akamats et par Oukita; le pays central, régi par Souye Zen kio Mori Moto nari, Amago Farou fisa et Yorimi Masa yori ; les provinces de Boungo et de Fizen, qui étaient sous Odomo Zo rin et sous Riouzosi Taka nobou; enfin celles de Satsouma et d'Osoumi, sous Simasou Yosi fisa, éprouvèrent le même sort.

Le 1ᵉʳ mois de la 21ᵉ année (1552), le Seogoun *Yosi fousi* se rendit de Saka moto à Miyako; Fosokawa Farou moto se rasa la tête, et s'enfuit du village *Katada*.

Le 2ᵉ mois, *Foso Kawa Ousi tsouna* et son frère cadet *Fousi kata*, accompagnés de *Miosi Naga yosi*, marchèrent de Sets sur Miyako.

Le 3ᵉ mois, *Ousi tsouna* obtint le titre d'Oukio-no dayu, et son frère celui d'Ouma-no kami. On choisit les Kwanreï tour à tour dans leurs familles. Quoiqu'ils eussent le titre de Kwanreï, leur splendeur cependant tomba d'une année à l'autre, tandis que celle des Miosi s'étendit par tout l'empire. *Miosi Naga yosi* résida constamment dans le Sets; le Matsou naga dansio *Fisa fide*, un de ses officiers, le représentait à Miyako ; il y était aussi respecté que son maître.

Le 12ᵉ mois, le Kwanbak *Nisio-no Farou yosi* reçut sa démission de la place de Sadaïsin.

Le 1ᵉʳ mois de la 22ᵉ année (1553), il fut également remplacé comme Kwanbak par l'Oudaïsin *Itsi sio-no Kane fou u*. Ce dernier devint aussi Sadaïsin ; le Nadaïsin *Konoye-no Farou tsougou* fut fait Oudaïsin, et le Daïnagon *Saï yen sino Kin tomo* Nadaïsin.

Le 7ᵉ mois, le Seogoun permit à Foso kawa Farou moto de revenir à Miyako.

Le 8ᵉ mois, le prince de Tsikouzen *Miosi-no Naga yosi* marcha avec vingt mille hommes sur Miyako; le Seogoun Yosi fousi et Farou moto se sauvèrent dans le Tamba; cependant ils revinrent quatorze jours après à la cour.

Le 2ᵉ mois de la 23ᵉ année (1554), l'Itsisio-no Kwanbak *Kane fou u* mourut âgé de 26 ans.

Dans le même mois, le nom du Seogoun *Yosi fousi* fut changé en celui de *Yosi terou*.

Le 3ᵉ mois, l'Oudaïsin *Konoye-no Farou tsougou* fut nommé Kwanbak et Sadaïsin; son nom fut changé en celui de *Saki tsougou*.

Le 4ᵉ mois, *Saï yen si-no Kin tomo* devint Oudaïsin, et le Daïnagon Okimats sansio-no *Kin mitsi* Nadaïsin; mais celui-ci refusa cette place.

Le 1ᵉʳ mois de la 1ʳᵉ année du nengo *Kô zi* (1555), la guerre commença entre *Mori Moto nari*, prince d'Aki, et *Souye Zen kio*, prince de Souwa.

Le 11ᵉ mois, Moto nari vint à l'improviste investir Zen kio, et le défit. Zen kio se suicida; *Odomo-no Yosi naga*, qui s'était rendu à lui, suivit son exemple.

Moto nari conquit alors les provinces de Souwa et de Nagoto. Il eut quatre fils, qui tous étaient très-habiles dans l'art militaire; l'aîné était *Taka moto*, le second *Kitsou kawa Moto farou*, le troisième *Foda Moto kiyo*, et le quatrième *Kabaya gawa Taka kaghe*.

Moto nari attaqua aussi *Oukida Nao ye*, prince de Bizen, qui demanda la paix. Il retourna alors dans son pays, chargea son fils aîné *Taka moto*, qu'il laissa à Souwa, de défendre cette province contre Odomo Zo rin, prince de Boungo, et marcha lui-même avec Moto farou et Taka kaghe contre l'Idzoumo pour assiéger le château de Tomida. Là, ils s'engagèrent dans une guerre contre *Amago Farou fisa*, qui dura très-long-temps.

Le 7ᵉ mois de la 2ᵉ année (1556), un ambassadeur nommé *Teï siun kou* (Tching chun koung) arriva de la Chine dans le Boungo. Il apporta une lettre par laquelle on faisait savoir à Miyako que les corsaires du pays de Tsoukousi commettaient de grandes déprédations sur les côtes de la Chine; le Daïri le renvoya avec une lettre en réponse.

Le 9ᵉ mois de la 3ᵉ année (1557), le Kwanbak *Konoye-no Saki tsougou* fut remplacé comme Sadaïsin par *Saïyen si-no Kin moto*. Le Kwasan-no in *Ye souke* devint Oudaïsin, et le Daïnagon *Firofasi-no Kane fide* Nadaïsin.

Le 5 de ce mois, le Daïri mourut âgé de 62 ans, après avoir régné pendant 31 ans, dont 1 avec le nengo *Taïyeï*, qui était le dernier de son prédécesseur, 4 avec celui de *Kô rok*, 23 avec le nengo *Ten boun*, et 3 avec celui de *Kô zi*.

CVII. DAÏRI 正親町院 O KI MATSI-NO IN.

Nengo
- 永祿 *Yeï rok* (Young loŭ), de 1558 à 1569,
- 元龜 *Ghen ki* (Yuan koucï), de 1570 à 1572,
- 天正 *Ten ziô* (Thian tching), de 1573 à 1586.

O KI MATSI-NO IN (Tching thsin thing yuan), nommé auparavant *Kata fito* (Fang jin), était fils de *Go Nara-no in* : sa mère la Soou Kogou *Yosi ko* était fille du Sanghi *Fousi wara-no Kata fousa*. Lorsque Kata fito succéda à son père, le 27 du 11ᵉ mois de la 3ᵉ année du nengo *Kô zi*, il avait 42 ans.

La 1re année du nengo *Yeï rok* (1558), *Miosi* et *Matsou naga* se révoltèrent; le Seogoun *Minamoto-no Yosi terou* et *Foso kawa-no Farou moto* s'enfuirent dans le Kootsouke.

Le 9e mois, Yosi terou et Farou moto quittèrent Saka moto, et firent flotter leur pavillon sur le château du mont *Sió goun san;* ils engagèrent une bataille avec *Matsou naga dansio* à *Siro kawa.*

Le 11e mois, *Naga yosi* fit la paix avec le Seogoun, qui retourna à Miyako. Farou moto, qui avait été pris, fut exilé à *Akouta gawa,* où il mourut plusieurs années après.

Le 5e mois de la 2e année (1559), *Naga o Kaghe tora,* prince du Yetsingo, arriva à Miyako; il se fit présenter au Seogoun, qui, à sa demande, le nomma Kwanreï ou régent du Kwantô. Il lui permit encore de prendre une lettre de son nom, de sorte que le prince fut nommé depuis *Terou tora.* Après un séjour de quelques mois à Miyako, il retourna dans son pays.

Le 1er mois de la 3e année (1560), le Daïri fit proclamer partout son avènement au trône, et en reçut les complimens. Les frais de ces cérémonies furent supportés par *Mori Moto nari,* prince d'Aki, qui en récompense fut gratifié du titre de Daïsin-no daïbou, et reçut la permission de porter dans ses armes le Kibou et le Kiri du Daïri. Plus tard il obtint aussi le titre de prince de Mouts, étant un descendant d'*O i-no Firo moto,* dont le titre avait été Daïsin-no daïbou, prince de Mouts.

Le 5e mois, *Ima gawa Yosi moto* se porta de la province de Sourouga sur l'Owari; à *Oke basa ma,* près de Naroumi, il se battit contre *Oda-no Nobou naga,* mais il fut vaincu et tué : Nobou naga se rendit maître alors de toute la province d'Owari.

Ye yasou, à cette même époque, arriva dans la province de Mikawa, et fit son séjour au château d'*Okasaki.*

Le 9e mois, le Kwanbak *Konoye-no Saki tsougou* se rendit dans le Yetsingo et y resta. Ce fut le premier exemple d'un Kwanbak en fonction quittant la cour pour aller s'établir dans une autre province.

Le 10e mois, le nom de *Naga o Terou tora* fut changé en celui de *Ouye souki Terou tora;* il se rendit du Yetsingo dans la partie orientale de l'empire, où il fit annoncer son élévation à la charge de régent. En attendant il fit démolir, dans la province de Kootsouke, les châteaux *Noumata, Maya basi* et *Nawa.*

Le 1er mois de la 4e année (1561), le prince de Tsikouzen *Yosi naga,* fils du Miosi zuri-no dayou *Naga yosi,* arriva à Miyako, et fut présenté au Seogoun; il y bâtit un nouveau palais, et invita le Seogoun à venir le voir, ce que celui-ci lui promit.

Le 3ᵉ mois, *Naga yosi* vint à Miyako, du château d'*Imori* dans la province de Kawatsi.

Le 30 du mois, le Seogoun ordonna les préparatifs nécessaires pour sa visite à Yosi naga, qui lui donna un festin accompagné de danses et de représentations scéniques.

Yosi naga était un homme d'une grande capacité; le Matsou naga dansio *Fisa fide* qui lui était attaché, voyant qu'il était difficile de le contenter, le fit périr par le poison. Naga yosi, étant d'un âge fort avancé, avait adopté le fils de son frère cadet *Yosi tsougou*; l'influence de Matsou naga augmenta de beaucoup après la mort de Yosi naga.

Au printemps de cette année, *Ouye souki Terou tora* vint avec les troupes du Kwantô assiéger le château d'Odawara; il livra bataille à *Fosio Ousi yasou*, et poussa jusqu'aux portes du château, qui était dans un mauvais état. Mais au lieu d'en presser le siége avec vigueur, il alla au temple *Tsourouga oka* à *Kama koura*. *Narita Naga yasou*, un de ses officiers, s'étant permis quelques incivilités envers lui, Terou tora le frappa de son éventail au visage, ce qui l'offensa au point que Naga yasou retourna à son château, et se révolta. Alors toutes les troupes du Kwantô abandonnèrent Terou tora, qui fut obligé de retourner dans le Yetsingo. Son armée se soumit à *Ousi yasou*, prince d'Odawara.

En automne, *Terou tora* marcha contre les provinces de Kootsouke et de Sinano.

Le 10 du 9ᵉ mois, il livra, à *Kama-no kasima*, bataille à *Takeda Sin ghen*, prince de Kaï. La victoire n'ayant pas été décidée, chacun d'eux retourna dans son pays.

Au printemps de la 5ᵉ année (1562), il éclata une guerre entre *Mori Moto nari*, prince d'Aki, et *Odomo So rin*, prince de Boungo. Le Seogoun dépêcha le grand prêtre *Siô go in Mon zek Doteo* vers le premier, et le Kouga-no Daïnagon *Minamoto-no Mitsi oki*, officier du Daïri, à l'autre, pour rétablir la bonne harmonie entre eux. Ils y réussirent heureusement : Tero moto, l'aîné des petits-fils de Moto nari, fut fiancé à une fille d'Odomo, ce qui mit fin à la guerre.

Le Kwanbak *Konoye-no Saki tsougou* revint cette année de la province de Yetsingo à Miyako; son nom fut changé en celui de *Saki fisa*.

Le 1ᵉʳ mois de la 6ᵉ année (1563), *Sa tomi*, prince de l'Awa, et *Oda san rok*, prince de Mousadzi, combattirent dans la province de Mousadzi contre *Fosio Ousi yasou*, prince d'Odawara, et contre son fils *Ousi masa*, à *Ko fou no taï*. Sa tomi fut défait.

Le 12ᵉ mois, le Sansio-no Seoumiô in nudo *Seo gakf* mourut âgé de 77 ans.

Dans la même année, *Mori Moto nari* démolit le château de *Tomida* dans l'Idzoumo; *Amago Farou fisa* se soumit alors à lui. Moto farou et Taka kaghe, fils de Moto nari, voulurent mettre Amago à mort; leur père les en empêcha et lui accorda la vie; mais il le tint confiné dans la province d'Aki. Moto nari assiégeait le château de Tomida depuis la 2ᵉ année du nengo *Kô zi*, ou depuis 7 ans, quand Amago se rendit.

Moto nari gouverna alors les provinces Aki, Souwa, Nagoto, Bitsiou, Bingo, Inaba, Foki, Idzoumo, Oki et Iwami, ce qui lui fit donner le nom de *Zio siou-no taïziou* ou commandant de dix contrées. Plus tard il fit la guerre à *Odomo*, prince de Boungo; il attaqua aussi le Si kokf, et *Oukita Nao ye*, prince de Bizen, avec lequel il était tous les ans en guerre. Mais se trouvant alors trop âgé, il avait envoyé ses fils Moto farou et Taka kaghe pour le combattre. Nao ye avait été autrefois officier d'Akamats, qu'un autre de ses officiers, nommé *Woura kami*, avait chassé, et qui s'était mis en possession des provinces de Farima, Mimasaka et Bizen. Nao ye ayant tué Woura kami, s'empara de ces contrées.

La 7ᵉ année, *Oda-no Nobou naga* fit la conquête de Mino, et mit à mort le prince *Saïtou Tatsou oki* et ses parens. Il quitta sa demeure de *Kiyosou*, dans la province d'Owari, et bâtit un nouveau château à *Ghi fou*, dans le Mino, où il s'établit.

Le 5ᵉ mois de la 8ᵉ année (1565), le respect que l'on avait pour le Seogoun *Minamoto-no Yosi terou* s'affaiblit, tandis que le pouvoir de *Miosi* et de *Matsou naga* augmenta de jour en jour. Ces deux chefs agirent en tout d'après leur bon plaisir, et on disait que le Seogoun, irrité de leur conduite, avait résolu de les faire mettre à mort.

Le 19 de ce mois, le Miosi sakio-no dayu *Yosi tsougou* et le Fioye-no ski *Fisa mitsi*, fils du Matsou naga dansio, marchèrent en grande force sur le palais du Seogoun, l'investirent et défirent ses troupes. Le Seogoun se défendit bravement, mais voyant qu'il n'était pas en état de leur résister, il mit le feu au palais, et se donna la mort. Il avait alors 30 ans. Sa mère *Keïziu in* périt de même dans les flammes.

Yosi terou avait deux frères cadets : l'un, nommé *Gakf keï*, était grand prêtre du temple *Itsisio in* à Nara; l'autre, nommé *Siuko*, occupait la même place dans le temple de *Kok won si* à Miyako. Miosi et Fisa mitsi firent venir ce dernier et l'assassinèrent en route. Sur cette nouvelle, Gakf keï s'enfuit, traversa la montagne *Katsouga yama*, et vint dans la province d'Oomi, où il demanda un asile au prince *Sasaki Yosi kata nudo Zio teï*. Il laissa alors croître ses cheveux et prit le nom de *Yosi aki*.

Le 6ᵉ mois, feu le Seogoun Yosi terou fut honoré du titre de Sadaïsin et du second rang de la première classe. Il reçut le titre honorifique de *Kou ghen in*. Dès la 15e année du nengo *Ten boun*, il avait été nommé Seogoun; mais il ne commença à gouverner que dans la 19e année, par conséquent son administration dura seize ans. Il descendait de Taka ousi, qui vint à Miyako, la 2e année du nengo *Ken mou* (1335), devint Seogoun, et eut treize successeurs tous fils ou cousins, qui ensemble ont régné 231 ans.

Le 12e mois de la 9e année (1566), *Minamoto-no Yosi ghieï* fut avancé en grade.

Le 8e mois de la 10e année (1567), *Yosi mi*, fils de Sasaki *Ziö teï*, se lia secrètement avec *Miosi* pour tuer *Yosi aki*. Celui-ci, informé de leur dessein, se sauva dans la province de Wakasa, et demanda la protection du prince *Takeda Yosi tsougou* contre Miosi. Sa demande ayant été refusée, il se rendit dans le Yetsizen, où il se réfugia chez l'Asakoura ouyemon-no kami *Yosi kaghe*, chez lequel il resta long-temps.

Le 2e mois de la 11e année (1568), le Sama-no kami *Minamoto-no Yosi ghieï* devint Seogoun et prit le nom de *Yosi naga*.

Le 5e mois, la paix fut faite entre *Ouye souki Kensin* et *Fosio Ousi yasou*. Kensin adopta le plus jeune des fils d'Ousi yasou.

Le 7e mois, *Yosi aki* envoya du Yetsizen le Foso kawa fiobou-no dayu *Fousi taka* et l'O i-no nakatsan dayu *Kiyo nobou* comme ambassadeurs à *Oda-no Nobou naga*, dans la province de Mino, pour l'engager à faire périr Miosi. Nobou naga le promit, et les renvoya accompagnés de *Fouwa*, prince de Kawatsi, et de *Azaï Naga masa*, prince de Bizen, pour prendre Yosi aki et le conduire au château *Ghi fou*.

Le 8e mois, Nobou naga se mit en marche pour la province d'Oomi, et envoya à *Sasaki Zio teï* l'ordre de faire mourir Miosi. Mais Zio teï n'y fit aucune attention.

Le 9e mois, Nobou naga attaqua Zio teï avec deux forts corps d'armée, et démolit ses deux châteaux *Mitsou kouri* et *Wada*. Zio teï et son fils *Yosimi* s'enfuirent du château *Kwan on si*, qui, ainsi que tous les autres de la province Oomi, fut détruit. Yosi aki arriva de Ghi fou à *Mouri yama* dans l'Oomi.

Le même mois, le Seogoun de Miyako *Minamoto-no Yosi ghieï* (ou *Yosi naga*) mourut d'une maladie contagieuse.

Le 28 de ce mois, Yosi aki arriva avec Nobou naga à Miyako : le premier s'établit dans le temple de *Kiomitsi*, l'autre dans celui de *Tofouksi*.

Le 10e mois, Yosi aki et Nobou naga marchèrent sur la province de Sets, où ils firent exécuter Miosi. Le Matsou naga dansio *Fisa fide*, un de ses principaux officiers, et les parens de Miosi se soumirent. La paix étant ainsi rétablie, ces deux chefs retournèrent à Miyako. Yosi aki y logea au temple de *Koksio fonkoksi*, Nobou naga dans celui de *Kiyo midzou si*.

Le 18 de ce mois, *Yosi aki* fut nommé Zeï daï Seogoun, Sanghi et général moyen de la gauche, avec le second rang de la quatrième classe.

Le 11e mois, le Kwanbak *Konoye-no Saki fisa* ne plaisant pas au Seogoun, reçut sa démission, et fut remplacé par *Nisio-no Farou yosi*, qui avait déjà eu cet emploi.

Le 12e mois, *Sane fito*, fils du Daïri, reçut le titre de *Sin o*. Il prit alors la robe virile; *Fou u yosi* lui plaça le bonnet de cérémonie sur la tête, et *Tsoune moto a sin* lui coupa les cheveux.

Dans le même mois, *Ousi sane*, fils d'*Ima gawa Yosi moto*, prince de Sourouga, fut vaincu par *Takeda Sin ghen*, prince de Kaï, qui conquit toute la province. *Fosio Ousi masa*, prince d'Odawara, envoya une armée au secours d'Ousi sane, ce qui causa une longue guerre entre Fosio et Takeda.

Le 1er mois de la 12e année (1569), les adhérens de Miosi firent éclater une émeute à Miyako; le Seogoun *Yosi aki* les chassa de cette capitale : *Nobou naga* y arriva de Ghi fou, et y fit construire un nouveau château, pour servir de résidence au Seogoun.

Le 5e mois, il retourna à Ghi fou. *Kinotsita takitsro Fide yosi* resta à Miyako, pour la garde du Seogoun. Fide yosi était né dans le village *Naka moura*, du district d'Aitsi de la province d'Owari. Il était de basse extraction; il avait d'abord servi Matsou sita Ouki tsouna dans la province de Totomi. Dans la 1re année du nengo *Yeï rok*, Nobou naga l'engagea à son service; ce fut par le courage supérieur que Fide yosi montra dans plusieurs combats, qu'il s'éleva par degrés au poste éminent qu'il occupait alors.

Le 6e mois, *Yosi aki* obtint le second rang de la troisième classe et devint Daïnagon.

Le 8e mois, Nobou naga fit la guerre à *Kita batake-no Tomo nori*, prince d'Ize, et le vainquit. *Nobou wo*, second fils de Nobou naga, épousa la fille de Tomo nori, à qui l'on rendit cette province. Cependant Nobou naga le fit mourir plus tard.

Le 10e mois, *Takeda Sin ghen* se mit en marche pour le Kwantô; il livra, près de la montagne *Mimasou yama*, une bataille à Fosio, prince d'Odawara, et le défit.

Le 11e mois, Nobou naga arriva à Miyako, pour bâtir un nouveau palais au Daïri.

Dans la même année, *Ye yasou* s'établit au château de *Famma mats*, dans le Totomi; les provinces Mikawa et Totomi furent constamment en guerre.

Quand Nobou naga assiégeait quelque place, Ye yasou lui envoyait souvent des secours.

Le 4ᵉ mois de la 1ʳᵉ année du nengo *Ghen ki* (1570), Nobou naga entra dans le Yetsizen, pour faire mourir *Asakoura Yosi kaghe*, et pour démolir les châteaux de la montagne *Tesoutsou-no yama* et *Kanega saki*. A cette époque, *Asaï Naga masa*, prince de Bizen et beau-frère de Nobou naga, se révolta et fit occuper toutes les routes. Nobou naga, fort embarrassé, fit investir Asakoura par *Fide yosi*, et se rendit par la vallée de *Ketsouki dane* à Miyako. Ye yasou couvrit son arrière-garde.

Le 5ᵉ mois, Nobou naga se rendit à son château de Ghi fou. Quand il traversa la montagne *Tsi kousa goye*, So ghi tane Senziou bô tira sur lui par ordre de Sasaki Zio teï avec un fusil chargé de deux balles; heureusement les balles traversèrent ses manches sans le blesser; il échappa comme par miracle, et arriva chez lui sain et sauf.

Le 6ᵉ mois, *Asai Naga masa* et *Asakoura Yosi kaghe* livrèrent à Nobou naga bataille à *Ane gawa*, dans la province d'Oomi. Ye yasou vint à son secours, et lui fit remporter la victoire.

Dans le même mois, *Mori Moto nari*, prince d'Aki, mourut à Yosida sur la montagne *Kofori yama*, âgé de 75 ans. Son fils était mort avant lui; son petit-fils l'Ouma-no kami *Terou moto* fut son héritier; celui-ci eut pour tuteurs son oncle *Tsikawa Moto farou* et *Kobaya gawa Taka kaghe*.

Le 8ᵉ mois, *Miosi*, prince de Yamasiro, et le prince de Fiouga se révoltèrent dans le Sets. Nobou naga s'y porta contre eux, le 9ᵉ mois, avec Yosi aki.

Kosa, grand prêtre du temple Fon gouan si à Osaki, qui appartenait à l'ordre Ikosio, et qui était très-puissant, se souleva de même contre Nobou naga, l'attaqua et le défit. *Maye da Fosi ye* couvrit la retraite de celui-ci.

Asa koura-no Asa i se souleva de nouveau dans l'Oomi, et vint se joindre aux prêtres du Yeï san, ce qui fit cesser la guerre dans le Sets. Nobou naga et Yosi aki revinrent à Miyako, marchèrent de là sur la province d'Oomi, et investirent le temple du Yeï san.

Le 10ᵉ mois, le Fosio sakio-no dayu *Ousi yasou*, prince d'Odawara, mourut âgé de 56 ans : *Ousi masa*, gendre de Sin ghen, devint son héritier, ce qui fit qu'il resta en paix avec lui.

Le 11ᵉ mois, la paix fut rétablie entre *Asa koura* et *Nobou naga* par la médiation de Yosi aki; Sasaki Zio teï s'était déjà soumis.

Le 9ᵉ mois de la 2ᵉ année (1571), Nobou naga entra à la tête d'une armée dans l'Oomi, environna la montagne Yeïsan, et y brûla les temples : il fit garder le château ou temple fortifié de *Saka moto* par *Aketsi Mitsi fide*.

Take da Sin ghen, prince de Kaï, désirant venir à Miyako, en informa en secret *Yosi aki.* Y étant arrivé, il s'engagea avec Asa koura, Azaï et les prêtres du Yeï san, à les défaire de Nobou naga. Quand celui-ci eut connaissance de leur projet, il fit dévaster de fond en comble le Yeï san avec tous ses temples et massacrer tous les prêtres.

Le 1er mois de la 3e année (1572), le Kwan ziou si-no Daïnagon *Fousiwara-no Tada toyo* fut nommé Nadaïsin. Il était alors âgé de 70 ans, et demanda aussitôt sa démission.

Le 7e mois, *Nobou tada,* fils de Nobou naga, commença ses exploits guerriers dans l'Oomi, où il vainquit l'armée d'Azaï et d'Asa koura.

Le 12e mois, *Take da Sin ghen,* prince de Kaï, arriva dans le Totomi, campa à *Fito koto saka,* et attaqua Ye yasou à *Mi kataga wara.*

Le 1er mois de la 1re année du nengo *Ten ziô* (1573), Nobou naga remit au Seogoun la liste des dettes immenses de Sin ghen, qui à son tour le fit informer par un message des dettes aussi énormes de Nobou naga.

En ce temps-là, Nobou naga se brouilla avec le Seogoun Yosi aki.

Le 2e mois, Yosi aki fit construire une forteresse à *Izi yama,* et une autre à Katada. Il se conduisit hostilement envers Nobou naga, qui en étant indigné, envoya les trois chefs *Siba ta Katsou ye, Niwa Naga fide* et *Aketsi Mitsi fide,* pour démolir ces forteresses.

Le 3e mois, Nobou naga arriva à Miyako; et comme Yosi aki demanda la paix, il retourna à son château de *Ghi fou,* dans le Mino.

Le 4e mois, *Take da Sin ghen* mourut âgé de 53 ans; son fils *Katsou yori* hérita des provinces de Kaï, Sinano, Sourouga et Kootsouke.

Le 6e mois, le Daïnagon *Made-no kosi-no Kore fousa* devint Nadaïsin; mais il mourut le même jour, âgé de 61 ans.

Le 7e mois, *Yosi aki* commença de nouveau à se conduire hostilement envers *Nobou naga.* Il avait construit à Ousi le château *Maki-no sima,* où il prit son séjour. Nobou naga vint en toute hâte à Miyako, marcha sur Ousi, démolit ce château, et força Yosi aki à demander la paix. Elle lui fut accordée, mais on l'envoya prisonnier au château de *Wakaye,* dans le Kawatsi, près d'Osaka. Il y fut sous la garde de *Sakouma Nobou mori* et de *Ki-no sita Fide yosi.* Nobou naga fit mettre tous ses complices à mort, et retourna à Ghi fou.

Yosi aki perdit la place de Seogoun, se rasa la tête, et reçut le nom de *Siô san,* qui dans la suite fut changé en celui de *Reï o in.*

Le 8e mois, Nobou naga entra dans le Yetsizen pour faire la guerre à *Asa koura Yosi kaghe,* qui fut défait et se cacha dans la vallée d'*Itsisio no tane,* où il fut assassiné par un de ses officiers, l'Asa koura siki bou *Kaghe akira,* qui se soumit à Nobou naga. C'est ainsi que la tranquillité fut rétablie dans cette province.

Nobou naga, à son retour, passa par l'Oomi, où il prit le château de *Odani*. *Asaï Naga masa*, prince de Bizen, et son père le prince de Simotsouke *Fisa masa* se donnèrent la mort. Le château de Odani fut alors confié à la garde de *Fide yosi*.

Le 9ᵉ mois, Nobou naga démolit le château *Namasou ye*, dans la province d'Oomi. *Sasaki Yosi souke* s'enfuit. *So ghi tane Senziou bó*, qui autrefois avait tiré sur Nobou naga, fut pris et scié en deux avec une scie de bambou.

Le 11ᵉ mois, Nobou naga marcha contre la province de Kawatsi, où il fit mourir le Miosi sakio-no dayu *Yosi tsougou*.

Le 2ᵉ mois de la 2ᵉ année (1574), *Kwa san-no in Ye souke* reçut sa démission d'Oudaïsin ; le Daïnagon *Nisio-no Kane taka* le remplaça.

Le 3ᵉ mois, Nobou naga arriva à Miyako, fut nommé Sanghi et obtint le second rang de la troisième classe.

Dans le même mois, il se rendit à Nara, et de là au temple Tô daï si, où il reçut d'une manière flatteuse le Daïnagon *Fina-no Souke sada* et le Tsiounagon *Asikaï-no Masa nori*, députés du Daïri, ainsi que son secrétaire *Sakouma Nobou mori* [1].

Le 4ᵉ mois, Nobou naga revint à Miyako : les prêtres de *Fon gouan si* à *Osaka* l'avaient insulté quand il passa devant leur temple ; c'est pourquoi il fit rester son secrétaire à Osaka, au temple Ten ô si, pour les punir : puis il retourna à Ghi fou.

Le 7ᵉ mois, il marcha avec son fils *Nobou tada* vers l'Owari, pour punir les prêtres d'Ikosio. Ceux du temple *Fon gouan si* se comportèrent à cette époque très-hostilement envers lui, et se levèrent en masse contre lui dans toutes les provinces de l'empire.

Le 3ᵉ mois de la 3ᵉ année (1575), *Nobou tada* obtint le titre de Déwa-no ski.

Le 5ᵉ mois, *Takeda Katsou yori* entra dans la province de Totomi, et assiégea le château *Naga sino*. *Ye yasou* demanda du secours à Nobou naga, qui arriva avec son fils Nobou tada à la tête d'une grande armée. Il attaqua l'ennemi ;

---

(1) M. Titsingh a très-mal compris le sens de ce paragraphe, qu'il traduit : « Le même mois il se rendit à Nara, et de là au temple Tô daï si, où il serra un petit morceau du bois Kalambak en présence du Daïnagon *Fina-no Souke sada*, etc. » Il ajoute en note : « Selon la tradition, une grosse pièce de bois de kalambac fut jetée, pendant une tempête, sur le rivage de « Sakaï, bourg situé à peu de distance d'Osaka. « On la conserve dans le temple Tô daï si. Lorsque le Seogoun désire en avoir un morceau, il s'adresse au Daïri, qui lui en accorde un de la grosseur d'un pouce carré. Il y envoie deux officiers de sa cour, sous les yeux desquels le morceau est scié, et inscrit sur les registres du temple. » — Kl.

les troupes de Ye yasou et de Nobou naga firent des prodiges de valeur : *Katsou yori* leva le siége après une perte considérable. Dans la suite, les armées en vinrent souvent aux mains sur les frontières du Totomi et du Sourouga.

Le 6ᵉ mois, Nobou tada fut élevé au premier rang de la cinquième classe.

Le 8ᵉ mois, les gens d'Asa koura se révoltèrent; Nobou naga marcha avec Nobou tada contre la province de Yetsizen, fit périr les mutins, et gratifia *Siba ta Katsou ye*, secrétaire du Yetsizen, du gouvernement des pays septentrionaux.

Le 11ᵉ mois, Nobou naga vint à Miyako, et fut créé Gon Daïnagon et grand général de la droite; son fils Nobou tada devint *Akita sió-no ski* : le Daïnagon *Itsisio-no Woutsi moto* fut fait Nadaïsin.

Le 12ᵉ mois, *Fide yosi* fut créé prince de Tsikouzen. N'ayant point de titre honorifique, il prit celui de *Fa siba*, composé de *siba*, qui était la première lettre du nom de *Siba ta Katsou ye*, et de *fa*, seconde lettre du nom de *Nifa Naga fide*, qui fut aussi secrétaire de Nobou naga. C'étaient des hommes d'un grand courage.

Dans le courant de l'année, le Kwanbak *Konoye-no Saki fisa* se rendit dans le Satsouma, où il resta pendant deux ans; puis il revint à Miyako.

Le 1ᵉʳ mois de la 4ᵉ année (1576), Nobou naga bâtit le château d'*Asoutsi*, dans la province d'Oomi. Dans le même mois, Nobou nada obtint le second rang de la quatrième classe.

Le 2ᵉ mois, Nobou naga s'établit au château d'*Asoutsi*; son fils Nobou tada resta à Ghi fou.

Le 3ᵉ mois, *Saï yen si-no Kin tomo* reçut sa démission comme Sadaïsin.

Le 4ᵉ mois, *Kosa*, grand prêtre du temple Fon gouan si, bâtit les deux châteaux de *Kitsou* et de *Namba*.

Le 5ᵉ mois, Nobou naga s'y rendit, et fit investir ces châteaux par son secrétaire le Sakouma ouyemon-no sio *Nobou mori*.

Le 8ᵉ mois, Nobou tada obtint le second rang de la quatrième classe.

Le 11ᵉ mois, Nobou naga arriva à Miyako. *Kiousio-no Kane taka* devint Sadaïsin, *Itsisio-no Woutsi moto* Oudaïsin, et *Nobou naga* Nadaïsin, avec le second rang de la troisième classe.

Le 12ᵉ mois, il alla chasser à *Kira*, dans la province Mikawa.

Le 1ᵉʳ mois de la 5ᵉ année (1577), Nobou tada monta au premier rang de la quatrième classe.

Le 2ᵉ mois, *Nobou tada*, *Nobou wo* et *Nobou taka* (tous les trois fils de Nobou naga) entrèrent dans le pays de *Kiï zio* pour punir les membres de l'ordre Ikosio, qui habitaient *Saïka*.

Le 7ᵉ mois, le fils de *Konoye-no Saki fisa*, voulant prendre la robe virile, pria Nobou naga de lui imposer le bonnet de cérémonie, et de lui permettre de faire entrer une des lettres de son nom dans le sien. Cette demande lui ayant été accordée, il s'appela *Nobou moto*. *Saki fisa* se rasa alors la tête et prit le nom honorifique de *Riô san*. Lorsque *Nobou moto* fut plus avancé en âge, son père changea ce nom en celui de *San miak in*.

Le 8ᵉ mois, le Matsou naga dan sio *Fisa fide* se révolta dans le château de *Siki*, dans la province de Yamato; il appela à son secours les prêtres du temple de Fon gouan si et les habitants de Saïka.

Le 9ᵉ mois, *Nobou tada* se porta sur Siki.

Le 10ᵉ mois, ce château fut démoli; *Fisa fide* périt dans les flammes; son fils *Fisa mitse* fut pris et mis à mort. Nobou tada retourna à Miyako, où il fut honoré du second rang de la troisième classe, et nommé général moyen de la droite. Il alla ensuite présenter ses devoirs à son père au château d'Asoutsi, d'où il partit pour Ghi fou.

Ce mois-ci, Nobou naga donna la province de Farima à *Fide yosi*, dans le but de se rendre maître des provinces centrales de l'empire. Fide yosi alla s'installer dans le Farima.

Le 11ᵉ mois, il détruisit le château de *Foukou oka* et de *Kasouki*, et s'empara ensuite de la province de Tasima. *Oukita-no nao ye*, prince de Bizen et de Mimasaka, se soumit à lui avec les habitants de ces deux provinces.

Dans le même mois, *Kiousio-no Kane taka* fut remplacé comme Sadaïsin par *Itsisio-no Woutsi moto*; *Oda-no Nobou naga* fut nommé Oudaïsin, et le Daïnagon *Nisio-no aki sane* Nadaïsin.

Dans le courant de cette année, *Ouye souki Kensin*, prince de Yetsingo, s'occupa de réunir les troupes du nord et de l'est de l'empire, et de les mener à Miyako contre Nobou naga.

L'Odomo sayemon-no zio *Yosi tsoune*, prince de Boungo, et son fils *Yosi tsouna* assemblèrent dans les provinces de Bouzen, Boungo, Tsikouzen, Tsikougo, Fizen et Figo une armée formidable, avec laquelle ils entrèrent dans le Fiouga pour attaquer *Simasou yosi fisa*, prince de Satsouma, qui ayant réuni les troupes de Satsouma, d'Osoumi et de Fiouga, livra bataille à Odomo et le défit. Ce dernier fut alors abandonné par *Riôzosi taka nobou*, prince de Fizen, et par *Tsika masa*, prince de Figo, descendant de Kikoutsi, ce qui causa une guerre continuelle dans les neuf provinces de l'île de Kiouziou, entre Simasou, Odomo et Riôzosi.

Le 1ᵉʳ mois de la 6ᵉ année (1578), Nobou naga obtint le premier rang de la seconde classe.

Le 3ᵉ mois, *Ouye souki Kensin*, prince de Yetsingo, mourut à l'âge de 49 ans; son fils adoptif *Fosio-no sanbro* devint son héritier. *Kifesi Kaghe katsou*, neveu de Kensin, disputa cette succession, ce qui occasionna une guerre. *Ouye souki Nori masa* tâcha en vain de réconcilier les deux partis; *Fosio Ousi masa* envoya beaucoup de troupes au secours de Sanbro, tandis que *Take da Katsou yori*, prince de Kaï, fit de même pour Kaghe katsou. Sanbro fut tué, et Nori masa aussi; Kaghe katsou conquit alors toute la province, ce qui fit naître des hostilités entre Ousi masa et Katsou yori.

Le 4ᵉ mois, *Nisio-no Farou yosi* eut sa démission comme Kwanbak, et Nobou naga quitta la place d'Oudaïsin et celle de grand général de la droite.

Dans le même mois, *Mori Terou moto*, prince d'Aki, marcha sur le Farima, et campa à côté de l'armée de *Fide yosi*.

Le 7ᵉ mois, *Nobou tada*, *Niwa-no Naga fide* et *Taki gawa Katsou moto* marchèrent vers le Farima, détruisirent les châteaux de *Kamiki* et de *Sikata*, et firent investir par Fide yosi celui de *Miki*, dans le Si kokf.

Le 10ᵉ mois, l'*Araki Moura sighe*, prince de Sets, se révolta dans cette province, et établit son séjour au château d'*Itami*. Nobou naga et Nobou tada marchèrent contre lui, et ordonnèrent à tous les chefs d'investir ce château. Nobou naga retourna alors à *Asoutsi*.

Le 11ᵉ mois, *Kiousio-no Kane taka* fut nommé Kwanbak, et *Itsisio-no Woutsi moto* devint-Sadaïsin.

Le 20 du 1ᵉʳ mois de la 7ᵉ année (1579), *Nisio-no Aki sane* devint Oudaïsin, et le Daïnagon *Nisi sansio-no Sane yeda* Nadaïsin. Ce dernier perdit cette place deux jours après, et mourut le 24, âgé de 69 ans. Le 27, le Daïnagon *Kikoutsi-no Farou souye* lui succéda. Auparavant Sane yeda avait porté le nom de *Sane soumi* : après sa mort, il reçut le titre de *Kô kou san kwô in*. Il était petit-fils de *Zio yo in Sane taka*, et fils de *Zio mio in Kin yeda*; tous les deux furent des hommes d'un grand mérite, fort instruits dans l'histoire de la Chine et du Japon, et c'est pour cela que le grand-père, le père et le fils parvinrent à des emplois aussi élevés.

Le 3ᵉ mois, Nobou naga vint à Miyako, et se rendit de là dans la province de Sets.

Le 27 du 4ᵉ mois, le Karasou marou Daïnagon *Fousiwara-no Mitsi yasou* fut créé Zioun Daïnagon; mais il mourut le même jour, âgé de 67 ans.

Le 29 du mois, le ci-devant Kwanbak *Nisio-no Farou yosi* mourut à l'âge de 54 ans.

Le 5ᵉ mois, Nobou naga retourna à Asoutsi. Il eut une dispute sur la religion avec les prêtres des sectes *Ziou do tsiou* et *Nitsi rin ziou*.

Le 6ᵉ mois, *Aketsi Mitsi fide* se rendit maître de toute la province de Tamba.

Le 8ᵉ mois, Nobou naga marcha contre la province de Sets.

Le 10ᵉ mois, le château d'*Itami* fut détruit. Le prince de Sets *Araki Moura sighe* se sauva : ses parens ainsi que sa femme et ses enfans furent faits prisonniers, menés en triomphe par tout Miyako, et ensuite tous décapités.

Le 1ᵉʳ mois de la 8ᵉ année (1580), *Fide yosi* démolit, dans le Si kokf, le château de *Miki*. Le Besio-ko sabro *Naga farou*, qui y commandait, fut enseveli sous les ruines.

Le 2ᵉ mois, *Kikoutsi Farou souye* eut sa démission de la place de Nadaïsin ; le Daïnagon *Tok daïsi-no Kin tsouna*, qui le remplaça, reçut aussi sa démission au 7ᵉ mois; on rendit alors cet emploi à Farou souye.

Le même mois, *Kosa*, grand-prêtre du temple Fon gouan si à Osaka, fut chargé par le Daïri de remettre le château d'Osaka à Nobou naga ; il obéit sans délai, et se retira dans le Kiï-no kouni, où il s'établit à Saïka. De là il dépêcha des courriers à Asoutsi et à Ghifou pour complimenter Nobou naga et Nobou tada.

Le 8ᵉ mois, Nobou naga se rendit à Osaka, fort irrité contre son secrétaire *Sakouma Nobou mori*, qui avait vainement assiégé ce château pendant tant d'années; il le priva de son emploi, et confisqua tous ses biens.

Le 11ᵉ mois, *Sibata Katsou ye* fit périr tous les mutins de la province de Kaga.

Le même mois, Kikoutsi-no Farou souye perdit de nouveau la place de Nadaïsin, dans laquelle le Daïnagon *Konoye-no Nobou moto* lui succéda.

Le 1ᵉʳ mois de la 9ᵉ année (1581), *Fide yosi* bâtit le château de *Fimezi*.

Le 3ᵉ mois, *Nobou naga* revint à Miyako. Il construisit un grand hippodrome, dans lequel il fit conduire un nombre considérable de chevaux pour les montrer au Daïri.

Le même mois, *Naga o Kaghe katsou*, prince de Yetsingo, entra dans le Yetsiou. Le Sasa koura-no ski *Nari masa* qui y était établi, lui résista, et le força de retourner sur ses pas.

Le 3ᵉ mois, le château de *Taka ten si*, dans la province de Totomi, fut détruit; un grand nombre de militaires de la province de Kaï périrent; on sala leurs têtes, on les mit dans des cuves, et on les porta à Fama mats et à Asoutsi.

Le 4ᵉ mois, *Kiousio-no Kane taka* eut sa démission comme Kwanbak, et fut remplacé par *Itsisio-no Woutsi moto*.

Le 10ᵉ mois, *Fide yosi* se rendit maître du château de *Totsouro* dans l'Inaba. Il arriva le 11ᵉ mois à Asoutsi.

Le 1er mois de la 10e année (1582), *Ouki da Nao ye* mourut; Fide yosi en envoya la nouvelle à Nobou naga. Le fils de Nao ye, nommé *Fide ye*, qui était encore en bas âge, devint son héritier.

Le 2e mois, l'ancien Kwanbak *Konoye-no Saki fisa* fut nommé Taïziô daïsin.

Ce mois-là, *Take da Katsou yori*, prince de Kaï, marcha vers le Sinano, et assiégea le château de *Kizou*. Le gouverneur de Kizou, *Yosi masa*, demanda du secours à Nobou naga, qui se rendit aussitôt, à la tête d'une armée de soixante et dix mille hommes, dans le Sinano, campa à *Ina*, et envoya son fils Nobou tada avec cinquante mille hommes à Kizou. *Ye yasou* arriva avec trente mille hommes dans le Sourouga, et *Fosio Ousi masa* envoya ses troupes pour garder les passages du Kwantô. Nobou tada eut plusieurs engagemens avec Katsou yori dans le Sinano. Enfin ce dernier fut défait, et retourna dans son pays. Un de ses parens, *Ana yama Baï setsou*, s'était déjà soumis à Nobou naga; les troupes de Katsou yori désertèrent de tous côtés. Le château de *Taka to* fut démoli en suite de cela.

Le 3e mois, Nobou tada se rendit dans le Souwa. *Ye yasou* marcha avec une grande armée contre le Kaï ziou; *Ana yama Baï setsou* lui servit de guide. Katsou yori se sauva à *Tsourougoun*, où demeurait un de ses officiers, *O yama da Safio ye*, et il lui demanda son appui. Safio ye le lui refusa, et le chassa; alors Katsou yori se retira sur la montagne *Tenm ouk san*, et se cacha à *Tano*: presque tous les siens l'abandonnèrent et se sauvèrent.

Nobou tada entra dans la province de Kaï, et donna ordre à Taki gawa Katsou masou et à Kawa siri, prince de Figo, d'investir la montagne *Ten mouk san*: alors Katsou yori et son fils Nobou katsou se donnèrent la mort; le père n'avait que 37 ans, et le fils 16. Ceux de leurs gens qui étaient restés avec eux se tuèrent également.

Nobou naga entra alors dans le Souwa, d'où il se rendit dans les provinces de Kootski et de Sinano. Il donna à *Taki gawa Katsou masou* les districts de *Sakou* et de *Tsisagata*, dans le Sinano, et le créa Kwanreï ou régent du Kwantô. *Ye yasou* obtint la province de Sourouga. Celle de Kaga fut divisée en deux; une moitié fut accordée à Kawa siri, et l'autre à Anayama. Les autres places de la province de Sinano furent distribuées entre plusieurs des officiers de Nobou naga.

Le 4e mois, Nobou naga vint dans la province de Kaï; de là il marcha vers le Sourouga, et retourna ensuite par la grande route à Asoutsi.

Le 5e mois, Nobou naga conféra les provinces de Tosa, d'Iyo, de Sanouki et d'Awa (qui composent le Sikokf) à son troisième fils *Nobou taka*. Il en confia l'administration à Niwa-no Naga fide, un de ses officiers.

Le même mois, *Ye yasou* arriva à Asoutsi; Nobou naga le reçut en personne, et chargea *Aketsi Mitsi fide* d'avoir soin de lui.

En ce temps, *Fide yosi* investit le château de *Kamouri* dans le Bitsiou, et campa à côté de l'armée de *Mori Terou moto,* prince de Nagata. Il envoya bientôt demander du secours à Nobou naga, qui ordonna sans délai à *Ikeda Nobou terou* et à *Aketsi Mitsi fide* de s'y rendre.

Dans le courant du même mois, *Ye yasou* vint à Miyako, et en partit le même jour pour Sakaï; Nobou naga arriva à Miyako après son départ.

Le 1er du 6e mois, Nobou naga prit sa demeure dans le temple *Fon o si.*

Le 2, *Aketsi Mitsi fide,* prince de Fiouga, se révolta et investit ce temple à la pointe du jour; *Mori-no Ran marou,* commandant de la garde de Nobou naga, fut tué ainsi qu'un grand nombre de ses gens : Nobou naga, ne voyant point d'espoir d'être délivré, mit le feu au temple, et se perça de son épée à l'âge de 49 ans[1]. Son fils Nobou tada, qui logeait au temple *Miga kousi,* accourait au secours de son père; mais voyant la fumée et les flammes monter au ciel, il en conclut qu'il n'existait plus, et se retira au palais *Nisio-no Go zio,* où résidaient *Sane fito,* fils du Daïri, et son fils *Waka-no miya.* Moura i Sioun tsio, grand-juge de Miyako, avait eu la précaution de mettre en sûreté dans le daïri *Sane fito sin o* et son fils; Aketsi Mitsi fide se porta sur le palais Nisio-no Go zio et le démolit : Nobou tada se donna la mort à l'âge de 28 ans; Sioun tsio et un grand nombre de ses gens périrent dans le combat.

Cette entreprise hardie répandit par toute la ville la renommée et la considération de *Mitsi fide,* qui pour s'assurer l'affection du peuple, abolit sans délai tous les impôts. Marchant alors sur *Asoutsi,* il se mit en possession de tous les trésors de Nobou naga, qu'il distribua à ses partisans, et il retourna ensuite à Miyako.

Ye yasou partit de Sakaï pour le punir; mais ses gens l'en détournèrent, et

---

(1) Anciennement il était défendu aux militaires de se raser la tête et la barbe. Mais comme déjà du temps de Nobou naga ils ne quittaient pas le casque à cause des guerres perpétuelles, ce qui leur occasionnait de fréquentes maladies d'yeux, ce Seogoun leur permit de se raser. Il changea leurs manteaux de cérémonie, qui avaient de longues manches comme ceux des prêtres, et abolit les pantalons traînant par terre, dont on se sert encore aujourd'hui lorsqu'un prince vient pour la première fois présenter ses hommages au Seogoun. L'inventeur des habits de cérémonie actuellement en usage, des *fussambako* ou petites malles de voyage, et des petits tonneaux à *sake,* qui contiennent de trois ou cinq à dix *ganting* (1/2 once japonaise chacun), fut *Matsou naga dansio Fousa fide,* homme d'un caractère atroce. Quand il était encore officier de *Mosi-no Naga yosi,* il empoisonna, en 1561, le fils de celui-ci *Yosi naga.* En 1565, il assassina le Seogoun *Yosi terou;* et en 1568, son maitre *Naga yosi,* dont il s'appropria le pays. Il se mit alors au service de Nobou naga, qui, lorsqu'il se révolta contre lui, le fit mettre à mort en 1577. — Kl.

firent en sorte qu'il s'en allât directement à son château de *Fama mats*. *Ana yama Baï setsou*, qui l'accompagnait, fut tué en chemin par une troupe de bandits.

Fide yosi, après avoir démoli le château de *Kamouri-no kafouri*, avait fait la paix avec *Mori Terou moto*. Aussitôt qu'il apprit, dans la province de Bitsiou, la mort de Nobou naga, il se rendit à son château de *Fimezi*, vint de là à *Amaga saki*, et marcha sur Miyako avec *Sansitsro Nobou taka*, troisième fils de Nobou naga, et ses officiers *Niwa-no Naga fide*, *Ikeda Nobou terou*, *Taka yama Oukon*[1], et *Naka gawa Sifio ye*.

Le 13 du mois, ils livrèrent bataille à *Aketsi Mitsi fide* à *Yama saki*, et le défirent totalement; il se cacha dans le temple *Só soú sï*, s'enfuit de là au milieu de la nuit, et passa par *Fousimi* et *Ogourousou*, pour arriver dans l'Oomi; mais il fut tué en chemin par une troupe de voleurs[2]: son parent *Aketsi sama-no ski* se donna la mort dans le temple Saka moto.

Le Sibata zuri-no ski *Katsou ye*, le prince de Tsikouzen *Fasiba Fide yosi*, *Ikeda Nobou terou*[3], et le Niwagoro sayemon *Naga fide*, officiers de Nobou naga, s'engagèrent entre eux à faire nommer Scogoun *Sanfosi*, fils de Nobou tada, et de confier, en attendant, l'administration à *Nobou wo*, deuxième fils de Nobou naga, à qui ils remirent le château d'Asoutsi, pour y demeurer.

Nobou wo eut pour sa part la province d'Owari, Nobou taka celle de Mino; beaucoup d'autres pays et de districts furent partagés entre *Katsou ye*, *Fide yosi* et quelques autres anciens serviteurs de Nobou naga. Chacun d'eux se rendit dans son pays; Fide yosi fut le seul qui vint à Miyako.

Taki gawa Katsou moto était resté dans la province de Kootski; mais apprenant le sort fâcheux de Nobou naga, il entra dans celle de Mousadzi, et livra bataille à *Fosio Ousi masa*, prince d'Odawara; de là il prit le chemin des montagnes orientales[4], et arriva au château de *Naga sima*, dans la province d'Owari.

En ce temps-là, les troupes de la province de Kaï se révoltèrent, et tuèrent

---

(1) *Taka yama Oukon* était chrétien. Pendant la violente persécution qui eut lieu à Nangasaki, il se sauva du Japon et s'embarqua, à l'escalier nommé des Moules, pour Macao, sur un vaisseau portugais. — Kl.

(2) *Aketsi-no Mitsou fide* ne gouverna que douze jours après la mort de Nobou naga; de là vient le proverbe dont on se sert en parlant des choses auxquelles on ne désire que peu de durée : *Aketsi-no tenka mika*. « Le monde d'Aketsi « n'était que de trois jours. » — Kl.

(3) *Ike da Nobou terou* se rasa plus tard la tête, et devint prêtre sous le nom de Sio nio. — Kl.

(4) *Tô san do* est un chemin qui se sépare de la grande route de *Simo-no seki* à *Fiogo*, et passe par les montagnes de l'est. On fait ce chemin ordinairement par eau : ceux qui préfèrent voyager par terre sont huit jours en route, pendant lesquels ils ne trouvent ni poisson, ni volaille, ni chevaux, mais beaucoup de serpens et toute sorte de vermine. — Kl.

le prince *Kawa siri*. Ye yasou arriva alors dans le Kaï, et disputa avec *Fosio Ousi nao* la possession de cette province. Une bataille eut lieu entre eux à *Sin pou;* Ousi nao fut défait; alors la province de Sinano se soumit également à Ye yasou.

Le 10ᵉ mois, *Fide yosi* obtint le second rang de la cinquième classe, et fut nommé général en second de la droite. Il sollicita le Daïri d'accorder à Nobou naga un titre honorifique. L'empereur lui donna celui de *Taïzio daïsin,* et le second rang de la première classe. Il fut enterré au temple *Daï tok si,* et reçut le nom posthume de *Sou ken in.*

Le 11ᵉ mois, *Oda-no Nobou taka* conçut, en commun avec son vassal *Katsou ye*, le projet de se défaire de son frère aîné *Nobou wo* et de *Fide yosi*. Ce dernier en fut instruit, et marcha sans délai contre la province de Mino. La grande quantité de neige qui était tombée empêcha Katsou ye de venir au secours de Nobou taka, qui alors fut forcé d'implorer la paix. Fide yosi lui pardonna et retourna à Miyako : depuis ce temps il y eut toujours de la méfiance entre Fide yosi et Katsou ye. Le cousin de celui-ci, *Sibata*, prince d'Iga, se souleva contre lui et se soumit à Fide yosi.

Le 12ᵉ mois, Fide yosi arriva à Asoutsi, où il fit la connaissance du petit-fils de Nobou naga, qui avait été créé Scogoun.

Le 1ᵉʳ mois de la 11ᵉ année (1583), Fide yosi se rendit dans l'Oomi.

Le 3ᵉ mois, il campa au mont *Sitsouga dake*, vis-à-vis de l'armée du Sakouma ghenba *Mori masa*, cousin de Katsou ye.

Le 4ᵉ mois, *Nobou taka* conspira de nouveau avec *Katsou ye*; *Fide yosi* marcha alors sur le Mino. Le Naka gawa Sifio ye *Kiyo fide,* qui en son absence commandait l'armée dans l'Oomi, fut battu et tué par Mori masa, ce qui força Fide yosi de revenir avec toutes ses troupes. Il attaqua Mori masa à *Sitsou ga dake* et à *Yanaki yasi*; sept de ses meilleurs généraux étaient à l'avant-garde; Mori masa fut vaincu et fait prisonnier. Par cette défaite, le pouvoir de Katsou ye s'écroula.

Fide yosi entra dans le Yetsizen pour assiéger le château de *Kita*, appartenant à Katsou ye, qui s'y donna la mort; alors il marcha vers le Mino, où il fit mourir Nobou taka.

Le 5ᵉ mois, il revint à Miyako; *Taki gawa Katsou masou* se soumit, et fut créé Sanghi, avec le second rang de la quatrième classe. Il bâtit un château à Osaka, dans la province de Sets, et y fit son séjour.

Cette année, *Simasou Yosi fisa*, prince de Satsouma, fit la guerre dans les provinces de Fizen et d'Arima, contre *Riô zosi Taka nobou*, prince de la première, qui fut défait et tué, ce qui répandit la gloire et la considération de

Yosi fisa dans tout le Kiouziou. Il fit également la guerre à *Odomo*, prince de Boungo. Plus tard il se rasa la tête, et prit le nom de *Rió fak*.

Le 3ᵉ mois de la 12ᵉ année (1584), *Oda-no Nobou wo* se brouilla avec Fide yosi, qui envoya en avant dans l'Owari ses généraux *Ikeda Sió nu* et *Mori*, prince de Mousadzi, et les suivit peu après. Nobou wo demanda du secours à Ye yasou, qui vint en effet de son pays, et campa au mont *Komaghi yama*. Fide yosi avait son camp à *Gakouden*.

Le 9 du 4ᵉ mois, il y eut une bataille à *Naga koude*, dans laquelle *Fide tsougou*, cousin de Fide yosi, fut défait : *Ikeda Sió nu* et son fils *Mori Naga katsou* y furent tués. Ye yasou recueillit de grands avantages de cette victoire.

Le 5ᵉ mois, Fide yosi marcha avec son armée vers le Mino.

Le 7ᵉ mois, il y eut une autre bataille à *Kaniye*, dans laquelle *Taki gawa Katsou masou* fut battu. Alors Fide yosi retourna du Mino à Miyako, et Ye yasou à son château de Fama mats.

Le 10ᵉ mois, la paix fut conclue entre Fide yosi et Nobou wo.

Le 11ᵉ mois, Fide yosi fut nommé Daïnagon et eut le second rang de la troisième classe.

Le 12ᵉ mois, *Itsisio-no Woutsi moto* reçut sa démission de Kwanbak et de Sadaïsin ; l'Oudaïsin *Nisio-no Aki sane* devint Sadaïsin.

Le 2ᵉ mois de la 13ᵉ année (1585), *Nisio-no Aki sane* fut fait Kwanbak.

Le 3ᵉ mois, Aki sane eut sa démission comme Sadaïsin ; *Konoye-no Nobou moto* le remplaça : *Kikoutsi-no Farou souye* devint Oudaïsin, et *Fide yosi* Nadaïsin, avec le premier rang de la seconde classe. Personne ne connaissait son origine, et il n'avait pas un prénom à lui. Nobou naga descendait de la famille Feïke. Fide yosi prétendait aussi y appartenir ; mais ne trouvant pas de crédit sur ce point, il prit le nom de famille *Fousiwara* ; et comme il était fort lié avec Kikoutsi-no Farou souye, il obtint facilement l'autorisation de l'empereur pour le porter [1].

(1) Les Annales des Daïri ne donnent, comme on voit, aucun détail sur l'origine de 吉秀 *Fide yosi*. Quelques auteurs assurent qu'il était né dans les dernières classes de la société ; d'autres au contraire lui attribuent une naissance plus relevée. Voici ce que ces derniers racontent : Le Tsiounagon *Motsi faghi*, officier du Daïri, accusé d'un crime qu'il n'avait pas commis, fut exilé dans l'Owari. Il y devint amoureux d'une femme, dont il eut un fils qui reçut à sa naissance le nom de *Fi yosi marou*. L'innocence du père ayant été reconnue, il fut rappelé à Miyako, où résidait sa famille, et rétabli dans son emploi. Sa maîtresse, qu'il avait été forcé de laisser dans l'Owari, tomba dans la misère après son départ ; et elle n'eut d'autre ressource pour subsister avec son fils, que d'épouser un laboureur, nommé *Naka moura Yayemon*, qui prit soin de l'enfant et le fit élever sous ses yeux. Après la mort de Yayemon, sa veuve se remaria avec le médecin *Tsikou ami*. Le fils de Motsi faghi, parvenu à l'âge de vingt ans, épousa

Le même mois, Fide yosi entra dans le Kiï-no kouni, où il démolit le grand temple de *Negoro-dera*.

Kita-no Marou dono, fille de la nourrice du prince de Kaga. Il était alors si pauvre, qu'il n'avait pas même un *sagaraki yaki*, ou pot de terre commune, pour boire du saké avec la mariée. Cependant il entra dans la maison de *Matsou sita Kafesi*, officier du Seogoun, en qualité de porteur de babouches. Il passa de là au service de *Nobou naga*, qui n'était encore que prince d'Owari, et ce fut alors qu'il prit le nom de *Fide yosi*. Il servit son nouveau maître avec tant de dévouement, et donna des preuves si multipliées de sagesse et de bravoure, que Nobou naga, devenu Seogoun, l'éleva aux premières dignités militaires. Après la mort de ce prince, Fide yosi se mit en possession du gouvernement, et dès qu'un fils qu'il avait adopté eut été nommé Kwanbak, il prit le nom de *Taï ko*. Il était de petite taille, ayant à peine cinquante pouces de haut. Ses yeux étaient ronds comme ceux des singes, ce qui lui avait fait donner le surnom de *Sarou tsoura*, visage de singe.

Fide yosi, à l'âge de quarante ans, était devenu amoureux de *Yodo dono*, fille de *Asai Naga masa*, prince de Bizen, qui s'était montré constamment l'ennemi de Nobou naga, et qui, à la fin, se voyant vaincu, en 1575, s'était donné la mort. Nobou naga ayant confisqué son château d'Odani, en avait confié la garde à Fide yosi ; ce fut alors que celui-ci eut occasion de voir Yodo dono, qui était aussi recommandable par sa beauté et son esprit, qu'il paraît qu'elle l'était peu par ses mœurs. Quelques écrivains assurent qu'il l'épousa ; d'autres qu'il vécut seulement avec elle, mais sans en faire sa femme. Quoi qu'il en soit, il lui demeura constamment attaché, et il en eut, en 1592, dans sa vieillesse, un fils qui fut nommé 賴秀 *Fide yori*. La mort lui avait déjà enlevé un autre fils qu'il aimait beaucoup.

Tsiô an, dans son ouvrage qui a pour titre *Tsiou gwai den*, dit que Yodo dono menait une conduite très-équivoque ; il en conclut qu'il est fort incertain que Fide yori eût le droit de donner le nom de père à Taï ko. Mais cette assertion est sans fondement ; elle n'a pour objet que de rendre moins odieuse l'usurpation de *Ye yasou*, qui détrôna Fide yori. Cependant il paraît constant que Yodo dono, après la mort de Taï ko, devint la maîtresse d'un officier de la maison de Fide yosi, nommé *Ono souri Farou naga*. Cet homme, sans cœur et d'une conduite déréglée, n'avait de mérite que ses agrémens extérieurs. Yodo dono au contraire avait un courage digne de sa haute fortune : sa fermeté et la sagesse de ses conseils furent d'un grand secours à son fils dans ses guerres contre Yasou. Aussi celui-ci lui portait une haine implacable, et après la prise du château d'Osaka, il l'emmena avec lui à Yedo, où l'on dit qu'elle se donna la mort.

Fide yosi, avant d'avoir eu un enfant, en avait adopté un ; c'était 次秀 *Fide tsougou*, fils de son frère cadet *Fide naga*. Ce jeune prince, d'un naturel féroce, faisait mettre à mort les vieillards, les aveugles et les infirmes qu'il rencontrait, en disant qu'ils n'étaient bons à rien dans ce monde. Il faisait ses délices de tuer et de massacrer. Il n'y avait point de jour qu'il ne se donnât ce plaisir, et il fit construire un édifice exprès, pour y tourmenter et mettre à mort des hommes et des femmes de toute condition. Taï ko, indigné de ces cruautés, le confina dans le temple du mont *Ko ye san*, où lui et ses gens se tuèrent, le 15 jour du 1er mois de la 4e des années *Boun rok* (1595).

Taï ko, voyant sa fin approcher, crut devoir prendre des mesures pour assurer le gouvernement du Japon à son fils *Fide yori*, alors âgé de 6 ans. Il ne trouva pas de meilleur expédient que de s'allier étroitement avec *Ye yasou*, gouverneur général du Kwantô, le plus recommandable et le plus puissant des princes de l'empire. A cet effet, pendant la maladie qui termina ses jours, il fiança son fils à la petite fille de Ye yasou, laquelle n'avait encore que deux ans. Il nomma Ye yasou tuteur de Fide yori, après lui avoir fait jurer solennellement et signer de son sang que, dès que le prince aurait atteint sa 15e année, il le reconnaîtrait et le ferait reconnaître Seogoun par le Daïri. Taï ko, tranquillisé par

Le 4ᵉ mois, il se rendit au temple du mont *Ko ya san*, dicta ses ordres aux prêtres, et leur enjoignit d'obéir ponctuellement à ceux du Seogoun. Il dépêcha son frère *Fide naga* et son cousin *Fide tsougou* dans le Si kokf, pour faire la guerre à *Tsiôso kabe*, prince de Tosa. Cependant celui-ci se soumit, et cette contrée resta en paix.

Le 7ᵉ mois, Fide yosi, ambitionnant de devenir Zeï i Seogoun, pria l'ancien Seogoun *Yosi aki nudo siô san*, qui demeurait à *Moura matsi*, de l'adopter; mais celui-ci le refusa, à cause de sa basse extraction. Fide yosi consulta alors son ami *Kikoutsi-no Farou souye* pour faire démettre Nisio-no Aki sane de l'emploi de Kwanbak, ce qui réussit. Fide yosi fut créé Kwanbak avec le second rang de la première classe. Il alla remercier le Daïri de son avancement, ayant à sa suite *Nobou wo*, *Fiou naga*, *Fide tsougou*, *Mayida Tosi ye*, *Oukida Fide ye*, et tous les princes. Jamais on n'avait vu chose pareille: tous les Kwanbak avant lui avaient été de la famille de Fousiwara. Le Daïri lui accorda à cette occasion le nom de famille *Toyo tomi*, qui fut pris par tous ses parens.

Il marcha la même année vers les provinces Yetsiou et Noto, pour faire la guerre au prince *Sasa koura-no ski Nari masa*, qui se soumit. Il ordonna aussi à *Nobou wo* d'envoyer à Fama mats, pour mander *Ye yasou* à Miyako. Nobou wo dépêcha Fasima, prince de Simosa, mais Yeye yasou refusa d'obéir.

Le 2ᵉ mois de la 14ᵉ année (1586), *Ye yasou* fut nommé Sanghi, avec le second rang de la troisième classe. Déjà dans la 9ᵉ année du nengo *Yeï rok* (1566), il avait obtenu le second rang de la cinquième classe et le titre de

ces précautions, remit le gouvernement à Ye yasou. Après la mort de Taï ko, la division ne tarda pas à se mettre parmi les gouverneurs, et il en résulta des guerres et des troubles dans l'empire. Ye yasou, qui aspirait depuis longtemps au pouvoir suprême, eut soin de fomenter ces troubles; il s'en prévalut, jusqu'à ce que, voyant son autorité assez affermie, il leva le masque, attaqua Fide yori sous des motifs plausibles, et l'assiégea dans son château d'Osaka. La paix se fit toutefois par l'entremise du Daïri, mais elle dura peu. La guerre recommença avec plus de violence, et finit par la prise du château d'Osaka et la mort de Fide yori, qui y périt dans les flammes. Cependant d'autres auteurs prétendent qu'il parvint à se réfugier dans le Satsouma. Ye yasou, devenu maître de l'empire par la défaite de Fide yori et de ses partisans, ne songea plus qu'aux moyens de s'assurer pour toujours le pouvoir suprême. Comme il y avait beaucoup de personnes à la cour du Daïri qui favorisaient le parti de Fide yori, et qu'il était du plus grand intérêt pour l'usurpateur de tenir cette cour dans une dépendance absolue, il sut persuader au Daïri de nommer ses deux fils grands-prêtres, l'un dans le temple de *Ni kwo*, et l'autre dans celui d'*Ouye-no* à Yedo. De cette manière il n'eut plus rien à craindre du Daïri, qu'il aurait pu faire remplacer immédiatement par un de ses fils, s'il eût osé tenter quelque entreprise contre son pouvoir usurpé. Ye yasou, tranquille de ce côté, fit des réglemens si sages, que l'empire, trop long-temps déchiré par des discordes civiles, parvint enfin à goûter une tranquillité parfaite, et qu'on put jeter les fondemens d'une prospérité dont il jouit encore aujourd'hui. — Kl.

prince de Mikawa; il avait monté par degrés, et était parvenu à un rang aussi élevé. Nobou wo dépêcha de nouveau Fasima, prince de Simosa, à Fama mats, mais Ye yasou persévéra dans son refus.

Le 5ᵉ mois, la plus jeune des sœurs du Kwanbak *Toyo tomi-no Fide yosi* fut conduite à Fama mats, pour épouser Ye yasou.

Le 7ᵉ mois, le prince *Sane fito sin o*, fils du Daïri, mourut; son père lui donna le titre de *Taï zió ten o*, on y ajouta le nom posthume de *Yô kwó in*.

Le 9ᵉ mois, *Oman dokoro*, mère de Fide yosi, arriva en otage à *Okasaki*; c'est alors que Ye yasou se rendit à Miyako, pour faire une visite à Fide yosi dans son château, à Osaka.

Le 10ᵉ mois, *Ye yasou* et *Toyo tomi-no Fide naga* furent créés Tsiounagon; *Toyotomi Fide tsougou* devint Sanghi. Ye yasou retourna alors à son château de Fama mats, et renvoya la mère de Fide yosi à Miyako.

Le 7 du 11ᵉ mois, le Daïri résigna l'empire à son petit-fils *Masa fito sin o*, fils de Yô kwô in.

CVIII. DAÏRI 院成陽後 GO YÔ ZEÏ IN.

(De 1587 à 1611 de J. C.)

Nengo { 天正 *Ten zió* (Thian tching), 15ᵉ à 19ᵉ année, 1587 à 1591,
文祿 *Boun rok* (Wen loŭ), 1592 à 1595,
慶長 *Kei tsió* (Khing tchhang), 1596 à 1600.

Go yo zeï in (Heou yang tchhing yuan), ou *Masa fito*, fut proclamé Daïri le 25 du 11ᵉ mois de la 14ᵉ année du nengo *Ten zió*: son grand-père *Okimats-no in* régnait depuis 29 ans lorsqu'il lui céda l'empire; il mourut 7 ans après, ou le 5 du 1ᵉʳ mois de la 2ᵉ année du nengo *Boun rok* (1593), âgé de 71 ans.

Le 12ᵉ mois, le Kwanbak *Toyo tomi Fide yosi* fut nommé Taïzió daïsin.

La 15ᵉ année (1587), il entra dans le Kiouziou, pour faire la guerre à *Sima sou Yosi fisa*, prince de Satsouma, qui fut vaincu et se soumit [1], de sorte que

[1] *Fide yosi* avait auparavant déjà tenté de se rendre maître de Satsouma, mais sans succès, cette province étant munie de plusieurs châteaux forts, et défendue par un peuple guerrier. Cette fois il fit une nouvelle tentative, et prit avec lui le grand-prêtre de l'ordre *I ko sió*, à la doctrine duquel presque tous les habitans de Satsouma étaient attachés. Par l'influence des religieux de cet ordre, les troupes de Satsouma, dès le commencement de la bataille, rompirent les pointes de leurs flèches, et ne chargèrent point leurs fusils à balle; en sorte que

DES EMPEREURS DU JAPON.   403

la paix fut rétablie dans les neuf provinces de cette île. *Mori Terou moto* et *Naga o Kaghe katsou* se soumirent de même; le premier fut régent du pays central, depuis *Sima-no seki* jusqu'à *Fiogo*; l'autre fut régent du pays septentrional.

Le 4ᵉ mois de la 16ᵉ année (1588), Fide yosi bâtit à Miyako le superbe palais *Ziou rak teï* [1]; il y invita le Daïri. Il prit le titre de *Taïko* [2], mena une vie agréable, et agit en tout selon son bon plaisir.

Fide yosi remporta facilement la victoire. Il fit prisonnier le prince de Satsouma, qui parvint pourtant à se sauver et se cacha dans le temple *Fi ko san*, situé à l'endroit où les provinces de Tsikouzen, Bounzen et Boungo se touchent; il se rasa la tête et se fit novice. Plus tard, il vint voir Fide yosi et offrit de se soumettre. De cette manière, il fut rétabli dans la possession des provinces de Satsouma, Fiouga et Ozoumi.

Le prêtre du temple Fi ko san se rend encore tous les ans auprès du prince de Satsouma, qui lui fait un présent de chevaux, en reconnaissance du service rendu à l'un de ses ancêtres.

La trahison des prêtres d'I ko sio eut pour suite qu'ils furent tous chassés des domaines des princes de Satsouma. Encore aujourd'hui, si l'on en découvre un, on lui tranche la tête. On voit, aux limites du pays, de grandes planches sur lesquelles sont attachés des édits, dont le premier article est :

A tous ceux de l'ordre d'I ko sio l'entrée est interdite sous peine de mort.

Yeye yasou s'étant emparé de l'empire après la mort de Taïko, le prince de Satsouma secoua le joug, et ne voulut plus être compris parmi les vassaux du Seogoun. Ces princes étaient alors si respectés, qu'à leur arrivée à Yedo, *Yeye yasou*, *Fide tada* et *Yeye mitsi* allaient toujours à leur rencontre jusqu'au faubourg de *Sina gawa*. Actuellement ils y sont complimentés au nom du Seogoun par un conseiller d'état ordinaire.

Simasou Kasousa-no souke, bisaïeul du prince qui régnait en 1780, montra ouvertement le peu de cas qu'il faisait du Seogoun Yosi moune. Aussi long-temps que celui-ci n'avait été que prince de Ki ziou, ils étaient fort liés; cette amitié se changea, quand il fut devenu Seogoun, en une haine à mort. En voici la raison :

Le prince de Satsouma, n'ayant point de source d'eau douce dans son palais à Yédo, car cette ville est bâtie sur un terrain marécageux et l'eau des puits y est saumâtre, ce désagrément lui donna l'envie d'y faire conduire de l'eau de la rivière *Tama gawa*. Il en demanda la permission au Seogoun, qui la refusa. Son fils, *Mats daïra*, prince d'Osoumi, qui avait épousé une parente de Yosi moune, fit construire autant de conduits qu'il lui plut, sans en demander la permission, et personne ne l'en empêcha. Le père s'en fâcha, et dit que son fils, en agissant ainsi, n'était qu'un lâche, puisque cela lui avait été refusé, à lui, l'ami intime du Seogoun, et il le fit avertir que si pendant sa vie il s'avisait de venir à Satsouma, il le tuerait. Simasou Kasousa-no souke était un homme entreprenant et d'un grand courage : il ne pouvait souffrir l'arrogance de Yosi moune après son avènement à la dignité de Seogoun; il méprisa ses ordres, et ne vint plus jamais à Yedo pour lui rendre hommage.

Quand un Seogoun n'a pas de fils qui puisse lui succéder, on prend toujours son successeur dans les familles des princes d'Owari, de Kiiziou et de Mito, mais principalement dans les deux premières. Les Seogoun tâchent aussi de se lier par mariage avec les familles princières de Satsouma, de Mouts et d'Oziou, qu'ils redoutent comme chefs de populations guerrières. — Kl.

(1) Ce palais est actuellement détruit.

(2) Quand Fide yosi fut créé Taïziô daïsin, son fils lui succéda comme Kwanbak. Alors on donna au père le titre de 大閣 *Taïko*. S'il avait eu la tête rasée et qu'il se fût fait prêtre, il aurait eu, comme père du Kwanbak, le titre de *Sin ko*. — Kl.

51.

La même année, le temple du *Daï bouts*[1] fut construit à Miyako.

La 18ᵉ année (1590), Fide yosi entra dans le Kwantô, pour assiéger

---

(1) Ce temple, nommé *Fŏ kwŏ si* (Fang kouang szu) et fondé par Fide yosi, fut détruit par un tremblement de terre affreux, le 7ᵉ mois intercalaire de la 1ʳᵉ année du nengo *Keï tsiŏ* (1596). Fide yori, fils de Fide yosi, le fit rebâtir en 1602. Dans la 2ᵉ année du nengo *Kwan boun* (1662), l'image du *Daibouts* ou *grand Bouddha* fut fort endommagée par un violent tremblement de terre. Comme elle était de métal, on la fondit, et on en fit des monnaies de cuivre. On remplaça cette image par une autre de bois, qui fut achevée en 1667, et entièrement couverte de dorure.

On vend aux voyageurs qui viennent visiter ce temple, un petit imprimé intitulé :

京大佛殿亦三間堂圖

Kio Daï bouts den, saf san ken tô tsou, ou Tableau de la salle du grand Bouddha de la résidence impériale et de la halle de trente-trois entre-colonnes de longueur. L'édition de ce livret que j'ai devant les yeux a été réimprimée dans les années *Foo yeï*, ou entre 1704 et 1710. Il contient, outre le dessin du temple, une courte notice de ce bâtiment et de ses dimensions, ainsi que de celles de l'image du dieu.

Ces mesures, qui suivent ici, sont en 間 *ken* ou *ma*, c'est-à-dire espaces entre les colonnes, dont chacun équivaut à 7 pieds 4 pouces et demi, mesure du roi ou rhénane, ou à 6 丈 *siak,* ou pieds japonais, chacun de 10 寸 *sun,* ou pouces.

	ken	siak	sun
Le mur du temple est haut de	25		
Il a un double toit.			
Du nord au sud il est long de	45	2	5
Et de l'est à l'ouest large de	27	5	5
Le toit de dessus a un auvent, ou petit toit en saillie, haut de	17		
Le toit de dessous a du S. au N.	54		
De l'est à l'ouest	36	4	8
Le toit repose sur 92 colonnes ; chacune a en diamètre		5	5

	ken	siak	sun
Les deux façades du temple ont chacune la longueur de	15		
la largeur de	1		5
et l'épaisseur de		5	5
Le temple a 72 portes et croisées, chacune de la hauteur de		4	3
L'image de Bouddha est assise sur une fleur de lotus.			
Depuis la tête jusqu'à la fleur, sa hauteur est de	10	3	
La longueur du visage est de		3	
Sa largeur de		2	5
Les yeux sont larges de		5	7
La bouche est large de		1	5
Le nez est long de		1	8
Les oreilles sont longues de		1	5
Les mains ont la longueur de		2	2
la largeur de	1	1	5
Les cuisses sont longues de	8	2	1
larges de		5	1
et épaisses de		1	2
Chaque rayon de l'auréole autour de la tête est long de	12		
La fleur de lotus sur laquelle la statue est assise a l'épaisseur de	1	4	
le diamètre de	18		
la circonférence de	57		
Le piédestal sur lequel est la fleur de lotus est haut de		2	3
La tête de la statue du Daïbouts passe par le toit.			

A peu de distance du temple est le *Mimi tsouka,* ou Tombeau des oreilles. Ce pavillon renferme les oreilles des Coréens que les généraux de Taïko envoyèrent à ce prince, salées et dans des cuves. *Mimi* signifie oreille, et *tsouka* tombeau.

Le pavillon dans lequel est la porte principale de l'enceinte du temple est appelé *Ni o mon,* ou des deux rois.

	ken	siak	sun
Sa longueur est de	15	2	5

DES EMPEREURS DU JAPON.

le château d'*Odawara*. Le prince *Fosio Ousi masa* s'y donna la mort : son frère Ousi nao se soumit, ainsi que les provinces de Mouts et de Dewa, car Taïko était fort redouté partout pour sa valeur. Depuis le nengo *O nin* (1467) l'empire avait été constamment en guerre, Taï ko y rétablit la paix.

La 1re année du nengo *Boun rok* (1592), il porta la guerre en Corée, entreprise qui répandit la gloire de notre nation dans toute la Chine.

Le 18 du 8e mois de la 3e année du nengo *Keï tsiô* (1598), *Taïko* mourut dans son château de *Fousimi*, âgé de 63 ans.

Le 9e mois de la 5e année (1600), Ye yasou fit la guerre contre les rebelles; il les vainquit, et depuis ce temps le Japon jouit de la paix : la gloire et le nom de Ye yasou [1] retentirent par tout l'empire. Son nom et les noms de

	ken	siak	sun.
sa largeur de............	6.	1.	
et sa hauteur de..........	11.	2.	

En dedans de l'entrée on voit de chaque côté une statue de ces rois, haute de............ 4. 4. 2.

La galerie en dehors du temple
de l'est à l'ouest.......... 90. 5.
du sud au nord.......... 123. 3.
elle est haute de......... 3.

Toute sa circonférence est de...428.

Le pavillon de la cloche occupe
un carré de............ 4.
il repose sur vingt grandes et moindres colonnes.

La cloche est haute de........ 2. 2.
elle a en diamètre.......... 1. 3. 2.
elle est épaisse de.......... 9.
et pèse 1,062,500 livres japonaises, dont cent équivalent à 120 livres et un quart de Hollande.

A côté du temple du Daïbouts est la salle *San szu san ken tô*, ou de trente-trois espaces de longueur. On l'appelle aussi la salle des 33,333 idoles. Elle fut construite par *Go Zira kawa-no in*, après qu'il eut abdiqué l'empire, dans la 2e année du nengo *Tsio kwan* (1164). De chaque côté du grand autel sont dix rangs de degrés, l'un à peu près d'un pied plus élevé que l'autre. Sur chaque rang M. Titsingh comptait en 1782 cinquante statues, chacune haute d'environ cinq pieds. Elles sont supérieurement travaillées, suivant l'usage du pays, et dorées. Par le nombre de petites idoles qu'on voit sur la tête, les épaules, les bras et les mains des mille grandes, sur plusieurs desquelles on en compte de quarante à quarante-cinq, il paraîtrait qu'effectivement leur nombre monte à trente-trois mille trois cent trente-trois. Dans le voisinage de cette salle, les militaires s'exercent chaque jour à tirer de l'arc. On lit, dans les registres du temple, que *Sawa Daïfats*, natif de la province de Kiï ziou, avait tiré, le 27 du 4e mois de la 3e année du nengo *Teï kiô* (1686), treize mille cinquante-trois flèches, dont huit mille cent trois frappèrent le but. — Kl.

(1) *Minamoto-no Ye yasou* naquit le 26 de la 12e lune de la 11e année *Ten boun* (1542); il eut pour père le Ziou Daïnagon *Firo tada*; sa mère *Den tsou in den* était fille du Misou-no dayu *Tadu masa*. Il descendait du 56e Daïri *Seï wa ten o*, et comptait parmi ses ancêtres :

Sada soumi sin o;

Rok fon wo Tsoune moto;

Tada-no Mantsiou;

Minamoto-no Reiko, qui adopta comme fils son frère;

Minamoto-no Yori nobou;

Minamoto-no Yori yosi, prince d'Igo (celui-ci avait quatre fils, dont l'aîné s'appelait *Minamoto-no Yosi ye* ou *Fatsman tarou*, et fut nommé plus tard prince de Mouts);

Minamoto-no Yosi kouni, qui devint Siki-

ses descendans seront fortunés à jamais : leur règne durera aussi long-temps que le ciel et la terre.

bou-no tayu, troisième fils du précédent;
Minamoto-no Yosi sighe, nommé Nita onye-no souke, fils aîné du précédent;
Minamoto-no Yosi soughe, qui fut Takou gawa-no siro, quatrième fils du précédent.

Il y a quinze générations de princes entre celui-ci et 康家 Ye yasou.

Ye yasou reçut après sa mort le titre de 現權 Gon ghin. On dit qu'il fut blessé dans les reins d'un coup de pique, à la prise d'Osaka, par *Sanada sayemon Youke mora*, général des troupes de Fide yori, homme d'un grand mérite, brave et entreprenant, qui l'avait déjà vaincu plusieurs fois. Ye yasou mourut dans le Sourouga, des suites de sa blessure, le 12ᵉ jour du 4ᵉ mois de l'année 1616. Il fut le fondateur de la quatrième dynastie des Seogoun, celle qui gouverne encore aujourd'hui le Japon. La première avait été fondée par *Yori tomo*, la seconde par *Taka ousi*, et la troisième par *Fide yosi* ou *Taï ko*. — KL.

Cet ouvrage, nommé NIPON OO DAÏ ITSI RAN, contient un récit abrégé de l'histoire de l'empire, depuis le 1ᵉʳ Daïri ZIN MOU TEN O jusqu'au 108ᵉ Daïri GO YO ZEÏ IN. Il forme sept volumes; il a été composé par ordre du Ziu si fon sazio sio *Minamoto-no Tada katsou*, prince de Wakassa, du second rang de la quatrième classe, et général en second de la gauche. Il contient un abrégé des principaux événemens en langue vulgaire, et fut publié et offert au prince, le jour fortuné du 5ᵉ mois de la 5ᵉ année du nengo *Keï an* (1652)[1], par le 眼法 Fo ghén [2] 怱林齋春 SIOUN ZAÏ RIN SIO.

[1] Dans les tables chronologiques japonaises, le nengo *Keï an* ne dure que 4 ans : le nengo *Ziô o* qui suivit ne commence que le 28 du 9ᵉ mois; ainsi les mois précédens sont censés appartenir à la 5ᵉ année du nengo *Keï an*. — KL.

[2] Voyez pag. 412.

SUPPLÉMENT

AUX

ANNALES DES DAÏRI,

RÉDIGÉ

PAR M. KLAPROTH.

SUPPLÉMENT

AUX

ANNALES DES DAÏRI.

SUITE DU RÈGNE DU CVIII. DAÏRI GO YÔ ZEÏ IN.

Nengo 長慶 *Keï tsiô* (Khing tchhang), 6ᵉ à 16ᵉ année, 1601 à 1611.

Dans la 7ᵉ année du nengo *Keï tsiô* (1602), le temple du *Daï bouts* à Miyako fut détruit par un incendie.

Dans la 8ᵉ année (1603), *Minamoto-no Ye yasou* devint Seogoun. Fide yori reçut la place de Nadaïsin.

Dans la 10ᵉ année (1605), *Minamoto-no Fide tada* fut nommé Seogoun. Le 15ᵉ jour de la 12ᵉ lune, une montagne sortit de la mer à côté de l'île Fatsisio.

Dans la 11ᵉ année (1606), on construisit le château impérial de Yedo.

Dans la 12ᵉ année (1607), on bâtit le château fort de Sourouga. Un ambassadeur de la Chine arriva pour complimenter l'empereur du Japon.

Dans la 14ᵉ année (1609), guerre du prince de Satsouma contre les îles de *Riou kiou* (Lieou khieou).

Dans la 15ᵉ année (1610), on rebâtit le temple du *Daï bouts* à Miyako.

Dans la 15ᵉ année, le 27ᵉ jour du 3ᵉ mois, Fide yori vint à Miyako pour visiter l'ancien Seogoun. Le même jour, le Daïri résigna l'empire en faveur de son fils *Masa fito*.

CIX. DAÏRI 院尾水後 GO MIDZOU O-NO IN.

(De 1612 à 1629 de J. C.)

Nengo
- 長慶 *Keï tsiô* (Khing tchhang), 17ᵉ à 19ᵉ année, 1612 à 1614,
- 和元 *Ghen wa* (Yuan ho), de 1615 à 1623,
- 永寬 *Kwan yeï* (Kouan young), de 1624 à 1629.

Go midzou o-no in (Heou Choui weï yuan) portait, avant son avénement au trône, le nom de *Masa fito* (Tching jin).

Dans la 19ᵉ année du nengo *Keï tsiô* (1614), le Seogoun, après avoir vaincu Fide yori et incendié le château d'Osaka, retourna en hiver à Yedo.

Le 25ᵉ jour du 10ᵉ mois, il y eut un tremblement de terre très-fort.

Dans la même année, on fondit la grande cloche du temple du *Daï bouts* à Miyako.

Dans la 1ʳᵉ année du nengo *Ghen wa* (1615), Ye yasou et son fils Fide tada se mirent (le 2 juin) en marche pour Osaka, avec leur armée.

Quelques officiers de l'armée de Fide yori mirent le feu au château d'Osaka, pour se concilier les bonnes grâces de Ye yasou, mais ils furent arrêtés dans leur fuite par les gens de Fide yori et mis à mort. Comme il n'était pas possible d'éteindre l'incendie, Fide yori se sauva dans le Fiougo, où il s'embarqua pour le Satsouma, sur des bâtimens de cette province, qu'on y avait tenus à sa disposition en cas de besoin. On prétendit qu'il avait péri dans l'incendie de ce château, mais ce n'était qu'un bruit répandu pour favoriser sa fuite.

Le 17ᵉ jour de la 4ᵉ lune de la 2ᵉ année (1616), Ye yasou mourut à Sourouga.

Le 26ᵉ jour du 8ᵉ mois de la 5ᵉ année (1617), l'ancien Daïri Go Yô zeï in mourut. Il fut enterré dans le temple de *Ni kwô*.

Dans la même année on bâtit les temples *Soumi yo si* et *Ten o si*.

A la 8ᵉ lune de la 4ᵉ année (1618), une comète apparut au ciel.

Dans la 6ᵉ année (1620), le Daïri épousa la fille du Seogoun Fide tada.

Le 30ᵉ jour du 2ᵉ mois, et le 4ᵉ du 3ᵉ mois, il y eut de grands incendies à Miyako.

La 8ᵉ année (1622), le Seogoun Fide tada alla au temple de Ni kwô.

Dans la 9ᵉ année (1623), *Minamoto-no Ye mitsi*, fils de Fide tada, vint à la cour du Daïri, qui le fit Seogoun.

Dans la 1ʳᵉ année du nengo *Kwan yeï* (1624), on construisit le temple de *Fo ye zan* à Yedo.

Dans la 3ᵉ année, le Daïri se rendit au château de *Ni zio*, bâti en 1587 par Taï ko.

Le 8ᵉ jour du 11ᵉ mois de la 6ᵉ année (1629), le Daïri renonça au trône en faveur de sa fille *Kiô si* (Hing tsu).

CX. DAÏRI 院正明 MEÏ SIÔ IN.

(De 1630 à 1643 de J. C.)

Nengo 永寛 *Kwan yeï* (Khouan young), 7ᵉ à 20ᵉ année, 1630 à 1643.

Meï sio in (Ming tching yuan), nommée *Kiô si* (Hing tsu) avant son avénement au trône, était fille du Daïri Go Midzou o-no in.

Dans la 8ᵉ année du nengo *Kwan yeï* (1631), on bâtit le temple Kiomes à Miyako.

Le 24ᵉ jour de la 1ʳᵉ lune de la 9ᵉ année (1632), mourut l'ancien Seogoun Fide tada.

Le 20 du 1ᵉʳ mois de la 10ᵉ année (1633), il y eut un tremblement de terre à *Oda wara*, dans le Sagami.

Dans la 11ᵉ année (1634), le Seogoun *Ye mitsi* vint à Miyako.

Dans la 12ᵉ année (1635) arriva *Nin kwô* (Jin kouang), ambassadeur du roi de Corée.

Dans la 13ᵉ année (1636), on fit les monnaies de cuivre portant l'inscription 寶通永寛 *Kwan yeï tsou bo*.

Le 4ᵉ mois, le Seogoun se rendit au temple de *Ni kô* (Jÿ kouang).

Dans la 14ᵉ année (1637) éclata la rébellion des chrétiens d'*Arima* et de *Sima bara*. Le Seogoun y envoya quelques officiers pour l'étouffer.

Dans la 15ᵉ année (1638), les chrétiens révoltés de Sima bara furent subjugués, et 37,000 d'entre eux mis à mort (le 12 avril). Cette guerre a été décrite dans le livre intitulé *Sima bara-ki*. Par ce massacre et par d'autres rigueurs nécessaires, la foi chrétienne fut extirpée du Japon.

Dans la 16ᵉ année (1639), on rebâtit le temple de *Tsi oun in* à Miyako.

Dans la 17ᵉ année (1640), une ambassade espagnole de Macao, composée de soixante et une personnes, arriva sur une galiote, le 6 juillet, à Nangasaki. Le 9 août, tous ceux qui la composaient y furent décapités, et leurs têtes plantées sur des pals.

Dans la même année, il y eut au Japon une grande mortalité parmi les bestiaux.

Dans la 20ᵉ année (1643), *In zioun si* arriva au Japon comme ambassadeur du roi de Corée.

Le 29ᵉ jour de la 9ᵉ lune, l'impératrice céda le trône à son frère cadet.

CXI. DAÏRI 後光明院 GO KWÔ MIÔ IN.

(De 1644 à 1654 de J. C.)

Nengo
- 保正 *Ziô fo* (Tching pao), 1644 à 1647,
- 安慶 *Keï an* (Khing ngan), 1648 à 1651,
- 應承 *Ziô ô* (Tching yng), 1652 à 1654.

Go Kwo mio in (Heou Kouang ming yuan), fils de Go Midzou o-no in, appelé avant son avènement au trône *Tsougou fito* (Tchao jin), ne prit le titre de Daïri que le 5ᵉ jour du 11ᵉ mois de la 20ᵉ des années *Kwan yeï* (1643).

Le 23ᵉ jour de la 4ᵉ lune de la 2ᵉ des années *Ziô fo* (1645), le Scogoun fut fait Zeo naï Daïnagon.

Le 20 du 2ᵉ mois de la 2ᵉ des années *Keï an* (1649), il y eut un grand tremblement de terre à Yedo.

Dans la même année, le Scogoun *Ye mitsou* alla visiter le temple de *Ni kwô.*

Dans la 4ᵉ année (1651), *Minamoto-no Ye tsouna* devint Scogoun.

Le 6ᵉ jour de la 5ᵉ lune, le Daïri Go Midzou o-no in se fit couper les cheveux et devint prêtre.

Dans la 5ᵉ année (1652) furent publiées les *Annales des Daïri,* intitulées *Nipon o daï itsi ran.*

Dans la 2ᵉ des années *Ziô o* (1653), le 12ᵉ jour de la 8ᵉ lune, un incendie violent détruisit une grande partie du *daïri* ou palais impérial et plusieurs temples du voisinage. Bientôt après on mit en prison quelques dames du palais, âgées de 12 à 14 ans, qu'on soupçonnait d'avoir mis le feu au daïri et à d'autres endroits de Miyako.

Dans l'année suivante (1654), le 6 du 7ᵉ mois, arriva de la Chine à Nangasaki le fameux prêtre *In ghen* (Yn yuan), dans l'intention de supprimer les nombreuses sectes bouddhiques de ce dernier pays, et d'y réformer la religion de Shâkya mouni [1].

(1) 龍德隱 *In tok riô* (Yn tĕ loung), ou avec son titre ecclésiastique 師禪元隱   *In ghen zen si,* était natif de *Foŭ thsing,* dans le département de *Foŭ tchcou fou* de la province

Le 20ᵉ jour du 9ᵉ mois, le Daïri mourut; il fut enterré dans le temple *Sen ou si*, le 15 de la 10ᵉ lune.

CXII. DAÏRI 院西後 GO ZAÏ IN.

(De 1655 à 1662 de J. C.)

Nengo { 曆明 *Mei rek* (Ming ly), 1655 à 1657,
治萬 *Ban zi* (Wan tchi), 1658 à 1660,
文寛 *Kwan boun* (Khouan wen), 1661 à 1662.

Go zaï in (Heou si yuan), frère de Go Kwô miô in, portait auparavant le nom de *Yosi fito* (Liang jin).

Dans la 1ʳᵉ année du nengo *Mei rek* (1655), *Tchu ying* (Tchao hing), ambassadeur de Corée, arriva au Japon.

Dans la 3ᵉ année (1657), le 18 et le 19 du 1ᵉʳ mois, la ville de Yedo fut dévastée par un violent incendie.

Dans la 2ᵉ année du nengo *Ban zi* (1659), on construisit à Yedo le pont *Riô kokf Basi*. De cette même année date le pèlerinage appelé *Ra kou yo*, qu'on fait aux trente-trois principaux temples du dieu *Kwan on* (Kouan in).

Dans la 2ᵉ des années *Kwan boun* (1662), le 1ᵉʳ jour du 2ᵉ mois, il y eut un tremblement de terre violent à Miyako, qui détruisit la sépulture de *Taï ko*.

L'année suivante (1663), le 26 de la 1ʳᵉ lune, le Daïri céda l'empire à son frère cadet *Ori fito* (Tchy jin).

Le 1ᵉʳ jour du 5ᵉ mois, il y eut un tremblement de terre terrible dans la province d'Oomi, par suite duquel une montagne située sur la rivière Katsira gawa fut engloutie.

chinoise de Foŭ kian. Il naquit en 1592, et mourut en 1673, âgé de 82 ans. Il fut reçu au Japon avec la plus grande déférence, et l'empereur lui donna pour habitation le temple *Man fouk*, situé sur la montagne *O bak* (Houang py chan), près de Miyako, dans le district d'Ouzi.

CXIII. DAÏRI 院元靈 REÏ GHEN IN.

(De 1663 à 1686 de J. C.)

Nengo
- 寛文 Kwan boun (Khouan wen), 3ᵉ à 12ᵉ année, 1663 à 1672,
- 延寶 Im po (Yan pao), de 1673 à 1680,
- 天和 Ten wa (Thian ho), de 1681 à 1683,
- 貞享 Teï kiô (Tching hiang), de 1684 à 1686.

Reï ghen in (Ling yuan yuan), nommé *Ori fito* avant son avènement au trône.

Le 6ᵉ mois de la 5ᵉ des années *Kwan boun* (1665), on établit, dans toutes les villes et tous les villages de l'empire, des cours inquisitoriales, chargées d'examiner quelle était la croyance des habitans, et de détruire tous les restes du christianisme. Dans la même année on détermina des mesures pour les différentes étoffes.

Le 4ᵉ mois de la 6ᵉ année (1666), on défendit l'observance des *Yu zia fou se*, qui était une branche de la secte *Fokesiou*. Ceux qui appartenaient à cette observance poussaient leurs idées sur la pureté corporelle et morale au point de croire que la fréquentation des autres hommes les rendrait impurs.

Dans la 7ᵉ année (1667), on construisit le temple de *Nigouats do* à Nara.

Le 1ᵉʳ jour du 2ᵉ mois de la 8ᵉ année (1668) éclata à Yedo un grand incendie, qui dura pendant quarante-cinq jours; on l'attribua à la malveillance.

Dans la 9ᵉ année (1669), on fit la guerre contre le Yeso. Il y avait alors une grande famine au Japon.

Dans la 1ʳᵉ des années *Im po* (1673), il y eut un grand incendie à Miyako.

Le 5ᵉ jour de la 4ᵉ lune de l'année suivante mourut le prêtre chinois *In ghen*, dans le temple d'Obakou.

Dans la 3ᵉ année (1675), il y eut un grand incendie à Miyako.

Dans la 8ᵉ année (1680), le 8ᵉ jour de la 5ᵉ lune, mourut le Seogoun *Ye tsouna*. *Tsouna yosi* (Kang kў), prince de *Tate bayasi* (Kwan lin), lui succéda.

Le 19 du même mois mourut l'ancien Daïri *Go midzou o-no in*.

Le 8ᵉ mois, il y eut une grande inondation à Yedo.

En automne, il apparut une comète avec une queue extrêmement longue.

Le temple *Fon gouan zi* fut construit à Yedo.

Dans la 1ʳᵉ année du nengo *Ten wa* (1681), *Tsouna yosi* reçut l'investiture comme Seogoun.

Le 28 du 12° mois, un grand incendie éclata à Yedo.

L'année suivante (1682), une grande famine désola Miyako et les environs.

Le 22° jour de la 2° lune de la 2° des années *Teï kiô* (1685) mourut l'ancien Daïri *Go sa in*. Apparition d'une grande comète.

Le 21° jour du 3° mois de la 4° année (1687), le Daïri résigna en faveur de son fils *Asa fito* (Tchao jin).

CXIV. DAÏRI 院山東 TÔ SAN-NO IN.

(De 1687 à 1709 de J. C.)

Nengo { 享貞 *Teï kiô* (Tching hiang), 4° année, 1687,
祿元 *Ghen rok* (Yuan loŭ), de 1688 à 1703,
永寶 *Fo yeï* (Pao young), de 1704 à 1709.

Tô san-no in (Toung chan yuan) était le cinquième fils de *Reï ghen in*. Il portait le nom d'*Asa fito* avant son avènement au trône.

Dans la 2° des années *Ghen rok*, on bâtit à Yedo le temple de Confucius, et *Toya sin kokf* fut nommé pour le desservir.

Dans la 4° année (1691), on bâtit à Yedo le temple *Zeï do*.

Dans la 5° année (1692), le célèbre voyageur Kæmpfer était au Japon.

Dans la 6° année (1693) fut construit à Yedo le pont *Singo bas*.

Dans la 8° (1695), le 8° jour de la 2° lune, il y eut un grand incendie à Yedo.

Dans la même année, on plaça sur le revers des monnaies de cuivre le caractère 元 *ghen* (yuan).

Dans la 9° année (1696), on bâtit le pont *Yeï ta bari* à Yedo.

Dans la 10° année (1697), grand incendie à Yedo.

Dans la 11° année (1698), il y eut encore un grand incendie à Yedo. Une nouvelle salle fut construite dans l'enceinte du temple de *Tô ye san*.

Dans la 13° année (1700), on rebâtit le temple *Kita no* à Miyako.

Dans la 16° année (1703), le 28 de la 11° lune, grand tremblement de terre; le jour suivant un vaste incendie éclata à Yedo.

Le 7° mois de la 1re année du nengo *Fo yeï* (1704), une partie de la ville de Yedo fut submergée par une inondation.

L'année suivante (1705), on rétablit le temple du *Daï bouts* à Nara.

Dans la 4° année (1707), le 14° jour de la 10° lune, la ville d'Osaka souffrit beaucoup d'un tremblement de terre très-violent.

Le 22 du même mois commença une éruption du mont *Fou si*, dont les cendres tombaient comme une pluie dans les provinces d'Idzou, de Keï, de Sagami, d'Idzou et de Mousadzi.

Dans la 5ᵉ année (1708), il y eut un grand incendie à Miyako, le 8 de la 3ᵉ lune. Dans la même année, on commença à faire des monnaies de cuivre avec l'inscription 寶通永寶 *Fo yeï tsou fo* (Pao young thoung pao).

Dans la 6ᵉ année (1709), le 10ᵉ jour du 1ᵉʳ mois, l'épouse du Seogoun *Tsouna yosi* le tua à coups de poignard et se perça ensuite le cœur. Ce prince, adonné au vice contre nature et n'ayant pas d'enfans, avait jeté les yeux sur le prince de Kaï pour l'adopter et pour en faire son successeur. L'impératrice, qui était une des filles du Daïri, prévoyant que ce choix révolterait tous les princes, et qu'il était à craindre qu'il ne s'ensuivît une révolution dans l'empire, mit tout en œuvre pour le dissuader de sa résolution. Ce ne fut que quand elle vit que ses représentations étaient vaines qu'elle le sacrifia à la tranquillité menacée de l'empire. C'est pour cette raison que la mémoire de cette princesse est encore aujourd'hui révérée dans tout le Japon.

Le 4ᵉ mois, *Minamoto Ye nobou*, neveu de Tsouna yosi, lui succéda comme Seogoun.

Le 2ᵉ jour de la 7ᵉ lune, le Daïri résigna, et mourut le 17 du 12ᵉ mois.

CXV. DAÏRI 中御門院 NAKA MIKADO-NO IN.

(De 1710 à 1735 de J. C.)

Nengo
{ 永寶 *Fo yeï* (Pao young), 7ᵉ année, 1710,
德正 *Ziô tok* (Tching tĕ), de 1711 à 1715,
保享 *Kiô fo* (Hiang pao), de 1716 à 1735.

NAKA MIKADO-NO IN (Tchoung yu men yuan), fils du Daïri *Tó san-no in*, portait avant son avènement au trône le nom de *Yosi fito* (Khing jin).

Dans la 1ʳᵉ année du nengo *Ziô tok* (1711), l'ambassadeur de la Corée *To ta yokf* (Tchao ta y̆) arriva à la cour.

Dans la 2ᵉ année (1712) mourut le Seogoun *Ye nobou*, le 14ᵉ jour de la 10ᵉ lune.

L'année suivante (1713), *Minamoto Yeï tsoubo* devint Seogoun.

Dans la 4ᵉ année (1714), les monnaies d'or et d'argent appelées *Keï tsió* (Khing tchhang) furent de nouveau mises en circulation.

Dans la 5ᵉ année (1715), le 17ᵉ jour du 3ᵉ mois, centième anniversaire de la mort de *Ye yasou* ou *Goughen sama*, il y eut une grande fête par tout l'empire.

La 1re année du nengo *Kió fo* (1716), *Minamoto-no Yosi moune* fut fait Seogoun.

Dans la 2e année (1717), le temple *Ko bo kou si* à Nara fut brûlé.

Dans la 3e année (1718), on fit les monnaies d'argent appelées *Boun si*.

Dans l'année suivante (1719), le 10e mois, *Kô tsi tsiou* (Houng tchi tchoung) arriva comme ambassadeur de la Corée.

Dans la 5e année (1720), on construisit près de Yedo le corps de garde d'*Ouraga*.

L'année suivante (1721), le 3e jour de la 3e lune, cette ville fut désolée par un grand incendie.

Dans la 7e année (1722), on mit hors de circulation les monnaies de cuivre qui portaient l'inscription de 元寶 *Fo ghen* (Pao yuan).

Dans la 9e année (1724), grand incendie à Osaka.

L'année suivante (1725), le 14 du 10e mois, il y eut un incendie considérable à Yedo. Dans la même année, on construisit dans cette capitale le temple *Go fiakf ra kan*.

Dans la 11e année (1726), le Seogoun fit, au printemps, une grande partie de chasse à *Kou gani bara* (Siao kin yuan).

Dans la 13e année (1728), le Seogoun alla au temple de *Ni ko*. Le 2e jour de la 3e lune, il y eut une grande inondation à Yedo.

Dans la 14e année (1729), on envoya un éléphant de la Chine.

Dans la 17e année (1732), le 28 du 3e mois, il y eut un grand incendie à Yedo. Des nuées de sauterelles dévastèrent les contrées *San in do*, *Nan kaï do* et *Saï kaï do*.

CXVI. DAÏRI. 院町櫻 S'AKOURA MATSI-NO IN.

(De 1736 à 1746 de J. C.)

Nengo
{ 文元 *Ghen boun* (Yuan wen), de 1736 à 1740,
  保寛 *Kwan fo* (Khouan pao), de 1741 à 1743,
  享延 *Ghen kió* (Yan yang), de 1744 à 1746.

SAKOURA MATSI-NO IN (Yng ting yuan) était fils du Daïri Naka Mikado-no in. Avant de parvenir au trône, il s'appelait *Aki fito* (Tchao jin).

Dans la 1re année du nengo *Ghen boun* (1736), on publia un édit qui déclara comme seule monnaie de cuivre courante de l'empire, celle qui portait sur le revers le caractère 文 *boun* (wen).

Dans l'année suivante (1737), à la 1re lune, une comète se montra dans la partie occidentale du ciel.

Dans la 3e année (1738), on célébra la fête *Daï sió ye* (Ta tchhang hoei).

Dans la 4e année (1739), on fondit à Yedo des monnaies de fer.

Dans la 2e année du nengo *Kwan fo* (1742), apparition d'une comète. A la 8e lune, il y eut de grandes inondations dans les provinces de Mousadzi, Kootsouke, Simotske et Sinano.

Dans l'année suivante (1743), à la 11e lune, une comète fut visible.

Dans la 2e année du nengo *Ghen kió* (1745), *Minamoto-no Ye sighe* fut fait Seogoun. Premier établissement de la foire *Mifako*, dans le temple de *Fira-no*, dans la province d'Omi.

Dans la 3e année (1746), vers la fin de la 2e lune, il y eut un grand incendie à Yedo.

CXVII. DAÏRI 院園桃 MOMO SONO-NO IN.

(De 1747 à 1762 de J. C.)

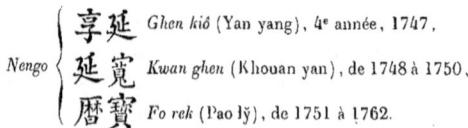

Nengo
- *Ghen kió* (Yan yang), 4e année, 1747,
- *Kwan ghen* (Khouan yan), de 1748 à 1750,
- *Fo rek* (Pao lỹ), de 1751 à 1762.

MOMO SONO-NO IN (Thao yuan yuan), fils de Sakoura matsi-no in, portait avant son avénement au trône le nom de *Tô fito* (Hia jin).

Dans la 1re des années *Kwan ghen* (1748), des ambassadeurs de la Corée et des îles Lieou khieou arrivèrent au Japon.

L'année suivante (1749), il y eut une grande inondation à Yedo.

Dans la 2e année du nengo *Fo rek* (1752), il arriva une ambassade des îles Lieou khieou.

On construisit le temple du mont *Yeï san* à Miyako.

L'année suivante (1753), le Seogoun distribua de l'argent à tous ceux de ses officiers qui n'avaient pas au delà de mille kokfs de revenu.

Dans la 5e année (1755), on construisit le portail du temple *Tô yeï san* à Yedo.

Dans la 7ᵉ année (1757), *Yin man-no miya* alla à Yosi-no.
Dans la 10ᵉ année (1760), *Minamoto-no Ye farou* devint Seogoun.
Dans la 12ᵉ année (1762), le Daïri abdiqua.

CXVIII. DAÏRI 院町櫻後 GO SAKOURA MATSI-NO IN.

(De 1763 à 1770 de J. C.)

Nengo { 曆寶 *Fo rek* (Pao lỹ), 13ᵉ année, 1763,
        和明 *Meï wa* (Ming ho), de 1764 à 1770.

Go sakoura matsi-no in (Heou yng ting yuan) était sœur du Daïri et fille aînée de Sakoura matsi-no in. Avant son avénement au trône, elle s'appelait *Tsi si* (Tchi tsu). Elle succéda à son frère, qui avait abdiqué, le 7ᵉ jour de la 11ᵉ lune de la 11ᵉ année du nengo *Fo rek* (1761).

Dans la 13ᵉ année (1763), on répara le temple de *Ni ko*.

La 1ʳᵉ des années *Meï wa*, *Tsiou nan gouts* (Thsieou nan yuë) arriva comme ambassadeur de la Corée. Le roi des îles Licou khieou envoya également une ambassade à la cour.

Dans la 3ᵉ année (1766), on découvrit une conspiration tramée contre le Seogoun à Yedo, par *Yama gata Daï ni* et *Fou si Ou mon*, et on arrêta les principaux coupables.

L'année suivante, le 21ᵉ jour de la 8ᵉ lune, *Daï ni* et *Ou mon* furent exécutés, d'après la sentence prononcée par le prince *Abe Iyo-no kami*.

On fit des travaux dans les lits des rivières de l'est de l'empire, pour les rendre plus navigables, et on renouvela les digues.

Dans la 5ᵉ année (1768), on fit les monnaies de cuivre appelées *Zi mon sen* (Szu men thsian).

CXIX. DAÏRI 院園桃後 GO MOMO SONO-NO IN.

(De 1771 à 1780 de J. C.)

Nengo { 和明 *Meï wa* (Ming ho), 8ᵉ année, 1771,
        永安 *An yeï* (Ngan young), de 1772 à 1780.

Go momo sono-no in (Heou thao yuan yuan) était le fils aîné de Momo sono-no in. Avant son avénement au trône il portait le nom de *Fana fito* (Yng jin).

Dans la 1re année du nengo *An yeï* (1772), on frappa les pièces d'argent appelées *Ni zou* (Eul tchu). Grand incendie à Yedo.

L'année suivante (1773), un autre incendie dévasta la même ville.

Dans la 3e année (1774), on construisit le pont *O kawa bas* à Yedo.

Dans la 5e année (1776), le Scogoun *Ye farou* alla faire ses dévotions au temple de *Ni ko*.

La 8e année, le 24e jour de la 2e lune, mourut *Minamoto Ye moto*, Taïsi ou prince successeur du Scogoun. Il fut enterré dans le temple d'*Ouye no* à Yedo.

CXX. DAÏRI 所御洞仙 SEN TÔ GO SIO.

(De 1781 à 1817 de J. C.)

Nengo
{
明天 *Ten miô* (Thian ming), de 1781 à 1788,
政寛 *Kwan seï* (Khouan tching), de 1789 à 1800,
和享 *Kiô wa* (Hiang ho), de 1801 à 1803,
化文 *Boun kwa* (Wen houa), de 1804 à 1817.
}

SEN TO GO SIO (Sian toung yu so) n'est pas un nom, mais le titre qu'on donne à chaque Daïri qui abdique et se retire des affaires. Il signifie *Place impériale de la caverne des Immortels*. Ce Daïri, qui est le père de celui qui règne à présent, s'appelait avant son avénement au trône *Tomo fito* (Kian jin). Sa mère *Omi ya go zio* était fille de l'ancien Kwanbak *Konoye Zioun sangou woutsi saki*.

Dans la 2e année du nengo *Ten miô* (1782) parut l'ouvrage *Sin sen sen pou* (Sin tchuan thsian phou), contenant une description des monnaies de cuivre chinoises et japonaises, rédigé par *Minamoto-no Masa tsouna*, prince de Kotsouke et d'Oki, fils de *Nobou tsouna*, prince héréditaire de la province de Tamba, et portant le titre de prince de Kotsouke et d'Iyo.

Dans l'année suivante (1783), le 4e jour du 7e mois, ou le 1er juillet, une éruption de la montagne sulfureuse d'*Asama*, dans la province de Sinano, occasionna des dégâts affreux. Plus de vingt-sept villages furent engloutis. Cette éruption dura jusqu'au 8 du même mois, ou le 5 juillet.

Dans la 4e année (1784), le 21 du 3e mois, on célébra dans tout l'empire une grande fête en l'honneur de *Kô bô daï si*, mort 950 ans avant cette époque.

Dans la 6e année (1786), le 8 du 9e mois, mourut le Scogoun *Ye farou*.

Il reçut le titre posthume de *Sun mio in*, et fut enterré dans le temple d'*Ouye no* à Yedo.

CXXI. DAÏRI 皇天上今 KIN ZIÓ TEN O.

(De 1818 jusqu'à nos jours.)

Nengo 政文 Boun seï (Wen tching).

KIN ZIO TEN O (Kin chang thian houang) ou 帝皇上今 *Kin zió kwó te* (Kin chang houang ti), c'est-à-dire *l'empereur auguste actuellement régnant*, est le titre qu'on donne aux Daïri pendant leur règne. Celui-ci portait avant son avénement au trône le nom de *Aya fito* (Hoeï jin).

SUR LES DAÏRI,

OU EMPEREURS DU JAPON.

C'est une erreur généralement répandue parmi nous, qu'il existe au Japon deux empereurs, l'un ecclésiastique, l'autre civil. On donne ordinairement la première épithète au *Daïri* [1], qui est le véritable empereur, et l'autre au *Seogoun* (Tsiang kiun) [2], qui, en effet, n'est que le premier dignitaire militaire de l'empire, ou général en chef de l'armée. Il est vrai que les Seogoun ont usurpé le pouvoir suprême, et que par le fait le Daïri est soumis à leur influence; mais cet état de choses, quoique consacré par une longue habitude, est illégal, et le Seogoun n'est, même au Japon, pas autrement regardé que comme le premier officier du Daïri, et nullement comme un second empereur. La dignité du dernier n'est pas non plus ecclésiastique, comme on le croit généralement; c'est un monarque comme un autre, mais un monarque dont les ancêtres ont eu la faiblesse de se laisser arracher le pouvoir par les chefs militaires de l'empire.

La famille des Daïri est censée descendre des Divinités qui anciennement gouvernaient le Japon. *Ten sio daï sin*, ou le grand Esprit de la lumière du ciel, déesse qui paraît être une personnification du soleil, est regardée comme la fondatrice de cette famille; car un de ses descendans, *Zin mou ten o*, fit la conquête de la plus grande partie du Japon, et prit le titre d'empereur, l'an 660 avant J. C.

Les Daïri portent, comme les empereurs de la Chine, le titre de 子天 *Ten si* ou *Fils du ciel*. Leur race passe pour impérissable, et le peuple croit

---

(1) 裏大 *Daï ri*, en chinois *Ta li*, signifie *le grand Intérieur*, c'est-à-dire le palais impérial. C'est le terme ordinaire dont on se sert pour désigner l'empereur, parce qu'il est défendu de prononcer son nom, qui d'ailleurs est ignoré de son vivant par la multitude. On l'appelle cependant aussi *Mikado*, en chinois 帝 *Ti*, ou empereur.

(2) Ce mot, qu'on prononce ordinairement *Seogoun*, s'écrit en japonais *Siô goun* : c'est le terme chinois 軍將 *Tsiang kiun*, qui signifie *général en chef*. C'est une faute d'écrire *Djogoun*, car la consonne *dj* (le ز arabe) n'existe pas en japonais.

que quand un Daïri n'a pas d'enfans, le ciel lui en procure un. Encore aujourd'hui, quand un empereur du Japon se trouve sans héritier, il finit par en trouver un près d'un des arbres plantés à côté de son palais. C'est ordinairement un enfant choisi secrètement par lui-même dans une des familles les plus illustres de sa cour, et qu'on a soin de placer à l'endroit indiqué.

On donne aux Daïri, après leur mort, un titre honorifique sous lequel ils sont mentionnés dans l'histoire. Autrefois ces titres avaient rapport à leurs bonnes ou mauvaises actions; mais depuis le 56ᵉ Daïri, ce furent les palais ou les lieux de leur résidence qui servirent à former ces titres. A la mort d'un empereur, le corps de logis qu'il avait habité était détruit, et l'on en construisait un autre pour son successeur, dans l'enceinte de la cour impériale. Le défunt recevait alors le nom du lieu où s'était trouvé son palais. Tous les Daïri, jusqu'au 61ᵉ, ont porté le titre de 皇天 *Ten o* (en chinois Thian houang), c'est-à-dire *l'auguste du ciel*. Le 61ᵉ fut le premier qui prit le titre de *in* (en chinois yuan), *palais*, et on l'appela *Zu ziak-no in*, c'est-à-dire *le Palais de l'oiseau rouge*. Le 62ᵉ Daïri eut encore le titre de *Ten o*, parce qu'il suivait la religion de Sin to; le 81ᵉ le porta de même, étant mort enfant, avant d'avoir été instruit dans la doctrine de *Sia ka*, ou Bouddha; car c'est dans les livres bouddhiques écrits en chinois que 院 *in* (yuan) signifie *palais*.

Quoique les Daïri soient censés, pendant leur vie, être attachés à la religion primitive du Japon, ou celle de *Sin to*, l'on observe des usages bouddhiques à leurs funérailles, qui ont lieu près du temple *Zin you si*, situé en dehors de la cour impériale et à côté du temple du *Daï bouts*, ou du grand Bouddha. En face de ce temple coule une petite rivière, sur laquelle est placé le pont nommé *Yomi-no ouki basi*. C'est jusqu'à ce pont que le corps est porté, accompagné de toute la pompe qu'un Daïri étale pendant sa vie; mais, arrivé là, il est reçu par les prêtres de Sia ka, et enterré suivant leur rite.

Le pouvoir dont les Daïri jouissaient anciennement s'est écroulé par degrés. Un premier coup lui fut porté en 1180, lorsque *Taïra-no Kiyo mori* s'empara de la personne de l'ancien Daïri *Go Ziro kawa-no Fówo*, et le confina à *Foukou wara*, où le pavillon *Ro-no go sio* lui servit de prison. Ce prince malheureux fit alors remettre en secret, par le prêtre *Mongok*, à *Yori tomo*, qui était exilé depuis 1160 dans la province d'Ize, l'ordre écrit de sa main d'arriver sans délai à son secours. Yori tomo rassembla aussitôt une armée avec laquelle il battit, à chaque rencontre, les troupes de la famille des *Feïke*, de laquelle était Kiyo mori. Celui-ci mourut en 1181, et eut pour successeur son fils *Moune mori*, homme de peu de talens, qui fut entièrement défait par Yori tomo, et ce dernier rétablit alors le Daïri sur le trône. En 1185, *Moune mori* et son fils *Kiyo moune* furent mis à mort dans la province d'Owari, par *Yori tsoune*, frère de Yori tomo. Cet événement fut suivi de la ruine totale de la famille des Fcïke. Alors le Daïri nomma Yori tomo général en chef de toutes les forces de l'empire, pour le récompenser des services éminens qu'il lui avait rendus. En 1192, le Daïri *Go Toba-no in* créa Yori tomo *Zeï i daï Seogoun*, ou grand général qui combat les barbares. Depuis ce temps, le pouvoir du Daïri s'est affaibli de jour en jour; à présent il ne reste à ce monarque que l'ombre de son ancienne splendeur. Le dernier coup fut porté à l'autorité du Daïri par *Ye yasou* ou *Gonghin sama*, premier Seogoun de la famille qui administre actuellement l'empire japonais. Le Daïri et toute sa cour sont défrayés par le Seogoun; mais les appointemens des classes inférieures de ses officiers sont si chétifs, que plusieurs d'entre eux sont obligés, pour vivre, de faire des broderies et des petits paniers, ou de s'occuper d'autres métiers.

FEMMES DE LA COUR DU DAÏRI.

1. La 宮后大皇大 *Daï kwó daï kogou* (Taï houang taï heou koung). La grand'mère du Daïri.

2. La 宮后大皇 *Kwó daï kogou* (Houang taï heou koung), mère du Daïri.

3. La 宮后皇 *Kwó kogou* (Houang heou koung) est la première de ses femmes, que l'on considère comme son épouse principale. Le Daïri a le droit d'avoir quatre-vingt-une femmes, c'est-à-dire neuf fois neuf, nombre que les Japonais regardent comme le plus parfait. Cependant jamais l'empereur n'en prend autant, et, à proprement parler, il n'en a que neuf, dont chacune a huit suivantes, qui ensemble font le nombre de quatre-vingt-un.

Le Daïri a trois autres épouses, qui ne sont pas comptées parmi ces neuf: la première est nommée 后皇 *Kwó gou* (Houang heou), et est aussi censée épouse légitime. La seconde est nommée 御女 *Nio go* (Niu yu); la troisième a le nom de 妃皇 *Kwó i* (Houang feï).

Ces trois femmes et les neuf autres font ensemble douze, que le peuple compare aux douze signes du zodiaque.

La *Nio go* et la *Kwó i* habillent le Daïri. Tous les jours ce prince change de vêtemens, pour lesquels on se sert d'étoffes très-fortes et précieuses. Deux de ces étoffes sont de couleur pourpre avec des fleurs blanches; la troisième, toute blanche, est tissue en fleurs : les étoffes à raies droites sont nommées *Fate sima*, et celles tissues à sarmens et avec des fleurs ont le nom de *Fate wakou*; les deux premières à fond pourpre sont nommées *Teïwosasi-no ki*, et leurs dessins *Koumo fate wakou*, ou nuageux. Personne autre que le Daïri n'a le droit de porter ces étoffes, à moins que ce prince ne lui en fasse cadeau, ou ne lui en permette l'usage. Elles sont même interdites pour les vêtemens du Kwanbak, et bien plus encore pour ceux du Seogoun.

Sen to go sio, mère du 120ᵉ Daïri, s'en servit la première, lorsque dans le 2ᵉ mois de la 5ᵉ année du nengo *Yen kio* (1748), elle se rendit au temple *Zen yô si*, situé dans l'enceinte même de la cour. L'étoffe blanche dont nous parlons fut mise par elle pour la première fois, le 10ᵉ mois de la même année. Elle portait alors un pantalon de dessus de cette étoffe, pièce d'habillement dont toutes les femmes du Daïri font usage, et qui est très-large. Le Daïri choisit toujours ses femmes dans sa cour; *Go kwô miôin* fut le seul qui épousa *Tôfouk mon in*, fille du troisième Seogoun *Yeï ye mitsou*.

Quand les femmes du Daïri entrent chez lui, elles ne doivent pas avoir de chaussons ni être coiffées; elles viennent pieds nus et les cheveux flottans; dans leurs appartemens elles les nouent ou en portent les tresses dans un sac d'une étoffe très-fine. Avoir des cheveux très-longs est regardé au Japon comme une grande beauté.

Les personnes attachées à la cour du Daïri sont désignées par le nom collectif de 家公 *Kô ghe* (Koung kia), *maison de l'empereur*. Plusieurs auteurs, qui ont écrit sur le Japon, se sont étrangement trompés en traduisant cette dénomination par *seigneurs ecclésiastiques*. L'administration nominale de l'empire à la cour du Daïri se compose de la manière suivante :

CONSEIL D'ÉTAT.

1. Le 臣大政大 *Taï zio daï sin* (Ta tching ta tchhin).
2. Le 臣大左 *Sadaïsin* (Tso ta tchhin), officier de la main gauche.
3. Le 臣大右 *Oudaïsin* (Yeou ta tchhin), officier de la main droite.

Ces trois officiers sont compris sous la dénomination de 公三 *San kô* (San koung) ou des *trois comtes*. Lorsqu'il n'y a pas de Kwanbak, ils sont les premiers ministres de l'empire. Dans les affaires importantes, le Seogoun ne peut rien décider sans leur consentement. En 1781, le Seogoun *Yeï ye Farou ko* fut nommé Oudaïsin, ce qui fut considéré comme une grande faveur.

4. Le 臣大内 *Nadaïsin* (Neï ta tchhin). C'est l'homme d'affaires du

Daïri. Quand un des trois ministres précédens ne peut vaquer à son emploi, c'est le Nadaïsin qui le remplace.

5. Le 言納大 *Daïnagon* (Ta nŭ yan), conseiller d'état, s'abouchant avec le Nadaïsin sur toutes les affaires. *Daï* veut dire grand ou premier, et *nagon* conseiller.

6. Le 言納中 *Tsioûnagon* (Tchoung nŭ yan), conseiller d'état au-dessous du premier.

7. Le 言納少 *Sionagon* (Chao nŭ yan), conseiller d'état de la dernière classe. Il s'occupe de ce qui concerne le Daïri personnellement. Ces trois officiers intiment aux employés inférieurs les ordres du monarque.

8. Le 議叅 *Sanghi* (Thsan i) a la direction des affaires du palais.

9. Le 記外 *Gheki* (Weï ki) nomme aux emplois selon la décision du Daïri.

10. Le 辨大左 *Sadaïben* (Tso ta pian).

11. Le 辨大右 *Oudaïben* (Yeou ta pian).

Ce sont des gens instruits dans les affaires, qui remplacent le Sanghi lorsqu'il ne peut s'occuper de son emploi. La dignité de *Ben* correspond à celle de *Chang chou*, ou Président en Chine.

12. Le 辨中左 *Satsioûben* (Tso tchoung pian).

13. Le 辨中右 *Outsioûben* (Yeou tchoung pian).

Ils font les fonctions des deux précédens, en cas d'empêchement.

14. Le 辨少左 *Sa sio ben* (Tso chao pian).

15. Le 辨史右 *Ou sio ben* (Yeou chao pian).

Ils remplacent en cas de besoin les deux précédens.

Les officiers, à compter du n° 10, assistent chaque jour, dans le palais, aux délibérations sur les affaires, afin de se préparer plus tard à l'emploi de Sanghi.

16. Le 史大左 *Sadaïsi* (Tso ta szu).

17. Le 史大右 *Oudaïsi* (Yeou ta szu).

Premiers secrétaires.

18. Vingt 生史 *Si sio* (Szu seng), ou clercs aux ordres des secrétaires.

Tous les employés ci-dessus doivent déposer leurs armes en s'approchant du Daïri.

LES HUIT MINISTÈRES.

A. TSIOU SIO-NO SIO. *Direction générale du palais.*

19. Le 卿務中 *Nakats kasa* (Tchoung wou khing) a l'inspection des appartemens intérieurs du palais; il conserve ses armes en présence du Daïri.

20. Le 輔大務中 *Nakats kasa ta yu* (Tchoung wou ta fou) est le second du précédent.

21. Le 輔少務中 *Nakats kasa sio yu* (Tchoung wou chao fou) remplace le Ta yu absent.

22. Le 丞大務中 *Nakats kasa daï sió* (Tchoung wou ta tching).

23. Le 丞少務中 *Nakats kasa sio sió* (Tchoung wou chao tching). Adjoints du précédent.

24. Les 從侍 *Si sió* (Chi thsoung) sont au nombre de huit; ce sont les officiers de confiance du Daïri.

25. Les 人舍内 *Oudoneri* (Nei che jin) sont au nombre de quatre-vingt-dix. Quand un Sets zio devient Kwanbak, ils sont sous ses ordres.

Lorsque le Daïri est encore enfant, ou qu'une femme occupe cette dignité, on choisit un 白關 *Kwanbak* (Kouan pě), qui représente le Daïri, et est le premier de l'empire. Alors le Seogoun ne peut rien entreprendre d'important sans son avis et son approbation. Lorsqu'un Daïri règne en personne, on peut se passer des *Oudoneri*.

26. Le 記内大 *Daïnaï ki* (Ta neï ki).

27. Le 記内少 *Sio naï ki* (Chao neï ki).

Ils doivent être très-versés dans les affaires de la Chine et du Japon, et ils rédigent toutes les ordonnances du Daïri. Pour ces emplois, on se sert toujours de gens d'un mérite distingué.

28. Les 物監 *Kin mots* (Kian wě), ou clercs des précédens, sont au nombre de trois, égaux en rang.

29. Le 夫大宮中 *Tsioúgoú Daïbou* (Tchoung koung ta fou), ou premier surveillant des appartemens.

30. Le 夫大權宮中 *Tsioúgoú gon-no Daïbou* (Tchoung koung khiuan ta fou), ou le second.

31. Le 頭人舍大 *Oudoneri-no kami* (Ta che jin theou), ou premier officier du palais; il y a environ huit cents hommes sous ses ordres.

32. Le 頭藏内 *Koura-no kami* (Neï tsang theou), premier garde des magasins.

33. Le 頭權藏内 *Koura gon-no kami* (Neï tsang khiuan theou), le second; il a soin de tous les meubles, vêtemens, etc.

34. Le 頭殿縫 *Nou i-no kami* (Fung tian theou), ou le premier tailleur; il en a trois autres sous lui.

35. Le 頭陽陰 *Ou yó-no kami* (In yang theou), ou l'astrologue; il en a cinq autres sous lui.

36. Le 士博曆 *Rek fakka se* (Lў pŏ szu), qui fait le calendrier.

37. Le 士博文天 *Ten mon fakka se* (Thian wen pŏ szu), l'astronome.

38. Le 士博尅漏 *Kokok fakka se* (Leou khĕ pŏ szu), ou l'horloger.

39. Le 頭匠内 *Takoumi-no kami* (Neï tsiang theou), ou premier architecte. Il en a trois autres sous lui.

B. SIK BOU-NO SIO. *Direction législative et de l'instruction publique.*

40. Le 御部式 *Sik bou kiŏ* (Chў pou khing), chef du ministère de l'instruction publique. C'est ordinairement le fils ou un proche parent du Daïri. Il a sept autres juges au-dessous de lui, qui sont :

    1. Le 輔大部式 *Sik bou-no ta yu* (Chў pou ta fou). Il reçoit les ordres du premier.

    2. Le 輔少部式 *Sik bou-no sio yu* (Chў pou chao fou), qui en l'absence du Ta yu, le remplace.

    3 et 4. Les 丞大 *Daï siŏ* (Ta tching).

    5 et 6. Les 丞少 *Sio siŏ* (Chao tching).

    7. Le 錄 *Sa-kwan* (Loŭ). Il y en a un 大 *Daï*, et un 少 *Sio*.

41. Le 頭學大 *Daïgakf-no kami* (Ta hiŏ theou), ou premier instituteur de l'empire; il en a trois autres au-dessous de lui.

Dans l'Académie impériale il y a quatre classes 道四 *Si do*.

    La 1ʳᵉ est celle des 傳紀 *Ki ten* (Ki tchhouan), qui recueillent les mémoires historiques du Japon et de la Chine.

    La 2ᵉ, celle des 經明 *Meï kiŏ* (Ming king), qui expliquent les ouvrages classiques des Chinois.

La 3ᵉ, celle des 法明 *Meï fots* (Ming fä), qui enseignent la jurisprudence du Japon et de la Chine.

La 4ᵉ, celle des 道筭 *San do* (Suon tao), qui enseignent les mathématiques.

42. Le 士博章文 *Mon sió fakka se* (Wen tchang pŏ szu), premier écrivain de la cour, versé dans la connaissance des anciens caractères. Il a sous lui plusieurs 士博 *Fakka se* (Pŏ szu).

43. Les 教助 *Sio kio* (Tsu hiŏ), deux assistans du précédent.

44. Les 請直 *Tsiok ko* (Tchy̆ kiang), deux personnes qui font des cours dans lesquels elles expliquent les ouvrages japonais et chinois.

45. Les 士博音 *On fakka se* (Yn pŏ szu), deux savans qui enseignent la prononciation des mots.

46. Les 士博書 *Sio fakka se* (Chou pŏ szu), deux professeurs de calligraphie.

47. Les 士博法明 *Miŏ bo fakka se* (Ming fä pŏ szu), deux jurisconsultes.

48. Les 士博筭 *San fakka se* (Suon pŏ szu), professeurs de mathématiques.

C. Dzi bou-no sio. *Ministère de l'intérieur.*

49. Le 卿部治 *Dzi bou kiô* (Tchi pou khing), chef de la division générale de l'intérieur.

50. Le 輔大部治 *Dzi bou-no ta yu* (Tchi pou ta fou), son premier adjoint.

51. Le 輔少部治 *Dzi bou-no sió yu* (Tchi pou chao fou), le second adjoint.

52. Le 丞大部治 *Dzi bou-no daï sió* (Tchi pou ta tching).

53. Le 丞少部治 *Dzi bou-no sió sió* (Tchi pou chao tching).

54. Le premier 録 *Sakkwan* (Loŭ).

55. Le second 録 *Sakkwan* (Loŭ).

Tous ces employés se trouvent sous les ordres immédiats du *Dzi bou kiô*.

56. Le 頭樂雅 *Outa-no kami* (Ya yŏ theou), ou premier musicien.

57. Le 助樂雅 *Outa-no ski* (Ya yŏ tsu), le second.

58. Les 充樂雅 *Outa-no zeó* (Ya yŏ tchhoung), deux adjoints.

59. Les 屬樂雅 *Outa-no sakwan* (Ya yŏ tchŭ), deux sous-employés.

60. Le 頭蕃玄 *Ghen ba-no kami* (Hiuan fan theou). Il reçoit les ambassadeurs de la Chine et de la Corée, et leur sert d'interprète.

61. Le 助蕃玄 *Ghen ba-no ski* (Hiuan fan tsu), adjoint du précédent.

62. Les 充蕃玄 *Ghenba-no zeó* (Hiuan fan tchhoung), deux assistans.

63. Les 屬蕃玄 *Ghenba-no sakwan* (Hiuan fan tchŭ), deux employés.

64. Le 頭陵諸 *Mizasaghi-no kami* (Tchu ling theou), ou inspecteur des sépultures impériales.

65. Le 助陵諸 *Mizasaghi-no ski* (Tchu ling tsu), son substitut.

66. Les 充陵諸 *Mizasaghi-no zeó* (Tchu ling tchhoung), deux adjoints.

67. Les 屬陵諸 *Mizasaghi-no sakwan* (Tchu ling tchŭ), deux personnes en sous-ordre.

Le mot *mizasaghi*, qui signifie *sépulture impériale*, n'est employé qu'en parlant de celle des Daïri.

D. MIN BOU-NO SIO. *Ministère de la police.*

68. Le 卿部民 *Min bou kió* (Min pou khing), chef de la direction des affaires du peuple, de la police générale, et du cadastre. Dans son département on tient registre de toutes les villes et des villages, du nombre de leurs habitans, de la quantité des nouveau-nés et des morts dans chaque endroit.

69. Le 輔大部民 *Min bou-no ta yu* (Min pou ta fou).

70. Le 輔少部民 *Min bou-no sió yu* (Min pou chao fou).

Ce sont les adjoints du précédent.

71. Les 丞部民 *Min bou-no sió* (Min pou tching), et les 錄部民 *Minbou-no sakwan* (Min pou loù). Quatre personnes, dont les deux premières sont supérieures aux deux autres.

72. Le 頭計主 *Kasouye-no kami* (Tchu ki theou), ou premier intendant.

Anciennement, lorsque le Daïri jouissait encore de tout son pouvoir, cet officier tenait compte des dépenses et des recettes dans tout l'empire. Actuellement il ne dirige que les recettes et dépenses de l'intérieur de la cour.

73. Le 助計主 *Kasouye-no ski* (Tchu ki tsu), le second intendant.

74. Les 充計主 *Kasouye-no zeó* (Tchu ki tchhoung), deux personnes.

75. Les 屬計主 *Kasouye-no sakwan* (Tchu ki tchu), deux personnes.
Ces quatre officiers sont chargés de revoir les comptes. Les deux premiers ont le pas sur les deux autres.

76. Le 頭稅主 *Tsikara-no kami* (Tchu choui theou), ou premier inspecteur des vivres.

77. Le 助稅主 *Tsikara-no ski* (Tchu choui tsu), son second.

Tous les comestibles servis au Daïri sont scrupuleusement examinés par ces deux employés. Le riz qu'il mange est compté grain par grain, et on lui en donne chaque jour la même quantité.

E. FIO BOU-NO SIO. *Ministère de la guerre.*

78. Le 卿部兵 *Fió boú kió* (Ping pou khing), chef du département de la guerre. C'est ordinairement un fils ou un proche parent du Daïri. Il a, pour la forme, la direction de toutes les affaires qui ont rapport à l'état militaire, qui sont en effet dirigées par le Seogoun. Lorsqu'un prince enfreint les ordres du Daïri, le Fió bou kió enjoint au Seogoun de l'en punir.

79. Le 輔大部兵 *Fió bou-no ta yu* (Ping pou ta fou), adjoint du précédent.

80. Le 輔少部兵 *Fió bou-no sio yu* (Ping pou chao fou) remplace le dernier, s'il est absent.

81. Les 丞部兵 *Fió bou-no sio* (Ping pou tching), deux personnes.

82. Les 充部兵 *Fió bou-no zeó* (Ping pou tchhoung), deux personnes, qui exécutent les ordres donnés par le précédent.

83. Le 正人隼 *Fayato-no kami* (Sin jin tching), le premier directeur des danses.

84. Le 佑人隼 *Fayato-no seo* (Sin jin yeou), son adjoint.

85. Le 史令人隼 *Fayato-no sakwan* (Sin jin ling szu), adjoint en second.

Ces trois officiers sont d'un rang très-inférieur.

F. GHIO BOU-NO SIO. *Ministère de la justice.*

86. Le 卿部刑 *Ghió bou kió* (Hing pou khing), ministre de la justice.

87. Le 輔大部刑 *Ghió bou-no ta yu* (Hing pou ta fou).

88. Le 輔少部刑 *Ghiŏ bou-no sio yu* (Hing pou chao fou). Adjoints du ministre de la justice.

89. Les 丞部刑 *Ghiŏ bou-no siŏ* (Hing pou tching), deux clercs.

90. Les 錄部刑 *Ghiŏ bou-no sakwan* (Hing pou loŭ), deux autres clercs inférieurs.

91. Le 事判大 *Daï fan si* (Ta fan szu), qui examine les coupables.

92. Les 事判中 *Tsiou fan si* (Tchoung fan szu), deux personnes.

93. Les 事判少 *Siŏ fan si* (Chao fan szu), deux personnes.

94. Le 屬 *Sakwan* (Tchu).
Ce sont trois classes d'employés subalternes, aux ordres du *Daï fansi*.

95. Le 正獄囚 *Siou gakf-no kami* (Thsieou yu tching), geôlier en chef. *Siougakf* signifie *prison*.

96. Le 佑獄囚 *Siou gakf-no seo* (Thsieou yu yeou), son second.

97. Le 史令獄囚 *Siou gakf-no sakwan* (Thsieou yu ling szu), employé subalterne.

G. OO KOURA SIO. *Ministère du trésor.*

98. Le 卿藏大 *Okoura-no kiŏ* (Ta tsang khing) reçoit les tributs des provinces, et en impose d'autres.

99. Le 輔大藏大 *Okoura-no ta yu* (Ta tsang ta fou).

100. Le 輔少藏大 *Okoura-no sio yu* (Ta tsang chao fou).
En l'absence du premier, ils lui succèdent.

101. Les 丞藏大 *Okoura-no siŏ* (Ta tsang tching), deux premiers clercs.

102. Les 錄藏大 *Okoura-no sakwan* (Ta tsang lou), deux autres clercs.

103. Le 正部織 *Ori be-no kami* (Tchy pou tching) est à la tête de toutes les manufactures et teintureries.

104. Le 佑部織 *Ori be-no seo* (Tchy pou yeou).

105. Le 錄部織 *Ori be-no sakwan* (Tchy pou lou).
Deux moindres employés.

H. KOU NAÏ-NO SIO. *Ministère de la maison de l'empereur.*

106. Le 卿內官 *Koû naï-no kiŏ* (Koung neï khing) est le surveillant de tous les travaux qui s'exécutent dans l'intérieur du palais.

107. Le 輔大内官 *Koú naï-no ta yu* (Koung neï ta fou).

108. Le 輔少内官 *Koú naï-no sio yu* (Koung neï chao fou).
Ce sont les deux adjoints.

109. Les 丞内官 *Koú naï-no sio* (Koung neï tching), deux personnes sous leurs ordres.

110. Les 錄内官 *Koú naï-no sakwan* (Koung neï lou) sont deux employés inférieurs.

111. Le 夫大膳大 *Daï sen-no ta yu* (Ta chen ta fou), ou premier maître d'hôtel.

112. Le 亮膳大 *Daï sen-no ski* (Ta chen liang), ou le second.

113. Les 進大膳大 *Daï sen-no daï sin* (Ta chen ta tsin), deux employés sous leurs ordres.

114. Les 屬膳大 *Daï sen-no sakwan* (Ta chen tchu), deux moindres employés.

115. Le 頭工木 *Mok koú-no kami* (Mou koung theou), ou premier charpentier.

116. Le 助工木 *Mok koú-no ski* (Mou koung tsu), son second.

117. Les 丞工木 *Mok koú-no siô* (Mou koung tching), deux maîtres sous eux.

118. Les 屬工木 *Mok koú-no sakwan* (Mou koung tchu), deux sous-employés.

119. Le 師算 *San si* (Souon szu), ou expert. Il évalue le prix des travaux.

120. Le 頭炊大 *Oo i-no kami* (Ta tchhoui theou), ou premier pourvoyeur.

Il y a des emplacemens particuliers où l'on conserve les vivres destinés pour la table du Daïri; ils sont sous la surveillance de cet officier, qui est en même temps le premier cuisinier du Daïri.

121. Le 助炊大 *Oo i-no ski* (Ta tchhoui tsu), son second.

122. Les 充炊大 *Oo i-no zeô* (Ta tchhoui tchhoung), deux cuisiniers sous ses ordres.

123. Les 屬炊大 *Oo i-no sakwan* (Ta tchhoui tchu), deux inférieurs.

124. Le 頭殿主 *To-no mo-no kami* (Tchu tian theou) a la surveillance des appartemens et des meubles; il a soin de les faire tenir propres et en bon état. *To-no mo* veut dire *inspecteur des appartemens*.

125. Le 助殿主 *To-no mo-no ski* (Tchu tian tsu), ou le second surveillant.

126. Les 允殿主 *To-no mo-no zeó* (Tchu tian tchhoung), deux autres sous ses ordres.

127. Les 屬殿主 *To-no mo-no sakwan* (Tchu tian tchu), deux subalternes.

128. Le 頭藥典 *Ten yakf-no kami* (Tian yŏ theou), ou premier pharmacien.

129. Le 助藥典 *Ten yakf-no ski* (Tian yŏ tsu), le second.

130. Le 允藥典 *Ten yakf-no zeó* (Tian yŏ tchhoung), deux moindres pharmaciens.

131. Les 屬藥典 *Ten yakf-no sakwan* (Tian yŏ tchu), deux autres.

132. Le 士博醫 *I fakka se* (I pŏ szu), ou premier médecin.

133. Le 士博醫女 *Nio i fakka se* (Niu i pŏ szu), ou femme médecin. Aucun homme ne doit soigner la santé des femmes du Daïri.

134. Le 士博針 *Zin fakka se* (Tchin pŏ szu), ou premier piqueur d'aiguilles.

Piquer avec une aiguille, et brûler avec du moxa, sont deux remèdes dont les Japonais se servent avec le plus grand succès dans beaucoup de maladies.

Le *Zin fakka se* est chargé de marquer sur les figures qui servent de modèles pour ces deux opérations, les différens endroits où il faut les pratiquer. Ces figures sont nommées *Tsou bo zu*; *Tsou* signifie figure, *bo zu* un prêtre, car la figure a la tête rasée. Pour une telle figure sur laquelle les différens endroits sont proprement marqués en caractères chinois, il reçoit quatre onces et demie d'argent.

135. Le 醫侍 *Si i* (Chi i) est toujours près du Daïri, c'est son médecin particulier.

136. Le 醫侍權 *Ghon-no si i* (Khiuan chi i).

137. Le 師醫 *I si* (I szu).

Ils se trouvent aussi constamment auprès du Daïri, le dernier est un médecin ordinaire.

138. Le 助部掃 *Ka mon-no kami* (Sao pou theou) est le surveillant des domestiques du palais.

139. Le 助部掃 *Ka mon-no ski* (Sao pou tsu), son second.

140. Le 允部掃 *Ka mon-no sió* (Sao pou tchhoung), deux autres sous ses ordres.

141. Les 屬部掃 *Ka mon-no sakwan* (Sao pou tchu), deux inférieurs.

142. Le 正親正 *Oo kimi-no kami* (Tching thsin theou), ou le généalogiste de la famille impériale.

143. Le 佑親正 *Oo kimi-no seo* (Tching thsin yeou), son adjoint.

144. Le 史令親正 *Oo kimi-no sakwan* (Tching thsin ling szu), ou sous-employé.

145. Le 正膳內 *Naï sen-no kami* (Neï chen tching), ou premier échanson. Ce n'est pas lui qui verse au Daïri ; il n'est que le surveillant des autres.

146. Le 膳奉 *Boú sen* (Fung chen), échanson effectif.

147. Le 膳典 *Ten sen* (Tian chen), échanson en second.

148. Le 史令膳內 *Naï sen sakwan* (Neï chen ling szu) est sous les ordres des précédens.

149. Le 正酒造 *Miki-no kami* (Tsao thsieou tching), faiseur en chef de zake, ou vin de riz des Japonais. Il demeure dans l'intérieur du palais. Il y a deux espèces de zake, du brun et du blanc : le Daïri n'en boit que du brun.

150. Le 佑酒造 *Miki-no seo* (Tsao thsieou yeou), adjoint du précédent.

151. Le 史令酒造 *Miki-no sakwan* (Tsao thsieou ling szu), employé en sous-ordre.

152. Le 正女采 *Oune me-no kami* (Thsaï niu tching). Il surveille la conduite des femmes du Daïri.

153. Le 佑女采 *Oune me-no seo* (Thsaï niu yeou), son second.

154. Le 史令女采 *Oune me-no sakwan* (Thsaï niu ling szu), sous les ordres du précédent.

Pour ces trois derniers emplois, on prend toujours des hommes fort avancés en âge.

155. Le 正水主 *Mondo-no kami* (Tchu choui tching). Il a soin des aqueducs, des rivières, des puits, et de l'eau à boire.

156. Le 佑水主 *Mondo-no seo* (Tchu choui yeou), son adjoint.

157. Le 史令水主 *Mondo-no sakwan* (Tchu choui ling szu), sous les ordres du précédent.

Le 1ᵉʳ jour de l'an, le *Mondo-no kami*, ou directeur des eaux de tout l'empire, offre au Daïri, à quatre heures du matin, de l'eau de la rivière *Kama gawa* pour se laver. Cette eau passe pour la meilleure de l'empire, et on la nomme *waka midzou*, ou eau nouvelle.

De même, l'on offre au Daïri, le 1ᵉʳ du 6ᵉ mois, de la glace de la montagne *Fousi*, que le Seogoun lui envoie de Yedo. Le prince de Tamba lui envoie aussi de la glace du mont *Fimoura yama*.

Outre un grand nombre d'officiers de moindre rang, le Daïri en a encore plusieurs, tant attachés au *Taïsi*, ou successeur désigné, qu'à l'état militaire.

Le Daïri et ses femmes mettent chaque jour des vêtemens nouveaux. Tout ce qui est nécessaire pour ses repas et tout ce dont il se sert personnellement est renouvelé tous les jours. Anciennement il mangeait dans des jattes de terre, symbole de la simplicité des premiers habitans du Japon; à présent ces jattes sont de porcelaine. Ses habits de dessus, de même que ceux de tous ses officiers, jusqu'à la troisième classe, sont noirs. Il en porte aussi d'une étoffe verte nommée *Yama bato iro*, ou couleur de pigeon de montagne, qu'il n'est permis à aucune autre personne de porter.

Les serviteurs sont divisés en huit *I* (weï), grades ou classes, dont chacune est subdivisée en deux : la première, appelée *Tsiô* (Tching), et la seconde *Tsoû* (Tsoung). Les membres de la quatrième, de la cinquième et de la sixième classe sont habillés de rouge ; ceux de la septième et de la huitième, qui sont les derniers, portent des habillemens verdâtres ou d'un bleu clair.

Le Daïri est regardé comme trop saint pour toucher la terre; cependant il se promène bien dans son palais, mais il est porté quand il sort. Néanmoins il est arrivé en 1732, qu'à l'occasion d'une mauvaise récolte dans l'ouest et le midi de l'empire, d'où l'on tire le plus de riz, *Naka mikado-no in* marcha nu-pieds sur la terre, afin d'obtenir du ciel de la fécondité.

C'est pendant le sommeil du Daïri qu'on lui rogne les ongles, ce qu'on nomme les lui *voler*. Comme il n'est pas permis de lui raser ni les cheveux ni la barbe, on les coupe quand il fait semblant d'être bien endormi. Les Japonais nomment ce sommeil, *le sommeil du lièvre*.

Ce prince, étant assis, tient ordinairement dans la main un petit bâton en forme d'éventail fermé et fait du bois *izi-no ki*, qui, selon l'assertion des Japonais, ne croît que sur la montagne *Kouraghe*. Anciennement ce bâton était d'ivoire et servait de tablette pour écrire; à présent il remplace le sceptre. Les habits que le Daïri a portés sont serrés tous les jours soigneusement, et on les conserve pour les brûler à une époque fixée. Ce prince a de jeunes garçons de neuf à dix ans pour *porte-cotons*, et l'on enterre ses excrémens.

Les gens de la cour du Daïri sont tous ses parens, car il n'épouse jamais une femme qui ne soit de la cour; ils s'appliquent aux sciences, à la poésie, et à la musique. Le grand-juge de Miyako est chargé de les entretenir dans ces dispositions; c'est lui qui a la direction et les soins de tout ce qui concerne la cour du Daïri, laquelle coûte tous les ans au Seogoun des sommes énormes. La place de grand-juge est une des plus importantes et des plus difficiles à remplir, puisqu'il doit conserver un équilibre parfait entre les intérêts du Daïri et ceux du Seogoun, et se bien garder de mécontenter l'un des deux, s'il ne veut pas courir le risque d'être obligé de se couper le ventre. Aussi fait-on toujours choix d'un des hommes les plus discrets. Son emploi, qu'il exerce ordinairement pendant trois ans, lui donne un grand pouvoir à Miyako, et un rang très-élevé, même au-dessus des conseillers d'état ordinaires, quoiqu'il ait moins de revenus. Ce rang cesse lorsqu'il vient à Yedo. Le grand-juge auquel M. Titsingh fut présenté en 1780, à Miyako, était, à l'époque du voyage de cet ambassadeur hollandais à Yedo, en 1782, un des cinq seigneurs des temples de cette résidence du Seogoun. C'était un homme d'un grand mérite, et M. Titsingh reçut, dans ces deux villes, l'accueil le plus gracieux de lui. Il avait alors de plusieurs femmes cinquante-deux enfants en vie.

Quoique le Daïri soit actuellement privé par les Seogoun de toute influence dans le gouvernement, on le consulte pourtant dans les affaires majeures. Sans cette formalité, personne ne respecterait les ordres émanés du Seogoun; car les Japonais ne reconnaissent que le Daïri comme véritable chef de l'empire. Ils disent que, aussi bien que le monde n'est éclairé que par un seul soleil, de même il ne peut y avoir qu'un chef suprême.

Tous les officiers de la cour ou de la famille du Daïri sont d'un rang supérieur à celui du premier des princes ou des grands de Yedo. Lorsque ceux-ci rencontrent un officier du Daïri, ils s'inclinent aussitôt en approchant la tête et les mains de terre; leur pique (ils ne peuvent en avoir qu'une seule en sa présence) est également mise par terre. « Le prince de Satsouma, dit M. Ti-
« tsingh, un des seigneurs les plus respectés et les plus puissans de l'empire, et
« dont la fille est fiancée au Taïsi ou au Daïnagon sama (le Seogoun d'à présent),
« n'est considéré par eux que comme un de leurs serviteurs. C'est pour cette
« raison que les princes, en se rendant à la cour du Seogoun à Yedo, ou en
« en revenant, évitent soigneusement de passer par Miyako, qui est la rési-
« dence du Daïri; ils préfèrent la route qui conduit d'Oudzi à Fousimi, et
« qui passe en dehors de cette ville. Il y a quelques années que le prince
« d'Aki, parent du Seogoun, commit une légère impolitesse à la rencontre
« d'un officier du Daïri; celui-ci le fit poursuivre sur la route jusqu'à Fou-
« simi, d'où il le fit revenir. Le prince d'Aki étant retourné sur ses pas, sans

« le moindre train et avec une simple pique, il le fit attendre pendant douze
« heures chez lui, avant de l'admettre en sa présence. Le prince fit ses excuses
« et fut renvoyé après une forte réprimande. » Les princes sont obligés de
mettre leurs deux sabres de côté en présence d'un officier du Daïri, ce qui est
un grand crève-cœur pour leur amour-propre.

Il est d'usage que lorsqu'un prince doit s'arrêter en voyage, son nom,
élégamment écrit sur une planchette, soit placé au bout d'un bambou, à
l'entrée de la route. Ceci se pratique aussi pour les chefs de la Compagnie
hollandaise. Si, par hasard, un officier du Daïri arrive à l'endroit où le prince
s'est arrêté, l'on met à l'instant ce bambou à terre. Quand un prince doit passer
devant la demeure d'un tel officier, il va à pied, n'ayant qu'une seule pique
à sa suite; s'il rencontre l'officier en personne, il se met la tête et les mains
à terre. Sa chaise à porteurs (*norimon*) et tout son train s'éloignent avec la plus
grande vitesse, et se réfugient dans quelque chaumière, ou, s'il n'y en a pas,
se dirigent dans les champs. Enfin, tout est si complétement soumis au
Daïri, que quelques personnes de distinction à Yedo ayant demandé à
M. Titsingh le sens du mot *empereur*, par lequel les Hollandais désignent mal
à propos le Seogoun, et ayant appris que ce titre signifiait le *chef suprême
d'un empire*, elles lui répliquèrent qu'il fallait n'en reconnaître qu'un seul,
savoir le Daïri, qui avait le pouvoir absolu, et que le Seogoun, appelé par les
Européens *empereur*, n'était qu'un officier à qui le Daïri confiait l'administration de l'empire.

Autrefois le Seogoun, à son avénement au pouvoir, allait lui-même à Miyako pour y présenter ses hommages au Daïri; mais cet usage a cessé depuis
qu'un des Daïri porta, dans un moment de mécontentement, la main à son
arc pour lancer une flèche contre le Seogoun. Heureusement il fut retenu
et ne put exécuter son dessein. Actuellement le Seogoun envoie, le premier
jour de l'an, des ambassadeurs pour féliciter le Daïri; ensuite celui-ci dépêche une ambassade dans le même but à Yedo. Quand les envoyés arrivent
au palais du Seogoun, ils sont reçus comme le Daïri lui-même. Le Seogoun
vient à leur rencontre et les conduit à la salle d'audience, où, pendant tout
le temps qu'ils s'acquittent de leur commission, il reste incliné devant eux,
touchant de sa tête les nattes qui couvrent le sol. L'audience solennelle
finie, le Seogoun reprend son rang, et ce sont les ambassadeurs qui s'inclinent alors de la même manière devant lui, et restent dans cette position
pendant tout le temps qu'il leur parle. Ils logent dans un grand palais à
Yedo, nommé *Ten sio yaski*, et y jouissent des mêmes marques de distinction
que les membres de la famille du Daïri.

Devant ce palais est placée une caisse carrée de deux pieds de long; elle a une petite ouverture et s'appelle *Meyas fako* ou *Zosio fako*, c'est-à-dire, *caisse pour recevoir les plaintes.* Quiconque se croit froissé dans ses droits peut y jeter une requête. La caisse est ouverte tous les ans pendant le séjour des ambassadeurs du Daïri à Yedo; ils emportent avec eux les papiers qui s'y trouvent pour les examiner.

Il y a de pareilles caisses dans toutes les principales villes de l'empire. A Nangasaki il y en a une tout près de l'hôtel du gouverneur : deux officiers subalternes y sont constamment de garde pour observer ceux qui y jettent des billets. Elle est ouverte six fois par an par le gouverneur, et sert à faire connaître les actes arbitraires des magistrats.

Le billet, scellé par le plaignant, et muni de son nom et de sa demeure, est envoyé directement à Yedo; ceux qui ne sont point scellés, et qui n'ont ni nom ni adresse, sont brûlés; mais si l'on trouve un pareil billet pour la troisième fois, il est aussi envoyé à Yedo. Il est pourtant rare que, dans une année, plus de deux ou trois plaintes soient jetées dans la boîte. Celles qui arrivent à Yedo sont ouvertes à des jours fixes par le Scogoun seul, puisque le but de cette institution est de connaître les mauvais procédés des conseillers d'état, des princes et des officiers inférieurs. Les recherches, pour découvrir si les plaintes déposées dans les Meyas fako sont fondées ou non, se font sans délai; si on les trouve fausses, on promène le plaignant à cheval par toute la ville, en portant devant lui un drapeau de papier, qui a quelquefois neuf pieds de large, et sur lequel sont énoncés son nom, son âge, sa conduite et sa faute. Le contenu de cet écrit est lu à haute voix dans tous les carrefours et dans les lieux où les ordonnances impériales sont ordinairement affichées. On finit par abattre la tête du délinquant sur la place destinée aux exécutions. Pendant le séjour de M. Titsingh au Japon, un pareil jugement fut exécuté à Yedo sur la personne d'un certain *Mats moto ghen-no sin*, un des officiers de *Kousi*, prince de Tango, alors gouverneur de Nangasaki. Ce seigneur était d'un mérite distingué et extrêmement chéri des habitants et des étrangers pour ses qualités aimables. Mats moto lui avait souvent demandé la permission de l'accompagner à Nangasaki; mais comme cet officier avait souvent des discussions avec ses collègues, le gouverneur, pour éviter toute tracasserie pendant son voyage, le laissa à Yedo, quoique ce fût d'ailleurs un homme instruit. Mats moto, outré de cette humiliation, écrivit, pour se venger, un placet dans lequel il calomnia le gouverneur de toutes les manières et nomma sa façon d'administrer abominable. Il le scella, le signa de son nom, y mit son adresse, et le jeta dans la caisse devant le palais des ambassadeurs du Daïri.

Ses accusations ayant été examinées et trouvées fausses, il fut traité comme nous venons de dire, et on lui trancha la tête.

Ce sont ordinairement deux princes peu riches qui reçoivent du Seogoun la commission d'entretenir les ambassadeurs du Daïri pendant leur séjour à Yedo. Cette commission est considérée comme une grande faveur et sollicitée par beaucoup de monde, car elle rapporte à chacun des deux fournisseurs un profit net d'environ quarante mille kobang ou plus de quatre cent quatre-vingt mille francs.

Le 1er jour, les ambassadeurs sont régalés par le Seogoun d'un potage aux grues; le 2e jour, on les amuse avec des danses; ils ne restent que sept jours à Yedo. Le Seogoun leur envoie des présens trois fois par jour; mais les deux princes qui sont chargés de leur faire les honneurs, leur envoient des cadeaux pendant toute la journée; tout ce dont ils ont besoin, tant pour eux que pour leurs gens, est renouvelé chaque jour : ces derniers, qui n'ont qu'un salaire très-modique, sont extrêmement avides de se procurer des bénéfices.

Parmi ces ambassadeurs, il n'y en a que deux qui représentent le Daïri; ils changent tous les ans; ceux qui ont été employés une année ne reviennent qu'après sept ans. Dans les différentes provinces qui se trouvent sur leur route, ils sont régalés et défrayés splendidement par les princes ou par le Seogoun. Quand ils partent pour Yedo, ils n'ont que peu de bagage; à leur retour, il est immense par la quantité de cadeaux qu'ils rapportent. Tous ces présens sont fournis par douze personnes de la famille des anciens Seogoun *Nobou naga* et *Taïko*; ces fournisseurs n'ont point d'emplois particuliers; mais ils mènent un grand train à l'aide du profit qu'ils font sur les présens destinés aux ambassadeurs du Daïri.

« Revenant de la cour de Yedo, en 1782, dit M. Titsingh, je reçus, le
« 1er de mai, la nouvelle, à *Naroumi*, que ces ambassadeurs étaient en route et
« coucheraient le lendemain à *Kwana, Yokaïts* et *Seki*, où mes logemens étaient
« retenus. Je partis de là le 2 mai à cinq heures du matin, j'arrivai à sept
« heures à *Miya*, où je m'embarquai après mon déjeuner dans un très-joli
« bateau vernissé en laque noire, de sorte que je fus sur les onze heures à
« *Kwana*. Je fus forcé d'y dîner dans un petit logement. A une heure après
« midi, je continuai ma route, et je rencontrai alors quelques membres de
« l'ambassade. Les principaux étaient deux jeunes gens d'une figure très-
« agréable, et qui marchaient à pied pour s'amuser. On me mit avec ma chaise
« à porteurs et tout mon train sur le bord du chemin. Je trouvai un troisième
« député dans un village; il me fit prier de passer à pied devant son loge-

« ment, mais je m'excusai d'après l'avis de mes interprètes, en disant que j'étais
« indisposé. Cependant, sur ses instances, je passai en ouvrant le fermoir de
« ma chaise pour le saluer, à quoi il répondit gracieusement. C'est comme
« étranger que je jouissais d'un pareil privilége, qui n'est pas même accordé
« aux princes du pays. J'avais pourtant fait dire à mon médecin et à mon
« secrétaire de passer à pied devant le prince, pour satisfaire sa curiosité de
« voir des Hollandais. A sept heures et demie j'arrivai à *Yokaïts*, où je me
« retirai dans une maison bourgeoise; mon bagage fut porté dans un temple.
« Tous les logemens étaient occupés par les ambassadeurs ou par leur suite.
« Dans ce petit réduit, je fus forcé de m'arrêter faute de chevaux et de por-
« teurs, puisqu'on attendait encore le lendemain quelques personnes de
« l'ambassade.

« On m'assura qu'il leur avait fallu trois mille porteurs, dont cent avaient
« été employés à porter six lanternes; que cela faisait un petit revenu à leurs
« gens, qui escroquaient le salaire des porteurs dont ils n'avaient pas besoin.
« Les employés de l'ambassade, d'un rang inférieur, avaient même amené
« avec eux deux inspecteurs de porteurs, sous prétexte qu'ils n'en avaient
« pu trouver suffisamment, mais en effet pour leur faire racheter leurs
« services. »

« Cette ambassade était composée de deux ambassadeurs du Daïri, nommés
« *Abra-no kosi saki-no Daïnagon* et *Kouga-no Daïnagon;*

« D'un envoyé de l'ancien Daïri *Nio in,* tante du Daïri régnant, *Yotsou souki
« saki-no Daïnagon;*

« D'un agent de la femme du vieux Daïri *Sakoura matsino in, Nuwata saïsio
« tsiou sio;*

« D'un député de la veuve de feu le Daïri *Momou sono-no in, Sen mio in saki-
« no saï sio;*

« De la veuve de feu le Daïri *Go Momou sono-no in.*

« Il y avait aussi une lettre sur papier rouge, sous la garde de *Seïdo in Siona-
« gon* et de *Takakoura dasaï-no daïni;*

« De *Tsousi mikado kounaï gon-no tayu,* compositeur des calendriers, astro-
« nome et géographe très-habile.

« Tous les officiers ci-dessus portent le nom de *Kouma-no ouye beta* ou *Ten
« siô fito,* c'est-à-dire, hommes supérieurs du ciel.

« Ensuite venaient *Oosi kosi daï gheki, Yama ghitsou zio naïkou, A oki ghen
« boun-no zio* et *A oki kase-no zio.* Ces quatre officiers subalternes demeurèrent

56

« à Yedo dans des logemens particuliers. Tous les princes et autres grands qui
« désirent obtenir quelque faveur du Daïri, s'adressent à ces derniers avec leur
« placet, ce qui leur fait gagner beaucoup d'argent. On nomme ces quatre offi-
« ciers *Tsi ghe nen*, hommes inférieurs de la terre. »

    Malgré la déférence que le Seogoun et ses officiers montrent en toute oc-
casion au Daïri et aux personnes attachées à sa cour, il ne reste à ce dernier
qu'une influence passive dans l'administration de l'empire. Le pouvoir suprême
est par le fait entre les mains du Seogoun. Quoique le consentement du Daïri
soit nécessaire dans toutes les affaires majeures, et que les ordres qui s'y rapportent soient publiés en son nom, on ne se rappelle aucun cas où il l'ait refusé, si ce n'est quand *Fide tada*, fils de Gonghin, sollicita le titre de Kwanbak.
Un changement dans cet état de choses au Japon est peu probable, aussi long-
temps que les Seogoun continueront de porter, pour la forme, aux Daïri, le
respect qu'ils doivent aux descendans de la race céleste de Ten sio daï sin.

FIN.

TABLE CHRONOLOGIQUE

DES DAÏRI.

1. Zin mou ten o. (660—585 av. J. C.)
2. Soui seï ten o. (581—549.)
3. An neï ten o. (548—511.)
4. I tok ten o. (510—476.)
5. Ko zeo ten o. (475—593.)
6. Ko an ten o. (392—291.)
7. Ko reï ten o. (290—210.)
8. Ko ghen ten o. (209—158.)
9. Kaï kwa ten o. (157—98.)
10. Sou zin ten o. (97—30.)
11. Seï nin ten o. (29 av. J. C.—70 de J. C.)
12. Keï kô ten o. (71—130.)
13. Seï mou ten o. (131—191.)
14. Tsiou aï ten o. (192—200.)
15. Sin gou kwo gou. (201—269.)
16. O sin ten o. (270—312.)
17. Nin tok ten o. (313—399.)
18. Ri tsiou ten o. (400—405.)
19. Fan sio ten o. (406—411.)
20. In kio ten o. (412—453.)
21. An ko ten o. (454—456.)
22. You riak ten o. (457—477.)
23. Seï neï ten o. (480—484.)
24. Ghen so ten o. (485—487.)
25. Nin ken ten o. (488—498.)
26. Bou rets ten o. (499—506.)
27. Keï taï ten o. (507—531.)
28. An kan ten o. (534—535.)
29. Zin kwa ten o. (536—539.)
30. Kin meï ten o. (540—571.)
31. Bin dats ten o. (572—585.)
32. You meï ten o. (586—587.)
33. Siou zioun ten o. (588—592.)
34. Soui ko ten o. (593—628.)
35. Zio meï ten o. (629—641.)
36. Kwo gok ten o. (642—644.)
37. Ko tok ten o. (645—654.)
38. Zaï meï ten o. (655—661.)
39. Ten tsi ten o. (662—672.)
40. Ten bou ten o, ou Ten mou ten o. (672-686.)
41. Si tô ten o. (687—696.)
42. Mon mou ten o. (697—707.)
43. Ghen mio ten o. (708—715.)
44. Ghen sio ten o. (715—723.)
45. Sio mou ten o. (724—748.)
46. Ko ken ten o. (749—758.)
47. Faï taï. (759—764.)
48. Sio tok ten o. (765—769.)
49. Kwo nin ten o. (770—781.)
50. Kwan mou ten o. (782—805.)
51. Feï zeï ten o. (806—809.)
52. Sa ga-no ten o. (810—823.)
53. Zioun wa ten o. (824—833.)
54. Nin mio ten o. (834—850.)
55. Boun tok ten o. (851—858.)
56. Seï wa ten o. (859—876.)
57. Yo zeï ten o. (877—884.)
58. Kwo ko ten o. (885—887.)
59. Ou da ten o. (888—897.)
60. Daï go ten o. (898—930.)
61. Zu siak ten o. (931—946.)
62. Moura kami ten o. (947—967.)
63. Reï zen in. (968—969.)
64. Yen wou in. (970—984.)
65. Kwa san-no in. (985—986.)
66. Yets sio-no in. (987—1011.)
67. San zio-no in. (1012—1016.)
68. Go Itsi siô-no in. (1017—1036.)
69. Go Ziu ziak-no in. (1037—1045.)
70. Go Reï zen in. (1046—1068.)
71. Go Zan sio-no in. (1069—1072.)
72. Ziro kawa-no in. (1073—1086.)
73. Fori kawa-no in. (1087—1107.)
74. To ba-no in. (1108—1123.)
75. Siu tok-no in. (1124—1141.)
76. Kon ye-no in. (1142—1155.)
77. Go Ziro kawa-no in. (1156—1158.)

TABLE CHRONOLOGIQUE DES DAIRI.

78. Ni sio-no in. (1159—1165.)
79. Rokou sio-no in. (1166—1168.)
80. Taka koura-no in. (1169—1180.)
81. An tok ten o. (1181—1183.)
82. Go To ba-no in. (1184—1198.)
83. Tsoutsi mikado-no in. (1199—1210.)
84. Zioun tok in. (1211—1221.)
85. Go Fori kawa-no in. (1222—1232.)
86. Si sio-no in. (1233—1242.)
87. Go Saga-no in. (1243—1246.)
88. Go Fouka kousa-no in. (1247—1259.)
89. Ki zan-no in. (1260—1274.)
90. Go Ou da-no in. (1275—1287.)
91. Fousi mi-no in. (1288—1298.)
92. Go Fousi mi-no in. (1299—1301.)
93. Go Nisio-no in. (1302—1307.)
94. Fana zo-no in. (1308—1318.)
95. Go Daï go ten o. (1319—1331.)
96. Kwo gon-no in. (1332—1334.)
  Go Daï go ten o règne de nouveau. (1334-1336.)
97. Kwan mio in. (1337—1348.)
98. Zo kwo in. (1349—1351.)
99. Go Kwo gon in. (1352—1371.)
100. Go Yen yo-no in. (1372—1382.)
101. Go Ko mats-no in. (1383—1412.)
102. Seo kwo-no in. (1413—1428.)
103. Go Fana zo no-no in. (1429—1464.)
104. Go Tsoutsi mikado-no in. (1465—1500.)
105. Go Kassiwa bara-no in. (1501—1526.)
106. Go Nara-no in. (1527—1557.)
107. O ki matsi-no in. (1558—1586.)
108. Go Yo zeï in. (1587—1611.)
109. Go Midzou o-no in. (1612—1629.)
110. Meï sió in. (1630—1643.)
111. Go Kwô miô in. (1644—1654.)
112. Go zaï in. (1655—1662.)
113. Reï ghen in. (1663—1686.)
114. Tô san-no in. (1687—1709.)
115. Naka mikado-no in. (1710—1735.)
116. Sakoura matsi-no in. (1736—1746.)
117. Momo sono-no in. (1747—1762.)
118. Go Sakoura matsi-no in. (1763—1770.)
119. Go Momo sono-no in. (1771—1780.)
120. Sen tô go sio, ou Tomo fito. (1781—1817.)
121. Kin ziô ten o, ou Kin ziô kwô te. — Titre du Daïri régnant.

TABLE ALPHABÉTIQUE
DES MATIÈRES.

A

Abe-no Firafou, général, p. 51.
Abe-no Naka maro, ambassadeur en Chine, 65, 83.
Abe-no Yori toki. Sa mort, 163.
Académie impériale du Japon, 428.
Aïnos, peuple, 12 n.
Aka me, poisson, p. xviii
Aka some i mon, écrivain, 158.
Aketsi-no tenka mika, proverbe, 397 n.
Aki sighe, poëte, 182.
Aki tsou sima. Un des noms du Japon, xxxvi, 3.
Amaga saki, cap, xxvi.
Amago Farou fisa, prince d'Idzoumo. Ses guerres avec Moto nari, 375, 376, 382, 385.
Amana, pays, 8.
Ama-no boutsi koma, *coursier du ciel*, xvii.
Ama-no fasi tate, lieu célèbre, xvi note.
Ama-no iwa, rocher, xvii n.
Ama-no kako yama, montagne près de Miyako, xvii n.
Ama-no mana i, puits célèbre, xvi note.
Ama-no o fi-no mikoto, le second des esprits terrestres, xvii, xx.
Ama-no ouki batsi, *le pont du ciel*, expression allégorique, xiii n.
Ama tsou fiko ne-no mikoto, le troisième des esprits terrestres, xvii.
Ambassade. La première qui ait été au Japon, 8.
Ambassade espagnole. Traitement qu'elle éprouve, 411.
Ame waka fiko combat les démons de la terre, xx et suiv.
Amida dera, temple, 212 n.
Anawo-no yama, montagne, 379.

An ghen (*Ngan yuan*), nengo, an 1175, pag. 195, 197.
An kan ten o, 28ᵉ Daïri, p. 33.
An ko ten o, 21ᵉ Daïri, 26.
An nan kokſ, le Tonking, 84.
An neï ten o, 3ᵉ Daïri, 4.
An teï (*Ngan tching*), nengo, an 1227, p. 238, 240.
An tok ten o, 81ᵉ Daïri, pag. 200. — Détrôné, 207. — Meurt, 212.
An wa (*Ngan ho*), nengo, an 968, p. 142, 143.
An yeï (*Ngan young*), nengo, an 1772, p. 419.
Araignées de terre, xxxv, 11 n.
Araki Moura sighe, 393, 394.
Argent. Son usage introduit au Japon, 58 n.
Ari fira, lettré célèbre, 144.
Asama, volcan, 420.
Asi (*Erianthus japonicus*), plante, xii n.
Asifase-no kouni, royaume, 51.
Asikaga, grande famille du Japon, 187.
Asi natsou tsi, premier habitant du Japon, xix.
Atsouma, province, 13.
Atsouma yebis, peuple, 12 n. — Explication de ce terme, 64 n.
Atsouraki morou, dignité, 145 n.
Awasi-no sima, île et province, xiv.
Awata-no Mahito, ambassadeur en Chine, 62, 63.
Aya fito, petit nom du Daïri régnant, 421.
Aya mi-no kawa, rivière, xxi.
A zia ri, dignité religieuse, 104 n.

B

Bannières (les six), 61.

Ban zi (*Wan tchi*), nengo, an 1658, p. 413.
Baptême bouddhique introduit au Japon, 94 n., 95.
Bets to, inspecteurs. Création de cette charge, 177.
Bin dats ten o, 31ᵉ Daïri, 36.
Biô do in, palais. Sa richesse, 165.
Biva-no oumi, lac, 5 n.
Bodhiana et Bodhidharma. Voyez Darma.
Bok kaï, royaume, 68.
Bouddhisme. Son introduction au Japon, vi, viii n., 35.
Boudz gakſ, ouvrage, 344.
Boule précieuse, un des insignes de l'empire, 32 n.
Boun an (*Wen ngan*), nengo, an 1444, p. 331, 343.
Boun ki (*Wen koueï*), nengo, an 1501, p. 364.
Boun kwa (*Wen houa*), nengo, an 1804, p. 420.
Boun meï (*Wen ming*), nengo, an 1469, p. 352, 356.
Boun po (*Wen pao*), nengo, an 1317, p. 278, 280.
Boun rek (*Wen ly*), nengo, an 1234, p. 242.
Boun rok (*Wen lou*), nengo, an 1592, p. 402, 405.
Boun seï (*Wen tching*), nengo, an 1818, p. 421.
Boun sen (*Wen siouan*), ouvrage chinois, 113 n.
Boun sen o, titre de Confucius, 79.
Boun si, monnaies d'argent, 417.
Boun tok ten o, 55ᵉ Daïri, 112.
Boun tsiou (*Wen tchoung*), nengo, an 1372 (empire du Sud), pag. 310.
Boun wa (*Wen ho*), nengo, an 1352, p. 302.

TABLE ALPHABÉTIQUE

Boun wo (*Wen yng*), nengo, an 1260, p. 253, 254.
Boun yeï (*Wen young*), nengo, an 1264, p. 253, 256.
Boun zi (*Wen tchi*), nengo, an 1185, p. 207, 211.
Boun ziô (*Wen tching*), nengo, an 1466, p. 352, 353.
Bou rets ten o, 26ᵉ Daïri, 31.
Boû sen, emploi, 435.
Boussole, xxviii n. et suiv.

C

Cavernes, premières demeures des Japonais, iii et suiv.
Chan haï king, ouvrage chinois, cité sur l'origine des Japonais, iv.
Chasse des chiens, 344 n.
Cheveux rasés, 179 n. V. Ghen bouk.
Chine. Son partage en trois royaumes, 19 n.
Chrétiens (massacre de 37,000), 411.
Christianisme. Son introduction, 380. — Détruit, 411.
Colonie chinoise au Japon, i, iv.
Compagnie hollandaise. Obtient la permission de trafiquer au Japon, 376.
Confucius. Voyez Kô si.
Corde, emblème religieux, xviii n.
Corée. Ses noms chinois et japonais, 8 n. — Origine de ce nom, 17 n.
Création (la) suivant les Japonais, xii.
Cuivre. Époque où les Japonais l'ont connu, 63.

D

Daï akou ten o, surnom de You riak, 27.
Daï bouts, *grand Bouddha*. Son temple, 404.
Daï do (*Ta thoung*), nengo, an 806, p. 96.
Daï do rou ziou, ouvrage de médecine, 97.
Daï fan si, emploi, 432.
Daï gakf-no kami, dignité, 428.
Daï go. Signification de ce terme, 129 n.
Daï go ten o, 60ᵉ Daïri, 129. — Meurt, 134.
Daï kok, *le Grand Esprit de l'empire*, le même que O kouni tama-no kami, 7 n.
Daï kok, *le Grand Noir*, dieu des richesses, différent du précédent, 7 n.
Daï kwô daï kogou, titre de la grand'mère des Daïri, 424.
Daïnagon, charge, 62 n., 426.
Daïnai ki, emploi, 427.
Daï Ni fon si (*Ta Jy pen szu*), Grande histoire du Japon, xi, 20 n.
Daïri. Signification de ce mot, 2 n. — Attributs de cette dignité, 32 n. — Succession au trône des Daïri réglée par le Seogoun, 203. — Distinction entre le Daïri et le Seogoun, 422. — Femmes des Daïri, 424.
Daïri du Sud. Leur commencement, 294. — Leur fin, 349.
Daï rio dake, montagne, 93 n.
Daï sen-no ta yu, emploi, 433.
Daï sin, dignité, 3, 47 n.
Daï sin gou, xiv. Voyez Ten sio daï sin.
Daï siô, dignité, 428.
Daï siô daï sin, ou Daï siô fou, Daï siô kokf, dignité, 47 n., 48 n.
Daï siok, la Perse, 74.
Daï siô ye, pèlerinage. Son institution, 59. — Obligations qu'il impose, 82.
Daï sô dzou, dignité religieuse, 104 note.
Daï sô ziô, dignité religieuse, 104 note.
Dan rin Kwo gou, impératrice, 106. — Sa mort, 112. — Voyez Tatsibana fousin Kaghesi.
Darma ou Dharma. Sa vie, 41 n.
Degaignes. Son erreur au sujet du Fou sang, iv n.
Den gak, fête, 176.
Dignités du Japon (les quatre premières), 47 n.
Do ghen, prêtre bouddhique, 251.
Do kiô, prêtre, 77. — Veut se faire nommer Daïri, 79. — Meurt, 81.
Do seo, prêtre bouddhique, 61.
Dzi hou kiô, fonctions, 429.
Dzi hou-no siô, emploi, 49 n.
Dzi rek (*Tchi ly*), nengo, an 1065, p. 162, 165.

E

Écriture. Son introduction au Japon, 20 n. — Écritures *Kata kana* et *Firo kana*, 21 n.
Épreuve par l'eau bouillante, 20.

F

Faï taï, 47ᵉ Daïri, 75.
Fak fo (*Pe fung*), nengo, an 672, p. 58.
Fak outsi (*Pe tchi*), nengo, an 650, p. 47, 49.
Fama sima gawa, rivière, 16 n.
Fana zo-no in, 94ᵉ Daïri, 278. — Abdique, 281. — Meurt, 298.
Fangakf, 224.
Fang tchang. Voyez Phung laï.
Fan sio ten o, 19ᵉ Daïri, 25.
Faraka ou Fara aka, espèce de poisson, 11.
Farou kata, prince d'Owari. Sa révolte, 380.
Farou moto s'empare de Miyako, 378.
Farou Zoumi-no Yosi nawa rédige le *Siok Nipon ko ki*, 66 n.
Fassambako, 396 n.
Fatori gawa, rivière, iv.
Fatsman daï bosats, divinité, 21.
Fatsman-no daisin, divinité, 56.
Fatsman taro, général, 12 n.
Fats siô, *les huit ministères*. Leur établissement, 49 n.
Fats siô, *les huit observances bouddhiques*, 94 n.
Faucons employés pour la chasse, 23.
Faya soufi-no minato, lieu célèbre, p. xxvi.
Fayato, peuple, 67.
Fayato-no kami, emploi, 431.
Feï an siô, ville et palais, 90. — Aujourd'hui Miyako, 201.
Feï ke, grande famille, la même que celle de Taïra, 199 n. — Sa guerre contre la famille Minamoto, 201 et suiv., 210.

DES MATIÈRES.

Fci ke-no monogatari, ouvrage, 199 n.
Feï sin o, titre, 136.
Fcï zeï ten o, 51ᵉ Daïri, 96. — Sa mort, 103.
Feï zi (*Phing tchi*), nengo, an 1159, p. 191.
Fer, rare au Japon, VIII n.
Fiaksaï, ou Koutara, royaume, 17 note.
Fide sato, prince de Simotske, 137.
Fide tada, Seogoun, 410. — Meurt, 411.
Fide tsougou. Sa cruauté, 400 n.
Fide yori, 400 n. — Sa mort, 401 n.
Fide yosi, 393 et suiv. — Sa vie, 399 n. — Kwanbak, 401. — Meurt, 405.
Fi fou riak, collection d'ouvrages de législation, 105.
Fiko fo fo de mi-no mikoto, le quatrième des esprits terrestres, XXIII et suiv.
Fiko na kisa take ou ka ya fouki awase sou-no mikoto, le cinquième des esprits terrestres, XXV.
Fi ko san, temple, 403 n.
Fime. Explication de ce mot, 7 n.
Fimourou yama, montagne, 24 n.
Findats ten o. Voyez Bin dats.
Fi-no kawa, rivière, XIX.
Fi-no kouni, pays, 12.
Fiô boû kiô, dignité, 431.
Fiô bou-no siô, emploi, 49 n.
Firo kana, genre d'écriture. Son invention, 21 n., 93 n.
Firo kata, auteur d'un ouvrage de médecine, 97.
Firo nari, 3ᵉ Daïri de l'empire du Sud, 308.
Firo nari o, 4ᵉ Daïri du Sud, 311, 320.
Firo tsouki. Sa révolte, 70. — Sa mort, 71.
Firou ko, dieu de la mer, XV.
Fito ana, *caverne des hommes*, au mont Fousi, 225 n.
Fi yeï san, montagne, 88.
Fi yosi, temple, 168 n.
Fo an (*Pao ngan*), nengo, an 1121, p. 178, 181.
Fo ghen (*Pao yuan*), nengo, an 1156, p. 188.

Fo ken, *le glaive précieux*, 32 n.
Fo kii (*Pao kouei*), nengo, an 770, p. 81.
Fokrokdo, contrée. Provinces qu'elle comprend, 66 n.
Fok tek, nom des tribus mongoles et toungouses, 257 n.
Fonda-no ten o, surnom de O sin ten o, 19.
Fon gwan, temple. Ses priviléges, 370.
Fo-no sousoro-no mikoto, divinité de la mer, XXIII.
Fo-no Yosi ka, auteur du *Mon dok sits rok*, 66 n.
Foo tok (*Pao te*), nengo, an 1449, p. 331, 345.
Foô to ki, ouvrage, 64.
Fo raï san, montagne des génies dans l'Océan oriental. Traditions fabuleuses qui s'y rapportent, 6 note.
Fo rek (*Pao ly*), nengo, an 1751, p. 418.
Forifi, sacrifices, 59.
Fori kawa-no in, 73ᵉ Daïri, 172. — Meurt, 178.
Fo sa, charge, 222.
Fo si (*Pao tchi*), nengo, an 1247, p. 248.
Fôsiô, roi de Fiaksaï, 53.
Fô siô ye, fête, 167 n.
Fosokawa Masa moto, Kwanreï, assassiné, 365.
Fots ke ghiô, livre bouddhique, 91.
Fots sioô siô, une des huit observances bouddhiques, 94 n.
Foudo-no Yasou maro, historien, 64.
Foumi yori mioo zin, dieu marin, 16.
Fou ou yosi, écrivain, 368.
Fou raï san, nom générique et proverbial de tous les lieux où il y a des trésors, 7.
Fousa fide. Ses crimes, 396.
Fousang, *le Japon*. Origine de ce nom, IV. — Description de ce pays, V n. — Ses merveilles chantées par les poëtes chinois, VIII n.
Fousi mi-no in, 91ᵉ Daïri, 269. — Abdique, 274. — Meurt, 281.
Fousi-no yama, montagne volcanique, 5, 24 n., 91, 118, 416.

Fousiwara, grande famille, 3, 55, 101, 140.
Fousiwara-no Foufira rédige les lois du Japon, 61, 66. — Sa mort, 67.
Fousiwara-no Momoka, 80, 82. — Sa mort, 84.
Fousiwara-no Otsoughi rédige le *Nipon ko ki*, 66 n.
Fousiwara-no Tsougou tsouna, un des auteurs du *Siok Nipon ki*, 66 n. — Sa mort, 90.
Foutsou nousi-no kami soumet les génies de la terre, XXI et suiv.
Fou yu, pays, 17 n.
Fo wô, dignité, 130.
Fo yeï (*Pao young*), nengo, an 1704, p. 415.
Fo yeï tsou fo, monnaie, 416.
Fo yn (*Pao yen*), nengo, an 1135, p. 181, 184.

G

Gakf. Signification de ce mot, 101 n.
Ga ran (*Kia lan*), nom des temples et couvents bouddhiques, 35 n.
Ga rok (*Kia lou*), nengo, an 1225, p. 238, 240.
Généalogies des familles du Japon, 26.
Gheki, charge, 426.
Ghekou, temple, 28 n.
Ghen ba-no kami, emploi, 430.
Ghen bô, prêtre bouddhique, 72. — Sa mort, 94 n.
Ghen bouk, cérémonie, 179 n., 334 n.
Ghen boun (*Yuan wen*), nengo, an 1736, p. 417.
Ghen feï (*Yuan phing*), nengo, an 1346 (empire du Sud), p. 297.
Ghen keï (*Yuan khing*), nengo, an 877, p. 121.
Ghen ki (*Yuan kouei*), nengo, an 1570, p. 382, 388.
Ghen kiô (*Yuan yang*), nengo, an 1744, p. 417.
Ghen kiou (*Yuan kieou*), nengo, an 1204, p. 221, 226.
Ghen kô, prêtre bouddhique, 229 note.
Ghen kô (*Yuan heng*), nengo, an 1321, p. 281, 282.

Ghen kô (*Yuan hang*), nengo, an 1331, p. 281, 286.
Ghen mio ten o, 45ᵉ Daïri, 63. — Sa mort, 67.
Ghen nin (*Yuan jin*), nengo, an 1224, p. 238.
Ghen nin, prêtre bouddhique, 108 note.
Ghen o (*Yuan yng*), nengo, an 1319, p. 281.
Ghen rek (*Yuan ly*), nengo, an 1184, p. 207.
Ghen rek si, temple, 94 n.
Ghen rok (*Yuan lou*), nengo, an 1688, p. 415.
Ghen san dai si, le même que Zi ye daï si, 147 n.
Ghen si, ou Minamoto, grande famille, 199 n. — Ses guerres contre la famille Feike, 201, 202 et suiv.
Ghensi-no monogatari, ouvrage, 154.
Ghen sio ten o, 44ᵉ Daïri, 65. — Abdique, 67. — Meurt, 72.
Ghen so ten o, 24ᵉ Daïri, 29.
Ghen tok (*Yuan te*), nengo, an 1329, p. 281, 285.
Ghen tsiou (*Yuan tchoung*), nengo, an 1384 (empire du Sud), page 317.
Ghen wa (*Yuan ho*), nengo, an 1615, p. 410.
Ghen yeï (*Yuan young*), nengo, an 1118, p. 178, 180.
Ghi ghen, prêtre bouddhique, 218 note.
Ghiô bou kiô, dignité, 431.
Ghio bou-no siô, emploi, 49 n.
Ghio dzou ten o, divinité, 197 n.
Ghirin, ou Kirin, rivière. Nom des Coréens, 17 n.
Ghiwon, divinité, 197 n.
Giou to ten o, personnage divinisé, 21 n.
Glace (présens de), 24.
Go Daï go ten o, 95ᵉ Daïri, 281. — Vaincu par les chefs du Kwantô, 286. — Rétabli sur le trône, 290. — Vaincu de nouveau, 293. — Sa mort, 295.
Go Fana zo no-no in, 103ᵉ Daïri, 351. — Abdique, 351. — Meurt, 356.

Gofon marou, titre des Seogoun, 2 n.
Go Fori kawa-no in, 85ᵉ Daïri, 238. — Abdique, 241. — Meurt, 242.
Go Fouka kousa-no in, 88ᵉ Daïri, 248. — Abdique, 253. — Meurt, 276.
Go Fousi mi-no in, 92ᵉ Daïri, 274. — Déposé, p. 275. — Meurt, 293.
Go Itsi sio-no in, 68ᵉ Daïri, 156. — Meurt, 160.
Go Kame yama-no in, Daïri de l'empire du Sud, le même que Firo nari o, 320. — Meurt, 330.
Go Kassiwa bara-no in, 105ᵉ Daïri, 364. — Meurt, 572.
Gokinaï, contrée. Provinces qu'elle comprend, 98 n.
Go Ko mats-no in, 101ᵉ Daïri, 317. — Abdique, 326. — Meurt, 335.
Go Kwo gon in, 99ᵉ Daïri, 302. — Abdique, 309. — Meurt, 311.
Go Kwô miô in, 111ᵉ Daïri, 412.
Go Midzou o-no in, 109ᵉ Daïri, 410. — Abdique, 411. — Meurt, 414.
Go Momo sono-no in, 119ᵉ Daïri, 419.
Go Moura kami ten o, 2ᵉ Daïri du Sud, 296. — Meurt, 308.
Go Nara-no in, 106ᵉ Daïri, 372. — Meurt, 382.
Go Nisio-no in, 93ᵉ Daïri, 275.
Go-no Taï fak. Voyez Taï fak.
Gon no si i, emploi, 434.
Gon zô, prêtre bouddhique, 91.
Go Ou da-no in, 90ᵉ Daïri, 262. — Abdique, 269. — Meurt, 284.
Go Reï zen in, 70ᵉ Daïri, 162. — Meurt, 166.
Go reô ye, fête religieuse, 117.
Go Saga-no in, 87ᵉ Daïri, 245. — Abdique, 247. — Meurt, 261.
Go Sakoura matsi-no in, 118ᵉ Daïri, 419.
Go san, *les cinq montagnes*, 317.
Go San sio-no in, 71ᵉ Daïri, 166. — Abdique, 168. — Meurt, 169.
Go sen Wa ka si, collection de poésies japonaises, 140.
Go To ba-no in, 82ᵉ Daïri, 207. — Abdique, 221. — Vaincu par Yosi toki, 237. — Meurt, 244.

Go Tsoutsi mikado-no in, 104ᵉ Daïri, 352. — Meurt, 363.
Go Yen yo-no in, 100ᵉ Daïri, 310. — Abdique, 316. — Meurt, 320.
Go yets, pays, 135 n.
Go you sou gawa, rivière, 10.
Go Yo zeï in, 108ᵉ Daïri, 402. — Abdique, 409. — Meurt, 410.
Go zaï in, 112ᵉ Daïri, 413. — Meurt, 415.
Go Ziro kawa-no in, 77ᵉ Daïri, 188, 423. — Abdique, 190. — Meurt, 219.
Go Ziu ziak-no in, 69ᵉ Daïri, 160.
Gwon sô ziô, dignité religieuse, 104 note.

H

Han orientaux. Leur dispersion, 21, 58 n.
He kiu chi, fondateur du royaume de Sinra, 9 n.
Heou Kao li, dynastie des Koraï postérieurs, 17 n.
Huit, nombre parfait suivant les Japonais, xiv n., xviii n., xxviii note.

I

I bouki-no yama, montagne, 15 note.
I fakka se, charge, 434.
I fi toyo-no kwo mio, ou Ifi toyo-no ten o, gouverne l'empire, 29.
I fori, chef du Yamato, xxxiv.
I koma ga take, montagne, iv.
I ko sio (prêtres d'). Leur trahison, 402 n.
Ikou tsou fiko ne-no mikoto, un des esprits terrestres, xvii.
Ima tsou, presqu'île, 260 n.
Im po (*Yan pao*), nengo, an 1673, p. 414.
In, titre honorifique affecté aux Daïri, 143.
Ina da fime, femme de Sosan-no o-no mikoto, xix.
Ina iye-no mikoto, xxv. — Sa mort, xxviii.
Inari, temple, 168 n.
In ghen zen si, prêtre, 412, 414.

DES MATIÈRES.

In ghi (*Yen hi*), nengo, an 901, p. 129, 131.
In ghi sik, ouvrage, 133.
In keï (*Yen king*), nengo, an 1308, p. 278.
In kio ten o, 20° Daïri, 20.
In-no daï be tô, charge, 334 n.
Insignes de l'empire, XVI n., 32 n., 302, 343.
In tok (*Yen te*), nengo, an 1489, p. 352, 361.
In tok riò, prêtre, 412.
In tsioò (*Yen tchhang*), nengo, an 923, p. 129, 133.
Irofa, alphabet japonais, 91, 155 note.
Irouka gouverne le Japon, 43, 46.
Isa naghi-no mikoto, esprit céleste, VIII n., XIII et suiv.
Isa nami-no mikoto, XIII et suiv.
I si, emploi, 434.
Iso-no kami, pays, 27.
Isou kou sima, temple, XVI n.
Isou-no taka gara, gantelet pour tirer de l'arc, XVI n.
I thsu wang, roi de Fiaksaï, 17 n.
I tok ten o, 4° Daïri, 4.
Itsi ki sima fime, XVI.
Itsi pen, prêtre bouddhique, 263.
Itsi saï kiò, livre bouddhique, 330, 363.
Its ko siò, observance bouddhique, 254 n.
Itsoukou sima, île, 201 n.
Itsou se-no mikoto, XXV et XXVII.
Iwa i. Sa révolte et sa mort, 32.
Iwa ra, ville, 32.
Iware, pays, 25.
Iwa si midzou, temple, 167 n.
I yo, province, IX.
I yo-no fouta na-no sima, premier nom de l'île de Si kokf, XIV.

J

Japon. Son ancienne division en huit îles, XIV n. — Ses différens noms, XXXVI. — Sa division en huit provinces, 48. — Sa description d'après Rachid-eddin, Aboulféda et Marc Paul, 265 n.
Japonais. Leur histoire fabuleuse, I et suiv. — Époque certaine, II, X.
— Leur distinction en douze classes, 39.

K

Ka asi tsou fime, XXII.
Kæmpfer. Son voyage, 415.
Ka fò (*Kia pao*), nengo, an 1094, p. 172, 175.
Kaghe katsou, 393.
Ka ghen (*Kia yuan*), nengo, an 1303, p. 275.
Kaibara Tok zin, historien, III, 32 n.
Kaï kwa ten o, 9° Daïri, 6.
Kaï woun, 373. — Meurt, 374.
Ka keï (*Kia khing*), nengo, an 1387, p. 517.
Ka kits (*Kia ky*), nengo, an 1441, p. 331, 339.
Kokousaï akou, présents de glace, 94.
Kama koura, district de la province de Sagami, 203 n., 289.
Kamatari. Voyez Nakatomi kamatari. — Sa mort, 55.
Kame yama-no in, le même que Ki zan-no in, 233.
Kami ka si fime, femme guerrière, 11.
Kami-no sin o, 96. Devient Daïri, 97.
Ka mon-no kami, emploi, 434.
Kamo-no miosin, divinité, 36, 87, 89.
Kan, mesure, 184 n.
Kane ye, 145. Kwanbak, 150, 151.
Kane yosi. Ses ouvrages, 344, 359.
Kan siò siò, auteur du *Roui kiò kou si*, 110, 120, 127. — Régent, 130. — Meurt, 131. — Temple élevé en son honneur, 139, 151.
Ka o (*Kia yng*), nengo, an 1169, p. 195.
Ka rek (*Kia ly*), nengo, an 1326, p. 281, 284.
Karo, pays, le même que Amana, 8 note.
Karou-no o, proclamé Daïri, 60.
Karou-no osi, 44. — Élu Daïri, 47.
Karou-no sima, ville, 19.
Karou-no tokoro, ville, 4.
Kase-no miya, temple, 260 n.
Kasifi-no miya, ville, 15.
Kasi-no daï mio sin, titre de l'impératrice Sin gou kwo gou, 19 n.

Ka siò (*Kia siang*), nengo, an 848, p. 106, 111.
Kasiwade-no omi Fatesou, 34.
Kasou dera, temple, 179 n.
Kasouga, titre de Kamatari, 141.
Kasouye-no kami, emploi, 430.
Kassiga daï mio sin, esprit du soleil du printemps, 79.
Kassiko ne-no mikoto, esprit femelle, XIII.
Kata kana, genre d'écriture. Son invention, 21 n., 65 n.
Kata sivo, ville, 4.
Ka teï (*Kia tching*), nengo, an 1235, p. 242.
Katsou moto. Ses guerres contre Zo sen, 347, 354. — Sa mort, 357.
Katsoura ki, ville, 3 n., 11 n.
Katsousa, mer, 13 n.
Katsou yori, 395.
Kawa kami Takerou, 12.
Ka ziò (*Kia tchhing*), nengo, an 1106, p. 172, 177.
Kefi-no wara, baie, 8.
Ke gon ghio, ouvrage bouddhique, 95 n.
Ke gon sio, une des huit observances bouddhiques, 95 n.
Keï an (*Khing ngan*), nengo, an 1648, p. 412.
Keï kok soo, collection d'anciens poëmes, 105.
Keï kô ten o, 12° Daïri, 11.
Keï taï ten o, 27° Daïri, 31.
Keï tsiò (*Khing tchang*), nengo, an 1596, p. 402, 405.
Ken fo (*Kian pao*), nengo, an 1213, p. 230.
Ken ghen (*Kian yuan*), nengo, an 1302, p. 275.
Ken kiou (*Kian kieou*), nengo, an 1190, p. 207, 216.
Ken mou (*Kian wou*), nengo, an 1334, p. 290.
Ken nin (*Kian jin*), nengo, an 1201, p. 221, 224.
Ken rek (*Kian ly*), nengo, an 1211, p. 230.
Ken tok (*Kian te*), nengo, an 1370 (empire du Sud), p. 309.
Ken tsiò (*Kian tchhang*), nengo, an 1249, p. 248, 250.

57

TABLE ALPHABÉTIQUE

Ken yeï (*Kian young*), nengo, an 1206, p. 221, 228.
Ken zi (*Kian tchi*), nengo, an 1275, p. 262.
Kesa, partie du vêtement des religieux, 55 n.
Kibi, ancien royaume, xiv n., xxvi, et 2 n.
Kibi-no daisin, inventeur de l'alphabet *Kata kana*, 63 n., 78, 83.
Kibi tsou fiko, Seogoun, 8.
Kii woun (*Khing yun*), nengo, an 704, p. 60.
Ki kaï ga sima, île, 199 n.
Ki nasi-no Karou-no osi, 26.
Kin bou san, montagne, 53, 55 n.
King man, peuple, 11.
Kin meï ten o, 30° Daïri, 34.
Kin mots, emploi, 427.
Ki-no Tsoura ouki, auteur d'un recueil de poésies, 132.
Kin sô, le même que Gon zô, 91 n.
Kin tada, auteur du *M'n han rô yeï*, 158.
Kiu yeda. Son éloge, 393.
Kin ziô ten o, ou Kin ziô kwô te, titre du Daïri régnant, 421.
Kiô, ou Miyako, ville, 90 n.
Kiô fo (*Hiang pao*), nengo, an 1716, p. 416.
Kio ghi, prêtre bouddhique, 72.
Kiokou sou-no nen, fête, 30.
Kiou an (*Kieou ngan*), nengo, an 1145, p. 186.
Kiou ziou (*Kieou cheou*), nengo, an 1154, p. 186.
Kiô wa (*Hiang ho*), nengo, an 1801, p. 420.
Kirin. Voyez Ghirin.
Ki ten, dignité, 428.
Kitsiou, ou Ki i, province, 6 n.
Kiyo mori, prince de Farima, 188, 190, 191 et suiv., 195, 200, 423. — Meurt, 205.
Ki zan-no in, 89° Daïri, 253. — Abdique, 261. — Meurt, 277.
Kô an (*Houng nyan*), nengo, ou 1278, pag. 262, 264.
Kô an (*Khang ngan*), nengo, au 1361, p. 302, 305.
Kô an ho, lettré célèbre, 33.
Kô an ten o, 6° Daïri, 5.
Kô bô, ou Kô bô daï si. Sa vie, 92 n., 93, 101, 102, 107. — Inventeur de l'*Irofa*, 91 n., 93 n.
Kô bou ksi, temple, 100.
Kodan, 102 n.
Kodo, ouvrage, 344.
Kô feï (*Khang phing*), nengo, an 1058, p. 162, 164.
Kô fô (*Khang pao*), nengo, an 964, p. 139, 142.
Ko ghen (*Khang yuan*), nengo, an 1256, p. 248, 252.
Ko ghen ten o, 8° Daïri, 6.
Kokai, ou Kô bô daïsi, 92.
Ko kan wa ka siô, collection de poésies, 132.
Ko ken ten o, 46° Daïri, 73. — Abdique, 75. — Reprend l'empire, 78.
Kokf, mesure, 37 n.
Ko kokf (*Hing houe*), nengo, an 1338 (empire du Sud), p 296.
Kokok fakka se, emploi, 428.
Kô kô si, temple du Daïbouts, 404.
Kon go bou si, temple, 93.
Kô nin (*Houng jin*), nengo, an 810, p. 97.
Kô nin gak, ouvrage, 102.
Kô nin sik, ouvrage, 102.
Kon yo-no in, 76° Daïri, 186, 188.
Ko o (*Khang yng*), nengo, an 1389, p. 317.
Koraï, Koukouri, ou Koumo, royaume, 17 n.
Koraï postérieurs (dynastie des), 17 n.
Ko reï-no kori, district de la province de Mousasi, 65.
Ko reï ten o, 7° Daïri, 5.
Kô rek (*Khang ly*), nengo, an 1379, p. 310, 313.
Kore yasou, Seogoun, 256. — Déposé, 270. — Meurt, 284.
Kô rok (*Heng lou*), nengo, an 1528, p. 372.
Kô si (*Khang tchi*), nengo, an 1142, p. 186.
Kô si, nom de Confucius, 4. — Fête en son honneur, 62.
Ko si ki, histoire ancienne du Japon, 64 n.
Kosin-no fon, chef du Yamato, défait par Zin mou, xxxiv.
Kosi-no sima, contrée, xiv.

Kô tok (*Heng te*), nengo, an 1452, p. 331, 346.
Kô tok ten o, 37° Daïri, 47, 50.
Ko tsiô (*Hung tchhang*), nengo, an 1261, p. 253.
Koua (les huit), xxviii n.
Koûbô. Signification de ce terme, 370 n.
Koûghen si, temple, 35.
Koukouri. Voyez Koraï.
Kouma-no, lieu célèbre, 6.
Kouma-no-no kou sou fi-no mikoto, un des esprits terrestres, xvii.
Koume bou. Signification de ce terme, 3 n.
Kou meï sin o, Seogoun, 270. — Déposé, 278. — Meurt, 285.
Koumo. Voyez Koraï.
Koû naï-no kiô, emploi, 432.
Koung i, bonze, roi de Koraï, 17 n.
Kouni sa tsoutsi-no mikoto, xii.
Kouni toko tatsi-no mikoto, le premier des sept esprits, xii.
Koura-no kami, emploi, 428.
Kouro da, ville, 5.
Kousa kwan, dignité, 428.
Kousa nagi-no tsourougi, le glaive précieux, un des insignes de l'empire, xxvi, 32 n.
Kou sia siô, une des huit observances bouddhiques, 94 n.
Kou si fon gi, Mémorial des affaires de l'antiquité, 41.
Koutara. Voyez Fiaksaï.
Kô wa (*Khang ho*), nengo, an 1099, p. 172, 176.
Ko wa, ou Ko tsi (*Houng ho*, ou *Houng tchi*), nengo, an 1381 (empire du Sud), p. 316.
Ko yeï (*Khang young*), nengo, an 1342, p. 294, 297.
Ko you ki, ouvrage historique, 102.
Ko zeo ten o, 5° Daïri, 4.
Kô zi (*Houng tchi*), nengo, an 1555, p. 372, 382.
Kô ziô (*Khang tching*), nengo, an 1455, p. 331, 348.
Kwanbak, dignité, 8, 125, 145, 425.
Kwan boun (*Khouan wen*), nengo an 1661, p. 413.
Kwan feï (*Khouan phing*), nengo, an 889, p. 125.

Kwan fo (*Khouan pao*), nengo, an 1741, p. 417.
Kwan ghen (*Khouan yuan*), nengo, an 1243, p. 245.
Kwan ghen (*Khouan yan*), nengo, an 1748, p. 418.
Kwan ki (*Khouan hi*), nengo, an 1229, p. 258.
Kwan kô (*Khouan houng*), nengo, an 1004, p. 150, 154.
Kwan mio in, 97ᵉ Daïri, 294. — Abdique, 298. — Meurt, 315.
Kwan mou ten o, 50ᵉ Daïri, 86.
Kwan nin (*Khouan jin*), nengo, an 1017, p. 156.
Kwan o (*Khouan yng*), nengo, au 1349, p. 298.
Kwanrei, charge, 314 n., 322, 367.
Kwan seï (*Khouan tching*), nengo, an 1789, p. 420.
Kwan si (*Khouan tchi*), nengo, an 1087, p. 172.
Kwantô, contrée, 54 n. — Ses chefs militaires, leur pouvoir, 283, 284 et suiv., 286. — Guerre qu'ils soutiennent, 287 et suiv. — Font leur soumission, 289, 290.
Kwan tok (*Khouan te*), nengo, an 1044, p. 160.
Kwan tsiôo, baptême bouddhique, 94 n., 95.
Kwan wa (*Khouan ho*), nengo, an 985, p. 148.
Kwan yeï (*Khouan young*), nengo, an 1624, p. 410.
Kwan yeï tsou ba, monnaies, 414.
Kwan ziô (*Khouan tching*), nengo, an 1460, p. 331, 350.
Kwa san-no in, 65ᵉ Daïri, 148. — Meurt, 154.
Kwô daï kogou, titre de la mère des Daïri, 424.
Kwo gok ten o, 56ᵉ Daïri, 45. — Abdique, 47. — Gouverne de nouveau, 50.
Kwo gon-no in, 96ᵉ Daïri, 286. — Déposé, 289. — Meurt, 307.
Kwô gou, titre des femmes des Daïri, 426.
Kwô i, titre de la troisième femme des Daïri, 426.
Kwô kogou, titre de la première femme, 426.

DES MATIÈRES.

Kwo ko ten o, 58ᵉ Daïri, 124.
Kwo nin ten o, 49ᵉ Daïri, 81.

L

Licou khieou, îles, 1 n., 194 n.
Li yan tcheou, écrivain chinois. Sa description du Fou sang, v n.
Lutte (la) en usage au Japon, 10.

M

Ma fô, *science des démons*, 366 n.
Ma fou tsou-no kagami, miroir, emblème de la puissance suprême, xviii n.
Ma han, peuple, 8 n.
Maki moukou, ville, 9.
Mana i fara, lieu célèbre, xvi n.
Mankio, ou Man kôkf, mesure, 57.
Man yo zio, recueil de poëmes, 72 n., 233.
Man zio (*Wan cheou*), nengo, an 1024, p. 156, 158.
Ma saka ki, arbre consacré, xvii, xxxi n.
Masa tsouna, auteur d'un ouvrage de numismatique, 420.
Masa tsoura, général du Daïri du Sud, 297, 298
Masaya ya katsou katsou-no faya fi ama-no osi wo mimi-no mikoto, xvii, xx.
Masa yosi-no sin o, 103, 106.
Matsoura gawa, rivière, 16.
Mats sima, lieu célèbre, xvi n.
Meï ô (*Ming yng*), nengo, an 1492, p. 352.
Meï rek (*Ming ly*), nengo, an 1655, p. 413.
Meï siô in, 110ᵉ Daïri, 411.
Meï tok (*Ming te*), nengo, an 1390, p. 317.
Meï wa (*Ming ho*), nengo, an 1764, p. 419.
Men siou, ville, 85 n.
Me saka. Origine de ce mot, xxx.
Mi dake, montagnes, 33 n.
Midzou kagami, ouvrage, 220.
Mikado, titre des Daïri, 422 n.
Mi kassa yama, montagne, 79.
Mike irino-no mikoto, xxv, xxviii.
Miki-no kami, emploi, 435.

451

Mi komi, *le miroir précieux*, 52 n.
Mimi tsouka, *tombeau des oreilles*, 404 n.
Minamoto, famille, 100, 133.
Minamoto Mitsou kouni, auteur du *Daï Ni fon si*, xi.
Min bou kio, emploi, 430.
Ming tcheou, ville, 85 n.
Mio bo fakka se, emploi, 429.
Mio fots, dignité, 428.
Mio kio, dignité, 428.
Mi riu o tue le Daïri, 27.
Miroir, emblème révéré des Japonais, xviii n., 52 n., 161.
Mitsi fide, 394, 396, 397.
Mitsi naga, 152, 155, 156, 158.
Mitsi sane, 120.
Mitsi yasou. Sa mort, 393.
Mitsi yosi, Seogoun, le même que Yosi mitsou, 321
Mitsou fa Wake-no ousi, 25.
Mitsou-no ye, rivière, 28.
Mitsou oumi, lac, 5.
Mitsou souke assassine Yosi nori, 340. — Meurt, 341.
Miwa mio sin, dieu, 7 n., 116 n.
Miyako, ville, 4 n., 90 n. Détruite par un incendie, 374. — Abandonnée par suite de guerres continuelles, 377, 378.
Miya sama, titre, 11 n.
Mizasaghi-no kami, emploi, 429.
Mok koü-no kami, emploi, 435.
Moko, Mo kou ri. Voyez Mongols.
Momo sono-no in, 117ᵉ Daïri, 418.
Mon dok sits rok, 5ᵉ partie des Annales du Japon, 66 n.
Mondo-no kami, emploi, 435.
Mongols. Envahissent la Chine, 257. — Leur expédition contre le Japon, 258 n., 262, 264. — Leurs ambassades, 260, 263.
Mon mou ten o, 42ᵉ Daïri, 60.
Mono-no be, grande famille, xxxiv.
Mono-no be, Mono-no fou, garde impériale, 3 n.
Mono-no be-no Moriya, régent, persécuteur du bouddhisme, 36, 37.
Mon siô fakka se, emploi, 429.
Mon zek, première dignité ecclésiastique, 104 n.
Mori kouni sin o, Seogoun, 278. — Meurt, 289.

57*

TABLE ALPHABÉTIQUE

Mori Terou moto, 393.
Mori yosi, le même que Son oun fo sin o, 287. — Nommé Seogoun, 290. — Meurt, 292.
Moro fousa, auteur de mémoires historiques, 165, 167, 170.
Moro nao, général, 298, 300.
Moto nari, prince d'Aki, 382.
Moto tosi, poëte, 184.
Moto tsoune, 118, 120. — Régent, 121. — Premier Kwanbak, 123. — Dépose le Daïri, 124. — Meurt, 127.
Motsi ousi, Seogoun, 337.
Mounaya do-no osi, propagateur du bouddhisme, 36 et suiv. — Ses surnoms, 38. — Règlements qu'il rédige, 39. — Écrit l'histoire du Japon, 40. — Sa mort, 41.
Moune mori, fils de Kiyo mori, 425.
Moune taka sin o, Seogoun, 251. — Déposé, 256. — Meurt, 262.
Moura kami ten o, 62ᵉ Daïri, 139.
Moura saki-no kamori, *chapeau de pourpre*, marque distinctive, 43.
Mouriou zio kio, livre bouddhique, 42.
Mouts, province. Sa révolte, 84.
Mo yama, montagne, xxi.
Mo zin (*Mao jin*), hommes velus, x.
Mûriers plantés au Japon, 28 n.
Musique des singes. Voyez Sarou gakf.

N

Nadaïsin, charge publique, 48, 425.
Naga imo, 31 n. Voy. Yama-no imo.
Naga sonne fiko, chef du Yamato, xxvii. — Combat contre Zin mou ten o, *ibid.* xxxiii, 2. — Meurt, xxxiv.
Naga yosi, 378, 379.
Nagon, emploi, 62 n.
Naï ken, emploi, 187.
Naï kou, temple, 28 n.
Naï sen-no kami, charge, 435.
Naï sin o, titre, 60.
Naka mikado-no in, 115ᵉ Daïri, 416.
Naka-no oye-no osi, 45 et suiv., 52.
Naka tomi, grande famille, xxvi.
Naka tomi-no Kamatari, 44 et suiv.
Naka tsoukasa kiò man ta sin o, auteur du *Sió zi rok*, 100.

Nakats kasa, fonction, 427.
Nan ban, *les Portugais*. Leur arrivée au Japon, 380.
Naniwa, ville, 22.
Naniwa-no Fori ye, rivière, 35.
Naniwa-no mi saki, ancien nom du cap Amaga saki, xxvi.
Nauksido, une des sept divisions du Japon, 65 n.
Nan szu, Histoire du midi, citée p. v.
Nan Ten sik, l'Inde méridionale, 69.
Nan yen do, hôpital, 100.
Nan zen si, premier siége ecclésiastique du Japon, 317.
Nao yosi, général, 295. — Déposé, prend le nom de *Ye ghen*, 299.
Nari yosi sin o, Seogoun, 291.
Nasin. Voyez Nadaïsin.
Nengo (*noms d'années*). Leur introduction, 48. — Leur usage, 63.
Ne-no kouni, contrée. Nom de l'enfer, xv.
Nighite, bannières, xviii n.
Nighi tobe, chef du Yamato, xxxiv.
Ni ko, temple, 50 n. — Lieu de la sépulture des Seogoun, 10 n.
Ni kwo san, montagne, 78.
Ni man-no sato, district, 52.
Nin an (*Jin ngan*), nengo, an 1166, p. 194.
Nin feï (*Jin ping*), nengo, an 1151, p. 186.
Nin ken ten o, 25ᵉ Daïri, 50.
Nin mio ten o, 54ᵉ Daïri, 106, 112.
Nin o daï, *les augustes de la race humaine*, xxv.
Nin si (*Jin tchi*), nengo, an 1240, p. 242, 244.
Nin tok ten o, 17ᵉ Daïri, 22. — Sa mort, 24.
Nin wa (*Jin ho*), nengo, an 885, p. 124.
Nin zion (*Jin cheou*), nengo, an 851, p. 112.
Nio go, titre de la seconde femme des Daïri, 424.
Nio i fakka se, emploi, 434.
Nipon ki, Histoire du Japon, 66.
Nipon ko ki, partie des Annales du Japon, 66 n.
Nipon o daï itsi ran, Annales des Daïri, 406, 412.
Nisi-no miya, temple, xv n.

Nisio itsi daï ziou, recueil de poésies, 337.
Nisio marou. Explication de ce terme, 2 n.
Ni sio-no in, 78ᵉ Daïri, 191, 194.
Nitsi ren, prêtre bouddhique, 254.
Nitsi ren dô, temple, 374.
Nitsouta, grande famille, 187.
Niyo iga dake, montagne, 379.
Nizio, ville, 124 n.
Nizou, monnaies d'argent, 420.
Nobou fide, prince d'Owari, 376. — Meurt, 379.
Nobou naga. Sa mort, 396.
Nobon wo, 397.
Nobou yori, 191. — Décapité, 192.
Nomi-no soukoune, athlète, 10.
Noms de famille, 26 n.
Nori yori, prince de Mikawa, 209. — Sa mort, 219.
Nou i-no kami, emploi, 428.

O

O an (*yng ngan*), nengo, an 1368, p. 302, 308.
O ban Mitsi naga-no yeï kwa-no sirou, ouvrage, 158.
Odomo-no Sate fiko, général, 35.
O Fira-no yosi aki, auteur du *San daï sits rok*, 67 n.
O fo (*Yng pao*), nengo, an 1161, p. 191, 193.
O fo fikono mikoto, Seogoun, 8.
O fo mourazi, ou Omourazi, 8.
Oka-no minato, pays, xxvi.
Okimatsi-no in, 107ᵉ Daïri, 382, 402.
Oki-no sima, île, xiv.
O kouni tama-no kami, divinité, 7.
Okoura-no ki, dignité, 432.
Omofi gane-no kami, dieu du destin, xvii.
O mono nousi-no kami, divinité, 7 n.
Omo tarou-no mikoto, xiii.
Omourazi, dignité, 8 n., 15.
Ou fakka se, emploi, 429.
On ghen kokf, ou Tô kokf, *vallée des sources chaudes*, ix.
Oni ga sima, île, 194 n.
O nin (*Yng jin*), nengo, an 1467, p. 352, 354.

DES MATIÈRES.

O-no minato, *port de la bravoure.* Origine de ce nom, xxvii.
Oo ana moutsi-no kami, xx, xxii.
Oo firou me-no mousi, xiv.
Oo i-no kami, emploi, 434.
Oo ki mi-no kami, charge, 435.
Oo koura siô, emploi, 49 n.
Oo-no sima, île, xiv.
Oo toma be-no mikoto, xiii.
Oo tô-no miya, le même que Son oun fo siu o, 285.
Oo to-no tsi-no mikoto, xiii.
O ousou-no mikoto, prince. Sa force, 12.
Oo yama moutsi-no mikado, le même que Mi wa mio sin, 116 n.
Oo ye-no Oto fito, écrivain, 119.
Or. Premières mines, 72 n.
Ore, cérémonie, 48 n.
Ori be-no kami, fonction, 432.
Origines japonaises, iii.
O saka, pays, xxx, 2 n.
O sazagi, ou Nin tok ten o, 22.
Osi, titre, 37.
Osi katsou. Sa rébellion, sa mort, 77.
O sin ten o, 10ᵉ Daïri, 19. — Meurt, 21. — Son histoire écrite par Yosi nori, 335.
Oso, peuplade tributaire. Ses révoltes, 11 et suiv., 15.
O tok (*Yng te*), nengo, an 1084, p. 169, 171.
Otomo-no osi, premier Taï zio daï sin, 55. — Meurt, 58.
Otomo-no sin o, 99, 103.
Otomoura. Son industrie, 128.
Otsi-no Taïrou perce la montagne Sira yama, p. 78.
O tsio (*Yng tchhang*), nengo, an 1311, p. 278.
Ou, royaume, iii.
Oudaïben, emploi, 426.
Oudaïsi, emploi, 426.
Oudaïsin, dignité, 15, 47, 334, 425.
Ouda-no tsi bara, lieu célèbre, xxix.
Ou da ten o, 59ᵉ Daïri, 125, 129, 135.
Oudoneri, emploi, 427.
Oudzi, ville, 18, 22, 167 n.
Oudzi daïnagon-no monogatari, ouvrage historique, 169.
Ou fitsi ni-no mikoto, xii.
Ouke mutsi-no kami, viii n.

Oukio, emploi, 107.
Oukisiyoo, épreuve par l'eau bouillante, 20.
Ounefi yama, montagne, xxxv, 2.
Oune me-no kami, emploi, 435.
Oura sima go, ou Oura sima-no ko. Son histoire, 28, 104.
Ousa Fatsman, dieu, 36 n., 79.
Ousa-no kori, district, 36.
Ou sio ben, emploi, 426.
Ousi waka, ou Yosi tsoune, 192.
Ousi yasou, prince d'Odawara, 375.
Ou so fou, et Ou so kokf, même dignité que celle d'Oudaïsin.
Outa-no kami, emploi, 429.
Ou thaï chan, montagne, 147 n.
Outoneri, charge, 426.
Outsiouben, emploi, 426.
Outsi si-no Naï sin o, prêtresse du dieu Kamô, 99, 102, 111.
Ouyemon-no kami, charge, 97.
Ouye-no, 10 n.
Ou yo-no kami, emploi, 428.
O wa (*Yng ho*), nengo, an 961, pag. 159.
Oya siro, temple du dieu de l'enfer, xv n.
O yei (*Yng young*), nengo, an 1394, p. 317, 320.
Oziou, province. Se révolte, 88 et suiv. — Est soumise, 91.

P

Pao thsang wang, roi de Kôraï, 17.
Pe ty. Étymologie de ce nom, 257 n.
Phung laï, Fang tchang et Yng tcheou, *les trois îles des génies,* 6 n. Voyez Fo raï san.
Piau han, peuple, 8 n.
Poésies japonaises, 336.
Portugais. Voyez Nanban.
Pots énormes fabriqués au Japon, 373 n.
Prêtres bouddhiques. Leurs différentes classes, 103 n.
Prêtresses. Voyez Saïkou.

R

Ra kou yo, pèlerinage, 413.
Ratsou go, fils de O sin ten o, 22.
Reï ghen in, 113ᵉ Daïri, 414.

Reï kii (*Ling houeï*), nengo, an 715, p. 65.
Reï zen in, 63ᵉ Daïri, 142, 135.
Rek fakka se, emploi, 428.
Rek nin (*Ly jin*), nengo, an 1238, p. 242.
Rek o (*Ly yng*), nengo, an 1338, p. 294.
Renard, animal révéré, 168.
Ri kok ki, Chronique du Japon, 66.
Rin yif, le royaume de Siam, 69.
Rioo mio. Ses ouvrages, 95 n.
Riou ghi kaï, ouvrage, 106.
Ri tsiou ten o, 18ᵉ Daïri, 24.
Rits riô gak, ouvrage célèbre, 102.
Rits si, dignité religieuse, 104 n.
Rits siô, une des observances bouddhiques, 94 n.
Rô kaï, prêtre bouddhique, 218.
Rokou sio-no in, 79ᵉ Daïri, 194. — Meurt, 197.
Rok tsiou, autre nom de Miyako, 90 n.
Rok won in, temple, 344.
Ron go, *le Lun yu,* 20.
Roui kiô kou si, Histoire des différentes provinces, 127.
Rousiana, divinité. Épithète de Bouddha, 71 n.

S

Sadaïben, emploi, 426.
Sadaïsi, emploi, 426.
Sadaïsin, dignité, 15, 47, 425.
Sada mori, prince de Fitats, 137.
Sada-no sima, île, xiv.
Sada Soumi siu o, fondateur de la famille Minamoto, 129, 135.
Sada tao, 103. — Meurt, 164.
Saga-no seki, lieu célèbre, xxvi.
Sa ga-no ten o, 52ᵉ Daïri, 97. — Abdique, 102. — Meurt, 109.
Saghalien, île, vii n.
Saï in, dignité religieuse, 99.
Saï kô (*Tchaï heng*), nengo, an 854, p. 112.
Saïkou, une prêtresse, 10.
Saï tou, prêtre bouddhique, 88. — Le même que Ten ghio, 94 n.
Saka-no wouye-no Tamoura maro général, 89, 91. — Sa mort, 99.
Saka to, ou Kwanto, pays, 54 n.

TABLE ALPHABÉTIQUE

Sake, vin de riz, xxxi n.
Saki-no kimi, 25.
Sakio, emploi, 107.
Sakouramatsi-no in, 110ᵉ Daïri, 417.
Samega i, fontaine célèbre, 14.
San bon-no Toneri-no sin o, auteur du *Nipon ki*, 66. — Sa mort, 69.
San daï sits rok, 6ᵉ partie des Annales du Japon, 67 n.
San do, dignité, 429.
Sane souke, auteur du *Ko you ki*, 162.
Sane taka, surnommé *Ten bo rin*, lettré célèbre, 365.
Sane tomo, Seogoun, 226, 235.
Sane yeda. Sa mort, 393.
Sane yori, 138. — Kwanbak, 142, 144.
San fakka se, emploi, 429.
San fosi, Seogoun, 397.
San gaï kio. Voyez Chan haï king.
Sanghi, emploi, 62 n., 426.
San go, titre de noblesse, 120.
San kau. Royaumes compris sous ce nom, 18. — La Corée, 8.
San kô, conseil des Seogoun, 425.
San kwaï ki, ouvrage, 220.
San kwan, titre honorifique, 30.
San mon, nom de la communauté des prêtres du Yeï san, 198 n.
Sanondo, ou Sanindo, une des sept divisions du Japon, 65 n.
San ron no, observance bouddhique, 94 n.
San si, emploi, 433.
Sanyôdo, une des sept divisions du Japon, 65 n.
San zio-no in, 67ᵉ Daïri, 154. — Abdique, 155. — Meurt, 156.
San ziou zin bo, *les trois insignes impériaux*, 32 n.
Sarou gakf, *musique des singes*, représentation scénique, 329.
Sa sio ben, emploi, 426.
Sa so fou et Sa so kokf, dignité, la même que celle de Sa daï sin, 48 n.
Satsiouben, emploi, 426.
Satsouma, province. Soumise par Fide yosi, 402 et suiv.
Sawo fiko. Sa révolte, 9.
Sawo fime, femme de Seï nin ten o. Sa mort, 10.

Sayemon-no zio, grade militaire, 180 n.
Seï daï seogoun, titre, 91.
Seï mou ten o, 13ᵉ Daïri, 14.
Seï neï ten o, 23ᵉ Daïri, 28.
Seï nin ten o, 11ᵉ Daïri, 9.
Seï wa ten o, 56ᵉ Daïri, 115. — Abdique, 121. — Meurt, 123.
Seï zan riou ghi, observance bouddhique, 220 n.
Sel. Sa première fabrication, 128.
Sen tô go sio, titre, 420 (120ᵉ Daïri).
Seogoun, première dignité de l'empire, 8. — Son origine, 173. — En quoi elle consiste, 422. — Les quatre dynasties des Seogoun, 406.
Seo kwo-no in, 102ᵉ Daïri, 327, 331.
Seo tok ten o, 48ᵉ Daïri, 78, 81.
Seou do, prêtre, 78.
Seta, ville, 19.
Sets sioô, régent, dignité, 115.
Shakya mouni. Son culte, 35.
Si ga, ville, 14.
Sighe mori, 194, 196, 198, 200.
Sighe no-no Sada o. Ses collections des anciens poèmes et des ouvrages de législation, 105.
Si ï, charge, 434.
Sik bou, auteur du *Ghensi-no monogatari*, 154.
Sik bou kiô, dignité, 428.
Sik bou-no siô, emploi, 49 n.
Si kokf, île. Son premier nom, xiv.
Si ki, ville, 7.
Si ko ten o. Voyez Soui ko ten o.
Sima-no kori, district, 52.
Simasou kasousa-no souke, prince de Satsouma, 403 n.
Simbok, relique. Sa vertu, 179 n.
Sime nawa, ou Siri koume nawa, corde; emblème religieux, xviii.
Simo taka mi-no o, chef de la famille Feike, 199 n.
Sin daï-no maki (*Chin taï kiuan*), Histoire des dynasties divines, xi.
Sin ghi fak, charge, 44.
Sin ghi kio (*Chin i king*), ouvrage chinois cité p. ix.
Sin gou kwo gou, 15ᵉ Daïri, 10. — Sa mort, 19. — Voyez Kasi-no daï mio sin.

Sin gon sio, une des observances bouddhiques, 95 n.
Sin kiô, *miroir précieux*, 141.
Sin ko, titre, 403 n.
Sin o sama, titre, 10 n.
Sin ra, ou Si raki, royaume, 9, 16.
Sin ran, fondateur de la secte *Its hô siô*, 255.
Sin sen sen pou, ouvrage de numismatique, 420.
Sin siok kok seï daï bou, ancienne dignité, 3.
Sinto, religion primitive des Japonais, xiv n. — Ouvrage, 344. — Secte, 508.
Sinyo. Explication de ce mot, 180 note.
Sin zen yen, jardin royal, 99, 113, 128.
Sio fakka se, emploi, 429.
Siô fan si, emploi, 432.
Siô goun, ou Seogoun, 422 n.
Sio kio, emploi, 429.
Siok Nipon ki, Hist. du Japon, 66.
Siok Nipon ko ki, 4ᵉ partie des Annales du Japon, 66 n.
Sio mou ten o, 45ᵉ Daïri, 67, 73, 74.
Sionagon, charge, 62 n., 426.
Sio naï Li, emploi, 427.
Sio nitso pon gi, Annales japonaises, citées p. 21 n.
Sioo bo, prêtre bouddhique, 128.
Sioô sô dzou, dignité religieuse, 104 n.
Sioô sô ziô, dignité religieuse, *ibid.*
Sioo taï (*Tchhang thaï*), nengo, an 898, p. 129.
Sio siô, dignité, 428.
Sio tok taïsi, le même que Moumaya do-no osi, 57.
Siougakf-no kami, emploi, 432.
Sioun zaï rin sio, auteur des Annales des Daïri, 406.
Siou za, dignité religieuse, 104 n.
Siou zioun ten o, 33ᵉ Daïri, 58.
Siô zi rok, ouvrage généalogique, 100.
Sira ga-no ten o, surnom de Seï neï ten o, 29.
Sira kabe-no devient Daïri, 81.
Siraki. Voyez Sinra.
Sira yama, montagne, 78.
Si siô, emploi, 426.

DES MATIÈRES.

Si sio-no in, 80° Daïri, 242. — Meurt, 244.
Si ten o, *les quatre rois célestes*, 205.
Si tô ten o, 41° Daïri, 59.—Sa mort, 62.
Sits ken, charge, 239 n., 248.
Sitz do, les sept chemins ou contrées qui divisent le Japon, 237.
Siu tok-no in, 75° Daïri, 181.— Abdique, 185.— Veut reprendre le pouvoir, 189 et suiv. — Sa mort, 195.
Sogano koura Yamato maro, 45. — Premier Oudaïsin, 49.
Soga-no Moumako, ministre, 36. — Écrit l'histoire du Japon, 40. — Sa mort, 42.
Son ken, écrivain, III.
Sono fito, un des auteurs du *Sio zi rok*, 100. — Sa mort, 101.
Son oun fo sin o, 285 et suiv., 287. — Voyez Mori yosi.
Sosan-no o-no mikoto, dieu de l'enfer, xv.
So toori fime, poëte, 26.
So to siô, observance bouddhique, 218 n., 251.
Sou fitsi ni-no mikoto, xii.
Souga-no Mamitsi, un des auteurs du *Siok Nipon ki*, 66 n.
Sougawara-no Sane mitsi, un autre des auteurs de cet ouvrage, ibid.
Soui ko ten o, 34° Daïri, 39.
Soui seï ten o, 2° Daïri, 3.
Souke masa, lettré célèbre, 154.
Souk na. Sa force. — Meurt, 24.
Soumi saka. Origine de ce nom, xxx.
Soumi tomo, chef de pirates, 135 et suiv., 137. — Sa mort, 138.
Soumi Yosi-no Naka-no osi, 24.
Sou zin ten o, 10° Daïri, 7.
Sou zio, dignité religieuse, 41.
Surnoms. Leur origine chez les Japonais, 26 n.

T

Tabou-no mine, montagne et temple, 50, 341 n.
Tada fira, auteur du *In ghi sik*, 153. — Régent, 154. — Kwanhak, 158, 159. — Sa mort, 140.
Tada mitsi, Kwanhak, 181, 195.
Tada tsika, auteur du *Midzou kagami*, 220.
Tada tsoune. Sa révolte, 159.
Tafema-no kouye faya, athlète, 10.
Ta gori fime, xvi.
Ta han. Erreur de Deguignes au sujet de ce pays, vi n. — Son identité avec l'île de Taraïkaï, vii n.
Taï foo (*Ta pao*), nengo, an 701, p. 60.
Taï ko, le même que Fide yosi, 400.
Taï kwa (*Ta houa*), nengo, an 645, p. 47.
Taï kwa sioô, dignité religieuse, 104 n.
Taï ra, famille célèbre, 199 n.
Taïra-no Masa kado. Sa révolte, 156.
Taï saï fou, ville, 71 n.
Taïsi. Signification de ce mot, 25.
Taï si (*Ta tchi*), nengo, an 1126, p. 181.
Taï tsiou ten o, ou O sin ten o, 19.
Taï yeï (*Ta young*), nengo, an 1521, p. 304, 370.
Taï zio ten o, titre, 60.
Taka fara, grande famille, 10.
Taka kouni, auteur de l'*Oudzi dainagon-no monogatari*, 169, 370, 375.
Taka koura-no in, 80° Daïri, 195. —Abdique, 200. — Meurt, 204.
Takan ni mosou fi-no mikoto, xx.
Taka ousi, 288, 290. — Se révolte, 292. — Seogoun, 300, 303, 304.
Taka tewo, temple, ii.
Take fusa. Sa guerre contre Yosi ye, 174 et suiv.
Take mika tsoutsi-no kami, dieu du tonnerre, xxi et suiv.
Take-no mikoto, titre, 12.
Take-no nou Kawa wake, Seogoun, 8.
Take outsi-no soukoune, 14, 23.
Taki tsou fime, xvi.
Takoumi-no kami, emploi, 428.
Tamba mitsi nousi-no mikoto, Seogoun, 8.
Tame tomo, 189 et suiv. — S'empare d'Oni ga sima, 194.—Meurt, 196.
Tame yori. Sa mort, 271.
Tan kaï ko, auteur du *Rits Riô gak*, 102 ; du *Riou ghi kaï*, 106.
Tanpi, province, 25.
Tan yô ni, lettré célèbre, 55.

Taraïkaï, île, vii n., 12 n.
Tate tsou, *baie du bouclier*, xxvii.
Ta tosi mimi-no mikoto, 3.
Tatsibanafi fime, 13.
Tatsibana fousin kaghesi, 106. — Voy. Dan rin kwogou.
Tatsi bana-no Moroye, auteur du *Man yo zio*, 69 n.—Sa mort, 74.
Ta tsikara o-no kami, xvii n.
Tawara tô da, ou Fide sato, 157.
Tcheou hing szu, auteur du *Thsian tsu wen*, 20 n.
Tchhin han, peuple, 8 n.
Tchhing wang, roi de Koraï, 18 n.
Teï kiô (*Tching hiang*), nengo, an 1684, p. 414.
Teï siun kou (*Tching chun koung*), ambassadeur chinois, 382.
Teï wa (*Tching ho*), nengo, an 1345, p. 294, 297.
Teï wo (*Tching yng*), nengo, an 1222, p. 238.
Teï yeï (*Tching young*), nengo, an 1232, p. 238, 241.
Teï zi (*Tching tchi*), nengo, an 1362, p. 302.
Temples. Leur distribution, 35 n. — Les vingt-deux principaux, 161.
Ten an (*Thian ngan*), nengo, an 857, p. 112.
Te natsou tsi, femme d'Asi natsou tsi, xix.
Ten bou, 55, 58.
Ten bouk (*Thian fou*), nengo, an 1233, p. 242.
Ten bou (*Thian wen*), nengo, an 1532, p. 372.
Ten bou ten o, ou Ten mou ten o, 40° Daïri, 58.
Ten daï siô, observance bouddhique, 95 n.
Ten ghen (*Thian yuan*), nengo, an 978, p. 144.
Ten ghio, ou Ten ghio daï si, prêtre bouddhique, 94. — Meurt, 102.
Ten keï (*Thian khing*), nengo, an 938, p. 134.
Ten ki (*Thian hi*), nengo, an 1053, p. 162.
Ten miô (*Thian ming*), nengo, an 1781, p. 420.
Ten mou fukka se, emploi, 428.

TABLE ALPHABÉTIQUE

Ten mou ten o. Voy. Ten bou ten o.
Ten nin (*Thian jin*), nengo, an 1108, p. 178.
Ten o, titre des Daïri, 423.
Ten pe (*Thian phing*), nengo, an 729, p. 67.
Ten pe fo zi (*Tai phing pao tsu*), nengo, an 757, p. 73.
Ten pe zin go (*Thian phing chin hou*), nengo, an 765, p. 78.
Ten pe zio fo (*Taï phing ching pao*), nengo, an 749, p. 73.
Ten rek (*Thian ly*), nengo, an 947, p. 139.
Ten rok (*Thian lou*), nengo, an 970, p. 144.
Ten sen, emploi, 435.
Ten si (*Thian tchi*), nengo, an 1124, p. 181.
Ten sin sits daï, *les sept générations des esprits célestes*, xi et suiv.
Ten siò daï sin, déesse du soleil, xiv et suiv., 422.
Ten tok (*Thian te*), nengo, an 957, p. 139.
Ten tsiò (*Thian tchhang*), nengo, an 824, p. 103.
Ten tsi ten o, 39ᵉ Daïri, 52, 56.
Ten wa (*Thian ho*), nengo, an 1081, p. 414.
Ten wo (*Thian yng*), nengo, an 781, p. 81, 85.
Ten yakf-no kami, fonction, 434.
Ten yei (*Thian young*), nengo, an 1110, p. 178.
Ten yin (*Thian yen*), nengo, an 973, p. 144.
Ten yò (*Thian yang*), nengo, an 1144, p. 186.
Ten ziò (*Thian tchhing*), nengo, an 1131, p. 181, et 1575, p. 382.
Ten ziò-no be tò, charge, 334 n.
Ten ziou (*Thian theou*), nengo, an 1375 (empire du Sud), p. 312.
Teou nen, prêtre bouddhique. Son voyage en Chine, 147 n., 148 n.
Thaï po, ou Go-no taï fak, 1.
Thsian tsu wen, ouvrage chinois, 20 n.
To ba-no in, 74ᵉ Daïri, 178. — Abdique, 181. — Meurt, 189.
Tobi-no moura, lieu célèbre, xxxiv.

Toga kousi-no miosin, temple du dieu de la guerre, xvii n.
Tò gò, titre, 143.
Tòkaïdo, contrée, 57 n.
Toki boun, un des auteurs du *Go sen wa ka si*, 140.
Toki fira, auteur du *San daï sits rok*, 67. — Régent, 129, 132.
Toki masa, 222. — Régent, 226.— Exilé, 228. — Meurt, 233.
Toki yori, régent, 248, 255.
Tok si (*Te tchi*), nengo, an 1306, p. 275.
Tok siò ziu, palais, 184.
Tomo fito, petit nom du 120ᵉ Daïri, 420.
To-no mo-no kami, emploi, 433.
Torri mi moura, le même que Tobi-no moura, xxxiv n.
Tòsando, contrée, 57 n., 397 n.
Tò san-no in, 114ᵉ Daïri, 415.
Tosi nari nudo siyaka, poëte, 226.
To souka-no tsouroughi, un des insignes impériaux, xvi n.
Towan, le Tubet, 74.
Toyo fito, proclamé Daïri, 293, 294.
Toyo koun nou-no mikoto, xii.
Toyora, ville, 18.
Tsei ghen (*Tching yuan*), nengo, an 976, p. 144.
Tsidaïsio kwansi, charge, 62.
Tsika fousa. Son éloge, 296.
Tsikara-uo kami, emploi, 431.
Tsikou bou sima, île, 5 n.
Tsi kousi-no sima, contrée, xiv, 2 n.
Tsiò faï, cérémonie, 48 n.
Tsiò fò (*Tchhang pao*), nengo, an 999, p. 150.
Tsiò ghin (*Tchhang yuan*), nengo, an 1028, p. 156.
Tsiò kiou (*Tchhang kieou*), nengo, an 1040, p. 160.
Tsiok ko, emploi, 429.
Tsiò kò (*Tchhang heng*), nengo, an 1487, p. 352, 360.
Tsiò kwan (*Tchhang kouan*), nengo, an 1163, p. 191.
Tsiò rek (*Tchhang ly*), nengo, an 1037, p. 160.
Tsiò rok (*Tchhang lou*), nengo, an 1457, p. 351, 348.

Tsiò sen, royaume, 18 n.
Tsiò si (*Tchhang tchi*), nengo, an 1104, p. 172, 177.
Tsiò tok (*Tchhang te*), nengo, an 995, p. 150.
Tsiou aï ten o, 14ᵉ Daïri, 15.
Tsiou fan si, emploi, 432.
Tsiougou daïbou, emploi, 427.
Tsiou iò-no siò, emploi, 49 n.
Tsiou nagon, emploi, 62 n., 426.
Tsiò wa (*Tchhang ho*), nengo, an 1012, p. 154.
Tsiò ziò (*Tchhang tchhing*), nengo, an 1152, p. 181, 184.
Tsi sin go daï, *les cinq générations des esprits terrestres*, xv.
Tsi siò daï si, ou Yen tsin, 115.
Tsou ho zu, figures pour l'acupuncture, 434.
Tsoughe, montagne, 24.
Tsouki-no kami, déesse de la lune, xv.
Tsoukouba yama, montagne, 13.
Tsoukousi, pays, 11.
Tsouna yosi, Seogoun, 414, 416.
Tsou-no ga, baie. Origine de ce nom, 8.
Tsourouga, nom moderne de cette baie, 9.
Tsourougi, *le glaive précieux*, 32 n.
Tsou sima, île, 42 n.
Tsou sou ga, insecte, ii.
Tsou sou ga nakou, proverbe, ii.
Tsoutsi goumo, araignées de terre. Surnom, xxxv, 11 n.
Tsoutsi mikado-no in, 85ᵉ Daïri. Abdique, 230. — Exilé, 238.
Tsoutsou ki, ville, 32.
Tsu moung, le même que Toung ming wang, 17 n.

W

Wa, un des noms du Japon, x.
Wado (*Ho thoung*), nengo, an 708, p. 65.
Wa kan rò yei, recueil de chansons, 158.
Wa ka sio, *l'habitation de la chanson*, 224.
Wake-no Kiyo maro, 79 et suiv.
Waki-no kami, ville, 4.
Wang hi, calligraphe chinois, 20 n.

DES MATIÈRES. 457

Wang kian, roi de Koraï, 17 n.
Wang tchouan, roi de Koraï, 18.
Wang yao, roi de Koraï, 18 n.
Watara ye, district, 28.
Wa zi si, Histoire des origines japonaises, III n., 32 n.
Wen chin, peuples tatoués, VI n.
Wen tsou wang, fondateur du royaume de Fiaksaï, 17 n.
Wo nin, philosophe, 20, 21 n.
Wou ti, empereur chinois, 20 n.

Y

Yada-no kras, oiseau allégorique, XXVIII.
Yak sin, prêtre bouddhique, 128.
Yama he-no kori, pays, IV.
Yama-no be-no Otate, 29, 30.
Yama-no bou-no sin o, 83, 85.
Yama-no imo, ou Yamatsou imo, racine, 31 n.
Yamasiro-no o. Sa mort, 44.
Yamata-no o rotsi, animal mythologique, XIX, 14 n.
Yamato fime, 10, 13.
Ya mato-no iwa are fiko-no mikoto, titre honorifique de Zin mou ten o, XXV.
Yasaka ni, un des insignes impériaux, XVI n.
Yasaka ni-no maka tama, la boule précieuse, 32 n.
Yasiro, ou temples. Les vingt-deux principaux, 161.
Yaso-no takeri, chef du Yamato, XXX. —Vaincu par Zin mou, XXXII.
Ya so takerou, chef des Oso, 11.
Yasou fira, 215 et suiv.
Yasou toki, prince de Mousadzi, 237 et suiv. — Sa mort, 246.
Ya ta-no kagami, miroir, un des insignes de l'empire, XVIII, 32 n.
Yatsoumada, général, 9.
Yebis, Barbares de la partie orientale de l'empire, VI, X, 12.
Yebis, ou Yebis san ro, dieu de la mer, XV.
Ye farou, Scogoun, 419 et suiv.
Ye fira fait la guerre contre Yosi ye, 173 et suiv.
Ye ghen, le même que Nao yosi, 299. — Meurt, 300.

Yei fei si, temple, 251.
Yeï fo (Young pao), nengo, an 1081, p. 169.
Yeï ghiou (Young hieou), nengo, an 1113, p. 178.
Yeï kiô (Young hiang), nengo, an 1429, p. 331.
Yeï kwan (Young kouon), nengo, an 983, p. 144.
Yeï man (Young wan), nengo, an 1165, p. 191.
Yeï nin (Young jin), nengo, an 1293, p. 269.
Yeï rek (Young ly), nengo, an 1160, p. 191.
Yeï rok (Young lou), nengo, an 1558, p. 382.
Yeï saï, prêtre bouddhique, 218.
Yeï san, montagne. Entreprise de ses prêtres contre Miyako, 198. — Leur révolte, 374. — Ses temples dévastés, 388 et suiv.
Yeï si (Young tchi), nengo, an 1141, p. 181, 185.
Yeï tok (Young te), nengo, an 1381, p. 310, 316.
Yeï tsio (Young tchhang), nengo, an 1096, p. 172, 176.
Yeï tsoubo, Scogoun, 416.
Yeï wa (Young ho), nengo, an 1375, p. 310.
Yeï yin (Young yen), nengo, an 987, p. 150.
Yeï zeô (Young tchhing), nengo, an 1046, p. 162.
Yeï ziô (Young tching), nengo, an 1504, p. 364.
Yeï zoo (Young thsou), nengo, an 989, p. 150.
Yemisi, habitans de Yeso, 19.
Ye mitsi, Scogoun, 410.
Yen boun (Yan wen), nengo, an 1356, p. 302.
Yen-no Sio kok, ou Yen-no Ghio sia, magicien, 61.
Yen ô (Yan yng), nengo, an 1239, p. 242.
Ye nobou, Scogoun, 416.
Yen tsin, ou Yen sin, prêtre boudhique, 113 n.
Yen wou in, 64° Daïri, 144. — Abdique, 148. — Meurt, 151.
Ye sighe, Scogoun, 418.

Ye tsouna, Scogoun, 412, 414.
Yets sio-no in, 66° Daïri, 150, 154.
Ye yasou, Scogoun, accorde le privilége de la compagnie hollandaise, 376 n. — Ses actions, 388, 395, 400, 405, 409, 410.
Yng tcheou. Voyez Phung laï.
Yn kan sa i-no maka tama, boule précieuse, un des insignes de l'empire, XXVI.
Yn rek (Yen ly), nengo, an 782, p. 86.
Yn rek si, temple, 88 n.
Yodo dono, princesse, 400 n.
Yori mitsi, 156. — Kwanbak, 157, 160, 162, 164. — Meurt, 169.
Yori nobou, prince de Kaï, 159.
Yori tomo, fait la guerre à Kiyo mori, 202; à Yosi tsoune, 215. — Nommé Scogoun, 219, 289, 423. — Meurt, 222.
Yori tsougou, Scogoun, 247. — Exilé, 251. — Meurt, 252.
Yori tsoune, Scogoun, 235, 240, 247, 252.
Yori ye, Scogoun, 222. — Se fait prêtre, 226. — Sa mort, 227.
Yori yosi, 163, 171.
Yô rô (Yang lao), nengo, an 717, p. 65.
Yô rô-no taki, source, 66.
Yosi aki, Scogoun, 387, 389.
Yosi farou, Scogoun, 371. — Meurt, 379.
Yosi fisa, 398.
Yosi fousa, auteur du Siok Nipon ko ki, 66 n.
Yosi fousi, Scogoun, 378, 381. — Meurt, 385.
Yosi ghen, prêtre bouddhique, 142, 147 n.
Yosi ghieï, Yosi naga, Scogoun, 386.
Yosi katsou, Scogoun, 340, 342.
Yosi kazou, Scogoun, 329, 330.
Yosi mitsi, ou Yosi taka, et Yosi soumi, Scogoun, 362, 367, 368.
Yosi mitsou, Scogoun, 307, 311, 316, 321. — Meurt, 325.
Yosi mori. Sa révolte, 232.
Yosi motsi, Scogoun, 321, 329, 331.
Yosi moune, Scogoun, 417.
Yosi moura, ou Yosi tada, et Yosi tane, Scogoun, 361, 362. —

58

TABLE ALPHABÉTIQUE DES MATIÈRES.

Exilé, 364. — Rétabli dans sa charge, 367. — Sa mort, 371.
Yosi naga, prince de Tsikouzen, 384.
Yosi naka, 205, 208. — Tué, 209.
Yosi nao, ou Yosi firo, Seogoun, 357, 361.
Yosi nari, Yosi masa, Seogoun, 342, 359. — Meurt, 361.
Yosi no, district, 33, 55 n. — Moutagne, 21. — Ville, 175 n.
Yosi nobou, Yosi nori, Seogoun, 352. — Écrit l'histoire d'O sin ten o, 335. — Assassiné, 340.
Yosi nori, Seogoun, 303, 304, 307.
Yosi oki, Kwanreï, 367 et suiv.
Yosi toki, 233, 235, 237, 239.
Yosi tomo, prince de Simotske, 189, 191. — Sa mort, 192.
Yosi tsoune, régent, 192, 209, 211, 215, 220, 225.
Yosi ye, 133 n., 163, 173, 179.
You kesi, chef d'Oada-no kori, xxix.
You meï ten o, 52ᵉ Daïri, 37.
You riak ten o, 22ᵉ Daïri, 27.
You siki, chef du Yamato, xxx, xxxiii.
Yo wa (*Yang ho*), nengo, an 1181, p. 200, 204.
Yo zeï ten o, 57ᵉ Daïri, 121. — Sa cruauté, 123. — Déposé, 124. — Sa folie, 127. — Meurt, 140.
Y tbsie king (*Itsi saï kiô*), livre bouddhique, 330.
Yu zia fou se, observance religieuse, 414.

Z

Zaï meï ten o, 38ᵉ Daïri, 50.
Zaï tsiô, inventeur de l'ordre de l'*Irofa*, 91 n.
Za sou, titre religieux, 104 n.
Zeï an (*Tching ngan*), nengo, an 1599, p. 274.
Zeï sin, surnom de Nin tok ten o, 25.
Zen kio, prince de Souwa, 382.
Zen si, *la boule précieuse*, 32 n.
Zen siô, observance bouddhique, 218 n., 225, 227.
Zen yeï si, temple, 245 n.

Zen zi, dignité religieuse, 104 n.
Ziak sô, prêtre bouddhique, 153 n.
Zi an (*Tchi ngan*), nengo, an 1021, p. 156.
Zi gak daïsi, ou Ghen nin, 108.
Ziko foukou, médecin, 5. — Sa mort, 6.
Zi mon sen, monnaie de cuivre, 419.
Zin fakka se, emploi, 434.
Zin go keï oun (*Chin hou king yun*), nengo, an 767, p. 78.
Zin ki (*Chin kouei*), nengo, an 724, p. 67.
Zin ko kon si, recueil de poésies, 228.
Zin kwa ten o, 29ᵉ Daïri, 33.
Zin mou ten o, fondateur de l'empire, ii, iii, xxv, xxvi et suiv., 2 et suiv. — Proclamé empereur, xxxv. — Meurt, xxxvi. — 1ᵉʳ Daïri, 1 et suiv.
Zin zeï riou ghi, observance bouddhique, 229 n.
Zio an (*Tchhing ngan*), nengo, an 1171, p. 195.
Zio dan tsi yo, ouvrage, 359.
Ziô feï (*Tching phing*), nengo, an 931, p. 134.
Ziô feï (*Tching phing*), nengo, an 1351 (empire du Sud), p. 300.
Ziô fô (*Tching pao*), nengo, an 1074, p. 169, et 1644, p. 412.
Zio ghen (*Tching yuan*), nengo, an 1207, p. 221, 229, et 1259, pag. 248.
Ziô ka (*Tching kia*), nengo, an 1257, p. 248.
Ziô keï (*Tching king*), nengo, an 1332, p. 286.
Ziô kiou (*Tching kiou*), nengo, an 1217, p. 230.
Ziô meï ten o, 35ᵉ Daïri, 42.
Ziô o (*Tching yng*), nengo, an 1288, p. 269, et 1652, p. 412.
Zioô do siô, observance bouddhique, 229 n.
Ziô kwan (*Tching kouan*), nengo, an 859, p. 115.
Zioo kwan kiyak, ouvrage de jurisprudence, 119.

Ziô rek (*Tching ly*), nengo, an 990, p. 150.
Ziô rek (*Tchhing ly*), nengo, an 1077, p. 169.
Ziô tok (*Tchhing te*), nengo, an 1097, pag. 172, 176, et 1711, p. 416.
Ziô tsiô (*Tching tchhang*), nengo, an 1428, p. 327.
Ziô tsiou (*Tching tchoung*), nengo, an 1324, p. 281.
Zioun tok in, 84ᵉ Daïri, 230. — Abdique, 236. — Exilé, 238. — Meurt, 246.
Zioun wa ten o, 53ᵉ Daïri, 103. — Abdique, 106. — Meurt, 109.
Ziou yeï (*Chcou young*), nengo, an 1182, p. 200, 205.
Ziô wa (*Tching ho*), nengo, an 854, p. 106, et 1312, p. 278.
Ziô ye fonde le temple de Tabou-no mine, 50.
Ziô zi (*Tching tchi*), nengo, an 1197, p. 221.
Ziô zits siô, observance bouddhique, 94 n.
Ziro kawa-no in, 72ᵉ Daïri, 169, 170. — Abdique, 171. — Meurt, 185.
Zi siô, observance bouddhique, 265.
Zi tok (*Tchi te*), nengo, an 1384, p. 317.
Zi ye daï si, le même que Yosi ghen, 147 n.
Zi ziô (*Tchi tchhing*), nengo, an 1177, p. 195, 198.
Zo kwo in, 98ᵉ Daïri, 298, 301. — Sa mort, 322.
Zon ken (*Sun khiuan*), souverain de la Chine méridionale. Son expédition contre le Japon, 19.
Zo san, 379.
Zo sen. Sa guerre contre Katsou moto, 354. — Sa mort, 357.
Zu siak ten o, 61ᵉ Daïri, 134. — Abdique, 138. — Meurt, 140.
Zu tsio (*Tchu mao*), nengo, an 686, p. 58.

ERRATA.

Page xiii, ligne 7, lisez : KASSIKO NE-NO MIKOTO.
Page xv, lignes 7 et 21, lisez : *Sosan-no o-no mikoto*.
Page xvi, ligne 24, lisez : *Sosan-no o-no mikoto*.
Page xx, ligne 18, lisez : *Ama-no o fi-no*.
Page xxvi, ligne 2, lisez : *Saga-no seki*, dans la province de Tsikouzi.
Page xxviii, ligne 16, lisez : *Take mika tsoutsi*.
Page 14, note 1, lignes 1 et 2, lisez : *Ya mata-no o rotsi*.
Page 20, note 1, ligne 14. Au lieu de « Ce traité a été composé, » mettez : « Selon l'opinion généra-
« lement reçue en Chine, ce traité n'a été composé que, etc. » — Ajoutez à la fin de la note :
« Cependant si le *Traité en mille caractères* ne datait que du temps des Liang, entre 502 et
« 549 de J. C., il n'aurait pas pu être porté au Japon deux cents ans avant sa composition. Il
« faut donc adopter l'opinion de quelques littérateurs chinois, qui assurent que cet ouvrage
« est du règne de l'empereur *Tchang ti* des Han, entre les années 76 et 88 de notre ère. »
Page 37, ligne 21. Pour *Mankokf*, lisez *Man kiô*.
Page 37, note 2, supprimez les quatre premières lignes, et remplacez-les par : « *Man kio* (Wan khing)
« signifie dix mille *kio* (khing); le *kio* ou *kokf* (chÿ) est de trois ballots de riz; le ballot de riz
« est évalué à deux onces d'argent ; ainsi le *mankio* ou *mankokf* vaut 60,000 onces, etc. »
Page 47, ligne 22, lisez : *Fakoutsi*.
Page 49, note 1, ligne 4, lisez : *Tsiou siô-no sio*.
Page 50, lignes 10 et 11, lisez : « de la montagne *Tabou-no mine* (Ta wou foung) dans le Yamato. »
Page 62, note 1, ligne 6, lisez : *Sionagon* (Chao nü yan).
Page 67, note, 2ᵉ col. ligne 1, lisez : *Aki*.
Page 74, ligne 28, lisez : « Le 5ᵉ mois. l'ancien empereur... »
Page 84, ligne 10, lisez : 764.
Page 86, ligne 3, lisez : *Yn rek*.
Page 88, ligne 28, lisez : *Yn rek si*.
Page 106, ligne 10, lisez : *Ziô wa*.
Page 112, ligne 14, lisez : 851.
Page 112, ligne 15, lisez : *Saï kô*.
Page 121, ligne 32, lisez : *Ghen keï* (Yuan khing).
Page 122, lignes 4 et 16, mettez également : *Ghen keï*, pour *Gwan kioô*.
Page 133, ligne 34, lisez : *In ghi sik*.
Page 134, ligne 27, lisez : *Zio feï*.
Page 135, ligne dernière, lisez : *Yo zeï taï zio o*.
Page 139, ligne 3, lisez : *Ten rek*.
Page 140, ligne 4, lisez : *Yo zeï-no Taï zio ten o*.
Page 140, ligne 19, lisez : *Zu siak taï zio*, etc.
Page 144, ligne 7, lisez : (Young kouon).
Page 148, ligne 16, lisez : (Khouan ho).
Page 150, ligne 5, lisez : *Ziô rek*.
Page 150, ligne 8, lisez : *Kwan kô* (Khouan houng).
Page 151, ligne 21, lisez : *Yen wou in*.
Page 154, ligne 28, lisez : 5 avec celui de *Ziô rek*.
Page 156, ligne 2, lisez : (De 1017 à 1036 de J. C.).

ERRATA.

Page 156, ligne 3, lisez : (Khouan jin).
Page 160, ligne 12, lisez : *Tsiô rek* (Tchhang lỹ).
Page 160, ligne 14, lisez : (Khouan tě).
Page 162, ligne 13, lisez : *Dzi rek* (Tchi lỹ).
Page 165, ligne 21, lisez : *Dzi rek*.
Page 166, ligne 5, lisez : *Dzi rek*.
Page 169, ligne 5, lisez : *Ziô rek*.
Page 170, ligne 6, lisez : *Ziô rek*.
Page 171, ligne 52, lisez : *Ziô rek*.
Page 172, ligne 3, lisez : (Khouan tchi).
Page 172, ligne 8, lisez : *Tsiô si*.
Page 191, ligne 4, lisez : *Yeï rek*.
Page 192, ligne 18, lisez : Nobou yori.
Page 192, ligne 20, lisez : *Yeï rek*.
Page 193, ligne 33, lisez : âgé de 46 ans
Page 194, lignes 11 et 12, lisez : *Yeï rek*.
Page 195, ligne 18, lisez : *Ziô an* (Tchhing ngan).
Page 199, note, 2ᵉ col. ligne 5, lisez : Monogatari.
Page 207, ligne 18, lisez : *Ghen rek*.
Page 209, ligne 4, lisez : *Ghen rek*.
Page 221, ligne 11, lisez : *Ghen rek*.
Page 225, ligne 7, lisez : de la 2ᵉ année (1202).
Page 226, lignes 3, 15, 17, et suiv., lisez : *Yori ye*.
Page 226, ligne 5, lisez : *Masa go*, mère de Yori ye.
Page 226, lignes 13 et 25, lisez : *Yori ye*.
Page 228, ligne 10, lisez : grand'mère de Sane tomo.
Page 230, lignes 17 et 30, lisez : *Ken rek* (Kian ly).
Page 238, ligne 14, lisez : (Khouan hi).
Page 241, ligne 22, lisez : le 1ᵉʳ mois du nengo *Teï ye* (1252).
Page 242, ligne 4, lisez : *Boun rek*.
Page 242, ligne 6, lisez : *Rek nin*.
Page 242, ligne 29, lisez : *Boun rek*.
Page 243, ligne 36, lisez : *Rek nin*.
Page 244, ligne 37, lisez : *Boun rek*.
Page 244, ligne 38, lisez : *Rek nin*.
Page 251, ligne 36, lisez : (Voyez page 218).
Page 262, ligne 1, lisez : Go ou da ko in.
Page 262, ligne 2, lisez : (De 1275 à 1287 de J. C.).
Page 298, ligne 12, lisez : (Kouon ing).
Page 304, ligne 6, lisez : *Yosi nori*.
Page 307, ligne 32, lisez : Yosi nori.
Page 315, ligne 22, lisez : *Kwan mio in*.
Page 320, ligne 10, lisez : *Firo nari o*.
Page 320, ligne 24, lisez : *Go Yen you ten o*.
Page 331, ligne 30, lisez : (Khouan tching).
Page 332, ligne 3, lisez : (Khouan tching).

www.ingramcontent.com/pod-product-compliance
Lightning Source LLC
Chambersburg PA
CBHW071610230426
43669CB00012B/1896